西學東漸
中學西傳

甲午年陽春 崔希亮題

总第三十三集

2022年秋冬卷

CSSCI来源集刊

北京语言大学主办

阎纯德　主编

漢學研究

Chinese Studies

學苑出版社

图书在版编目（CIP）数据

汉学研究．总第三十三集 ：2022 年．秋冬卷 ／ 阎纯德主编．－ 北京 ：学苑出版社，2022.12
ISBN 978-7-5077-6591-5

Ⅰ．①汉… Ⅱ．①阎… Ⅲ．①汉学－文集 Ⅳ．① K207.8-53

中国国家版本馆 CIP 数据核字 (2023) 第 028691 号

责任编辑：杨　雷
出版发行：学苑出版社
社　　址：北京市丰台区南方庄 2 号院 1 号楼
邮政编码：100079
网　　址：www.book001.com
电子信箱：xueyuanpress@163.com
销售电话：010-67601101（销售部）　67603091（总编室）
经　　销：新华书店
印 刷 厂：北京虎彩文化传播有限公司
开本尺寸：710mm × 1000mm　1/16
印　　张：36.5
字　　数：600 千字
版　　次：2022 年 12 月第 1 版
印　　次：2022 年 12 月第 1 次印刷
定　　价：80.00 元

卷前絮语

——悼念我们亲爱的朋友

和平，是人类的梦想。“厚德载物”是善良的中国人做人做事的愿望。

无论是西学东渐，或是中学西传，浩荡的文化交流，有了SINOLOGY（汉学）。从利玛窦（Matteo Ricci，1552—1610）、汤若望（Johann Adam Schall von Bell，1592—1666）、南怀仁（Ferdinand Verbiest，1623—1688）开始，先后有传教士将身心融入中华，作为使SINOLOGY成为以中国文化为根的一种文化的最早的汉学家，甚至将其生命献给了我们这块圣土。

时至20—21世纪，又有将一生贡献给汉学的汉学家先后谢世，他们之中，有多位我认识的友人，他们是：俄罗斯的李福清（Riftin，Boris Lyvovich，1932—2012）、季塔连科（Mikhail Leontievich Titarenko，1934—2016），美国的拉铁摩尔（Owen Lattimore，1900—1989）、傅高义（Ezra F. Vogel，1930—2020），法国的艾田蒲（René Etiemble, 1909—2002）、谢和耐（Jacques Gernet，1921—2018）、鲁阿夫人（Michelle Loi，1926—2002）、雷威安（André Lévy，1925—2017）、汪德迈（Léon Vandermeersch，1928—2021）、魏柳南（Lionel Vairon，1960—2020），荷兰的施舟人（Kristofer Schipper，1934—2021）等。他们一生前赴后继，辛勤耕耘，使中国文化在天涯海角生根发芽，为传播中国文化做出了杰出贡献。

我们常说：“车同轨，方能达四方；书同文，方能传百世。”但是，这些汉学家，却以不同的文字，传递着我们中国的文化和思想。

人类文化交流是双向的。明清时期，我们就有诸如徐光启、李之藻、朱载堉、薛凤祚、梅瑴成、顾炎武、王夫之、黄宗羲、李贽、王守仁、梁启超、王锡阐、戴震等科学家和大儒，或受传教士汉学家影响，接受启蒙，或影响传教士汉学家，在中西文化交流与合作中多有贡献。

岁月跋涉至20世纪和21世纪，随着中国开放及国力、影响的提升，全球渴望了解中国的热情高涨，这给汉学研究的迅猛发展和繁荣带来了机遇。1993年，始自我主编的《中国文化研究》“创刊号”，就最早给SINOLOGY

（汉学）搭建了平台，以五六个专栏开始刊登关于“汉学研究”的学术文章；1996年，《汉学研究》第一集出版。这两个“平台”的面世深得文化大师张岱年（1909—2004）、费孝通（1910—2005）、任继愈（1916—2009）、季羡林（1911—2009）、汤一介（1927—2014）、李学勤（1933—2019）以及时任教育部常务副部长的刘斌、著名作家萧乾、严文井的极大支持，他们不仅给刊物题词，有的还成了我们的顾问，也几乎从不缺席我们的学术会议！从1993年起，王晓平、耿昇、严绍璗、李明滨、周发祥、胡书经、徐宗才、吴孟雪及韩国、日本、俄罗斯的汉学家就在《中国文化研究》上发表关于汉学的文章；之后，李明滨、严绍璗、王晓平、耿昇、宋绍香、钱林森、张西平、刘顺利、余三乐、侯且岸、朱政惠等，不仅是《汉学研究》的“常务”作者，还分别是《汉学研究》和“汉学研究大系”的编委或顾问。

令人伤心的是，曾两次赴美国调查西方汉学研究和比较文学的周发祥教授，答应为“列国汉学史书系”撰写《美国中国学史》，但在他动笔之时与世长辞；天津师大的刘顺利教授，数次来京，我们促膝长谈汉学，他为“书系”撰写了《朝鲜半岛汉学史》和《中国与朝韩五千年交流年历——以黄帝历、檀君历为参照》，2014年参加完《汉学研究》召集的学术会议不久，即永远离开了我们。耿昇是一位勤劳的大翻译家，出版法国汉学译著70来部，还给“书系”撰写了《法国汉学史论稿》，是心梗夺去了他的生命。严绍璗教授是日本汉学（中国学）文献研究的杰出学者，著作多，影响大，“书系”收录了他的《日本中国学史稿》，尽管疾病纠缠多年，他却始终笔耕不辍，直至仙逝；宋绍香教授坎坷半生，始终以俄罗斯汉学研究为伴，为“书系”贡献了《中国文学翻译与研究在俄罗斯》《中国新文学俄苏传播与研究史稿》《中国新文学20世纪域外传播与研究》等书稿，逝世前几天还给我打电话，哪想也不告而别。将学术视为生命的朱政惠教授，他的《美国中国学史研究——海外中国学探索的理论与实践》颇具学术价值！但他的未竟之业，还是留给了后人……

围绕国际汉学研究，这些展示中国精神的心善的学者们的离去，是我们学术事业的巨大损失！他们远去的地方没有硝烟，一路柳暗花明；从大地到天上，然后他们化作闪亮的星辰，闪耀着温柔平和的文化之光；我们怀念他们，低头读其著作，抬头缅怀其精神，这是我们对他们深切的悼念！

阎纯德

2022年9月9日于神州半岛

目　录

Contents

Sinology in Russia

Sinology in America

Sinology in Germany

Sinology in Britain

Sinology in Canada

Messages

Translated by Yang Yuying
Revised by Xiong Wenhua

·国学特稿·

哲学与社会推展

——走进《孙子兵法》的世界

孙中原

摘　要：本文论述《孙子兵法》的军事哲学与社会推展，阐发其料敌制胜的认识论，智谋取胜的辩证法，从其整体性质出发，以其十三篇元典为论据论证，分析其深层的哲学意蕴与社会推展，凸显其对社会生活的启示借鉴意义。

关键词：孙子兵法　军事哲学　社会推展　认识论　辩证法

春秋战国，战事频仍，兵家学人，应运而生。孙中山演讲，称孙武（前545—前470）《孙子兵法》，是"中国的军事哲学"："就中国历史来考究，两千多年的兵书，有十三篇，那十三篇兵书，便成立中国的军事哲学。所以照那十三篇兵书讲，是先有战斗的事实，然后才成那本兵书。"①

《孙子兵法》是我国最早的军事哲学元典。孙武是中国古代杰出的军事指挥家、实践家与理论家，兵家学派的奠基人。春秋末孙子、老子（约前571—前491）与孔子（前551—前479）三位文化巨星，分别是兵道儒三家的开山祖师。研治《孙子兵法》，有助于深刻把握中华优秀传统文化的精髓，通过创造性转化与创新性发展，可作为今日军事哲学与社会生活各领域的启示借鉴。

一、战争经验的总结，军事哲学的系统：《孙子兵法》的出世

孙武，字常卿，生于齐国乐安（今山东广饶）。孙武先祖陈完，在齐定

① 孙中山：《孙中山选集》，北京：人民出版社，2011年，第730页。

居，称田完。孙武祖父，是田完第五世孙田书，任齐大夫，攻莒国有功，齐景公把乐安封给田书，赐姓孙氏，田书称孙书。孙书儿子孙凭，是齐国卿大夫，齐国君主以下最高级官员，孙凭是孙武父亲。孙武曾祖、祖父与父亲，都是善战名将。孙武有齐国卿大夫世家的优越教养学习条件，自幼喜研兵法，熟知先人战例，了解作战经验。

孙武生活的齐国，矛盾重重，危机四伏，离齐奔吴，隐居吴都郊外，耕作著书，传世《孙子兵法》。吴国自吴王寿梦以来，联晋伐楚，国势强盛，孙武在吴，施展理想，实现抱负。孙子结识从楚奔吴的伍子胥。伍子胥是楚名臣，前522年，因父亲伍奢与兄长伍尚被楚平王杀害，逃奔吴国，立志伐楚，为父兄报仇。

前514年，吴国公子光借吴国伐楚，国内空虚，以专诸为刺客，杀吴王僚自立，称阖闾。阖闾即位，礼贤下士，体恤民情，发展生产，积蓄粮食，建筑城垣，训练军队，重视人才，立志强国，向长江中游发展，图谋灭楚称雄。孙武请伍子胥引见吴王阖闾，呈览《孙子兵法》。

阖闾任伍子胥为行人，伍子胥奉阖闾命，请孙武练兵，任以为将，执吴军政。前506年冬，吴国出兵伐楚。孙武用“迂回奔袭，出奇制胜”战术，溯淮河西上，从淮河平原，越大别山，深入楚境，直奔汉水，在柏举（今湖北汉川北）重创楚军，五战五胜，攻陷楚国都郢。楚国元气大伤，吴国声威大振，终成春秋一霸。吴国成南方强国，威震北方齐晋大国。司马迁《史记·孙子吴起列传》赞孙武：“西破强楚，入郢，北威齐晋，显名诸侯，孙子与有力焉。”①

《孙子兵法》总结无数战争经验，提升军事理论系统，是古代军事哲学的重镇。《孙子兵法》各篇，以“孙子曰”开头，文辞口气，为后学记录发挥，显示《孙子兵法》是以孙武为首的学术共同体口耳相传、长期积累、加工润色的产物，反映了孙武思想。这种行文方式是古时著作惯例，《老子》《论语》《墨子》《管子》等，都是如此。

《孙子兵法》博大精深，极富哲理，全面论述军事与政治、经济、外交、自然条件等相互关系，阐述战略战术。其方法精神，蕴含军事哲学蓬勃强劲的生命力、震撼力、影响力与思想张力，适用于军事，广泛推展，应用于政治、外交、经济、商业、教育、体育等社会生活各领域，对解决民用，处理

① 司马迁:《史记·列传》卷1，西安：三秦出版社，2008年，第22页。

人际关系，有普遍的启示引领作用。

《孙子兵法》十三篇，后世置《武经七书》之首，被译为英、法、德、日等数十种外文，是国际著名的兵学元典，是中国古代军事文化遗产的璀璨明珠，中国优秀传统文化的重要组成部分。

《始计》讲庙算，出兵前在庙堂上比较敌我各种条件，估算战事胜负的各种可能，制订相应作战计划。《作战》讲庙算后的战争动员，取用于敌，胜敌益强。《谋攻》讲以智谋攻城，不专用武，采用多种手段，使守敌降服。以上说战略运筹。

《军形》讲有军队客观稳定易见的性质，战斗力强弱，战争物资准备。《兵势》讲主观易变，带偶然性因素，兵力配置，士气勇怯。《虚实》讲分散集结，包围迂回，造成预定会战地点上的我强敌弱，以多胜少。以上说作战指挥。

《军争》讲“以迂为直”“以患为利”，夺取会战先机。《九变》讲将帅根据不同的战场变动，采取不同的战略战术。《行军》讲在行军中宿营，观察敌情。以上说战场机变。《地形》讲六种作战地形，相应战术。《九地》讲依主客形势，深入敌方程度，划分为九种作战环境，提出相应的战术战法。以上是军事地理。《火攻》讲以火助攻。《用间》讲五种间谍，配合使用。

二、军事哲学的重镇，克敌制胜的原理：《孙子兵法》的精髓

（一）料敌制胜的认识论。毛泽东说：

> 指挥员的正确的部署来源于正确的决心，正确的决心来源于正确的判断，正确的判断来源于周到的和必要的侦察，和对于各种侦察材料的联贯起来的思索。指挥员使用一切可能的和必要的侦察手段，将侦察得来的敌方情况的各种材料加以去粗取精、去伪存真、由此及彼、由表及里的思索，然后将自己方面的情况加上去，研究双方的对比和相互的关系，因而构成判断，定下决心，作出计划——这是军事家在作出每一个战略、战役或战斗的计划之前的一个整个的认识情况的过程。[①]

① 毛泽东：《中国革命战争的战略问题》，《毛泽东选集》，北京：人民出版社，1968年，第163—164页。

《孙子兵法》开拓性与创造性地概括军事认识论的诸范畴，给出精辟的定义与分类，是无数战例经验的总结提升与理论意涵的推广应用。定义揭示军事哲学范畴的内涵，分类列举其外延。战例经验的总结提升，运用抽象概括的逻辑方法。推广应用，表现其军事哲学意蕴的社会推展功能及其科学真理性的价值外溢与思维逻辑的生命张力。

1.论“知”，即认知。《地形》说：“知彼知己，胜乃不殆。知天知地，胜乃不穷。”[①]光知己，而不知彼，或光知彼，而不知己，或只“知彼知己”，而不“知天知地”，这对战争取胜而言，都只有一半概率。只有“知彼知己”“知天知地”，“知”通“彼己天地”，才有战胜的把握。

预见胜利，列举五种。《谋攻》说：

> 故知胜有五，知可以战与不可以战者胜，识众寡之用（作用，对策）者胜，上下同欲（齐心）者胜，以虞（准备）待不虞者胜，将能而君不御（驾驭，控制，干涉）者胜。此五者，知胜之道也。故曰，知己知彼，百战不殆。不知彼而知己，一胜一负。不知彼不知己，每战必殆。[②]

预见胜利的五种列举如下。（1）知道可战与不可战，能胜。（2）知道怎么指挥兵多兵少，能胜。（3）上下同心协力，能胜。（4）己方充分准备，对抗无准备的敌方，能胜。（5）将领有才能，国君不牵制，能胜。以上五种战争知识，是预见料敌制胜的依据。引申结论：（1）了解己方与敌方，每次战斗，不会危险。（2）了解己方，不了解敌方，胜负各半。（3）不了解己方与敌方，每战必败。

认知战事，列举五种。《计》说：

> 故经（量度，研究）之以五事，校（比较）之以计（计算），而索其情：一曰道，二曰天，三曰地，四曰将，五曰法。道者，令民于上同意也，故可以与之死，可以与之生，而不畏危。天者，阴阳、寒暑、时制也。地者，远近、险易、广狭、死生也。将者，智、信、仁、勇、严也。

---

① 黄朴民：《〈孙子兵法〉解读》，北京：中国人民大学出版社，2008年，第226页。

②《〈孙子兵法〉解读》，第84—85页。

法者，曲制（军队组织编制）、官道（官吏职责管理）、主用（掌管费用）也。凡此五者，将莫不闻，知之者胜，不知者不胜。故校之以计，而索其情，曰，主孰有道？将孰有能？天地孰得？法令孰行？兵众孰强？士卒孰练？赏罚孰明？吾以此知胜负矣。

通过比较敌我双方的各种条件，认知战争“五事”（道天地将法）。“道”：民心向背，得道多助，失道寡助，军民同心，同生共死，不怕危险。“天”：阴晴寒暑，四季更替。“地”：远近、平坦、艰险、开阔、狭窄等各种地形，对军士安危的影响。“将”：冷静睿智，赏罚有信，关爱军士，勇敢果断，严格要求。“法”：管理军队的法规，军队组织，层次结构，责权划分，物资调配。提问：“法令孰行？兵众孰强？士卒孰练？赏罚孰明？”①

清楚认知战争“五事”，就能战胜。没有清楚认知，不能战胜。通过比较，清楚认知：哪方上下心志相通？哪方将领有能？哪方占有天时地利？哪方法令执行？哪方士兵强健？哪方士兵训练有方？哪方赏罚分明？认知战争“五事”（道天地将法），则能预知胜败结局。

班固《汉书·艺文志》论“兵权谋”说：“先计而后战。”②预先计划筹策，而后投入战斗，不打无准备之仗。《孟子·公孙丑下》说：“天时不如地利，地利不如人和。”③“天时”，指自然界的时令寒热。“地利”，指有利的地势，如地势的远近、险易、广狭、高下，死地（危险地带）和生地（安全地带）等因素。“人和”，指上文说的“道”：道义民心，人际关系。

《作战》说：“故不尽知用兵之害者，则不能尽知用兵之利也。”④《虚实》说：“故策（策度，计算）之而知得失之计，候（侦察）之而知动静之理，形之而知死生之地，角（火力侦察）之而知有余、不足之处。”⑤《九变》说：“故将通于九变之利者，知用兵矣。将不通九变之利，虽知地形，不能得地之利矣。治兵不知九变之术，虽知五利，不能得人之用矣。”⑥

《九地》说：“是故不知诸侯之谋者，不能预（与）交。不知山林、险

①《〈孙子兵法〉解读》，第34页。

②《中国哲学书电子化计划》https：//ctext.org/zhs。

③《中国哲学书电子化计划》https：//ctext.org/zhs。

④《〈孙子兵法〉解读》，第56页。

⑤《〈孙子兵法〉解读》，第142页。

⑥《〈孙子兵法〉解读》，第178页。

阻、沮泽之形者，不能行军。不用向导者，不能得地利。四五者（四加五为九，指九种地势），一不知，非霸王之兵也。”[①]《用间》说：“故明君贤将，所以动而胜人，成功出于众者，先知也。先知者，不可取于鬼神，不可象于事（相似事物的类推），不可验（应验）于度（度数），必取于人，知敌之情者也。”[②]

《孙子兵法》各篇论“知”，列举用兵打仗的调研认知提纲，为军事指挥员应知必知的要件。毛泽东说：“中国古代大军事家孙武子书上‘知彼知己，百战不殆’这句话，是包括学习和使用两个阶段而说的，包括从认识客观实际中的发展规律，并按照这些规律去决定自己行动克服当前敌人而说的；我们不要看轻这句话。”[③]又说：“孙子的规律，‘知彼知己，百战不殆’，仍是科学的真理。”[④]军事指挥员应知必知的要件，被19世纪德国军事学家克劳塞维茨称为战略要素，这些要素的强弱利弊，决定战争的胜负结局，务必全面考察，整体把握。

2.论“识”，即认识。《谋攻》说：“识众寡之用者胜。”论“虑”，即思虑。《九变》说：“是故智者之虑，必杂（兼顾）于利害（曹操注：在利思害，在害思利）。《火攻》：故曰，明主虑之，良将修（治理）之。”

3.论“智”，即智慧。《计》说：“将者，智、信、仁、勇、严也。”[⑤]《孙子十家注·计》说：“兵家者流，用智为先。盖智者，能机权，识变通也。”[⑥]论“谋”，即计谋。《谋攻》说：“不战而屈人之兵，善之善者也。故上兵伐谋。”[⑦]《九地》说：“运兵计谋，为不可测。”[⑧]即运用兵力，巧设计谋，让敌人无法预测。

4.论“计”，即计划，计算比较。在用兵前，在庙堂上，比较研究敌我双

---

①《〈孙子兵法〉解读》，第255页。

②《〈孙子兵法〉解读》，第290页。

③ 毛泽东：《中国革命战争的战略问题》，《毛泽东选集》合订本，北京：人民出版社，1968年，第166页。

④ 毛泽东：《论持久战》，《毛泽东选集》合订本，北京：人民出版社，1968年，第458页。

⑤《〈孙子兵法〉解读》，第34页。

⑥ 孙武：《孙子兵法1》，徐寒注译，北京：线装书局，2017年，第191页。

⑦《〈孙子兵法〉解读》，第75—77页。

⑧《〈孙子兵法〉解读》，第245页。

方的各种因素（道天地将法）。《计》说："校之以计。"[①]《军争》说："故迂其途，而诱之以利，后人发，先人至，此知迂直（以迂为直）之计者也。"[②]《地形》说："料敌制胜，计险厄远近，上将之道也。"[③]即判明敌情，拟定取胜计划，计算险易远近，是高明将领的指针。

在逻辑学中，"三段论"syllogism一词的希腊文syllogismos，原意即"计算"。柏拉图用这个词，有"推理"的意思。亚里士多德解释为一般演绎推理。莱布尼茨说："我们要造成这样的一个结果，使所有推理的错误，都只成为计算的错误。这样，当争论发生的时候，两个哲学家同两个计算家一样，用不着辩论，只要把笔拿在手里，并且在算盘面前坐下，两个人面面相觑（看）地说：让我们来计算一下吧！"[④]

5.论"算"，即计算筹策。《计》说："夫未战而庙算胜者，得算多也。未战而庙算不胜者，得算少也。多算胜，少算不胜，而况于无算乎！"[⑤]庙算，即战前在宗庙里商讨作战计划，分析利害得失。得算，即取得战争胜利的条件。算，本指计算时用的竹筹码。《汉书·赵充国传》说："臣闻兵以计为本，故多算胜少算。"[⑥]

6.论"料"，即预料，料想。《地形》说："将不能料敌，以少合众，以弱击强，兵无选锋，曰北。"[⑦]即将领不能预料敌情，以少胜多，以弱胜强，军队没有精选训练的前锋，叫败北。

（二）智谋取胜的辩证法。如何认识与处理战争过程中所遇到的各种矛盾对立面，如虚实、有无、分合、众寡、强弱、难易、远近、劳逸、动静、治乱、奇正、真假等，从而改变敌我形势，争取战争主动，夺取最终胜利，是用智谋取胜的军事辩证法。

---

①《〈孙子兵法〉解读》，第34页。

②《〈孙子兵法〉解读》，第157页。

③《〈孙子兵法〉解读》，第224页。

④ 肖尔兹：《简明逻辑史》，张家龙译，北京：商务印书馆，1977年，第52页；张家龙等：《逻辑学思想史》，长沙：湖南教育出版社，2004年，第596页。

⑤《〈孙子兵法〉解读》，第42页。

⑥《汉书·赵充国辛庆忌传》，见《中国哲学书电子化计划》，https: //ctext.org/han-shu/zhao-chong-guo-xin-qing-ji-zhuan/zhs

⑦《〈孙子兵法〉解读》，第222页。

1.论灵活性。《军争》说：

> 故三军可夺气，将军可夺心。是故朝气锐，昼气惰，暮气归。善用兵者，避其锐气，击其惰归，此治气者也。以治待乱，以静待哗，此治心者也。以近待远，以逸待劳，以饱待饥，此治力者也。无邀正正之旗，无击堂堂之陈，此治变者也。①

《九变》说："途有所不由，军有所不击，城有所不攻，地有所不争，君命有所不受。故将通于九（多）变之利者，知用兵矣。将不通九变之利，虽知地形，不能得地之利矣。治兵不知九变之术，虽知五利，不能得人之用矣。"②五利：五变之利，指《九变》说"途有所不由"到"君命有所不受"。

2.论虚实。这是涉及战略策略的对立面。《虚实》说："夫兵形象水。水之行避高而趋下，兵之形避实而击虚。水因地而制流，兵因敌而制胜。故兵无常势，水无常形。能因敌变化而取胜者，谓之神。"③"故形人而我无形，则我专而敌分。我专为一，敌分为十，是以十攻其一也。则我众敌寡，能以众击寡者，则吾之所与战者约矣。"④战略，是以一当十。策略，是以十当一。伤其十指，不如断其一指。集中优势，各个歼敌。

《管子·霸言》说："释实而攻虚，释坚而攻脆，释难而攻易。"⑤《管子·制分》说："故凡用兵者，攻坚则轫，乘瑕则神。攻坚则瑕者坚，乘瑕则坚者瑕。故坚其坚者，瑕其瑕者。"⑥用兵攻坚，则容易受挫，攻弱，则易获神效。攻坚，其薄弱环节变坚固。攻弱，其坚固部分变薄弱。所以要稳住其坚固环节，削弱其薄弱环节。

3.论奇正。曹操注说："正者当敌（正面交锋），奇兵从旁击不备也（避实击虚）。"⑦《势》说："凡战者，以正合，以奇胜。故善出奇者，无穷如天地，

---

①《〈孙子兵法〉解读》，第165页。
②《〈孙子兵法〉解读》，第178页。
③《〈孙子兵法〉解读》，第144页。
④《〈孙子兵法〉解读》，第138页。
⑤《管子·霸言》，见《中国哲学书电子化计划》，https：//ctext.org/guanzi/ba-yan/zhs。
⑥《管子·制分》，《中国哲学书电子化计划》，https：//ctext.org/guanzi/zhi-fen/zhs。
⑦ 孙中原：《诸子百家趣谈》，北京：商务印书馆，2017年，第360页。

不竭如江河。”[①]即所有的战争，都是以正兵相交合，以奇兵制胜。善于出奇兵的人，就像天地运行一样无穷无尽，像江海一样永不枯竭。

《势》说：“战势不过奇正，奇正之变，不可胜穷也。奇正相生，如循环之无端，孰能穷之？激水之疾，至于漂石者，势也。鸷鸟之疾，至于毁折者，节也。故善战者，其势险，其节短。势如扩弩，节如发机。”[②]

即战势不过奇正两种，而奇正的组合变化，永无穷尽。奇正互相转化，就像一个永无尽头的循环，谁能使它穷尽呢？湍急的流水，能漂动大石，是来势宏大。迅猛的猛禽，能捕杀雀鸟，是节奏迅猛。善战者，来势大，节奏快。像拉开弓弩那样蓄势，像扣动扳机那样突然射出。

“故善战人之势，如转圆石于千仞之山者，势也。”[③]即善于指挥打仗的人创造势态，就像在极高的山上，滚动圆石，来势宏大。《谋攻》说：“敌则能战之（打得过敌人，就打），少则能逃之（打不过敌人，就退），不若则能避之（不如敌人，就避其锋）。”[④]

4.论诡诈。《军争》说：“兵以诈立（用诡诈诱骗立足成功）。以利动（用利己原则决定行动），以分合（用分散集中）为变者也（作为灵活变动）。”[⑤]《计》说：“兵者，诡道也。故能而示之不能，用而示之不用，近而示之远，远而示之近（人工造成敌军的过失，声东击西）。利而诱之，乱而取之，实而备之，强而避之，怒而挠之，卑而骄之，佚而劳之，亲而离之，攻其无备，出其不意。”[⑥]

用兵打仗本诡诈，有能装无能，要打装不打。攻打近，装攻打远。攻打远，装攻打近。对方贪利，用利诱惑。对方混乱，趁机攻取。对方坚强，防御回避。对方暴怒，施以撩拨。对方谦卑，激其骄傲。对方安逸，促其劳累。对方团结，挑拨离散。

《韩非子·难一》说：“战阵之间，不厌诈伪。”[⑦]《唐太宗李卫公问对》说：

---

①《〈孙子兵法〉解读》，第115页。

②《〈孙子兵法〉解读》，第115—118页。

③《〈孙子兵法〉解读》，第121页。

④《〈孙子兵法〉解读》，第80页。

⑤《〈孙子兵法〉解读》，第161页。

⑥《〈孙子兵法〉解读》，第39页。

⑦《韩非子·难一》，见《中国哲学书电子化计划》，https：//ctext.org/hanfeizi/nan-yi/zhs。

"朕观千章万句，不出乎'多方以误之'一句而已。"[①]《汉书·艺文志》总论兵书："自春秋至于战国，出奇设伏，变诈之兵并作。"[②]

克劳塞维茨在《战争论》中说"战略"的名称，来源于诡诈，战略本有诡诈性。制造假象，迷惑敌人，引敌犯错，使敌自满狂暴，分崩离析，疲于奔命，乘机取胜。用兵诡诈，兵不厌诈。攻其无备，出其不意。

《谋攻》说：

> 不战而屈人之兵，善之善者也。故上兵伐谋，其次伐交，其次伐兵，其下攻城。攻城之法，为不得已。修橹（望楼；盾牌）轒辒（蒙牛皮四轮攻城战车），具器械，三月而后成。距堙（攻城土山），又三月而后已。将不胜其忿而蚁附之，杀士卒三分之一，而城不拔者，此攻之灾也。故善用兵者，屈人之兵而非战也，拔人之城而非攻也，毁人之国而非久也，必以全争于天下，故兵不顿而利可全，此谋攻之法也。[③]

用兵上策，是用谋略胜敌。次一等，是用外交胜敌。再次一等，是武力败敌。最次，是攻敌城池。攻城，是不得已之法。各种攻城器械，三个月制成。堆积土山，三个月完成。将领气愤，命令士兵蚁附登城，被杀无数，城池不下，是攻城的灾难。善用兵，不打仗使敌屈服。不攻城使敌投降。摧毁敌国，不必持久。全胜天下，不损兵力，利益保全，是谋攻的良策善法。

战争目的为取胜，有限使用暴力，争取最大效果。杜甫《前出塞九首》："挽弓当挽强，用箭当用长。射人先射马，擒贼先擒王。杀人亦有限，列国自有疆。苟能制侵陵，岂在多杀伤？"[④]歌谣："射人先射马，擒贼先擒王。"[⑤]

以战去战，以兵制侵，制侵为限，不务穷兵。《计》说："将者，智、信、仁、勇、严也。"[⑥]《管子·霸言》说："德义胜之，智谋胜之。"[⑦]《史记·管晏

① 黄朴民：《黄朴民解读兵家经典　太宗李卫公问对·尉缭子》，长沙：岳麓书社，2011年，第205页。

②《汉书·艺文志》，见《中国哲学书电子化计划》，https：//ctext.org/han-shu/yi-wen-zhi/zhs。

③《〈孙子兵法〉解读》，第75—79页。

④ 于海娣等：《唐诗鉴赏大全集》，北京：中国华侨出版社，2010年，第156—157页。

⑤ 萧涤非：《杜甫诗选注》，北京：人民文学出版社，1998年，第30—36页。

⑥《〈孙子兵法〉解读》，第34页。

⑦《管子·霸言》，见《中国哲学书电子化计划》，https：//ctext.org/guanzi/ba-yan/zhs。

列传》说："齐桓公以霸，九合诸侯，一匡天下，管仲之谋也。"[①]《汉书·高帝纪下》说："夫运筹帷幄之中，决胜千里之外。"[②]运筹帷幄，筹划决策，巧定计策，智谋取胜。

（三）智谋取胜的原理。《孙子兵法》论述智谋取胜的战略原理。毛泽东说："要为了发扬中华民族的历史遗产去读孙子的书，要精滤《孙子兵法》中卓越的战略思想，批判地接受其对战争指导的法则和原理，并以新的内容去充实。"[③]

1.先知的原理。预先认知敌我实情，预见战争胜负结局。《用间篇》说："明君贤将，所以动而胜人，成功出于众者，先知也。"[④]《谋攻篇》说："知彼知己，百战不殆。"[⑤]强调预先熟知敌我实情。《用间篇》论"知彼"，提出合用五间。《虚实篇》论用计算、挑动、示形、试探较量等方法，勘察敌情。《行军篇》列举数十种相敌观察法，讲"知彼知己"，强调国君知将帅，将帅知士卒。先知是预测战争结局的依据，恰当决策的前提，指挥军队的先决条件。先知原则，是《孙子》战略的首要原则，有超时空的现代意义。

2.先胜的原理。保证已方在政治、经济、军事、外交、谋划等方面胜敌。《形篇》说："胜兵先胜，而后求战。"[⑥]取胜之军，先创取胜条件，后决战。从战略角度说，通过"修道而保法"，使民众顺应统率意图。重视经济和军事实力积累，形成如积水于千仞之山的强大势能动力，通过外交斗争，孤立敌方，壮大已方。保证全局优势，合理部署。通过专我分敌，示形欺敌，造成已方优势，以专击分，争取战役战斗先胜，积少成多，谋求全胜。实力优势，是取胜的先决条件。放松警惕不善谋，实力处优遭失败。强化实力，计谋先胜。《计篇》说："多算胜，少算不胜，而况于无算乎？"[⑦]

3.全胜的原理。卓越指挥，谋求全局胜利，使敌方全军而屈。计划周全，算无遗策，知利与害，知进与退，知奇与正，筹谋全策。辩证思维，两端分析，两面权衡，避免偏激。《谋攻篇》说："百战百胜，非善之善者也；不战

---

①《史记·管晏列传》，见《中国哲学书电子化计划》，https://ctext.org/shiji/guan-yan-lie-zhuan/zhs。

②《汉书·高帝纪下》，见《中国哲学书电子化计划》，https://ctext.org/han-shu/gao-di-ji-xia/zhs。

③ 赵润琴：《毛泽东如何看待〈孙子兵法〉》，《天津日报》2011年12月28日，第11版。

④《〈孙子兵法〉解读》，第290页。

⑤《〈孙子兵法〉解读》，第85页。

⑥《〈孙子兵法〉解读》，第100页。

⑦《〈孙子兵法〉解读》，第42页。

而屈人之兵，善之善者也。"[①]"必以全争于天下，故兵不顿而利可全，此谋攻之法也。"[②]善于降敌，不靠硬打。善于夺城，不靠强攻。善亡敌国，不靠久战。全谋争胜，争取全胜。"兵不顿，而利可全。"[③]指导思想求全胜，损失减到最小。谋全局，筹全策，争全胜。贯彻全胜原则，造成我方优势，迫敌屈服。运用威慑，威加于敌，夺敌将心，慑敌军气。伐谋、伐交与伐兵结合，瓦解敌心，迫敌降服。

4.致人的原理。《虚实篇》说："善战者，致人而不致于人。"[④]调动敌人，而不被敌调动。争取战争的主动权，军队的自由权，战事的驾驭权，局势的控制权。智慧与实力较量，掌握主动，发挥长处，变短为长，压制敌方，拉大差距，克敌制胜。运用"示形""分敌""击虚""先其所爱""以利动之""战胜不复"等手段，调动敌人。用间谍相敌试探，识破敌方阴谋。

5.突袭的原理。实施突袭，秘密决策，隐蔽准备。《九地篇》说："兵之情主速，乘人之不及，由不虞之道，攻其所不戒也。"[⑤]"并力一向，千里杀将，是谓巧能成事。"[⑥]力避战事，旷日持久，暴师于外。《九地篇》强调进攻速决，善于突袭，深入敌国，"深入则专"，调动士卒。《形篇》说："善攻者，动于九天之上，故能自保而全胜也。"[⑦]《作战篇》说："兵闻拙速，未睹巧之久也；夫兵久而国利者，未之有也。"[⑧]速战速决，是实施突袭原则的精髓。

6.奇胜的原理。《势篇》说："凡战者，以正合，以奇胜。故善出奇者，无穷如天地，不竭如江河，终而复始。"[⑨]"战势不过奇正，奇正之变，不可胜穷也。奇正相生，如循环之无端。"[⑩]奇胜原理，常规为正，超常为奇。兵力部署，常备为正，机动为奇。作战方式，正攻为正，侧击为奇。对阵为正，偷袭为奇。一般为正，特殊为奇。军事心理上，常情为正，意外为奇。奇胜原理，奇正相生，以奇为正，以正为奇，变化无穷，变幻莫测。

---

①《〈孙子兵法〉解读》，第75页。
②《〈孙子兵法〉解读》，第79页。
③《〈孙子兵法〉解读》，第79页。
④《〈孙子兵法〉解读》，第133页。
⑤《〈孙子兵法〉解读》，第243页。
⑥《〈孙子兵法〉解读》，第255页。
⑦《〈孙子兵法〉解读》，第98页。
⑧《〈孙子兵法〉解读》，第56页。
⑨《〈孙子兵法〉解读》，第115页。
⑩《〈孙子兵法〉解读》，第115页。

7.击虚的原理。《虚实篇》提出“避实而击虚”的原理。“击虚”：打击敌人虚弱，使敌实变虚，强变弱。“虚实”：兵力大小众寡，士气高低凝散，军队治乱劳逸，兵势锐钝勇怯，部署先后主次。《势篇》说：“兵之所加，如以碬投卵者，虚实是也。”[①]《唐太宗李卫公问对》说：“朕观诸兵书，无出孙武，孙武十三篇无出虚实，夫用兵识虚实之势，则无不胜。”[②]识知虚实方法多，派间谍打入敌人内部，战场“相敌”，“示形”惑敌，用试探试验，探察敌方虚弱，以石投卵，无往不胜。

8.任势的原理。运用力量，因势定谋，借势成事。《势篇》之“势”，含义是力，能力动力，蓄势潜能，正面冲击力，多向威慑力，相互作用力，差异蕴含力。发挥已方力量，合利则动，不利则止。以谋制胜，以巧成事。集中力量，快速出击。利用相互作用力，达成目的。石不能自转，因山之险，成不可遏止之势。物难以力举，借水之疾，漂之远去。矢不能自射，凭弩之力劲发，借力我用。用小力，获大功。求之于势，借势之力。“置之死地而后生。”以“死地”之势，激发殊死博斗的超人气势，搏取超常效应。

9.善守的原理。强调善攻，主攻，进攻；主张善守，善防，善御。《形篇》说：“善守者，藏于九地之下；善攻者，动于九天之上，故能自保而全胜也。”[③]战胜敌人，必须做好战备守备，用机动兵力，应付可能出现的各种异常情况。发挥优势，“先处战地”。“以逸待劳，以饱待饥。”借助地形，伪装防御，制造假象，欺骗敌方，灵活应变。《谋攻篇》说：“敌则能战之，少则能守之，不若则能避之。”[④]调动敌人，以攻为守，遏止敌人，画地而守，坚守不出，促敌生乱。防御是进攻的补充，保存实力，削弱敌方，争取终胜。

三、军事哲学的张力，各行各业的推展：《孙子兵法》的深刻影响

《孙子兵法》，从部门科学军事学，概括提升哲学世界观、认识论与方法论，以自身的生命力、震撼力、影响力与扩张力，向外推展，应用到各行各业，发挥《孙子兵法》军事哲学兼为社会哲学的奇妙功效。

《孙子兵法》，是中国社会制度大变革时代的产物，反映积极前进的社会

---

① 《〈孙子兵法〉解读》，第114页。

② 纪昀：《四库全书精华3》，长春：吉林大学出版社，2009年，第96页。

③ 《〈孙子兵法〉解读》，第98页。

④ 《〈孙子兵法〉解读》，第80页。

历史观，贯彻朴素唯物论与辩证法的宇宙观，把政治作为决定战争胜败的首要因素，重视强调将帅的地位作用。治军思想，文武兼施，刑赏并重。“令之以文，齐之以武，是谓必取。”[1]

《孙子兵法》是中国优秀文化的重镇与典范。问世以来，对中国古代军事学术的发展，产生巨大深远的影响。孙子“知己知彼”“以众击寡”“避实击虚”等军事谋略，在军事上有杰出应用，可有效移植民用，应用到社会生活各领域。

孙武一生，战功赫赫，给后人留下珍贵的兵法大作《孙子兵法》十三篇，总结概括丰富的军事哲理，确立在春秋末思想界中与老子、孔子并列的崇高地位，是照亮春秋末思想界的三大巨星。宋代定《孙子兵法》为《武经七书》首部，是科举考试军事理论的科目。

《孙子兵法》广泛流传于社会，外传越南、朝鲜、日本、英、德、俄等国。1860年《孙子兵法》有俄译本，后英、德、意、捷、越、希伯来、罗马尼亚等文字版本问世。至今世界有20多种文字译本。英国蒙哥马利元帅说，世界上所有的军事学院，都应把《孙子兵法》列为必修教材。

《孙子兵法》的崇高价值与巨大影响，超越军事领域，可从经济、政治、文化、外交、人生等多角度吸取智慧，社会推展，转化为民间应用。《孙子兵法》是军事哲学，把克敌取胜的谋略，提升为有普遍意义的世界观、认识论与方法论，指导社会实践的各领域。

《孙子兵法》的智慧哲理，具有永恒价值，属于中国与世界。孙子的军事哲学，可有效地移植民用，应用于社会生活，如政治外交、企业管理、体育竞技、中医治病等有高竞争性的领域，卓有成效，屡试不爽。

孙中原　中国人民大学哲学院教授

---

①《〈孙子兵法〉解读》，第207页。

佛教在中国传播的观念基础

——基于佛学与先秦儒家因果观念的比较*

梅　寒　［俄］汉伊理（Ilya Kanaev）

摘　要：学界普遍认为，佛教将一种外来思想模式引入了中国，并与中国的传统信仰共生发展。这个过程可被视为对中国文化原创精神的发展或破坏。根据佛教思想，因果关系是一种可被认知的、理性的知识。而在佛教传入之前，先秦儒学中就存在着理性主义的因果观念。先秦儒家的因果观念更强调个人的努力而非诉诸神秘，与佛教强调自我修养的因果观念是一致的。因此，佛教在中国的传播，并非一种完全不同认知模式的入侵，而是与先秦儒学有一致性的文化重塑。

关键词：佛教　先秦儒学　因果观念　自我

学界普遍认为，中国是佛教传播的沃土，但是中国传统文化和佛教的思想原则有很大的不同。Saunders认为道教的神秘主义与儒学思想常有争论，但却促进了佛教在中国的传播，说明佛教与道教的神秘主义思想更贴近。① 陈荣捷认为，中国本土的人文主义彻底改变了佛教的无我观念。② 胡适和周治平认为佛学思想的核心是通过个人修行获得救赎，与儒家和道家的宿命论完全不同。③ 由于新信仰的传播需要依赖政府支持，但是佛学徒宣扬的出世思想与政治格格不入，因此方立天认为佛学与代表官方正统思想的儒学处于

---

* 本文为国家社科基金重大项目“汉译逻辑术语本土化与中国逻辑学话语体系建设研究”的成果，批准号（21&ZD065）。

① Saunders，Kenneth J.，“Buddhism in China：A Historical Sketch”，*The Journal of Religion* 3，No. 2（1923）：157－169.

② Chan，Wing-Tsit.，“Transformation of Buddhism in China”，*Philosophy East & West*，No.7（1957）：107－116.

③ Hu Shih，and Zhiping Zhou，*English writings of Hu Shih. Chinese Philosophy and Intellectual History*，Berlin，Princeton，New Jersey：Springer，2013，pp.9－14.

不断对抗的关系。[①]不过，在对抗的过程中，佛学为了获得政治上的支持，走向了中国化之路。洪修平则认为，用儒学、道家传统典籍格义佛学虽然不能完全解释佛学概念，但可以说明三者有一定的共通性。[②]

本文认同洪修平的观点。如果中国传统思想与佛学思想没有一致性，那么佛学在中国的传播将难以为继。基于此，本文着重分析二者的认识论基础以寻找共性。佛学源流十分复杂，而且大小乘宗派都曾传入中国并造成了一定的影响，因此本文只考察了佛学关于认识世界的基本概念：业力。儒学是佛学在中国传播的主要对手，而儒学的思想根基为先秦儒学，因此我们考察了儒学的代表作《周易》和《大学》，这两部作品主要完成于战国时期，并且也有完善的认识论思想，可与佛学比较。

一、佛学的因果观念

“业力”是佛学因果观的核心思想，指一切造作都有相应的结果，Grimes认为，这个概念的主要内容是“行动”[③]，Dasgupta也认为这个概念与之前吠陀传统的祭祀活动有关[④]。Grimes[⑤]指出祭祀是为了达成某种预定结果的自愿行为，人类将内心的意愿外推到环境中，并将这种意愿附加在神灵上，希望神灵能帮助他们达成自己的目的，Kalupahana认为祭祀是一种拟人的“活动因果观”（activity view of causation），后来演变成规范一切现象的“不可改变的法则”（unalterable law）或“宇宙秩序”（cosmic order）[⑥]。可见，佛学的业力概念起源于祭祀活动，一般而言，祭祀活动可以造成很多人类认知范围

① Fang，Li-Tian.，*China's Buddhist Culture*，Beijing：China Renmin University Press，2010，p.53.

② 洪修平、孙亦平：《儒佛道三教关系视域下的东方哲学与宗教》，载《哲学动态》2019年第8期。

③ Grimes，John，*A Concise Dictionary of Indian Philosophy*：*Sanskrit Terms Defined in English*，Albany：State University of New York Press，1996，p.160.

④ Dasgupta，Surendranath，*A History of Indian Philosophy*，London：Cambridge University Press，1922，p.210.

⑤ Grimes，John，*A Concise Dictionary of Indian Philosophy*：*Sanskrit Terms Defined in English*，Albany：State University of New York Press，1996，p.232.

⑥ Kalupahana，David，*Causality—The Central Philosophy of Buddhism*，Honolulu：University Press of Hawaii，1975，p.3.

外的结果，因此人们为了获得某种结果自愿参与祭祀，例如在干旱的时候呼唤雨水，为患重病的亲人治疗等。逐渐人们将这种仪式行为作为超自然结果的原因，也就是业力。

随后，“业力”的含义发生了拓展，Potter指出，首先是仪式活动和非仪式活动产生的业力出现了区分，继而业力这一概念涵盖了人类活动的所有领域。[①]Grimes认为，佛教起源于人类对超自然事件认知的缺乏，并将其认作“无明”（avidyā），从而引导人们通过消除它而走向觉醒（buddhi）。[②]因此，佛教是一种修行法门，人们可以通过佛教修行认识到自己的行为以及结果。按佛学理论，一个人的自我修行与个人生命状态的变化有直接的因果关系。一个人可以通过“八正道”——正见、正思维、正语、正业、正命、正精进、正念、正定——的修行放下执着，获得觉悟。反之，如果一个人不能放弃自己的执念，就会被贪（moha）、嗔（rāga）和痴（dveṣa）三毒所困扰，继续忍受无尽的痛苦。

对于佛教徒而言，能否准确判断自己的状态，对于掌握修行法门至关重要，因此佛教非常重视认识论。佛教将个体的状态描述为多种因缘聚合且时刻流变。这些因缘数量庞大，而且不断互相影响，就像构成电视节目的每个帧。在佛教哲学中，因果律是唯一能解释个体行为及结果的原理。辨别一个人处于何种修行状态的能力也是智慧（prajñā）的主要体现方式。[③]这种因果观念也解释了为什么在佛教看来，认知不能像西方哲学那样被理解为充实自己的过程，而被解读为避免使自己被束缚在不断循环的因果关系中并逐渐摆脱无明的过程。一般而言，佛教将知识分为两部分，一部分是关于世间的有利于人类生活的知识：因明、医方明、工巧明、声明，另一部分是关于如何超越世间的知识：内明。内明主要为如何修炼、解脱、得到智慧的方法，是最关键的知识，其他几种知识都是世间法的知识。

个体通过轮回（saṃsāra）不断发生状态变化，一般而言，每个个体都由色受想行识五蕴和合而成，这五蕴只由业力聚合，代表了主体认知能力和

---

① Potter，Karl H.，*Encyclopedia of Indian Philosophies*：*Advaita Vedanta up to Samkara and his pupils*，Princeton，NJ：Princeton University Press，1981，p.30.

② Grimes，John，*A Concise Dictionary of Indian Philosophy*：*Sanskrit Terms Defined in English*，Albany：State University of New York Press，1996，p.74、p.99.

③ Lysenko，Viktoria，*"Prajñā"in Philosophy of Buddhism*：*An Encyclopedia*，Moscow：Vost. Lit.，2011b，p.530.

认知对象的统一。重视因缘和合，使得佛学产生了“无我”（anātmavāda）的观念，即人类对“我”（或灵魂）的存在信念只不过是一种幻觉[①]。对业力（karma）和无我（anatmavada）思想的逐步阐释，使大乘佛学产生了重要观念：真如世界与世俗世界二分。[②]由于个体在当下时空的所有行为都由业力决定，所以个体无法为自己做主。处于觉醒状态的个体（即佛，the Buddha）能了悟所有因缘，而处于世俗界的个体，或者说一个无明的个体无法发现自己的行为都由业所决定，因此无法意识到他的行为与其他事件都有潜在的相互关系。因此，能够了悟一切事件都互有联系的个体，也就能找到造成诸事件的因缘之间的联系，这些人就是不再受因果联系支配的佛陀（the Buddha）。

二、先秦思想的因果观念

1.《周易》占卜与因果观念

“变化”是中国文化的核心观念。但一般而言，变化的规则常被视为神秘且不可知的。宗密的《原人论》认为：

> 儒道二教，说人畜等类皆是虚无大道生成养育，谓道法自然生于元气，元气生天地，天地生万物，故愚智贵贱贫富苦乐皆禀于天，由于时、命故，死后却归天地，复其虚无。然外教宗旨，但在乎依身立行，不在究竟身之元由，所说万物不论象外，虽指大道为本，而不备明顺逆、起灭、染净因缘，故习者不知是权，执之为了。[③]

由于古代贤人更重视诗词歌赋，导致很多学者认为先秦传统缺乏对因果关系和生命状态的理性解释。为了论证这种观点是不可靠的，本文考察了作为“群经之首，大道之源”的《周易》。

① Lysenko，Viktoria.，*“Saṃsāra”in Philosophy of Buddhism*：*An Encyclopedia*，Moscow：Vost. Lit.，2011c，pp.601−603.

② Nāgārjuna，*The Fundamental Wisdom of the Middle Way*：*Nāgārjuna's Mūlamadhyamakakārikā*，New York：Oxford University Press，1995.

③ 宗密：《原人论》，上海：佛学书局，1936年，第1—2页。

殷商时期，古人用甲骨文占卜[①]。随后发展出一种“数占”，也就是《周易》占卜的前身：即用蓍草按一定规则排列组合占卜、预测，“这种占卜方法比骨卜出现要晚，而与龟卜约略同时，都是从商代就已存在，肯定是在《周易》产生之前。”[②]到了周朝，《周易》占卜逐渐成为主流。

甲骨文的占卜方法和《周易》的占卜方法有同有异。二者都是借助外物预测未来。人们通过改造自然界的物体进行占卜：龟甲和兽骨经过加热，会发生变形；蓍草经过一系列的复杂排列，可以形成卦体。人们乞求祖先或上天[③]的保佑，向他们询问事情的未来走向，祖先或上天则会借助“龟甲”“兽骨”和“蓍草”显灵，向人们提供预言。得到预言以后，人们会按照预言行事。但是，祖先或上天不会用明确的语言表达预言，所以需要经过占卜者的一系列解释，这要仰赖占卜者的道德品行和解释能力。虽然甲骨文和《周易》占卜具有相同的形式，但二者的实践过程确有不同。“龟甲”和“兽骨”会经过加热产生不同的形状，而这些形状表达了对事件走向的预言。[④]并且，人们利用甲骨文占卜并非为了获得某事件具体走向的预言，而更倾向于获得保佑，Keightley指出，“占卜师不只是预测未来，还会诱导未来。因此，许多占卜不能简单地理解为预测，而是期许。”[⑤]商朝末年，统治者在占卜的时候，会利用甲骨文，这就导致甲骨文占卜从一种认知工具转变为证明统治者优越性的工具。[⑥]因此，甲骨文占卜的解释逐渐主观化，只是给求卜者增强信念，甚至一些时候，占卜者为了自己的意图，会曲解甲骨文占卜结果。

六十四卦组成《周易》占卜的核心体系，每个卦有六爻，爻分阴爻和阳爻，在《周易》占卜中，阴爻和阳爻会发生变化，出现“爻变”，所占之卦

---

① 李零:《中国方术考》，北京：东方出版社，2001年，第251页。

② 李零:《中国方术考》，北京：东方出版社，2001年，第251页。

③ 甲骨文占卜乞求祖先保佑，而《周易》占卜乞求上天保佑，后文有述。

④ 参考：Keightley，David，*Sources of Shang History*：*The Oracle-Bone Inscriptions of Bronze Age China*，Berkeley：University of California Press，1978.

⑤ Keightley，David，“The ‘Science’ of the Ancestors：Divination，Curing，and Bronze-Casting in Late Shang China”，*Asia Major*，No. 2（2001）：143－187.

⑥ Keightley，David，“The Shang State as Seen in the Oracle-Bone Inscriptions”，*Early China*，No. 5（1979）：25－34；Flad，R. K.，“Divination and Power：A Multiregional View of the Development of Oracle Bone Divination in Early China”，*Current Anthropology*，No. 3（2008）：403－437.

也会随之发生变化，称为“卦变”，占卜者通过排列组合将蓍草组成六爻卦，每一卦代表的含义都在《易经》中表达。近期的考古研究表明，《周易》在战国时期（前479—前221）就已成书。考古发现，在商代晚期（前1200—前1046），用于占卜的甲骨上镌刻数字是很常见的现象，学者们还发现了由六个数字代表一个六爻卦的甲骨残片。在某些情况下，这些数字是对占卜的补充[①]，这说明当时占卜活动是相当频繁的[②]。李学勤认为：“周文王统治时期的周原甲骨铭文与商代最后两位国王的甲骨铭文相似之处较多，不同之处较少。”[③]因此，这些六爻卦很可能是甲骨的直接继承者，以数字形式规范了对占卜结果的解释[④]。这类文物证明了中国古代占卜活动处在不断的继承和演变中[⑤]。

将数字引入占卜对人的认知产生很多影响。例如数字可以代表更多抽象的含义，这使人们对世界的认识更加具体且更有秩序，例如观测天象、制定黄历等。一些出土自商朝、周朝的手稿中有用六爻卦占卜的案例，这些六爻卦由上卦和下卦组成，是《周易》系统的基础。朱熹认为，一个六爻卦的下卦表示内在状态，上卦表示外在状态：“下者，内卦也；上者，外卦也。”[⑥]内在状态指人的状态，外在状态指物的状态，分别用三爻卦表达了人与环境的互动关系。因此，在占卜实践的过程中，上天的庇护很重要，但是一个人能否适应周围环境的变化亦很重要。社会就是人类周围最重要的环境，所以预言是否应验，要看占卜者是否能适应社会的变化。人生活在社会中，不能背

---

① 可参照：Shaughnessy，Edward，*Unearthing the Changes：Recently Discovered Manuscripts of the Yi Jing（I Ching）and Related Texts. Translations from the Asian Classics*，New York：Columbia University Press，2014.

② 可参照：Schwartz，Adam，*The Oracle Bone Inscriptions from Huayuanzhuang East：Translated with an Introduction and Commentary*，Library of Sinology 3，Berlin，Boston：De Gruyter Mouton，2019.

③ Li，Xueqin，“The Divinatory Turtle Plastrons Dated to King Wen of Zhou（r. First Half of the Eleventh Century B. C. E.）”，*Contemporary Chinese Thought*，No. 3（2013）：16−26.

④ Kanaev，Ilya A.，“The Origination of the Book of Changes”，*Voprosy Filosofii*，No.7（2020）：176−189.

⑤ Bréard，Andrea，and Constance A. Cook，“Cracking bones and numbers：solving the enigma of numerical sequences on ancient Chinese artifacts”，*Archives for History of Exact Sciences*（2019）.

⑥ 朱熹：《周易本义》，北京：中华书局，2009年，第29页。

离社会的规则，但是特定的个人可以选择接受或无视这些规则，例如历朝历代的暴君。不过，在大多数情况下，对社会规则的忽视会导致这些人被无情淘汰。所以，《周易》占卜对社会状态的考察意味着对社会规则的重视，而遵守道德是遵守社会规则的基础，所以遵守道德成了《周易》占卜的核心精神，也逐渐演变成中国文化的核心精神。

一般来说，《周易》占卜者通过一种类比推理方式（常被称为“推类”）来解释占卜的结果。占卜者对卦象和卦辞中所包含的内容进行分析，并从中提炼出关键信息，并认为这些信息会在预测的事件中实现。《周易》的占卜体系表现了一套抽象的象、辞系统，可以适用于许多情况。这些卦象、卦辞及其隐喻与现实的对应关系，依赖于解释者的想象力。例如《乾卦 · 九五》“飞龙在天”，“龙”既可以说明古人记卦时真的有龙往天上飞，也可以说明古人用比喻的方式记录一件事。但是，在现实中，“龙”已经消失，因此，解释者需要联想与“飞龙在天”有同样特征的事件，例如升官、继位等，并从中选择与所占之事相关的事件作为对未来的预测。例如卜问仕途如何，占到“飞龙在天”，就说明未来可能升官。

《左传》中记录了一个故事：

> （成公十六年）六月，晋、楚遇于鄢陵。……甲午晦，楚晨压晋军而陈。军吏患之……苗贲皇言于晋侯曰：“楚之良，在其中军王族而已。请分良以击其左右，而三军萃于王卒，必大败之。”公筮之，史曰：“吉。其卦遇《复》☳，曰：‘南国戚，射其元王中厥目。’国戚王伤，不败何待？”公从之。……及战，射共王，中目。王召养由基，与之两矢，使射吕錡，中项，伏弢。以一矢覆命。”[1]

晋公所占之卦已经失传，但通过这个故事我们可以知道古人是如何用卦进行推理的。卦辞传达了两条信息（a）对象是一个南方国家；（b）这个国家即将战败，因为这个国家的君主被箭射中了眼睛。楚国位于晋国南部，因此，楚国符合“南方之国”的特征，已经满足信息（a），按照《周易》的预言，楚国也应该满足信息（b）即战败。整个事件充满了巧合：记录六爻卦的人只说了一个南方国家，没有具体说明是哪一个国家；而且楚国国君的眼

① 左丘明：《春秋左传》，沈阳：辽宁教育出版社，1997年，第184页。

睛也真被射中了，鄢陵之战的进程完全按照六爻卦的预测进行。然而，如果晋王没有得到这个积极的预言，他可能会被楚国严整的军队震慑，无法使晋国战胜楚国，楚国的崩溃可能就不会发生。因此，这次占卜增强了晋王的信心，是鄢陵之战大胜的前提。可见，占卜与预测事件之间的因果关系也充满了心理学因素，因此并非全由"神迹"主导。

按照《周易》占卜规则，占卜者对卦象的解释必须考虑到当时的道德观念。《左传·昭公十二年》记录了一个故事：

> 南蒯之将叛也，其乡人或知之，过之而叹，且言曰："恤恤乎，湫乎，攸乎。深思而浅谋，迩身而远志，家臣而君图，有人矣哉！"南蒯枚筮之，遇《坤》之《比》，曰："黄裳元吉。"以为大吉也，示子服惠伯曰："即欲有事，何如？"惠伯曰："吾尝学此矣，忠信之事则可，不然必败。外强内温，忠也。和以率贞，信也。故曰'黄裳元吉'。黄，中之色也。裳，下之饰也。元，善之长也。中不忠，不得其色。下不共，不得其饰。事不善，不得其极。外内倡和为忠，率事以信为共，供养三德为善，非此三者弗当。且夫《易》不可以占险，将何事也，且可饰乎？中美能黄，上美为元，下美则裳，参成可筮。犹有阙也，筮虽吉，未也。"①

尽管占到"黄裳元吉"，示子服惠伯还是劝告南蒯如果不遵守道德，《周易》的占卜是不灵验的。但是，南蒯固执地认为，预言表明这是一个受祖先庇佑的造反时机。因此他没有听从惠伯的建议，毅然发动了叛乱。结果，南蒯因为不得人心，造反失败："（昭公十四年）司徒老祁、虑癸伪废疾，使请于南蒯曰：'臣愿受盟而疾兴，若以君灵不死，请待间而盟。'许之。二子因民之欲叛也，请朝众而盟。"②

在这次占卜中，南蒯只从"黄裳"中提取了"造反成功"这一条信息，因为黄色代表"君主"的颜色；而惠伯却从"黄裳"中提取了"成王"和"有德行"两条信息，因为黄色也代表着美好的品德。因此，他们从同一条卦辞"黄裳"中提取了不同的信息，从而得到了不同的推理结果。惠伯的解释与事情的发展相印证，一方面他对"黄裳"所代表的含义有了更详细的了

① 左丘明：《春秋左传》，沈阳：辽宁教育出版社，1997年，第331页。

② 左丘明：《春秋左传》，沈阳：辽宁教育出版社，1997年，第352页。

解，另一方面，他的解释也符合当时的道德要求。换言之，只有道德端正的人，才会通过占卜得到正确的结果，而不道德的人要占卜不道德的事件，不会得到正确的结果。《诗经》有言："天生烝民，有物有则，民之秉夷，好是懿德。"可见，人类的道德是上天的恩赐。如果一个人不能端正道德，那么在占卜时，就不会得到上天的回应。秉承这一理念，《系辞传》指出："将叛者其辞惭，心中疑者其辞枝；吉人之辞寡，躁人之辞多；诬善之人其辞游，失其守者其辞屈。"按金景芳的说法，违反道德标准的人、不肯信任他人的人、善于诽谤的人以及没有自信的人都无法获得正确的回应。①

如前所述，《周易》的占卜系统与之前讨论过的甲骨文占卜方法有许多相似之处，但是，在甲骨文占卜中，人们乞求祖先的保佑，而且祖先被认为是后来事件的主要参与者，而活着的人只是辅助他们②。而《周易》的体系则不同，《周易》占卜中，人们拜谒的是一种更加非人格化的天道观念，只有一个人的道义和能力与天道意志相一致，才能保证成功③。因此，这为我们呈现了一种对因果关系的理解：《周易》占卜与所占之事的结果并不完全依赖上天的帮助，而是打消占卜者的顾虑、考察占卜者的道德品行，以及他们对卦所代表的抽象信息的更详细的理解，体现了更多的"人为"因素。

2.《大学》中的因果观念

《大学》是关于人如何自我提升的经典："古之欲明明德于天下者，先治其国；欲治其国者，先齐其家；欲齐其家者，先修其身；欲修其身者，先正其心；欲正其心者，先诚其意；欲诚其意者，先致其知。致知在格物。"④在中国哲学中，格物的含义非常复杂，但是"物"的含义看似容易理解，一般被翻译为"thing"。但是，中国传统的"物"和西方概念的"thing"有一定的差异。在中国的文字系统中，物由"牛"和"勿"两个部分组成，后者代表"工具"（而非武器），可以表示"犁"或"锄头"："勿象耒端剌田起土"。郭沫若将这种"牛"与"犁"的组合解释为"犁之初文，象以犁启土

① 金景芳、吕绍刚：《周易全解》，长春：吉林大学出版社，2018年，第463页。

② Keightley，David，"The 'Science' of the Ancestors：Divination，Curing，and Bronze-Casting in Late Shang China"，*Asia Major*，No. 2（2001）：143–187.

③ 可参照：Major，John S.，and Constance A. Cook. *Ancient China：A History*，New York：Routledge/Taylor & Francis Group，2017.

④ 朱熹：《四书章句集注》，武汉：长江出版社，2016年，第4页。

之状”[①]。在《说文解字》中也给出了同样的定义，“牵牛之谓物”[②]。耕地是一种改造环境的行动，也是文明社会的基本特征。所以，“物”的主要含义不是外在的客观对象，而是改造环境的行动。因此，中文的物更接近对外在世界的“改造”。

《大学》第一章讲“物有本末，事有终始”[③]。《说文解字》将“事”解释为“职”，就是“当差”。《殷墟甲骨文实用字典》指出“事”字描绘了一个“手”和“笔”代表“字象手持笔之形”，意为“治王之事，或勤劳于王事”[④]。无论是古典文献还是现代汉语文献，“事”和“物”都不仅仅代表一个客观的存在，而是与人类的活动息息相关。与海德格尔关于“物”的上手性的观点类似。“物”描述“耕地”可以解释为体力劳动，“事”描述“公务”可以解释脑力劳动。可见，用西方语言解释中国古代的观念是有问题的。这里讨论的劳动、主体、客体等概念，以及它们在认知过程中的相互作用，属于西方文化。用西方语言书写中国哲学，仅能表示“物”作为客观对象的价值，而无法体现象形文字“物”的全部特征。但“物”和“事”的例子确实表明古代中国人对劳动的重视。

如果说“物”指人的各种改造自然的能力，那么“格”则指人在各个具体领域的相应能力。当一个人将各个领域的“物”都参透、“格”了以后，他的知识就达到了极致。《大学》指出“物格而后知至，知至而后意诚，意诚而后心正，心正而后身修，身修而后家齐，家齐而后国治，国治而后天下平。自天子以至于庶人，壹是皆以修身为本。”[⑤]

这一系列的观念表明，先秦儒家要求人们通过自己的努力，不断地更新对“物”的认识。伴随着自身能力的不断提升，人的智慧、自觉性、正确性也会不断提高，从而使人获得管理家、国和天下的重要权力和责任。而且，当一个人获得更多的权力和责任时，他对“物”的认识也必然会发生变化。这呈现了一种不断自我修养为因，更高权力和地位为果的因果关系。这种因果观念意味着人要不断努力奋斗，才能拥有美好未来，突出了“人力”的作用。

---

① 马如森:《殷墟甲骨文实用字典》，上海：上海大学出版社，2014年，第32页。
② 许慎:《说文解字》，上海：上海古籍出版社，2007年，第54页。
③ 朱熹:《四书章句集注》，武汉：长江出版社，2016年，第4页。
④ 马如森:《殷墟甲骨文实用字典》，上海：上海大学出版社，2014年，第45页。
⑤ 朱熹:《四书章句集注》，武汉：长江出版社，2016年，第4页。

三、佛学在中国传播的“因果观念”基础

强调人类通过劳动创造未来是中国文化的根基。从传统的历史神话中可以发现，中国文化起源于普通人对世界、宇宙真相的追求。中国神话中的统治者伏羲、神农、大禹等都是普通人，他们观察天文和地理，发现了有利于人民生活和劳动的知识。[①]《周易》等儒家经典以此为理论核心，为人们获取宇宙知识提供了一套详尽的哲学体系。

因此，《周易》占卜更强调个人能力而非完全依赖外部的神秘力量。相比之下，印欧神话通常围绕着超自然力量，认为人类的知识都来自这些超自然力量的“馈赠”。佛学传统与先秦占卜有相似的理路；因果关系和业力概念逐渐取代了超自然神灵的作用，个体的自我修炼成为能够改变个体生存状态的决定性因素。因此，佛学与先秦儒学在对因果性和个体的主体性的理解上有共同之处，这有利于佛学与中国文化的融合。

那么，为什么先秦思想更强调内在修养和政治实践的关系，而佛学传统则避开世俗社会？先秦儒家认为，万事万物的规则都是天定的，个人必须服从天命，不断努力提高能力和品格，才能达到更高的道德境界。在其历史发展过程中，这种天的观念逐渐与道德联系在一起。孟子说：“得天下有道：得其民，斯得天下矣”。道德的本质要促进人际和谐交往。儒家努力通过自我修行实现道德提升，而道德提升的更高阶段则是政治实践，因为政治可以维护道德秩序。

相比之下，佛学的世界观更注重个体生命的现实性。据一些史料记载，释迦牟尼出城门，遇到生、老、病、死四种社会现象，认识到生命的本质是苦。因此，佛学考虑的是如何离苦得乐，更关注个人的生命状态。大乘佛学虽然有“渡尽众生”的菩萨思想，引领众生脱离世间痛苦，但最终的目标也并非在现实世界中实现，而是想尽办法摆脱现世。

结　论

本文分别考察了佛学与中国先秦哲学相互影响之前的原理。这两种学说都含有因果观念，重视个人的努力。因此，佛学在中国的传播并不是外来

---

① 冯达文、郭齐勇：《新编中国哲学史》，北京：人民出版社，2004年，第3—5页。

世界观的入侵，而是由这些共同的基本原则，呈现出的文化更新。从历史上看，儒学吸收、整合了各个时代的文化因素，产生了不同的儒学流派，并一直保存至今。佛学则吸收了一大批教徒，丰富了人们的世界观和人生观。这两种学说有相似之处，也有不同之处，但都对当今世界产生了重大的影响，可谓是“同归而殊途”。一般而言，理念相同的文化更容易相互交流、相互影响，从而推陈出新。儒家以构建和谐的人际关系、完善政治为目标，而佛家以自我修行、实现解脱为目标。在二者融合的过程中，两种不同的思想不断交会：仕途不顺的儒者开始“放下执着”皈依佛门，寻求佛学的精神家园；佛教徒则对参政议政产生了更多的兴趣。

梅　寒　中山大学逻辑与认知研究所暨哲学系在读博士
［俄］Ilya Kanaev 中山大学哲学系副研究员

论思想典籍文本分析中的义层概念

魏建国　朱　源

摘　要： 为使《道德经》单章以最大局部结构进行内部逻辑体划分，本文提出义层概念，它与单字符、组字符和字符段构成译学的思想典籍分析的一套概念组合。本文给出义层的定义、特性和界定，再以《道德经》单章为例，就这个概念缺位所造成的解义问题及其性质作出分析，作为对比，展示这套概念结合运用对单章解义和译出的效果。本文进而提出，运用本套概念应该是由较大到较小概念，析出单章说理层次，作为译本建构的框架基准。就义层的划分，要把握住"赋意层次系统"这唯一一个客观环节，利用文本分析，提取出单章说理逻辑链。这个环节正是本套概念的用武之地，其中，义层概念能起到梳理论证层次，凸显说理逻辑系统性的作用。

关键词： 义层　单字符　组字符　字符段

一、概念的定义、特性与界定

要翻译典籍，必先为典籍解义。由于汉语表意的隐性和古文用字义项的历时性，解义是译前的关键工序。如果解义不力，译出则缺乏本质价值。事实上，典籍译出问题多源于解义问题。为此，本文作者在《论语义的规定性》[①]中提出单字符（Single Character）、组字符（Combination of Character）和字符段（Section of Combination of Characters，以下简称SCC）这三个典籍分析概念，以使分析系统化，在此基础上，本文又提出义层概念（the largest independent logic section in a text，以下简称LILST），使这四者构成文本拓展性分析概念组合。

义层是指：基于文本的常识逻辑认知层级，它构成单章说理逻辑链中性质相同的最大局部逻辑体。

① 魏建国：《论语义的规定性》，《汉学研究》2020年秋冬卷，第515—531页。

本文认为，它是构体性概念。译学文本分析理论上，概念的构体性基于概念的组合性而来。组字符和字符段就是组合性概念。概念组合性的本质就是：单字符由单一衔接开始做行文拓展。其认知是线性的。构体性是指：由从单句关联到呼应关联形成认知框架性，比如，对称关系就超出了衔接的线性认知范畴。

义层的界定：义层是仅次于单章的次整体概念，即单章是直接由两个或两个以上义层组成的。

此概念组指明单章展开的各文本单位的逻辑节点，概念分析结果反映的是文本建构过程的内在结构合理，而其中，义层作为单章内最大局部概念，对较小概念具备分析的指向作用。

此概念组的理论价值在于：作为译出建构的比对对象，这套概念分析会呈现从线性到构性的逻辑搭建的过程形显，是译出建构过程的对应性证据。

义层虽与单句存在重合之处，但就划分的逻辑，义层可以是单句，而单句不一定能构成义层。单句的划分依靠语法，由句号作为划分符号，是外在的；义层的划分依靠原章内最大的逻辑体，逻辑体之间的节点是其划分标志，是内在的。

二、义层的用法

（一）问题的表象与本质

为还原《道德经》阐述的系统性，同时，也认识到之前问题的复合性，本文提出：运用义层概念须以单字符解义的合理为基础，以实现系统化的证据支撑。

比如，《道德经》第41章，由亚瑟·威利（Arthur Waley，1888—1966）的译文逆推其解义（下称威译①）。

分析：

问题一：以本套概念分析该译文，局部多呈现问题的复合性。

问题二：单字、句内和句际译出表达多缺乏内在关联，使威译所指链凌乱。

---

① Waley A.，*The way and its power*：*A study of the Tao TeChing and its place in Chinese thought*，London；New York：Routledge，2013，P.193.

为说明其如何凌乱，先按义层概念把《道德经》第41章分出五个义层，第三个义层里，分三个子义层。双斜杠表义层；单斜杠表子义层：

上士闻道（SCC1），勤而行之（SCC2）；中士闻道（SCC3），若存若亡（SCC4）；下士闻道（SCC5），大笑之（SCC6）。（SS1）//不笑不足以为道。（SS2）//故建言有之（SCC7）：明道若昧（SCC8），进道若退（SCC9），夷道若纇（SCC10）。/上德若谷（SCC11）；大白若辱（SCC12）；广德若不足（SCC13）；建德若偷（SCC14）；（SS3）/质真若渝（SCC15）。大方无隅（SCC16）；大器晚成（SCC17）；大音希声（SCC18）；大象无形（SCC19）；//道隐无名（SS4）。//夫唯道，善贷且成（SS5）。

按义层划分来比对威译可以发现：（1）形式上，虽然威译用句号和隔行分出了层次，而分层的基础是：落实单字符各所指来实现其义项的串联，由此，提取出所指链，这才由表层语义切入了文本的内嵌机制。没有机制的逻辑支撑，单凭标点分隔，难以真正实现认知；（2）从单字符、组字符和字符段来分别列举问题："士"是否可以解读为"人"？从整体语境来讲，《道德经》是写给统治者的书，劝君主顺应规律来治理。这样，王权可以长久承续，子民也可以安居乐业，双方相安无事，达到理想状态。[①]而历来，《道德经》的解释有一个倾向：抛开源语境，试图用一般性语境，把单章说理提升到普世的高度。出于此，把"士"解释为"人"，译为man貌似可以。还有，"上""中"和"下"从"资质"角度，以capacity来解释，也未尝不可。但威译这组词解只具备局部贯通力。"士"这个词位于第一句主语位置，标明了该章所讲的对象，属于单章语境的字符标显，是解义的逻辑锚定。

若抛开源语境，整体解释的"合理"可能与原章无关；若符合源语境，局部解义的合理必须能实现整体合理，解义才本质有效。因为，说理都是在源语境中成理，这是整章说理贯通的根基，同时，"士"还关系着《道德经》中有这个字的各章间解释的互参。解义必须具备译出建构的系统性意识。

对原章的命题，威译没有阐释"化"开，包括仅有的几个需要诠释的点，译语表达也缺乏内在逻辑。比如，"If he did not laugh, it would not be worth the name of Tao."这一句，直译表达表征揭示不出背后的逻辑，就会出现逻辑漏洞和缺位，比如，并非资质差的"士"对所有的"道"都抱着嘲笑态度；下士之笑也不是"道"之所以为"道"的判别标准，而且，到了

① 魏建国：《论语义的规定性》，《汉学研究》2020年秋冬卷，第515—531页。

“士”的身份就说明：他们是能够运用“道”成就一些东西的。这就显现出把“士”译为“man”的隐患，掩盖了“士”对“笑”的双关解释作用，即“笑”只做“嘲笑”解并不完备。

就组字符，“建德”被解释为“The ‘power’ that stands firmest”。据《老子帛书校注》①：“健，建也。能有所建为也。”本句意思应该是：一、“建”与“健”音义相通；二、“有所建为”。从这四个与“德”有关的排比看，它们的第一个字都是最高级。最高级分别与后边内容形成对比，其中，“若偷”译成“ looks flimsy”，这就出了问题。据《说文解字》：偷：苟且也。如《国语·晋语一》有“其下偷以幸”。而flimsy是指物品是“脆弱的”“劣质的”或者证据“站不住脚”。所以，这个译出阐释不合逻辑。

字符段里，把“若”解释为“好像”，引起了一连串喻指落实问题，“点”解义常决定着单章整体解义，对这个字的解义问题造成威译的问题包括：（1）“明道若昧”的表达：“the way”进入“light”怎么显得“dark”呢？类似的比喻搭配，如果这样译出会消弭原文应有的说服力。（2）再看“进道若退”的解释：前进的“道”好像后退，而“道”是规律，它如何前进？“退”意味着哪个方面的“退”？这个“退”跟前一个组字符对应位置的“昧”有什么关系？（3）而后面的，平坦的“道”好像崎岖怎么理解？这三个字符段串联合理的内在逻辑在哪里？

为解决这个难题，先分析这三个字符段各自内部机制，设段内表主体为A；设所表喻体为B，设喻都是A→B的关系，但如果把“若”按“好像”解，恰恰这三个A与这三个B不构成任何逻辑关系。

（二）义层的性质

本文认为，单字符和组字符基本只具有“点”分析的价值。字符段则是构体分析的入门概念。这个概念使分析性质由线性到了构性。义层分析则直指章的层次划分。义层划分是指论证推进的层次，它属于结构—结构的关系认知。

义层划分反映原章层次的分布情况，客观要求译出机制的对应实现，使解义的合理性在译本构体上显示出来，而义层划分出现问题应该是前三道分析出现问题后的总爆发。

在划分作用之上，义层还起到论证以层次为单位的推进作用。

① 高明：《帛书老子校注》，北京：中华书局，1996年，第30页。

（三）义层的划分

以这组概念切入文本分析，为的就是提取说理机制。从文本分析与译出转换讲，只有能揭示单章整体机制，译本建构才有“根”，即解读“根”与译出“根”。[①]《道德经》单章译本出现问题，脱不开译者的行为主观性违背了译学学科要求。从文本的建构和认知看，文本是把作者的思想体，通过字符传递到他者意识里，实现对原章的思想体的认知还原。如果解义真正合理，这应该是一种可重复的过程和结果。就此过程，图示如下：

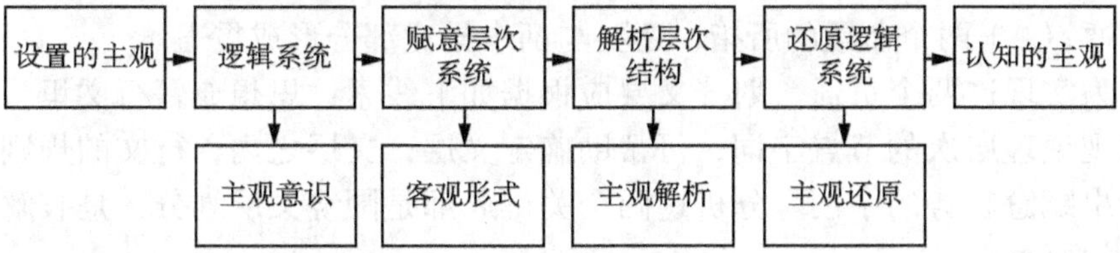

通过这个从文本建构到解义的认知传递图示可见，本套概念组能发挥作用的部分在“赋意层次系统”，它是作者的赋意设置主观基于其意识体的表意编码。“解析层次结构”是主观意识对“客观表意形式”的解析。这个环节最关键，关乎分析是否符合文本客观。文本分析就发生在这个环节里，是“译出还原”源文本表达机制的基础。在这一概念组中，作为划分原章内最大局部的概念，义层凸显分析的系统性。

划分义层的方法是：落实单章内各最大局部逻辑整体及其之间的说理推进关系。

（四）义层概念对译出建构的效用

1.义层划分举例

第41章的第一个义层是讲：三种水平的“士”对于“道”的不同反应。第二个义层是讲：在下等资质的“士”引出一个判断命题，用以说明：即便是最差资质的“士”，“道”也会对其认知起点儿作用。这是规律对认知造成影响的客观和必然。第三个义层里有三个子义层：分别是以“道”设喻、以“德”设喻和设喻说明事物由强转弱也是规律。第四个义层是讲：“道”隐于无名的特性。这个命题表明：规律靠人有意识去发现和利用。第五个义层是

① 魏建国：《典籍翻译中的“根”自源说》，《南京工程学院学报（社会科学版）》2020年第3期。

讲：只有规律才能使一切自然而然地生成、发展和消亡。

该章义层图示为：对待“道”的三种态度→“道”对认知影响客观性的命题→建言内：“道”的表现；“德”的表现；一般事物的表现（注意：这三者的局部所指必须有共通性。从赋意看，这个排比里的“若”字是寸辖制车，既是难点，又是解释机制的钥匙）→“道”隐含于事物逻辑的一般性中→只有“道”才能使事物发展善始善终。

2. 义层两个关键局部的解义

为不使义层划分流于形式，要分析清楚两点：（1）比喻排比的所指的逻辑贯通；（2）两个命题的所指，还要与两个排比部分形成贯通。

为实现这两个贯通，划分义层应根据如下线索：思想典籍行文里，一般会出现说理层次的节点字词，可帮助确定义层；义层之内，行文的规则性又会给出赋意趋势的字词。分析这两个关键局部是围绕义层划分，是破解单章机制的要点。

就本文第二章第三节提出的第一个义层的表意规则性看，是“上”→“中”→“下”；第三个义层的比喻排比也是以“大”“明”和“上”开始的，都是从大到小、由上往下、从有到无趋势。根据汉语建构的顺应性，本文假设：字符段内，各排比的逻辑方向也是一致的，再根据汉语表达的对称性来假设：各字符段排比的逻辑方向也是一致的。

第三个义层中排比的赋意顺序分别为：1. 明→昧、进→退、夷→纇。2. 上德→谷、大白→辱、广（德）→不足、建（德）→偷。3.（质）真→渝、大方→无（隅）、大器→不成、大（象）→无（形）。由此证明：其顺序符合以上两个假设推理。

基于这两个假设成立，进而探究：如此设置表意顺序的原因。本文认为，“道”之于人的生命，就是一个生→化→盛（熟）→衰→死的过程。从《道德经》的写法看，前面是事物由弱变强的前半程，论述“规律”所起的作用。到了第41章，是揭示后半程由盛转衰中“规律”所起的作用。

由上段可知，义层分析对字符段分析提供了方向上的导引。那么，字符段的意思怎样开解呢？开解又对义层划分的合理有什么证明作用呢？

按高明《帛书老子注疏》上卷第28页的说明：“明—昧”、夷纇、进—退，“语皆相偶而义皆相反”。[①]本文认为，高明点出了重点，但还嫌不够，

① 高明：《帛书老子校注》，北京：中华书局，1996年，第28页。

因为：表意建构的对称性有“对现象描写的互补或全覆盖”作用。“义皆相反”也不止于语义的“相反”而已，“反”的性质大不相同。就这三组字符段，“明道若昧、进道若退、夷道若纇。上德若谷、大白若辱、建德若偷。大方无隅、大器晚成、大音希声、大象无形”。其反义的性质是不同的。第一组是正反义；第二组是“上德”与“谷”相对、“大白”与“辱”相对、“广德”与“不足”相对、“建德”与“偷”相对。这四个“相对”是这四个位置B的状态就各自位置A的变化。第三组的四个对比都以“大”开头，本文认为，它们是强调符号，与后面的对比形成一种陡然的差距感。这二组和三组的比较都属于状态对比。从比较性质上区分，第一组是“道”；第二组是“德”；第三组是事物的常理。从比较的内涵上找同一性特征，“大”应该是比喻的“最高级”，即再怎么“方”，再怎么厉害的“器”，再怎么大的“音”，再怎么宏伟的“象”，都会归于消散之无隅、不成、无声和无形。因此，这三组的逻辑贯通体现在：事物的发展由强转弱、事物的发展由有转无。这才是其相反相成的对比实质。这意味着义层内部规则给解义提供了机制线索。

3.关键解释及其对义层的证实

突破了反与反的性质区分就等于获得了关键局部贯通的钥匙。这意味着：表达的规则性下，依据义层分析来开解较小局部是可行的。这里，“若”是难点。上文讲过，必须放弃“好像”，另寻解释项，但它还必须出自其本义。

根据《尔雅·释名》：“若，顺也。”“若”表顺着下去。该解释只是个线索，不能直接“代入”的现成义项。本文就此推导一下用“顺”和用“好像”做解释的条件：

首先，此二者有都能解释得通的例子，比如，欣喜若狂，如果作“顺着下去”解：是欣喜到了疯狂的程度。如果作“好像”解：是欣喜得好像发狂。本文认为，“欣喜”与“狂”是一种正向反映。为了显示和对比“若”的搭配的逻辑关系，本文设“欣喜”为位置一；“狂”为位置二，以下便简称在该位置的用字为相应的位置号码。

再比如，就《道德经》第13章的“宠辱若惊”，可以把“若”解读为：顺着下去，直到会出现某一结果。这个例子的“位置一”是由“宠”和“辱”两个反义名词组成。“惊”是中性的，即“宠”与“辱”都会达到这样的结果，所以，用“顺”去解读是符合逻辑的，即“受宠”与“受辱”会使人令人心惊胆战。而用“好像”解读就有点勉强，即“受宠”与“受辱”好像是（被）惊到了”。首先，这里解释不得不用被动语态，但原文表达并无被动，而“令人心惊胆战”是对“宠”和“辱”造成的心理状态的描写，而非对受体感觉的表达。由此可见，表达结构对“若”作“好像”解读应该是有所限制的。

即便以上两例都算说得通。那么，如果位置一与位置二出现反义，应该怎样解释呢？如，大辩若讷、大巧若拙和大智若愚就是这样的结构，位置一与位置二的词义正相反。按照“好像”去解释，基本都解释不通，比如，“质真若渝”，如果本质是纯真的，怎么能“好像是有所改变”呢？而根据本文作者到手的资料，《道德经》解释到了这里，所有版本都脱离了“若”的本义在该结构中的逻辑推演，转而去做各种引申，用以淡化这样解释在逻辑上的首尾乖互。但，单字符的义解正确是源文本对译者的强制的、基本的要求。

“若”的开解，使义层划分的逻辑性得以显化，再由义层抽象出第41章的说理逻辑链如下：

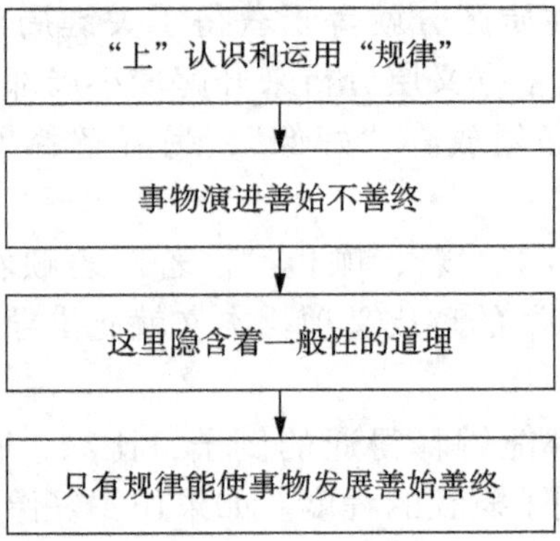

三、义层概念在译出建构中的本质：单章说理逻辑链的层次级节点的标显

首先，英语写作讲究Cohesion。A semantic network attempts to combine in a single mechanism the ability not only to store factual knowledge but also to model the associative connections exhibited by humans which make certain items of information accessible from certain others.[①] 由此可知，形成一个语义结构，不单是把所表达的信息关联起来，还要有统一的、唯一的机制。只有符合这两个条件，文本建构才可能做到Cohesion。

汉语写作讲究“形散神聚”。与英语有共通之处，这个“聚”的本质是文本围绕着逻辑结构来建构。但建构方式却有很大差别。本文把Cohesion译为“浑然一体”。实现这个目标，英语以其语法形式的逻辑外显带动行文展开。这说明：必须分析清楚文本内的语法。汉语不主要靠语法形式，而是用信息点本身的意涵、其位置和呼应关系构建所指衔接，形成逻辑机制，但会隐于表达表征背后。

由此，本文认为，理念上，汉英文本建构存在契合，关键在译本建构之法要与源文本建构之法做转换，而译出转换不能停留在表达合规。这是建构译本机制的重中之重。

就文本机制而言，译文建构的可理解与其逻辑聚合性确实有差别，比如，韩礼德（M.A.K.Holliday，1925—2018）已经意识到了这个本质区别：If a speaker of English hears or reads a passage of language which is more than one sentence in length，he can normally decide without difficulty whether it forms a unified whole or is just a collection of unrelated sentences.[②]

它说明了：理论层面上，单句的表意清楚并不构成其融入机制的充分必要条件，因为，关联不只是句内关联，还意味着句间关联，如此，才能实现文本的逻辑机制，而其中，句与句关联对义层就很关键。

对于思想典籍英译，不能将汉语文本建构方法“移植”到译本建构之中，这样是试图用汉语表意的隐性来代替英语的显性，等于主动放弃了英语文本建构方法对于译入语认知实现的基础作用。

威译基本做到了语义和形式上的译出对等，而形式的异化和译出表达的表征化却继续遮蔽着所指链，在英语语境内，其译本建构并未真正实现对单章的机制性再建构，比如，直译四字格的表层语义，未经阐释化开，英语文化语境中，喻体排比没有落实所指及其之间的关联的认知线索，造成义层概

① Woods W A，“What's in a link：Foundations for semantic networks”，Representation and understanding.Morgan Kaufmann，1975，p.44.

② Halliday M A K，Hasan R，*Cohesion in English*，London：Routledge，1976，p.1.

念这一级建构出现了缺位。

为证实这一点，现就前文“问题的表象与本质”中所给出的义层标号，分析威译第三个义层的第一分义层的所指失效问题，如下：

SCC7 ↛ SCC8 ↛ SCC9 ↛ SCC10 ↛ No logical relationship

本图虽只就这个分义层做出其各所指项及其之间关联的无着做出落实无着的说明，但它与第41章内其他喻体排比的问题具备同质性。每个喻体作为一个字符段，其喻指应该建立起它们之间的逻辑关联，这才会有贯通的论证说服力，而相关逻辑所指未能落实，致使义层无法划分，论证层次含混，即成为如下认知失效图示：

SS1 → SS2 ↛ SS3 ↛ SS4 ↛ SS5 ↛ No logic chain

以上图示说明：喻指排比的所指链落实不力；对“道隐无名”这个命题落实不力，这两点造成无法话费义层，无法提取单章逻辑链，问题的根源又以关键单字符的解义不力为起因。而运用本套概念，可以证实译本机制建构的合理性。

《道德经》各章说理自成体系，分出义层，提取机制，认知上，才能还原原章的逻辑表达构造。如果提取单章说理逻辑链，是可以解义清楚，翻译清楚的。这正应了那句话：Clarity of writing usually follows clarity of thought。①

在此，给出第41章的白话解释：

对于规律的认识，地位最高、悟性最强的官员会勤于践行；地位中游、悟性平平的，会推广下去，有的规律性的东西起作用了，有的则丢掉了；地位最低、悟性最差的，对规律性的东西，会一笑置之。对人无所触动、都无法引人一笑的，也就谈不上是规律了。

因此，古人云：再清楚明白的道理，推行下去，也会变得模糊不清；再促进道理的运用，推行下去，也会有所畏缩；直来直去的道理，推行下去，也会产生出入。

---

① Wroe A，*The Economist Style Guide*，London：Profile Books，2018，P.9.

人再崇尚德行，演变下去，也会进退两难；再清白，演变下去，也会有所玷污；

再德行广大，演变下去，也会有所不足；再与民树德，演变下去，也会出现苟且之事；

质地再纯朴，也会有所改变；事物方正，也会磨去棱角；兵器锐利，也会钝；声音再大，也会听不到；景象壮阔，也会消逝于无形。

规律隐含于事物逻辑的一般性里。

只有规律，能让事物善始善终。

逻辑结构视域下，翻译思想典籍是能使义层的所指构体再现，且与英语讲究的Cohesion实现解析与译出的契合的，如下是第41章译文：

On being aware of the Laws and Rules of the world, the public servants with the deepest understanding are willing to practice them in their everyday lives; the public servants whose depth of understanding is second to those above them will practice certain parts of them, and disregard others as if they sometimes apply and sometimes do not; the public servants with only a layman's understanding will smile and disregard them.

If Laws and Rules do not achieve the smallest reaction of making people smile, they cannot be regarded as what they should deserve least. So, just as the old sayings go:

No matter how clear a rational would be, people feel confused when it has been carried out long enough.

No matter how persistently you have applied the Laws and Rules of the world, the day will come when you flinch from doing so.

No matter how level a road may seem, the day will come when the road is made jagged by deterioration.

No matter how actively you advocate morality, the day will come when you encounter a dilemma.

No matter how stainless your character, the day will come when it is disdained.

No matter how vaunted a ruler's moral governance, the day will come when his values appear inadequate.

No matter how fervently a ruler builds a moral and upright social fabric for his subjects，the day will come when outliers continue to operate outside that framework.

No matter how pure the true quality of a thing is，the day will come when it is flawed.

No matter how upright a person’s character is，the day will come when it is worn flat into mediocrity.

No matter how sharp a weapon is，the day will come when it turns blunt.

No matter how loud a sound may be，the day will come when it turns to be quiet.

No matter how spectacular a view may be，the day will come when it disappears without a trace.

The Laws and Rules of the world lie in abstraction of the logical mechanism by which things happen，advance and end.

Only they can allow a thing to happen as well as to conclude naturally.

结 论

就义层概念，本文给出其定义、性质、作用和划分方法，并且，阐述了它本身及其之间关系对译本认知实现的底层逻辑价值。

义层是《道德经》这样自成体系的说理文本译出的逻辑搭建框架基准之一。同时，它与单字符、组字符和字符段构成了思想典籍文本译前分析的概念组合。

魏建国　中国人民大学外国语学院博士生
朱　源　中国人民大学外国语学院教授

·窗外风景·

延安文艺在世界的传播与研究*

宋绍香　梁　喆

摘　要：本文主要阐释了延安文艺在俄苏、美国、日本、欧洲的传播、研究和评价。总体来说，世界汉学家们对延安文艺作家作品的评价较高。俄苏汉学家认为，赵树理的作品风格独特，具有极大的艺术魅力；美国汉学家视丁玲小说为中国土地改革的一面“镜子”；日本汉学家认为，周立波的作品既有简洁美也有粗犷美；法国汉学家认为艾青是一位视觉异常灵敏的诗人，赋予其作品以史诗般的深度。

关键词：延安文艺　传播　研究　评价

1927年，中共在井冈山革命根据地建立了江西苏区红色政权，并在毛泽东亲自领导下创建和发展了苏区文艺。苏区文艺是解放区文学的滥觞，延安文艺也属解放区文学。具体而言，后者是指1935年10月党中央经过二万五千里长征移驻陕北至1948年春党中央离开陕北这段时间内的以延安为中心的革命文学艺术。为使延安文艺与新中国文艺对接，文艺史家们把这一时期截止于1949年9月。

从1935年10月至1949年9月，其间经历了抗日战争和解放战争。在这中华民族生死存亡的关键时刻，延安文艺在党中央的直接领导下，在革命圣地延安拔地而起。特殊的时代、特殊的环境和特殊的使命，使延安文艺被赋予了独特的观念、独特的性能和独特的内容与形式，取得了令世界瞩目的成绩，引起了世界传播和研究的热潮。

* 本文为国家重点文化工程“全球汉籍合璧工程”子项目“俄罗斯汉学学术编年”（序号Y1-1）的阶段性成果。

一、传播

所谓在世界的传播，并非指在世界各国的传播，而是指在世界主要国家和地区的传播。

1971年，美国社会科学研究理事会与学术团体理事会当代中国联合委员会前负责人林德贝克在其《了解中国：美国学术研究的一个评价》一书中指出：现在全世界有几十个国家、几百个机构、成千上万名学者在研究中国，他们有现代化的提供资料和情报服务的机构作为其强大的物质技术基地。这些基地可粗略地划为四块：美国、日本、苏联和欧洲四个地区。本文也基本上按这“四块”，简述延安文艺在世界的传播。传播的主要方式是译介。按译介先后，可分为：

（一）苏联

延安文艺作品最早被译介到苏联的是诗人萧三（1896—1983）的作品。苏联译介萧三的第一部作品是《萧三诗集》，A.罗姆译，莫斯科国家出版社，1932年出版；译介的第二部是其诗集《血染的信》。后来，萧三又致力于中国领袖人物的传记写作，这更引起了苏联汉学界的兴趣。所以，1936年，苏联《十月》和《青年近卫军》两家杂志同时（均在第6期）分别译载了萧三著《毛泽东》。此后，1938年，苏联《国际文学》第11期又发表了萧三著《朱德》《红色处女地》，第12期也发表了《毛泽东》。紧接着，莫斯科青年近卫军出版社又于1939年出版了《毛泽东·朱德》合订本。一时间，萧三成了苏联出版界的热门外国诗人和作家。后来，苏联又出版了《萧三短篇小说集》（先加列维奇译）、诗集《湘笛》（罗姆译）、《萧三诗选》（自译）等。这样，萧三的主要诗歌和散文作品基本上在1940年前就已全部移植到苏联。

著名的斯大林文艺奖金获得者中国女作家丁玲的作品也是在20世纪30年代初被移植到苏联的。苏联译介丁玲的第一篇文字是《中国作家为恢复中苏两国外交关系的致电》（《国际文学》1933年第3期）。接着，1934年，莫斯科国际出版社出版了其短篇小说《某夜》（载于A.史沫特莱编《中国短篇小说集》，英文版）；1935年，《国境线上》第11/12期译载了其短篇小说《水》（波兹德涅耶娃译）。这样，从1933年至1937年，苏联每年都有丁玲译品面世，5年间共刊载丁玲短篇小说《某夜》《水》《消息》《礼物》等8种译品。这可以说是俄译丁玲文学的一个良好开端。然而，由于战争——第二次世界大战和日本侵华战争的原因，译介工作被迫中止，因而出现了1938—

1948年11年的俄译丁玲文学的空白。

从中华人民共和国成立前夕，俄译丁玲文学开始复苏，很快形成热潮并推向高峰。1949年，苏联《旗帜》第5—7期全文连载了波兹德涅耶娃译的丁玲长篇小说《太阳照在桑干河上》。接着，苏联《矿工小说报》第9—25期又全文译载了这部长篇小说。同年，莫斯科外国文学出版社和玛加达苏维埃摇篮出版社，先后出版了《太阳照在桑干河上》两种俄译版本。这样，一年间苏联就出版（发表）了丁玲包括长篇小说、论文、随笔等在内的11种译品。其中仅《太阳照在桑干河上》就出版了4种版本，俄译丁玲文学形成了一个"热潮"。

另一位著名的斯大林文学奖金获得者——延安文艺作家周立波，自然也是苏联汉学界译介、研究的对象。1951年，苏联莫斯科外国文学出版社首先出版了其长篇小说《暴风骤雨》(鲁德曼译)，第二年又进行了再版。紧接着，1953年该出版社又推出了一部《中国短篇小说集》(卡拉谢夫编)，其中又收录了周立波的短篇小说。所以很快，周立波也成了苏联读者熟悉的中国作家之一。这样，继《暴风骤雨》后，周立波的其他3部大部头著作《铁水奔流》、《山乡巨变》正篇、《山乡巨变》续篇，截至60年代初，莫斯科外国文学出版社就全部把它们移植到了苏联。

苏联汉学家也比较重视对赵树理的译介。1949年，《远东》杂志第2期率先译载了赵树理的长篇小说《李家庄的变迁》(克里弗佐夫译)，同年，莫斯科外国文学出版社又将其出版了单行本。1950年又一连推出了3种赵树理译品：1.《小二黑结婚》(载《中国短篇小说集》，莫斯科外国文学出版社)；2.《小二黑结婚》(短篇小说集，莫斯科真理报出版社)；3.《李家庄的变迁》(远东出版社)。1953年后又连续出版了《赵树理选集》(卡皮查译，1953)、《李家庄的变迁》(克里弗佐夫译，1954)、《三里湾》(斯米尔诺夫、季什科夫合译，《外国文学》1955年第3期)等。再加上1963年出版的《张来兴》(贾托夫译，莫斯科外国文学出版社)和1974年出版的《李有才板话》(施奈德编，莫斯科科学出版社)等。这样，在"文革"前，赵树理的主要作品就全部被移植到苏联。其中，《李家庄的变迁》出版了4种（次）版本，《小二黑结婚》出版了3种（次）版本，《赵树理选集》出版了2种（次）版本。由此可看出当时苏联译介赵树理文学之盛况。

刘白羽和魏巍均以著名的军事题材作家而备受苏联读者和汉学界青睐。从1950年莫斯科儿童文学出版社译介刘白羽短篇小说集《政治委员/回家》开始，到1959年莫斯科军事出版社出版其中篇小说《无脚拖拉机手》(俄译

《永不熄灭的火焰》，斯米尔德诺夫译）截止，十年间苏联共出版刘白羽的包括《政治委员》《勇敢的人》《无敌三勇士》《火光在前》等主要中短篇小说在内的至少有10种译品。魏巍的《谁是最可爱的人》，只在1957年就出版了两种俄译版本：一种是作者的报告文学集《谁是最可爱的人》（马尔科娃译，莫斯科国家文学出版社），另一种是作者与其他中国作家的短篇合集《谁是最可爱的人》（尤尔扎诺夫编，莫斯科军事出版社）。

还应该提及的是马烽和陈登科。这二位作家的作品，从50年代初就被移植到苏联：1951年，莫斯科外国文学出版社出版了马烽、西戎合著的《吕梁英雄传》（罗加切夫译）；1952年，苏联《新世界》第5期则译载了陈登科的中篇小说《活人塘》（B.罗果夫译）。从1951年到1960年十年间，苏联出版马烽作品的译品至少6种以上，基本包含了其长篇小说《吕梁英雄传》和主要短篇作品。从1952年开始，截至1958年，莫斯科外国文学出版社便出齐了陈登科的3部大著：《活人塘》《淮河边上的儿女》（戈洛弗涅夫译）和《陈登科中篇小说集》（普利谢茨卡娅等译）。

在诗歌翻译方面，历来有“诗不可译”之说。然而，苏联汉学家们，硬是去做这个“苦差事”。对解放区诗人，除萧三外，他们还翻译了艾青、田间、柯仲平、何其芳、卞之琳、蒲风、力扬、邵子南、王亚平、严辰、阮章竞、李季、李伯钊、贺敬之、郭小川、魏巍、史轮等诗人的作品。他们译介的重点是毛泽东诗词和艾青、田间、柯仲平、王亚平、严辰、邵子南的短诗和李季的长诗《王贵与李香香》。据不完全统计，1949—1989年共出版艾青译品16种。1954年，切尔卡斯基又翻译发表了《田间历时诗选》（苏联《旗帜》第10期）和李季的长诗《王贵与李香香》（《新西伯利亚火花》第4期）。

这样，半个多世纪间，经苏联汉学界和出版界的努力，可以说，延安文艺代表作家的代表作品诸如《白毛女》《太阳照在桑干河上》《暴风骤雨》《李家庄的变迁》《李有才板话》《新儿女英雄传》《吕梁英雄传》《地雷阵》《高干大》《白求恩大夫》《红旗呼啦啦飘》《原动力》《火光在前》《谁是最可爱的人》《三千里江山》《战斗里成长》《保卫延安》《红日》等都已全部译成俄文，从而增强了两国人民的文化交流，加深了两国人民的友好感情。

（二）在美国

美国译介丁玲小说也较早。1932年7月，美国记者哈·伊罗生在上海主编的《中国论坛》上刊载了丁玲的短篇小说《某夜》（乔治·肯尼迪译）。但这是对作为左联作家丁玲的译介，直到1938年美国《新创作》第5期译载丁玲的短篇小说《入伍》始，美国才算真正拉开了译介延安文艺作家作品的序幕。

虽然译介丁玲的作品起步较早，但由于受意识形态的影响，到了50年代却有些彳亍不前。但从总体来看，美译延安文艺作品也是呈上升趋势的，甚或可以说是“后来者居上”（尤其在丁玲研究方面）。如美国在50年代10年间，只出版了丁玲的《生活与创作》（美·《中国文学》1954年第3期）1种译品。而到了80年代，仅1980年至1981年两年间，就出版了丁玲的《太阳照在桑干河上》（巴罗译）、《我在霞村的时候》（比乔格译）、《在医院中》（比乔格译）等五六种。从30年代初以来，美国出版了丁玲译品20余种。七八十年代以来，他们又在扩大译介范围。如1972年出版了《毛泽东诗词》（巴恩斯顿译），1975年出版了《中国新诗选》（柳无忌编译），1980年又出版了赵树理的《套不住的手》（K.毛、K.杨译）。美国汉学机构庞大、实力雄厚，尤其美籍华人汉学家众多。笔者深信，未来的美国延安文艺的译介与研究将会更加繁盛。

（三）在日本

延安文艺作家的作品最早被译介到日本的也是丁玲的作品。1937年10月，日本《山田文学》12卷10号译载了作为延安作家丁玲的作品《松子》（奥野信太郎译）。由此，日本学者便开始了对延安文艺的译介工作。译介的重点自然瞄准了“中国革命的女儿”“共产党文学圈内”的“主要核心作家”丁玲。

从20世纪30年代末期到80年代初期，其间虽经抗日战争时期和随后的丁玲批判时期，但丁玲文学的译介和研究在日本一直在艰难地、不停地进行着。在这段时间内，日本共翻译出版了近50种丁玲作品译品，平均每年有1种以上的丁玲作品译品在日本出版。

日译丁玲文学最昌盛的时期是50年代。从1951年到1958年的8年间，日本共出版丁玲作品译品22种，约占日译丁玲作品的50%，平均每年约有3种丁玲作品译品面世。即使在丁玲重遭批判的“文革”当中，日本的丁玲文学译介工作也没有停止。1970年，日本河出书房出版的《中国现代文学第五卷·丁玲、沈从文文集》，编选了《太阳照在桑干河上》；1971年同出版社又出版了竹内实编的《中国现代文学》第十二卷·评论、散文集，其中收录了丁玲的《三八节有感》（竹内良雄译）；1972年4月，日本《熊本商大论集》第36期发表了鹤田义郎译《一个真实人的一生——胡也频传略》。

从70年代末，丁玲恢复了自由，日译丁玲文学也开始复苏。仅1976—1982年的6年间，日本就出版了包括《庆云里的一间小屋里》《“牛棚”小品》《杜晚香》等8种丁玲文学译品，从而把日译丁玲文学又掀起了一个热潮。至此，可以说，丁玲的从短篇小说到长篇小说、从杂文到随笔等主要作品，几乎全部被移植到了日本。

1943年5月，赵树理带着其处女作（也是成名作）《小二黑结婚》步入中国文坛后，对中国新文学感觉敏锐的日本汉学界自然又瞄准了他。对赵树理的介绍始于战后侨居中国的日侨中间。解放战争初期，侨居中国的日本女翻译家伊藤克首先把赵树理的早期作品介绍到日本。接着，日本本土作家鹿地亘、文学理论家岛田政雄、汉学家小野忍、冈崎俊夫、三好一、竹内好、斋藤秋男、小峰王亲等也开始了对赵树理文学的译介和研究。到50年代，日译赵树理文学便形成了高潮。仅1952—1958年的7年间，日本就翻译出版了30多种赵树理文学译品。截至1972年，日本共出版了40多种赵树理文学译品。这样，赵树理的《小二黑结婚》《福贵》《催粮差》《登记》《传家宝》《地板》《孟祥英翻身》《灵泉洞》《锻炼锻炼》等短篇小说和《石不烂赶车》《李有才板话》《李家庄的变迁》《三里湾》等中、长篇小说就都移植到了日本。其中，《小二黑结婚》《李家庄的变迁》至少也有5种以上版本。

日本学者除了对丁玲、赵树理文学做重点译介和研究外，还注意从更广阔的层面上去接触（译介）和探讨延安文艺。日译其他延安文艺作家作品、著作近80种（次），基本涵盖了萧军、欧阳山、周立波、草明、周而复、马烽、孔厥、徐光耀、柳青、刘白羽、魏巍、康濯、孙犁、严文井等著名作家和萧三、艾青、何其芳、田间、贺敬之、李季、阮章竞、鲁藜等著名诗人以及周扬、胡风等著名文艺理论家们的代表作品和著述。值得提及的是，20世纪五六十年代日本以《文艺讲话》或《现阶段中国文艺的方向》命名的日译毛泽东《在延安文艺座谈会上的讲话》就出版了七八种版本。与此同时还翻译出版了茅盾、郭沫若等编著的《毛泽东思想与创作方法——延安文艺讲话发表十周年纪念论文集》。由此可见，日本汉学家们对中国新文艺及其发展方向是何等关注，何等重视！

（四）在欧洲

西欧对中国延安文艺作家作品的译介也是从译介丁玲开始的。西欧对作为左联作家丁玲的译介，也始于20世纪30年代初。1933年，法文《上海日报》“今日中国文学专栏”译载了丁玲的《水》（法/徐仲年译）。作为延安文艺作家丁玲的作品，最早译介的是英国。1936年，英国伦敦乔治·G.哈拉普公司出版了《活的中国——现代短篇小说集》(埃德加·斯诺编)，其中收录了丁玲的《水》《夜会》《消息》。东欧对延安文艺作家作品的译介，始于20世纪40年代末50年代初。1949年，保加利亚索菲亚工会出版社翻译出版了丁玲的《太阳照在桑干河上》；1950年，匈牙利布达佩斯西克拉出版社和雷依瓦出版社先后出版了丁玲的《太阳照在桑干河上》和赵树理的《李家庄的变迁》。同年，波兰也出版了《太阳照在桑干河上》(华沙书籍与知识出版社)和《李家庄的变迁》(塔·热罗姆斯基译)，捷克也出版了《李家庄的变迁》(作家出版社)。50年代初期，法国出版了赵树理的《李有才板话》(《欧罗巴》杂志)、《小二黑结婚》(亨利·卡孙译)和艾青的《我的父亲》(李治华译)等，德国出版了丁玲的《太阳照在桑干河上》(柏林)和赵树理的《李有才板话》两种版本、《李家庄的变迁》三种版本等。

20世纪世界汉学家对延安文艺的译介盛况空前。据不完全统计，译介作品多达500余种。"500"，这不是一个枯燥的数字字码，它是表达世界汉学家"心声"的一种动听的"音符"；它是汉学家用辛勤的劳动和汗水，架起的一座中外文化交流的"文化大桥"。

二、研究

世界延安文艺研究，基本上是与译介同步进行的。但是，最初有关萧三和丁玲的文字，大都是新闻报道或"访问记"或作家作品"简介"，尚未进入真正意义上的研究层面。大约到解放战争末期、中华人民共和国成立前夕，世界延安文艺研究才真正进入了系统的、全方位的研究阶段。

本来，文学艺术"是人类社会意识发展的一种高级形式，是社会意识的一种'内在形式'。"[①]所以，延安文艺就是延安意识形态的一种"反应"，一种"表现"。而世界汉学家，尤其不同社会制度国家的汉学家，他们的世界观、价值观、政治观乃至文学观和审美观，都与研究对象的存有差异，甚至是迥异。他们能够接受这种与己"迥异"的"意识形态"吗？实践证明，世界汉学家们，以其远见卓识，以其真诚与友好，硬是克服了"意识形态"的

① 格·尼·波斯彼洛夫:《文学原理》，王忠琪、徐京安、张秉真译，北京：生活·读书·新知三联书店，1985年，第51页。

偏见与羁绊，对延安文艺进行了认真的学理性研究，对延安文艺作家作品给出了较为客观、公允的评判。

美国汉学家梅仪慈在批评西方个别评论家“往往不分青红皂白地断定，政治信仰必然降低文学质量”①，“政治上信仰共产主义，对一个有创造性的作家的才华可能产生什么样的影响”②时严肃指出，意识形态作为一种术语，本身已经“完全意识形态化了”③。她指出，分析作品时应把意识形态作为一个中性名词来使用，排除它的政治的，也许是轻蔑的含义。如果不把意识形态作为评价标准，它就会成为一种客观考察和阐述所叙述的内容，并发现各因素之间相互关系的有用“理性工具”④。

利用这一“理性工具”，世界汉学家们的研究效果明显，这期间出现了一批诸如《发展中的中国文学》（[俄]艾德林）、《论中国文学》（[俄]费德林）、《战后的中国“人民文学”》（[日]冈崎俊夫）、《中共地区的作家和作品》（[日]岛田政雄）等从宏观上观照延安文艺的颇有分量的论文和著述；稍后于50年代又出现了一批诸如《艾青评传》（[俄]彼特罗夫著）、《丁玲入门》（[日]尾坂德司著）、《赵树理的新文学》（[日]竹内好著）、《共产党中国的小说家——赵树理》（[美]西里尔·贝契著）等从微观上研究延安文艺作家作品的力著。国际延安文艺研究进入了一个兴盛时期。譬如，关于艾青的诗，国外最早的评论是日本。1948年11月，日本《世界文学研究》第2期发表了日本中国现代文学史学家岛田政雄的论文《艾青的诗》，对艾青进行了首次评价。此后，1953年，法国《欧罗巴》文学月刊发扬罗曼·罗兰的传统，推出了中国新文学专号“向沐浴在曙光之中的中国表示敬意！”其中评介了艾青的诗。接着，1954年苏联出版了世界上（包括中国）第一本研究艾青的学术专著《艾青评传》（彼特罗夫著）。“文革”后，随着丁玲、艾青的复出，国际汉学界出现了“丁、艾”热。1980年6月在巴黎召开的中国抗战

---

① 梅仪慈:《一个幸存的作家》，陈安全译，载孙瑞珍、王中忱编《丁玲研究在国外》，长沙：湖南人民出版社，1985年，第514页。

② 梅仪慈:《一个幸存的作家》，陈安全译，载孙瑞珍、王中忱编《丁玲研究在国外》，长沙：湖南人民出版社，1985年，第514页。

③ 梅仪慈:《一个幸存的作家》，陈安全译，载孙瑞珍、王中忱编《丁玲研究在国外》，长沙：湖南人民出版社，1985年，第529页。

④ 梅仪慈:《一个幸存的作家》，陈安全译，载孙瑞珍、王中忱编《丁玲研究在国外》，长沙：湖南人民出版社，1985年，第529页。

文学国际研讨会特邀艾青出席了会议，受到了世界汉学家们的敬重，会议研讨的第七个专题就是《诗人们：向艾青致敬！》

半个世纪以来，世界延安文艺研究成绩，可以说是“硕果累累”。据不完全统计，这期间日本共发表（出版）研究论文、论著约374篇（部），苏联共发表（出版）约154篇（部），美国共发表（出版）约87篇（部），欧洲共发表（出版）约65篇（部），四块总计约680篇（部）。这是一个可喜的数字，国际汉学家们的勤劳令人敬佩！

三、评价

利用这一“理性工具”，国际汉学家们对延安文艺首先进行了宏观的把握和理性分析。日本学者们惯于将延安文艺置于中国革命和世界反法西斯战争的坐标系中来观照，因而给予了高度评价。高仓穰指出：第二次世界大战后，中国终于解放，产生了新中国的文学。他说：“新中国的文学在世界文学中翻开了崭新的一页，它将在促进世界文学的发展中发挥重要作用。”[①]

美国学者梅仪慈将中国传统小说同“共产党小说”作以比照后，也充分肯定了新中国的文学。她说从某种观点看，《在延安文艺座谈会上的讲话》后的中国文学，是用工农兵的理想代替士大夫的理想，是用来表现毛泽东革命思想的作用的。正如传统的历史常常被作为一面从中可以学到治国之方的镜子一样，“国内外的读者可以通过阅读丁玲的小说了解中国的土地改革运动”[②]。将小说比作“镜子”，这一评价当然是够高的了。

苏联学者善于以马克思主义文艺观、美学观将延安文艺置于以五四新文化运动为发端的中国新文学的大系统中，对其进行总体考察和宏观把握。他们认为，延安文艺作家发扬光大了鲁迅战斗的优良传统，深刻理解和把握民族文学遗产和民间口头文学创作，在传统风格的基础上，创作出了充满现代内容的“新型的人民文学”。B.索罗金将其概括为：“新生活，新人物，新思

---

① 高仓穰：《赵树理的〈李家庄的变迁〉》，《人民文学》1951年9、10月合刊号。

② 梅仪慈：《太阳照在桑干河上》，陈安全译，载孙瑞珍、王中忱编《丁玲研究在国外》，长沙：湖南人民出版社，1985年，第325页。

维——这是解放区文学的特征。”①

日本学者也将延安文艺称为“人民文学”，并认为这种以赵树理为代表的人民文学是中国新文学的第三个转折期。小野忍说，由于这种人民文学的建立，中国现代文学迎来了第三个转折期。它之所以成为中国新文学的“第三个转折期”，日本学者认为，就在于它较之以往的文学，具有两大空前的特点：一是革命性，二是通俗性（大众化、人民性）。他们认为如果不了解八路军，那么就不能了解中国的抗战文学。小野忍指出，解放区作家创作了以大众为对象的通俗文学，描写了抗战的史实、解放区的农村建设，“它不是‘黑暗的暴露’而是‘光明的赞歌’，成功地赢得了读者”②。

美国著名学者加·约·布乔治在其博士论文《丁玲早期生活与文学创作（1927—1942）》（1977）中指出，丁玲的文学创作是独特的，它们不是作家个人生活的描述，而是社会生活的反映。这些作品“具有很高的研究价值，可作为一件件艺术珍品来欣赏。可以说，她的文学作品是20世纪20年代至40年代中国文学发展和演变的范例。”③美国权威的学术著述《20世纪世界文学百科全书》在《丁玲》条目中写道：“丁玲作为一个20世纪最有力量、最活跃的作家，在中国文学史上，仍占据着一个显著的位置。”④

日本著名翻译家、文学评论家中岛碧的《丁玲论》是一篇颇有独特见地，非常有分量的专论。他认为丁玲的作品风格发生了几次变化，由“自我表白型”小说变为“长篇客观型”小说，前者代表作是《莎菲女士的日记》，后者代表作是《太阳照在桑干河上》。在论述“自我表白型”小说时，中岛碧指出：在对于青年男女的性爱的描写上“丁玲比她先辈或同辈中的任何一位作家（不论男女）都出色。甚至可以说，敢于如此大胆地从女主人公的立场寻求爱与性的意义，在中国近代（即现代——引者）文学史上丁玲是第一人。”⑤

---

① B.索罗金：《〈中国作家短篇小说集〉俄译本序言》，载宋绍香编译《中国解放区文学俄文版序跋集》，北京：中国文史出版社，2004年，第301页。

② 小野忍『道標：中国文学と私』、東京：小沢書店、1979。

③ 加里·约翰·布乔治：《丁玲的早期生活与文学创作（一九二七——九四二）（节译）》，张开信译，载孙瑞珍、王中忱编《丁玲研究在国外》，长沙：湖南人民出版社，1985年，第101页。

④《二十世纪世界文学百科全书·丁玲》，李辉译，载孙瑞珍、王中忱编《丁玲研究在国外》，长沙：湖南人民出版社，1985年，第394页。

⑤ 中岛碧：《丁玲论》，袁蕴华、裴峥译，严绍璗校，载孙瑞珍、王中忱编《丁玲研究在国外》，长沙：湖南人民出版社，1985年，第170页。

总之，美国学者梅仪慈结论道："我所要强调的是，我们把《桑干河上》看成是一部独特的小说，它的各个组成部分才有意义；在同一类型小说中，它是一部高度完美的作品。"[①]

赵树理的作品，以其"主题新颖""叙述方式也很新颖"的特点，备受日本汉学家的青睐。日本学者认为，赵树理文学是新型的"人民文学"，它是以延安为中心的"北方文学"的代表，开拓出中国新文学的"第三个转折期"。小野忍指出，赵树理小说的最大特点就是"主题的明确化，描写的单纯化"[②]。他说："赵树理的作品，即使在今天也还是以独特的艺术形式存在着，无与伦比。一句话，那是以托尔斯泰的'艺术论''明晰、单纯、简洁'的主张为标准的作品形式。"[③]小野忍指出，赵树理迄今为止，每部作品都是在前人未曾踏过的处女地上动土，开拓出了崭新的作品世界。赵树理在《三里湾》中又开创了一个先例。他说："这部作品表明：它已完成了新的赵树理文学，进一步说是完成了新的中国文学。"[④]小野忍认为，文学贵在创新，赵树理文学除了主题新颖外，叙述方式也很新颖。这是他继承、发展了中国说唱文学传统的独特表现形式。或许可以说，创造了这种表现形式，正是这位作家的最大业绩[⑤]。小野忍是赵树理研究的权威学者之一，他的论点基本能代表和概括了日本汉学界的观点。

美国著名汉学家西里尔·贝契对赵树理的作品《小二黑结婚》和《李有才板话》都有精辟的见解。他认为1943年5月"在中国西北部共区"发表的短篇小说《小二黑结婚》，"这是文艺与政治两方面，具有现代历史意义的大

---

① 梅仪慈:《太阳照在桑干河上》，陈安全译，载孙瑞珍、王中忱编《丁玲研究在国外》，长沙：湖南人民出版社，1985年，第302页。

② 小野忍:《赵树理小论》，宋绍香译，载武鹰、宋绍香编译《日本学者中国文学研究译丛　第4辑　现代文学专辑》，长春：吉林教育出版社，1990年，第184页。

③ 小野忍:《赵树理小论》，宋绍香译，载武鹰、宋绍香编译《日本学者中国文学研究译丛　第4辑　现代文学专辑》，长春：吉林教育出版社，1990年，第182—183页。

④ 小野忍:《新的人民文学的方向——赵树理及其作品简论》，陶振纲译，载武鹰、宋绍香编译《日本学者中国文学研究译丛　第4辑　现代文学专辑》，长春：吉林教育出版社，1990年，第193页。

⑤ 小野忍:《新的人民文学的方向——赵树理及其作品简论》，陶振纲译，载武鹰、宋绍香编译《日本学者中国文学研究译丛　第4辑　现代文学专辑》，长春：吉林教育出版社，1990年，第190页。

事。"[①]他说这虽"不是一部雄心勃勃的作品，但它却用质朴的描述，成为一篇令人满意的坦率的小说，作者显示出他是一位表现细腻的小说家。"[②]他认为赵树理作品的语言"有力而又流畅，朴实而又精确，直接继承了优秀的古代通俗小说的语言。因此这语言不仅仅是美的，同时因为民族情感的原因，也适应了时代的特征。"[③]西里尔·贝契也很欣赏《李有才板话》，他称李有才是"道德寓言"中的一个普通形象，还有"凶恶的老地主""毫无经验的干部""他们都是普通的人物，但又绝不是上百个土改故事中那些重复出现的类型。他们是有个性的，被丰富的想象力创造出来的。"[④]所以，贝契说，赵树理小说的写作风格类似那种精心推敲出来的简单性。文字的省约和精练使人想到鲁迅[⑤]。应该说，这一论点还是很平实、很贴切、很有见地的。

苏联文学评论家И.利谢维奇指出："近30年来在描写中国农村生活方面还没有哪一个作家能超过他（赵树理）。"[⑥]资深学者费德林从艺术的源泉、艺术的本质价值、审美价值、创作方法、艺术风格等诸方面，对赵树理进行了全方位研究，给出了很高的评价。他认为赵树理的作品渗透着人民的深刻智慧与伟大质朴，真正体现了艺术的天赋，充满幽默，风格独特，"具有极大的艺术魅力"[⑦]。费德林的研究在俄国汉学界影响很大，所以，俄国学者普遍认为"赵树理创作了其艺术性与思想性得到了和谐结合的作品"[⑧]。

---

① 西里尔·贝契:《共产党中国的小说家——赵树理（节录）》，彭小芩译，载《赵树理研究资料》，太原：北岳文艺出版社，1985年，第531—532页。

② 西里尔·贝契:《共产党中国的小说家——赵树理（节录）》，彭小芩译，载黄修已《赵树理研究资料》，太原：北岳文艺出版社，1985年，第533—534页。

③ 西里尔·贝契:《共产党中国的小说家——赵树理（节录）》，彭小芩译，载黄修已《赵树理研究资料》，太原：北岳文艺出版社，1985年，第534页。

④ 西里尔·贝契:《共产党中国的小说家——赵树理（节录）》，彭小芩译，载黄修已《赵树理研究资料》，太原：北岳文艺出版社，1985年，第536—537页。

⑤ 西里尔·贝契:《共产党中国的小说家——赵树理（节录）》，彭小芩译，载黄修已《赵树理研究资料》，太原：北岳文艺出版社，1985年，第534页。

⑥ И.利谢维奇:《论作家赵树理及其创作——〈李有才板话〉俄译本序言》，载宋绍香编译《中国解放区文学俄文版序跋集》，北京：中国文史出版社，2003年，第100页。

⑦ H.费德林:《赵树理的创作——〈赵树理选集〉俄译本（1958）序言》，载宋绍香编译《中国解放区文学俄文版序跋集》，北京：中国文史出版社，2003年，第127页。

⑧ B.索罗金，Л·艾德林:《20世纪40年代的中国人民文学》，载宋绍香编译《中国解放区文学俄文版序跋集》，北京：中国文史出版社，2003年，第313页。

苏联汉学家认为“艾青抒情诗的主旋律是歌颂全人类”[①]，“明确的全人类方向是其抒情诗富于生命的根源”[②]。所以苏联汉学界认为艾青是世界级的中国诗人，他们执着地探索着艾青在世界诗坛的定位。“在20世纪世界诗坛上应把中国诗人艾青放在与谁并列的位置？”[③]苏联汉学家切尔卡斯基说：“今天，在评论艾青五十多年的创作道路时，我们试图回答这个问题。”[④]他追忆了半个多世纪以来艾青“与祖国人民同患难共胜利”[⑤]，用自己的诗歌，唤起民众的“危机意识”，激发人民的“民族感情”，“鼓舞人民投入社会主义建设”[⑥]的创作道路后指出：艾青的这些功德“都是世界著名诗人如纳兹·希克梅特和帕勃洛·聂鲁达所共有的。他们创作的所有诗歌作品，和艾青的作品一样，都唤起了这个世界上最需要的良知和人格、勇敢和英雄主义、善良和希望”[⑦]。

无独有偶，美国学人罗伯特·C.弗兰德，也将中国诗人艾青列入世界伟大诗人聂鲁达与希克梅特的行列。他说这“三位诗人的共同之处就在于他们的诗代表了亿万人的心愿”[⑧]。

法国著名汉学家苏珊纳·贝尔纳为法文版《艾青诗选》撰写的序言，就是一篇研究艾青的精湛的学术论文。贝尔纳认为艾青“是一位视觉异常灵敏的诗人”[⑨]，善于把生活中的画面更加统一与和谐地安排和组织起来。艾青

---

① Ю.索罗金:《“我对这土地爱得深沉……”——〈艾青抒情诗选〉俄译本代序》，载宋绍香编译《中国解放区文学俄文版序跋集》，北京：中国文史出版社，2003年，第281页。

② Ю.索罗金:《“我对这土地爱得深沉……”——〈艾青抒情诗选〉俄译本代序》，载宋绍香编译《中国解放区文学俄文版序跋集》，北京：中国文史出版社，2003年，第281页。

③ Л.切尔卡斯基:《〈太阳的话〉(诗选)俄译本序言》，载宋绍香编译《中国解放区文学俄文版序跋集》，北京：中国文史出版社，2003年，第298页。

④ Л.切尔卡斯基:《〈太阳的话〉(诗选)俄译本序言》，载宋绍香编译《中国解放区文学俄文版序跋集》，北京：中国文史出版社，2003年，第298页。

⑤ Л.切尔卡斯基:《〈太阳的话〉(诗选)俄译本序言》，载宋绍香编译《中国解放区文学俄文版序跋集》，北京：中国文史出版社，2003年，第298页。

⑥ Л.切尔卡斯基:《〈太阳的话〉(诗选)俄译本序言》，载宋绍香编译《中国解放区文学俄文版序跋集》，北京：中国文史出版社，2003年，第299页。

⑦ Л.切尔卡斯基:《〈太阳的话〉(诗选)俄译本序言》，载宋绍香编译《中国解放区文学俄文版序跋集》，北京：中国文史出版社，2003年，第299页。

⑧ 罗伯特·C.弗兰德:《从沉默中走来——评现代诗人艾青》，载海涛、金汉编《艾青专集》，南京：江苏人民出版社，1982年，第37页。

⑨ 苏珊娜·贝尔纳:《〈艾青诗选〉法文本序》，罗燕译，《文艺报》1980年第6期。

“深沉的思考与饱满的诗情，赋予他的作品以史诗般的深度。在他的宏篇巨构中，形象纷至沓来，像大河漫滚着金沙。”①贝尔纳指出，艾青的诗虽是自由体，不勉强押韵，但内中具有一种“马雅可夫斯基深为赞赏的所谓‘内在节奏’”②，语调流利自然。“这种诉诸人们听觉的奇妙的技巧，赋予他的诗歌以特有的音乐感和独特的音色。”③但这种效果绝非他“有意的追求”和“得益于美学的探索”，而是全凭他“内心的声音”。这种“内心的声音”构成了艾青诗歌的独特风格。致使读者不管在什么情况下，“一听就知道这是艾青的声音，是他那‘内心的声音’。”④所以，贝尔纳说：“如果艾青是最宜于对外介绍的诗人，那是因为，这跟他内心的声音，跟他诗歌的真实和朴实有关。”⑤

周立波也是个长、短篇小说的“行家里手”，深得苏联学者的厚爱。他的长篇小说《暴风骤雨》曾荣获1951年度斯大林文学奖金三等奖。俄国读者和学者普遍认为《暴风骤雨》是一部优秀作品。该作品的文学价值在于，“周立波非常出色地运用活生生的艺术形象展现了中国的革命运动。”⑥艾德林指出周立波善于运用中国传统小说的“链条”式“结构原则”结构布局作品，“其结构如同一根一环扣一环的链条，每一章（回）都作为这根总链条中的单环来描写、刻画人物，其人物的命运都与这根总链条中不断发展的中心主题紧密地连接在一起。”⑦同时周立波还善于运用充满了“个性化与形象化”的“生动而鲜活的语言”描写人、物、景。周立波“喜欢在自然景色中描写人，善于发现人物身上贴近自然景色的特征”⑧。“这些感人至深的美丽的

① 苏珊娜·贝尔纳：《〈艾青诗选〉法文本序》，罗燕译，《文艺报》1980年第6期。

② 苏珊娜·贝尔纳：《〈艾青诗选〉法文本序》，罗燕译，《文艺报》1980年第6期。

③ 苏珊娜·贝尔纳：《〈艾青诗选〉法文本序》，罗燕译，《文艺报》1980年第6期。

④ 苏珊娜·贝尔纳：《〈艾青诗选〉法文本序》，罗燕译，《文艺报》1980年第6期。

⑤ 苏珊娜·贝尔纳：《〈艾青诗选〉法文本序》，罗燕译，《文艺报》1980年第6期。

⑥ Л·艾德林：《周立波及其长篇小说〈暴风骤雨〉》，载宋绍香编译《中国文学翻译与研究在俄罗斯》，北京：学苑出版社，2018年，第233页。

⑦ Л·艾德林：《周立波及其长篇小说〈暴风骤雨〉》，载宋绍香编译《中国文学翻译与研究在俄罗斯》，北京：学苑出版社，2018年，第234页。

⑧ Л·艾德林：《周立波及其长篇小说〈暴风骤雨〉》，载宋绍香编译《中国文学翻译与研究在俄罗斯》，北京：学苑出版社，2018年，第235页。

风景描写犹如彩色风景画作品，在小说中占有重要位置。”①

对于周立波的自然描写，日本学者也很佩服。60年代初，日本东京劲草书房出版了东京大学中国文学研究室编著的《中国名著鉴赏与批评》一书，其中收录了《暴风骤雨》译者之一安岛彬撰写的研究论文，称《暴风骤雨》与丁玲的《太阳照在桑干河上》“可以说并称为最杰出的作品”②。他说该作品“通篇充溢着明快、喜悦的感情，贯穿着丰富的情节与优美的自然描写，因而产生了明快而强有力的节奏。”③他指出作品结构简洁，运用了许多生动的农民语言，既有简洁美也有粗犷美。“而在这一切的内蕴底层断断续续流淌着的是作者对人生洋溢着的热情”④。

美国学者对周立波也很欣赏，约翰·伯宁豪森、特德·赫特斯在《〈中国革命文学〉引言》中称“1949年后一个最优秀的作家也许是农民出身的周立波”⑤。说他的短篇小说《客人》“成功地使生动活泼的语言、幽默感和令人可信的人物（如王妈、大喜）与这时的思想要求（即道德观）连结成一体。也可以说是中国解放后的革命文学的第四个阶段的比较成功的作品之一。”⑥

关于周立波作品的语言，法国学者也很赞赏。旅法学者林曼叔等认为“周立波的语言虽有点不像赵树理那样纯净似地，但你可从他作品里发现那

---

① Л.艾德林：《周立波及其长篇小说〈暴风骤雨〉》，载宋绍香编译《中国文学翻译与研究在俄罗斯》，北京：学苑出版社，2018年，第235页。

② 安岛彬：《一部值得阅读的作品〈暴风骤雨〉》，李东来译，载武鹰、宋绍香编译《日本学者中国文学研究译丛　第4辑　现代文学专辑》，长春：吉林教育出版社，1990年，第201页。

③ 安岛彬：《一部值得阅读的作品〈暴风骤雨〉》，李东来译，载武鹰、宋绍香编译《日本学者中国文学研究译丛　第4辑　现代文学专辑》，长春：吉林教育出版社，1990年，第203页。

④ 安岛彬：《一部值得阅读的作品〈暴风骤雨〉》，李东来译，载武鹰、宋绍香编译《日本学者中国文学研究译丛　第4辑　现代文学专辑》，长春：吉林教育出版社，1990年，第203页。

⑤ 约翰·伯宁豪森、特德·赫特斯：《〈中国革命文学〉引言》，周发祥、陈圣生译，载中国社会科学院文学研究所、国外中国学文学研究组编《国外中国文学研究论丛　中国现代文学专辑》，北京：中国文联出版公司，1985年，第127页。

⑥ 约翰·伯宁豪森、特德·赫特斯：《〈中国革命文学〉引言》，周发祥、陈圣生译，载中国社会科学院文学研究所、国外中国学文学研究组编《国外中国文学研究论丛　中国现代文学专辑》，北京：中国文联出版公司，1985年，第127页。

诗意洋溢的语言，令你兴奋而读下去。”[①]林等指出，周立波的创作“乃根植在欧化的文学里”[②]，同时“致力于中国古典文学的钻研，从中吸取传统的表现技巧，把它们的优点和西洋文学的长处糅合起来，加以融会贯通，加以发展，加以创造”[③]，“从而逐渐形成一种趋于圆熟，更为凝练而富有民族特色的艺术风格，有某些外国古典文学之细致而去其繁冗，有某些中国古典文学简练而避其粗疏，结合两者之所长而发挥了新的创造。这就是形成周立波特有艺术风格的主要因素。”[④]这是多么到位，多么精辟的文学评论呀！

另外，苏联对于刘白羽、魏巍、贺敬之、马烽、田间，日本对于萧军、周而复、孙犁、李季等著名解放区作家和诗人也都有许多深刻而精湛的评论，限于篇幅只能打住。世界延安文艺研究著述卷帙浩繁，个人才疏学浅，无力“概”全，只能从其“冰山一角”，管窥其一“斑”吧！

宋绍香　泰山学院外国语学院教授

梁　喆　泰山学院外国语学院副教授

---

① 林曼叔等:《中国当代文学史稿（一九四九——九六五大陆部分）》（节录）第六章第三节《周立波的长篇小说〈山乡巨变〉》，载李华盛、胡光凡编《周立波研究资料》，长沙：湖南人民出版社，1983年，第467—468页。

② 林曼叔等:《中国当代文学史稿（一九四九——九六五大陆部分）》（节录）第六章第三节《周立波的长篇小说〈山乡巨变〉》，载李华盛、胡光凡编《周立波研究资料》，长沙：湖南人民出版社，1983年，第468页。

③ 林曼叔等:《中国当代文学史稿（一九四九——九六五大陆部分）》（节录）第六章第三节《周立波的长篇小说〈山乡巨变〉》，载李华盛、胡光凡编《周立波研究资料》，长沙：湖南人民出版社，1983年，第468页。

④ 林曼叔等:《中国当代文学史稿（一九四九——九六五大陆部分）》（节录）第六章第三节《周立波的长篇小说〈山乡巨变〉》，载李华盛、胡光凡编《周立波研究资料》，长沙：湖南人民出版社，1983年，第468—469页。

流淌在夜莺歌声里的东方音符*

——济慈的“中国印象”

倪正芳

摘　要：在济慈笔下，以各种面目出现的中国元素既体现了诗人并不那么丰满、完整和准确的中国观，也传递了他希望表达的某种审美情感或思想意图。济慈笔下的中国形象是我们了解西方浪漫主义时期类似阶层和群体中国常识、中国态度的代表性切入点。

关键词：济慈　中国观　西方浪漫主义

在英国浪漫主义诗人笔下，东方元素几乎从来没有缺席过。这其中，中国形象作为主要代表独占“C位”的场合虽然不多，但作为细节和背景出现的情形还是屡见不鲜并颇堪玩味的。相对而言，在那支构建18世纪之后中国新形象的队伍中，济慈（John Keats，1795—1821）的表现算不上有多么热心。这在当时整个西方的“中国热”普遍降温、中国故事的主题基调不再友好的背景下基本上算是合情合理的。

不过，济慈笔下，中国毕竟还是以各种面目出现在了一些适合它出现或者需要它出现的地方，也传递了诗人希望表达的某种审美情感或思想意图。虽然形象未必很丰满，特色也未必很鲜明，有时甚至显得有些性格分裂、面目欠佳，但无论如何，它的出场动机、呈现方式及其展示的模样，仍一定程度地体现了诗人的中国印象。济慈一生艺术理想相对唯美，“把诗歌当作自己的头等大事”（1818年4月27日致J.H.雷诺兹）①，以跻身英国伟大诗人行列作为自己的至高追求。在他永别曾带给他无尽生活烦恼与病痛折磨的庸俗

---

* 湖南省社会科学基金项目“比较文学视野下的拜伦诗剧研究”的研究成果，批准号（18YA242）。

① 济慈：《济慈书信集》，傅修延译，北京：东方出版社，2002年，第125页。

凡尘、化作天界那一颗"坚定"而"亘古不易"的"明亮的星"[①]已经整整200年的今天，对他笔下的中国形象略作梳理勾勒，对我们了解西方浪漫主义时期类似阶层和群体的中国常识、中国态度，还是能起到管中窥豹的代表性意义的。

一

1818年10月，济慈给刚刚移民美洲的弟弟乔治写了一封长信。这封信引经据典，从历史的高度纵论功名与伟业，表达了"长兄如父"的自己对寄托了全家人希望的乔治实现"美国梦"的信心和祝福。信中回顾了从罗马帝国到拿破仑时代历史上最强大的几位君主的统治方略和帝国扩张现象，然后提到了作为某种历史假设的悲剧性后果的不幸承受者中国：

> 据说亚历山大大帝打算像戴克里先（创立四帝分制格局的罗马皇帝——引者注）那样将自己的帝国划分开来——在自己之下设立两位君王，但他仍然维持对整个帝国的最终统治——要是他这样做了，并且在若干年内他们几位能相安无事，俄国说不定会将它所征服的地方扩大到中国——我认为中国自己则有很大可能落到听命于突厥人的地步——与此同时北边的俄国会翘起它的触角抵住欧洲的其他部分，与法兰西不断暗通款曲。（1818年10月14—31日致乔治和乔治安娜·济慈）[②]

亚历山大打败过不可一世的拿破仑皇帝，被欧洲贵族奉为"欧洲的救世主"。在济慈看来，如果他愿意向亚洲扩张，中国除了俯首称臣似乎没有其他更好的出路。由于同样在这封信里，他还断言美国人的人格"永远也到不了顶尖"，哪怕是美国之父富兰克林和华盛顿"也算不上顶尖人物"[③]，济慈并没有因为美国是亲弟弟如此向往的"新世界"，富兰克林和华盛顿是盎格鲁－撒克逊民族的直系"亲戚"，就无原则对其拔高美化，所以，济慈对中国的悲剧性假设看来仅仅是他的一种尽力不带感情色彩的客观推演，由此当

① 济慈:《水中的音符》，罗美玲译，桂林：广西师范大学出版社，2018年，第32页。
② 济慈:《济慈书信集》，傅修延译，北京：东方出版社，2002年，第222页。
③ 济慈:《济慈书信集》，傅修延译，北京：东方出版社，2002年，第223页。

然也不能得出济慈对中国的恶意来。但我们仍然不得不说，除了对中国的方位以及中国跟周围国家民族的关联性的了解还有些沾边外，这番滔滔宏论只能表明年轻的诗人对中国文化的历史及其力量还是太隔膜了。如果他知道，他所如此赞赏的突厥部落最终恰恰是被他所担心会“听命于”前者的中国变成了一个历史名词，而中华文化凭借坚韧深沉的力量更是影响四方，至今覆盖广泛、“群友”众多的儒教文化圈仍洋溢着勃勃生机，他多半会为自己的轻率论断和见识缺陷而自责。

尽管我们愿意相信济慈没有必要歧视也没有理由丑化中国人，但是他那些涉及中国人的某些议论和描述还是让我们心情复杂。虽然对此要负担很大责任的是那些并不真正了解中国却利用话语权随意对中国人画像定性、对英国大众的中国观产生了不良影响的“精英”们。比如，1819年9月，济慈写给远在美国的弟弟两口子的又一封长信中，他称自己正在读罗伯特·伯顿（Robert Burton，1577—1639）的名著《忧郁的解剖》。在信中他不厌其烦地摘抄了该书很长篇幅的文字，罗列的大概是伯顿所能够想象得到的各种肮脏丑陋的女性形象：

> （她们）或者呈褐色，长着一张像杂耍碟子似的团团大脸，或是一张瘦削的发育不良的脸庞……要不就是斜眼、麻雀嘴、波斯妓女鼻，或为红鼻子，或为精明的狐狸鼻，或为扁平宽大的中国鼻（China flat，great nose[①]），鼻翼扩张，像海岬那样隆起的鼻子，牙齿腐烂，发黄发黑，长短不齐，前后不平……[②]

堪称丑女毕至、脏妇咸集，尤其是中国女性形象，简直叫人不忍直视。伯顿写这些东西，不是他的审美观畸变成了审丑观，而是为了说明“每个情郎都迷恋自己的爱人，尽管她丑陋不堪脸色难看……”[③]。这在情理上并没有问题，因为中国人也认为只有“情人眼里出西施”。我们不能理解的是伯顿先生在寻找这些令人不愉快的典型事例时不是就地取材，而硬要把目标放到他只是道听途说的波斯、中国等东方各国人民身上。济慈誊录这一段文字给

---

① 原文见，Grant F. Scott，*Selected Letters of John Keats*，Combridge：Harvard University Press，2005，p. 365.

② 济慈：《济慈书信集》，傅修延译，北京：东方出版社，2002年，第408—409页。

③ 济慈：《济慈书信集》，傅修延译，北京：东方出版社，2002年，第408页。

弟弟弟媳，也应该不是表达自己对长相不佳的女性的歧视，而有开弟弟弟媳玩笑、同时也让书信显得活泼有趣一些的初衷。但是，一方面，他的这种引用，即使是与己无关的人听来也并没有什么好笑的，对当事人来说就更显得无趣和无聊；另一方面，恐怕济慈内心里对伯顿的描写还是颇为认同的（据说《忧郁的解剖》是济慈最喜欢的书），不然为什么差不多早他一个时代的、亲自出访过中国的马戛尔尼笔下的中国人不能引发他如此兴味并在自己的言论中加以借鉴和引用呢？

早在济慈出生前两三年，马特使就已经兴冲冲地不远万里率团访华，虽然结局不如人意，导致他和他的团队成员对中国充满怨恨情绪，进而发表了很多不利于中国整体形象塑造的言论，但他们的相关回忆文字里，涉及中国具体风物人情方面的许多描写还是比较客观如实、并非那么不堪入目的，这到底还是体现了职业外交官的基本操守。比如老马在进京的路上，注意到搬运货物的中国苦力“人人多筋骨坚壮，饶有气力……秩序井然不紊，又能各尽其力……”[①]看看，中国男人还是身体健壮、工作投入、不惜体力的。而他所见到的中国妇女，虽然由于“大都食力自活”，“肌肤为风霜所剥”，难免“颇不美丽”，但“气色则固无憔悴之状也”。就是说，起码大家的精神状态也不错。深入调查研究的结果，马特使情不自禁吟诵了莎士比亚《暴风雨》的句子：“观此芸芸之众生兮，叹造物之神奇，朕人类之美且大兮，吾乐乎新世界之自居。”[②]甚至某种程度上的国家形象代表者——中国官员，马戛尔尼似乎也觉得没有某些西方人描写的那么不堪。比如与他洽谈的一位高级官员：“总督年已七十八岁，体不高，目小而有英光流露，须白如银，下垂及胸，容貌蔼然可亲，举动雅驯有儒者气。即待其属员亦无矜居自大之色。”[③]如是可见，在他眼里，中国政府官员的形象气质、工作作风都还是不错的。应该承认，马戛尔尼对中国国民的素质、相貌都给予了不少肯定性的描述。有这样相当丰富而且比较全面的关于中国的最新参考资料，济慈却没有表现出兴趣并投射到自己的文字里，不能不说是一种遗憾。

① 马戛尔尼：《1793乾隆英使觐见记》，刘半农原译，重庆：重庆出版社，2008年，第19页。

② 马戛尔尼：《1793乾隆英使觐见记》，刘半农原译，重庆：重庆出版社，2008年，第22页。

③ 马戛尔尼：《1793乾隆英使觐见记》，刘半农原译，重庆：重庆出版社，2008年，第32页。

济慈身体健康状况一直不佳，他对生活环境特别是气候条件非常敏感，很多时候情绪也不太稳定，这些我们都表示理解和同情。但我们不得不说，虽然他有医学专业背景，可当他把生产生活方式作为不同文明传统的本质属性看待，并以此得出不同文明背景下民众的性格、智力乃至道德存在高下文野差异的观点时，我们仍只能对这种“高论”在逻辑上的幼稚和无稽嗤之以鼻。他曾煞有介事地跟朋友分析说：“农耕是对人的训练，从地里冒出的热气就像是母亲的乳汁——它驯服人的性情。看来这就是中国人笨弱低能的主要原因。”（1819年9月5日致约翰·泰勒）[①]济慈在这里明显地对海洋和农耕两种文明做出了倾向性突出、优越感鲜明的评判，更对西方舆论场对中国人性情智力的偏见做出了匪夷所思的迎合性推理。也就是说，济慈心目中的中国人不仅面目丑陋，性格性情也顽劣无能，是无法跟西方人相提并论的。

客观地说，济慈的学术修养、阅读视野、交际范围等都不及他的同时代人拜伦、雪莱等，他对东方包括中国的知识基本来自有限的阅读和一些较为普通层次的生活经历。而这其中，由于“亲华派”（sinophile）调门被压制，“恐华派”（sinophobia）的喋喋不休无疑又对形成济慈的中国印象产生了直接影响。既然现实社会期待强烈，某些权威又言之凿凿，很大程度上中国也确乎存在如此“国情”，那就怪不得济慈们的中国印象大多也如此了。

二

不过，狠话可以层层加码说个痛快，过小日子却不能跟自己较劲，毕竟对美好生活的向往是无论东方人还是西方人的共同奋斗目标。中国物质文明方面的卓越成果给人带来的物质上的方便、舒适与情趣，那是自古罗马时代起西方人就开始领教且上行下效深陷其中欲罢不能的。当然，彼时彼地的某些特殊情景下，“丝国”的文明也曾遭遇过某些非议和不公正对待。在精细、轻盈、光彩夺目的中国丝绸面前，罗马人眼瞅着身上跟麻布袋制品一样的粗陋服饰，没有办法不感到自惭形秽。于是对前者的趋之若鹜成为风气，而各种对丝绸不利的“酸葡萄”言论也开始蔓延。有人义正词严指责丝绸又薄又露有伤风化，有的为丝绸价比黄金会把罗马经济搞崩溃而痛心疾首。到罗马帝国末期，济慈在假设历史时提到过的那位戴克里先皇帝居然不得不强制性

① 济慈：《济慈书信集》，傅修延译，北京：东方出版社，2002年，第379页。

地把赛里斯（中国）生丝规定了一个夸张的价格，达到了每磅约合274个金法郎，以期遏制丝绸消费[①]。罗马帝国后期腐败现象已经成为人类历史一个反面教材，帝国崩溃的原因我们不妨留给历史学家乃至经济学家们继续讨论，一匹丝绸所引发的政治经济乃至国运问题可能也是某种程度的客观存在，但如果把帝国衰亡的原因一板子干脆利落毫无保留地打在中国丝绸身上，那肯定是诊错了脉象开错了药方。一个事实是，后人们也并没有因此把丝绸等中国的奢侈品当作亡国灭种的洪水猛兽而永远御敌于国门之外。不论是罗马帝国后期还是后罗马帝国时期的漫长西方发展历史上，丝绸作为财富和地位的象征，继续在西方散发着雍容华贵的气息与炫目迷人的光彩。

在浪漫主义时代以前的英国文化传统里，来自中国的物质文明总体上说还是得到尊重的。莎士比亚《一报还一报》里有一句台词提到生活用品时称"They are not China dishes，but very good dishes"。朱生豪将此译为："……这种碟子，不是磁碟子，可也是很好的碟子。"[②]学者葛桂录则认为应译为"尽管不是中国的，可的确是上等的餐具"[③]，则更能突出中国餐具品质精良的事实前提，而且表明中国瓷器已经成为上层社会日常的高档配置。还有弥尔顿《失乐园》借撒旦之眼看到了"中国人用风帆驾驶藤的轻车"[④]，这种绿色环保"混合动力"型的所谓"加帆车"（杨周翰先生曾专门撰文《弥尔顿〈失乐园〉中的加帆车——十七世纪英国作家与知识的涉猎》讨论[⑤]）设计理念太超前了，引起了欧洲人的广泛膜拜。虽然在很多时候，跟欧洲其他国家比，英国人了解、接受和吸收中国文明成果并非先行者，但他们能通过更积极热情的表现来弥补这一遗憾，甚至总是能玩出新花样，实现后发赶超。比如英国人经营茶叶比荷兰晚，但很快就在饮茶的普及和经营规模上实现了跨越式发展，还不断改革创新，结合英国人的口味实际，发明了有英国特色的茶品和茶会。其如痴如醉的程度，令人感动。作为海外中国研究专门学问的

---

① 李明伟主编：《丝绸之路贸易史》，兰州：甘肃人民出版社，1997年，第175页。

② 莎士比亚：《一报还一报》，载《莎士比亚全集》第6册，朱生豪译，北京：人民文学出版社，2014年，第228页。

③ 葛桂录：《中外文学交流史（中国—英国卷）》，济南：山东教育出版社，2015年，第17页。

④ 弥尔顿：《失乐园》第三章第438行，朱维之译，天津：天津人民出版社，1996年，第109页。

⑤ 见杨周翰：《弥尔顿〈失乐园〉中的加帆车——十七世纪英国作家与知识的涉猎》，载《国外文学》1981年第4期。

"汉学"，英国建立得比法、意、德等很多欧洲国家也要晚（约发轫于1840年以后），但首先设立汉学教席的剑桥大学东方学部成为真正的"后浪"，成果丰硕，举世公认。

1818年3月25日，济慈给同为诗人的好朋友J.H.雷诺兹写信（这封信完全以诗的形式跟对方交流）。信中说，前一个晚上他夜不能寐，浮想联翩，历史名人、神话传说在头脑中纷至沓来；接着，恍惚间眼前出现这样一幅场景："看哪，是什么来自朦胧的远方？/是一条金色船舶用丝绸来包装！/三行船桨，齐刷刷瞬间闪耀，/光芒照进花木葱茏的小岛中央……"[①]这首即兴式的诗歌罗列了亚历山大、伏尔泰、苏格拉底等带有西方文化背景的牛人大咖，还有亭台楼阁、音乐、晚霞，这样既不失厚重、又富有诗情画意的意识流梦境里，带有专属性标识的"丝绸"包装的"金色小船"所来自的"朦胧的远方"究竟为何方神圣，指向性应该是很明显的了。这样的带有"远方"特征的想象性描写，让我们很容易联想到拜伦《唐璜》中的句子："大洋两岸都是他（指守财奴——引者注）的；从锡兰、/印度或遥远的中国开来的船/无一不为他卸下馨香的产品……"（《唐璜》第十二章第9节）[②]

在诗歌创作中，当涉及较为高端文雅的场合或生活背景时，济慈也不时借助东方的特别是有中国特色的器物来渲染气氛和描绘人物。《安狄米恩》描写安狄看见美少年丘比特躺在一个"丝绸榻"上，那见所未见、闻所未闻的天国美景正触动着他的心弦。《伊莎贝拉》里，伊莎贝拉用丝巾把罗伦左的头颅包起来埋进花盆；在上层妇女的生活用品中，丝绸还是珍贵的可以寄托情感、赋予深意的高级物件，恐怕在诗人意识里，别的织物也不配包裹伊莎贝拉心上人的头颅。此外，雅琴需要配刺绣（《圣亚尼节前夕》："你将会看到/刺绣架旁她的琴……"[③]），入梦不能少"绣枕"（《圣亚尼节前夕》："他把温暖乏力的手臂/落到她的绣枕上……"[④]），必要时还可以放个大招，把更高端的"织锦"（tapestry）（《拉米亚》："（月亮的银光）把光泽/同幽暗的织锦画面交织在一起。"[⑤]）、"金色刺绣"（《拉米亚》："当火山熔岩蹂躏草地的

---

① 济慈：《济慈书信集》，傅修延译，北京：东方出版社，2002年，第113页。
② 拜伦：《唐璜》，查良铮译，北京：人民文学出版社，1980年，第668页。
③ 济慈：《夜莺与古瓮》，屠岸译，北京：人民文学出版社，2008年，第192页。
④ 济慈：《夜莺与古瓮》，屠岸译，北京：人民文学出版社，2008年，第199页。
⑤ 济慈：《夜莺与古瓮》，屠岸译，北京：人民文学出版社，2008年，第206页。

时候，/全毁了她的银甲和金色刺绣。”[①]），隆重请到前台……总之，稍微上点档次的故事背景、人物装饰都习惯借助来自东方的各种行头来布设点缀，同时这也应该是济慈对自己所了解甚至体验的当时实际生活的艺术反映。济慈笔下甚至还出现了花开富贵、国色天香的牡丹：“或者饱餐海浪上空的虹彩，/或者享足姹紫嫣红的牡丹。（《忧郁颂》）”[②]牡丹原属中华独有，后来西传欧洲，在这里也成为人们高雅情调的渲染物和浓烈气氛的营造者，与其他欧洲传统的雅致之物组合起来，毫无违和之感，此处也完全可以与济慈赖以立足诗史的“颂诗”品格相得益彰。

虽然自从阿拉伯人把中国的蚕宝宝走私到欧洲，西方人千方百计地琢磨出了养蚕缫丝织绸的入门之法并逐渐提高认识水平和操作水平，但在贵族们心目中，始终存在一个“丝绸还是中国的好”的执念。据统计，18世纪三四十年代，欧洲每年的丝绸进口量最多竟达75000余匹。与此同时，许多本土欧洲丝绸也把绘制龙、凤、花鸟等中国传统图案作为标配，为了提高仿制水平，各国丝织厂的丝绸画师甚至人手一本《中国图谱》[③]，似乎经过这道工序后在产品上标明“中国制造”就根红苗正了。只是这一来，就不能保证所有市场上的和消费者手中的“中国货”到底是如假包换的正品还是半真半假的“水货”、甚至就是以假乱真的山寨货呢？这种背景下，济慈也应该知道蚕与丝的关系并不是过去传说的某种神奇的东方魔树上长出来的了。所以，有一次去苏格兰旅行，面对彭斯家乡的旖旎风光，他不由得“要大口呼吸，把眼前景物都吸进肺腑，以便回去后把这一切吐给你（指雷诺兹——引者注），就像吃桑叶的蚕儿吐丝那样。”（1818年7月11、13日致J.H.雷诺兹）[④]

济慈笔下，不仅漂亮高贵的女主人公的优雅华丽需要借用来自东方的绫罗绸缎来烘托气质身份，甚至连普通乡邻都已经知道来自远方的丝绸织品非等闲之物，似乎能产生人以物贵、一旦丝绸加身便有神清气爽之功效。在1818年12月至1819年1月写给乔治及其妻子乔治安娜·济慈的一封信中，济慈专门给弟媳写了些“家长里短”的闲话来调节气氛。其中他诙谐地介绍

---

① 济慈：《夜莺与古瓮》，屠岸译，北京：人民文学出版社，2008年，第211页。

② 济慈：《夜莺与古瓮》，屠岸译，北京：人民文学出版社，2008年，第19—20页。

③ 参见雷蕾：《中国丝绸：撬动古罗马帝国的奢侈品》，载《文史参考》2012年第18期。

④ 济慈：《济慈书信集》，傅修延译，北京：东方出版社，2002年，第166页。

了一位勒道尔大叔，说他“是个小个子，长着一颗有着许多斑点的诚实无欺的脑袋”，有一次聚会他非常不开心，因为“他从未有过当着众人显摆自己丝绸手帕的机会”[①]，幸好他难得地认识一位叫巴托罗兹的雕刻师，算是他的朋友圈里有身份的角色了，“因此他的谈话题目只有一个——巴托罗兹。”[②]手帕并非中国独有，但丝绸手绢确实是一件值得炫耀的高档物件，它在寄托绵绵情意、体现高贵身份的功能上堪称有四两拨千斤的功效，所以人们才煞费苦心在一小方手帕上动心思下功夫。济慈还提到过，他的朋友查尔斯曾收到某小姐送的一块“丝绸手绢”，查尔斯为了刺激他的情敌，“整晚把那块手绢炫耀个没完”[③]，弄得对方一晚上情绪激动、坐立不安，两人差点发生肢体冲突。（1820年1月13日—28日，致乔治安娜·威利·济慈）济慈告诉我们，早茶、午茶、下午茶确确实实是他和他的亲朋戚友们的生活日常。济慈关心远在美洲闯荡的弟弟弟媳的生活条件，询问的内容之一就是：“你有茶喝吗？茶里放牛奶吗？”（1819年2—5月致乔治和乔治安娜·济慈）[④]他甚至以一群无趣之人参加的茶会作诗：“他们坐着沉思，转动着疲倦的眼眸，/嚼着面包，用声声叹息让茶水凉下来，/要不然，就忘掉夜晚的功能，/忘掉他们的茶——忘掉他们的胃口。”（1819年9月17—27日致乔治和乔治安娜·济慈）[⑤]在济慈的文学努力迟迟没有打开局面的时候，济慈兄妹的监护人阿比甚至建议济慈去“做茶叶经纪人”（1819年12月20日致范妮·济慈）[⑥]，说明当时茶叶生意仍然是一门有利可图的行当，本身就是茶商的阿比先生提出这个建议，一定是自己从茶叶经营中获益颇多，才会推己及人，给济慈提出这个出发点良好的建议。在他的眼里，卖茶肯定比码字实惠。当然，值得后人庆幸又钦佩的是，济慈没有采纳监护人的并非完全不合理的建议，而是勒紧裤腰带，继续在诗歌创作的坎坷之路上披荆斩棘。

济慈对妹妹范妮·济慈描绘过自己想象中悠闲、雅致、充满情趣的理想生活环境，其中不乏包括中国事物在内的东方场景。比如，他“挺乐意弄一大群漂亮的金鱼来养着……我要把鱼缸放在一扇漆得很好看的窗户下，在鱼

① 原文为a silk hankerchief，见*Selected Letters of John Keats*，p.222.
② 济慈：《济慈书信集》，傅修延译，北京：东方出版社，2002年，第243—244页。
③ *Selected Letters of John Keats*，p.404.
④ 济慈：《济慈书信集》，傅修延译，北京：东方出版社，2002年，第318页。
⑤ 济慈：《济慈书信集》，傅修延译，北京：东方出版社，2002年，第405页。
⑥ 济慈：《济慈书信集》，傅修延译，北京：东方出版社，2002年，第448页。

缸周围遮一圈桃金娘与日本植物……”（1819年3月13日致范妮·济慈）[①]他还对范妮说过，自己向往的放松方式就是到园子里散散步，品尝各种水果，然后“懒洋洋地躺在睡莲盛开的池塘旁的草地上，一边吃着白葡萄干，一边观赏塘里的金鱼。”（1819年8月28日致范妮·济慈）[②]金鱼源于中国，当然日本人曾经在品种改良方面做出过突出的贡献。这里面甚至“漆”也是中国发明的高级工艺，是西方人推崇备至、很久都没曾整明白的神奇魔法的体现。总之，养养鱼，种种草，栽栽花，日常起居带点小情趣和小品位，也便是济慈所向往生活的具体体现。

中国的代表性物质文化成果几乎成为诗人潜意识里高贵华丽的象征。这就是存在于对中国精神文明失去了虔敬之心的济慈们心目中的中国物质文明的形象和分量。虽然老拿丝绸、茶叶、瓷器等几大件摆事实讲道理可能会令人有些腻味，但谁叫这些老伙计们就是这样在漫长的岁月里成团“出圈”的呢?

对近现代以来的西方人而言，中国文明确实已经与其日常生活纠缠交织在一起。仅此我们就可以明白，当下某些反全球化的保护主义者“脑洞大开”的“脱钩”奇论是如何的不靠谱，中西文明的“钩”已经进化到互相渗透的融合状态，岂是说“脱”就“脱”得了的。

三

诚然，济慈对中国人的面目、习性乃至民族性格有过令人不太舒适的描述和议论，这里面有西方的时代氛围日趋对中国形象不利的大气候影响，也有由于缺乏直接经验而难免人云亦云的原因。其实中国跟诗人从来就没有什么过结，相反，这个东方神秘国度曾普遍让人膜拜、神往，而且济慈身边的现实中国元素广泛又不乏优雅，他实在没有道理刻意跟这个远在天边又近在眼前的国家的形象与文明过不去。所以，济慈笔下的中国，也往往会呈现出一种较为非功利的、纯客观的面目来。

济慈在创作后期，曾计划用斯宾塞诗体以当时流行的讽刺与幽默风格写一首童话诗，不过没有完工，生前也没有出版。这首后来被命名为《小丑，或妒忌者——一个童话》(The Cap and Bells; Or, The Jealousies: A Faery

① 济慈:《济慈书信集》，傅修延译，北京：东方出版社，2002年，第270页。

② 济慈:《济慈书信集》，傅修延译，北京：东方出版社，2002年，第375页。

Tale）[①]的残诗不太为济慈研究者关注，但有意思的是，济慈为这首诗署了个露西·沃尔罕·罗伊德（Lucy Vaughan Lloyd）的假作者名，还有鼻子有眼地注明作者的联系地址为兰贝斯大街中国路（China Walk，Lambeth）。这个地址本身倒没有问题，人们至今还可以按图索骥到此一游（中国街在Lambeth Walk与Kennington Road之间），但如果那时的读者天真到专门跑到那里拜会这位Lloyd，则肯定查无此人。“中国路”的出现，肯定没有价值判断和感情色彩，但“乱入”济慈彼时的笔端，也就是一个显示真实感、达到让读者相信此诗确实为此人在此地创作的效果。

但关于中国路所在的兰贝斯大街，就本文主题而言，还是有说头的。18世纪英国即已开始仿制中国青花瓷器，兰贝斯作为伦敦的自治市，“约于1815年建有道尔顿（Doulton）陶瓷厂……以实用炻器、陶瓷享名。”[②]该厂尤以细瓷（即china的通指）闻名。所以，既然济慈设想了一个邻近兰贝斯的地名，由瓷器联想到邻近的中国路从而选中它作为虚拟作者的通讯地址也就不算偶然了。早在18世纪中期，另一位有名的爱华人士威廉·钱伯斯（William Chambers）在伦敦著名的丘园（Kew Royal Botanic Gardens）里别出心裁地修建了一座10层中国宝塔，想必济慈也是不陌生。所以，我们假设，如果济慈把那位罗伊德先生安排在“中国宝塔”所在的丘园附近居住，同样也不会令人奇怪。

此外，济慈这种一反常态的署名方式，或许是作者自信不足的一种障眼法，也应该有某种恶作剧式的玩笑成分。实际上，济慈写作此诗时的犹豫和心虚可以从一封信里看出端倪：“我不久就要开始《露西·沃尔罕·罗伊德》。我尚未开始构思，因为怕病情复发，我不想到时责备自己。”（1820年6月21日致查尔斯·布朗）[③]在给两个弟弟的另一封信里，济慈这样写道：

> 荣誉如此之快地落到我的头上，我都快要承受不住了。你们觉得怎样，我会在朝廷中加冕为王吗？我会当上一位“满大人”吗？——绝对不会！亨利太太告诉我，我被邀请参加在奥里尔家举行的莎士比亚诞辰纪念聚会，莎士比亚的眼睛会在那儿盯着我……（1818年2月14日，致乔治

---

① Jack Stillinger, *The Poems of John Keats*, Combridge: The Belknap Press of Harvard University Press, 1978, p.384.

② 罗苏文：《景德镇：中国瓷业的近代印记》，《史林》2007年第1期。

③ 济慈：《济慈书信集》，傅修延译，北京：东方出版社，2002年，第498页。

与托姆·济慈)[①]

作为一种公务员身份，已经成为中国官员泛指的“满大人”（Mandarin）跟其他头衔如大臣、部长等管理岗位一样，甚至不妨看作与文学从业者相对的职业行当。用中国当代官方话语说，他们其实只有分工的不同，没有高低贵贱之分。虽然济慈视诗名为最高目标，当国家公务员不是他的第一志愿，但也只是一种人各有志的职业选择而已。

很多时候，济慈对来自中国的物质文化基本上已经是视之为一种文化身份特征和国家边界都很模糊的家常用品加以描述或者享用了。比如，我们从他的书信中，可以看到他那并不算优渥的生活里仍充满了中国元素，他对生活品质的理解和个人追求甚至也不乏中国背景和“中国标准”。1818年7月，济慈在游历苏格兰途中给弟弟托姆·济慈写信介绍一路的经历与风光，他注意到和同伴曾住过的一家客栈，虽然条件简陋，房客粗鄙，却有“白色和蓝色的瓷具满屋乱丢”[②]。有美丽的湖光山色，但笼罩在连绵的雨水中；不乏精致有品的瓷器（这里China首字母也是大写[③]，应该不是没有用意的），却被糟糕的内容（食物）和杂乱的秩序破坏了观感。这是济慈表达了对村民暴殄天物的遗憾与好东西遭到明珠暗投、“遇人不淑”的惋惜。

济慈长诗《本·尼维斯山的对话》（1818年8月3—6日致汤姆·济慈信中插入的诗《Mrs. C——》。但王昕若和傅修延两个济慈书信中译本及国内济慈诗歌译本都没有译出这首诗）实际上是虚构了一位卡梅伦（Cameron）夫人与英国最高峰本·尼维斯山的对话，显示了诗人诙谐幽默的一面。诗中写道：“尼维斯先生，我发誓，我很生气/我已经筋疲力尽，气喘吁吁/……我意识模糊，精神紧张/把腌菜和果酱尽数抛弃，/连带我的瓷器柜（my China closet）……”[④]尽管其中的“China”同样用上了大写，我们也看不出、实际上诗人也毫无理由要在情绪不佳、身体疲劳之际还要刻意抛弃一个“中国”

---

① 济慈:《济慈书信集》，傅修延译，北京：东方出版社，2002年，第87页。

② 济慈:《济慈书信集》，傅修延译，北京：东方出版社，2002年，第183页。

③ 原文为White and blue China ware has crept all about here. 见Houghton Mifflin Co, *The complete poetical works and letters of John Keats*，Cambridge，Boston & New York：Rivverside Press，1899，p.318.

④ 本文作者自译，原文见Jack Stillinger，*Selected Letters of John Keats*，Cambridge：Harvard University Press，1978，p.182.

式橱柜而不是一个“瓷器”柜。如此，那这里的“瓷器柜”就是一件跟腌菜和果酱一样毫无文化背景和道德感情指涉的物事，当然它仍然客观地具备中国色彩。

在远离自己钟爱的文学艺术领域时，济慈可以把家长里短聊得轻松风趣，而中国器物就是他的谈资之一。济慈兄妹的朋友亨利新婚燕尔，但老婆家教十分严厉，济慈对这位身患“妻管严”不治之症的朋友深表同情而又爱莫能助。对于那位既无趣又不温柔也不称职的太太，济慈曾颇有些哀其不幸怒其不争地批评说：“亨利在坎普顿城成了老婆奴，没有人能将他唤回。我很遗憾他未能娶一个更可爱的妻子，真是丢脸，她连妻子的一半职责都未尽到。”[①] 接着他表示这种老婆并不少见：“我觉得我能在小丑、库克船长的航行、《穆尔历书》的象形文字中找到她的同类，或者还有其他地方：中国钟楼门口、她自己壁炉架上的牧羊女中、诺亚方舟的女儿们当中、德国佬玩具商店和任何美术商店的橱窗里。”（1820年1月13日—28日致乔治安娜·威利·济慈）[②] 尽管这里中国钟楼和其他意象多少给人一种形象不佳、陈旧落后的感觉甚至藏污纳垢的联想，但联系上下文诙谐语境和济慈写作此信的轻松情绪，这些令人头疼的角色及其出没的场合应该是诗人兴奋之下随手拈来营造欢快气氛的，而且一同“示众”的还不乏西方文化中地位较高的对象（比如神圣的《圣经》传说中“诺亚方舟的女儿”这样值得同情的人物），所以这一系列意象都应该不是诗人刻意批评的对象。从这一私密性很强的叙事及议论，我们看到此时的济慈不再是那个不食人间烟火、原则理想不容亵渎的诗人，而是一个亲切有趣的自家大哥。

精神上的高调和物质上的诚实，让不少近代以来的西方人把中国从物质文明和道德文明撕成两半。实际上，在理想主义与现实主义之间，在功利主义和道德批判之间，他们有时候是不由自主、有时候则是无可奈何地把自己也分裂了。不过，整体而言，中国的文化与形象因为岁月漫长的输入、融汇，一些经典的东西已经成为西方生活的组成部分和西方文化的有机元素，有的甚至在西方思维中得到无文化背景差异的运用。此时，它们既不涉及政治上的正确与反动，也不涉及道德上的崇高与卑鄙，也没有感情上的亲疏与爱憎。在这个意义上，中国只是中国。

---

① 济慈：《济慈书信集》，傅修延译，北京：东方出版社，2002年，第459页。

② 济慈：《济慈书信集》，傅修延译，北京：东方出版社，2002年，第459页。

看来，济慈的中国印象既不十分清晰，也不十分稳定；而且跟时人相比，他的物质层面的中国观以及道德层面的中国观都并没有太大的不同。必须指出，对于诗人济慈，无论是其人性的善良还是艺术的精美，都不是我们回避甚至美化他的中国态度带有一定复杂性与局限性的理由。从这个角度说，对这位浪漫主义诗人的中国印象的观照、勾勒与评判，我们可能还得从足够坚定的现实主义立场出发。

倪正芳　湖南人文科技学院文学院教授

·张西平专栏·

20世纪中国古代文化外译的典范——许渊冲

张西平

摘　要：许渊冲是20世纪中国卓越的翻译家，尤其在中国文化外译上做出了巨大的贡献。本文简述了许渊冲在中国典籍外译上的学术成就，对他在中国典籍翻译理论上的贡献做了初步论述。文中特别对许渊冲翻译理论中的中国特色加以关注。百余年来中国翻译界都在套用西方的翻译理论，绝大多数学者只是从事“外译中”的工作，许渊冲先生反其道而行之，不仅在“中译外”实践上做出了巨大的贡献，而且创造自己的具有中国特色的翻译理论，这在20世纪的中国学术史上都是重大的贡献和创新。

关键词：许渊冲　中译外　翻译　汉学

在20世纪下半叶的中国典籍翻译的历史上，如果我们选择人物的话，中国的许渊冲先生，无疑是一个绕不过的丰碑，无论是将其放在国际汉学的范围内，还是将他放在中国近百年的中译外的历史上来看，许渊冲都是一个典范，他不仅仅给我们提供了丰硕的翻译作品，也写了大量的关于翻译理论的文字，这些都成了我们研究20世纪中国古代文化经典在域外传播的宝贵财富。

一、许渊冲的中国典籍翻译成就

许渊冲先生是20世纪中国的一位大翻译家，他的翻译在“中译外”和“外译中”两条战线同时展开，这本身就十分罕见，特别是在中国典籍外译中，他在英文和法文两个语种中同时展开，这更是无人可比。“书销中外五十本，诗译英法唯一人”的确是他真实的写照。许渊冲在中国典籍翻译上的成就可以从以下几个方面加以说明。

第一，从中国古代经典的翻译的数量上，许渊冲的翻译成就无人可比。我们可以对许先生的翻译成果作一个简单的梳理：

在20世纪的西方汉学界对中国文学作品翻译数量最多的是英国汉学家阿瑟·韦利（Arthur David Waley，1889—1966），韦利是一个奇特的人物，自学成才，成为20世纪整个西方汉学界的一座丰碑，英国汉学家霍克斯（David Hawkes，1923—2009）曾说过："韦利一共出版了36部长篇的汉学著作，这种产量只有在那些随意删改的译者或者侦探小说家那里才有可能。"① 韦利一生著述丰厚，在研究写作的范围上要大大超过许渊冲先生，他对中国的哲学、历史、文学、艺术等多方面都有研究，一生写了数不清的书评和序言，能看出他兴趣广泛，涉猎很多领域。但韦利一生代表性的成就仍是中国古代文化经典的翻译，而对中国古代文学的翻译是其主要的成就。

韦利从1916年在Lowe Bros出版他的第一本中国古代诗歌翻译集《中国诗歌》（*Chinese Poems*）开始，到1963年他在*Bulletin of the School Oriental Studies Vol.XXVI*上发表最后一篇关于敦煌诗歌研究的论文"A Song From Tun—huang"，韦利尽管在翻译上涉猎中国古代文化的许多方面，但他成就最大、影响最大的仍是诗歌。

但如果将韦利所翻译的中国古代诗歌数量和所翻译的中国古代诗人的作品与许渊冲所翻译的中国古代诗歌数量和所翻译的中国古代诗人的作品相比，许渊冲在翻译的数量上仍然超过韦利。

第二，从翻译的质量上，许渊冲先生的翻译在许多方面高于同时代的西方汉学家。诗歌从一种语言翻译成另一种语言是相当困难的，由于其语言的简约性和内容上所包含的文化深刻性，有人认为诗歌甚至是不可翻译的。② 但由于诗歌代表了一个文化的精华，在理解一个文化时，如果不知道这个文化中的诗歌这种文学形式，我们就很难全面理解这个文化。因此，尽管诗歌不可译的声音不断，但对诗歌的翻译总是成为翻译领域中一个新人辈出，成果不断的领域。西方汉学界对中国古代诗歌的翻译如果从来华耶稣会士的翻译《诗经》算起，西方汉学界也经历了近400年的时间。如果将许渊冲的中

① David Hawkes, "Obituary of Dr Arthur Waley", *Asia Major*, Volume 12, Part 2（1966）: 145.

② 王以铸：《论诗之不可译》，《编译参考》1981年第1期。

国诗歌外译放入西方汉学的脉络中，如果我们从所翻译诗歌的质量上加以考察，许渊冲先生虽然在这个领域是一个后来者，但其贡献仍是很大的。

在对中国古典诗歌内容的理解上，许渊冲先生明显高于西方汉学。在比较中国学者和西方学者在古典诗歌的翻译时，他说：

> 美国人译的杜诗更能体现西方文化的“求真”精神，中国人的译文更能显示东方文化的求“美”传统。但姜词《扬州慢》包含的文化典故太多，没有英美人译文，只有中国人的译作。这又说明了中美文化的一个差异。译文只能使人“知之”，很不容易使人“好之”。①

在许渊冲看来，对诗歌内容的理解是诗歌翻译的关键，由于中国古典诗歌的用典很多，包含的历史文化内容厚重，这些对西方汉学家来说是一个很艰巨的事情，在这点上，中国学者对于内容的理解要胜西方汉学家一筹，所以，许渊冲说，西方汉学家只能“知之”，不能“好之”。他经常对英国汉学家Tr.W.J.B.Fletcher（1879—1933）、美国汉学家宾纳（Witter Bynner，1881—1968）的作品展开讨论和批评。

他用唐诗中刘长卿的《逢雪宿芙蓉山主人》一首诗的西方译者和中国译者来说明自己的这个观点。这首诗的原文是：“日暮苍山远，天寒白屋贫。柴门闻犬吠，风雪夜归人。”

第一种翻译：
The daylight far is dawning across the purple hill,
And white the house of the poor with winter's breathing chill.
The house dog's sudden barking，which hears the wicket go，
Greets us at night returning through driving gale and snow.
（Tr.W.J.B.Fletcher）

第二种翻译：
I Stay with the Recluse of Mount Hibiscus

---

① 许渊冲：《诗词·翻译·文化》，《北京大学学报（哲学社会科学版）》1990年第5期。

Dark hills distant in the setting sun,
Thatched hut stark under wintry skies.
A dog barks at the brushwood gate,
As someone heads home this windy, snowy night.
(Tr.Dell R. Hall)

第三种翻译:
At sunset hillside village still seems far;
Cold and deserted the thatched cottages are.
At wicket gate a dog is heard to bark;
With wind and snow I come when night is dark.
(Tr.X.Y. Z)

许渊冲从中西文化的对比中，对这三种翻译作了评述。他说:

> 唐诗的三种英译文，第一种的译者是英国人，第二种的是美国人，第三种的是中国人。第一种英译把"日暮"改为"日出"，把"苍山"改成"紫山"，这样就把唐诗中"暮色苍茫"的灰暗情调换成了朝霞漫天的紫红彩色，也就把中国古代的文化翻成了西方现代的文化了。"夜归人"译成"我们"，这又破坏了原诗的孤寂感;"犬吠"似乎也在欢迎"我们"胜利归来，这就把意气消沉的唐诗译成意气风发的英诗。……由此可见，英诗译者往往自觉不自觉地按照西方文化的精神来解释中国文化。[①]

许渊冲先生性格直爽开朗，他的名言是"自豪使人进步，自卑使人落后。"因此，在谈到他的翻译和西方汉学家的翻译时，他丝毫不回避自己的翻译和自己的成就，他在《典籍英译，中国可算世界一流》这篇文章中举出了2个例子，说明自己的翻译比西方汉学翻译要强，这里加以引用，以说明这个问题。

---

① 许渊冲:《诗词·翻译·文化》,《北京大学学报(哲学社会科学版)》1990年第5期。

无题·其二

飒飒东风细雨来，芙蓉塘外有轻雷。
金蟾啮锁烧香入，玉虎牵丝汲井回。
贾氏窥帘韩掾少，宓妃留枕魏王才。
春心莫共花争发，一寸相思一寸灰。

李商隐这首诗是一首艳情诗，回忆他与情人的相会，表达一种思念。其中诗中有两句“金蟾啮锁烧香入，玉虎牵丝汲井回”。这两句尤其令人费解，如果中国文学知识不足，很难解释。许渊冲先生认为，这两句诗的意思是“早晨打井水的时候，诗人就离开他所相思的情人回家了。这两句诗是影射一次幽会的。”他认为，英国汉学家所翻译的：

A gold toad gnaws the lock. Open it，burn the incense.

A tiger of jade pulls the rope. Draw from the well and escape.

这个译文表面上看和原文几乎字字对等，但在内容的理解上相差甚远。他用自己的译文做对比：

When doors were locked and incense burned，I came at night;

I went at dawn when windlass pulled up water cool.

许先生认为“这个译文既没有译‘金蟾’，也没有译‘玉虎’，可以说是很不形似的了，但却基本传达了原诗的内容，不形似而意似。至于诗人在‘入’与‘回’之间的良宵一刻值千金，却尽在不言中了。”[①] 所以，在他看来，自己的译文“不但意似，而且神似”，而汉学家的译文只是“形似”。他通过这2个例子，来说明英国汉学家所说的“我们几乎不能让中国人去翻译唐诗”的观点是不正确的。当然，这并不是说，所有西方汉学家在唐诗的翻译上都不行，平心而论，西方汉学家在唐诗的翻译上也有佳作，例如美国汉学家宇文所安（Stephen Owen，1946— ）。[②] 但由于唐诗中用典较多，特别是像李商隐这样的诗人，其诗歌内容的理解和解释，许多西方汉学家是不知所云的，在这个意义上许渊冲的自豪和批评是合理的。

他在谈到英国汉学家翟理斯（Herbert Allen Giles，1845—1935）的诗歌

---

① 许渊冲:《诗词·翻译·文化》,《北京大学学报（哲学社会科学版）》1990年第5期。

② 宇文所安:《中国早期诗歌的生成》，上海：三联书店出版社，2012年;《晚唐：九世纪中叶的中国诗歌（827—860）》，上海：三联书店出版社，2011年。

翻译时说：

> 英国有个叫Strachey的文学家，认为Giles的翻译是当代最好的诗。Giles是在19世纪末期搞的翻译，已经100多年了。他最大的问题，就是译文不够忠实；他不懂中文，误译是在所难免的。所以，我就把他的诗改得更加忠实一些。对于他的译诗，我能接受的就接受，可以改进的就改进，在这个基础上，更向前走一步。

尽管在中国古典诗歌英译是用散文体还是用诗歌韵体，许渊冲先生是赞同翟理斯的韵体翻译方法的，不赞同韦利等人的散文体翻译方法，但对翟理斯的翻译他客观评价，译得好的诗歌他充分肯定，译得不好的诗歌他就改译。由于翟理斯是100多年前的来华传教士，所以，许渊冲的翻译在质量上肯定高于翟理斯。

这样的例子还有很多，许渊冲先生在翻译中的一个重要讨论者就是西方的汉学家，这些汉学家的翻译作品成为他进一步展开自己翻译的前提，所以，在《诗经》的翻译上、在《长恨歌》的翻译上他都是不断地与像韦利等这些重要的汉学家讨论、争辩，应该说，许渊冲先生保持了自己的翻译特点，他对西方汉学家所翻译诗歌的改写是成功的，他自己的翻译也显示出一名中国学者的深厚学养。

二、许渊冲在中国典籍翻译理论上的贡献

许渊冲不仅在翻译实践上取得骄人的成绩，同时，在翻译理论上也做出了重要的贡献，特别是在“中译外”的翻译理论上独树一帜。他自己曾经总结了自己的翻译理论，他说：

> 中国学派的文学翻译却要求优化，传情而又达意。我评论文学翻译标准是：一要达意，二要传情，三要感动。正如孔子说的，“知之者不如好之者，好之者不如乐之者”。知之就是理解，达意；好之就是喜欢，传情；乐之，就是愉快，感动。形似而意似的翻译能使人知之，传达意美才能使人好之，传达三美（意美、音美、形美）更能使人乐之，如把“关雎”译成Cooing and Wooing，传达三美，可以用等化、浅化、深化（三

化）的方法。等化包括对等、等值、等效，如把“死生契阔”译成meet or part, live or die；浅化指一般化、抽象化，如把“千里目”“一层楼”译成a grander sight, a greater height；深化是指特殊化、具体化，如把“杨柳依依”“雨雪霏霏”译成Willows shed tear和Snow bends the bough。总之，我把文学翻译总结为三美是诗词翻译的本体论，三化是方法论，三之是目的论，艺术是认识论。①

他还提出了“创优似竞赛”的理论。学者将他这套理论作了总结和分析，把他提出的“美化之艺术，创优似竞赛”，作为他的翻译理论的总概括。

实际上，这十个字是拆分开来解释的。“美”是许渊冲翻译理论的“三美”论，诗歌翻译应做到译文的“意美、音美和形美”，这是许渊冲诗歌翻译的本体论；“化”是翻译诗歌时，可以采用“等化、浅化、深化”的具体方法，这是许氏诗歌翻译的方法论；“之”是许氏诗歌翻译的意图或最终想要达成的结果，使读者对译文能够“知之、乐之并好之”，这是许氏译论的目的论；“艺术”是认识论，许渊冲认为文学翻译，尤其是诗词翻译是一种艺术，是一种研究“美”的艺术；“创”是许渊冲的“创造论”，译文是译者在原诗规定范围内对原诗的再创造；“优”指的是翻译的“信达优”标准和许氏译论的“三势”优势、劣势和均势说，在诗歌翻译中应发挥译语优势，用最好的译语表达方式来翻译；“似”是“神似”说，许渊冲认为忠实并不等于形似，更重要的是神似；“竞赛”指文学翻译是原文和译文两种语言与两种文化的竞赛。②

第二，许渊冲翻译理论的特点。它在中国典籍外译的实践中价值何在？笔者认为以下几点是应特别注意的。

其一，在翻译理论上，特别是在中译外的翻译理论上，反对生硬的套用西方的翻译理论。90年代以来，西方翻译理论涌入我国，一大批关于西方翻

① 许渊冲:《中国学派的古典诗词翻译理论》,《外语与外语教学》2005年第11期。

② 张进:《许渊冲唐诗英译研究》，硕士学位论文，西北大学中国古代文学，2011年，第19页。参见张智中:《许渊冲与翻译艺术》，武汉：湖北教育出版社，2006年。

译的理论出版。运用这些西方翻译理论来研究翻译的著作开始大量出版。许渊冲通过自己的翻译实践，对在中国流行的翻译理论提出了批评，反对在中译外过程中套用西方的翻译理论。在谈到奈达（Eugene A.Nida，1914—2011）的“动态对等理论”时，他认为，这个理论在中英互译的翻译实践中是不符合的。

> 为什么呢？从理论上讲，动态对等论可以适用于西方文字之间的互译，因为根据电子计算机的统计，西方主要文字的词汇大约有90%是对等的，例如英文和法文to be or not to be译être ou non pas être；就可以说是对等了。但中文和西方文字大不相同，据电子计算机统计，大约只有40%可以对等，而50%以上都找不到对等词。[①]

他通过具体的翻译实例，以自己所建立的“优化翻译法”来评价西方翻译学中的对等理论，对这种西方翻译理论做了批评。他说：“（1）对等译法比优化译法要容易得多；（2）对等译法可以适用于西方文字之间的互译，不完全适用于中西互译；（3）优化译法既可用于中西文学翻译，也可用于西方文字之间的文学翻译。”[②] 许渊冲在90年代以来的关于翻译理论的辩论中是孤独者，但实践证明，他的一些想法，他从自己的翻译实践中总结出来的翻译理论是有价值的。

从另一个角度来看这场讨论时，我们可以体会到它的更大文化意义。百年来中国人文学科基本上都是拿西方的理论，来套中国的实际。理论上的崇拜西方，跟随西方理论界跑是一个普遍的问题。当然，西方的人文社会科学理论有相当多的是有价值的，是西方学者的深入思考和创造的结果，问题在于，如何在中国文化的语境中消化这些理论，如何发现其中不适应中国文化的特点而加以抛弃和改造。如果放到中国整个的人文学科来看，像许渊冲这样的学者，敢于对西方的理论提出挑战，敢于根据自己的实践修正和批评西方的理论的人实在太少了。

其二，坚持从翻译实践中总结翻译理论，建立中国自己的翻译理论。许

---

① 许渊冲：《谈中国学派的翻译理论：中国翻译学落后于西方吗？》，《外语与外语教学》2003年第1期。

② 许渊冲：《谈中国学派的翻译理论：中国翻译学落后于西方吗？》，《外语与外语教学》2003年第1期。

渊冲之所以敢于对西方的翻译理论提出挑战，根本原因在于他自己就是一个翻译家，一个有“外译中”和“中译外”双重丰富实践经验的翻译家，而不是一个空头的理论家。目前在国内翻译理论研究领域，有不少学者谈起翻译理论口若悬河，但自己本身并未从事过真正的翻译实践。尤其在中译外方面，一些翻译理论研究者只是凭借着外译中的理论来改造中译外的理论。许渊冲说：

> 关于翻译理论与翻译实践的关系，我认为实践是第一位的，理论是第二位的；也就是说，在理论和实践有矛盾的时候，应该改变的是理论，而不是实践。……要用实践来检验理论，而不是用理论来检验实践。文学翻译理论如果没有实践证明，那只是空头理论，根据我60年的经验，我认为空论没有什么价值。[①]

许渊冲的翻译实践的一个重要方面是“中译外”，目前的西方翻译理论几乎没有涉及这个问题，据我所知韦利曾写过关于中文翻译成英文的理论文章[②]，但他在西方翻译理论界并未有影响，而在中国能在“外译中”和“中译外”两方面都有杰出贡献的只有许渊冲先生。所以，在许先生看来所谓的西方翻译理论其实并不全面，这些理论基本没有涉及西方语言和中文之间的关系，这些理论顶多只是西方各种语言之间翻译实践的总结。因此，许渊冲下面的观点无疑是正确的。他说：

> 其次，翻译理论应该是双向的，也就是说，既可以应用于外文译成中文，也可以应用于中文译成外文因此，没有中外互译的经验，不可能提出解决中外互译问题的理论。目前，世界上用中文和英文的人最多，几乎占了全世界人口的一小半，因此，中文和英文可以说是全世界最重要的文字，中英互译是国际间最重要的翻译，而西方翻译家和翻译理论家没有一个出版过一本中英互译的文学作品，他们不可能提出解决中英互译问题的翻译理论。[③]

---

① 许渊冲:《实践第一，理论第二》,《上海科技》2003年第1期。

② Arthur Waley，*Notes on Translation.* 参阅Arthur Waley，*The Secret History of the Mongols and other Piece*，*London*：*Allen & Unwin*，*c1963.*

③ 许渊冲:《实践第一，理论第二》,《上海科技》2003年第1期。

这场争论实际给我们提出一个问题，中国学者能否根据自己的实践来提出理论。就“中译外”来说，当年王国维先生在评价辜鸿铭的翻译时做过一些总结，林语堂先生、梁实秋先生也都讲过一些，但大都比较零碎。系统地提出自己的中译外翻译理论的，近百年来中国学术界只有许渊冲一人。更难得的是，他所提出的这些理论全部是在自己的翻译实践，而且主要是在“中译外”的翻译中提出来的。

三、许渊冲翻译理论的中国特色

努力从中国文化本身的传统来总结翻译理论，这是许渊冲翻译理论的重要特点。许渊冲的翻译理论表达简洁、明了，像“美化之艺术”，就是三美，三化，三之，其中三之就是知之，好之，乐之，这样的表达非常中国化，但这样的表达确是许渊冲先生从中国文化本身汲取营养所做的创造性转化。“三美”之说来源于鲁迅，鲁迅在《汉文学史纲要》中指出：

> 诵习一字，当识形音义三：口诵耳闻其音，目察其形，心通其义，三识并用，一字之功乃全。其在文章，则写山曰嶙峋嵯峨，状水曰汪洋澎湃，蔽芾葱茏，恍逢丰木，鳟魴鳗鲤，如见多鱼。故其所函，遂其三美：意美以感心，一也，音美以感耳，二也；形美以感目，三也。

1978年，他在自己翻译的《毛泽东诗词四十二首》英文、法文版的序言中正式把鲁迅的这个观点运用到对中国古代诗歌的外译上，提出了他的“三美”理论。许渊冲的“三知”理论也是从中国文化中提取出来的。孔子在《论语·雍也篇》中说：“知之者不如好之者，好之者不如乐之者。”他在《外语教学与研究》1998年第六期的《知之·好之·乐之·三论之》一文中，正式将其运用到自己的翻译理论中，并同时将孔子的这个思想和王国维的《人间词话》的思想结合起来，加以总结。他说：

> 我想这话可以应用到翻译上来，那就是说，忠实的译文只能使读者“知之”，忠实而通顺的译文才能使读者“好之”，只有忠实通顺而又发挥了优势的译文才能使读者“乐之”。王国维在《人间词话》中说：“古今之成大事业大学问者，必经过三种之境界。‘昨夜西风凋碧树，独上高楼，

望尽天涯路。’此第一境也。‘衣带渐宽终不悔，为伊消得人憔悴。’此第二境也。‘众里寻他千百度，回头蓦见（当作‘蓦然回首’），那人正（当作‘却’）在灯火阑珊处。’此第三境也。”我想这话如果应用到翻译上来，第一境可以说是“知之”境，第二境是“好之”境，第三境是“乐之”境。“乐之”是翻译的最高境界，是读者对译者的最高评价，是翻译王国的桂冠。

他自已也明确地指出，自己的翻译理论来自中国文化和前辈学者，是对他们的继承和发扬，他说：

为什么说“美化之艺术”是中国学派的文学翻译理论呢？因为“美”字取自鲁迅的三美论（意美以感心，音美以感耳，形美以感目），“化”字取自钱钟书的化境说，“之”字取自孔子的知之，好之，乐之；“艺术”取自朱光潜的艺术论（“从心所欲而不逾矩”是一切艺术的成熟境界）。此外，我还把文学翻译总结为“创优似竞赛”“创”字取自郭沫若的创作论，“优”字就是翻译要发挥译语优势，要用最好的译语表达方式；“似”字取自傅雷的神似说，“竞赛”取自叶君健的竞争论。这10个字取自中国的翻译大家，所以可以说是中国学派的文学翻译理论。[①]

许渊冲翻译理论中最具有特色和创造性的是他从《易经》中所汲取的智慧，总结出的翻译理论。他所提出的译者八论，极有智慧，他说：

翻译学也可以说是《易经》，“换易语言”之经；自然，译学的八论和《易经》的八卦是形同实异的，现在解释如下：

一论：译者一也（☰），译文应该在字句、篇章、文化的层次和原文统一。

二论：译者依也（☱），译文只能以原文字句为依据。

三论：译者异也（☲），译文可以创新立异。一至三论是翻译的方法论。

四论：译者易也（☳），翻译要换易语言形式。

① 许渊冲：《中国古典学派的翻译理论》，《外语与外语教学》2005年第11期。

五论：译者意也（☱），翻译要传情达意，包括言内之情，言外之意。

六论：译者艺也（☵），文学翻译是艺术，不是科学。四至六论是翻译的认识论，也可以算是“译者依也”的补论。

七论：译者益也（☶），翻译要能开卷有益，使人“知之”。

八论：译者怡也（☰），文学翻译要能怡性悦情，使人“好之”“乐之”。七八论是翻译的目的论。[①]

译学八论之间的逻辑关系是“译者一也”是翻译的理想，翻译就是两种语言的统一；“译者依也”，翻译只能以原文字句为依据；“译者异也”，就是译文可以创新立异；“译者易也”，翻译就是转换语言；“译者意也”就是要求翻译要传情达意；“译者艺也”说明翻译是一门艺术；“译者益也”指出翻译要开卷有益；“译者怡也”，指出翻译应该怡性悦情。

他套用道德经的语言所总结的翻译理论，在语言上达到了炉火纯青的地步，在理论上也完备而简洁，这是近百年来中国学者对翻译理论的最精彩总结。

译可译，非常译；忘其形，得其意。
得意，理解之始；忘形，表达之母。
故应得意，以求其同；故可忘形，以存其异。
两者同出，异名同理。得意忘形，求同存异；翻译之道。

中国学者翻译中国古代文化从陈季同开始已有近百年，其间辜鸿铭、林语堂、吴经熊、杨宪益等都有翻译的佳作，林语堂、杨宪益也谈过自己的翻译理论，但像许渊冲这样翻译中国古代文化的经典如此之多，在翻译理论上如此全面展开的唯有许渊冲一人。许渊冲的翻译理论是在同当代学者的论战中，在自己的翻译实践中逐步积累和总结出来的。尽管对他的翻译理论仍有不同意见，但如果将其翻译理论放在一个大的文化背景下考察，其贡献和学术意义就十分明显。

百年来中国学术界都是以西为师，用西方的理论来分析自己研究的领域和问题，这样的学术路径在一些研究领域是完全可以的，例如国际关系、政

① 许渊冲：《译学与易经》，《北京大学学报》1992年第3期。

治学、社会学等等，但一旦涉及中国的问题，在这些领域就必须注意其理论的适应性问题。而在中国文化研究领域，十分悲哀的，绝大多数研究者也都在使用着西方人文社会科学的理论，这并非说在中国文化研究中不可以使用西方的理论，而是说，在用这些理论处理中国的材料时要更加地小心和谨慎。缺乏从自己文化根基总结本研究领域的基础性学术理论，这是目前中国人文研究领域最重要的问题。许渊冲先生尖锐地指出：20世纪中国翻译理论界，大多是从西方语言学派摘取片言只字，用于中文，并无多少经验，并无多少翻译实践，更无杰出成果，却妄自尊大……

许渊冲翻译理论的文化价值于：

首先，中国当代的人文社会科学理论，应逐步走出“以西为师”的“学徒时代”，不能依靠仅仅援引外部的理论和思想来支撑中国的实践。我们看到绝大多数中国的人文学术研究者仍在重复着西方的各种理论，无论是古典的还是后现代的，食洋不化，从骨子里的崇洋是很多人的通病。在这个意义上，许渊冲的学术实践和理论对整个人文学术都有着极大的启示。

其次，要注重自己的社会现实和实践，将其作为学术发展的生命源泉。尽管，近400年来中译外的主体是西方汉学界，但从陈季同开始，中国学者已经进入这个领域，并开启了自己的实践。许渊冲的理论并非自己编造出来的词汇，而是从自己的实践中总结出来的，他的实践的数量和规模在中译外的历史上都是完全值得肯定的。我想，许渊冲如果没有这大量的翻译实践，他是总结不出来这些理论的。没有一种学术是在空中楼阁中产生的，中国当下正经历着3000年未有之巨变，社会发展之迅速，社会进步之猛烈是前所未有的。百年来对外来文化，特别是对西方文化的学习和吸收，终于产生出今天这样宏大复杂的社会局面。但在如此丰富、多样的社会实践面前，很多学者不能投入其中，而是醉心于连自己也搞不清楚的一些西方理论，来解释今日之中国。关注中国当下的社会实践，投身于这种实践中，才能创造出新的理论。许渊冲先生正是在近30年来的中译外大量翻译实践中，才脱颖而出，创造自己的独特的翻译理论。

再次，中国的理论必须是自己民族的语言。许渊冲在自己的翻译实践中，努力从中国文化的土壤，从近代文化的发展历史来总结翻译的理论。这些理论无论在表述上，在概括的内容上都表现出中国气派，中国风格。他的语言表达尤其值得注意，对照一下目前国内翻译界的人所使用的语言，几乎绝大多数是洋腔洋调。翻译理论的表达，表面上是一个语言问题，实际上反映了一个学术的自主和自觉。海德格尔曾引述洪堡的观点说:“一个民族有可能给予它所继承的语言另一种形式，使之完全变成另一种崭新的语言；换言之，它可能不改变语言的语音、形式和规律，而把崭新的东西赋予语言，使同一个外壳获得另一个意义。”[1] 在语言上许渊冲表现了极大的创造性，如果将其放入当代中国人文学术这无疑是最具有中国特色的学术语言。

最后，学术心理上的自足是学术创新的基础。自己不自信，如何谈创新。读一读许渊冲这段话，就足以看出他的学术心理状态是多么的自觉。他说:

> 在我看来，现在世界上有十多亿人用中文，又有十多亿人用英文，所以中英文是世界上最重要的语言。中、英文之间的差距远远大于西方语言之间的差距，因此，中英互译的难度远远大于西方语言之间的互译。直到目前为止，世界上还没有一个外国人出版过中英互译的作品；而在中国却有不少能互译的翻译家，成果最多的译者已有四十种译著出版。因此，以实践而论，中国翻译家的水平远远高于西方翻译家。而理论来自实践。没有中英互译的实践，不可能解决中英互译的理论问题。因此，能解决中英（或中西）互译实践问题的理论，才是目前世界上水平最高的译论。[2]

一般人读到许先生这段话时，初步感觉似乎在自我陶醉，但一旦细想一下，这个论断是正确的。在中国典籍外译的历史上，许渊冲先生是一个里程碑，他的翻译理论不仅仅是在翻译领域具有重要的学术意义，同样在整个人文学术研究领域也具有着重要的学术意义和文化意义，他的思想和道路对即将走出和正要走出学术的“学徒期”的中国学术界来说，对绝大多数人文学者来说都是一个榜样、一面旗帜。

许渊冲先生的去世是中国翻译界的重大损失，许渊冲先生所留下的翻译思想是中国学术界从事中译外事业的宝贵精神财富。

张西平　北京语言大学特聘教授
北京外国语大学教授

① 吴晓明:《论中国学术的自我主张》,《学术月刊》2012年第7期。
② 许渊冲:《译学要敢为天下先》,《中国翻译》1999年第2期。

· 法国汉学研究 ·

19世纪法国汉学的发展简述*

钱林森

摘　要：19世纪法国汉学的发展，与18世纪以法国传教士汉学为主体与世俗汉学分途并进的格局不同：19世纪法国前期汉学是以本土经院汉学、专业汉学（学术汉学）崛起为主体，19世纪后期汉学则以在华传教士汉学再度中兴和法国本土专业汉学、驻华外交家（翻译家）汉学积极参与呈多元发展态势。本文以此为聚焦中心点，列举法国19世纪知名汉学家及其代表著作，试图作整体、全方位的扫描、简述，进而展现19法国汉学研究的发展面貌。

关键词：19世纪法国　专业（学术）汉学崛起　传教士汉学中兴　驻外使节（翻译家）　汉学发展

19世纪法国汉学研究，虽因18世纪罗马教廷无视中国文化传统而引发的礼仪问题产生旷日持久的论争与教派之间的内部分裂，最终造成教廷与清王朝的直接对立，导致耶稣会被取缔与禁止，以及因为1789年法国大革命的影响，一度受到挫伤，但法国的汉学研究从未中断过。事实上，自19世纪初始第一帝国时代，萦绕在当时汉学家们脑海里的一项汉学研究壮举——编纂一部“汉—法—拉丁”三种文字对照的“中西”大词典工程，就一直获得拿破仑一世本人的赞赏、垂爱和支持。正是得益于拿破仑一世本人亲自关注和支持，19世纪头20年期间法国汉学才得以复苏，经院汉学、专业汉学（学术汉学）开始崛起、发展起来。

---

* 本文为国家社科基金项目“19世纪中法文学交流史研究”的阶段性成果，批准号（19Bzw104）。

一、19世纪法国第一帝国时代经院汉学复苏

19世纪初叶拿破仑第一帝国时代头10余年间，经院汉学复苏最明显的标记是《汉—法—拉丁》大词典工程的实施。19世纪初期（1808—1830），致力专攻编撰这项词典工程，而先后出现在巴黎的，是克拉普洛特（Klaproth，1783—1835）、喜嘉理（Hoger，1757—1819）、蒙迪奇（Antonio Montucci）三大非法籍学者。他们都试图最终完成萦绕在自己脑海里的这件汉学事业，却一无所获[①]，但这些先行探索与研究的汉学家们，多半都相继获得过拿破仑热忱的支持、鼓舞和犒赏[②]。比如，热衷编撰汉学词典的德国汉学家克拉普洛特，他首先在哈勒（Halle）开始学习，然后再赴德累斯顿（Dresden）并从事出版《亚洲杂志》（2卷本，1802）。他于1807年居住在圣彼得堡，在那里受托出版帝国图书馆所藏满文稿本与刊本目录。克拉普洛特在定居巴黎之前，前往意大利旅行期间，曾有机会在易北河的一个岛屿上见过拿破仑，此后他定居巴黎直到逝世，其汉学研究一直受到拿破仑帝国的支持与关注。他生前曾出版过《柏林皇家文库所藏汉满文字稿本目录》（1822）、《满族的基督教爱好》（1828），于《亚细亚报》发表大量文章。而同样出自德国家庭的喜嘉理，也曾试图着手编纂一部词典，从维也纳发出了许多具有内容简介的广告，在欧洲各大书店中发行，以便获得预订一部词典。据他所说，这部词典可能比门采尔（Christian Mentzel，1622—1701）那部保存在柏林图书馆的9卷稿本词典更有价值。当拿破仑风闻到这份内容简介广告时，便于1802年把喜嘉理召至巴黎，并犒赏他年薪6000法郎。喜嘉理特别研究了法国皇帝珍宝馆中的中国钱币，并对它们作了编目[③]。在此之前，喜嘉理曾发表过《大禹碑》（1802），以标明他对中国碑刻的真正兴趣。他将这一领域的研究兴趣一直保持到生命之末，因为他后来占据了帕维亚（Pavia）大学东方语言讲座。第三位热衷于编撰“中西”大词典的是安东尼奥·蒙迪奇，他曾与马戛尔尼使团保持联

---

① Voir H.CORDIFR，“Les Etudes chinoises sur la Révoluion et L’Empire”，*T’oung Pao*，vol. XIX（1918－1919）.

② Voir José FR’ECHES，*La Sinologie.*Paris：Presses Universitaires de France，1975，pp.34－37.

③《法国皇家珍宝馆藏中国钱币目录》，巴黎1805年版。这部著作不仅仅是一部普通的目录，因为它还包括了有关历史和地里的多章文字。Voir José FR’ECHES，*La Sinologie.* Paris：Presses Universitaires de France，1975，pp.34－37.

系，并在那不勒斯的中国学院见过马戛尔尼。这就使蒙迪奇掌握了一批汉文词语，他很乐意将此编作一部词典。他按照这种想法，而致函欧洲的所有君主，以显示其能力，但他只收到了普鲁士国王的答复。他于是便于1806年前往柏林，并在两年之后设法出版了《中国研究》，并附有致圣彼得堡皇家科学院院长诺沃希尔佐夫（Novossilzow）的一封信，于信中强调了拥有一部汉语大辞典的必要性，因为它会为学术欧洲提供一种重要服务，他将这部词典寄给了当时的欧洲大汉学家们，19世纪初叶法兰西学院著名东方学家西尔维斯特·德·萨西（Silvestre de Sacy，1758—1838）当然也无例外地收到了这部词典①。

拿破仑一世于1808年10月22日发布一项敕令，委托法国汉学家小德经（S.J. Dguignes，1759—1845）来完成编纂这部大词典的未竟之业。小德经是18世纪法国科学院院士、古叙利亚语教授、著名的东方学家老德经（Joseph de Guigues，1721—1800）之子，他与瑞士学者孔斯当（Charles de Canstant，1767—1830）成了于1793—1796年成功地在中国居住过的少数几个学者。他也是鸦片战争之前最后一位生活在中国的法国大汉学家。1794—1795 年间，他曾在北京陪同由德胜（Isaac Titsingh，1745—1812）率领的荷兰使团。小德经与其著名的先人，使他于1801年赢得了塔列朗（Talleyrand，1754—1838)、拿破仑·波拿巴（Napoléon Bonaparte）的赏识。他于是被任命为法国外科部翻译处处长（1801），此后又被调去主持领事部档案馆。小德经为了介绍他在亚洲居住期间的情况，自费于1808年出版了《1784—1801年间在北京、马尼拉和法国岛的旅行记》。这部著作赢得了波拿巴的欢心，于是，波拿巴通过1808年10月22日的敕令，委托他来编撰这部《汉—法—拉丁词典》的重任②。小德经是西方汉学家首次采用214部编撰汉语词典的方式来编撰这部《汉—法—拉丁词典》(Dictionnaire chinois，français et Latin）的。他曾这样说过:“我编写这部字典的目的是为学习汉语的人提供有效的方法。因此，我选择了中国人编写字典的方式，按照字部顺序而不是按照音韵顺序来编撰我的字典。”他认为，“这种编排方式的字典使用起来更加简单和方便。”③经过小德经的数年努力，一部拥有14000个方块字的《汉—法—拉丁

① *La Sinologie*，pp.34－37.

② *La Sinologie*，pp.34－37.

③ 参见董海樱:《雷缪萨与19世纪欧洲早期的汉语研究》，载李向玉等主编《世界汉语教育史研究》，澳门：澳门理工学院，2005年，第125页。

文词典》，终于在1813年由皇家印书馆出版。这是一项名副其实的巨大工程，硕大的汉文方块字，其中大部分的汉字是木刻版，均由法国工匠从近一个世纪之前的傅尔蒙时代开始制作；这部《汉—法—拉丁文词典》俨然一个巨无霸的家具，赢得拿破仑一世的欢心。事实上，也大大激发了这位叱咤风云的法兰西君主对远方中国和中国文化异乎寻常的兴趣[①]，一直为后世史学界所津津乐道。

如此，19世纪初期法国本土经院汉学也开始发展起来。尽管当时的研究条件还很有限，成果却已十分丰硕。1813年在巴黎皇家印书馆出版的小德经编撰《汉－法－拉丁文词典》，虽深得拿破仑一世的欢心，但实际上并没有什么使用价值，也未能推进汉学研究实质性的进展。据法国汉学家和汉学史学家考察，小德经的这部词典只不过是在此前意大利方济会会士叶宗贤（或译叶尊孝）（Basilio Bollo de Glemona，1648—1704）于1694年编撰的《汉字西译》（Dictionarium sinico-latinum）的陈旧汉语词典的“翻版”“抄袭”[②]。小德经编撰的这部词典仅仅是一部活版印刷的珍品，由于这部词典使用方法繁复，出版后几乎被弃之不用，成为“一堆奇怪的印刷字”，它没有推动汉学研究的发展[③]。这部老词典现藏于皇家图书馆。在整个19世纪期间，为使这部词典问世，人们曾做出过多次实际上很难操作的尝试。克拉普洛特本人又编写了一部补遗（1819），他编到第64个首部为止。1829年，亚细亚学会决定再版叶宗贤的词典，但由于缺乏资金，这项举措胎死腹中了。稍后不久，鲍狄埃（G.Pauthier）着手再版其稿本，但此著从未付梓刊印。直到1853年，才在香港出了一个新版本（未加法文字），它是小兄弟会会士热罗姆·芒吉埃（Jérôme Mangier）的作品[④]。

---

① 据传，拿破仑远征莫斯科的路上，突然心血来潮，产生了到中国旅游一趟之念。他曾说过：“中国是一头沉睡的狮子，当这头沉睡的狮子醒来时，世界都会为之发抖。”——拿破仑一世的这句语破天惊的‘中国睡狮’名言，为法中关系史留下了无尽的佳话与传说，一直为坊间和后世史学界津津乐道。参见张英伦：《从拿破仑的“中国睡狮”说说起》，《中华读书报》2019年7月17日，第13版。

② Paul Demiéville，“Aperçu historique des études sinologiques en France.” *Choix d'études sinologiques*，Leiden：E. J. Brill，1973，p.37.

③ Voir H.CORDIFR，“Les Etudes chinoises sur la Révoluion et L'Empire”，*T'oung Pao*，vol. XIX（1918–1919）.

④ *La Sinologie*，p.37.

二、19世纪法国前期经院汉学、专业（学术）汉学崛起

法国19世纪前期经院汉学、专业汉学、学术汉学崛起，最鲜明的前提与标示，是汉学讲席的创设，及随之而来的大师级“汉学三杰”[①]的出现。1814年12月11日，法兰西公学（Collège de France）教授委员会在东方学界领军人物希尔维斯特·德·萨西（Silvistre de Sacy，1758—1838）教授主持下通过一项决议，决定开设“汉语和鞑靼-满族语言文学讲座”（Chaire de langues et littératures chinoises et tartares-mandchoues），首次将汉语列入西方高等学府正式课目，使汉学研究在大学学科中占据一席之地，并继而使汉学一举与其他官方学科结合在一起，堪称为19世纪经院汉学崛起发展的盛事。法兰西公学1814年“汉语和鞑靼-满族语言文学讲席”的开设，即汉学讲座[②]的创建，标志着汉学作为一门新生的学科正式登上高等学府讲堂，这是推动法国、乃至欧洲19世纪汉学研究实质性发展的真正标志。“不仅对于法国汉学界，而且对于整个欧洲汉学界，都具有决定性意义”（戴密微语）[③]。

第一位出任法兰西公学汉学讲座的，是崭露头角、新锐年轻汉学才俊雷慕沙（Abel Rémusat，1788—1832）。雷慕沙于1788年9月5日出生在巴黎一个医生世家，自幼体弱多病，但天资聪颖，强记博闻，在父亲教导下学习拉丁文。17岁时（1805），父亲去世，为了养家投身医学。1806年，他在修道院院长、收藏家泰尔桑（Abbé de Tersan，1736—1819）的收藏中发现了一本关于医药的中文书籍，遂立志学习汉语。经五年刻苦钻研后，1811年开

---

① 雷慕沙（Abel Rémusat，1788—1832）、儒莲（Stanislas Julien，1797—1873）、毕奥（Gdouand Biot，1803—1850）被汉学史家誉为法国19世纪前期的“汉学三杰”。

② 法兰西公学汉学讲座名称“汉语和鞑靼-满族语言文学讲座”，这一名称一直保持到1918年。在这一名称中，满语则是汉语的辅助成分。这是因为，对于习惯于多音节的屈折语言的欧洲人来说，满语更容易接受。满语曾被18世纪耶稣会士们广泛地用于掌握对汉文原著的诠释。参阅马伯乐著《汉语—鞑靼—满语语言和文学讲座》，载《法兰西学院，其400周年纪念专刊号和近50年的总结》（巴黎，1932）。

③ 参见Paul Demiéville，“Aperçu historique des études sinologiques en France”，*Choix d'études sinologiques*，Leiden：E. J. Brill，1973 .继巴黎法兰西公学1814年开设汉学讲座后，欧美其他国家纷纷仿效，俄国是1851年，美国是1870年，英国是1876年。

始发表研究成果，其汉学处女作是《中国语言文学论》[①]；1812年，他在《伊塞尔县日报》第六号上发表了《关于镌刻在玉器上的汉、满文字铭文的释读》一文[②]；1813年，雷慕沙以其《论中医舌苔诊病》[③]论文，获得医学博士学位，此后，他又以其有关鞑靼语和汉语言文学方面的著作[④]而引人瞩目，逐渐引起西方各国学者的关注，尤其赢得了法国东方学家领军人物萨西的青睐。1814年12月11日，雷慕沙荣任法兰西公学首任汉语讲席，并于1815年1月16日在法兰西公学开始正式授课[⑤]。雷慕沙授课时，首先关注的是要将汉语知识建立在牢固的语言学基础上，这在当时正是他所缺乏的素质和知识储备。为此，他通过比较容易理解的满文文本来诠释中国古文献，才接触到汉语语法，致力于汉语语法的研究，刻苦钻研，扎实掌握了汉语。他将法兰西公学汉学讲习的课程用在了语法与古文献的诠释上。他能借助的唯一的一本

---

① Voir，Abel Rémusat，*Essai sur la langue et la literature chinoises*，*avec cinq planches*，*contenant des texts chinois*，*accompagnes de traductions*，*de remarques et d'un commentaire littéraire et grammatical. Suivi de notes et d'une table alphabétique des mots chinois.*Paris：chez Treuttel et Wurt，1811.

②《关于镌刻在玉器上的汉、满文字铭文的释读》（*Explication d'une inscription en chinois et en mandchou*，extrait du *Journal du département de l'Isère*，no. 6 de 1812.）一文，在文中他翻译了刻字的意思，还猜测这块玉牌属于乾隆皇帝的某个妃子。这篇文章的价值在于它证明了雷慕沙那时已经进入了皇家图书馆东方手稿部。因为这篇文章的发表，年轻的雷慕沙被格勒诺布尔文学院聘为院士。

③ Abel Rémusat，*Dissertatio de glossosemeiotice*，*sive de signis morborum quae e lingua sumuntur*，*praesertim apud sinenses*. Th. de Paris，1813.

④ 有关雷慕沙的生平与著作，主要参阅其生前师友及其弟子的如下著作：让－雅克·昂佩尔的《中国与阿贝尔－雷慕沙的著作》（Jean-Jacques Ampère，*La Chine et les travaux d'Abel Rémusat*，*Revue des Deux Mondes* 15.nov. 1832，pp.373－405，1er nov. 1833，pp. 249－275.）、朗德莱斯的《雷慕沙生平与作品》（Ernest Augustin Xavier Clerc de Landresse，*Notice sur la vie et les travaux de M. Abel-Rémusat*，*Journal asiatique*，juillet-décembre 1834（T. 14），Paris：Imprimerie royale，1834，pp.205－231，pp. 296－316.）、德·萨西的《雷慕沙生平与著作简介》（Silvestre de Sacy，*Notice historique sur la vie et les ouvrages d'Abel* Rémusat，in Mémoire de l'Institut royal de France，Académie des Inscriptions et Belles-Lettres，tome XII，1839.）等。

⑤ 有关课程情况和开课演讲内容请参看：Programme du Cours de langue et de litérature chinoises et de tartare-mandchou，précède du Discours prinince à la première séance de ce cours，dans l'une des salles du Collège royal de France，le 16 janvier 1815，par M. Abel-Rémusat，Paris：cheg Charles，1815.

工具书，便是收藏在法国皇家文库中马若瑟的那部《汉语语言札记》(Natitia Lingua Sinicae)（1728）孤本手稿[①]。得益于马若瑟的这部孤本手稿的启迪，成就了雷慕沙1822年首部汉语语言名著《汉文启蒙》[②]——全名为《汉文启蒙，古文——古代文体与官话——中华帝国普遍通用共同语之基本原则》。全书214页，内容由五个部分组成，包括作者序，关于汉字和汉语知识的引言，文言文语法和官话语法，介绍中国典籍的附录，书中出现的1400多个汉字总表及一个双音词词表。其中语法部分占一半篇幅有余。此著问世后，一直受到法国和欧洲汉学界高度的评价与认可。20世纪汉学大师马伯乐（Henri Maspro，1883—1945）读后曾经认为，“该语法是按照中国语言的智慧来编写的第一部语法……也是对汉语进行逻辑综合和构建的第一次尝试”[③]。还有学者认为，“这部1822年的语法表现了对中国语言和文学的最好的理解，有充分理由被视为现代汉学的出生证明”[④]。该著1857年再版，1987年第三版，并由法国当代知名汉学家贝罗贝（Alain Peyraube，1944—　）作序。由此可见雷慕沙这部汉语学名著具有长久不衰的学术价值。

雷慕沙出任法兰西公学首任汉学讲席时，年方27岁。这十余年间，他为经院汉学、学术汉学的崛起与发展，殚精竭虑、笔耕不辍，除致力于上述代表性汉语言学著述外，他还同时担承着汉学科学方面诸多组织领导工作。他于1816年4月5日被选为法兰西铭文与美文学院（L’Académie des inscriptions et belles-lettres）院士。1822年，他作为创始人之一组建了“亚细亚学会”(Société Asiatique)。1824年，他开始担任皇家图书馆东方部主任。1829年，他接替萨西担任“亚细亚学会”会长。雷慕沙是法国19世纪经院汉学、专业（学术）汉学、科学汉学的开创者、奠基者和组织者。西方汉

---

① 马若瑟这部300余页拉丁文《汉语语言札记》手稿，直至1831年才在马六甲问世，英译本于1847年在广州出版。全书分为官话与文言两大部分并附有大量例句。

② 雷慕沙1822年《汉文启蒙》法文原著*Eléments de la grammaire chinoise ou Principes généraux du kou-wen ou style antique et du kouan-hoa*，*c’est-à-dire de la langue commune*，Paris：Imprinerie royale，1822.中译名为《汉语语法基础知识》，或《古文准则》，或《中华帝国通用的公共语言官话》。

③ 龙云:《法国专业汉学的兴起》，载张西平主编《国际汉学》第16辑，郑州：大象出版社，2007年，第28页。

④ Jean Rousseau et Denis Thouard，*Lettres édifiantes et curieuses sur la langue chinoise. Wilhelm von Humboldt/Jean-Pierre Abel Rémusat(1821—1831). Un débat philosophico-grammatical*，Villeneuve-d’Ascq：Presses universitaires du Septentrion，1999，p.224.

学史家认为，雷慕沙出任法兰西公学汉学讲座后，身先士卒，开创了“19世纪汉学研究的两大典型内容：语言学和翻译。……在这方面，我们必须强调指出雷慕沙的表率作用。”[①] 除如上代表性汉语言学著作外，雷慕沙于1826年翻译出版了中国小说《玉娇梨》[②]，该译本在法国乃至欧洲取得了极大的成功，时人争相阅读，广为流传。翌年（1827），雷慕沙的译本被转译为英文[③]。该书出版之后，有评论文章说：“这部书比其他任何作品都能更准确地让人从内在和普通的日常行为中去了解中国人的风俗、习惯、气质和社会民族性。”[④] 我们看到，从雷慕沙初次发表《中国语言文学论》，再到《汉文启蒙》《玉娇梨》和三卷《中国短篇小说》[⑤]，在十多年间，他在中国语言文学方面倾注了大量的心血，为中国语言文学在法国的传播做出了重要的贡献，使得中国文学在法国短暂的“沉寂”之后，又开始在学术上登堂入室。“从这个时候起，法国又拥有了中国文学……”[⑥]

除了语言方面的贡献之外，雷慕沙还翻译了一些哲学宗教方面的作品。1816年时，他曾经说过要逐步把那些尚未翻译的中文哲学和宗教典籍介绍到法国。1816年，他翻译出版了《太上感应篇》[⑦]，这时期道教思想在西方还不太为人所知。1823年，他写成《老子生平和思想》[⑧]一文，里面翻译了一部分《道德经》。这些著译在该研究领域都具有开创性的价值，为后来的研究者开拓出了一条新的道路。

---

① Voir José FR'ECHES，*La Sinologie* .CHAPTRE II. La Snologie au XIXe siècle en France，Paris：Presses Universitaires de France，1975 .p.37.

② *Iu-Kiao-Li ou Les deux cousines*，*Roman chinois*；Traduit par M. Abel Rémusat；précède d'une préface ou il trouve un parallèle des romans de la Chine et de ceux de l'Europe，Paris：Moutardier，1826.

③ *Iu-Kiao-Li*：*or the Two Fair Cousins. A Chinese Novel from the French Version of M. Abel-Remusat*，in Two Volumes，London，1827.

④ *Journal Asiatique*，juillet（1826）：63－64.

⑤ *Contes chinois*/traduits par Davis，Thoms，le P. d'Entrecolles，publiés par Abel Rémusat，Paris：chez Moutardier，1827.

⑥ Silvestre de Sacy，“Observations sur les cours de Sanskrit et de chinois créés au Collège de France” *Melanges de litérature orientale*，Paris，Ducrocq s. d.（1861）：66－70.

⑦ Abel Rémusat，*Le livre des récompenses et des peines*，Paris：chez Antoine-Augustin Renouard，MDCCC. XVI.

⑧ Abel Rémusat，*Mémoire sur la Vie et les Opinions de Lao-Tseu*，Paris：Imprimerie Royale，1823.

雷慕沙在佛教方面也做出了开创性的工作，并对以后的汉学研究产生了重大的影响。他在这位方面开创性的建树，最重要却又不算太过时的著作，便是其生前未能发表而在其逝世四年后出版的译著——《法显〈佛国记〉》（*La traduction du Foguo ji de Faxian*, 1836）[①]，译本附有内容丰富的考证，“如果考虑到雷慕沙当年从事此类研究的工具书之匮缺以及当时西方对佛教几乎一无所知的状况，那么这部译著就格外让人瞩目了。”[②] 如若联系到17、18世纪欧洲传教士汉学家对佛教的极力诋毁，雷慕沙这首部认真严肃的论著《佛国记》，就显得更加弥足珍贵了。他这方面开创性研究重点就是充分利用汉文典籍进行佛教翻译和研究。19世纪初期，佛教还不大为西方了解。那时候，利用梵文和巴利文对佛教典籍的研究工作已经展开，雷慕沙从中文资料入手的做法对佛教研究来说是一个贡献。沙畹认为雷慕沙的《法显〈佛国记〉》开启了“取经”系列研究工作，而这些旅行家的游记中包含着一流的地理历史信息。一个新的研究领域得以打开，原来中国有着如此丰富的关于印度和亚洲其他国家的历史地理方面的文献，或许也正因为这样，雷慕沙才选择了这个课题作为研究的切入点。戴密微则认为:《佛国记》是“最伟大”和“最具有生命力”的作品，而且该书以翔实的注释，有史以来第一次向西方传达了一个比较公正和客观的佛教形象，这一点与传教士笔下关于佛教的记述明显不同，因为他们明显带着强烈的宗教情感，对佛教有着太多的“歧视”和“误解”。[③]该书多次被翻译再版，直到2000年，印度还重新出版了英文译本。[④]

雷慕沙于1832年被一场流行性霍乱症夺去了年轻的生命，是年，他44岁，可谓英年早逝。汉学史家惋惜地指出：“法国随着他的辞世而失去了欧洲

---

① *Foe Koue Ki*; *ou*, *Relations des royaumes bouddhiques*: *voyage dans la Tartarie*, *dans l'Afghanistan et dans l'Inde*, *eéecuté*, *à la fin du IVe siècle*/par Chy Fa Hian. Traduit du chinois et commenté par Abel Rémusat. Ouvrage posthume, rev., complète, et augm. d'éclaircissements nouveaux par MM. Klaproth et Landresse, Paris: Imprimerie royale, 1836.

② Voir Paul Demiéville, “Aperçu historique des études sinologiques en France.” *Choix d'études sinologiques*, Leiden: E. J. Brill, 1973.

③ Paul Demiéville, “Aperçu historique des études sinologiques en France.” *Choix d'études sinologiques*, Leiden: E. J. Brill, 1973, p.456.

④ *The pilgrimage of Fa Hian*: *Foe Koue Ki*/from the french edition of the Foe Koue Ki of MM. Remusat Klapreth and Landress, Inde, New Delhi: Cosmo Publications, 2000.

第一位大汉学家，虽然他从来未曾去过中国”。[①]雷慕沙一生著述十分丰厚，据其弟子安贝尔的目录统计，雷慕沙的各类专著、译著、论文、书评等共240种，内容涉及中国和亚洲语言、历史、宗教、哲学、地理、历史等各个方面[②]。他是汉学史家所称谓的“汉学三杰”的第一人。

雷慕沙逝世后，由其门下最优秀的弟子儒莲（Stanislas Julien，1797—1873）接任法兰西公学汉学讲席位置，成为其汉学事业的接棒人。后者不负众望，也很快被公认为这一时代欧洲最优秀的汉学家。儒莲自幼就受到了基础扎实而又多方位的教育，他在青年时代，便学习了希腊语、阿拉伯语、希伯莱语、波斯语、梵语。他后来又拜在雷慕沙门下学习了汉语和满语。儒莲的最早著作之一，便是借助满文译本而作的《孟子》拉丁文译本（1824年）[③]。儒莲在法兰西公学的教学中，摒弃了自己非常熟悉的用系统的方法来讲授汉语语法的做法，他更喜欢通过诠释文献，归纳性地从中得出主要的汉语结构准则。他的一部《以字序为基础的汉语新句法》(1864—1870年)，便是“其精益求精，极具敏锐洞察力的著作范例，至今仍有价值。”[④]为了继承其先师雷慕沙《佛国记》的译注本，儒莲又翻译了《玄奘传》及其《西域记》(1857—1858)，从而使研究人员可以唾手可及地得到亚洲佛教史的基本文献。1861年，他编制一部梵文之汉文音译的《方法》(*Sa Méthode*）一书，是他在没有梵—汉文教科书，也没有《翻译名义大集》(*Mahāyutpatti*）的情况下，努力完成的。这部著作的问世大大地方便了佛教文献的翻译。儒莲对玄奘的研究又将之引上了对中国、印度和高地亚洲之关系的探讨，发表了译自汉文的三卷集《出曜经，印度的故事与寓言》(1859)、《突厥史

① Voir José FR'ECHES，*La Sinologie* .CHAPTRE II. La Snologie au XIXe siècle en France，Paris：Presses Universitaires de France，1975，p.39.

② 安贝尔在《中国与雷慕沙著作》(Jean-Jacques AMPÈRE，“De la Chine et des travaux de M. Abel-Rémusat.” *Revue des Deux Mondes*，15 novembre tome VIII（1832）：375）中将雷慕沙的作品分为六类：中国语言与文字；满语、日本语、韩语；文学及文学史；自然科学；地理、历史；哲学和宗教。

③ 我们在这一方面必须提到，许多西方学者都使用了中国古文献的满文译本。因为满语比古汉语更为接近欧洲的句法，也会出现更少的诠释问题。Voir José FR'ECHES，*La Sinologie* .CHAPTRE II. La Snologie au XIXe siècle en France，. Paris：Presses Universitaires de France，1975，p.39.

④ Voir Paul Demiéville，“Aperçu historique des études sinologiques en France.” *Choix d'études sinologiques*，Leiden：E. J. Brill，1973.

料》(1864)、《亚洲地理和中国－印度哲学》(1864)。儒莲具有兼容并蓄的学术视野，兴趣广泛且注重实用方面的著述，他的《中国瓷器的历史与制造》(1856)是《景德镇陶录》法译本，更新了由殷弘绪(D'Entrecolles，1664—1741)于18世纪提供的有关同一内容的知识，主要供法国塞夫勒皇家作坊中瓷器制作工使用的；其《中华帝国的古今产业》(1869)，是供法国养蚕人使用的中文论著概要。儒莲极具近代历史意识，他的著作“最令人喜爱的方面之一是他对中国俗文学的兴趣。在他那个时代，俗文学是为中国文化界所蔑视的。”[①]他在这一方面的译著颇丰。除《赵氏孤儿》全译本(1834)外，还有译自《元人百种曲》中的两部元曲:《灰阑记》(1832)，布雷希特(Brecht)曾深受其影响;《西厢记》(1872—1880年间以活页印刷)，这是儒莲所有译著中之最享有声誉的一部译著。他还致力于翻译写才子佳人的短篇小说:《白蛇精记》(1834)、《平山冷燕》(1860)、《玉娇梨》(1864)等，他认为这些作品向法国公众揭示了为欧洲人无法亲眼目睹的风俗，可使西方读者对于中国传统社会中的风俗习惯获得一种更准确的看法与理解。儒莲这些中国俗文的丰硕译著，不仅有力推进19世纪法国前期专业汉学、学术汉学的崛起与发展，也有助于这一时期中法文化文学的深度交流与发展。

儒莲是19世纪中叶欧洲(法国)无可争议的汉学大师。但“他那令人讨厌的性格如同无其可指责的知识一样闻名于世。他嫉妒、暴躁、易怒，大权独揽和排斥一切对手。”[②]他同时兼任法兰西公学院的教授与院长(1845—1873)、东方语言学院的教授和东方图书馆副馆长的职务。他与任何敢于批评他的人之间的争执纠纷，始终都具有传奇色彩。他与雷慕沙门下的弟子鲍狄埃(Guillaume Pauthier，1801—1873)之间学术方面的论争，以致后者成为被嘲笑的对象，令人联想到18世纪传教士汉学家的礼仪之争和世俗汉学家弗雷烈与傅尔蒙之间的那场惊心动魄的论争场景。

鲍狄埃，1801年10月生于法国马米罗勒(Mamirolle)，1873年3月在巴黎去世。他与儒莲一样，同是师从19世纪汉学始祖雷慕沙，是同门同窗的学友，但后来两者交恶，亦如法国汉学史家所说，是由于儒莲“嫉妒、暴

① Voir Paul Demiéville，“Aperçu historique des études sinologiques en France.” *Choix d'études sinologiques*，Leiden：E. J. Brill，1973.

② 戴密微语，见Voir Paul Demiéville，“Aperçu historique des études sinologiques en France.” *Choix d'études sinologiques*，Leiden：E. J. Brill，1973.

躁、易怒，大权独揽和排斥一切对手”的那令人讨厌的学术个性，及儒莲性格上“天生的嫉妒之心”[1]所致。鲍狄埃同儒莲一样，是法国19世纪前期著名的东方学家、经院汉学、专业（学术）汉学家。他同儒莲一样，特别关注中国经典典籍著作的译介与著述，著述等身。主要的有《中华大帝国的历史、地理和文学及资料汇编》（*Chine ou description historique, géographique et littéraire de ce vaste empire, d'après des documemts chinois*，1837）、《大学》（*Le Ta Hio, ou la grande étude*，1837）、《东方今典》（*Les Livres sacrés de l'Orient*，1843）、《孔子与孟子，中国道德政治哲学四书》（*Confucius et Mencius, Les quatre Livres de philosophie morale et politique de Chine*，1846）、《诗经》法译全本（*Chi-king, Bibiothèque Orientale*，1872）等，而后者的问世，对推进19世纪法国汉学发展，深化这一时期中法文化文学交流都具有不可忽视、无可取代的重要意义，由此可见，鲍狄埃和儒莲，同属法国19世纪前期著名汉学家。在此，特别需要指出的，在法中汉学史界相当时期认为鲍狄埃是“一位平庸的汉学家”[2]，是有失偏颇的、不公平的误判。

儒莲于1874年离开法兰西公学后，汉学讲席由其弟子德理文侯爵（Marquis d'Hervey de Saint-Denys，1823—1892）接任。德理文是一位平易近人的文人，其功德是开启了对中国诗词研究之先河，但其名望远不及其前任。他的《唐诗》（1862）是一部中国古诗选译集，其长篇引言是对中国诗词韵律的研究论文。他的《离骚》译本（1870）既没有华丽的辞藻，也没有语法形式上的典雅，但在第二帝国的文学沙龙中却引人注目。他译自《古今奇观》文集中的11个故事的法译本比儒莲所译的短篇小说更饶有趣味。他的另一部翻译巨著《中国藩部民族志》（1876—1883），是以元代作家马端临的《文献通考》中的两卷为基础的，主要是涉及了中国东部和南部的边裔关系研究，是汉学著作最新奇的部分。

19世纪中叶前汉学界明星人物，还有对中国科学研究和《诗经》研究而知名的爱德华·毕奥（Edouard Biot，1803—1850）。毕奥与雷慕沙、儒莲一起构成19世纪前期法国本土经院汉学、专业汉学、学术汉学大师级的“三杰”。毕奥1803年生于巴黎一个科学世家，其父是著名天文学家、数学家、

---

① 考狄语，请见考狄《汉学研究（1891—1894）》，载《通报》，莱顿布里尔出版社，第6卷，1894年，第116—118页。

② 参见戴密微《法国汉学研究概述》。

物理学家让·巴斯蒂特·毕奥（Jeau-Baptiste，1774—1862），老毕奥本人曾涉足中国天文学。小毕奥年轻时代在巴黎路易大帝中学学习古典学和数学，1822年入巴黎综合理工大学，1822—1826年，他协助其父完成在意大利、西班牙的科学考察，回国后任铁路工程师，为建设法国最早的铁路作出过贡献。他1833年师从儒莲，专事汉学研究，1847年当选铭文与美文学院院士，1850年他英年早逝。毕奥短暂一生，撰写了大量涉及中国的科学、天文、地理、气候、教育、工艺、《诗经》民俗学文化研究方面等汉学著述。1841年毕奥出版天文学《周髀算经》的译本，还发表了大量有关中国的气象学和地质学的论文。他的研究还涉及长时期以来未曾有人涉足的中国社会学、经济史与法学领域，并使它们成为一批卓越著作的内容。诸如《论中国自远古时代的土地所有制条件》（*Mémoire sur la condition de la propiété territoiale en Chine depuis les temps les plus ancienes*，1838）、《论中国公共教育和文人社团》（*Essai sur l'hitoire de l'instruction publique en Chine et de la corpolation des lettres*, 1847）。毕奥对工艺的兴趣，将其注意力引向了《周礼·考功记》，他全文翻译了这部礼书，为研究古代宗教和社会提供了有价值的资料。毕奥这部著名的译注本，是在他辞世后的第二年（1852），在他那著名的数学家父亲和儒莲的关怀下，作为其遗著而出版的。该译著从此成了此类著作的样本，译文质量如此之高，以至于1940年在北京被重新刊印，这就说明了其现实意义[①]。

毕奥对中国文化文学研究的最卓越的著述，是他1830年为孙璋神父《诗经》拉丁文译本作注，先后在1838年《北方杂志》发表的《诗经，即诗歌经典》（*Le Chi-king ou le livre des vers*）、在1843年《亚细亚报》发表的《根据〈诗经〉探讨中国古代的风俗民情》（*Recherches sur les maeurs anciennes des Chinois，d'après le Chi-king*）两篇专论，这两篇论作开启了法国汉学史上《诗经》民俗文化研究的先河。毕奥在《诗经，即诗歌经典》专论中，开宗明义地说：

> 当人们在历史研究中想方设法探究某一民族在特定历史时期内的民俗习惯、社会生活以及发展的程度时，一般很难在充斥着大大小小战争纪

① Voir Paul Demiéville，"Aperçu historique des études sinologiques en France"，*Choix d'études sinologiques*，Leiden：E. J. Brill，1973.

实的正史里找到构成这一时期民俗画面的特征，反而会在保留他们世代特征的神话传说、故事、诗歌民谣里得益更多。

他说他之所以要选择《诗经》为蓝本来探讨古风民俗，就在于他当时正着手进行一系列关于自古至今的中国社会经济和文明阶段的研究，而研究这一课题最适宜的中国古书，就是《诗经》：

>《诗经》是最著名的作品之一，就像是东亚曾传递给我们的一幅风俗画……“诗”（chi）这个字的意思是“诗歌”（vers），“经”指的是构成天朝的信仰和道德的五本神圣的典籍，这两个字连在一起意味着“神圣的诗书”。《诗经》并不是我们所认为的那样，是单一的历史主题的诗歌，而是一本并不是有条理的汇集了很久之前的诗歌集，这些诗歌是在中国城市和乡村传诵的，就如同我们欧洲早期的乐曲传唱在古希腊一样。这些诗歌的风格是简朴的，主题是变化的，它们为我们真实地呈现了中国早期的通俗歌谣。这种单一的叙述足够引起我们去阅读《诗经》以理解这一特殊的体裁，它没有任何雄伟壮丽的装饰，没有任何我们在大部分东方诗史中所常遇的夸张，而是在简朴中指引我们研究古代中国风俗。①

这就是毕奥为何要以《诗经》为蓝本来探讨古代中国风俗的原因所在。毕奥在第二篇《诗经》专论《根据诗经探讨中国古代的风俗民情》对《诗经》进行具体的民俗学的勘察、研究。他把自己比作旅行者，犹如一个旅行者般挖掘《诗经》，探索公元前6世纪的中国民风古俗，他认为相较于《书经》《左传》《国语》等其他中国古籍，《诗经》更容易用于研究中国的古代风俗。他以孙璋的译本为主要的阅读蓝本，同时从《书经》《易经》《史记》《周礼》《中华帝国全志》《中国丛刊》及传教士的其他游记中选取例子予以佐证，分二十小标题进行阐释：中国人的体貌（Constiution physique des chinois）、服饰（habillements）、建筑与住宅（Constiruction et Habitations）、狩猎（Chasse）、捕鱼（pêche）、农牧（Culture et Pacage）、居民的食物与食材的准备（Nourriture habituelle et Préparation des sbstances）、常用的金属（Métaux emloyés）、精制的材料（Matières travalliées）、军队－战争（Armes-

① Edouard Biot. “Le Chi-king ou le livre dei vers”, *Revue du Nord.*（1838）.p.219.

Guèrre)、政府机构－头衔或爵位(Organisation générale du gouvernement-Dignités)、宗教信仰(Croyances religieuse)、命运－占卜(Sort-Augures)、原始天文(Astronomie primitive)、典礼和宗教仪式－祭祀(Cérémoniees et Solennités religieuse-Culte)、婚姻的礼俗(Formalités du mriage)、家庭内部习俗(Maeurs intérieures)、惩罚(Punitions)、谚语和习见(Proverbes et Préjuges)、历史材料(Documents histoiques),20个标题内容"形成中国古代道德的一幅缩略图"[①]。

三、19世纪后期法国本土专业汉学与驻华外交家(翻译家)汉学多元发展

继法兰西公学汉学讲席后,巴黎国立东方现代语言学院[②]也于1843年创建了"通俗汉语讲座",开始了实用汉语教学课程,为19世纪法国专业汉学、学术汉学、实用汉学的发展作出了贡献。东方语言学院的首席汉语教授是安东尼·巴赞(Antoine Bazin, 1799—1863)。巴赞从未踏进中国国门,却师从儒莲,精通汉语。他最优秀的著作都是有关汉语言和通俗文学的。他的《官话语法》(1856)在欧洲首次涉及了学习汉语的口语、这种语言的双音节结构、它与书面语言的关系等问题,其中也触及了重音节的概念问题。巴

① Edouard Biot. "Recherches sur les mœurs anciennes des Chinois, d'après le Chi-king, *Journal Asiatique*.(1843). p.437.

② 国立东方现代语言学院是根据法国大革命期间,由1795年颁布的一道国民公会的法令而创立的。该学院的前身是青年学院(即翻译生学院),由路易十四于1669年为培养近东语言翻译人员而创设的,当时法国正与近东维持着重要的外交关系。当国民公会决定扩大东方语言教学计划时,汉语始终被排斥在外,其借口是满语能够"如同在文学中那样在商业贸易中取代汉语",法国国民公会议员拉卡纳尔(Lakanal)于其1795年的报告中就是这样表述的。由于满语相较于汉语更容易为西方人所掌握,便首先引入该学院的课堂。直至鸦片战争后,当西方列强的大炮轰开了中国贸易开放的大门,汉语才又一次被提到议事日程上来:东方语言学院教授带回了采纳1843年创建一个"通俗汉语"讲座的建议,其授课对象是翻译、传教士和"所有那些希望与中国打交道的人,以及大批理由充足地视中国文学为法国的专属领区的外国人"。这样一来,这种直接面向实际行动的课程,幸运地补充了在法兰西学院中的授课,因为后者主要是关心中国的古文化。参见戴密微(Paul Demieville)《法国汉学研究概述》(*Aperçu historique des études sinologiques en France*)。又见José FR'ECHES, *La Sinologie* .CHAPTRE II. La Snologie au XIXe siècle en France, Paris: Presses Universitaires de France, 1975, p.43.

赞以其老师儒莲为榜样，执着于翻译和研究戏剧，我们应该将至今尚有价值的四部元曲（《中国戏曲》，1838:《㑇梅香》《合汗衫》《货郎担》《窦娥冤》）的精译本归功于他。他还翻译了《琵琶记》(1841)，撰写了《元朝的世纪》(1850）一书，对元代文学勾勒出了一幅美好的图画。这些著作使他成了当时关注近代中国的仅有的几位汉学家之一。

巴赞逝世后，东方语言学院汉语讲席主持便由儒莲取代，儒莲保持这一教席6年（1863—1869)[①]。儒莲退席后，接着便由曾担任过驻华使领馆等驻华机构的汉语翻译官来接任，开启了翻译实用汉学的序幕。19世纪中叶后驻华汉语翻译和外交官的加入，便为这一时期法国汉学研究增添新的活力和特色，构成法国19世纪下半叶法国汉学发展的一道新的风景。19世纪下半叶在东方语言学院先后继任汉语讲席的是：波兰裔哥士耆（Alexandre Kleczkwoski，1818—1886）伯爵、冉默德（Maurice Jametel，1856—1889)、德微利亚（Gebriel Deviria，1844—1899）和微席叶（Arnold Vissière，1858—1930)。哥士耆虽然拥有赴华翻译丰富的外交经验和汉语口语知识[②]，其代表性著作《汉语口语和书面语言渐进和完整课程》(1876)，只具有一种纯属实用的价

① 儒莲在东方语言学院兼任汉语讲席期间，曾因生病委托其资深弟子德理文侯爵代理讲授现代汉语课程，获得了法国公共教育部的批准。从1869年起，德理文才得以在东方语言学院初涉汉语教学。由于侯爵本人深知自己的汉学和汉学知识难胜其任，故而于其讲座中延请一名助教，而且由他自己出资支付薪酬，这也开创了该讲座中设立“中国籍助教”的先例。1869—1870年，东方语言学院的三名中国助教是：李宏方、李少白和丁敦龄。德理文在主持东方语言学院汉学讲座时，绥安鼎力继承和发挥其先师们的学术汉学的方向，事实上也发表了不少成果，但却难以取得跨越式的进展。继他之后，学术汉学便让位于实用汉学了。由此而导致在法国汉学史上出现了一个由“外交官翻译官”担任汉学家的时代，实用汉学正出现于这个时期。Voir，Marie-Claire Bergète et Angel Pino，*Un siècle d'enseignement du chinois à l'école des langues orientales*，1840－1945，L'Asiathique，1995，pp.271－286.

② Ibid. Marie-Claire Bergète et Angel Pino，*Un siècle d'enseignement du chinois à l'école des langues orientales*，1840－1945，L'Asiathique，1995，pp.131－167.哥士耆于1847年3月就被外交部长基佐任命担任上海领事敏体尼伯爵的翻译官，长达8年之久。他于1862年6月至1863年4月任驻华临时代办。参阅耿昇《法国学术汉学与实用汉学之争：哥士耆揭开了“翻译家汉学”时代的大幕》，《法国汉学史》上册，北京：学苑出版社，2015年，第183—186页。

值。接替他继任的是志大才疏且短命的冉默德，毫无建树[①]。继而德微利亚出任汉语讲座的主持人，他是一位优秀的学者，其任内的著作有《中国与安南和越南关系史》（1880）、《中国—安南边境，地理和人类学描述》（1886），这些非常富有新颖特征的著作，使汉学果断地转向了现实问题的探究，直至其生命的末年，他又改变了方向。德微利亚又从事了对中国摩尼教的研究（1897），将人们在相关中国文献中发现的"牟尼"考证为印度的改革家摩尼，由此而阐明了中国与周边文明之间的语言关系。最后一位出任东方语言学院教授汉语的代表人物是微席叶。他作为一名天才的汉语翻译家[②]，曾长期在北京居住，成为当时法国外交代表们的真正顾问。特别是在当时涉华外交事务是用汉语来处理的情况下，他能讲一口无懈可击的汉语，能撰写并抄正礼宾性文件，最终具有了中国文人的风度、言行、举止，以及几乎与中国人毫无差异的情感了。据传，令人生畏的慈禧皇太后就曾被这种富有魅力的模仿力所吸引[③]。微席叶于1899—1929年接任东方语言的讲座，他在东方语言学院30年教学生涯中，作为汉学界有口皆碑的人物，表现为一位严谨而又认真的良师，他的《汉语初级课程》(《北京的官话》，1904）曾被多次修订（1909—1928），从而成为法国和国外的许多汉学家的参考著作。他的汉语音标法（1909）略做修改后，便被法兰西远东学院及法国汉学界接受。此外，微席叶写成了一部《中国—伊斯兰教研究》（1907—1929），涉及了中国与伊斯兰教之间的关系。他还写过一部《算盘的起源及其自古筹算的流变》（1890）的著作。

除上述东方语言学院翻译家汉学家外，鸦片战争结束，19世纪中叶法国在中国重新开设驻华使领馆后，外交官的加入，为19世纪下半叶提供了一些新成员。值得一提的是戴伯理（Dabry de Thiersant，1826—1898）上尉，他曾是驻华领事的军人，其《中国人的医学》（1863）和《中国中原和新疆的

① 参阅耿昇《法国学术汉学与实用汉学之争：志大才疏的冉默德》，《法国汉学史》上册，北京：学苑出版社，2015年，第186—188页。

② 伯希和曾这样称赞他："能够直接用官话文体，翻译一份致总理衙门文件的非常罕见的翻译之一，而且会使负责从文体的观点审查它的文士发现，对此可以不必再作任何修改"——加斯帕多纳：《微席叶》（讣告）。参阅耿昇《法国学术汉学与实用汉学之争：从实用汉学再向学术汉学转变的微席叶》，《法国汉学史》上册，北京：学苑出版社，2015年，第191—193页。

③ Voir Paul Demiéville，"Aperçu historique des études sinologiques en France." *Choix d'études sinologiques*，Leiden：E. J. Brill，1973.

伊斯兰教》（1878）这两部著作，至今仍不失其参考价值。另一位则是于雅尔（Camille Imbault-Huart，1857—1897）领事，他是许多部著作的作者，其中最著名的是近代中国诗歌的译文《16—19世纪中国诗选》（1886）、《18世纪的一名中国诗人袁子才的生平与著作》（1884）和《译自汉文的近代诗选》（*Poésies modernes*，1892）。

19世纪下半叶法国经院汉学、专业汉学研究，继东方语言学院汉语讲席，在高等实验研究学院的宗教科学系，又推出了由列昂·德·罗斯尼（Léon de Rosny）主持的另一个汉学研究机构。他是《孝经》的译者（1889）和《汉学家手册》（8卷本，1889）的作者。他致力于道教研究，发表《〈道德经〉及其历史》（1889）；他同时也研究梵文中的佛教术语的汉文对音词等专题。罗斯尼是19世纪下半叶经院汉学、学术汉学知名汉学家。

四、法国19世纪后期赴华传教士汉学再度中兴、发展

19世纪下半叶中国本土汉学（传教士汉学）的研究，则是由于随着1842年耶稣会的复建、两次鸦片战争之后，耶稣会士重返中国，集结、定居在中国两个重要城市——上海郊区徐家汇和河北的河间府（今献县），在这两个中心汇集着一些优秀学者，如日后知名的传教士汉学家顾赛芬神父、戴遂良神父、夏鸣雷神父、费赖之神父等，如此便促成了在华传教士汉学的再度中兴和发展，成为19世纪下半叶法国汉学另一道亮丽的风景。

在河间府，有耶稣会士神父顾赛芬（Séraphin Couvreur，1835—1919）和戴遂良（Léon Wieger，1856—1933）神父，他们都是当时名气显赫的传教士汉学家。顾赛芳原籍法国彼卡底（Picard），先于1853年加入耶稣会，后于1870年进入中国传教区。其《法汉字典》中包括中国官话中最常用的短语（1884），预示着《汉—法大字典》（1890）的问世，马伯乐曾认为它是此类词书中的最佳者。此书与由翟理斯（H. Giles，1845—1935）编写的英文同类字典《英华字典》完全不同。它虽并未考虑通俗语言中的典型方言，却始终是对中国古文献的任何研究都必不可缺的工具书。法国汉学界最终拥有了它自己真正的词书。这部工具书之后又有另外两部工具书接踵问世：《汉语经典词典》（1904）和《官话》（北方官话，1896）。顾赛芬在编纂其词书时，将他在研究经典文献时编制的卡片资料都加入了其中。他也如同理雅各一样，负责所有的出版工作，唯有对于由毕奥翻译的《易经》和《周礼》译著的出

版例外。接着首先是相继出版了《四书》(1895)、《诗经》(1896)、《书经》(1897)、《礼记》(1899)的译著，其次是《春秋》和《左传》(1914)的译本，最后是《礼仪》的译本。中文被翻译成了法文和拉丁文这种永久的学术语言，译本很精确。它们成了当时最准确的译著。顾赛芬与李雅各不同，他尽量避免翻译那些疏注文。其著作在这方面远不及他的英国同事那样具有个性。他可能是出于过分谨慎而犯错误了。然而，他使一整套中国古典文献让法国学者们能够唾手可得了，他怀着一种对于译本准确性的极大关注心情而对它们作了介绍。

戴遂良神父是由新教教徒改宗而成为耶稣会士的，他对于中国人的看法更要严厉得多。这位汉学家还是医生，一生中共留下30多部有关中国语言学的著作，如《汉学》，包括4部词汇，原来是根据词源、语音、转写和部首而分类，《汉语口语初级语法》，附有巨部方言文献集的教科书。他有关人类学的著作有《近代汉族的民间文学》(1904)。他在宗教领域中的贡献很大，有《中国佛教》(1910—1913)、《佛陀的中文传记》；两部有关道教的著作共包括一部道藏总书目和《老子》《列子》与《庄子》译本的编写本，其编译本确实不太准确。戴遂良还出版了一套《历史文献》(1903—1905，共3卷)，取自哲学家朱熹的著作《文献通考》。他还出版了一套《哲学文献》(1906)。他于一部巨著《自古迄今中国宗教信仰与哲学观点》中，总结了其科研成果。此外，戴遂良还表明了对于中国当代史的一种真正兴趣，于其10卷本的《当代中国》(1921—1932)中，为研究中国的第一次革命而搜集了一批严肃的资料。

在上海徐家汇定居的耶稣会士们，建造了一座用于观察天象气候的大天文台，并希望“使之能与他们过去负责的北京观象台相媲美”[①]；他们同时还创建了震旦大学和一所印刷厂，并着手编辑其前辈那套知名的《中国杂纂》(*Les Mémoires concernant la Chine.*，1776—1814)的续编——《汉学论丛》(*Les variétés sinologiques*)，总计达70卷，他们的著作大部分都收集在这套丛书中。这套《汉学论丛》便是由夏鸣雷（Henri Havret，1848—1901）神父于1892年在徐家汇创办推出的。他本人还提供了一部唐代景教的汉文古叙利亚文碑的知名专著《西安府景教碑》(*La stèle chrétienne de Singan fou*，

① Voir José FR'ECHES，*La Sinologie .CHAPTRE II.* La Snologie au XIXe siècle en France，Paris：Presses Universitaires de France，1975，p.54.

1895—1902）。费赖之（Aloys Pfister，1833—1891）神父是另一位“博学多才”[①]的作者，他组织创建了徐家汇修院那规模宏大的图书馆，并且还撰写过一部令人注目的有关16—18世纪在华耶稣会传教区历史的书籍，即他辞世后，于1932—1934年在上海出版的《早期耶稣会中国传教区入华耶稣会士列传与书目提要（1552—1773）》一书，成了后世学者对16—18世纪入华耶稣会士的任何研究以及这一时期中法（中欧）关系研究，都是必不可缺的工具书。此外，金葆光（H.Doré，1859—1931）神父，为《汉学论丛》提供了一部18卷《中国迷信研究》（1918—1938），此书虽是黄伯禄（Pierre Hoang，1830—1909）神父于1878年编纂的韩文著作《集说铨真》的编译本，但仍不失为一部宝贵的、有关宗教信仰和民俗学等方面的资料目录，并附有大数量图画片。许多中国耶稣会士都与《汉学论丛》合作，提供著作，如张玛窦（Mathia Zhang）神父的《中国历史年代表》（1905）和黄伯禄神父的《中国和欧洲朔日年代对照表》（1910）两部优秀的编年教学手册，是西方人每个人都运用的干支数，其中前者还使这一领域的知识面目为之一新，18世纪宋君荣神父曾是这方面的专家。黄伯禄神父还发表了许多内容纷繁、学术性很强的著作，诸如《从法律角度看中国人的婚姻》（1890）、《中国行政管理论集》（1902）、《从中文史料编制的中国地震一览表》（1909—1913）、《中国纪念论集》（1920）等书，内容如此丰富多彩，触及了许多直到当时尚未被汉学探讨过的领域，深得后世汉学史家所称道[②]。

钱林森　南京大学教授，原《跨文化对话》执行主编

① Voir Paul Demiéville，“Aperçu historique des études sinologiques en France.”

② Voir Paul Demiéville，“Aperçu historique des études sinologiques en France.”

雷慕沙的《汉文启蒙》

——承前启后的专业汉学著作[*]

李　慧

摘　要：1814年11月，法国汉学家雷慕沙（Jean-Pierre Abel-Rémusat，1788—1832）开始主持法兰西公学院的"汉、鞑靼－满语言与文学讲席"，这是西方专业汉学建立的标志。1822年，雷慕沙出版了以其教学讲义为基础上的汉语语法书《汉文启蒙》（*Élémens de la grammaire chinoise*），这部书在西方汉语研究史上具有重要地位。已有的研究较为关注《汉文启蒙》中对汉语的描述，而本文基于对原文的精读和翻译，总结该书在编写动机、目标人群、参考文献、内容构架、语言观、在其他领域的接受等方面的特点，探讨它如何凝聚前人成果、启发后代的汉学研究、促进汉学与其他学科对话和互动的特殊地位和意义。

关键词：雷慕沙　汉文启蒙　专业汉学

色诺芬在《回忆苏格拉底》中说："我们所借以认识生活的一切事物，都是通过语言学来的；我们所学得的其他一些有用的知识，也都是通过语言学得的"。[①]从古希腊、罗马的修辞学校到中世纪的"七艺"，从文艺复兴时期到近代欧洲，知识分子都须接受长时间的文法和修辞训练。16世纪末，传教士一接触到中国海外和本土的社群，便开始学习汉语，孜孜不倦地编纂辞书、语法书、对话手册、习语手册等各种工具书，并且不分国籍、修会、意识形态，跨时代、跨区域地传抄和完善这些材料。随着对汉语的掌握，对中国文化其他方面的翻译与研究也逐渐成熟。甚至可以说，传教士汉学始于汉语学习，成于汉语研究。

18世纪末，精通拉丁语、古希腊语的少年让－皮埃尔·阿贝尔－雷慕沙（Jean-Pierre Abel-Rémusat，1788—1832）通过传教士的汉学著作，打开了遥远而神秘的东方古国的大门。他虽从未能踏上中国大地，却凭借着自己的天赋、勤奋和

* 本文受中央高校基本科研业务费专项资金资助项目批准号（2018JJ013）。

① 色诺芬：《回忆苏格拉底》北京：商务印书馆，2017年，第93页。

时代赋予的机会，在26岁的年纪便执掌法兰西学院的“汉、鞑靼—满语言与文学讲席”，开创了欧洲专业汉学的新时代。1822年雷慕沙出版了专业汉学的奠基之作——汉语语法书《汉文启蒙》[①]，这部书成为了他影响最大的著作之一。

《汉文启蒙》诞生于19世纪初语言学学科起步的年代，是专业汉学家向欧洲普通读者传授汉语知识、传播中国文化的著作，它不但在西方汉学史、西人汉语研究史、世界汉语教育史链条上都是颇为关键的一环，其影响还波及其他学科和领域。以往对《汉文启蒙》的研究多关注雷慕沙对汉语特点的认识，[②]

---

① Jean-Pièrre Abel-Rémusat，*Élémens de la grammaire chinoise*. Paris：Imprimerie royale，1822.

② 迄今为止，国内外有关雷慕沙的研究中，对《汉文启蒙》的研究是较为丰富的。艾乐桐（Viviane Alleton）、贝罗贝（Alain Peyraube）考量了《汉文启蒙》在欧洲汉语语法研究史中的地位以及雷慕沙的汉语观（[法]艾乐桐：《欧洲忘记了汉语却“发现”了汉字》，张冠尧译，[法]龙巴尔、李学勤主编《法国汉学》第1辑，北京：清华大学出版社，1996，第182—198页；[法]贝罗贝：《二十世纪以前欧洲汉语语法学研究状况》，《中国语文》1998年第5期）；小野文通过雷慕沙与洪堡特的书信总结雷慕沙的汉语观及其影响（Jean Rousseau，Denis Thouard，*Lettres édifiantes et curieuses sur la langue chinoise：un débat philosophico-grammatical entre Wilhelm von Humboldt et Jean-Pierre Abel-Rémusat (1821—1831), avec une correspondante inédite de Humboldt présentée par Jean Rousseau*. Villeneuve-d’Ascq：Presses Universitaires du Septentrion，1999；小野文：《作为例外的汉语——威廉·冯·洪堡特〈致阿贝尔·雷慕沙的信〉之考察》，《亚洲语言文化交流研究》，上海：上海辞书出版社，2009年）；曹艳艳、陈辰译：《洪堡特与雷慕沙通信集之五——论语言的完善性及翻译》，《国际汉学》2015第2期；笔者在硕士论文《雷慕沙〈汉文启蒙〉研究》（北京外国语大学，2011年）中对其成书、版本、特点等方面展开专门研究；刘志刚的硕士论文《雷慕沙〈汉文启蒙〉研究》（黑龙江大学，2017）翻译和评述了《汉文启蒙》的内容；牛丽媛的硕士论文《雷慕沙的汉语特征认识研究》（厦门大学，2018）以《汉文启蒙》为主要研究对象，详尽地梳理了雷慕沙的汉语观，并进行了共时和历时的评价；李真对比了《汉文启蒙》和马若瑟《汉语札记》的特点（李真：《雷慕沙与马若瑟汉语语法著作比较研究》，《国际汉学》2014年第1期）；董海樱（2005）、姚小平（2008）、董方峰（2015）等将《汉文启蒙》作为世界汉语教育史的一部分进行介绍（董海樱：《西人汉语研究述论——16—19世纪初期》，博士学位论文，浙江大学，2005；姚小平：《欧洲汉语教育史之缘起——早期传教士的汉语学习和研究》，《长江学术》2008年第1期；董方峰：《明清时期西方汉语语法研究的历史》，《外国语文研究》2015第1期）。2020年，《“雷慕沙及其继承者：纪念法国汉学两百周年学术研讨会”论文集》出版（Pierre-Étienne Will，Michel Zink ed.，*Jean-Pierre Abel-Rémusat et ses successeurs-Deux cents ans de sinologie française en France et en Chine*. Académie des Inscriptions AIBL，2020）。其中有七篇关于雷慕沙在汉学建立、汉语教学与研究、中医药研究等方面的论文。

本文试结合《汉文启蒙》原文内容和汉学史进行分析，从编写动机、目标人群、参考文献、内容构架、语言观、与其他领域的互动等方面来挖掘这部著作的特点，探讨这部著作在专业汉学成立初期的影响与贡献。

一、编书动机与读者人群

《汉文启蒙》是1815年以来雷慕沙汉语讲座的讲义稿，凝结了他多年的教学和研究经验。书的读者分两类：首先是雷慕沙汉语讲座的学生，他编书的目的是希望“不能来听课的人将有一份讲义的概要，听课的人将从每回讲座后转写讲义的麻烦中解脱”①；其次是法国乃至全欧洲的汉学爱好者和各领域的知识分子，作者希望打破汉语难学的偏见，在欧洲推广汉语，让“学习汉语变得和学习所有其他东方语言一样容易，或许甚至会如学习某些西方语言一样容易”②。而在他看来，改变欧洲人对汉语的偏见的办法，就是编写“包含且仅含有所有理解汉语原典所真正必要的规则的基础性语法书”③。

除了成为“基础性语法书”以外，“理解汉语原典”也是本书的目标。如果说传教士所编写的语法书大多重视口语教学，以培养读者沟通和交流能力为目标，而沟通与交流的主要目的是服务传教事业，那么专业汉学讲座的听众和欧洲的知识分子并不需要用汉语交际，而是需要了解汉语的机理，掌握阅读能力，并通过阅读汉语原典了解中国思想和文化。

雷慕沙对读者阅读原典的需求十分清楚，书的设计处处围绕着培养阅读原典能力这个目标来进行，如采用汉字字模，附有部首表、难检字表，讲解汉字结构和查字方法，用大量篇幅介绍已出版的汉语翻译材料和皇家图书馆的汉文资料，介绍诗歌知识等等。在《汉文启蒙》之前，西方没有一部汉语语法书如此明确、有针对性地培养原典阅读能力。虽然马若瑟（Joseph de Prémare，1666—1736）首次将汉语语法分为白话和文言两部分，引用大量原典例句，“第一次完整地向汉语学习者展现了中国语言的全景式图画”④，但

① *Élémens de la grammaire chinoise*，p. vi.

② *Élémens de la grammaire chinoise*，p. v.

③ *Élémens de la grammaire chinoise*，p. vi.

④ 李真:《〈汉语札记〉对世界汉语教学史的贡献》，载《世界汉语教学》2005年第4期。

是马若瑟的语法书也是以培养传教士口头和书面的交际能力为最终目的。[①]欧洲本土汉学家傅尔蒙（Etiénne Fourmont，1683—1745）和巴耶尔（Gottlieb Siegfried Bayer，1694—1738）在18世纪时出版的汉语语法书，都是对汉语或汉字规则进行描述，没有教学活动做支撑，也不以阅读能力的培养为目标。[②]

总之，专业汉学语法书《汉文启蒙》基于教学，用于教学，承担着向欧洲知识分子教授汉语阅读技能的任务和普及汉语文化知识的作用。

二、文献来源与内容框架

相较于传教士及前辈汉学家，雷慕沙的作品体现出更强的方法论意识，他利用皇家图书馆的藏书优势，对前人的著作进行了系统、全面的研习，并在《汉文启蒙》的前言中对西人汉语语法史进行了详细的梳理。他点评的著作有：瓦罗（Francisco Varo，1627—1687）的《华语官话语法》（*Arte de la lengua mandarina*）、一部或为康和子（Carlo Orazi da Castorano，1673-1755）所编的语法书的抄本[③]、马若瑟的《汉语札记》、巴耶尔的《中国博览》、傅尔蒙的《中国沉思录》和《中国官话》、马士曼（Joshua Marshman，1768—1873）的《中国言法》（*Clavis Sinica*）、哈格（Joseph Hager，1750—1820）的《基础汉字》（*Elementary characters*）、马礼逊（Robert Morrison，1782—1834）的《通用汉言之法》（*Grammar of the Chinese language*）、蒙突奇

---

① “第一部分是为了在多方面服务于传教士。他们在说话的时候更容易被理解，也更容易理解他人。他们也将能够更轻松地阅读白话文……于是今后也将能够用这种文体进行写作。第二部分将为他们在挖掘古代作品的意思时提供帮助，以便将它们变成其他语言，并撰写出高雅的文章”，参见Joseph de Prémare，*Notitia linguae Sinicae*. Malacae，1831，p. 25.

② 巴耶尔《中国博览》（Gottlieb Siegfried Bayer，*Museum sinicum*，*in quo sinicœ linguœ et litteraturœ ratio explicatur*. Petropol.，1730）；傅尔蒙《中国官话》（Etiénne Fourmont，*Linguœ Sinarum mandarinicœ hieroglipicœ Grammatica duplex*. Paris：Joseph Bullot，1742）

③ 康和子，意大利方济会传教士，1700年来华，在山东、北京地区传教，1734年回到罗马。他编写了《拉丁语语法手册》（*Manuductio ad linguam Latinam addiscendam*），收录于《拉意汉词典》（*Dictionarium Latino-Italico-Sinicum*）手稿中。康和子的词典和语法都有多部抄本流传于欧洲。参见李慧：《意大利来华方济会士康和子的拉意汉词典（1732）》，《辞书研究》2018年第5期。

（Antonio Montucci, 1762—1829）[①]和若干西班牙传教士的手稿。而以上这些语法著作都没能如此完整地进行学术史梳理。

雷慕沙对文献全面的掌握和对学术史精细的梳理，令他能够高屋建瓴、取长补短，形成了自己作品的特色。例如，他刻印汉字字模来印刷语法书，避免了《华语官话语法》没有汉字的缺陷；在汉字运用上，他采取马礼逊的方法，即从右到左每行5个字，每个字旁边有发音和拉丁语释义，最后附整句话的翻译；在内容编排上，他摒弃了马若瑟语法中内容杂而零散的架构，搭建了比较规整的体系，呼应但不拘泥于拉丁语语法框架；在教学方法上，他赞同马若瑟和马士曼的主张，特别强调原典例句的重要性，他十分认同马若瑟“通过大量的阅读而获得更丰富的语文学知识，并从好的文学源泉中更充分地汲取养分”[②]的理念。秉承着这个理念，雷慕沙利用了很多汉语典籍，主要包括《诗经》《书经》《论语》《孟子》《大学》《中庸》《易经》《孝经》《礼记》《道德经》《左传》《史记》《字汇》《康熙字典》《淮南子》《金瓶梅》《玉娇梨》《好逑传》等，其中《论语》《孟子》《中庸》被引用得最多。总之，《汉文启蒙》可谓是当时对前人成果吸收最为充分的汉语语法著作。

《汉文启蒙》的参考文献丰富，但内容十分精练，全书仅214页，汉字还占了很大的版面。全书分“前言”“导论”“语法”“附录”4个部分，其中语法分“古文”和“官话”两个部分，这种结构的划分是借鉴了马若瑟的《汉语札记》。

在前言中，雷慕沙回顾了学术史，介绍了《汉文启蒙》的特色和汉语学习方法。导论部分介绍了汉字和语音知识，附了一份长达五页的声韵配合表。“语法”分“古文”和“官话”两部分。两部分的分节基本对应：

---

① 关于哈格和蒙突奇，详见Knud Lundbaek，“The Establishment of European Sinology 1801-1815，” in B. Clausen ed.，*Cultural Encounters*，*China*，*Japan and the West*. Oxford：Aarhus University Press，1995，pp. 16-18。哈格对古汉字感兴趣，希望能够复兴欧洲对中国的研究热潮。1801年他出版了第一部汉学著作*An explanation of the elementary characters of the Chinese*，*with an analysis of their ancient symbols and hierogliphs*（London，1801）。蒙突奇在1806-1828年间组织刻制汉字字模，意图出版汉语词典，收集了很多汉籍，最主要的汉学著作有*Letters on Chinese literature*（1804），*Remarques philosophiques sur les voyages en Chine de M. De Guignes*（1808）等。

② *Élémens de la grammaire chinoise*，p. xix.

古文	一、名词	二、形容词	三、专有名词	四、数词	五、代词	六、动词	七、副词	八、介词	九、连词	十、叹词	十一、虚词
官话	一、名词	二、形容词	——	三、数词	四、代词	五、动词	六、副词	七、介词和连词		八、叹词	九、虚词

“古文”每一节内容基本按照拉丁语语法系统的顺序介绍。“专有名词”被单独辟出一节来介绍，因为雷慕沙认为这些词的构成，如城市、河流、山的名称、人名等，体现出修饰语在被修饰语之前的语法规则。“官话”部分着重介绍古文和今文的区别，作者不再赘述古文和今文语法的相通之处，而是直接索引至前文，因此除了“虚词”一节外，其他小节篇幅都比较简短。对于每一条规则或词的用法，作者先介绍其最常用的用法或本义，然后是引申义，最后是与其他字的组合用法。方括号中的数字代表相关知识所处的段落号，读者可以方便地查询、复习和扩展知识。附录分为4个部分，分别介绍汉籍的标点方法、汉籍样式、诗歌知识和皇家图书馆内可用的汉籍资料。作者选这些内容在附录中介绍，是为了方便学生阅读原版汉文书籍。附录后是本书的索引表，分别有本书所有汉字表，难检字表，双音节词汇表和缩略语表，方便查阅。

总体来说，作者所采用的中西文文献种类丰富、内容全面，无论是全书架构，还是每个段落解说的展开，都清晰合理，富有逻辑，简洁明快，规整有序，可读性强。

三、语言观和编写理念

《汉文启蒙》全书各处内容体现着雷慕沙清晰、统一的语言观和语法书编写理念：

对于汉语语法的规律性，雷慕沙认为汉语有规则可循，而且规则比较简单，他常在解释语法时加上“此规则无例外”等字眼。他说：“词的位置决定意义，根据详细且恒定的规则，永远不会有歧义。尽管汉语很简略且常有转义，但同样一个句子从不会有两种说法。我们的这些断言直接否定了一直以来对汉语的偏见"[1]。"同样的句子从来不会有两种说法""永远不会有歧义"这样的话似乎过于夸张，但可以体现出雷慕沙对总结汉语规则的自信，他的目的是打破"汉语无规则""汉语无法学会"的偏见。

关于词法，他的理念是"首先以他们（学生）习惯的并很难摆脱的语言形式来介绍汉语语法中所有可以自然地套用在我们词类划分的地方，然后通过概括虚词的各种用法，快速地回到汉语系统中"[2]。因此，雷慕沙首先采用了欧洲人熟悉的"8个语法范畴"的框架，好像给初学者拐杖一般，然后将无法纳入西文语法范畴的内容放入"虚词"部分，"对每个虚词的构成和它在句子中的作用建立起正确的概念"[3]。

关于句法，雷慕沙认为前人没有对此做过研究，应该从词和句所对应的位置来观察二者的关系，需要坚持不懈地阅读最好的原典，以优秀的文学作品为学习和模仿的对象，才能学到汉语的精髓。

关于汉字，雷慕沙极其重视汉字的介绍。1817年出版《中庸》时，他就组织刻字师刻了一批字模，这次他又申请经费，组织人补刻了若干汉字，两次一共刻了1400字。本书还附了汉字索引，"它就像一部小词典一样，比查阅大词典还要方便，有了它我们可以练习用部首法来随心所欲地查找汉字的意义和发音，养成分析汉字并分辨其部首的习惯"[4]。

关于汉语学习，雷慕沙希望有越来越多的学生，如上文所说，他不希望大部头的语法书将初学习者吓退，而是编写简明、实用的语法书："所有必要的语法点都已包含，没有任何遗漏。任何人在学了本书的400个知识点以后，都可以带着战胜所有语法难点的信心，大胆地尝试原典阅读"[5]。在语法部分最后，作者仅用一页篇幅概括了句法规则，强调"这一小篇是我们能做到的最为详细的汉语句法总结"[6]，可谓时刻不忘打消读者的畏难情绪。

雷慕沙的编书理念是尽量简明、实用、高效，为此他采用了很多巧思。首先，他给段落标号，提高了每条解释和每个例句的利用效率。例如：

---

① *Élémens de la grammaire chinoise*，p. xxviii.

② *Élémens de la grammaire chinoise*，p. xix.

③ *Élémens de la grammaire chinoise*，p. xx.

④ *Élémens de la grammaire chinoise*，p. xxiv.

⑤ *Élémens de la grammaire chinoise*，p. xxvii.

⑥ *Élémens de la grammaire chinoise*，p. 166：Ce peu de mots est le résumé le plus précis qu′ on puisse faire de toute la phraséologie chinoise.

94. 除本身是形容词的词以外，有些词本来是名词，在和另一名词组合时，表达形容词意思【79，80】，如：天命、金像。[①]

这条语法出现在古文部分形容词章节内，方括号中的数字代表与该知识点相关的段落数。我们来看第79条和80条：

79. 当两个名词组合在一起时，先行词（Le terme antécédent）位于结果词（le terme conséquent）之后：民力、河东。这条规则没有例外。

80. 上条规则也同样适用于所有多字词，如此我们说：天子、宗庙。[②]

如此一来，一条语法规则就有了3处彼此呼应的解释和6个例证。相较之下，马若瑟的《汉语札记》经常会出现重复的内容，比如在解释"道"字时，他提到了"难道"一词，并举了很多例子，用了一页半的篇幅。[③]而在疑问虚词中第14条"难道"一词又用了一整段解释了一遍。

又如，索引表和附录的编排也非常实用。书中的部首表、汉字索引表等都编写得规范而细致。在《导论》部分的《部首表》中，每个部首后面都有一个数字，代表在《字汇》中该部首下有多少汉字，以表明该部首的使用频率。本身没有意义的部首旁边标有"╪"符号，位置固定的部首标有"*"号，方便初学者学习和查阅。书的最后附了按214部顺序排列的汉字表，如同一部小字典。附录中的诗歌、汉籍藏书情况等介绍，也都是围绕着阅读这一中心。相比之下，前人的语法著作所提供的学习工具都不及《汉文启蒙》的丰富和实用。

再者，雷慕沙省略了中国国情和文化的介绍。而马士曼长达600多页的《中国言法》中，真正的语法部分只有300多页，其他部分大多在讨论汉语与其他语言的关系问题；巴耶尔长达两卷本的巨著《中国博览》大部分也是介绍中国文化，更类似于一部中国资料杂纂。

虽然雷慕沙力求简明，但是"简明"也容易漏掉细节和重要的特殊用

---

① *Élémens de la grammaire chinoise*, p. 44.

② *Élémens de la grammaire chinoise*, p. 40.

③ *Notitia linguae Sinicae*, p.59.

法，例如在介绍214部检字法时，雷氏没有教学生如何数笔画，只提到“乙”字为一画，“口”字为三画，[①]这不足以教会学生掌握笔画构架，而学生在查阅字典时一定会遇到不便。

四、拉丁语语法框架内的汉语体系化尝试——对异质语法矛盾的调解

每一位编写汉语语法书的西方人都意识到用印欧语言语法分析汉语时的矛盾和冲突，并尝试各种方法来进行调节。雷慕沙没有像瓦罗、马礼逊等人直接以如“我爱、你爱、他爱……”这样的动词变位来生硬地套用拉丁语语法，也没有像马若瑟一样力求通过大量例证来描述汉语现象，而是试图寻求一个平衡。

从语法架构来看，他虽然吸收了马若瑟的“古文/官话”分法，但马若瑟是“先今后古”，体现由易到难，由口头到书面的学习梯度，而雷慕沙则采取了“先古后今”的顺序。他这样安排是因为他注意到了古文中单音节词发展为今文中的双音节、多音节词这一现象，所以他在编排内容时，先介绍古文中一些基本字的意义，再在今文部分对该字的介绍中补充和添加在古文中没有的意义，体现出汉语本身的发展脉络。如同前文表格所示，雷慕沙的“古、今”两部分小节的内容和顺序几乎一致，且遵循拉丁语语法顺序。而《汉语札记》中两大部分的内容则不相同，并没有对应关系。《汉文启蒙》中的知识点在每一节内的排列也规整有序，基本按照拉丁语语法顺序进行，而《汉语札记》对知识点的安排则较为自由。

从语法的讲解来看，他刻意不用拉丁语术语，而是采用例如“一种……的标记”（une marque de）、“一种……的意义”（un sens de）这样的表达来弱化拉丁语语法概念对汉语的框限，尽量避免不适用于汉语的概念。雷慕沙将整个语法的重点放在虚词，把常用的介词、副词等放在虚词部分，而且注意到汉语的“字本位”特征，以解字为主，字组词为辅。他还不断强调语义的作用和读者思维的参与。

在例句方面，他也大量借助了拉丁语。例句中的每个汉字旁边都标注了发音和拉丁语逐字对译，该例句之下再给出整句的法语翻译。标出每个字意

① *Élémens de la grammaire chinoise*, p. 22.

思是为了突出汉字“音、形、意结合”的特性，特意用拉丁语而不是其他语言标示汉字意义，因为拉丁语丰富的词形变化和可变格的特性可以独立地表达汉字在句中的作用，且没有词序的限制。例如，他将“者”字译为关系代词“qui quae quod”，汉语中并没有专门的关系代词词类，法文的关系代词qui、que等没有变格，对先行词的位置有严格要求，相比之下拉丁语关系代词“qui quae quod”更加灵活，所包含的语法、语义信息都更加丰富。

总之，雷慕沙仍然借助了拉丁语语法来构筑知识框架，但不拘泥于屈折语言对词法和句法的分析，而是以字的分析为主，同时利用了拉丁语的特点来逐字诠释汉字，尽量在保留了汉语特征的同时方便西方读者的理解。

五、《汉文启蒙》与其他领域的交互

19世纪以后，欧洲现代语言学兴起，历史比较语言学/类型论从研究印欧语言起步、发展，并始终把印欧语言当作研究中轴，汉语的位置则逐渐被挤到了边缘，被视为一种“例外”。德国学者最早将语源学和类型学相结合，德国的学术特长，助长了抬高梵语地位、贬低汉语及其他亚洲语言地位的倾向。但在汉学研究方面，德国尚不及法国。

1822年洪堡特（Wilhelm von Humboldt，1767—1835）在柏林科学院发表演讲《论语法形式的产生及其对观念发展的影响》，讲稿于1823年出版。[①] 他认为语法形式包括词尾变化和“语法性词语”，具备这种形式的语言才是高级语言，而以词序表示语法关系的语言是最低一级的语言，由此，汉语和古埃及语应处于低级语言行列，但作者又承认这两种语言都创造出了高水平的文化，这一现象被作为反例提了出来，却并没有加以深究。

1824年雷慕沙在《亚洲学报》（*Journal asiatique*）上发表了《评洪堡特〈关于语法形式的产生〉》[②]一文，驳斥了汉语是完全靠词序表现语法关系的语言这一观点，认为汉语中也存在具有语法功能的词，质疑洪堡特对语言种类进行划分的标准。他特别强调应将汉语作为一般语言来考察，汉语虽然不具备屈折形式，但总是将思想清晰、确切地表达出来，暗示学者们应对19世

---

① 该论文译文见姚小平:《洪堡特语言哲学文集》，北京：商务印书馆，2011年。

② Jean-Pierre Abel-Rémusat，“Compte rendu de sur la naissance des formes grammaticales de Humboldt”，*Journal asiatique*，t. 5，Paris，1824.

纪历史语言学中惯常的思维方法进行反思。洪堡特从1824年到1831年间数十次致信雷慕沙，最长的一封为《致阿贝尔·雷慕沙先生的信：论语法形式的通性以及汉语精神的特性》[①]，刊登于《亚洲学报》上。此信中洪堡特所用的汉语知识主要来自雷慕沙的《汉文启蒙》和《中庸》译文，他在信的开篇说："先生：如您建议的那样，我将精力投入在汉语上，您的《汉文启蒙》和《中庸》为我提供了巨大的便利。"[②]

洪堡特与雷慕沙的书信在一些问题的对立中结束，洪堡特并没能解决汉语这样特殊的语言所引起的问题，但是他却能正视这些问题，不套用当时西方语法的框架和语言学界主流思想去解释它们，通过学习《汉文启蒙》等专业汉学家的著作而努力得出自己的见解。当时欧洲的语言学家如阿德隆（Johann Christoph Adelung，1732—1806）都试图给语言分类和排列等级，汉语往往被排为最低级[③]。洪堡特的想法一度与他们相近，认为梵语结构优于汉语结构，但在与雷慕沙争论之后，他抛开了语言高低关系的想法，也不再草率地将语言分类。洪堡特对于虚词的考察也直接受到雷慕沙的影响，他通过《汉文启蒙》中的理据分析，梳理了自己对虚词的理解，并征求雷氏意见："汉语虚词的使用则完全不是为了表示语法范畴，而是指示着思维从其一部向另一部的移行"[④]。

19世纪，"学科史"意识也在哲学领域开始盛行，德国和法国大学内盛行"哲学史"流派，将哲学的领域限定在欧洲，把包括基督教传统在内的所有不属于古希腊传统的思想都归于非哲学领域，将中国王朝专治政体视为希腊民主政体的反面。[⑤]

---

① Wilhelm Homboldt，*Lettre à M. Abel-Rémusat sur la nature des formes grammaticales en général et sur le génie de la langue chinoise en particulier*. Paris：Dondey- Dupré père et fils，1827.

② Jean Rousseau et Denis Thouard，*Lettres édifiantes et curieuses sur la langue chinoise：un débat philosophico-grammatical entre Wilhelm von Humboldt et Jean-Pierre Abel-Remusat*（*1821-1831*），avec une correspondante inédite de Humboldt présentée par Jean Rousseau. Villeneuve-d' Ascq：Presses Universitaires du Septentrion，1999，p. 125.

③ 关于阿德隆的汉语研究和汉语观，参见冯晓虎：《阿德隆与德国汉语研究肇始》，《同济大学学报（社会科学版）》2018年第4期。

④ Rousseau et Thouard，*Lettres édifiantes et curieuses sur la langue chinoise*，p.147.

⑤［法］程艾蓝：《雷慕沙与黑格尔：19世纪欧洲的汉学与哲学》，刘婷译，载《国际汉学》2016年第4期。

德国哲学家黑格尔（Georg Wilhelm Friedrich Hegel，1770—1831）与雷慕沙同处一个时代。黑格尔受到了这种思想的深深的影响。在他后半生，出于对他体系完整性的考虑，才开始关注印度和中国，把东方哲学归属于宗教，并不断重申“哲学有二,一是古希腊哲学，二是日耳曼哲学”，认为“凡是东方的思维，都应排除在哲学之外”[①]。1814年，雷慕沙开始主持汉学讲席时，黑格尔的支持者、法国大学哲学学科的创建者库赞（Victor Cousin，1792—1867）正在巴黎高师任教。汉学研究的专业化引起哲学学界的关注，1826年，在库赞的邀请下，黑格尔访问巴黎并结识了雷慕沙，他称雷慕沙是“最了解东方的人”。雷慕沙向黑格尔介绍了道教，二人就“道”字的翻译进行了探讨。[②]黑格尔认为：“中国的文字，由于它的文法结构，有着许多的困难，特别这些对象，由于他们本身抽象和不确定的性质，更是难于表达，中文的文法结构有许多不确定的地方，洪波尔特（洪堡特）先生在最近给雷缪萨（雷慕沙）的信里曾有说明”[③]。通过对雷慕沙和洪堡特的关注，黑格尔对东方哲学的探讨拓展到汉语的语言学问题上了。

虽然19世纪的欧洲充满了对中国的偏见，但雷慕沙通过《汉文启蒙》以及其他专业汉学著作，与各种偏见予以回应和反驳，努力让被“异类化”的汉语和中国文化融入其他学科的视野。而汉学成为专业学科以及《汉文启蒙》作为专业汉学著作出版的意义就在于，能够与其他的蓬勃发展的专业在同一平台进行对话。

六、结语——《汉文启蒙》的贡献

雷慕沙的《汉文启蒙》是专业汉学成立以来的首部汉语语法著作，它有以下四方面贡献：

第一，它是传教士汉学成果集大成者。《汉文启蒙》正好处在天主教传教士汉语研究式微、专业汉学创办、新教传教士汉语研究起步的节点。与传

① [法] 程艾蓝:《雷慕沙与黑格尔：19世纪欧洲的汉学与哲学》，刘婷译，载《国际汉学》2016年第4期。

② [法] 程艾蓝:《雷慕沙与黑格尔：19世纪欧洲的汉学与哲学》，刘婷译，载《国际汉学》2016年第4期。

③ 冯晓虎:《阿德隆与德国汉语研究肇始》，载《同济大学学报（社会科学版）》2018年第4期。

教士和早期学者相比，雷慕沙有充分的便利来利用图书馆百年的文献积累，对前辈汉学家著作了如指掌，能与各国学者们保持密切交流。因此，《汉文启蒙》既吸收了传教士语法的教学性和实用性，又以学术研究的角度把文典阅读为教学目标，为之后的同类著作提供了范本。

第二，它促进了西方语法研究的专业化和学术规范。书中首次有了完整、详实的文献综述，多数例句经过查证，有出处，全书结构完整，附录齐全。雷慕沙采用了一套精简、系统的语法标记术语，如：n.g.= nota genitivi（属格标记），p.r.= particula relativa（关系虚词），p.n.= particula numeralis（数量虚词），p.o.= particula ordinalis（序数虚词）等共11个，[①]该系统借鉴了傅尔蒙、马世曼和马礼逊的著作，并被雷慕沙统一和完善。[②]他之后的儒莲（Stanislas Julien，1797—1873）、巴赞（Antoine Pierre Louis Bazin，1799—1863）、甲柏连孜（Georg von der Gablentz，1840—1893）等人，保留并发展这些学术规范，到甲柏连孜的《汉文经纬》（*Die Chinesische Grammatik*，1881）时，已经发展得相当完备，所有例句均有引证。如果说《汉文启蒙》作为专业汉学的首部语法书，内容仍较为简略，那么雷慕沙的学生和后辈则在其基础上，逐渐完善、丰富了汉语语法的研究：巴赞撰写了口语语法[③]，儒莲进入了古汉语句法的研究[④]，甲柏连孜的《汉文经纬》结合语言学，在句法研究上取得了最高的成就。

第三，在拉丁语框架下尽量寻求创新。虽然雷慕沙为了让初学者能迅速与自己的母语关联，仍采用拉丁语语法框架，但是他在尽量地展示汉语自身的面貌。相比较瓦罗和马若瑟在著述中明确地讨论汉语词如何表现各种变位、变格，雷慕沙尽量摒弃这些语法术语，弱化词类概念，用大量篇幅来展现词序、虚词等特征。

第四，它促进了汉学与其他学科的对话。正如贝罗评价："它是第一部对汉语做逻辑综论及结构分析的著作，在很长一段时间里，这部书被用作参考

① 完整表格见原作第213页。

② 姚小平：《近代西洋汉语语法学术规范是怎样形成的》，《文汇报 · 文汇学人》2017年4月28日，第W05版。

③ Antoine Pierre Louis Bazin，*Grammaire mandarine，ou principes généraux de la langue chinoise parlée*，Paris：Auguste Durand Libraire，1856.

④ Stanislas Julien，*Syntaxe nouvelle de la langue chinoise fondée sur la position des mots*，Paris：Librairie de Maisonneuve，1869.

书”[①]，在他与洪堡特的论辩和与黑格尔的讨论中，他都试图还汉语的真实面貌，改变偏见，把汉语和中国文化纳入西方的学术发展进程中。

雷慕沙从少年时起，因为一腔热爱，在没有老师、缺乏工具书的条件下，靠着坚韧的精神和过人的才智，打开了中国语言与文化的大门，建立了专业汉学。而《汉文启蒙》只是雷慕沙在欧洲建立宏伟的汉语言文化蓝图的第一步，他希望在语法书之后，能出版辞书，然后用汉字出版的汉语原典，正如在评论儒莲的《孟子》拉丁语译本[②]时说："当一门语言在公共课程中教学，并且我们拥有了一部学习语言规则的语法书和一部词典来查找词汇，为了让语言知识更容易被推广，那就要出版这种语言的选文。"[③]他的设想很有前瞻性，符合专业的语言文学学科的发展规律。虽然他享年42岁去世，未及亲自实现宏伟的蓝图，但儒莲等后来的汉学家继续践行着他的设想，让法国汉学一直处在领先的地位，而这之后的一段历史和成就也还亟待更多的研究去挖掘。

李　慧　北京外国语大学欧洲语言文化学院副教授

① [法] 贝罗贝：《二十世纪以前欧洲汉语语法学研究状况》，载《中国语文》1998年第5期。

② Stanislas Julien，*Meng-tseu vel Mencius*，*chinois lithographié par le Comte de Lasteyrie*. Paris：Dondey-Dupré，1824.

③ J.-P. Abel-Rémusat，*Journal asiatique* 2（1824）：105-106. 转引自 Isabelle Landry-Deron，"Les outils d' apprentissage du chinois en France au moment de l' ouverture de la chaire d' études chinoises du Collège Royal（1814）et le efforts de Jean-Pierre Abel-Rémusat pour les améliorer，" *Jean-Pierre Abel-Rémusat et ses successeurs-Deux cents ans de sinologie française en France et en Chine*. Ed. Pierre-Étienne Will，Michel Zink. Paris：Académie des Inscriptions AIBL，2020，p. 44.

法国汉学巨擘儒莲与《道德经》*

张 粲

摘 要：法国汉学家儒莲在欧洲首次全译了《道德经》，修正了明清时期欧洲来华传教士和法国汉学鼻祖雷慕沙将道家思想附会于基督教教义的做法。他反对前人以己意解读《道德经》的做法，主张回归中国典籍原本，客观地阐释《道德经》。儒莲的《道德经》译本参考了权威的解老注疏，体现了严谨的学术态度及其对异质文化的尊重，对欧洲各国译介《道德经》产生了深远的影响。

关键词：法国　汉学　儒莲　《道德经》

一、儒莲的汉学成就

明清之际来华的法国传教士为了向欧洲介绍中国并汇报在华的传教情况，纷纷著书立说，为法国汉学的创立奠定了基础。1814年，法兰西公学（Collège de France）开设了首个汉学讲座，由雷慕沙（Jean-Pierre Abel-Rémusat，1788—1832）任首位讲席教授。此乃“西方经院式汉学的开始”[①]。雷慕沙开启了19世纪法国对中国宗教、哲学、语言、文学等多方面的研究，功莫大焉，但不幸于1832年英年早逝。作为雷慕沙的亲炙弟子和得意门生，儒莲（Stanislas Julien，1797—1873）继承了雷慕沙在法兰西公学的汉学教授席位。

儒莲虽未到过中国，但却精通汉语。他曾与中国学者蒋剑人通过信，又曾与旅欧的中国学者王韬会面[②]。蒋剑人和王韬均是其时兼通中西的奇才。毋

---

* 本文为2022年度四川特色哲学社会科学规划“巴蜀文化对外传播研究”专项课题“《道德经》在法国的翻译与传播研究”的成果，批准号（SC22BS024）。

① 何培忠主编：《当代国外中国学研究》，北京：商务印书馆，2006年，第165页。

② 高第：《法国近代汉学巨擘——儒莲》，马军译，载阎纯德主编《汉学研究》第8集，北京：中华书局，2004年，第145—146页。

庸置疑，儒莲与二人的交往对于他的汉学研究大有助益。儒莲翻译了大量中国典籍，其汉学研究涉及中国语言、文学、宗教、哲学等诸多方面。例如，在汉语领域，儒莲主张通过诠释中国古代文献来归纳汉语的语法结构和规则，还喜欢借鉴中国传统的方法，将《三字经》这类歌诀式的启蒙读物作为学生学习汉语的基础教材；在文学领域，儒莲翻译了《灰阑记》《赵氏孤儿》《西厢记》等中国俗文学作品，用以研究中国的民族风俗和文化特征；在哲学和宗教领域，儒莲翻译了《孟子》《三字经》等儒家典籍、《道德经》《太上感应篇》等道家和道教典籍、《大慈恩寺三藏法师传》《大唐西域记》等佛教典籍。

儒莲因其卓越的汉学成就而名震欧洲。法国著名汉学家戴密微（Paul Demiéville，1894—1979）称之为“19世纪中叶欧洲汉学界无可争辩的大师”[①]；英国著名汉学家理雅各（James Legge，1815—1897）称赞他是“真正伟大的中文学者”[②]。然而，人无完人，儒莲的汉学成就固然卓著，但其时的汉学家对他的性格和人品却颇有微词，认为他脾气暴戾，“妒忌、易怒、好争吵，独揽大权，排斥对手，个性‘令人讨厌’”[③]。他曾耻笑同窗纪尧姆·鲍狄埃（Guillaume Pauthier，1801—1873）的《道德经》译本[④]不值一提，而鲍狄埃则指责儒莲剽窃了他的译文。二人均宣称各自的译本为“欧洲第一”而争吵不休，并一度引发了法国汉学史上的一桩笔墨官司。

二、儒莲对于《道德经》的研究

（一）儒莲之前来华传教士、雷慕沙对《道德经》的认识

早在明清时期，来华的欧洲传教士便对《道德经》有了初步的认识。由于他们认识到儒家思想在中国社会占据正统地位，故而多重儒轻道。如明万历年间（1573—1620）来华的意大利耶稣会士利玛窦（Matteo Ricci，1552—1610）着儒服、结交士大夫、热衷于翻译儒家经典，并称赞《四书》为“卓

① 保罗·戴密微：《法国汉学研究史概述（中）》，秦时月译，载《中国文化研究》1994年春之卷。

② 俞森林：《中国道教经籍在十九世纪英语世界的译介研究》，成都：巴蜀书社，2015年，第85页。

③ 许光华：《法国汉学史》，北京：学苑出版社，2009年，第107页。

④ Guillaume Pauthier，*Le Tao-te-king*，*ou le Livre révéré de la raison suprême et de la vertu.* Paris：F. Didot Frères，1838.

越的智慧之书”[①]。利玛窦制定的“合儒”策略在后世来华传教士那里得到了继承。这些传教士重儒轻道，但出于传教的目的，又竭力在包括《道德经》在内的儒道经典中寻找符合基督教教义的蛛丝马迹，以证明《圣经》的普世价值。其中尤以法国索隐派耶稣会士为甚。例如，白晋（Joachim Bouvet，1656—1730）即认为《易经》中包含了基督教信仰的真知，还“试图在《道德经》中寻找到证明基督教三位一体意义的预言”[②]；李明（Louis Lecomte，1655—1729）认为，老子反复讲“道生一、一生二、二生三、三生万物”，这表明他似乎“对三位一体有所认识”[③]；马若瑟（Joseph-Henri-Marie de Prémare，1666—1736）曾用拉丁文对《道德经》作了评注，并宣称他在《道德经》第十四章中发现了“雅赫维”（即“耶和华”）的名字，[④]可谓“达到走火入魔的程度”[⑤]。总之，索隐派耶稣会士站在基督教的立场研究《道德经》，体现了浓厚的传教功利色彩。

传教士对于《道德经》的认识一直影响到19世纪初期的汉学家。至雷慕沙，他虽然克服了传教士“重儒轻道”的弊病，将研究视野扩大至佛道等教派，但依然沿袭了传教士对于《道德经》的阐释。1823年，雷慕沙发表了论文《论老子的生平及其学说》（“Mémoire sur la vie et les opinions de Lao-tseu”），选译了《道德经》第一、二十五、四十一、四十二各章。但雷氏似乎并非纯粹为了翻译《道德经》，而是更关心“老子是否从其他哲学家那里获取了思想”[⑥]。其论文扉页上的副标题明确指出“老子是中国哲学家，他曾公开宣扬过那些被公认为源于毕达哥拉斯和柏拉图及二者的弟子们的思

① 利玛窦：《利玛窦书信集》（上册），罗渔译，中国台北：台湾光启社，1986年，第142页。转引自张西平：《儒学西传欧洲研究导论——16—18世纪中学西传的轨迹与影响》，北京：北京大学出版社，2016年，第66页。

② 张西平：《中国与欧洲早期宗教和哲学交流史》，北京：东方出版社，2001年，第327页。

③ 李明：《中国近事报道（1687—1692）》，郭强、龙云、李伟译，郑州：大象出版社，2004年，第261页。

④ 谢和耐、戴密微：《明清间耶稣会士入华与中西汇通》，耿昇译，北京：东方出版社，2011年，第428页。

⑤ 张西平：《中国与欧洲早期宗教和哲学交流史》，北京：东方出版社，2001年，第327页。

⑥ Abel Rémusat，*Mémoire sur la vie et les opinions de Lao-tseu*. Paris：Imprimerie Royale，1823，p.21.

想”。雷氏认为，明清时期的耶稣会士在《道德经》中发现了基督教的“三位一体”可谓是“重大的发现”，但这个大发现仅被耶稣会士解释为某种巧合和假设；[①]而雷慕沙本人则宣称将为此寻找证据。为此，他探讨了老子的生平，相信老子确曾西游，将“道”译为“逻各斯”（λόγος）和“理性”（la Raison），并认为《道德经》第十四章“视之不见名曰夷、听之不闻名曰希、搏之不得名曰微”中“夷希微”三字的发音“I”“HI”“WEI”（雅赫维）即是犹太人之“耶和华”，其中包含了“三位一体”。可见，雷慕沙并未摆脱早前耶稣会士理解《道德经》的窠臼，反而在索隐的道路上走得更远。[②]

（二）儒莲翻译《道德经》

雷慕沙未能全译《道德经》。他曾说如果谁能全译《道德经》并阐明它的内容，那将是一个大功劳。儒莲则实现了老师的夙愿。他于1826年着手翻译《道德经》。据称，儒莲此举受到了德国著名语言学家威廉·冯·洪堡特（Wilhelm von Humboldt，1767—1835）的鼓励。儒莲凭借其非凡的语言天赋，很快便翻译了《道德经》的上部，但由于存在诸多疑惑，又因仅有一种《道德经》注本而未敢贸然继续。所幸他于1834年获得集60余位老学大家之所成的明代焦竑《老子翼》，后又陆续得到《河上公章句》等多种注本，翻译工作方得继续。依靠日渐充实的资料，儒莲对于《道德经》的理解有了较大的进步。他反复修改、补充、润色之前的译文，并在耗时16年后，于1842年出版了《道德经》法文全译本（*Lao Tseu Tao Te King*，*Le livre de la voie et de la vertu*）。儒莲自称其译本是“一丝不苟、极其谨慎”的、“首个完整”的译本。[③]在此译本中，儒莲修正了明清来华传教士和雷慕沙关于《道德经》的某些观点。

1.儒莲对“道”的理解

儒莲认为，《道德经》是“最深奥、最抽象、最难以理解的中国文献”，同时又是“因其古老、深邃和高雅而受到广泛尊敬”的经典。[④]对于《道德经》的核心概念“道”，儒莲的老师雷慕沙曾认为“道”是“理性”（la

---

① *Mémoire sur la vie et les opinions de Lao-tseu*. p.21.

② 关于雷慕沙与《道德经》，可参见张粲：《法国经院汉学鼻祖雷慕沙的道教研究》，载《宗教学研究》2017年第1期。

③ Stanislas Julien，*Le livre de la voie et de la vertu*. Paris：Imprimerie Royale，1842，Introduction，p.II.

④ *Le livre de la voie et de la vertu*. Introduction，p.III.

Raison)、是“逻各斯”(λόγος)。雷氏将“道”与古希腊哲学相比附的做法影响了当时的欧洲学者，他们多称道家人士为“理性主义者”(rationaliste)、称道家为“理性主义”(rationalisme)。而儒莲则希望通过他的研究使学者们放弃这些称谓。他提出，欲理解“道”的内涵，“最稳妥的方法是询问《道德经》的作者老子本人，并考察与老子生活年代最为接近的道家思想家，如庄子、鹖冠子、河上公等”①。由于这些思想家认为“道”是“无为、无思想、无判断、无精神”的，因此“似乎不能将‘道’视为‘最原始的理性’(raison primordiale)、或者那创造并支配世界的‘最高灵智’(intelligence sublime)”。②儒莲将“道”译为Voie(道路、途径、方法)，并称这种译法完全出于《道德经》文本，如“使我介然有知，行于大道”，“大道甚夷，而人好径”，“吾不知其名，强字曰‘道’”③。他指出，依据文本可知，“道”的含义大致有二：一是“最崇高的道路”(Voie sublime)，万物通过它而具有了生命；二是对于“道”的模仿(imitation du Tao)及“无为、无思、无欲”的“存在”(être)④。可见他也将“道”音译为Tao。不论是Voie还是Tao，儒莲所译之“道”均排除了“灵智”的因素，具有一种更高、更广泛、更符合道家哲学的意义。

2. 儒莲对于传教士和雷慕沙观点的修正

对于明清来华耶稣会士以及雷慕沙对《道德经》的阐释和研究，儒莲明确表示：“我与马若瑟、白晋神父以及当今欧洲最著名的汉学家雷慕沙先生的观点相左。后者的论文⑤在欧洲引起了极大的轰动。但当我深入研究《道德经》及其注本之后，对雷慕沙先生的推论不敢苟同。”⑥具体而言，儒莲从3个方面对传教士，尤其是雷慕沙的观点进行了修正。

其一，关于老子西游。此前，雷慕沙为了证明老子的思想来源于古希腊哲学而相信老子西游这个故事的真实性；而儒莲在查阅了多种文献后发现，所有关于老子西游的记载均肇始于东晋葛洪的《神仙传》，而该书完成于老子死后近10个世纪，这就意味着“老子西游”仅是人们在老子死后进

① *Le livre de la voie et de la vertu.* Introduction，p.XIII.

② *Le livre de la voie et de la vertu.* Introduction，p.XIII.

③ *Le livre de la voie et de la vertu.* Introduction，p.XIII.

④ *Le livre de la voie et de la vertu.* Introduction，p.XIV.

⑤ 指雷慕沙的《论老子的生平及其学说》。

⑥ *Le livre de la voie et de la vertu.* Introduction，p.II.

行的杜撰和想象。[①]不仅如此，儒莲在介绍老子的生平时主要采信司马迁的《史记·老子韩非列传》，而在引述关于老子的传说时亦显得小心翼翼、谨慎有加。

其二，此前的传教士与雷慕沙时时处处将《道德经》与古希腊哲学相比附，雷氏甚至认为老子的思想"可以归于毕达哥拉斯和柏拉图以及二者的弟子们"。对此，儒莲明确表示："我的研究仅限于引导读者回到《道德经》本身……我无意将老子的思想与柏拉图及其弟子相比附……我亦提醒专治哲学史的学者们在进行此类奇特而自大的对比时务必谨慎处之。"[②]

其三，关于"夷希微"。如前文所述，雷慕沙认为《道德经》第十四章"视之不见名曰夷、听之不闻名曰希、搏之不得名曰微"中"夷希微"三字的发音"I""HI""WEI"（雅赫维）正是"耶和华"的名字。对此，儒莲称："我尊重雷慕沙先生的这篇论文[③]以及他的聪明才智。他的推测新颖出奇，但远不能成立"[④]。由于儒莲极其重视《道德经》注本的作用，因此他在翻译《道德经》的过程中频繁地参照了《道德经》的众多注本，并时时借助这些注本来理解《道德经》中的晦涩词句："实际上，'夷希微'三字早在《河上公章句》中即有了明确的含义。雷慕沙本人曾称赞这个注本的可靠性，但遗憾的是他并未使用该注本，否则，他应该会放弃原有的观点。"[⑤]他遍考手中的《道德经》注本，称"它们无一表明'夷希微'三字缺乏实义、或者对于汉语而言仅是陌生的符号而已"[⑥]。他赞扬《道德经》历代注者的严谨态度，称他们每遇不明含义的词语皆会说明之、承认之。"倘若'夷希微'真如雷慕沙所言是汉语中的外来词，那么历代的注者不会不指明这一点"[⑦]。最后，儒莲一针见血地指出，明清耶稣会士和雷慕沙在研究《道德经》时之所以会做出奇特的推论，固然由于《道德经》文本的难度所致，但根本上则应归咎于他们所采取的阐释方式（système d'interprétation）。对此，儒莲明确提出："我们应在古代思想家的作品

---

① 儒莲指出："在欧洲出版的有关中国的书籍中，举凡涉及老子，皆有老子西游的故事，而这个故事最早见于《神仙传》。"鉴于这个故事的广泛影响力，儒莲翻译了《神仙传》中老子的故事。译文见*Le livre de la voie et de la vertu.* Introduction，pp.XXIII－XXXII.

② *Le livre de la voie et de la vertu.* Introduction，p.XV.

③ 指雷慕沙的《论老子的生平及其学说》。

④ *Le livre de la voie et de la vertu.* Introduction，pp.VI－VII.

⑤ *Le livre de la voie et de la vertu.* Introduction，p.VII.

⑥ *Le livre de la voie et de la vertu.* Introduction，p.VII.

⑦ *Le livre de la voie et de la vertu.* Introduction，p.VIII.

中发掘它们实际包含的内容，而不是人们想要发现的内容。”[①]

3.儒莲对于《道德经》注本的介绍和使用

儒莲译本之所以被公认为较好的译本，一个重要的原因是他使用了至少8种《道德经》的注本，且其中不乏权威注本。儒莲对这些注本做了如下的介绍[②]：

注本A:《河上公章句》，成于汉代，由一位名叫河上丈人、又名河上公[③]的人所作；

注本B：宋代葛长庚《道德宝章》。葛长庚为道士，常居武夷山，号“紫清真人”，其注与某些佛僧所作的《道德经》注多有接近之处；

注本C：由明代一位号“体物子”[④]的道士所作；

注本D：由魏人王弼所作。按照中国批评家的看法，该注本谬误繁多，又因过于简洁而晦涩难懂；[⑤]

注本E：明代薛蕙《老子集解》，作于1530年。中国的目录学家们称薛蕙为“考功先生”，他自称“大宁居士”或“西原先生”；

注本F：纯阳真人《道德经释义》，其中充满了后世道士的离奇想象；[⑥]

注本G：明代焦竑《老子翼》，3卷，作于1588年。它集64位老学大家之所成，完整收录了吕吉甫、吴幼清、李息斋、苏子由的注疏；

注本H：明代僧人德清《道德经解》，2卷，明晰易懂。其中，德清对于佛教表现出天然的袒护，但人们不难区分德清自已的思想和老子思想体系之间的契合之处。

在这8种注本中，儒莲重点参照了薛蕙的《老子集解》和焦竑的《老子

① *Le livre de la voie et de la vertu.* Introduction，p.XIII.

② *Le livre de la voie et de la vertu.* Observations Détachées，pp.XXXIX－XLV.

③ 儒莲误以为河上公即乐臣公。原文见*Le livre de la voie et de la vertu.* Observations Détachées，p.XXXIX。

④ 即明代道士王一清，其生卒年不详，著有《道德经释辞》。

⑤ 儒莲有误。误一：历史上三国曹魏存在的时间为220—266年，而儒莲所指的魏国为386—543年，笔者推测儒莲误将曹魏与鲜卑拓跋之北魏（386—534）混淆；误二：王弼（226—249）是中国历史上著名的哲学家、魏晋玄学的主要代表人物，其《老子道德经注》在老子注解中以义理精严见长，是《道德经》传世注本中极其重要的注释，影响极大。因此，儒莲所指的“王弼”很可能并非三国时的王弼，而是北魏时期某位音似“王弼”的《道德经》注释家。原文见*Le livre de la voie et de la vertu.* Observations Détachées，p.XL.

⑥ 儒莲坦言，他并不重视这个注本。

翼》。他指出，《老子集解》收集了众多老子研究名家的优秀注疏，因此，儒莲翻译《道德经》所依据的底本即是当时巴黎皇家图书馆所藏的薛蕙《老子集解》。[①]至于《老子翼》，儒莲认为它是“内容最为广博的注本”[②]，因此他对于《道德经》的版本、字数、分章的理解则多取诸此。

儒莲还将《道德经》的注者分为道教、佛教、儒家注者3类，并根据《老子翼》的记载介绍了道教注本20种、[③]佛教注本7种。[④]儒莲详细地介绍《道德经》的注本，此举在法国汉学史上尚属首次[⑤]。这充分体现了儒莲深厚的文献功底，亦可见他对汉语资料的掌握和理解远远高于同时代的西方汉学家。这在19世纪上半叶的西方经院汉学早期显得尤其可贵。

三、儒莲《道德经》译本的历史地位

如果说雷慕沙的《道德经》节译本开启了欧洲译介道家典籍的序幕，那么儒莲的《道德经》全译本则在相当长时期内成为后世汉学家无法超越的高峰，对于欧洲汉学界的影响极其深远。

（一）儒莲《道德经》译本：欧洲首个全译本

在儒莲的《道德经》法译本出版后，他和鲍狄埃均宣称各自的译本为“欧洲首个全译本”并为此争吵不休。1842年，鲍狄埃撰写了《对斯塔尼斯拉斯·儒莲先生的最后回应》（“Vindiciae Sinicae：Dernière réponse à M. Stanislas Julien”，1842）一文，声称自己曾于1834年向皇家印刷所提交了一份《道德经》的法语和拉丁语对照、并附有汉语原文的译文并申请出版，但却遭到了负责审查译稿的儒莲的批评和拒绝。同时，他还指责儒莲译本是在自己译文的基础上重新完成的[⑥]——言外之意是儒莲借审查之机剽窃了他的译文，并指控儒莲为了成为《道德经》的第一位全译者而阻挠他的《道德

① *Le livre de la voie et de la vertu.* Observations Détachées，p.XXXIX.

② *Le livre de la voie et de la vertu.* Observations Détachées，p.XLI.

③ *Le livre de la voie et de la vertu.* Observations Détachées，pp.XXXVI－XXXVII.

④ *Le livre de la voie et de la vertu.* Observations Détachées，pp.XXXVII－XXXVIII.但儒莲误将张道陵《老子想尔注》归为佛教注疏。

⑤ 此前，鲍狄埃在1838年译本中曾参照了《河上公章句》《老子集解》《老子翼》，但鲍氏使用的《道德经》注本的数量远不及儒莲。

⑥ Guillaume Pauthier，*Vindiciae Sinicae*：*Dernière réponse à M. Stanislas Julien.* Paris：1842，p.25，p.48，p.97，p.99.

经》译文出版。对此，儒莲针锋相对，于同年12月发表了《对于一件原本光明磊落、却遭到鲍狄埃先生在最近一篇诽谤性短文中无耻地歪曲之事的简述》（“Simple exposé d’un fait honorable odieusement dénaturé dans un libelle récent de M. Pauthier”，1842），该文一一回击了鲍狄埃的指责，称鲍狄埃的译文错误百出，鲍氏本人亦承认且同意再作修改，而自己作为审查人仅是按照要求提出了善意而客观的评论，并毫不留情地对鲍狄埃进行了嘲讽：“一位已然精通汉语的大师抄袭一个从未准确翻译过任何一篇汉语作品、且毫不知名的新手的丑陋译稿，这简直是近乎疯子的荒唐行为。”[①]

目前，有若干学者视鲍狄埃译本为首个全译本，如中国学者许光华[②]、林富士[③]，日本学者福井文雅[④]等。的确，在鲍译本的扉页上，赫然呈现着“欧洲首个法译本”的字样，但该译本仅包含《道德经》前9章译文。在译本的封底页，鲍狄埃称此为《道德经》译本的第1册，“译本的第2册正在印刷之中，全书译本将不会超过五或六册。”此外，在《对斯塔尼斯拉斯·儒莲先生的最后回应》的末页，鲍狄埃亦说明其《道德经》法译本的后续部分将于1843年问世。然而，迄今为止，人们尚未发现这些后续部分的译文。[⑤]对于这一问题，19世纪法国道教学者马塞伦（Jean Baptiste Marceron，1823—？）曾指出鲍狄埃的译本“并未完成”（non terminé）[⑥]，当代欧洲杰出的汉学家施舟人（Kristofer Schipper，1934—2021）亦明言“儒莲首次完成了《道德经》的法译本”[⑦]。囿于篇幅，本文无意就此展开详述，但儒莲译本为欧洲首个全

---

① Stanislas Julien，*Simple exposé d’un fait honorable odieusement dénaturé dans un libelle récent de M. Pauthier*. Paris：Benjamin Duprat，1842，p.9，p.12.

② 许光华：《法国汉学史》，北京：学苑出版社，2009年，第134页。

③ 戴仁主编：《法国当代中国学》，耿昇译，北京：中国社会科学出版社，第274页，1998年。

④ 福井康顺等监修：《道教》（第三卷），朱越利、冯佐哲译，上海：上海古籍出版社，1992年，第226页。

⑤ 但鲍狄埃在其他出版物上零星发表了《道德经》的某些篇章的译文，见姚达兑、陈晓君：《雷慕沙、鲍狄埃和儒莲〈道德经〉法语译本及其译文特色比较》，载《国际汉学》2018年第2期。

⑥ D. Marceron，*Bibliographie du Taoïsme*. Paris：Ernest Leroux，1898，p.113.

⑦ Kristopher Schipper，Préface dans Christine Mollier，*Une apocalypse taoïste du Ve siècle*，*le Livre des Incantations Divines des Grottes Abyssales*. Paris：Institut des Hautes Études Chinoises，1990，p.1.

译本当是无疑的。

（二）儒莲《道德经》译本的影响

首先，儒莲在欧洲首次完整地翻译了《道德经》，引起了轰动，为法国汉学赢得了极高的声誉。他与雷慕沙均翻译了《道德经》和道教劝善书《太上感应篇》，这使得师徒二人共同奠定了19世纪上半叶“法国汉学界在道教研究及道教经籍译介方面在西方的领先地位”①。当时，通过洪堡特获得儒莲译本的德国著名哲学家谢林（Friedrich Wilhelm Joseph Schelling，1775—1854）向儒莲写信致谢，称赞儒莲“一丝不苟、煞费苦心”的翻译工作以及他“卓越的才智和崇高的不懈精神”②，表示自己对于《道德经》的认识完全得益于儒莲译本的阐释；③比利时皇家学院院士何赖思（Charles de Harlez，1832—1899）称“自儒莲翻译《道德经》以来，欧洲对于该书的理解有了显著的进步”④。另外，由于儒莲译本修正了早前来华传教士和雷慕沙的观点，因此其译本“没有传教的任务所带来的偏见，所以能忠实于原文，使得道教的基本思想得到‘廓清’，从而‘结束了18世纪道教主义的哲学基督教神话’的局面”⑤。

其次，儒莲译本还在相当长的时期内成为“欧洲大多数《道德经》译本及中国道教研究的重要参考”⑥。当时欧洲各国的《道德经》译本往往不由汉语译出，而多以儒莲译本为底本进行转译。如耶鲁大学英译藏本（1859）、湛约翰（John Chalmers，1825—1899）英译本（1868）、史陶斯德译本（1870）⑦。尤其值得一提的是，儒莲将“道”译为la Voie（道路、途

---

① 俞森林：《中国道教经籍在十九世纪英语世界的译介研究》，成都：巴蜀书社，2015年，第86页。

② *Simple exposé d'un fait honorable odieusement dénaturé dans un libelle récent de M. Pauthier.* p.30.

③ *Simple exposé d'un fait honorable odieusement dénaturé dans un libelle récent de M. Pauthier.* p.32.

④ Charles de Harlez，*Textes taoïstes traduits des originaux chinois et commenté.* Paris：Ernest Leroux，1891，p.1.

⑤ 葛雷：《道教思想和法国现代文学》，《外国文学研究》1987年创刊号。转引自许光华：《法国汉学史》，北京：学苑出版社，2009年，第109页。

⑥ 俞森林：《中国道教经籍在十九世纪英语世界的译介研究》，成都：巴蜀书社，2015年，第86页。

⑦ 郜谧侠：《〈老子〉的全球化和新老学的成立》，《中国哲学史》2018年第2期。

径、方法）的做法受到多位译者的模仿，如耶鲁大学英译藏本便直接将之转译为The Way，即“路径、方法、行为模式”；德国人史陶斯虽将“道”音译为Taò，但其脚注仍像儒莲那样将“道”翻译成Weg（路径、往目的地的方向、方法）。[①]此外，俄国19世纪大文豪列夫·托尔斯泰（Лев Николаевич Толстой，1828—1910）最初研究《道德经》亦采用了儒莲译本。[②]

最后，儒莲更重要的影响在于他翻译《道德经》的过程中所采取的阐释方式以及所体现出的科学精神。儒莲之前的研究者，如明清来华的索隐派耶稣会士和雷慕沙往往将《道德经》牵强地附会于基督教文化和古希腊哲学，以期在中国古籍中寻求符合基督教教义的只言片语。而儒莲受洪堡特的“科学主义影响”[③]，对于《道德经》并不作主观的阐释。他的《道德经》译本“宁取异化而不将其归入欧洲的思想传统”[④]，对《道德经》权威注本进行了频繁的介绍和征引，这体现了儒莲严谨的科学态度和深厚的文献功底。他提出的对待古代作品的正确态度——“应寻找它们实际包含的、而不是人们想要发现的内容”[⑤]，体现了儒莲对于科学性的追求以及对于异国文化的尊重。

结 语

儒莲的《道德经》译本是《道德经》外译史上的重要里程碑。可以毫不夸张地说，举凡谈及《道德经》的外文译本，学界至今仍“言必称儒莲”。儒莲上承雷慕沙开启的《道德经》译介活动，下启后世汉学家对道家和道教的科学研究，是法国汉学史、尤其是法国道家和道教研究史上承前启后的重要人物。

张粲　西南交通大学外国语学院副教授

① 郜谧侠:《〈老子〉的全球化和新老学的成立》,《中国哲学史》2018年第2期。

② А.Л.Мышинский:《列夫·托尔斯泰解读老子的〈道德经〉——兼谈〈道德经〉在俄罗斯的传播》，朱玉富译,《中国俄语教学》2015年第2期。

③ 姚达兑:《译玄：最早英译〈道德经〉(1859）译文初探》,《中国文化研究》2016年冬之卷。

④ 姚达兑、陈晓君:《雷慕沙、鲍狄埃和儒莲〈道德经〉法语译本及其译文特色比较》,《国际汉学》2018年第2期。

⑤ *Le livre de la voie et de la vertu.* Introduction，p.XIII.

论中国学人在沙畹汉学研究中的参与及影响*

贺梦莹

摘　要：沙畹在学术生涯中一直保持着与中国学人的密切交往，其汉学研究工作中也常有中国人的参与。沙畹在巴黎高师读书期间结识了福州船政学堂毕业的留学生林振峰与郑守箴，二人或激起了沙畹研究中国的兴趣。在《史记》翻译的初期，沙畹得到“孔老”等中国先生的帮助，在4年时间内顺利完成整部《史记》的翻译。在该书翻译的末期，沙畹的学生、后任清末驻法外交官的唐在复帮助沙畹补充译文的注释等内容。在碑铭与简牍的研究中，沙畹得到学生吴勤训与魏怀的帮助，处理考古所得文献并校阅研究初稿。在沙畹以古汉语的辨识、释读和翻译为主的研究中，中国学人的影响不可忽视，中法学者的合作成就了汉学史上的伟大著作，也促进了中西方文化的交流。

关键词：沙畹　船政学堂　《史记》翻译　碑铭　简牍

沙畹（Edouard Chavannes，1865—1918）是法国现代汉学的重要奠基人，他在学术生涯中一直与中国学人保持交往，研究工作中也常有中国学人的参与。目前学界较为熟知的是沙畹与罗振玉及王国维关于斯坦因（Aurel Stein，1862—1943）从新疆、甘肃挖掘的汉晋木简研究的互动。罗、王之后，沙畹与中国学者的交往渐增，他的研究也被越来越多的中国同人所了解，随着冯承钧等一批学者对沙畹论著的汉译，其在中国学界的影响力持续至今。目前

* 基金项目：本文为2020年国家社科基金青年项目“法国汉学巴黎学派与中国现代学术的形成与发展研究”的阶段性成果，批准号（20CZS047）。

学界对沙畹及其与中国学人的交往已有一些研究。[①]不过，在与罗、王二人相识之前，沙畹其实已结识了多位中国学人，他们在沙畹的汉学研究中起到了不可忽视的作用。然而学界目前对这方面关注较少，本文将结合一批尚未公开的法藏档案，对这几位中国学人与沙畹的互动交往及其在沙畹汉学研究中的影响进行研究，以此实例丰富法国现代汉学早期中法学人交流合作的历史及意义。

一、高师读书时期的中国友人

沙畹曾于1885年至1888年间在巴黎高师攻读哲学专业，据其同学、文学家贝沃特（Georges Gendarme de Bévotte，1867—1938）回忆，沙畹当时与两位中国理科学生是朋友，通过这两位朋友，沙畹开始学习中文、阅读中文书籍并且学习中国艺术。[②]据相关研究及史料可知，当时在高师就读的唯一两位中国学生为林振峰和郑守箴，他们是福州马尾船政学堂最早一批来法国求学的学生。[③]福州马尾船政学堂建立于1866年，是近代中国第一所海军学校，也是第一所实行西方军事教育体系的学校。其教学包括前学堂和后学堂，林、郑二人曾就读于前学堂，学习制造和设计船，以及法文。[④]在中国海军寻求现代化发展的背景下，1886年，林、郑二人毕业后即因学业优异被

① 张广达：《沙畹——“第一位全才的汉学家”》（载《史家史学与现代学术》，桂林：广西师范大学出版社，2008年，第134—175页）一文讨论了沙畹与罗振玉、王国维等几位中国学人的交往互动及相互影响；王旭梁在论著《罗福苌生平及其学术述论》（中国台北：文史哲出版社，2015年）中考证了罗振玉之子罗福苌与沙畹、伯希和等法国汉学家的交往史；王冀青曾撰文《沙畹、金绍城巴黎会晤的前因后果》（《上海文汇报》2018年8月24日，第W08版：文汇学人·学林）及《金绍城与中国简牍学的起源》（《敦煌学辑刊》2018年第2期），研究画家金绍城在沙畹研究简牍期间与之交往的历史。李孝迁在论著《域外汉学与中国现代史学》（上海：上海古籍出版社，2014年）中研究了曾经留学法国、追随沙畹学习的冯承钧对沙畹论著的翻译及其在中文世界的影响。

② Georges Gendarme de Bévotte，*Souvenir d'un universitaire*.Paris：Perrin，1938，p. 107.

③ 巴斯蒂：《出国留学对中国近代世界观形成的影响——清末中国留法学生》，载中国社会科学院近代史研究所编《近代中国与世界——第二届近代中国与世界学术讨论会论文集》第2卷，北京：社会科学文献出版社，2005年，第259—280页。郑守箴与林振峰在高师读书的信息可在高师校友网站查询：https：//www.archicubes.ens.fr/lannuaire。

④ 张侠：《清末海军史料》，北京：海洋出版社，1982年，第435页。

派往巴黎留学。二人先在圣巴贝私立中学（l'Ecole privée Saint-Barbe）学习了一年法文和科学课程，后获得高师副校长儒尔·塔纳里（Jules Tannery，1848—1910）的许可，作为外国半寄宿生在高师接受理科专业学习。[①]1900年之前，高师接收的外国学生非常少，而每年科学系接收的外国学生只有10—18人。因此，当他们于1887年11月进入巴黎高师读书时，同样在高师读书的沙畹很快便注意到了成绩优异、聪明又饱含学识的两位中国学生，并且应该很快便与二人建立起了友谊，因为那时沙畹已学习了一年汉语，对中国和中国文化应该充满了好奇和兴趣。查阅沙畹在高师图书馆的借书记录可知，自1885年12月起，沙畹便开始规律地在图书馆借阅有关中国及亚洲的法文书籍与期刊，但在1887年7月之后再没有任何借阅相关书籍或期刊的记录。[②]也许从那时起直至毕业，沙畹开始与两位中国朋友一起阅读中文书籍、学习中文及中国艺术，因此无暇阅读其他有关中国的法文书籍了。

1890年，林振峰和郑守箴均获得数学和物理学双学士资格，结束了在法国的学业回到中国。林振峰回国后一直从事数学教学，先后在福州、济南执教，1912年充任福州海军制造学校总教官。郑守箴回国后亦在福州船政学堂工作，充任前学堂数学教习。后再赴法国学习养蚕，回国后在闽侯地区推广养蚕技术。[③]沙畹于1889—1893年在法国驻大清公使馆工作期间曾为法国《时报》（*Le Temps*）撰写时评类文章，其中《中国新海军》一文就提到了福州船政学堂及其人才培养模式："从福州船政学堂毕业的年轻人可以去西方学习，其中一些还来到了法国。当他们回到中国时，曾经的学生变成了老师，

① 半寄宿是指支付法国学生寄宿费用的一半，二人在学校进午餐，每年支付600法郎，住宿由清朝驻法公使馆提供。巴斯蒂：《出国留学对中国近代世界观形成的影响——清末中国留法学生》，载中国社会科学院近代史研究所编《近代中国与世界——第二届近代中国与世界学术讨论会论文集》第2卷，北京：社会科学文献出版社，2005年，第263页。

② 巴黎高师人文与社会学图书馆档案"学生借书记录（1885—1888）"："Registres des emprunts des livres des élèves（1885-1888），" Archives de la Bibliothèque des Lettres et Sciences humaines et sociales de l'ENS.

③ 有关林振峰和郑守箴的经历，参见刘传标：《船政人物谱下》，福州：福建人民出版社，2017年，第599、1175—1176页。高时良、黄仁贤编：《中国近代教育史资料汇编（洋务运动时期教育卷）》，上海：上海教育出版社，2007年，第976—977页。巴斯蒂：《出国留学对中国近代世界观形成的影响——清末中国留法学生》，载中国社会科学院近代史研究所编《近代中国与世界》第2卷，北京：社会科学文献出版社，2005年，第259—280页。张侠：《清末海军史料》，北京：海洋出版社，1982年，第435页。

传播他们在外所接受的教育。”[①]这段描述应该是基于林、郑二人的经历所写，而沙畹对清朝海军的关注应该也与二人的身份有关。

二、《史记》翻译初期的“中国先生”

1889年，沙畹在来华4个月后便选定《史记》作为翻译研究的对象，并于1890年在北京出版了《史记·封禅书》（*Le Traité sur les sacrifices* fong *et* chan *de Se ma T'sien*）的法译单行本，这是其汉学研究的开山之作。此后在华期间，沙畹一直进行着《史记》其他篇章的翻译与研究工作，到1893年将返回法国执掌法兰西学院“汉满鞑靼语言与文学”讲席之前，他以惊人的速度完成了整部《史记》的法译稿。[②]1895年至1905年间，沙畹陆续出版了《史记》前47章的翻译和注释，集结为五卷本《司马迁〈史记〉》（*Les mémoires historiques de Se-ma Ts'ien*）。直到1907年再次赴中国考察前夕，他才将全部翻译手稿交到法国国立吉美亚洲艺术博物馆（Musée Guimet，下文简称吉美博物馆）保存，彻底放弃了《史记》全译本的出版计划。

《司马迁〈史记〉》译注是西方第一部对中国史籍的翻译和研究之作，开法国汉学研究中国历史之先河。沙畹在其约30年的研究生涯中，在《史记》上投入了大半的时间和精力，而对《史记》的翻译和研究也成就了其汉学地位和影响。有学者相继指出，沙畹在《史记》翻译中曾得到过中国学人的帮助。沙畹的关门弟子戴密微（Paul Demiéville，1894—1979）最早指出，沙畹来华后在一位中国学者的帮助下开始翻译《史记》，但未提及其具体身份。[③]美国汉学家倪豪士（William Nienhauser）曾提到沙畹跟一位“进士”（原文标注为拼音“jinshi”）一起翻译《史记》。这里“进士”的说法很可能

---

① Edouard Chavannes，“La nouvelle marine de guerre en Chine”，*Le Temps*，3 février 1890. 具体内容参见：贺梦莹:《法国汉学家沙畹对清末中国时政的评论与研究》，《澳门理工学报》2022年第2期。

② Paul Demiéville，“Avertissement”，*Les mémoires historiques de Se-Ma Ts'ien*，vol. 6，Paris：Adrien Maisonneuve，1969，p.1.

③ Paul Demiéville，“Aperçu historique des études sinologiques en France”，*Acta Asiatica*：*bulletin of the Institute of Eastern Culture*，vol. 11（1966）：96.

来自戴密微法文文章中的“académicien”。[①]不过，沙畹本人对此却只字未提。

事实上，沙畹初到中国时在写给家人的信中确实曾提到过有一位“中国先生”帮助他阅读《史记》，他称呼为“孔老”（le vieux K'ong）。虽然沙畹认为“孔老”有时令人烦，但他的古文功底很强，所以一直留在身边做私人教师。[②]沙畹的妹妹玛丽也曾有过相关回忆：“他（沙畹）认识了一些中国先生，每天与他们其中一位先生学习；与另一位专家阅读司马迁《史记》，而对《史记》的阅读会成为他一生的使命。他每天在翻译上面花去5—6个小时的时间。”[③]这位帮助他阅读和翻译《史记》的专家应该就是沙畹口中的“孔老”。倪豪士曾对沙畹私人藏书中的《史记》[④]进行研究，他注意到这套《史记》的前80篇全部由黑色钢笔进行了断句，文本旁边还添加了许多页边注。此外，在每一篇的前几页常有几段被红点标注的文字并配有一个“读”字。倪豪士认为，“读”字暗示着这是老师为学生标注的应该朗读或阅读的部分，这或许就是“孔老”当年所做的标记。在吉美博物馆所藏沙畹的《史记》翻译手稿中，倪豪士还发现了由中国人所写“南京国子监新镌史记”几个字，因此他认为，这个版本的《史记》应该也是沙畹的“中国先生”为他所选。[⑤]

1893年沙畹在结束第一次中国之行返回法国前夕，已完成了整部《史记》的翻译，这说明在中国约4年的时间里，他已通读并理解了《史记》的内容，才能如此高效地完成这部在汉学领域开疆拓土的史学译著的初稿，这其中以“孔老”为代表的中国先生起到了不容忽视的作用。下文将通过对比沙畹来华前后的中文学习情况进行分析。

沙畹曾于1886—1888学年在法国国立东方现代语言学院（Ecole nationale des langues orientales vivantes，现为法国国立东方语言文化学

① William H. Nienhauser Jr.，“Sitting with Sima Qian：Recollections of translating the *Shiji*（1988−2011）”，Laurence K. P. Wong，John C. Y. Wang，Chan Sin-wai（eds.），*Two voices in one*：*Essays in Asian and Translation studies*，Cambridge：Cambridge Scholars Publishing，2014，p. 57.“Avertissement”.

② 沙畹致父亲信（1890年11月4日，北京），沙畹后人藏家庭档案。

③ Marie Chavannes，*Mes Souvenirs*，p. 34. 玛丽后人藏家庭档案。

④ 沙畹私人藏书现保存在法国亚洲学会图书馆（Société asiatique）。

⑤ William H. Nienhauser Jr.，“A Note on Edouard Chavannes'Unpublished Translations of the *Shih chi*”，M. Hermann and C. Schwermann（eds.），*Zurück zur Freude. Studien zur chinesischen Literatur und Lebenswelt und ihrer Rezeption in Ost und West. Festschrift für Wolfgang Kubin.* Sankt Augustin-Nettetal：Steyler Verlag，2007，pp. 755−765.

院Institut national des langues et civilisations orientales）跟随老师冉默德（Maurice Jametel，1856—1889）学习中文。[①]1886—1887学年，中文专业一年级的课程是《中文口语与写作渐进及完整教程》（*Cours graduel et complet de chinois parlé et écrit*，1876）。1887—1888学年，沙畹跳过了学校第二学年的课程，直接进入第三学年学习，[②]课程是有关康熙帝《圣谕广训》的解析，毕业前最后一个学期的课程中引入了中国助教，帮助学生练习写作和口语。[③]可见，沙畹在校期间主要学习了中文口语和写作基础课，并了解了清朝对百姓的教化政策。同一时期，沙畹还在法兰西学院旁听德理文侯爵（marquis d'Hervey de Saint-Denys，1822—1892）的汉学讲座。[④]德里文每周上两节课，内容分别为“中国文学史上最古经典著作中的古风”及“现代文学小说”。[⑤]这些课程训练了沙畹阅读古汉语和白话文的能力，以及对文学作品的语言分析能力。除去上课外，沙畹还在高师的图书馆借阅了一些中国经典译著及有关中国的历史书籍，如：雷慕沙（Jean-Pierre Abel-Rémusat，1788—1832）的《汉文启蒙》（*Elémens de la Grammaire Chinoise*）、译著《于阗历史》（*Histoire de la ville de Khotan*），理雅各（James Legge，1815—1897）的译著《尚书》（*The Shoo King*），冯秉正（J. de Moyriac de Mailla）编译的《中国通史》（*Histoire Générale De la Chine ou Annales de Cet Empire*，1669—1748）等。[⑥]可以看出，在被派往中国前的两三年，沙畹才开始学习中文，只辅修了两年中文，虽然听取了当时巴黎主要汉学机构的相关课程，还配合

---

① 冉默德曾于1878—1880年任法国驻华使馆翻译生，之后曾作为法国驻香港领事馆主管。1886年起执教于国立东方现代语言学院。Daniel Bouchez，“Un défricheur méconnu des études extrême-orientales：Maurice Courant（1865－1935）”，*Journal asiatique*，vol. 271（1983）：3.

② 法国国立档案馆“法国国立东方现代语言学院档案”：Archives nationales，Archives de l'Ecole nationale des Langues orientales vivantes，cote：62AJ 18，Registres d'inscriptions des élèves réguliers（1885－1891）.

③ Marie-Claire Bergère，Angel Pino（dir.），*Un siècle d'enseignement du chinois à l'Ecole des Langues Orientales 1840－1945.* Paris：L'Asiathèque，1995，pp. 327－328.

④ Henri Cordier，“Nécrologie-Edouard Chavannes”，*T'oung Pao*，vol. 18（1917）：115.

⑤ *Un siècle d'enseignement du chinois à l'Ecole des Langues Orientales 1840－1945*，p. 129.

⑥ 巴黎高师人文与社会学图书馆档案“学生借书记录（1885—1888）”：“Registres des emprunts des livres des élèves（1885－1888）”.

阅读一些中国经典著作，积累了一定的汉学研究基础，但不可否认的是，他的主修专业仍是哲学，他所接受的中文教育主要目的是为法国培养政治和经贸方面的译员。[①]因此，初到中国的沙畹，中文功底应该还远未达到能娴熟阅读及准确理解《史记》的程度，也正因此，“中国先生”在其阅读和翻译《史记》的过程中起到重要的助力作用，而沙畹扎实的古文功底也主要是在这一时期培养的。[②]

在到达中国的初期，沙畹在中文学习上花费了大量时间和精力，在当时写给父母的信中，他介绍了自己的课程安排和学习计划：每天早上9—12点与同学古恒（Maurice Courant，1865—1935）[③]一起上中国老师的课，每3天有一节下午2—5点与固定的老师一对一的课程。[④]很快沙畹就感到，这些课程不足以满足他的中文需求，因此想自费聘请老师学习中文。他在日记中写到，“我唯一的遗憾是他（中文老师）受雇于公使馆，因此我只能每3天和他学习一次中文。我真的期望可以自费找一位中国学者。我将为此每月花去120法郎，但却可以让我多上4倍的课程。”[⑤]一年半后，沙畹在信中再次讲起他的中文学习，这时他已有了两位中文老师。[⑥]在中国老师的指导下，沙畹学习中文并进行《史记》的阅读，最终在回到法国前，用短短4年时间完成《史记》初译稿。而沙畹之所以没有在译注中感谢“中国先生”，也许是因为“中国先生”只负责文本的阅读和解析，没有真正参与到法文的翻译工作中。

三、沙畹的中国学生

沙畹在与罗振玉和王国维相识之前，接触最多的实际上是在法国求学的

---

① *Un siècle d'enseignement du chinois à l'Ecole des Langues Orientales 1840−1945*, p. 13.

② “Nécrologie-Edouard Chavannes”.

③ 古恒，法国外交家、东方学家。1885—1888年在法国国立东方现代语言学院学习中文和日文，1888年与沙畹成为同窗，并于同年获得中文和日文文学学位。1888年9月—1890年5月在担任法国驻北京公使馆翻译。

④ 沙畹致父亲信（1889年3月26日，北京），沙畹后人藏家庭档案。

⑤ Edouard Chavannes, *Petite chronique particulière*, Pékin, le 12 juin 1889. 沙畹后人藏家庭档案。

⑥ 沙畹致父亲信（1890年11月4日，北京），沙畹后人藏家庭档案。

中国学生，而其中又以追随他学习的学生为主，他们参与到沙畹的汉学研究中，主要进行文字释读、文本解读和资料补充。

（一）《史记》翻译后期的“清末驻法使馆参赞”

沙畹曾在清末驻法使馆参赞唐在复的帮助下翻译《史记》。[①]唐在复毕业于上海广方言馆法文班及京师同文馆，1899年由总理衙门派遣留法，主攻外交方向，1905年从巴黎政治学院毕业后进入中国驻法国公使馆工作，曾担任驻法使馆一等参赞等职。唐在复与沙畹相识于1900—1901年间，他于1903—1907年间针对《史记》翻译的事宜曾多次致信沙畹。参考沙畹《司马迁〈史记〉》各卷的出版时间（1895年第一卷、1897年第二卷、1898年第三卷上册、1899年第三卷下册、1901年第四卷、1905年第五卷）可知，唐在复一定参与了《司马迁〈史记〉》第五卷，也就是沙畹生前出版的最后一卷译本的工作。唐在复熟练掌握法文，同时拥有深厚的文史功底，在他的参与下，《司马迁〈史记〉》第五卷与前几卷表现出了明显的差异。

首先，《司马迁〈史记〉》每一卷卷尾均会加入对已出版的上一卷目以及当前卷目的内容“勘误”（Errata）。前四卷“勘误”的绝大部分词条都是对文中拼写错误的修正，而第五卷增补的“第四卷勘误”的40个词条中，除16个为拼写修正外，其余24个词条均是对文本内容的进一步注释和资料补充。举例来说，在翻译第四卷“初，成王少时，病，周公乃自揃其蚤沉之河，以祝于神曰：‘王少未有识，奸神命者乃旦也。’”（出自《史记·鲁周公世家》）一句时，沙畹的原注释为：

> 因此，应该死去的人是我，旦，而不是成王。这里出现了一种从传统看来相当不完美的答复，依据传统，周公将代替其王死去；此文中唯一一处引人注目的地方是被剪下并扔入黄河中的指甲；周公向众神交付了他身体的一部分，使神灵可以将他本人全部带走。[②]

在第五卷新增的“第四卷勘误”中，沙畹对之前已引起他注意、但未深

① 有关唐在复参与沙畹《史记》翻译工作的考证以及与沙畹的交往过程，参见贺梦莹：《清末外交官与〈史记〉法译本的翻译与研究》，《历史档案》2022年第4期。本节重点分析唐在复对沙畹《史记》翻译的影响。

② Edouard Chavannes（trad. et annot.），*Les mémoires historiques de Se-ma Ts'ien*，tome 4.Paris：Ernest Leroux，1901，p. 96.

入探讨的“揃其蚤”做了进一步补充：

> 通过向河中扔入指甲屑，周公向神灵交付了他身体的一部分，为的是如果这可使神灵感到满意，神灵可以将其全部身体带走，作为赎罪的牺牲。可以将司马迁的此段内容与《吕氏春秋》（卷九，第4页反面）相对照：“昔者汤克夏而正天下。天大旱，五年不收，汤乃以身祷于桑林，曰：‘余一人有罪，无及万夫。万夫有罪，在余一人。无以一人之不敏，使上帝鬼神伤民之命。’于是翦其发，𨟖其手，以身为牺牲，用祈福于上帝。”——剪发磨手的细节在《论语》和《墨子》中消失了（参见理雅格《中国经典》第2卷，前言，第116—117页），而这两个文本却为我们保留了汤的其他版本的祈祷方式，正如在《尚书》中也没有记载有关周公祈祷的内容一样；因此，这两个例子展现出儒家的理性主义对古代文献的净化作用，目的是去除在更现代的社会中显得有悖常理的一切内容。这也许可以解释为什么经典文献的起源虽然可以追溯到很久以前，但它们很多都明显欠缺古典特色。[①]

在上述补充的注释中，沙畹将《吕氏春秋》《论语》《墨子》《尚书》等文献中相应的记载与《史记》进行对比研究，进而发现不同文献对同一事件的记载有别，并提出一些新的想法，例如，他认为儒家经典对古代文献有筛选和净化的作用。这种资料性的补充在第五卷的“勘误”中不在少数，可见，作者对中国古代经典文本非常熟悉。

《司马迁〈史记〉》第五卷的另一个特点是体例特殊：增加了“卷首说明”（Note préliminaire）和卷尾“附加说明”（Note additionnelle）。前四卷中除了第一卷开头附有传统的“前言”和总论性的“导论”外，其余卷目均没有另附专论内容。从内容来看，两处“说明”首先是对“导论”某些观点的进一步补充。例如，两处“说明”分别对司马迁写作“世家”尤其是写作《孔子世家》的历史背景以及资料来源进行了分析和研究，可以看作是对第一卷“导论”中有关司马迁写作《史记》的历史背景和参考资料的进一步细化。此外，沙畹再次肯定了司马迁的批判精神：

---

① *Les mémoires historiques de Se-ma Ts'ien*，tome 5，pp. 536−537.

作为一名历史学家，司马迁所秉持的真诚不允许他无视那些非常普遍的传统，但他只是谨慎地借鉴这些文字，因为他应该能感觉到，传说或者容易引起争论的想法在其中扮演了过分重要的角色。在这里我们可以近距离观察到司马迁是如何使用批判方法的：这种方法从来不是对已有的记述进行修改，而是通过理性的讨论来揭示其中包含的真理，并且只依据史料的可信度来提取书籍中相对重要的部分。①

此外，在两处"说明"中沙畹还补充了一些新观点，他认为"《孔子世家》是《史记》中最重要的篇章之一，司马迁明白孔子在世界范围内的重要影响力，这也是为什么他将这位真正被赋予智慧和道德权威的智者放在'世家'这部分论述。"②沙畹对司马迁写作《孔子世家》时所使用的《论语》以及其使用《论语》的方式进行了点评，认为司马迁推动了对《论语》的经典化解释。同时，他也对"导论"中的错误进行了更正。例如，他修正了"导论"中"司马迁更偏好老子的教育而非孔子的学说"的观点，认为司马父子对待儒学和老庄哲学的不同态度，应该是司马谈更偏好老子学说。

还有一点值得关注的是，第五卷"卷首说明"中，作者介绍了"世家"部分译文的出版计划：所有篇章共分为4部分，第一部分为"春秋时期各个诸侯国"，译文已在第四卷出版；第二部分的"赵、魏、韩三家及田氏家族"和第三部分的"孔子世家"译文在第五卷出版；第四部分的"秦帝国时期的世家"计划在第六卷以及之后的卷目出版。可见，这个"卷首说明"似乎更应放在第四卷卷首、即整个"世家"译文的开篇之前。这也从侧面反映出，写作"卷首说明"的想法应该是作者在撰写第五卷时才产生的，很可能是在唐在复的建议下才补充的。

从以上分析可见，第五卷的"勘误"和首尾两处"说明"中补充了大量中国古代经典文献和历代研究成果，并且给出了细致的分析和考证，展现出作者深厚的文史功底。诚然沙畹在《史记》翻译的后期已是当时法国乃至国际汉学界的领军人物，本身应该已具备良好的文史功底，但在以翻译为主的研究中，沙畹似乎也很难对某一主题有如此全面和深入的掌握。这不得不使人想到其中有中国学人的参与，也就是唐在复在沙畹《司马迁〈史记〉》第

① *Les mémoires historiques de Se-ma Ts'ien*，tome 5，pp. 438－439.

② *Les mémoires historiques de Se-ma Ts'ien*，tome 5，p.436.

五卷中的主要贡献。

（二）碑铭及简牍研究中的助手

沙畹在考释碑铭和简牍文字期间，曾得到中国学生吴勤训与魏怀的帮助。吴勤训1905年前曾在上海震旦学堂学习法文，之后在南京两江大学堂学习。1905年他跟随端方等五大臣出使欧洲考察西方宪政。1908—1912年间留学法国，先后就读于巴黎政治大学及法律大学。[①]魏怀1899—1903年在福州马尾船政学堂管轮班学习，该专业主要培养海上航行的驾驶员和工程师。魏怀于1910—1912年间在法国求学。[②]吴、魏二人都曾是沙畹的学生，良好的法文水平和文言功底使其得以有机会参与到沙畹的汉学研究中。

沙畹在研究其1907年华北考古期间搜集的碑铭拓片时曾得到魏怀的帮助，后者帮忙誊写了所有碑铭文字（《金石萃编》已收录的除外），并且对沙畹释读出的铭文初稿进行了校对。[③]魏怀誊写的拓片文字附于《华北考古记》（*Mission archéologique dans la Chine Septentrionale*）两卷研究著述的卷末，粗略统计约有470张之多。在研究斯坦因从新疆发掘的简牍时，沙畹与吴勤训一起对约2000片简牍进行了阅读和筛选，并且成功配对了一部分残缺的简牍，从中选取了991枚简牍进行研究。沙畹还与魏怀一起对最终的研究手稿进行全文校阅，并且修正了不少错误。最终出版《斯坦因在新疆沙漠中发现的汉文文书》（*Les Documents chinois découverts par Aurel Stein dans les sables du Turkestan oriental*）一书。[④]可见吴勤训与魏怀二人的工作主要是帮助沙畹辨识和释读古文。这两部论著一经出版，立刻引起学界的关注，不仅是因为其中史料和研究方法具有创新性，还因为两部论著资料

---

① 有关吴勤训的生平参见：杨登程:《驻北婆罗洲领事勤训吴公传略》，载吴经畬（吴勤训）:《瀛槎集》，大丰制版印刷公司，1939年，第1—3页。陈玉堂编:《中国近现代人物名号大辞典续编》，杭州：浙江古籍出版社，2001年，第123页。戴鸿慈:《出使九国日记》，长沙：湖南人民出版社，1982年，第106页。

② 有关魏怀的生平参见：刘传标编:《近代中国船政大事编年与资料选编》第2册，北京：九州出版社，2011年，第504页。张侠:《清末海军史料》，北京：海洋出版社，1982年，第435页。刘国铭主编:《中国国民党百年人物全书》（下册），北京：团结出版社，2005年，第2456页。

③ Edouard Chavannes，*Mission archéologique dans la Chine Septentrionale*，Tome I-Première Partie：“La Sculpture à l’époque des Han”.Paris：Ernest Leroux，1913，p. 2.

④ Edouard Chavannes（trad.），*Les Documents chinois découverts par Aurel Stein dans les sables du Turkestan oriental.*Oxford：Oxford University Press，1913，“Avant-propos”.

丰富、翻译严谨、考证翔实，有极大的参考价值，这其中吴、魏二人功不可没。

不过，沙畹虽为当时欧洲最优秀的汉学家之一，且吴勤训与魏怀也有较好的文言功底，但非母语或文史专业出身的他们在进行古文字识别和释读时依然与该领域专业的中国学者有不小的差距。对比沙畹的《斯坦因在新疆沙漠中发现的汉文文书》与罗振玉和王国维依据相同材料研究所得的《流沙坠简》，可以看出前者在文字识别和文本理解上依然有不少错误。贺昌群曾评价道：

> 沙氏当年在欧洲汉学者中为前辈，号称淹博，然其从事考释时，多得力于当时留学巴黎之二中国学生吴勤训与魏怀，盖章草分隶之难，加以年湮代远，字迹模糊，古语难遽识，虽素养深厚之外国人如沙氏者，亦未能尽办已。沙书释文，每多误解，于有关史事之重要处，间未能明，则其考释自难尽善。[①]

沙畹在这项工作开展的初期也曾对伯希和谈起过自己遇到的困难："这些简牍数量太过庞大，辨识文字这项工作真是糟透了。"[②]可见，如果没有吴勤训和魏怀帮助辨识古文字，仅凭沙畹一人之力更是难以完成这部论著。不过，尽管沙畹的书中有不少错漏，但学界普遍认可这部论著的价值，认为它开启了简牍学研究之先河，其中大部分的文字识别和相关史料的引用为罗振玉和王国维的研究奠定了基础，沙畹的研究方法也极大地启发了罗、王二人，使得后者得以用几个月的时间高效完成中文世界简牍学的开山之作。[③]当然，沙畹在出版自己的研究论著时也很清楚其中有不尽如人意之处，因此愿意将原始简牍图片在论著中全部公开，供学界同人参与进来，共同推进这项研究工作。[④]

---

① 贺昌群:《书评:〈流沙坠简〉校补》,《国立北平图书馆馆刊》1934年第8卷第5号。

② 沙畹致伯希和信，法国吉美博物馆"伯希和档案"，档号PelC29：Lettre de Chavannes à Pelliot，10 juin 1909，Fonds Pelliot，Pel C29，1909，Correspondance Pelliot，musée Guimet.

③ 贺昌群:《书评:〈流沙坠简〉校补》,《国立北平图书馆馆刊》1934年第8卷第5号。

④ *Mission archéologique dans la Chine Septentrionale*，Tome I，"Avant-propos".

余 论

中国古代历史、碑铭和简牍是沙畹汉学研究的3个主要领域，《史记》《华北考古记》及《斯坦因在新疆沙漠中发现的汉文文书》也是沙畹最主要的3部著述，它们开启了西方学界对中国史籍、汉文碑铭以及简牍的研究先河。在这些以古文辨识、解读和翻译为主的研究中，中国学人为沙畹提供了不容忽视的帮助与支持。同理，以唐在复、吴勤训和魏怀为代表的中国学生愿意积极参与到沙畹的工作中，一方面应该是钦佩老师的学术成就和治学态度，认为能参与到汉学家的研究工作中是对他们能力的认可。而更为重要的是，当时欧洲学者新发现的汉晋木简、敦煌文献以及被沙畹纳入研究领域的碑文拓片等材料，都是非常珍贵的文化珍馐。对远在异乡的中国学人来说，能有机会接触这些材料更加难能可贵，因此，他们积极投身汉学家的研究工作中，亦是对本国文化遗产的保护和发扬。中法学者的合作促成了汉学史上伟大著作的诞生，也促进了中西方文化的交流。而沙畹的研究视角和方法还启发和带动了一批中国学者，一同进行跨语言、跨领域的学术交流。

贺梦莹　南开大学外国语学院讲师

高第《中国书目》索引问题考（下）

张明明

摘 要：法国学者高第所编《中国书目》系西方汉学文献学领域的代表性作品。历经将近半个世纪的时间、两个版次，高第生前，未有编者自编索引问世。自19世纪80年代以降，《中国书目》之索引即成为学界的一个问题。本文通过追溯《中国书目》之前西方汉学目录作品索引概况、高第作品索引概况、《中国书目》索引编制概况，试图梳理东西方学界最近百余年间的一个学术关怀。

关键词：《中国书目》 索引 高第

三、《中国书目》索引编制概况

高第在1878年6月所撰《中国书目》第1版前言中称：

> 一部目录手册的作品分类可有三种不同的实施方式：一、按作者之字母次序，如在Brunet《手册》[①]中那般；二、按时间次序，如在Ternaux-Compans《书目》中那般；三、按题材次序，如在巴黎大多数售书目录中那般。最后一种安排当然最为科学而用处最大，尤其当有按字母次序的作者索引作为补充之时。我们试图整合这三种方法，以章节划分作品，其间按时间次序编排，一个按字母次序的索引结束这部分类书目。[②]

自1878年《中国书目》以分册形式始刊，该书之索引即成为学界的期

---

① Jacques-Charles Brunet，*Manuel du libraire et de l'amateur de livres*，*cinquième édition originale entièrement refondue et augmentée d'un tiers par l'auteur*，6 v. Paris：Firmin Didot Frères，Fils et Cie，1860－1865.

② Henri Cordier，*Bibliotheca sinica*，*Dictionnaire bibliographique des ouvrages relatifs à l'Empire Chinois*，1re éd.，fasc. 1. Paris：Ernest Leroux，1878，col. XII－XIII.

待。1879年初，英国书商书讯《Trübner美洲及东方文献记录》所刊英国汉学家伟烈亚力（Alexander Wylie，1815—1887）所撰《中国书目》第1版第1卷第1分册书评称："该作品将附有一个按字母次序的作者清单，后者将完善在分类方面的一切要求"，"所承诺的书末按字母次序的索引将极大地增加其价值。"[①]6月13日，法国汉学家德理文侯爵（marquis d'Hervey de Saint-Denys，本名Marie-Jean-Léon Le Coq，1822—1892）向铭文与美文学院（Académie des inscriptions et belles-lettres）赠送《中国书目》第2分册时引述高第的相关规划。[②]英国刊物《雅典娜神殿》6月14日号所刊书评亦如此转述。[③]在1881年6月11日致高第的私信中，伟烈亚力重申其对《中国书目》索引的期盼，称，姑以余下各卷尚未刊行故索引未成为慰。[④]在撰于1885年7月的《中国书目》第1版初编后记中，高第提及其规划中"附有按字母次序的作者索引"的补编。[⑤]10月30日，德理文向铭文与美文学术院赠送《中国书目》第1版初编第2卷收尾的3分册时引述高第此言。[⑥]1893年2月10日，法国近东学家Charles Schefer（1820—1898）向铭文与美文学院赠送《中国书目》补编第1分册时称："补编与诸索引（按：高第就《中国书目》所规划的索引似仅一部作者索引）将补全一部受到高度赏识的作品"。[⑦]高第任主编的远东学刊物《通报》1894年12月期称："《中国书目》……的作者索引将于1895年内付印。"[⑧]在撰于1895年1月的第1版补编后记中，高第仍称："今年我们将把作者'按字母次序的索引'付印。"[⑨]《中国书目》第1版补编于1893

---

① Alexander Wylie，"Bibliotheca Sinica"，*Trübner's American and Oriental Literary Record*，nos. 135−6−7，v. 12，nos. 1，2，3（1879）：5−6. 作者之确定，可据重刊版：A. Wylie，"Bibliotheca Sinica"，*The China Review*，v. 7，no. 5（1879）：339−342.

② "Livres offerts"，*Académie des inscriptions et belles-lettres，Comptes rendus des séances de l'année 1879*，s. 4，t. 7，avr.-mai-juin，p. 181.

③ *The Athenaeum*，no. 2694，June 14（1879）：757.

④ Ting Chang，"Crowdsourcing *avant la lettre*：Henri Cordier and French Sinology，ca. 1875-1925"，*L'esprit créateur*，v. 56，no. 3，fall（2016）：55.

⑤ Cordier，*Bibliotheca sinica*，1re éd.，col. 1399−1400.

⑥ "Livres offerts"，*Académie des inscriptions et belles-lettres，Comptes rendus des séances de l'année 1885*，s. 4，t. 13，oct.-nov.-déc.，pp. 473−474.

⑦ "Livres offerts"，*Académie des inscriptions et belles-lettres，Comptes rendus des séances de l'année 1893*，s. 4，t. 21，jan.-fév.，p. 48.

⑧ "Chronique"，*T'oung pao*，v. 5，no. 5（1894）：408.

⑨ Cordier，*Bibliotheca sinica*，1re éd.，col. 2233.

至1895年以3分册刊行完毕并出版合订本，高第几经确认的承诺却未履行，作者索引终于未见。1895年5月24日，Schefer在向铭文与美文学院赠送《中国书目》补编第3分册时称："应希望高第先生很快出版清单（按：即索引），后者系其可敬作品不可或缺的补充。"①高第1896年11月自编的《远东两个法国机构的起源：上海、宁波》所附《高第先生主要出版物》对《中国书目》标注"在印：按字母次序的清单"，②仍无果。曾有由他人编写《中国书目》索引的提议。《通报》1916年10至12月合期称："《中国书目》的作者收到旨在编写该作按字母次序的作者索引的若干提议。高第先生重申，他在其'前言'中已宣告过其自编该索引的打算，况且，该索引已甚有进展。"③《中国书目》的索引成了一个长年的问题。《通报》1922年10月期称："我们的主编高第先生为其《中国书目》可观的补编以及索引收尾。"④第2版补编自以分册形式刊行之始即自称《补编与索引》（*Supplément et Index*）。出版该卷的Paul Geuthner书店在其所负责出版的季刊《叙利亚》1922年第3期所刊广告记："《中国书目》第2版《补编与索引》……将含约8分册。"⑤《叙利亚》1924年第1期所刊广告记："该补编与索引将含约7分册。补编构成前4分册，索引后3分册。"⑥可见，索引的编订计划一直伴随《中国书目》第2版第5卷的编行，且已有明确的分册预期。自1922至1924年该卷拟由8分册减为7分册的决定或即因索引的规模未及预估。该卷第4兼最末分册刊行当年，《通报》10月期仍称："按字母次序的索引将于明年（1925）伊始付印。"⑦次年伊始付印未成，随着高第于3月中旬溘然长逝，《中国书目》编者自编索引在编者生前问世的外界期待化为泡影。

高第所编东方学目录涵括了截至当时用西方主要语言书写的大部分关

① "Livres offerts", *Académie des inscriptions et belles-lettres, Comptes rendus des séances de l'année 1895*, s. 4, t. 23, mai-juin, pp. 231−232.

② "Principales publications de M. Henri Cordier", Henri Cordier, *Les origines de deux établissements français dans l'Extrême-Orient, Chang-haï — Ning-po: documents inédits publiés avec une introduction et des notes*. Paris, 1896, p. 71.

③ "Livres nouveaux", *T'oung pao*, s. 2, v. 17, no. 4−5 (1916): 631.

④ "Notes bibliographiques", *T'oung pao*, s. 2, v. 21, no. 4 (1922): 363.

⑤ appendice, *Syria*, t. 3, fasc. 3 (1922).

⑥ appendice, *Syria*, t. 5, fasc. 1 (1924).

⑦ "Livres nouveaux", *T'oung pao*, s. 2, v. 23, no. 4, oct. 1924, p. 279.

于远东的作品:《中国书目》①《日本书目》②《印度支那书目》③。对于这三大远东书目的索引情况,《通报》合作主编、法国远东学家伯希和(Paul Pelliot, 1878—1945)在1926年初所刊高第纪念文章中称:

> 仅《日本书目》配有索引。而《印度支那书目》的索引须指望法国远东学院(École française d'Extrême-Orient)授命编纂。至于《中国书目》的索引,其在高第去世时已很有进展,而高第夫人同意将之完成。④

学界就此重燃期待。⑤高第逝世4年后,铭文与美文学院常任秘书René Cagnat(1852—1937)在该院追述高第生平及著述,仍称:"他去世时,致力于一个目录(按:指索引),曾一直是其伙伴及工作助手的孀妇的虔敬将保证此举完成。"⑥

---

① Henri Cordier, *Bibliotheca sinica, Dictionnaire bibliographique des ouvrages relatifs à l'Empire Chinois*, 1re éd., 3 v. Paris: Imprimerie nationale, Ernest Leroux, 1878−1895. XIV+2243列,大8开。Henri Cordier, *Bibliotheca sinica, Dictionnaire bibliographique des ouvrages relatifs à l'Empire Chinois*, 2 éd., 5 v. Paris: E. Guilmoto, 1904−1908, Paul Geuthner, 1922−1924. XVI+4439列,大8开。

② Henri Cordier, *Bibliotheca japonica, Dictionnaire bibliographique des ouvrages relatifs à l'Empire Japonais, rangés par ordre chronologique jusqu'à 1870, suivi d'un appendice renfermant la liste alphabétique des principaux ouvrages parus de 1870 à 1912*. Paris: Imprimerie nationale, Ernest Leroux, 1912. XII+762页码,大8开。

③ Henri Cordier, *Bibliotheca indosinica, Dictionnaire bibliographique des ouvrages relatifs à la Péninsule Indochinoise*, 4 v. Paris: Imprimerie nationale, Ernest Leroux, 1912−1915. VII+3030列,大8开。系《法国远东学院出版物》(*Publications de l'École française d'Extrême-Orient*)之第15—18卷。

④ Paul Pelliot, "Henri Cordier (1849−1925)," *T'oung pao*, s. 2, v. 24, no. 1 (1925−1926): 5.

⑤ 如见W. Perceval Yetts, "Professor Henri Cordier", *Bulletin of the School of Oriental Studies, University of London*, v. 3, part 4, 1925, p. 856.

⑥ René Cagnat, "Notice sur la vie et les travaux de M. Henri Cordier", *Académie des inscriptions et belles-lettres, Comptes rendus des séances de l'année 1929*, oct.-déc., p. 298. 关于Marguerite Cordier(1856—1936)对其夫的学术辅助,可见Christine Nguyen Tri, "Être orientaliste au XIXe siècle, le cas Henri Cordier," Michel Cartier éd., *La Chine entre amour et haine, actes du VIIIe colloque de sinologie de Chantilly.* Paris: Desclée de Brouwer, 1998, p. 228.

高第身后，其夫人在世11年，这部在20世纪第二个10年中期“已甚有进展”，至20年代初已在“收尾”的《中国书目》索引仍未问世。《日本书目》自附“按字母次序的索引”，系专名索引，涉及人物、出版物（以刊物为主）。《印度支那书目》未自附索引，学界就此对法国远东学院期待有日。1932年，M.-A. Roland-Cabaton夫人为该书所编索引作为《法国远东学院出版物》之第18卷（重出）始在巴黎刊行，分类较细：按页码，1—224（一面双列双页码）为“作者索引”，225—305（一面单列单页码）为“主题索引”，307—309（一面双列单页码）为“按字母次序的周期性出版物清单”。[①]

《中国书目》刊行以降，世界多地的学者曾试图为其编排索引。常驻印度的英国医生Hilda C. Bowser（1892—1941）所编《〈中国书目〉：作者索引》于1919年由上海广学会推出。[②]1926年，两部《中国书目》简编索引问世：一系汉口俱乐部（Hankow Club）图书馆所编；[③]一系日本东洋文库所编（*A Rough Index to the* Bibliotheca Sinica，34页，8开）。1953年，美国纽约哥伦比亚大学东亚图书馆为《中国书目》第2版所编《高第〈中国书目〉作者索引》在纽约问世。[④]

---

① M.-A. Roland-Cabaton，*Bibliotheca indosinica*，*Dictionnaire bibliographique des ouvrages relatifs à la Péninsule Indochinoise*，*par Henri Cordier*，*Index*. Paris：G. van Oest，Ernest Leroux，1932. 309页码，28厘米。罗兰－卡巴通夫人之父即远东学家Antoine Cabaton（1863—1942）。高第同后者之交谊，可见“Constitution de la Société de l'histoire des colonies françaises,” *Société de l'histoire des colonies françaises*，*Annuaire 1914*，p. 7. *Académie des inscriptions et belles-lettres*，*Comptes rendus des séances de l'année 1920*，mars-mai，pp. 84－86.

② Hilda C. Bowser，Bibliotheca Sinica：*Index of Authors*. Shanghai：Christian Literature Society，1919. 90+IV页。在OCLC FirstSearch数据库查找该索引，仅见英国伦敦大学亚非学院（School of Oriental and African Studies，University of London）藏本。其时法国学界似亦少见提及。有学者注意到该“打字稿”。见W. Simon，“*China in Western Literature*”，*Bulletin of the School of Oriental and African Studies*，*University of London*，v. 23，no. 2（1960）：410.

③ 该索引系汉口俱乐部图书馆自编“中国类”藏书目录（Hankow Club Library，*Catalogue*，*China Class*）附录之第7种（Appendix 7：Bibliography of China，Being a Rough Index to Cordier's“Bibliotheca Sinica”）。见“Presentations and Additions to the Library,” *The Journal of the Royal Asiatic Society of Great Britain and Ireland*，no. 4（1926）：814. 亦见OCLC FirstSearch数据库。

④ East Asiatic Library，Columbia University Libraries，*Author Index to the* Bibliotheca Sinica *of Henri Cordier*（New York：Columbia University Libraries，1953），IV+84页，28厘米。

德国文献学家魏汉茂（Hartmut Walravens）先生为《中国书目》第2版编有人名索引，2013年先以单行本问世:《关于传统中国的标准目录高第〈中国书目〉(1924年第2版）人名索引》,[①]后被作为第6卷收入2017年中华书局版6卷本《西人论中国书目（附索引）》(343页，索引正文每页2列)。据魏先生在“本索引说明”中自述，在该索引中，《中国书目》第2版“大多数人名（不只作者名）被收入”(含作者化名)，未收互参类、目录参考类、拍卖或销售目录类以及标题中的人名。编纂该索引所遇一大挑战源于人名形式。或因材源多歧，或因原作之疏误，或因目录编者之习惯或疏误，或因出版过程中工匠之疏误，呈现于《中国书目》中，人名拼写方式时见不一：时而用全称，时而用首字母省称；早期作者之名时取拉丁语或译入语中的相应形式；非法文名时而被转写为相应法文形式；俄文、中文名涉及所遵转写系统的问题。多样的姓名拼写方式对相应人物之确定造成困难，从而出现多个索引条目实则指向同一人的情况。此外，该索引以Microsoft Word进行条目分类，该系统无法识别德语中经变音（Umlaut）后的不同形式（如“Müller”被误等同于“Muller”)，或将法文名中在拼写时加入空格的形式视为另一形式（如区分“Le Moine”与“Lemoine”)，或无法忽视送气符（aspiratus)、从而将不同转写系统间的同一名视为不同形式（如区分“Chen”与“Ch’en”)。[②]在《中国书目》已刊索引间，魏汉茂索引是相对最为完备的，

① Hartmut Walravens, *Name Index to Henri Cordier's* Bibliotheca Sinica *(2nd ed., 1924), the Standard Bibliography on Traditional China.* Wiesbaden: Harrassowitz, 2013. 271页（正文每页3列)，24厘米。

② “Notes on the Index”, Walravens, *Name Index to Henri Cordier's* Bibliotheca Sinica *(2nd ed., 1924)*, pp. 17-18.

不过在内容上仍未可称完善，[①]在方法上亦有改进余地。[②]人名拼写相关问题，索引编者如可逐条覆按原作，则可在一定程度上规避，同多数索引一样，魏汉茂索引编纂之时亦未能如此周详。或许，对于作为汉学史研究大家的魏汉茂先生，学界所期待的本是一部技术性与学术性兼具的《中国书目》索引，而非仅是技术性索引。魏汉茂先生在"本索引说明"中所陈诸问题，如当年作为亲见材料之目录编者的高第自编索引得成，当可在很大程度规避，这也就让人愈加惋惜如此索引未得问世。

除去这些成型的尝试，生于德国、1934至1947年任教于中国燕京大学并在该校图书馆兼职的学者罗文达（Rudolf Löwenthal，1904—1996）曾两

---

① 魏汉茂索引在内容上之缺陷如：一、条目重出。如对法国动物学家Émile Blanchard（1819—1900）之名。见Walravens，*Name Index to Henri Cordier's* Bibliotheca Sinica *(2nd ed., 1924)*, p. 42. 二、界定人名有误。如，将巴黎刊物《我知一切》（*Je sais tout*）的名称作为条目收入，或误以之为作者化名。见Cordier，*Bibliotheca sinica*, 2e éd., col. 2577. Walravens，*Name Index to Henri Cordier's* Bibliotheca Sinica *(2nd ed., 1924)*, p. 137.三、沿袭《中国书目》人名拼写错讹之处。如，《中国书目》第2版就20世纪初期伯希和一行之中亚考察成果的结集《伯希和中亚考察团》（*Mission Pelliot en Asie centrale*）系列，记法国语言学家Émile Benveniste（1902—1976）参与编辑工作，将其姓误作"Beneviste"；魏汉茂索引沿此误。见Cordier，*Bibliotheca sinica*, 2e éd., col. 4337. Walravens，*Name Index to Henri Cordier's* Bibliotheca Sinica *(2nd ed., 1924)*, p. 37. 四、转录人名有误。如，伦敦刊物《自然史年鉴及杂志》所收瑞典动物学家Augusta Ärnbäck-Christie-Linde（1870—1953）论文《来自福尔摩沙之蝙蝠收藏》对作者署名"Augusta Ârnbâck-Christie-Linde"，《中国书目》第2版照录该偏误形式，魏汉茂索引更误作"Årnback-Christie-Linde"。见Augusta Ârnbâck-Christie-Linde, "A Collection of Bats From Formosa," *Annals and Magazine of Natural History*, s. 8, v. 2, no. 9 (1908): 235. Cordier, *Bibliotheca sinica*, 2e éd., p. 3383. Walravens, *Name Index to Henri Cordier's* Bibliotheca Sinica *(2nd ed., 1924)*, p. 28. 该瑞典姓氏承蒙北京外国语大学欧洲语言文化学院阿日娜老师确认。五、对笔名所对应作者的还原程度不一。如，对"Anglo-Sinicus"，据《中国书目》第2版附注其作者乃"Dyer"；而对"Anglo-Chinese"，则未据《中国书目》第2版附注其作者乃"Robert Morrison"。见Cordier, *Bibliotheca sinica*, 2e éd., col. 68, 1669. Walravens, *Name Index to Henri Cordier's* Bibliotheca Sinica *(2nd ed., 1924)*, p. 26. 六、所收页码有误。如，在"Attiret"条目所对应页码间标有"54"，而《中国书目》第2版第54列并无该人名。见Cordier, *Bibliotheca sinica*, 2e éd., col. 54. Walravens, *Name Index to Henri Cordier's* Bibliotheca Sinica *(2nd ed., 1924)*, p. 29.

② 如，在作者姓名后每个页码前未给出各作品标题有区别度的关键词。又如，当某人名在同页多次出现时未注"passim"。

次为《中国书目》编制索引，均未得刊。1955年，在美国任教的罗文达对哥伦比亚大学东亚图书馆所编《高第〈中国书目〉作者索引》刊有书评（自云所据为1954年版）。为确认自身之评论资格，罗文达叙及其20世纪40年代两次刊行《中国书目》索引而未果的经历，继而对《高第〈中国书目〉作者索引》评价为：有约7700个作者条目，不完备，仍系很有价值的工具。[①]

结　语

经由本文之考察，我们可一窥包含西方汉学目录学在内的西方目录学的索引传统，以及作为目录学家的高第的索引意识。而尽管编者一再宣称，受众期待有日，直至始刊130余年后，随着魏汉茂索引的问世，《中国书目》方始迎来一部较为完备的索引。高第的初衷是为《中国书目》编纂作者索引，而从学术的角度看，对于《中国书目》这般巨著，应至少配有一部收录条目完备，囊括作者及所涉人物、出版物、机构等的专名索引。无论如何，魏汉茂先生的工作使吾辈可暂且稍显从容地一瞥该问题近一个半世纪的历程。

张明明　北京外国语大学国际中国文化研究院副研究馆员

① Rudolf Loewenthal，"Author Index to the Bibliotheca Sinica of Henri Cordier"，*The Far Eastern Quarterly*，v. 14，no. 4（1955）：579－581.

俄国藏传佛教研究先行者施密特的藏传佛教研究*

何冰琦

摘　要：俄罗斯的佛教研究可追溯至18世纪，初步发展于19世纪上半期，繁荣于19世纪下半期。俄罗斯真正意义上的本土佛教研究始于汉学家施密特的藏传佛教研究，其佛教研究可分为论著与译著两部分，前者包含对佛教基本论旨、概念的研究，后者主要为佛经翻译及词典中的佛教词条翻译。受政府指令、个人经历、学术兴趣及俄国社会学术环境的影响，施密特的藏传佛教研究在研究动机、研究对象、研究态度上与同时代的欧洲佛学研究者不同，这构成了其佛教研究的学术特色。施密特这一独特的藏传佛教研究不仅在俄国具有开创性，还成为同时代欧洲佛教研究的有益补充，甚至在许多方面开欧洲佛教研究之先河。

关键词：俄罗斯　藏传佛教　施密特

俄罗斯汉学可追溯至18世纪，至今已有300多年的历史。在这期间涌现了大量杰出的汉学家，他们同时也是佛学家，如施密特（Я. И. Шмидт，1779—1847）、科瓦列夫斯基（О. М. Ковалевский，1800—1878）、王西里（В. П. Васильев，1818—1900）、巴拉第（П. И. Кафаров，1817—1878）等。目前学界对王西里、巴拉第这两位汉学巨头的佛教研究关注较多，对俄国佛教研究追本溯源者则相对较少。俄罗斯真正的“佛教研究可追溯至19世纪20—30年代”[①]，始于俄国汉学家、圣彼得堡科学院院士施密特。施密特（在国内文献中亦被称为“修弥笃”“史密特”）是俄国首个对藏传佛教进行科学

* 本文受湖南省教育厅优秀青年项目“俄罗斯的中国藏传佛教研究（迄于1917年）”批准号（20B383）资助，为其阶段性研究成果。

① Е.А. Торчинов，Введение в буддологию：Курс лекций，СПб.：Санкт-Петерпурское философскоеобщество，2000.стр. 209.

研究的人，同时也是俄国著名的蒙古学家、藏学家。施氏生于阿姆斯特丹，法国军队占领荷兰后前往俄国，长期于卡尔梅克人聚居区从事商业活动，在此期间他掌握了蒙古语、藏语并开始进行学术研究。经由施氏的努力，俄国藏学得以从一开始便能与欧洲比肩。与此同时“施密特不仅以蒙藏语言学家著称，他的蒙古史研究对后继欧洲蒙古史研究者亦有着重大影响”[①]。施氏就若干蒙古学基础性问题撰写了数十篇学术文章，“其学术活动确立了蒙古学的下一步发展”[②]，因此迄今为止对施氏的研究多集中在其在藏学、蒙古学研究领域，专门考察其佛教研究的论述寥寥无几。施氏的藏传佛教研究成果主要包括佛教论著及译著，前者在欧洲引起了尤为广泛的反响。“叔本华在自己的力作《作为意志和表象的世界》第一卷的结尾处对施氏所写的关于般若波罗心经的文章表示赞同”[③]。

一、佛教论著

（一）俄国首个对佛教概念“宇宙论”的批判性评述

施密特所著《对中亚地区优秀民族——蒙古族、藏族古老的宗教、政治和文学教育史的研究》[④]于1824年在圣彼得堡出版，他在书中对佛教概念“宇宙论”所做的批判性评述在俄国尚属首次。施氏指出，佛教经籍将两种原始力量即“精神”与“物质”视为万能的神，前者是永恒的，后者是易朽的，二者处于不断的相互斗争之中，此种斗争使得世界产生、完善、毁灭，并循环往复。书中施氏就佛教概念“宇宙论”对当时西方学术界中不少学者不做研究、只知一味引用他者观点的行为进行了抨击，主张学术研究应具有批判性视野。在他看来，“‘宇宙论’的内容指的就是最古老的哲学文献，这些文

---

① 阿克瓦：《荷兰蒙语、藏语学者施密特（1779—1847）》，《内蒙古社会科学》1986年第3期。

② И.В. Кульканек，И.Я.Шмидт на службе российской науки//Mongolica-XIII Сборник научных статей помонголоведению Посвящаестя 235-летию со дня рождения И.Я.Шмидта（1779－1847），Институт восточных рукописей РАН，СПб，2014. стр.7.

③ Введение в буддологию：курс лекций，стр.208.

④ «Forschungen im Gebiete der älteren religiösen，politischen und literärischen Bildungsgeschichte der Völker Mittel-Asiens：vorzüglich der Mongolen und Tibeter von Isaac Jacob Schmidt».St. Petersburg，1824.

献为有信仰的民族划定了知识范围、提供了智慧的力量”[①]，因此对宇宙论的研究理应建立在对古文献进行扎实考据的基础之上。在当时的欧洲学术界，不少学者对源文献未加考察就对罗马天主教教士及新教传教士早已过时的佛教观点照引不误，因此其学术成果大多为空想与猜测。施氏在这篇文章中揭露道：“许多东方学家由于陈旧的偏见、固执抑或对研究对象的一无所知，在阐述宇宙论时都犯了错误。”[②]此后，施氏又陆续在其对萨囊彻辰所著《蒙古源流》的注解中以及《圣彼得堡科学院学报》上对这些不负责任的学术行为进行了批判。

（二）俄国首个关于佛教概念的讲座——《关于佛教的几个基本概念》

讲座分为两场，1829年12月9日施氏在圣彼得堡科学院会议上举办了第一场讲座，第二场则于1830年9月15日举行，这两场讲座的内容于1831年发表在《圣彼得堡科学院讲座1829—1830年》第一卷第40—51页上。施氏之所以强调佛教的“基本概念”，是因为他认为“以往的佛教研究都将与佛教无关的喇嘛祭司的口述资料作为研究基础，抑或局限于一些佛教表面的仪式，并未触及佛教的本质”[③]，因此有必要对佛教的基本概念进行研究，其对考察古代亚洲形成史、解释亚洲古老民族精神生活中众多不为人知的现象有着重大意义。

1.第一场讲座的主要内容：

（1）佛教学说与东亚历史的不可分割性。施氏指出佛教学说与整个东亚历史紧密相连，若将二者分开必将导致对历史事件的曲解。如果对佛教体系缺乏准确的、详细的了解，就无法正确地评价东亚各民族的作品。

（2）梵文文献是佛教的原始文献之一。施密特指出，迄今为止人们都认为只有巴利语文献才是佛教的原始文献，对此他和法国汉学家雷慕沙（Jean Pierre Abel Rémusat，1788—1832）表示反对，彼时英国人在印度东部的尼泊尔成功地找到了佛教的遗迹及梵文文献恰恰证明了这一点。

（3）几个佛教概念：

① О.М.Ковалевский，Буддийская Космология，Казань：Университетская Типография，1837. стр.1.

② 转引自Буддийская Космология，стр.11.

③ О некоторых основных положениях буддизма，Читано г-ном Шмитом в заседание 9-ого декабря 1829 года//Чтения Императорской Академии Наук，Отд-ния наук ист.，филол. Кн. 1，1831. стр.40－51.

"两派"——"自性身派"[①]与"艾斯伟力卡派"[②]，是佛教徒的两大派别。"自性身派"认为，若实体和灵魂均处于抽象状态，则一个物质实体就仅能和一个有思维的灵魂永久且完美地连在一起，反之，若实体和灵魂皆化为具象，则会生宇宙万物、万般形态，并最终复归于离相寂然的状态。与"自性身派"相反，"艾斯伟力卡派"则认为世间万物的元始是"本初佛"，是"大自在一切法之本祖"，即所有感官世界的缔造者。施氏认为这两大教派在实质上均为"本初佛"的变种，主张只有纯洁、自由且不受任何物质束缚的、有思维的灵魂才是最完美的灵魂即"空"。

"三界"——"无色界"（мир совершенной пустоты，此界无一色、无一物质的物、无身体、亦无宫殿国土、唯以心识住于深妙之禅定，故谓之无色界）、"色界"（мир блажества，обимаемый преображенными Буддами，此界在欲界之上、离淫食二欲之有情住所也）、"欲界"（мир физических явлений，即有淫欲与食欲二欲之有情住所也：上自六欲天、中自人界之四大洲、下至无间地狱，谓之欲界）。施氏认为，"般若波罗蜜多"处于"无色界"之中，"化身佛"处于"色界"之中，众生则处"欲界"即"轮回世界"之中。施氏指出，佛教信仰的实际意义就在于让万物通往更高阶段直至"无色界"，即"成佛"。

2.第二场讲座的主要内容：

（1）佛教基本概念"三性"

此处之"三性"与佛教术语之"三性"不同，佛教术语"三性"指：善、恶、无记之三，而施氏所指"三性"与"三身"相连，即"化身性"（природа превращения，指的就是佛为度脱世间众生，随三界六道之不同状况和需要而现之身，或指释迦牟尼之生身，或指变现混迹于世间之天、人、鬼、龙等，属于"欲界"）、"应身性"（природа преобразования，即为利乐世间众生而变现之身或其他种类之幻化身，指佛"为住十地菩萨现大神通"，令其"受用大乘法乐"之"功德身""报身"，属于"色界"）、"法身性"（природа бытия сокровенного，指的是抽象的存在，即为人的先天具有的如来藏、真心、本觉，属于"无色界"）。

---

①《宗教大辞典》中"自性身"指法界、法性，亦即法身，即是人的先天具有的如来藏、真心。见任继愈主编：《宗教大辞典》，上海：上海辞书出版社，1998年，第658页。

② 主张"本初佛"，据《佛学大辞典》"本初"指根本元始也。见丁福保编：《佛学大辞典》，北京：文物出版社，1984年，第425页。

（2）无阶级差别的包容性是佛教得以广泛传播的原因

施氏指出，即便佛教遭受了残酷的打压，但据最保守估计彼时佛教徒已有两亿人。佛教体系建立在如此之多华而不实的抽象思想之上，否定人世万物，避免与一切物质存在发生关系，却依旧能够传播得如此之远，究其原因就在于佛教融合了所有的社会等级，并形成了一个新的阶层，一个所有人不论贵族还是平民都可以加入的阶级——佛教徒阶层。

（3）不应将东方的哲学及宗教同欧洲的作比较

彼时欧洲大多数佛学家均支持“欧洲中心论”，如法国印度学家布诺夫公开表示其“欧洲中心论”立场。施氏以布诺夫的学生圣伊莱尔（Étienne Geoffroy Saint-Hilaire）为例（圣伊莱尔将佛教与欧洲的泛神论相对比，认为前者是后者的哲学基础），指出佛教恰恰是最不能同“泛神论”相比较的。施氏认为，不论是神秘主义倾向还是自然主义倾向下的泛神论，其共同点在于均主张神与自然界等同，这与佛教有着本质区别，“因为佛教不从唯物主义中寻找神，而仅从抽象的智慧、纯粹非物质的东西以及绝对的认知中寻找神，将所有感官存在视为罪过”[①]，因此佛教与泛神论是不能对比的。

（三）俄国佛教研究的先锋之作——《以佛教为主论东方宗教体系》

施氏于1828年4月在德国莱比锡以《以佛教为主论东方宗教体系》[②]为名发表了一系列涉及蒙藏历史和文学的文章，均用德语写成，据笔者所查，目前尚无俄译本。丁福保在《佛学大词典》“欧文佛书之三”中将此书译为《究智及灵知说与东洋宗教佛教之关系》。这是俄国第一篇专门论述中国佛教的文章，被视为俄国佛教研究的先锋之作。施氏在该著作中“研究了东方宗教体系，尤其是佛教中诺斯替教同神智学派学说之间的关系”[③]，近代著名德裔佛学家孔兹（Edward Conze）在其《佛教与灵知》一文中指出施氏是最早将诺斯替教学说（又称“灵知说”）同佛教学说结合起来加以研究的佛学家。

（四）对佛教历史与思想的研究之作——《佛教基本论旨》

---

① О некоторых основных положениях буддизма. Читано г-ном Шмитом в заседание 9-ого декабря 1829 года.

② Über die Verwandtschaft der gnostisch-theosophischenLehrenmit den Religions-Systemen des Orients，vorzüglich des Buddhaismus. Leipzig，1828.

③ Arthur Schopenhauer，*On the Fourfold Root of the Principle of Sufficient Reason*，*and On the Will in Nature*，London：George Bell and Sons，1903，p.361.

1832年，施氏用德文撰写的《佛教基本论旨》[①]（丁福保在其《佛学大词典》中将此书译为《佛教之原理二三》）发表在《圣彼得堡科学院论文集》第一卷第89—120页及221—262页上，包含其“撰写的一系列有关佛教研究的文章”[②]，施氏在该书中对佛教的历史、思想及基本原理进行了研究，是其佛教史研究的代表之作。

二、佛经及佛教词条翻译

（一）佛经翻译

“现在课堂上正式讲述欧洲人翻译佛经的历史，一般是从19世纪初匈牙利人乔玛（Alexander Csoma de Koros）、德裔俄国人修弥笃（Isaak Jacob Schmidt）和法国人皮优奴（Eugene Burnouf）这三位东方学硕学算起。”[③]此处“修弥笃”即指施密特，施氏的佛经翻译在俄国乃至欧洲佛学史上的开创性地位可见一斑。

1.世界首个《贤愚经》德译本

施氏于1843年将藏文文献《贤愚经》（藏文为“mdo-mdsangs-blun”[④]，又称《故事海》）翻译成德文发表，是俄国首个翻译《贤愚经》的佛学家。虽为经文，然而《贤愚经》实际上是一部故事集，生动曲折，语言精练。施氏敏锐地发现了这一点，在同年出版的《藏俄词典》序言中说道：“《贤愚经》叙事文体简单易懂，我认为对于藏语初学者来说它极为合适，此外，各品均为单独的小故事，富有大量的词汇和短语……且被纳入《甘珠尔》”[⑤]，这也是其选择《贤愚经》作为教材进行翻译的主要原因。施氏所译藏文原始文献即为郭曲主的藏译本，其译本“共两卷，在第一卷序言中即第31页至第38页，作者对

---

① Über einige Grundlehren des Buddhaismus//Mémoires de l'Académie impériale des sciences de，St.Pétersbourg，1832. Bd. VI，Nr. S. pp. 89－120，221－262.

② Ю.Н. Рёрих，Тибет и ЦентральнаяАзия：Статьи，лекции，переводы，Сам.：Агни，1999.стр.72.

③ 高山杉：《欧洲人佛书翻译丛谈》，载《读书》2004年第11期。

④ Dsanglunoder der Weise und der Thor，*Aus dem Tibetanischenübersetzt und mit dem Originaltexteherausgegeben.Nr. 1*：*Der Tibetanische Text nebstderVorrede*；*Nr. 2*：*Die Übersetzung*（St. Petersburg；Leipzig，1843）.

⑤ Я.И.Шмидт，Тибетско-русский словарь с присовокуплением алфавитного списка，Санктпетерпурк：Императорская Академия Наук，1843.предисловие.VIII.

整个佛教教义做了一个简短而精彩的梗概，是一个极好的佛学知识导论。”[①]

2.世界首个《金刚经》德译本

《金刚经》全称《金刚般若波罗蜜经》，系释迦牟尼在舍卫国给诸弟子讲解佛法的记录，被诸多佛教法门尊为经典，经末偈语更是广为人知——“一切有为法，如梦幻泡影，如露亦如电，应作如是观”。最早由我国早期四大佛经翻译家之一鸠摩罗什于弘始四年（402）所译，此后北魏菩提流支、南朝陈真谛、隋朝达摩岌多、唐朝玄奘、唐义净又相继译出五种译本。《金刚经》“传入西方后曾被译成多种文字，1837年修弥笃根据藏译首次译成德文”[②]。参考《国际汉学》“1867年以前中籍西译要目”亦可发现施氏是世界首个将《金刚经》译为德文的汉学家，其译文“刊于《圣彼得堡科学院论文集》，第6辑，第4册，第126页起至末页”[③]。《金刚经》短小明快，义理幽深，是民众最广为接受的经典，在社会上流行甚广，唐玄宗曾亲自为《金刚经》作注。想必同《贤愚经》一样，施氏翻译《金刚经》的初衷旨在为藏语学者提供合适的教材。

（二）佛教术语翻译

1.西方学术界第一部《蒙德俄辞典》

“在西方学术界，编写蒙古语词典……施密特也是第一人”[④]，施氏1835年于圣彼得堡出版欧洲第一部《蒙德俄大辞典》（Монгольско-Немецко-Российский Словарь），他在序言中指出：“蒙古人是没有自己的词典和语法的，然而清朝历代皇帝尤其是康熙为语言教学做了很多有益之事，为其治下各族编印了详尽且极为有益的词语汇编，在这方面他有着不可磨灭的功劳。”[⑤]康熙帝下谕旨编纂《满珠蒙古汉字三合切音清文鉴》，此后，乾隆帝又在此基础上补充了一万六千多个词汇。施氏指出，“在蒙古人的作品中，尤其是大量佛教著作中，出现了不少蒙语特有的词根，而在《满珠蒙古汉字三

---

① *On the Fourfold Root of the Principle of Sufficient Reason*, *and On the Will in Nature*, pp.361.

②《金刚经》，郑州：中州古籍出版社，2007年，第14—15页。

③ 伟烈亚力：《1867年以前中籍西译要目》，马军译，载张西平主编《国际汉学》第20辑，郑州：大象出版社，2010年，第252页。

④ 戴庆厦主编：《二十世纪的中国少数民族语言研究》，太原：书海出版社，1998年，第336页。

⑤ Я.И.Шмидт，Монгольско-Немецко-Российский Словарь，Санкт-Петербург，1835. предисловие.

合切音清文鉴》中是查不到这些词的。"[①]，他认为《满珠蒙古汉字三合切音清文鉴》之所以舍弃这些蒙语词根是因为编者的目的主要是为汉人提供日常交际所需词汇，并没有对古代蒙古文献给予应有的关注。

《蒙德俄辞典》中确系为佛教词条并可找到对应中文佛教术语的共计约34个，其中涉及佛教神祇及人物的术语共计约19个（格隆、薄伽梵、禅定佛、佛[②]、饿鬼、菩萨、呼图克图、转轮王、乔答摩、三世佛、三十三观音、罗刹、喇嘛、龙尊王佛、如来、空行母、达赖喇嘛、提婆达多、金刚等），涉及佛教教义的术语共计约12个（欲界、轮回、涅槃、法性、劫、手印、兜率天、怛特罗、三千世间、四禅天、大乘、大千世界），涉及佛教器物的共计约两个（法衣、三宝物），涉及佛教圣地的共计约一个（须弥山）。可见在该词典的佛教词条中，"佛教神祇及人物"所占比重最大，"佛教教义"次之，最后为"佛教器物及圣地"。通览辞典可发现，施氏收录的佛教词条在整个辞典所占比重甚小，词条释义也十分简短，笔者认为原因有三：一为实用性，施氏在其所编《蒙德俄大辞典》中序言部分说道："我并不想编一本涵盖所有蒙语珍宝的辞典，而是考虑了当下的需求，仅选择那些最需要的、最常用的词汇和短语，能给学生打下一个良好的基础。"[③]，可见与其说这是一本专门的佛学词典，不如说这是为蒙语学者编纂的教材，因此佛教词条在整个词典中所占比重甚小；二为知识的局限性，一方面，施氏原为德国人，自学蒙语，靠一己之力编纂首部《蒙德俄大辞典》实属不易，更不用说彼时施氏编纂文献所参考的《清文鉴》已经去除了大量蒙语佛教著作中的词汇；三为时代的局限性，同20世纪末出版的《宗教大辞典》及《佛学大辞典》相比，施氏于1835年编写的佛教词条释义简短且不全面，这是情有可原的，因为前两者的问世除编纂者优秀的自身能力之外，几个世纪以来全人类宗教知识的积累同样发挥着重大作用。总而言之，施氏所编纂的首部《蒙德俄大辞典》对佛学知识在俄国乃至欧洲的初步普及功不可没。

2.俄国第一部正式出版的《藏俄词典》

---

① Монгольско-Немецко-Российский Словарь，V.

② 此处根据施密特1829年所做《有关佛教的几个基本概念》译为"佛"，在这个名字之下自然蕴含着整个物质和自然界中的绝顶智慧和绝对知识，见О некоторых основных положениях буддизма. Читано г-ном Шмитом в заседание 9-ого декабря 1829 года

③ Монгольско-Немецко-Российский Словарь，Санкт-Петербург，предисловие.

施氏于1843年在圣彼得堡出版俄国第一部《藏俄词典》，一个多世纪后才出现由谢米切夫、巴尔费阿诺维奇和丹达龙编纂的《简明藏俄词典》，此3人在《简明藏俄词典》序言中指出："1843年圣彼得堡科学院所出版的由施密特院士编纂的《藏俄词典》是唯一一部藏俄词典。"①施氏编纂的《藏俄词典》在俄国藏学史上具有划时代意义，至今仍有其科学价值。该词典参考了大量藏蒙原始文献，这些文献使施密特更充分地了解了藏语规则。与此同时，施氏还参考了乾隆帝敕撰《御制四体清文鉴》即《满蒙藏汉四体合璧词典》，他认为乾隆在成书于康熙时期的《满珠蒙古汉字三合切音清文鉴》的基础上添加了藏语词条，由此形成了《四体合璧词典》。施氏指出其《藏俄词典》与匈牙利学者乔玛的《藏英词典》均参考了蒙、藏原文文献，承认后者有其权威性，但同时亦指出后者"有不足之处，有的地方并不准确，有时对单词的解释甚至是完全错误的"②，因此他决定尽快出版《藏俄词典》，该词典在《藏英词典》的基础上增加了五千多个新的单词和短语。

《藏俄词典》的一大特色在于其首次使用了藏语词根排列法，与乔玛根据藏语首字母顺序进行词汇排列的方法截然不同。施氏指出，尽管乔玛采用这一排列方法的初衷是为了使欧洲人在查找词汇时更方便一些，然而这种仅根据藏语首字母进行词汇排列的方法并不恰当，"忽略了藏语的特点，打乱了藏语的正确对应，摒弃了藏语语法及词典编纂所严格遵循的系统顺序"③，施氏所采取的"词根排列法"此后则成为所有藏外词典唯一的词汇排列方式。法国藏学家富科（P.E.Foucaux）亦认为施氏的词典要优于乔玛，故而自1844年将施氏的著作定为法兰西学院的教材。《藏俄词典》的另一特色为施氏在各大动词上附上了主要的"时"和"式"，将语法内容编入词典在当时极其难得。此外，施氏在词典中附上了藏语字母表，便于使用。同编纂《蒙德俄辞典》一样，施氏在编纂《藏俄词典》时遇到的实质障碍依旧为俄国藏

① Б. В. Семичов，Ю. М. Парфионович，Б. Д. Дандарон，Краткий тибетско-русский словарь，Москва：Государственное издательство иностранных и национальных словарей，1963. предисловие.

② Я.И.Шмидт，Тибетско-русский словарь с присовокуплением алфавитного списка，Санктпетерпурк：Императорская Академия Наук，1843.предисловие.VI.

③ Тибетско-русский словарь с присовокуплением алфавитного списка，предисловие.VI-VII.

文文献的不足，即便如此，在编纂《藏俄词典》期间施氏参考的蒙、藏文献也要比前者多，其收录的佛教词条亦大大多于前者（除去重复词条，共收录佛教词汇约82个，其中佛教神祇及人物约40个，佛教教义约31个，佛教器物约4个，佛教圣地、古城约7个）。

三、施密特佛教研究的学术特色与影响

（一）佛教研究的学术特色

1.研究条件：独特的实地考察经历及俄国蒙古学、藏学研究得天独厚的条件

（1）施氏在卡尔梅克地区的实地考察经历使其研究动机不同于欧洲佛教研究者。同时期欧洲佛教研究的主要任务在于“还原亚洲佛教的历史与文献以建构纯粹佛教”①，因此欧洲的佛学家多致力于在国内进行佛教文献研究，鲜少前往对象国进行实地考察。施氏19岁即被派到圣彼得堡，因工作需要在卡尔梅克人中间生活了3年，学会了卡尔梅克语，同时也了解了当地的生活与习俗，这使其萌生了研究该族宗教及文化的学术兴趣。圣彼得堡的圣经协会授命施氏将《新约》翻译成蒙文，“这件事情促使他放弃了所从事的商业事务，转而进行东方语言的研究，最终踏上了蒙古学和藏学研究之路”②。

（2）俄国在蒙古学、藏学研究方面得天独厚的条件亦为施氏的佛教研究提供了便利。俄国与蒙古早在13世纪就已有全面接触，与蒙古有关的知识历来是俄国学术界关注的课题之一。俄国藏学的萌芽可追溯至17世纪，藏学是俄国东方学的重要组成部分，俄国藏学家是国际藏学界的一支重要力量。同欧洲相比，俄国蒙古学的优越条件在于，其不仅在地域上同蒙古地区毗邻，在俄国境内还有蒙古部落，如土尔扈特人、布里亚特人、卡尔梅克人等，这些蒙古部落聚居地成为施氏等蒙古学家学习的场所，其历史和文化则成为后者的研究对象。俄国藏学发展的优越条件则在于土尔扈特人、布里亚特人中间的西藏喇嘛，作为知识分子他们不仅会藏语，还熟悉藏语文献，极大地

① 李四龙：《论欧美佛教研究的方法论困境》，第二届中国南北哲学论坛暨“哲学的当代意义”学术研讨会会议论文，上海，2005年，第14页。

② 阎国栋：《俄国汉学史（迄于1917年）》，北京：人民出版社，2006年，第588页。

帮助了施氏等早期藏学家汲取藏学知识，对俄国藏学的早期发展起到重大作用。

2.研究对象：以藏传佛教为主，对蒙古学、藏学进行综合性学术研究

法国印度学家布诺夫奠定了欧洲佛教研究的文献学基础，力图通过研究尼泊尔的梵文文典及锡兰的巴利文佛典找到印度“佛教的基本原始成分”[①]。在其影响下，欧洲几大佛学派如英国—日耳曼学派对南传佛教及巴利文佛经予以特别关注（将大乘佛教视为并非真实存在的佛教形式）、法国—比利时学派则对印度佛教史及印度哲学有十足的兴趣，因此在某种程度上可以说欧洲的佛教研究更多隶属于印度学。纵观施氏的佛教研究可以发现，其研究对象主要为在西藏、蒙古地区流传的藏传佛教，着重对蒙古学、藏学进行综合性学术研究。

施氏的佛教研究对象之所以不同于欧洲主要包括以下三方面原因：

从个人方面来讲，施氏曾在卡尔梅克人聚居地进行了3年的实地考察，跟随当地的喇嘛学习蒙藏语言，研究当地的藏传佛教与文化，藏传佛教自然而然成为施氏佛教研究的主要对象。施氏对佛教概念“宇宙论”的批判性评述、佛教的基本概念、论旨的阐述均是在阅读蒙藏文献的基础上完成的。施氏所编纂的《蒙德俄辞典》《藏俄词典》均参考了蒙藏文献，并收录了不少源自印度佛教、婆罗门教神话中的佛教神祇及人物词条。

从学术方面来讲，蒙古喇嘛教源于藏传佛教，且西藏、蒙古地区均信奉藏传佛教，因此蒙古学、藏学内部的有机联系促使施氏对二者进行综合性研究。一方面，蒙古的喇嘛教源于藏传佛教，喇嘛教的佛经又主要译自藏文，因此俄国蒙古学家在研究喇嘛教的过程中必然涉及藏传佛教问题，即藏学问题。施氏在卡尔梅克地区掌握了蒙古语、藏语，研究了蒙藏文献，因此其在蒙古学、藏学均有颇深造诣，他不仅是蒙古学家，也是藏学家。另一方面，蒙古族、藏族之间有着深刻的宗教与文化联系。蒙藏历史关系源远流长，忽必烈统治时期，以八思巴为代表的喇嘛前往蒙古宣讲藏传佛教教义、创制蒙古文字，此举得到蒙古统治者的支持，自此二者建立了密切关系。随后蒙古出现了大量藏传佛教寺院，大批高僧来到蒙古弘扬教义，最终藏传佛教取代萨满教成为蒙古社会宗教文化的主流。这同样促使着施氏对蒙古学、藏学进

---

① 狄雍原:《世界佛学名著译丛71 欧美佛学研究小史》，霍晦韬、陈铫鸿译，中国台北：华宇出版社，1986年，第24页。

行综合性研究。

从国家方面来讲，沙俄政府有着对蒙古学、藏学进行研究的需求。首先，作为沙俄与清政府建立关系的重要桥梁和纽带，天然的地缘政治使得蒙古历来被俄国所觊觎，展开蒙古学、藏学研究可为其开展对外扩张政策做前期准备工作。其次，俄国重视对藏学的研究有其经济、政治以及外交动因。在经济方面，俄国最早关注西藏的原因之一即为经济利益。早在1711年沙皇彼得一世听闻西藏产出黄金便下令与达赖喇嘛辖地通商往来，并借机派遣机敏人员探明何地出产黄金，产量如何，最终加以占领。在政治方面，沙俄需要利用藏传佛教以巩固对国内信奉藏传佛教的卡尔梅克、布里亚特及土尔扈特地区的统治。在外交方面，俄国试图通过占领西藏与英国争夺亚洲霸权，研究藏学尤其是藏传佛教以便同当地统治者建立联系对沙俄政府具有重要意义。

3.研究态度：相对客观的批判性态度

与施氏同时代的欧洲佛教研究者大多秉持"欧洲中心论"思想，布诺夫的学生圣伊莱尔（ЭмильСенар，1847—1928）曾直言不讳道："研究佛教最大的好处在于，通过将我们的宗教（基督教）同其进行对比我们更好地理解了基督教的优势。"[①]不同于同时代大部分欧洲佛教研究者所持的"欧洲中心论"立场，施氏的佛教研究并无明显倾向性，相对客观的"批判性视野"成为施氏佛教研究中的关键词，这主要取决于沙俄政府实际需求的客观性及施氏个人的治学态度：

一方面，沙俄政府命令学者研究藏传佛教是为了巩固国内统治并推进对外扩张政策，实用性极为突出，这决定了施氏的藏传佛教研究相对来说具有客观性。因此，与圣伊莱尔不同，尽管施氏在《以佛教为主论东方宗教体系》中研究了诺斯替教灵知学说（该学说尊崇知识，与基督教截然相反）同佛教之间的关系，然其目的并非通过对比以贬斥佛教、颂扬基督教。另一方面，施氏个人主张相对客观的、批判的治学态度。施氏早在《对中亚地区优秀民族——蒙古族、藏族古老的宗教、政治和文学教育史的研究》中就佛教概念"宇宙论"对当时西方学术界中不少学者不做研究、只知一味引用他者观点的行为进行了抨击。此后又在《佛教的几个基本概念》中指出，理解佛

① Введение в буддологию：курс лекций，стр.220.

教徒笔下涉及佛教本质的概念须"具有批判性的视野"[①]，并着重批判了民族学家帕拉斯（Паллас）对科学院译员伊耶里格（Jährig）的译文盲目引用的行为。帕拉斯曾亲自前往西藏考察，由于语言不通而过度相信伊耶里格的译文，其主要著作《蒙古各部族历史资料汇编》中描写藏传佛教的资料几乎均来自后者的译文。不仅如此，施氏的学生、俄国汉学家科瓦列夫斯基亦在自己的著作中指出："谁用了伊耶里格使用过的文献，谁就会发现在他的译文中除了乖僻的、未加润色的音节之外，还有大量的错误。"[②]科氏认为，老师施密特恰恰是因为秉持着严谨、批判的学术精神，才为俄国佛学界补充了佛教宇宙论中最重要、最困难的部分，这一功劳非施氏莫属。

（二）佛教研究的影响

1.对俄国佛教研究的影响：开创与传承

"施密特在俄国首次对藏族的语言、历史和宗教进行了深入的思考和科学的分析"[③]，因此作为俄国首个对藏传佛教进行研究的人，施氏开俄国佛教研究的先河，奠定了俄国佛教研究的基础，使俄国佛教研究可以在发端时期与欧洲比肩。不仅如此，施氏的佛教研究对俄国后继汉学家也产生了有益影响。如果说彼时施氏的佛教研究为个体性研究，那么综观俄国佛教研究的历史便可发现，在施氏的影响下，俄国早期的佛教研究已经实现了学科的传承。施氏在其1835年出版的《蒙德俄大辞典》的序言中坦言道：

> 对蒙古语的系统性研究不会在我死后就中断，眼下就已经有两位年轻的俄罗斯学者科瓦列夫斯基和波波夫怀着满腔热忱并以杰出的成就将自己奉献给这一事业，他们已经在喀山大学蒙古语教研室工作，可望对这一研究大有裨益。[④]

可见施氏的研究已经影响到了后继学者。科氏是继施密特后又一位研究中国佛教的俄国汉学家，他在自己的著作《佛教宇宙论》中赞扬了恩师施氏

① ЧтенияИмператорскойАкадемииНаук в Санкт-Петербургеза 1829 и 1830 годы. Книга 1，СПб.1831.стр.41.

② Буддийская Космология，стр.6—7.

③ 阎国栋:《俄国汉学史（迄于1917年）》，北京：人民出版社，2006年，第298页。

④ Монгольско-Немецко-Российский Словарь，IV.

的批判精神，肯定了其在“佛教宇宙论”上的功绩。在喀山大学教学期间，科氏建议自己的学生、日后俄国佛教研究巅峰时期的领军人物王西里从事包括佛教在内的东方思想研究，科氏为喀山大学搜集的蒙古语文献成为后者从事佛教研究的主要资料。科氏嘱托王西里“在科学研究中时刻保持头脑冷静，公正无私，既不能做‘中国的爱国者’，也不能做‘中国的鄙视者’”[①]，这极可能是受其恩师施氏的“批判性”研究方法的影响。王西里的佛教研究同样影响到了自己的学生伊万诺夫斯基（А.О.Ивановский），后者自1887年起发表佛教有关文章，如《再论喀什佛洞》《〈集量论〉——评介与文献》《论佛教之忏悔》等，由此可见在施氏的影响下，俄国早期的藏传佛教研究具有传承性。[②]

2. 对欧洲佛教研究的影响：补充与开创

施氏加入了欧洲大量学会，其在用俄语写作的同时也用德文写作，且后者大大多于前者，因此施氏的佛教研究得以对欧洲产生影响，主要表现在其不仅以蒙藏文献中的佛教知识补充了欧洲佛教知识，更在许多方面开欧洲佛教研究之先河。

（1）补充欧洲佛教知识

欧洲早期的佛教研究致力于“还原亚洲佛教的历史与文献”以建构“纯粹佛教”[③]，故而主要以梵文、巴利文佛教文献为主，而施氏的佛教研究则补充了欧洲所缺少的蒙藏文献中的佛教知识。18世纪印度沦为英国的殖民地，英国统治者鼓励研究当地的宗教与文化。1784年英国皇家亚洲学会创始人琼斯（William Jones）及其他统治者最早关注的是印度教及梵文，此后才对佛教产生了兴趣。此后英国驻尼泊尔公使霍格森又在当地搜集了近400部梵文佛典，故而欧洲早期的佛教研究以梵文、巴利文佛教文献为主。虽然藏学家

---

① А.Н.Хохолов，В.П.Васильев в Нижнем Новгороде и Казани//История и культура Китая.Сборникпамяти академика В.П. Васильева，М.：ГРВЛ，1974.Часть I.Памяти академика В.П. Васильева.

② 需要注意的是，自王西里的另外一位学生米纳耶夫（И. П.Минаев）开始，俄罗斯佛学家更注重以印度梵语、巴利语原典为基础研究佛教思想和历史，自米纳耶夫的学生谢尔巴茨科依（Ф. И. Щербатской）开始，佛教研究方法逐步西化，且施氏的佛教研究并未形成学派，故而后期施氏以蒙、藏文献为基础的传统佛教研究在某种程度上不像之前那样受欢迎，但其对俄国早期佛教研究的影响依旧不能忽视。

③ 李四龙：《论欧美佛教研究的方法论困境》，第二届中国南北哲学论坛暨“哲学的当代意义”学术研讨会会议论文，上海，2005年，第14页。

乔玛于1834年在英印政府资助下出版的《藏英词典》使其成为欧洲首位规范、系统地编纂藏文工具书并对藏学进行科学研究的人，且施氏所编《藏俄词典》不及英文影响大，但施氏在自己的词典中更多地运用了大量从藏文书籍中收集到的资料。在《藏语语法》序言中施氏指出："由于土尔扈特和布里亚特人将丰富的藏文文献带入俄国，因此俄国在藏学领域具有欧洲其他国家所不可比拟的优势。"[①]而乔玛的《藏英词典》则是在达拉克一带（青藏高原的西部边缘，与印度毗邻）的喇嘛寺完成的，因此施氏词典收录的蒙古文献中的佛教词条是乔玛所缺少的。不仅如此，在施氏之后的藏外词典如莫拉维亚派传教士叶斯开于1871年用德文出版的《藏语袖珍辞典》、孟加拉人达斯1902年出版的《梵文对照藏英词典》虽后来居上，然而苏联学者沃罗比耶娃·杰夏托夫斯卡娅（М. И. Воробьева-десятовская）与萨维茨基（Л. С. Савицкий）认为"上述词典没有施氏的大而全"[②]。由此可见，得益于对蒙古语、藏语的精通及在卡尔梅克地区收集的蒙藏原始文献这一优势，施氏所收录并翻译的佛教词条补充了欧洲所缺少的蒙藏文献中的佛教知识。

（2）在许多方面开欧洲佛学研究之先河

《佛学大词典》编纂者、佛学家丁福保指出，欧美各国在佛教研究初期"不过仅街谈巷议，试其臆说耳"。法国汉学家德经（Joseph de Guignes）早在1756—1758年便于巴黎出版了法文著作《匈奴、突厥、蒙古全史》（*Histoiregenerale des Huns, des Turcs, des Mogols*），并首次将《四十二章经》从汉语翻译为法语，据此经文他提出："佛教是泛亚洲宗教，具有两大分支：一为显教，信仰灵魂转生、偶像崇拜与迷信；二为密教，向世人传授一神教。"[③]虽然德经的这一论点影响不小，但其并未展开进一步的佛教研究抑或撰写佛教著作，因此其佛教研究在欧洲的影响并不深远。1796年HullmaunK. D.用德文出版《喇嘛教之历史及批判的研究》，亦未在学术界产生广泛影响（仅在丁福保"欧文佛书"中有记载）。1802年德国东方学泰斗克拉罗普特在其创办的《亚洲杂志》发表《论中国佛教》一文，实质上是对德经的引用与

---

① Я.И.Шмидт，Граматика тибетского языка，СПб，1839.стр. 5－6.

② 王继光主编:《中国西部民族文化研究》2003年卷，北京：民族出版社，2003年，第113页。

③ Urs App，"Arthur Schopenhauer and China：A Sino-Platonic Love Affair"，*Sino-Platonic Papers*，*no.200*（*2010*）（America：Department of East Asian Languages and Civilizations，University of Pennsylvania，2000），p. 7.

评述，且此类涉及中国佛教的文章在其著作中仅此一篇，因此其对中国的佛教研究在欧洲并未产生实质影响。1817年法国人已经在巴黎出版了一本《佛教之研究》，可惜该书并未引起关注。[①]1819年德国哲学家叔本华的《意志及表象世界》引用了佛教内容，然而该内容亦来自施氏关于印度哲学的德文译作。“1833（一说1822）年，[②]英国驻尼泊尔公使霍格森在当地搜集了近四百部梵文佛典，标志着欧洲人对梵文佛典的译介与研究工作正式开始”[③]，即便始于1822年，欧洲佛学界的佛教研究也并未早于施氏于1824年发表的成果。虽然“1824年英国传教士克拉夫发表《巴利语文法和词汇》成为欧洲人研究佛教之滥觞”[④]，但同年施氏在《对中亚地区优秀民族——蒙古族、藏族古老的宗教、政治和文学教育史的研究》中对佛教宇宙论的批判性评述则在较前者更向前迈进了一步。

正如俄罗斯当代佛学家陶奇夫（Торчинов）所说，欧洲真正的佛教研究始于藏学家乔玛及法国印度学家布诺夫，然而施氏所出版的佛教论著先于以上二者。据丁福保《佛学大词典》“欧文佛书之一、二、三”所收录欧文佛书状况来看，施氏的佛教论著如《对中亚地区优秀民族——蒙古族、藏族古老的宗教、政治和文学教育史的研究》（1824）、《以佛教为主论东方宗教体系》（1828）、《佛教基本论旨》（或称《佛教之原理二三》，1829—1830）、《关于佛教的几个基本概念》（1829—1830）均为欧洲最早的佛教著作，其编纂的《蒙德俄大辞典》（1835）亦是欧洲第一部收录源自蒙藏文献佛教词条的蒙古语词典。因此可以说，施氏是首位将佛教概念、原理及论旨介绍给俄国及欧洲学术界的佛学家，其佛教研究具有开创性。

何冰琦　湖南师范大学外国语学院讲师，俄罗斯研究中心研究员
“一带一路”文化交流与传播研究中心研究员

---

① 李四龙：《论欧美佛教研究的分期与转型》，《世界宗教研究》2007年第3期。

② 亦有1824年一说。有学者认为霍格森或称何德逊（Hodgson，1800—1894）到1824年已搜集了梵文写经381卷、200多种，成为西方学术界知道有梵文佛典存在的第一人。见李四龙：《论欧美佛教研究的分期与转型》，《世界宗教研究》2007年第3期。

③ 李南：《基于语文学与文献学的欧洲佛教研究》，《中国社会科学报》2015年4月8日，第7版。

④ 黄陵渝：《欧洲各国的佛教》，《西欧研究》1992年第2期。

《大中华文库》汉俄对照版《老子》介评*

林娜娜

摘　要： 迄今为止，《老子》的俄文全译本有近40种。2009年9月，外语教学与研究出版社发行了《大中华文库》汉俄对照本《老子》。俄译本文辞简洁流畅，文意传达准确，虽有瑕疵，仍不失为上乘之作。该译本由中俄学者共同完成，这种合作形式在《老子》俄译史上属于首次。这样的合作方式是在寻找中国文化与斯拉夫文化之间的平衡点，是不同文化主体进行平等对话的有益尝试。然而这一问世十年有余的优质译本在俄罗斯的影响十分有限，这不能不引人深思。

关键词： 大中华文库　《老子》俄译　马良文　李英男

在中外文化交流的过程中，中国文化典籍不只是他者了解中国的窗口，其蕴含的思想、价值和理念还可作为外国友人学习借鉴的资源。在全球化背景之下，中国积极参与世界文化建设。继1994年立项的《大中华文库》（汉英对照）工程之后，2007年《大中华文库》多语种项目立项，涵盖法语、阿拉伯语、俄语、西班牙语、德语、日语、韩语等7个语种。从2009年9月—2019年3月《老子》《论语》《红楼梦》和《牡丹亭》等20种典籍的汉俄对照本陆续出版。相比于其他典籍而言，《老子》在世界范围内受到了更多关注。2019年12月《国际汉学》杂志第一本增刊出版了美国学者邰谧侠（Misha Tadd）编写的《老子》译本总目，该目录涉及73种语言，1576种译本。其中，《老子》俄译本有42种。

据笔者统计，目前《老子》俄文全译本共计38种，包括日本学者、中国学者以及乌克兰诗人的俄译本。此外，还有9位译者节译《老子》，2位译者翻译了王弼《老子注》的注文。《老子》以文言形式写就，深奥难懂。忠实传达原文的语义内容已属不易，挖掘渗透在原文字里行间的文化内涵更是复

* 本文为国家社科基金项目“基于生成机制的中国文学俄译批评模式研究”的成果，批准号（18BYY236）。

杂。穿梭于不同文化之间的译者们，对原文有不同的处理方式，由此生成的《老子》俄译本各有长短。2009年外研社出版了《大中华文库》汉俄对照版《老子》，其中的俄译文由俄罗斯汉学家马良文（В. В. Малявин）教授和北外俄语教授李英男女士合作完成。合译本文辞简洁流畅，文意传达准确，虽有微瑕，仍不失为上乘之作。从语言层面和文化层面考察《大中华文库》汉俄对照版《老子》，可为中华文化典籍外译提供借鉴。

一、向世界说明中国：中俄学者首次合作译《老子》

让我们大体回顾一下《老子》近两百年的俄译历史。第一部《老子》俄译本由喀山大学首任汉语教授西维洛夫（Д. П. Сивиллов，1798—1871）于1828年完成，由学者扎莫泰洛（Ив. Замотайло）分两次发表于《敖德萨图书学会通报》1915年第四卷第5、6册以及1916年第五卷第1、2册，题为《源于自然智慧之初的道德准则，抑或老子之道德哲学》（1915）和《道德准则，抑或老子之道德哲学》（1916）。第一部公开出版的《老子》俄译本由日本学者小西增太郎（1861—1939）翻译，大文豪托尔斯泰（Л. Н. Толстой，1828—1910）校对，1894年5月刊载于《哲学和心理学问题》杂志。1950年华侨哲学史家杨兴顺的《老子》俄译本面世，附在其专著《古代中国哲学家老子及其学说》之后，这是“唯一的按照马克思主义原理加以阐释的译本”[①]。俄侨诗人瓦列里·别列列申（Валерий Перелешин，1913—1992）首次以诗体形式俄译《老子》全文。他参照先秦典籍翻译家郑麐1949年在上海出版的《老子》汉文本及英译本，于1971年完成翻译工作，译本直到1990年才发表于俄罗斯科学院远东研究所所刊《远东问题》第3期。20世纪90年代以来，李谢维奇（И. С. Лисевич，1994）、马斯洛夫（А. А. Маслов，1996）、陶奇夫（Е. А. Торчинов，1999）、谢缅年科（И. И. Семененко，1999）、特卡琴科（Г. А. Ткаченко，2001）、马良文（2002）、卢基阳（А. Е. Лукьянов，2008）以及斯克沃尔佐夫（А. В. Скворцов，2011）等多位汉学家俄译了《老子》。马斯洛夫、谢缅年科还翻译了王弼的注文。这一时期，库夫申诺夫（А. В. Кувшинов，1992）、维诺格罗茨基（Б. Б. Виногродский，1993）、康宇（Юй Кан，1994）、鲍鲁什科（О. М. Борушко，1996）、巴托

① 阎国栋：《俄罗斯汉学三百年》，北京：学苑出版社，2007年，第179页。

诺夫（С. Н. Батонов，1998）、孔德拉绍娃（Л. И. Кондрашова，2003）、阿布拉缅科（В. П. Абраменко，2008）、沃伦斯基（А. И. Волынский，2013）以及赫尔松斯基（Б. Г. Херсонский，2016）等近10位译者竭力呈现原作的诗歌韵味。此外，还有索洛维约娃（М. Соловьёва，2002）、安东诺夫（В. В. Антонов，2008）及布丽格（М. Бриге，2017）等十多位译者俄译了《老子》。

在俄罗斯社会历史文化发展状况、俄罗斯与外部世界的互动关系以及译者的主体性等多种因素影响之下，译者翻译《老子》的出发点并不相同，或受政治利益驱动，或为汲取精神力量，或为学习生活管理之道等等。西维洛夫的翻译行为受俄国政府1818年指令的影响，指令中明确规定，“司祭对中国的语言有足够认识后，应着手研究佛教和老子的宗教，翻译能解释此两种宗教教义的书籍，并准备反驳这两种宗教所需要的材料”[①]。王西里（В. П. Васильев，1818—1900）曾在《东方的宗教：儒、释、道》（1873）一书的“道教”部分节译《道德经》，他相信“没有什么像宗教一样，让我们如此了解一个人”[②]。日本学者小西增太郎对老子的评价很高，他翻译《老子》旨在向俄国学者介绍老子学说。作家托尔斯泰和诗人别列列申给予老子特别关注，是出于欣赏之情。神秘主义者索洛维约娃认为，老子之“道”是能够引导人们达成具体结果的“行动纲领”[③]。《大中华文库》工程旨在向世界介绍中国悠久灿烂的历史文化，其中的汉俄对照版《老子》由中俄学者合作完成。我们知道，随着工业社会不断发展，人类面临着新的挑战。现代人不得不寻求相应的路径，以摆脱生态危机、道德失范等诸多困境。改革开放以来，中国发生了巨变，综合国力日益强大。中国有能力向世界说明自己，也有责任向世界输送具有当代价值的中华优秀传统文化。《大中华文库》选取的中华文化经典既可以向世界说明中国，又能够为现代人走出困境提供启示。

《大中华文库》多语种项目推出的《老子》采用中外文对照形式，汉语

---

① Инструкция Архимандриту Петру，Начальнику 10-й Пекинской Миссии// Китайский благовестник. Пекин：Тип. Успенского Монастыря при Русской Духовной Миссии，1915. Вып. 13－14.стр. 24.

② В. П. Васильев，Религии Востока：конфуцианство，буддизм и даосизм，СПб.，Тип. В. С. Балашева，1873. стр.1.

③ М. Соловьёва，Завет Пути Силы：Соврем. прочтение Дао-Дэ Цзин Лао-Цзы，исполненное в рус. традиции Мариной Соловьёвой（2-е изд.），Москва，Амрита-Русь，2008. стр. 3.

本选用了陈鼓应教授的《老子今注今译》。陈先生潜心研究《老子》多年，对原文注释详尽，且今译的文字通俗易懂，其书既适合初学者，又能为学术研究提供参考。俄文本《老子》由马良文先生和李英男女士共同完成。译者并未交代《老子》俄文本的翻译底本，经过比照可知，《老子今注今译》并非俄文本的翻译底本。中俄学者合作翻译的方式在《老子》俄译史上属首次。一直以来，我们在翻译中面临着归化与异化的选择。中俄学者合作其实是在寻找一种平衡，试图最大限度地保留原语蕴含的文化内涵，同时又希望《老子》在斯拉夫文化语境中得到更多理解与回应。这两位学者是合作翻译中国典籍的上佳人选。李英男女士具有"双母语"背景，长期从事俄语翻译和教学工作，1985年荣获中国作家协会"彩虹"翻译奖。20世纪90年代起她开始从事俄罗斯历史、社会与文化方向的教学与研究，对中俄文化的差异有一定认识。她不仅参与了《老子》的俄译工作，还俄译了中国古典名著《牡丹亭》(2016)。马良文先生主要从事中国历史文化研究，撰有《阮籍》(1978)、《15至17世纪的中国：传统与文化》(1995)以及《道的黄昏：新时代前夕的中国文化》(2000)等多部著作，还曾俄译《庄子》《列子》等中国文化典籍。在与李英男女士合作之前，他已翻译发表过《老子》(2002)，此次合作加深了他对《老子》的理解。2010年他的新版《老子》俄译本发行，此本在合译本的基础上做了一些改动，译者用力很勤，每章译文皆附有详细注释。另外该书还收入了译者翻译的郭店本《老子》和道家名篇《恒先》。

二、方块字遇上西里尔字母：语言理解与表达上的得与失

《老子》句式整齐，语言简练，读来朗朗上口，颇具音韵之美。傅惠生教授在《大中华文库》汉俄对照版《老子》的前言提到了英国汉学家亚瑟·韦利（Arthur Waley，1888—1966）的一番话：

> 依我看来，如果将译作的文字优美放在重要的位置，同时又要重视原文在译文中的质量，译者就得准备牺牲大量精确的细节。这种翻译，我把它叫做"文学翻译"，相对应的是"文字翻译"。我要表明的是，这本《道德经》译文不是"文学翻译"。理由很简单，原文的重要性并不存在于其文学质量，而是它所要表达的哲理。我的一个目的就是要在细节上精确

地表达原文的意思。[①]

从这段话可以看出，在韦利先生眼中，《老子》原文兼具文学性和哲理性，但他认为译文无法同时传达这两点，他选择最大限度地保留原文的哲理性。一些译者则相信，译文能同时传达出《老子》的诗意和哲思。别列列申、鲍鲁什科和赫尔松斯基等十余位俄译者均以诗体形式翻译《老子》，其译文颇具美感。第一位以诗体形式俄译《老子》全文的诗人别列列申认为，翻译这部哲理长诗使用统一的格律是不可能的，他根据不同情况分别采取了抑扬格、扬抑格、抑抑扬格、三音节诗格的变体。[②]尽管他的译文存在理解有误及理解不深入之处，但“以诗译诗”的尝试值得肯定。《大中华文库》俄文版《老子》呈现的文学性无法与别列列申的译文相提并论，但它更加忠实地传达出原文的内容和思想。可以说，译文的文学性与忠实性很难兼顾，不论哪种翻译形式都无法面面俱到，而多种方式并存的局面有助于最大化展示出《老子》的丰富面貌。

在《大中华文库》俄文本《老子》问世之前，可参考的译本和研究成果已十分丰富。从1894—2009年有十多部《老子》俄文全译本问世，同时小西增太郎、杨兴顺、陶奇夫、谢缅年科和马良文等多位学者发表了关于老子的文章或专著，此外中、日、英、法等国的老学研究也在不断深入。相比而言，合译本《老子》在一些词义的理解与表达上弥补了以往俄译本的不足。譬如，“盗夸”（也作“盗竽”）一词。小西增太郎译“盗夸”为“强盗般的傲慢”（разбойничая гордость），杨兴顺和陶奇夫译为“抢劫和炫耀”（разбой и бахвальство），马斯洛夫理解为“抢劫和炫耀”（грабительство и бахвальство），谢缅年科译为“盗窃者的傲慢”（воровская кичливость）。这些译者并未理解“夸”字之意，整体而言，老学研究者对“盗夸”的解释为“大盗”。韩非说，“‘竽’也者，五声之长者也。故竽先，则钟瑟皆随；竽唱，则诸乐皆和。今大奸作败矣”；严灵峰说，“‘夸’，奢也；从大，亏声；犹‘大’也。‘盗夸’，大盗也；犹‘道魁’也”。[③]此处，“夸”或“竽”是

① 傅惠生:《前言》，转引自《老子：汉俄对照》，陈鼓应今译，马良文、李英男俄译，北京：外语教学与研究出版社，2009年，第38—39页。

② 别列列申:《无所归依：别列列申诗选》，谷羽译，兰州：敦煌文艺出版社，2014年，第160页。

③ 转引自《老子今注今译》，陈鼓应注译，北京：商务印书馆，2003年，第270页。

来修饰“盗”的。马良文对“盗夸”一词有着较为清晰的认识，他的译法呈现出“夸”或“竽”的修饰之意。《大中华文库》俄文版《老子》延续马良文的译法，译为“大抢劫”（великий разбой）。再如，“非以明民，将以愚之”的“愚”字。“愚”乃“真朴”之意，[①]但其表达的意思常被后人误解。小西增太郎、杨兴顺、陶奇夫、谢缅年科和马斯洛夫等学者理解为“愚昧、愚笨、无知”（невежество，невежественный，глупый，оглуплять）。与这些译者不同，马良文译“愚”为“朴直的，浑厚的”（простодушный），合译本译法同此。错译或误译“盗夸”这类词语不会撼动译文整体质量，但若微瑕多了美玉也难免失色，而“愚”这类词语的翻译则会直接影响读者对老子思想的看法。

此外，有些词语翻译不当还会令读者心生困惑，如“天地不仁，以万物为刍狗；圣人不仁，以百姓为刍狗”中“不仁”的译文。西维洛夫、小西增太郎、杨兴顺、李谢维奇、马斯洛夫、陶奇夫、谢缅年科、特卡琴科、马良文、卢基阳和斯科瓦尔佐夫等学者对“不仁”的翻译均为“冷漠”“不仁慈”或“不仁爱”（нечусвтвительный，не любвеобильный，не обладать гуманностью，не обладать человеколюбием，не милосердный，не гуманный，лишённый человечности）。这些译者似乎一致认为“不仁”一词在此处表达的是负面的、否定的意思。《大中华文库》俄文本的翻译也未能跳出“不仁”的字面意思。虽然“不仁”一词在历史上存在过争议，但已有不少人提出了更加符合《老子》主旨的解释。北宋文学家苏辙在《老子解》中曾言，“天地无私，而听万物之自然。故万物自生自死，死非吾虐之，生非吾仁之也”[②]。朱子学专家陈荣捷先生也曾说过，此处描述的道家观念是肯定面的，而非否定面的，它意指天地不偏不党，公正无私，毫无人为蓄意的仁爱之意。[③]即便让普通读者自己品味感悟，也能得出如下结论，即“不仁”的字面意思不仅与老子的忧民之心矛盾，也不符合其自然无为的思想。因而，若从整体观照《老子》，“天地不仁爱”这般理解不免有失偏颇。马良文在其最早的《老子》译本以及2009年之后的新版译本中均对译文做过详细注释。他曾在注释中提到“仁”乃儒家伦理的基本概念，同时也提到中国注

①《老子今注今译》，陈鼓应注译，北京：商务印书馆，2003年，第306页。

② 转引自《老子今注今译》，陈鼓应注译，北京：商务印书馆，2003年，第93页。

③《老子今注今译》，陈鼓应注译，北京：商务印书馆，2003年，第94页。

疏者将“天地不仁”理解为天地不会特别钟爱某物。[①]尽管如此，他对“不仁”依旧采用了否定意义的解释，而否定的理解便是对道家哲学的误解。马良文对“愚”字的翻译已突破了以往译者固有的理解，但他对“不仁”的看法依然偏向否定，这也说明中俄学者对老子思想的看法仍有交流的空间。

三、汉文化碰上斯拉夫文化：“求同”与“存异”并举为上

现今，中国秉承“命运共同体”的理念，自觉参与到世界文化建设的进程之中。中国文化融入世界文化并为之输送优秀思想资源，首先需要考虑中外文化的差异。季羡林先生认为，东西方两大文化体系最根本的差异表现在思维模式方面，东方文化体系的思维模式是综合的，通俗来讲为“既见树木，又见森林”，而西方则是分析的，通俗来讲为“只见树木，不见森林”。[②]这一看法虽有褒扬综合思维之意，不过也大致言明了东西思维之不同。也有学者从模糊性与精确性、悟性直觉与理性逻辑、有机性与机械性这几个方面分析了中西思维的差异，并指出两种思维方式均具有积极与消极这二重性，比较理想的是中西思维方式相互补充。[③]俄罗斯地跨欧亚，受到东西方文化双重影响，俄罗斯文化“表面既与西方对立又与东方对立，而内在却同时既是西方的又是东方的，时而把自己分裂成世界的两个超级文明，时而又把东西方文化融合成一个整体。”[④]毋庸置疑，俄罗斯文化极具复杂性。不难理解，翻译活动不仅是语言转换的过程，也是文化相遇和思维碰撞的过程，因此向俄罗斯社会译介中国典籍的译者必然面临着不少难题。先秦典籍《老子》蕴含的文化内涵和思维方式构成了翻译中的难点。译者翻译《老子》之时或受俄罗斯文化的影响，或受中国文化的制约，不论以何种文化作为主要参照体系，原文与译文转换之间总会存在一些“变形”。《大中华文库》俄文本《老子》由马良文先生和李英男女士共同完成，这种合作方式其实是在中俄文化

---

① В. В. Малявин，Дао-Дэ цзин：Книга о Пути жизни，Москва，Феория，2013. стр.167.

② 季羡林：《季羡林东西方文化沉思录》，北京：中国财政经济出版社，2017年，第153页。

③ 王新华、任军莉：《试论中西方思维方式差异及其文化根源》，《江西社会科学》2002年第9期。

④ 朱达秋、周力：《俄罗斯文化论》，重庆：重庆出版社，2004年，第22页。

之间寻找一种平衡。最终，经过译者的思维过滤之后，富有中国文化特色的词汇，如道、阴阳、魂魄和气等词，或还保留了几分本色，或已披上了新的外衣。

现以“阴阳”和“无有”为例，分析《老子》俄译者对翻译难点的处理方式，以期为中国文化外译提供启示。“万物负阴而抱阳”之“阴阳”，俄译者几乎均以音译形式译出。陶奇夫在文中明确“阴阳”所指，采用音译加解释的方法，译之为阴—黑暗之力（инь-сила темная）、阳—光明之力（ян-сила светлая）。马斯洛夫和马良文在注释中指出阴阳在宇宙生成中的作用。库夫申诺夫注释说，阴阳是基础、万物之基，两者是对立的，阴表示女性的起源（黑暗、寒冷、柔韧、水、夜晚及月亮等），阳表示男性的起源（光明、炎热、坚硬、火、白天及太阳等）。[①]而致力于向域外推介中国文化的《大中华文库》俄文本《老子》只是采取了音译方式，即使译文最后所附的索引也未收入“阴阳”这对概念。然而，我们并不十分确信，域外对“阴阳”这一概念已有足够的了解，这也意味着音译加注释的方式更加稳妥。“阴阳”二字文化底色浓厚，单纯音译很可能会引起读者的困惑，过多比附则有可能引读者入别途，音译加解释或注释的方法虽分离了原词的形和义，却也较多保留了“阴阳”的意蕴。再如，“无有入无间”中“无有”一词，即使是中国读者理解起来也有一定难度。汉学家谢缅年科和陶奇夫直译为“没有”“不存在”（неналичие，не имеющее наличия），马斯洛夫译为“没有本体的东西”（то，что не имеет сущности），马良文译为“非实体的东西”（невещественное），显然，后两者更加接近原文。合译本同马良文此前的译法，这一句回译为汉语是“非实体的东西能够进入没有间隙的东西”，这是一种不易理解的运动状态。西维洛夫在译文中举了具体的例子：空气是如此细微、不易被察觉，好像完全不存在，但它却能穿过没有缝隙的物体，比如金属和石头。[②]这两种翻译皆有所长，马斯洛夫和马良文尽力保留原文的思维习惯，其译文深奥难懂，而西维洛夫的具象化表达在为读者拨开一层迷雾

① А. В. Кувшинов，Лао Цзы. Книга о Пути и Силе：перевод и комментарий，СПб.，б. и.，2008. стр. 164.

② Ив Замотайло，Пер.Д. П. Сивиллов，Руководство к Добродетели，Почерпнутое из Самих Начал Естественного Разума，или Нравственной Философии Лао-Цзы// Известия Одесского Библиографического Общество при Императорском Новороссийском Университете，Одесса：Центральная типография，1915.Т4. Вып. 5−6.стр. 239.

的同时，也可能会将读者的理解高度局限于此。

《老子》有多处类似“无有”的表达，诸如无极、无状之状、无物之象、大象无形以及大方无隅等，这些表达皆是悟性思维的产物，是最不易传达的部分。近200年来《老子》在俄罗斯遇到过多种角度的解读，包括俄罗斯文化的视角、中国文化的视角，甚至是世界文化的视角。客观来说，这些解读角度拓宽了老子思想的研究空间，但其局限也不容忽视。杨兴顺以唯物主义学说阐释《老子》，这种话语表达方式顺应了一定时期的社会需要，同时，也有可能将老子思想固定在这一思维框架之内。东正教和神秘主义注重体悟，以此来观《老子》有助于理解其中的悟性表达，而启示色彩和唯心倾向或多或少会遮盖原作的真容。唯物主义、东正教和神秘主义等多种视角皆是从中国文化的外部对《老子》“横看侧看”，李谢维奇和马良文等汉学家以更加宽广的视野来审视《老子》，他们以印度文化、基督教文化解读老子思想，同时也关注中国注疏者的见解，还尝试以中国经籍注释译文。“以外释中”是翻译中常见的现象，译者从已有知识储备中抓取与新知之“同”，并以此为参照体系来理解新知，这种方式虽只能理解老子思想之一端或两端，但也能够为老学研究注入活力。“以中释中”表明，汉学家从事翻译活动之时有较高的自觉意识，自觉尊重原语文化的独特性，尊重原语文化与本国文化的差异。中外文化各有特色，在两者交流的过程中，以互相尊重为前提，“求同”与“存异”并举，才有助于构建多元和谐的世界文化体系。

余 论

迄今为止，《老子》的俄文全译本有近40种，相信未来还会有新的译本问世。杨武能教授曾言，“在我看来，在某种意义上说，复译是一个历史文化现象。文学文本的意义不确定性和开放性使复译成为必然。而影响翻译的历史、文化、社会与时代等因素，使文学复译成为一个世界性的现象。”[①]这段话同样适用于《老子》。《老子》语言简练，文意深奥，它是哲学文本，也是文学文本。古往今来，老子思想吸引了一位又一位爱好者、阐释者。在众多俄译本中，由日本学者小西增太郎、华人学者杨兴顺和俄罗斯汉学家马良

① 杨武能:《漫谈文学翻译主体》，载许钧等《文学翻译的理论与实践：翻译对话录》，南京：译林出版社，2001年，第165页。

文翻译的版本是再版次数最多的3种俄译本。由外语教学与研究出版社发行的《大中华文库》汉俄对照版《老子》已被国内多家图书馆收藏，不过这一译本在俄罗斯的影响力远不及前面3位学者的译本。在俄罗斯两大国家图书馆，即俄罗斯国立图书馆（也称列宁图书馆）和俄罗斯国家图书馆的检索页输入“老子”或“道德经”的俄文，检索结果均未包含这一译本。甚至在俄罗斯第一大搜索引擎Yandex输入“老子、马良文、李英男”的俄文，也未看到相关信息。可以肯定的是，《大中华文库》汉俄对照版《老子》对马良文的新版译本产生了影响，但整体而言，这部问世10年有余的译本在俄罗斯的影响并不明显，这不能不引人深思。

我们知道，目前俄罗斯本土出版了30多种《老子》俄文全译本。小西增太郎的译本是第一部公开出版的《老子》俄译本，俄罗斯大文豪托尔斯泰的参与为该译本增添了一层光环。杨兴顺的译本受到多位汉学家的认可，多次再版也合乎情理。马良文的译文忠实流畅，注释翔实，为一般阅读和学术研究提供了很大便利。相较而言，《大中华文库》汉俄对照版《老子》似乎并不具备脱颖而出的“亮点”。事实上，该译本丝毫不逊色于前面任何一种译本。该译本采取的两国学者合作的方式值得我们关注，这种平等的、对话的交流方式是推进中外文化深层交流的有益尝试。应当承认，东西方的文化与思维方式存在着很大差异，并且消除这些差异的可能几乎为零。这些“差异”虽为东西文化交流之阻碍，它们又何尝不是东西文化各自引以为傲的特色呢？认识与尊重“差异”才是走近对方的钥匙。“东海西海，心理攸同”，钱钟书先生的话启示我们，文化与思维差异虽无法消除，但有可能找到会通两种思维的连结点。

这一译本在俄罗斯的影响如此微弱，笔者以为，问题的关键在于译本与读者之间缺乏连结的媒介。如何让俄罗斯读者获取这一译本是我们需要考虑的。而同俄罗斯本土知名的出版社合作是一种途径。目前看来，俄罗斯的埃克斯摩（Эксмо）出版社和字母－阿季古斯（Азбука-Аттикус）出版社在俄罗斯图书市场占了较大份额。值得一提的是，埃克斯摩出版社发行了维诺格罗茨基的《老子》俄译本，其旗下的阿斯特（Аст）出版社曾先后再版或出版过小西增太郎和马良文的《老子》俄译本，字母－阿季古斯出版社旗下的字母－经典作品（Азбука-классика）出版社与圣彼得堡东方学出版社（Петербургское востоковедение）联合发行过陶奇夫的《老子》俄译本。除了实物图书，还可以考虑推出电子出版物，读者通过网络平台付费下载电子图书更加方便快捷。埃克斯摩出版社旗下的利特列斯（ЛитРес）公司的电子书业务发展得便很好。我们也并非硬要将该译本“塞”给俄罗斯社会，只是这一质量上乘的译本，若不被更多喜爱老子的读者认识，委实可惜。俗语云，酒香不怕巷子深。《大中华文库》俄文本《老子》若是那一坛好酒，目前由译本通向俄语读者的那道巷子太远太长了些，恐怕其“香”尚未进入对方的嗅觉范围，便被湮没于快节奏的时代生活之中了。为该译本搭建多种展示平台，有利于开拓出更大的读者空间，也有助于丰富中俄文化交流的形式与内容。

林娜娜　河南大学外语学院讲师

《莺莺传》文化词汇的俄译研究*

成文艳　赵建常

摘　要：本文以译介学、文化翻译学等相关理论为指导，以“中华文化走出去”为出发点和主旨，以《莺莺传》四个俄译本为考察对象，对小说原文具有深厚历史文化内涵的年号纪年、官职称谓、历史典故等相关文化词汇的俄译情况进行比较分析，探讨不同译者对这些文化词汇所采取的不同翻译策略，观察和考量译者在处理这些文化词汇时对原文文化信息的保留、补偿、失落、扭曲等情况，依此评判每个译本的优劣得失，并就个别译文与汉学家商榷。

关键词：《莺莺传》俄译本　汉学家　文化词汇

近年来，“中国文化走出去”受到学术界越来越多的关注，文学外译始终是中国文化对外传播的重要途径之一。互联网信息化时代人们对异域文化的接受能力得以提高，读者对译本文化翻译的期望值在逐渐增加，不再满足于只了解原作的基本信息，而希望通过译本了解更多异域文化，这就对译者提出了更高的要求。20世纪90年代初国内学术界掀起一股“文化翻译热”，翻译理论家们开始构建文化翻译学的基本理论。谢天振教授在《译介学》中开创性地提出“文学翻译的创造性叛逆”问题，探讨文学作品翻译过程中文化意象的失落与歪曲。

译介学认为，译者在翻译文学作品时应把握好“译者的职责”和“对读者的信任”两个原则。所谓“译者的职责”，是指译者不应满足于传达原文文化意象的一般意义，而应把尽最大可能传达原文的文化意象也视为自己的一种职责。“对读者的信任”，即译者应该相信读者随着民族间文化交流的日益频繁和对外来文化接触的日益增多而有能力接受他国的各种文化意象。[①]

---

* 本文为2020年国家社科基金后期资助项目“中国古典小说俄罗斯传播史”的成果，批准号（20FZWB029）。

① 谢天振：《译介学》，南京：译林出版社，2013年，第149页。

谢天振教授所提出的这两条原则实际上是主张在文化意象翻译过程中要坚持以异化为主的翻译策略。

唐传奇脱胎于史传文学，继承和发扬了后者的现实主义传统，它在叙事结构上的显著特点便是采用历史叙事的方法，因此传奇文承载了丰富的中华历史文化信息。为了更加完整地传达传奇文原作的文化信息，译者应深入了解源语文化词汇的表层意义和深层含义，最大限度地传递原作的文化信息。同时不能无限度地盲目追求“对读者的信任”，而忽视了对译作读者接受能力的预估。

一、《莺莺传》的四个俄译本

《莺莺传》，又称《会真记》，是唐代著名诗人元稹所写的一篇才子佳人类小说，被后人视为唐代爱情传奇之名作。在俄罗斯，休茨基（Ю. К. Щуцкий，1897—1938）、波兹德涅耶娃（Л. Д. Позднеева，1908—1974）、费什曼（О. Л.Фишман，1919—1986）、索嘉威（А. Г.Сторожук）四位汉学家曾先后翻译《莺莺传》。休茨基的《莺莺传》译文手稿存于俄罗斯科学院东方学研究所圣彼得堡分所的档案室。据相关档案资料推测，这篇译文成稿于1935年左右，被认为是《莺莺传》最早的俄译本。该译本是未经仔细修改的手稿，因此“不但存在理解错误和翻译不准确之处，甚至还有一些修辞错误。”①

波兹德涅耶娃的《莺莺传》译文是其副博士论文《元稹的〈莺莺传〉（9—13世纪的“寺庙情缘”情节演变）》②的重要组成部分。波氏的《莺莺传》译本语言简洁凝练，文内解释和文外注释较少，比较符合原文文言文风格，但由于过于简洁，小说背后的一些文化信息未能完整传达出来，也存在个别文化误译和错译现象。

费什曼对《莺莺传》的翻译始于20世纪50年代，其译文最早见于1955年苏联科学院出版社出版的《唐代传奇》。后来译者对译文做了不同程度的修改，先后被收录各类文选。1975年《远东古典散文》③所收录《莺莺传》译

① А. Г.Сторожук，Юань Чжэнь жизнь и творчество поэта эпохи Тан，СПб，Кристалл，2001.стр.513.

② Л. Д. Позднеева，Историякитайскойлитературы：собраниетрудов，М.，Восточнаялитература，2011.

③ В.Санович，С.Чулков，КлассическаяпрозаДальнегоВостока，М.，Худож.Лит.，1975.

文是费什曼最为完善的一个本子。译文经过了译者精心修改，选录过程中编者又增加了许多注释和说明，使得译文更加准确，信息量大大提高。因此笔者选用1975年译本为本文评介对象之一。

索嘉威的《莺莺传》译文收录在专著《唐代诗人元稹的生平与创作》（2001）一书。译文以准确传达原文基本内容和最大限度地传递文化信息为目的，对一些文化词汇和文化现象的处理较为恰当，有些翻译甚至可谓传神之笔。

综上，《莺莺传》四个俄译本诞生于不同时期，翻译方法各有差异，译本各具特色。

二、《莺莺传》俄译本对文化词汇的翻译

以下以唐传奇的特点为参照，分别对《莺莺传》中具有深厚历史文化内涵的历史纪年、官职称谓、历史典故等文化现象的俄译情况进行比较分析。

（一）历史纪年

唐传奇继承和发扬了史传文学的现实主义传统，它通常以历史的时间和现实的地点来铺展情节，旨在给读者创造历史真实感，这往往也成为考证传奇作者生平和创作的重要线索之一。因此，唐传奇中的历史时间承载了关于唐代社会人文地理、历史事迹、宗教观念等文化信息，成为传奇作品中一类重要的文化词汇。译者只有深谙中国历史知识，了解古代复杂的纪年法，才能做到对这类文化词的准确翻译。例如：

郑曰："今天子甲子岁之七月，终于贞元庚辰，生年十七矣。"

Чжэн ответила：

-Она родилась в седьмую луну первого года правления нынешнего государя. Теперь же，в семнадцатый год его правления，ей семнадцать лет.（Щуцкий，1935）

Чжэн ответила：《Она родилась в седьмой луне года цзя-цзы*，а сейчас у нас год гэн-чэнь*в правление Чжэнь-юань，значит，ей семнадцать лет》.（Позднеева，*1946*）

Мать ответила：

-Она родилась в седьмую луну года《цзя-цзы》правления нашего

императора，а теперь у нас год под циклическими знаками《гэн-чэнь》 правления под девизом《Эра чистоты》*，так что ей сейчас семнадцать лет.（Фишман，1975）

Госпожа Цуй ответила:《Она родилась в седьмом месяце пятого года правления нынешнего императора，так что в год дракона под стихией металла правления Чжэнь-юань*ей будет семнадцать лет》.（Сторожук，2001）

“贞元”为唐德宗李适的年号，取“纯正”之意。四位汉学家在处理纪年时采取了截然不同的方法。休茨基的译文完全舍弃“甲子”“贞元”“庚辰”这三个重要的文化词，采用意译。他对“贞元”省略不译，把“甲子”翻译成了“第一年”，“庚辰”译为了“第十七年”，这显然是不正确的。按照历史时间来看，唐德宗即位第一年即大历十四年为公元779年，这一年是己未年，而非甲子年。而原文中“今天子甲子岁之七月”显然是干支纪年，其中“甲子岁”指甲子年，即兴元元年，也就是公元784年，即唐德宗即位的第五年。休茨基因对原文时间的误读，导致了翻译过程中原文文化信息的失落甚至歪曲。

波氏对“甲子”“庚辰”“贞元”这三个文化负载词的翻译都采用了音译的方法，这样的处理方法虽不影响读者对全文的阅读和理解，但未免过于笼统。尽管译者想通过文外注释来弥补这一缺陷，但由于注释过于简单而未能传递出一些重要的文化信息。此外，译者所标注的“‘甲子’对应公元789年”这一信息也与历史不符。如果按照波氏的标注:“甲子”对应公元789年，“庚辰”对应公元800年，那么如此计算，主人公莺莺的年龄应为11岁，与原文所说17岁相矛盾。

费什曼对纪年的翻译则选用了不同的方法。首先，她对“甲子”和“庚辰”采用了音译加文外注释的方法，揭示了这两个词作为时间概念的表层文化含义。对“贞元”的翻译，则通过字面意思将其直译为*Эра чистоты*。另外值得注意的是，费什曼还采取文内解释的方法利用*“циклические знаки”*和*“девиз”*这两个解释性的词语对“庚辰”和“贞元”做了补充说明，进而揭示出它们背后所蕴藏的中国古代“甲子观念”和年号纪年的深层文化现象，从而达到了跨文化传递深层文化信息的传递目的。

索嘉威把原文中干支纪年的“甲子”换算为年号纪年，即唐德宗五年。

对于“庚辰”，索嘉威则采用意译的方法，译出天干中“庚”和地支中“辰”的深层含义。在道教的甲子观念中，天干之“庚”属阳之金，索嘉威译文中的“庚”（*стихия металла*）便取此义。而十二地支之“辰”则对应十二生肖的龙，因此索嘉威的译文就用“龙”（*дракон*）这个意象代替了原文中的“辰”。虽然“甲子”和“庚辰”两个文化意象在索嘉威的译文中并未出现，但他巧妙地用人们较为熟悉的文化意象代替了原文中陌生的文化意象。尤其是对“庚辰”的翻译处理堪称绝妙，几乎把这个文化意象所承载的全部文化信息都传递给读者。然而在翻译“贞元”时，他仅采用了音译，却忽视了这个词所包含的文化信息。就“贞元”这个文化词的传递，笔者认为，费什曼的翻译略胜一筹。此外，笔者注意到，索嘉威在附录注释部分还指出“贞元庚辰”就是公元801年，这一点也是不准确的。因为据史料贞元庚辰应为公元800年，另按照干支纪年和公元纪年换算公式，公元801年对应干支表中的18号，即辛巳年，而非庚辰年。

通过以上分析，我们发现：休茨基对中国传统干支纪年较为陌生，因此他的译文过于粗糙，以至于出现了明显的错译。波兹德涅耶娃对原文中纪年的翻译简洁明了，但从文化传播角度来看，她的译文并非最佳译本。费什曼和索嘉威两位译者比较了解中国古代年号纪年和干支纪年，他们的译本则各有千秋。前者在翻译纪年的过程中以“译述”和“达旨”为主要目的，充分考虑读者的接受能力，采用音译加文内解释或直译加文外注释的方法，对原文文化意象的传递有所保留。后者则以最大限度地传递文化信息为目的，相信俄罗斯读者对外来文化信息的浓厚兴趣和接受能力，因此对中国古代纪年的翻译以异化策略为主，并适当运用了归化的方法。

（二）官职称谓类

唐传奇中的人物多为历史人物，其中绝大多数出自官僚阶层，因此他们在小说中都是具有独立身份和具体官职的人物形象。唐朝官职称谓名目繁多，有沿用前朝的，有唐代特设的，负载着深厚的历史文化内涵和特定时期的社会功能。这类文化词的翻译困难主要表现在两个方面：首先从历时性角度来看，古代官职称呼早已陈旧过时，有的到现代完全消亡，有的曾表示官职称谓的词汇在现代汉语中意思迥然不同，除专门的史学研究者外，一般人并不熟悉。稍有不慎很容易张冠李戴，出现翻译错位现象。再从跨文化角度来看，这些复杂的古代官职称谓在另一个完全不同的语言文化圈中未必有完全对等的词汇，成为所谓的“文化空缺词”。那么如何在翻译这类文化词时尽可能减少文化信息流失，使译语读者获得和源语读者相同或相似的认知效果，这就要求译者选取合适的翻译策略和方法。以下举几例说明：

1）有中人丁文雅，不善于军，军人因丧而扰，大掠蒲人。

Его заместителем был Дин Вэн-я，человек неумелый в военном деле. Солдаты воспользовались трауром начальника и бешевали，грабя изо всех сил жителей Пу.（Щуцкий，1935）

Его приближенный Дин Вэнья не умел командовать армией，и солдаты，пользуясь смертью военначальника，подняли смуту и стали грабить население Пу.（Позднеева，1946）

Находившийся при нем евнух*Дин Вэнь-я мало смыслил в военном искусстве，и войско，воспользовавшись похоронами полководца как удобным моментом для мятежа，подняло бунт. В городе начались грабежи.（Фишман，1975）

Евнух по имени Дин Вэнь-я плохо обращался с солдатами；воспользовавшись трауром，солдаты взбунтовались и стали устраивать в Пу грабежи.（Сторожук，2001）

2006年上海辞书出版社出版的《中国历代职官别名大辞典》对“中人”的解释是：第一，阉人之代称；第二，宫人、宫女代称。在我国古代，阉人又有寺人、阉官、宦者、中官、内官、内臣、内侍、内监、中贵人等别称，也就是通常所说的“太监”。[①]清人王夫之《读通鉴论》亦有评述：“中人监军，唐之大蠹也，其始以御史监之，较中人为愈矣。”[②]《莺莺传》原文中的“中人”是指蒲州宦官丁文雅，显然取“阉人”之意。费什曼和索嘉威采用意译的方法来翻译“中人”这一文化词，他们都选用了*евнух*一词来替代原文的“中人”，在俄语中*евнух*一词意为“完全或部分被阉割的男人”，可以说较为准确地传达出该文化词的表层含义，为了帮助读者更好地理解上下文，费什曼还补充了一条注释：“*В танскую эпоху обычно посылали евнухов наблюдать за военными губернаторами，чтобы они не подняли мятежа.*”

① 龚延明：《中国历代职官别名大辞典》，上海：上海辞书出版社，2006年，第110页。
② 王夫之：《读通鉴论（文白对照全译）》，太原：山西人民出版社，1994年，第699页。

译成中文意思为："在唐代为了避免叛乱，通常派宦官监督军队。"可以说，这条注释把唐代宦官掌握兵权这一重要的历史文化信息透露给了俄罗斯读者，激发读者更进一步了解唐代社会和历史。相比之下，休茨基和波兹德涅耶娃的译文要逊色许多，休茨基把"中人"译为*заместитель*（代理人、副职），取现代意义上的"中间人"之意，这显然是不顾及上下文和特定历史时期文化特点的误译。波兹德涅耶娃则采取模糊翻译的方法将该文化词译为*приближенный*（亲信、心腹），虽然不影响读者对上下文的阅读和理解，但其译文距离原文的意思也较远，同时，"中人"这一文化词所负载的社会历史文化信息也白白流失。综上所述，费什曼对"中人"的翻译采用意译加文外注释的方法是可取的。

2）十余日，廉使杜确将天子命以总戎节，令于军，军由是戢。

Дней десять спустя ревизор Ду Цйо, по повелению государя, передал войску приказ о всеобщем сборе в поход. Только тогда войско было призвано к порядку.（Щуцкий，1935）

Дней через десять после этого приехал Цензор Ду Цзюэ с императорским декретом, назначавшим его военачальником, и солдаты сложили оружие.（Позднеева，1946）

Дней десять спустя в Пу прибыл Ду Цюэ, посланец императора, со специальным указом, предписывающим ему возглавить городской гарнизон. Ду Цюэ ввел строгие порядки, и солдаты пришли в повиновение.（Фишман，1975）

Чуть более 10 дней спустя главным военным начальником города был указом императора назначен неподкупный Ду Цюэ; он отдал приказ в войсках, и, подчиняясь ему, солдыты прекратили беспорядки.（Сторожук，2001）

据《中国历代职官别名大辞典》："廉使"是唐代观察使的别称，掌察所部善恶、举大纲。观察使全称为观察处置使，是唐代后期出现的地方军政长官。[①]四位译者选用了各不相同的俄语词汇，休茨基和波兹德涅耶娃分别选

① 龚延明：《中国历代职官别名大辞典》，上海：上海辞书出版社，2006年，第728页。

用*ревизор*和*цензор*两个词，二者都强调廉使的“观察”“监察”这一职能；费什曼则选用*посланец*来指称原文的“廉使”，显然是侧重其“使者”身份。笔者认为，虽然这三个俄语词汇都不能做到与原文功能上完全对等，但也实属无奈之举。如果译者再通过文外注释的方法对此官职称谓词做一些描述和解释可能会好些。索嘉威错把官职称谓的名词“廉使”当成一个普通的偏正结构词汇，而采用形容词*неподкупный*（廉洁的）对人物进行限定。这显然是由于对唐代官吏制度隔膜而导致对原文的误读和误释，由此造成文化信息的扭曲，甚为遗憾。再看“总戎节”这个文化负载词。1998年《法学辞海》中有“戎节”词条：“朝廷授予掌兵权者的符节。引申为兵权。”[①]可见，戎节并非官职名称，而是“兵权”之意。费什曼、波兹德涅耶娃和索嘉威三位译者都采用意译的方式进行了转换，虽然未能做到自然而完全的对等，但毕竟也客观地译出了原文所包含的基本信息。而休茨基选择对“总戎节”一词省略不译，造成了文化信息的白白流失。

对官职称谓的翻译很难做到文化信息的等效传递，尤其在翻译特定历史时期的官职名称时，文化信息的失落和歪曲也成为必然现象。正如王佐良先生所说的：“在一种文化里头有一些不言而喻的东西，在另外一种文化里头却要费很大力气加以解释。”[②]笔者认为，对于此类文化词汇的翻译，译介学所提出的“译者的职责”和“对读者的信任”两条翻译原则不再适用，译者唯有选择归化的翻译策略，以“译述”和“达旨”为最终目的，尽可能地在译入语中选择意思相近或相似的词汇来代替原文文化词，同时辅以文外解释，这才是译者的职责和对读者的负责。

（三）历史文化典故类

在我国古代文学作品中，作家们常常借用典故来表达作品背后的隐含意义。《莺莺传》约有十五处用典，其中大多为历史典故，也有个别文学典故或寓言故事。这些典故是中华民族历史和文化的结晶，是汉语语言中最精华的部分，承载了较之其他类型文化词汇更为丰富的文化信息。因此在跨文化传递过程中，译者不仅要传递这些文化典故的表层含义，更重要的是要把典故背后所蕴含的深层文化信息输送到读者面前。《莺莺传》俄译本对这类文化空缺现象的处理基本都采用了直译加文内或文外注释的方法。例如：

---

① 李伟民：《法学辞海》，北京：蓝天出版社，1998年，第936页。

② 王佐良：《翻译：思考与试笔》，北京：外语教学与研究出版社，1989年，第34页。

君子有援琴之挑，鄙人无投梭之拒。

Вы вызвали меня играть на цине，как некогда поэт Сыма Сянь-жу свою возлюбленную，и я готова бросить ткацкий уток и в знак верности выбить им себе два зуба，как в древности девушка Гао—возлюбленная Се-куня.（Щуцкий，1935）

Милый смутил меня игрой на цине，а у меня не хватило сил бросить в него челнок*.（Позднеева，1946）

Вы вели себя，подобно тому，кто увлек женщину игрой на цитре*; у меня же, презренной, не хватило сил бросить в Вас челнок*.（Фишман, 1975）

Вы увлекли меня，как известный поэт，покоривший сердце своей юной подруги игрой на цине，а я не стала，защищая свою непорочность, подобно древней красавице бросать в Вас ткацкий челнок*.（Сторожук, 2001）

"援琴之挑"出自《史记·司马相如列传》，后用此典故比喻男女爱情，常常作为男子求爱之典。"投梭之拒"出自《晋书·谢鲲传》，后用此典故比喻妇女抗拒男人的调情。《莺莺传》原文中莺莺引用这两个典故来隐射张生的"自以文挑"和她的"不能自固"。休茨基把整个典故原原本本搬到译文中，且先不说造成了译文篇幅冗长，单就对原文"君子有援琴之挑，鄙人无投梭之拒"的理解就是错误的。首先，原文"援琴之挑"用以隐射张生对莺莺的作诗寄情、以文挑之，而非休茨基译文*вызвали меня играть на цине*（引诱我弹琴），这显然是对典故的误释。其次，原文的"鄙人无投梭之拒"在休茨基的译文中却成了完全相反的意思。休茨基的译文回译成中文为："你像诗人司马相如挑逗爱人那样，引诱我弹琴，而我也准备像谢鲲所爱的高氏女那样用织布的梭子打掉你两颗门牙"。这样，司马相如"琴心挑之"典故的文化信息被意外扭曲，原文莺莺大家闺秀的形象也被彻底摧毁，俄罗斯读者对小说故事情节也该丈二和尚摸不着头脑了。

其他三位译者都采用直译加文外注释的方法，保留了"琴""梭"两个意象。其中，波兹德涅耶娃和费什曼的译文语言简洁凝练，与原文的文言风格颇为接近，同时两位译者对这两则典故的注释也很详尽，包括典故的出处和寓意都作了说明，可以说她们的译文在"译述""达旨"和文化信息传递方面都做得非常不错。索嘉威的译文虽略显冗长，但他却把原文典故负载的文化信息通过*как известный поэт*和*подобно древней красавице*两个比较短语巧妙地透露给了读者，使读者不看注释也能明白此处引用了典故，而且还悄然无声地勾起读者对相应注释词条的好奇。因此，从译介学角度看，索嘉威更加出色地履行了译者的职责，最大化地传递了文化信息，并对读者的中国古代历史典故的接受能力满怀信心。

从以上译例来看，译者对历史文化典故的翻译基本上都采取了异化的翻译策略，具体而言就是直译加文外注释，汉学家们努力在译文中保留了源语言的文化意象和文化信息，试图让译语读者体验异域文化的魅力，客观上促进了中国传统文化在俄罗斯的传播，真正履行了“译者的职责”。

结　语

通过对《莺莺传》四个俄译本中历史纪年、官职称谓、历史文化典故等文化词汇翻译策略的对比研究，笔者发现:《莺莺传》俄译本对这几类文化词汇的处理大体包括音译转写、直译、直译加文外注释、意译、省略等五种方法。其中，休茨基的译本以直译为主，译本中错译现象较多，译文过于粗糙。波兹德涅耶娃、费什曼、索嘉威三位译者的译本虽然大都采用了直译加文外注释的方法来处理文化词汇，但各有所长。波氏的译文以语言简洁凝练为主要特点，较为贴近原文文言文的风格，但有时因为翻译过于模糊和笼统导致原文文化信息传递方面略显欠缺。费什曼的译本以“译述”和“达旨”为主要目的，同时充分考虑读者的接受能力，往往对原文文化意象的传递有所保留。索嘉威的译本常常能够把陌生的文化意象巧妙地转换成人们熟知的文化意象而同时又完整保留了原文蕴藏的深层文化信息。

相比而言，索嘉威的译本在文化词汇的处理和文化信息的传递方面更胜一筹。那么，从文化传播角度来看，索嘉威的译文显然更有利于包括唐传奇在内的中国文学乃至中国传统文化在俄罗斯的传播，可能更受俄罗斯读者的欢迎。

成文艳　山西大学外国语学院副教授
赵建常　山西大学外国语学院教授

中国现代小说在俄译介缘起与早期影响*

佘晓玲

摘　要：20世纪上半叶，在帝俄汉学向苏联新汉学转变的过程中，苏联汉学界开始关注中国现代文学，一批著名作家的代表性小说首先被译成俄语，译者多为青年汉学研究者，大多去过中国，对中国现代文学的发展动态有直观认识，翻译动机有一定偶然性，大多从汉语原文翻译，个别通过英文译本转译，翻译原则与策略各有不同。最受重视的是鲁迅的小说，引起了较大反响。受政治形势影响，中国现代小说俄译队伍成长缓慢，作品译介、出版数量及社会影响力都有限，客观上他们的译介活动让苏联读者对中国现代文学有了初步认识，同时也为苏联汉学界培养锻炼了人才，为其后的研究奠定了基础。

关键词：中国现代小说　苏联汉学　俄译本　早期译者　影响

20世纪上半叶，俄国政权更迭，中国问题受政府重视，苏联汉学奠基人阿理克（В. М. Алексеев，1881—1951）院士注重对中国文学的研究，在倾力翻译研究古典文学的同时也不忘关注中国文学发展的新动态。其学生王希礼（Б. А. Васильев，1899—1937）首次将中国现代小说杰出代表作鲁迅先生的《阿Q正传》翻译成俄语，由此拉开中国现代小说俄译序幕。在1949年中华人民共和国成立之前，中国现代小说的俄译取得了初步成果，为20世纪下半叶中国现代小说俄译研究的繁荣奠定了良好基础。

一、第一批中国现代小说俄译本及其译者

（一）鲁迅小说俄译先驱王希礼和《阿Q正传》的三个俄译本

中国现代小说的俄译由苏联时期汉学家王希礼发起。他于1899年生于圣彼得堡一个公务员家庭，1918—1922年就读于圣彼得堡大学社会学系民族

* 本文系教育部人文社科青年基金项目“中国现代文学在俄罗斯的译介与接受研究”阶段性研究成果，批准号（19YJC751038）。

语言学专业，毕业后跟随阿理克修习研究生课程，1921年起在亚洲博物馆和圣彼得堡大学东西方语言文学比较史研究所任研究员，1924年起在圣彼得堡东方语言研究所工作，并赴苏联驻华总领事馆工作。[①] 次年春，结识中国俄语翻译家曹靖华，由此了解了中国现代文学，并被《阿Q正传》打动，决定将其译成俄文。在曹靖华的帮助下，王希礼就翻译问题与鲁迅展开了通信往来，并为译本出版索序、自传和照片。鲁迅写了《俄文译本〈阿Q正传〉序及著作者自叙传略》，并附照片回寄于他。王希礼完成译作后专门写了感谢信，此信现存于北京鲁迅博物馆，据此可得知俄文版《阿Q正传》最晚于1925年7月4日已译就。译作完成当年，王希礼就将其寄至莫斯科，但未能很快出版。[②]尽管如此，从完成时间来说，王希礼可以算得上是欧洲译介《阿Q正传》第一人了[③]。鲁迅先生日记中还记载了1925年10月与王希礼的两次会面，分别是25日和28日，赠送给他《苏俄文艺论战》《中国小说史略》和《语丝》合订本。直到1929年，列宁格勒激浪出版社才出版了由王希礼主编并与施图金（А. А. Штукин，1904—1963）、卡扎克维奇（З. В. Казакевич，1893—1940）合作翻译的鲁迅小说选集《阿Q正传》[④]，一经出版，即引起了苏联文艺界的关注。[⑤]

王希礼与曹靖华的相识也间接促进了圣彼得堡大学的中国文学教学。1928年秋，曹靖华受王希礼老师阿理克教授之邀赴圣彼得堡大学任教，时达6年。其间，他对圣彼得堡大学的汉语教学体系提出了一些改革建议，认为汉学教学需与中国实际国情相联系，语言教学不能脱离现实社会，不能只

---

① Изд. подготовили Я. В. Васильков, М. Ю. Сорокина. Люди и судьбы. Биобиблиографический словарь востоковедов-жертв политического террора всоветский период（1917－1991）. СПб.: Петербургское Востоковедение，2003.——ВАСИЛЬЕВ Борис Александрович（1899－1937）.

② 彭龄、章谊:《曹靖华与〈阿Q正传〉俄译者王希礼》，载《上海鲁迅研究》2011年第4期。

③ 1924年1—11月，《北京周报》第97—137期连载了丸山昏迷翻译的《中国小说史略》。1926年，法国文学期刊《欧罗巴》（Europe）杂志5月号和6月号连载了留法中国人敬隐渔节译的《阿Q正传》，是鲁迅作品在法国的最早译本。1926年上海商务印书馆出版了美国华侨梁社乾的《阿Q正传》英译本。

④ Лу Синь. Правдивая история А-Кея.пер. с китайского под ред. [и с предисл.] Б. А. Васильева. Ленинград：Прибой，1929.

⑤ 详见佘晓玲:《鲁迅小说俄译研究述略》，载《俄罗斯文艺》2016年第1期。

学文言文。他选用了中国五四以来的新文学作品作为教材，如鲁迅的《孔乙己》《阿Q正传》《祥林嫂》等，在授课时既教授文言文，又教授现代汉语，并进行相互比较，让学生了解汉语的发展、演变过程。[①]此举得到了阿理克的支持，在苏联汉学教学上是一个有重要意义的开端，在苏联汉学界产生了较大影响。它一方面使原来只关注《四书》《五经》等中国古代经典的俄国老一辈汉学家开始关注中国现代汉语与现代作品，另一方面也使培养出来的学生能了解现代中国，一批青年汉学研究者因此受益。[②]

除了王希礼、施图金、卡扎克维奇以外，莫斯科的青年汉学家也加入译介中国现代小说的队伍中来，比较有代表性的是郭质生（В. С. Колоколов，1896—1979）和柯金（М. Д. Кокин，1906—1937）。郭质生因父亲是外交官于1896年生于中国新疆喀什，在沈阳接受初等教育，大学毕业于苏联工农红军军事科学院东方部，熟练掌握汉语和日语。1922年起在莫斯科伏龙芝军事科学院、东方学研究所教授汉语，并在莫斯科中山大学、中国劳动者共产主义大学任研究员。柯金于1906年生于波兰，1926—1927年跟随莫斯科中山大学第一任校长拉狄克（К. Радек，1885—1939）学习，是中国历史教研室编外研究生。1927年转入列宁格勒东方语言研究所。这两位年轻的汉学家选取了部分在中国正受欢迎的短篇小说进行翻译，由郭质生担任主编，于1929年由莫斯科青年近卫军出版社出版了《正传：当代中国中短篇小说》[③]一书，印数5000册。书中收录了鲁迅的《阿Q正传》和《孔乙己》，由柯金和中国人高世华合译[④]，俄罗斯学者根据柯金的传记推测这两篇译作的完成时间不晚于1927年。这部文集语言流畅，但有很多不准确的地方，且对原文进行了删减。王希礼在1930年发表的书评中对此进行了批评。他说，其中的几部作品"不能称之为翻译，只能算是编译。且只介绍了主要故事情节，漏译严重，书中出现的诗也没有译出来"[⑤]。

① 毛粹：《曹靖华同志在列宁格勒大学——访原北京外国语学院院长张锡俦同志》，载《新文学史料》1988年第2期。

② 元青、尹广明：《留学俄国与中国文化的在俄传播——以20世纪上半叶为中心的研究》，载《长白学刊》2014年第3期。

③ Ред.，вступ. ст. А. Хархатова；Послесл. В. Колоколова. Правдивоежизнеописание. ПовестиирассказысовременногоКитая.Пер. скит. М.：Молодаягвардия，1929.

④ 戈宝权：《中外文学因缘——戈宝权比较文学论文集》，北京：北京出版社，1992年，第594页。

⑤ Васильев Б.А. Рецензия. Зап. коллегии востоковедов. 1930. No 4. стр. 290.

王希礼的鲁迅小说选集俄译本的出版使鲁迅成为第一个在苏联出版作品单行本的现代作家。而柯金的译作又使《阿Q正传》一经出版就有两个版本，中国现代文学开始以迥异于中国古典文学的面貌出现在苏联读者的视野。《阿Q正传》俄译本作为较早的欧洲文字译本，与同时期出版的《阿Q正传》英译本和法译本相比，有自己的优势。美籍华人梁社乾完成的《阿Q正传》的第一个英译本于1926年由中国商务印书馆出版，主要在国内流传，海外影响很有限。而第一个法译本是节译本，译者敬隐渔的法文很好，不过翻译态度较自由，第一章《序》全文略去未译，其他各章也都有删节，最后一章也有改译增译[①]。王希礼的俄译本在内容和语言风格上都忠实原著，译文质量较高，广受好评。柯金的译本也有个别漏译改写的现象，因自由的翻译策略受到王希礼的批评，但胜在语言流畅，显示出了苏联汉学家对待文学翻译的不同态度。

1936年鲁迅逝世后，苏联举办了系列悼念活动，陆续译介出版了其代表作和相关研究著作。当时在苏联颇有影响的我国著名诗人萧三和苏联著名作家法捷耶夫（А. А. Фадеев，1901—1956）都参与了鲁迅作品的翻译出版工作。萧三精通俄文，主要负责译稿与原著的比对工作，法捷耶夫则对校对完毕的译稿进行润色。萧三专门撰文写道，“好几个中国通竞争着翻译还没有译过的，或已经译过的而翻译得不很好的则又再译。因此我们得以比较，选择好的译稿；还觉得不够的，于是由我将较好的译稿和鲁迅的原文从头到尾校订一遍；还觉得不够，我们又请对鲁迅特别亲切，对中国抗战和中国文学非常关心的法捷耶夫——这个俄国文学的能手——将译稿从美术文字的观点上再校订一遍。”[②] 这部纪念文集《鲁迅1881—1936》于1938年由苏联科学院出版社在莫斯科和列宁格勒出版，印数为10225册。文集中收录了小说《阿Q正传》《白光》《端午节》《示众》《祝福》以及《奔月》共6篇。《阿Q正传》是由苏联科学院中国文化研究室成员集体翻译，经鲁多夫（Л. Н. Рудов，1888—1941）、萧三、史萍青（А. Г. Шпринцин，1907—1974）三人共同校对，其余5篇皆由施图金翻译，译文在语言风格上很接近原作。[③]至此，鲁迅的《阿Q正传》已有三个译本。实际上，经过比对，可以发现，此版本

① 戈宝权：《阿Q正传在国外》，北京：人民文学出版社，1981年，第36—37页。

② 萧三：《鲁迅在苏联》，载《中苏文化杂志》1941年文艺特刊。

③ Лу Синь. 1881－1936. Сборник статей и переводов，посвященный памяти великого писателя современного Китая. Л.：Из. АН СССР，1938.

是以王希礼的译本为底本，纠正了个别不准确的地方，严格说来，不能算是新的独立译本，可以称其为王希礼译本的修订本。

（二）茅盾小说的俄译

在鲁迅之后，另一受关注的作家是茅盾，间或有短篇作品被俄译发表。最早的一篇是《国际文学》1934年第3、4期刊登的《春蚕》译文，译者是涅克拉索夫（Н. Некрасов）。随后，伊文（А. Ивин）节译了《子夜》的片段，题为《罢工之前》，发表于《青年近卫军》1934年第5期。伊文实际是苏联中国史研究者阿列克谢·阿列克谢耶维奇·伊万诺夫（Алексей Алексеевич Иванов，1885—1942）的别名，他曾在法国东方现代语言学校学习日语、中文，1917年9月被临时政府派到俄国驻华公使馆工作。1919年9月伊万诺夫到北京大学担任讲师，讲授俄国史和文学，也教西欧文学，后协助成立俄文系并在该系工作。从1922年起，伊万诺夫常为《新东方》（Новый Восток）等刊物写关于中国的通讯和文章。

1935年，普霍夫（В. С. Пухов，1908—1937）据英文版的《子夜》片段，发表了题为《暴动》的译文，载于《国际文学》第5期。普霍夫其实是中国人，真名俄文写法为Хуан Цзе（Де）Хуан Чжун-чжэ，音译黄杰或黄忠哲，1908年生于广州一个教师家庭，1927—1930年就读于莫斯科中国劳动者共产主义大学，1931年开始在国际列宁学校担任翻译，1932年1月受邀至列宁格勒东方学院教授汉语口语。[①]普霍夫节译自《子夜》的《暴动》和涅克拉索夫译的《春蚕》于1936年录入萧三主编的《中国：文学作品集》（Китай. Литературный сборник）。

1935年国家文艺出版社出版了由王希礼、鲁德曼（В. Г. Рудман）主编的《动摇》俄译本[②]，译者为辛（С. Син，1908—1938），王希礼写有前言，印数为10300册。这是苏联大规模出版的第一部中国现代长篇小说，茅盾也由此成为继鲁迅之后第二个在苏联以单行本形式出版作品的中国现代作家。辛全名为斯塔赫依·谢苗诺维奇·辛（Стахей Семенович Син），是朝鲜人，1932年毕业于圣彼得堡大学，后跟随王希礼学习东干语。我国著名俄国文学

① Изд. подготовили Я. В. Васильков, М. Ю. Сорокина. Люди и судьбы. Биобиблиографический словарь востоковедов-жертв политического террора в советский период（1917-1991）. ПУХОВ Василий Сергеевич.

② Мао Дунь. Колебания: Роман/Пер. С. Сина; Под ред. Б.А. Васильева, В.Г. Рудмана; предисл. Б. А. Васильева. М., 1935.

翻译家耿济之先生评价他的“译文的文笔是很流畅的，大致不会错”[①]。1937年茅盾的另一部长篇杰作《子夜》由火夫（Хо Фу）和鲁德曼合译完成，火夫实际是上文提到普霍夫的另一笔名[②]。译本由国家文艺出版社出版，萧三写了题为《论长篇小说〈子夜〉》的序言，鲁德曼撰写了前言《茅盾的创作道路》。

（三）其他中国现代小说的俄译

鲁迅和茅盾是最先在苏联出版作品单行本的中国现代作家，此外，还有其他现代作家有个别小说篇目被译成俄语，或发表在报纸杂志上，或被收入文集。1929年郭质生主编的《正传：当代中国中短篇小说》除收录鲁迅的《阿Q正传》和《孔乙己》之外，还收录了张资平的《约伯之泪》、黎锦明的《复仇》、郁达夫的《途中》、腾固的《新漆的偶像》、张闻天的《飘零的黄叶》、蹇先艾的《初秋之夜》等现代小说。耿济之先生推测该选集是1928年中国《东方》杂志文艺栏刊载的作品的摘译本[③]。翻译了鲁迅小说的卡扎克维奇还于1930年翻译了叶圣陶的《金耳环》，这也是叶圣陶小说的第一次俄译。此外，丁玲的小说也有译介，其中还包括经英文转译的作品。1935年，波兹德涅耶娃（Л. Д. Позднеева，1908—1974）翻译了《水》，发表在《国境线上》第11、12期上。1936年斯坦贝尔格从英文翻译了《某夜》发表在当年的《青年文艺》第2期上，而当年莫斯科国家文艺出版社出版的《中国文学选集》则收录了《从夜晚到天明》。1937年萨维丽耶娃根据英文译本翻译了丁玲的《消息》，发表在当年的《国境线上》杂志第9期上。随后，《外国文学》第11期刊载了А.伊万娜译的《礼物》[④]。巴金的作品也是在1937年第一次与苏联读者见面，短篇小说《狗》由萨维利耶娃从英文转译而来，刊登在当年的《国外》杂志第9期上。

---

① 狄谟:《中国文学在苏联》,《申报周刊》1936年第1卷第16期。

② Изд. подготовили Я. В. Васильков, М. Ю. Сорокина. Люди и судьбы. Биобиблиографический словарь востоковедов-жертв политического террора в советский период（1917−1991）. ПУХОВ Василий Сергеевич.

③ 狄谟:《中国文学在苏联》,《申报周刊》1936年第1卷第16期。

④ 姚明强:《丁玲作品外文版本（单篇）编目》，载孙瑞珍、王中忱编《丁玲研究在国外》，长沙：湖南人民出版社，1985年，第546—547页。

二、苏联卫国战争前后中国现代小说的俄译

1937年至1938年，苏联爆发了大清洗运动，健康的学术氛围被破坏殆尽，一批优秀的汉学家被控以各种罪名遭受了残酷的迫害和镇压，苏联汉学队伍遭受重创。鲁迅作品的主要译者王希礼、柯金被控以“从事间谍活动”的罪名于1937年相继遇害，卡扎克维奇于1938年被流放至哈萨克斯坦，后于1940年逝世，施图金于1938年被捕并被判五年监禁，他们的译作在苏联也随之被否定。而茅盾长篇小说的得力译者辛和普霍夫也被冠以“间谍”的罪名先后被枪决，第一支译介中国现代小说的汉学家队伍还未成形就被残酷打散，方兴未艾的中国现代小说俄译工作随即被迫中断。其后第二次世界大战爆发，汉学人才伤亡惨重，汉学研究遭遇了巨大困难，几乎处于停滞状态。

1937年至1941年间，苏联出版的中国现代小说译文屈指可数，仅有几部关于中国抗日战争的作品，其中萧军的《八月的乡村》备受关注。1938年《国际文学》刊登了乌汉斯基（М.Уханский）的节译本，次年，国家文艺出版社出版了日丹诺夫（Жданов Михаил Герасимович，1907—1941）的全译本。他于1907年出生于中国哈尔滨，苏共成员，著有《青年工人在中国怎样生活》一书，1941年因“从事间谍活动”的罪名被枪决。该书出版时由萧三作序，指出，“出版此书之目的，系在使苏联读者能欣赏中国新兴革命文学，中国民族文学之作家，如田军、萧红、罗烽等亦均为近代天才作家，为中国文学增色。《八月的乡村》一书特别有趣，因苏联人民得知东北人民九一八以来抵抗暴敌，盖始终未已也。该书发行后，数日内即销出万余册，颇获好评。”[①]

鲁迅的小说陆续有新译本出现，如在大清洗中幸存的鲁德曼翻译了《一件小事》《药》《祝福》分别发表在《西伯利亚之火》杂志1939年第2期、1940年第4期上。费德林（Н. Т. Федоренко，1912—2000）也在1939年《国际文学》杂志第11期上发表《一件小事》和《药》的新译文。1941年，《青年近卫军》杂志第3期还刊登了波兹德涅耶娃和博戈莫里娜娅（Ф. Богомольная）合译的《明天》。

①《中国新文学在苏联：八月的乡村译成俄文出版》，载《长风》1940年第1卷第2期。

此外，柔石、张天翼、姚雪垠的小说也零星刊载在期刊杂志上。1937年《国际文学》杂志第5期刊登了翻译家卡拉什尼科娃（Е. Калашникова, 1906—1976）由英文翻译而来的柔石的《为奴隶的母亲》（俄译名为《母亲》）。1939年的《国际文学》刊登了张天翼的短篇小说《华威先生》，乃据叶君健的英文译本转译而来①。姚雪垠首次被俄译的小说是《差半车麦秸》，发表在《旗帜》1939年第9期上。

在这里有必要介绍一下费德林（1912—2000）和波兹德涅耶娃（1908—1974）。费德林于1912年生于皮亚蒂戈尔斯克的一个工人家庭，1937年毕业于莫斯科东方学院，后入研究生班，在阿理克的指导下从事中国文学作品的翻译和研究，1939年进入苏联外交部工作，并奉命前往中国。临行前，在阿理克的建议下费德林将鲁迅研究定为副博士论文的题目，并以《论鲁迅的创作》通过副博士论文答辩。1943年以《屈原的历史真实性与创作研究》获语文学博士学位。费德林在40年代经常往返于中国与苏联，社交活跃，与中国众多文化名人皆有来往，组织参与了一系列促进中苏文化交流的活动，掌握了数量众多的材料，这对他的汉学研究提供了便利条件。波兹德涅耶娃生于东方学研究世家，1908年生于日本横滨，1932年毕业于圣彼得堡大学东方系，毕业后至1939年在中国列宁学校和国立远东大学任教，主要从事中国文学翻译与研究。1933年她与时任海参崴国际师范大学副校长兼中国部主任的张锡俦成婚，跨国婚姻使她常往返于中苏两国，结识了众多中国文化界人士，促进了她的中国文学研究。费德林和波兹德涅耶娃后来在中国现代文学翻译及研究领域取得了非凡成就。

卫国战争后期中国现代小说俄译方面值得一提的是1944年罗果夫（В. Н. Рогов，1909—1988）编选的《中国短篇小说集》。罗果夫从30年代开始先后担任塔斯社驻我国汉口、重庆、上海分社社长，并创办了时代出版社，在中苏文化交流过程中起到了重要作用，为向苏联读者译介"五四"以来中国现代文学做了很多工作。他编选这部作品集的主要目的是介绍中国的抗战文学。书中收录了姚雪垠的《差半车麦秸》、老舍的《人同此心》（译文名为《在被侵占的城市里》）、茅盾《林家铺子》、端木蕻良的《风陵渡》、萧红的《莲花池》、张天翼的《华威先生》、司马文森的《马》，译者有波兹德涅耶

① 沈承宽、黄侯兴、吴福辉编：《中国文学史资料全编现代卷：张天翼研究资料》，北京：知识产权出版社，2010年，第485页。

娃、鄂山荫（И. М. Ошанин，1900—1982）、罗果夫、郭质生、梅泽罗夫（С. Мейзеров）。[①]

1945年苏联卫国战争胜利后，得益于一些汉学科研机构和研究人员在战争期间依然坚持学术和教学工作，苏联汉学虽经过了战争的洗礼，依然在较短时间内恢复了生机。战争结束当年，苏联国家文学出版社即出版了罗果夫主编的《鲁迅选集》，印数10000册，并于1952年再版。[②]该选集收录了小说、散文诗、杂文、随笔和书信，倾注了诸多汉学名家的心血，参与其中的除罗果夫以外，还有郭质生、波兹德涅耶娃、费德林、艾德林（Л. З. Эйдлин，1909—1985）、齐赫文（С. Л. Тихвинский，1918—2018）和瓦西科夫（В. В. Васьков）等汉学家。文集收录的小说作品共有9篇，包括先前未曾译过的《肥皂》《在酒楼上》，译者分别为郭质生和齐赫文，以及7篇经过重译的小说，即罗果夫的《阿Q正传》《端午节》，费德林的《孔乙己》、瓦西科夫的《明天》《白光》、艾德林的《一件小事》和波兹德涅耶娃的《故乡》。这部选集的译文皆出自名家之手，质量很高，很多篇目都成为中国现代文学俄译代表作并多次再版，在以后相当长的一段时间内这部选集都是鲁迅著作的俄译范本。[③]

在此值得一提的是，1947年，上海时代出版社出版了罗果夫的《阿Q正传》[④]俄译单行本，1949年又出版了罗果夫主编的《鲁迅小说杂文书信》，印数1000册，与罗果夫熟识的在华俄侨参与了文集的翻译，书后还附有许寿裳、许广平等人写的回忆文字。[⑤]该文集中小说部分主要收录了齐赫文的《狂人日记》译本，俄侨著名诗人夏清云（В. Ф. Перелешин，别列列申，1913—1992）译的《药》，日林（В. А. Жилин）译的《风波》《兔与猫》《鸭的喜剧》《孤独者》《伤逝》《非攻》，共9篇。

---

① Под ред. В. Рогова. Китайские рассказы，М.：ОГИЗ，1944.

② Лу Синь. Избранное. Под редакцией В. Н. Рогова. М.：Гослитиздат，1945.

③ Серебряков Е. А.，Родионов А. А. Постижение в России духовного и художественного мира Лу Синя，Материалы V Международной научной конференции Проблемы литератур Дальнего Востока，2012 г.：В 3 т.，Изд-во С.-Петерб. Ун-та，2012，стр. 13.

④ Пер. с китайского Вл. Рогова. Подлинная история А-Кью，Шанхай：Эпоха，1947.

⑤ Лу Синь，Рассказы，статьи，письма.Под редакцией В.Н. Рогова. Шанхай：Эпоха，1949.

三、中国现代小说在俄早期影响

20世纪上半叶，中国现代小说在俄影响集中体现在鲁迅身上。如前文所述，鲁迅著作俄译本出版种类和数量相对较多，受到更多关注，出版发行单位皆为国家级大型出版社。他的《阿Q正传》是最早被俄译的中国现代小说，且在译介之初就有3个译本，其后陆续出版了俄译单行本以及作品选集，其影响力可见一斑。此外，茅盾的长篇小说《动摇》《毁灭》以及萧军的《八月的乡村》也受到青睐，都有俄译单行本出版。

1929年王希礼主编的鲁迅小说选集《阿Q正传》出版，评论家弗里德（Я. Фрид）迅速在《新世界》杂志上发表了书评。作者称“鲁迅是中国最出色的现代作家之一，是西方最广为人知的中国作家之一。对中国乡村的深刻了解，对日常生活细节描写的纯熟驾驭，反讽、内敛的抒情性使这位作家的作品对欧洲读者同样充满吸引力。”作者还评价道，在鲁迅的小说中，欧洲读者不会看到所谓的“异国情调”，透过这些作品可以看出作家是典型的独立作家，与西方作家一样，充满人道主义情怀，并具有怀疑精神和自由主义倾向，其塑造的阿Q类似于俄国文学中的“傻伊万”形象。[①] 弗里德对鲁迅创作特色的概括基本准确，对阿Q形象的定位则有失偏颇，而他称赞鲁迅与西欧作家一样优秀则体现了苏联文艺界对中国文学的尊重态度。

鲁迅小说俄译本的出现促进了苏联学界对中国现代文学的了解。在同时期世界各国出版的百科全书和文学词典中很少提及鲁迅的情况下，苏联1931年出版的《文学百科全书1929—1939》第五卷“中国文学”条目中将鲁迅作为中国现代文学的代表进行了介绍，称鲁迅是“中国的契诃夫”，是现实主义作家。1932年出版的第六卷中已有“鲁迅”这一条目，介绍了鲁迅的生平和创作，指出他对中国白话小说的发展做出了重要贡献，但小资产阶级知识分子的阶级立场决定了其作品的“自由主义印象派”式的讽刺风格，他在1925—1927年革命期间持无政府主义和个人主义立场，直到1928年才完成了思想的转变。[②]《文学百科全书》对鲁迅的两次介绍标志着苏联文学界对鲁

---

① Фрид Я. Рецензия，Новый мир. 1929. No 11. стр. 255.

② Статьи на букву Л：Лу-Синь [ЕВ]，Литературная энциклопедия：В 11 т.；М. 1929－1939. Фундаментальная электронная библиотека «Русская литература и фольклор»（ФЭБ）.

迅成就的肯定和地位的确认，反映了30年代苏联批评界对文艺创作的评论侧重于阶级属性定位的特点。

1938年纪念文集《鲁迅1881—1936》出版以后，科赛尔（M. Кессель）发表了书评，称赞鲁迅熟知中国农村生活，《阿Q正传》的语言浅显易懂而又生动，“透着一股温馨的幽默”，指出阿Q形象具有广泛象征意义，并指出《示众》里的心理描写令人印象深刻。此外，他还认为应多翻译鲁迅的文学作品。[①] 从书评内容大致可以推测，科赛尔不懂中文，对鲁迅也缺乏一定的了解，对《阿Q正传》的讽刺艺术认识不足。

鲁迅小说在20世纪上半叶苏联学界引起反响与汉学家罗果夫（1909—1988）的工作也颇有关联。1945年他主编的俄文版《鲁迅选集》在苏联具有“里程碑的意义”，“首先这是苏联第一部、也是新中国成立以前苏联出版的唯一一部《鲁迅选集》；其次是锻炼了队伍，培养了人才，该书译者从此起步，后来均成为苏联鲁迅研究的中坚”[②]。其前言《鲁迅的文学遗产》首次向苏联读者全面梳理了作家创作的各类作品及其在中国的出版概况，还提到鲁迅的手稿、书信及私人藏书的下落。[③] 此文为苏联鲁迅研究者提供了较全面的信息，称得上是苏联关于鲁迅著作版本学研究的第一篇论文，对后来者寻找资料来源具有不可忽视的参考意义。

此外，苏联为纪念鲁迅逝世发表的一系列作品也能看出鲁迅小说创作的影响。1946年适逢鲁迅逝世十周年，苏联多位文艺界人士发表了纪念性文章，其中最具代表性的是汉学家费德林、著名作家西蒙诺夫（К. М. Симонов，1915—1979）。当年10月，时任苏联驻华大使馆参赞的费德林完成了论文《论鲁迅文艺创作的特点》，此文旋即被译成中文发表在《时代》杂志鲁迅逝世十周年纪念特刊上。费德林首先肯定了鲁迅的文学才能，称赞鲁迅永远是一个“最独创和最民族性的作家”，是“现实主义”作家，其“创作中的社会讽刺的一面是特别明显而突出的”，他的创作在内容与形式上保持了鲜明的一致，“非但探求活的口语的人民的美，而且探求生活的现实的境遇和细节，来代替那以罗曼主义精神写成的鲜明地修饰过的场景”，他的作品“是

① М. Кессель. Рецензия на книгу «Лу Синь. 1881－1936»，Интернациональная литература，1938，No 7，стр. 194－195.

② 张杰：《鲁迅：域外的接近与接受》，福州：福建教育出版社，2001年，第259页。

③ 罗果夫：《鲁迅的文学遗产》，北泉译，载《时代》1946年第41期，鲁迅逝世十周年纪念特刊。

白话文学方面的最高成就”[①]。1946年10月底，苏联作家协会在莫斯科举行鲁迅先生逝世十周年纪念会，时任苏联作协副秘书长的西蒙诺夫在纪念会上致开幕词，称赞了他的现实主义创作手法，指出他从一个唯美主义者、一个为艺术而艺术的赞同者成长为一个反抗外国侵略者的热情斗士。[②] 西蒙诺夫的论述基本上是参考了苏联汉学家们对鲁迅的初期研究成果。1949年，著名作家法捷耶夫也为纪念鲁迅逝世13周年发表了文章。当年10月1日，应中国中苏友好协会总会筹委会和中华全国总工会的邀请，以法捷耶夫为团长、西蒙诺夫为副团长的苏联文化艺术科学工作者代表团及艺术演出队一行34人抵达北京参加中苏友好协会总会成立大会和中国保卫世界和平大会。其间，代表团还参加了鲁迅逝世13周年纪念会，时任《文艺报》编辑的丁玲向法捷耶夫郑重约稿。10月19日，法捷耶夫《论鲁迅》的译文首先发表在《人民日报》“鲁迅先生逝世十三周年纪念特刊”上，并由新华社转发全国，俄文原文则于10月29日刊登在苏联主要的文艺报纸《文学报》上。法捷耶夫在文中首先称赞鲁迅是人民的作家，指出其在苏联受欢迎首先是因为“他那种人道主义的性质而使我们俄国人感到亲切”，其次是因为“他和我们的古典作家一样，是批评的现实主义作家”。法捷耶夫还将鲁迅与俄国著名现实主义作家做对比，指出他的创作与契诃夫和高尔基近似，并认为他是“真正的中国作家……给全世界文学贡献了很多民族形式的不可模仿的作品。……他的讽刺和幽默虽然具有人类共同的性格，但也带有不可模仿的民族特点。”[③] 法捷耶夫的这篇文章不长，既肯定了鲁迅作品的思想价值和道德价值，也对他的艺术创作手法有了初步的点评，提到了他与俄国古典文学、苏联文学的关系，是一篇与当时中国鲁迅研究基调相一致的文章。

中国现代长篇小说方面，茅盾的作品因其鲜明反映中国社会现状而被译介到苏联。1935年出版的《动摇》俄译本是第一部被俄译的中国现代长篇小说，以单行本形式出版。王希礼在前言中论述了将其译成俄语的必要性。作者在开篇就称茅盾是“许多政治性极为尖锐的作品的著者”，其创作“是一个连续发展的整个链条；它是在众多的矛盾、冲突，在为了形式和内容所作的顽强斗争之上建立起来的……高度艺术性的社会史诗”。王希礼认为有必

① 费德林：《鲁迅文艺创作的风格》，北泉译，载《时代》1946年第41期，鲁迅逝世十周年纪念特刊。

② 西蒙诺夫：《谈谈鲁迅》，载《苏联文艺》第26期，1946年1、2月号。

③ 法捷耶夫：《论鲁迅》，《人民日报》1949年10月19日第1版。

要翻译茅盾的作品，因为苏联读者“想从中国作家本人的传声筒中来了解中国……茅盾的创作是其中最为有意义的，因为它接触到了中国生活中对我们最为真实的各个方面”，他是一位“现实主义的作家”[①]。1937年俄文版《子夜》出版，鲁德曼撰写了前言《茅盾的创作道路》，随后撰写了专论《中国革命作家——沈雁冰》。鲁德曼为他认为茅盾的三部曲《蚀》作品结构粗糙、艺术手法生涩，在布局上过于狭隘，主人公的心理和他们家庭关系的分析等问题没有得到解决，小说社会意义非常有限。但对《子夜》评价甚高，称其为“宏大的多层次小说”，认为在这部小说中茅盾摆脱了之前作品中所带有的动摇和怀疑，逐渐“成长为不断完善的革命艺术家”，并指出其在主题揭示、语言运用和行文结构上的成功之处。[②]

萧军的《八月的乡村》因其战争主题在苏联卫国战争前后颇受读者欢迎，先有节译本于1938年发表在杂志上，后又于1939年出版了单行本，苏联重要文艺杂志《星》上即有书评发表。文中指出，萧军的创作属于鲁迅的批判现实主义那一派，创造了鲜明的革命英雄形象，并称赞这部小说情节紧张，可读性强，是当时中国唯一一部生动鲜明展现中国东北地区农民形象的作品，堪称中国新兴的抗日文学的优秀代表作。[③]

总之，20世纪上半叶，中国现代小说俄译本是苏联读者了解中国社会的一个窗口，引起反响备受重视的作品普遍特点是作者社会影响力大、思想价值高、创作主题新、人物形象鲜明，生动反映社会历史背景，这些作品使苏联读者对中国现代文学的基本特点有了初步了解。

四、中国现代小说俄译特征及成因

20世纪上半叶，中国现代小说在俄罗斯的译介处于起步阶段，取得了初步成果，具有以下特征：第一，从事此项工作的汉学家数量不多，多数是青年研究者，翻译动机有一定偶然性，多由汉语原文翻译，也有经英文译本转译，翻译原则与策略各有不同，体现了苏联汉学家对待文学翻译的不同态度。译本发行量除了鲁迅选集以外都算不上可观，正如郭沫若所说：“由苏联

① 李岫主编：《茅盾研究在国外》，长沙：湖南人民出版社，1984年，第223—230页。

② Рудман В. Писатель китайской революции（Мао Дунь-Шэнь Яньбин），Литер. современник，1936，No 5，стр.154－164.

③ Вл. Рудман. Тянь Цзюнь. Деревня в августе. Звезда. 1939. No 12. стр. 192.

介绍到中国来的作品可以说洪流；由中国介绍到苏联去的作品似乎只有一条溪涧。我们知道，鲁迅、茅盾、丁玲和若干东北作家的作品是被翻译了，而且是备受欢迎，但无论从质或量上来说，是断难同俄国文学成对比的。”[①]第二，出版形式多样，单篇译文散见于译介外国文学的报纸期刊杂志，也有单行本、小说集、作家作品集等。第三，翻译对象的选择受时事政局影响，选取的都是在中国有影响力的作家，最为重视鲁迅和茅盾，被俄译的也多为名作名篇。而鲁迅作品在俄译伊始就呈现同一篇目有多个译本的局面，且出版了个人选集，显示了苏联汉学在中国文学研究上的潜力。第四，鲁迅和茅盾的作品译本引起了较大关注，出现了专门的文艺评论，对作家的创作主题、塑造的人物形象、语言特色等进行了初步分析，同时也对他们与俄苏文学的关系进行了初步探究。

以上这种局面是由中国现代文学和苏联汉学的发展状况共同决定的。20世纪初，中国社会发生了翻天覆地的变化，语言文字都随之发生了变革，现代文学应运而生，它在形式和内容上都迥异于中国古典文学。与此同时，苏联汉学在时代困境中逐步实现了转型，但在中国文学方面，更多的汉学家执着于古典文学，对新生的现代文学缺乏主观兴趣，而客观上中文原作的难以获得以及“翻译人才的难得”[②]也限制了现代文学作品的传播。只有个别青年汉学家如王希礼、郭质生、罗果夫、伊文、波兹德涅耶娃等因有在中国工作和生活的经历，首先意识到现代作家在小说方面取得的成就，进而选取最有名的作家着手进行译介，由此开启了中国现代小说的俄译进程。随着中苏两国关系的发展，中苏文艺界人士也为现代小说的俄译起到了推动作用，如曹靖华、萧三、西蒙诺夫、法捷耶夫等积极宣传以鲁迅为代表的中国左翼作家的作品，鲁迅本身对俄苏文学的译介做了大量工作，都在一定程度上影响了苏联汉学家对翻译对象的选择，促进了个别具有代表性作品的翻译和出版。而苏联大清洗运动和卫国战争的爆发对中国现代小说俄译队伍产生的影响在客观上促成了鲁迅小说的重译。

总而言之，20世纪上半叶中国现代小说的俄译刚起步，译介种类和出版数量有限。作为世界上最早译介中国现代小说的国家之一，其译介缘起与发

---

① 郭沫若:《中苏文化之交流》，上海：生活·读书·新知三联书店，1949年，第4页。

② 狄谟:《中国文学在苏联》,《申报周刊》1936年第1卷第16期。

展都与俄罗斯的汉学研究传统相关。早在帝俄时期，著名汉学家王西里院士（В. П. Васильев，1818—1900）在世界首部中国文学史专著《中国文学史纲要》中就称中国小说为“认识中国人的现实生活及其生活观的最佳素材”①。而广泛深刻反映社会巨变的中国现代小说自然会成为苏联汉学的关注重点，鲁迅和茅盾小说中的现实主义创作方法则频繁被苏联汉学家们提及。到20世纪50年代，新译本陆续问世，出版发行量蔚为可观，也出现了高水平的研究论著。可以说，苏联汉学家对中国现代小说的早期译介活动既继承了帝俄中国文学研究的传统，也为20世纪下半叶的苏联汉学界培养锻炼了人才，为其后的研究奠定了基础。

佘晓玲　中山大学国际翻译学院特聘副研究员

① Васильев В.П. Очерк истории китайской литературы. Переиздание на русском и китайском языках/Перевод на китайский язык Янь Годуна. СПб.: Институт Конфуция в СПбГУ，2013. стр.321.

悠远的回声*

——俄罗斯汉学家楚紫气的汉籍收藏

张　云

摘　要：休茨基（Ю.К. Щуцкий）是俄罗斯20世纪上半期著名的汉学家，他在中国古典文学、哲学等方面有着卓越的贡献，但因为时代原因而英年早逝。笔者于圣彼得堡俄罗斯国家图书馆亚非文献部，发现钤有"楚紫气"等藏印的汉籍11部。楚紫气即休茨基的中文译名。这些书涉及易学、宋明理学、佛学三个方面，和楚紫气的汉学研究息息相关。故笔者试为论述楚氏藏书与其研究的关系，并考察这些汉籍的流布情况，借以表达对这位天才学者的崇仰之情。

关键词：楚紫气　汉籍收藏　俄罗斯汉学

20世纪的前半叶，以阿理克院士（В.М.Алексеев，1881—1951）及其弟子为代表的苏联汉学家再次开创了俄罗斯汉学研究的新天地。但由于时代的悲剧，他们之中不少才华横溢的学者短暂划过人类文明的悠长夜空，留下一片尚未燃尽的辉煌[①]。这其中，尤以阿理克院士最为得意的弟子休茨基（Ю.К. Щуцкий，1897—1938）为代表。笔者曾在位于圣彼得堡的俄罗斯国家图书馆亚非文献部翻阅到11部钤有"楚紫气藏书"等藏印的汉籍。楚紫气是休茨基为自己起的中文名（按：下文论述即以"楚紫气"称之）。笔者继

* 本文系国家社科基金青年项目"圣彼得堡大学馆藏汉籍专题研究"的成果，批准号（19CTQ014）。

① 从20世纪20年代到中华人民共和国成立之前，苏联完成了对帝俄旧汉学的马克思列宁主义改造。在1937年到1938年期间，大批优秀的汉学家被各种反苏维埃的罪名镇压，苏联汉学研究队伍遭受重创。之后，德国入侵苏联，卫国战争爆发，一批汉学家走上前线，苏联汉学的研究中心列宁格勒遭到德国军队长期围困，留在城中的一部分汉学家在饥寒交迫中离开人世，汉学研究几乎陷入停顿。（参见肖玉秋主编：《中俄文化交流史·清代民国卷》，天津：天津人民出版社，2016年，第489页。）

而查阅相关记载，复向俄国当代学者请教，深为这位天才学者坎坷而辉煌的一生所感。

楚紫气，1897年生于叶卡捷琳堡一个职员家庭，1921年毕业于彼得格勒大学社会科学系民族及语言部汉学教研室，受阿理克院士影响后来选择中国文学。1935年未经答辩获得语言学副博士学位，同年晋升为教授。他曾先后在列宁格勒（即今圣彼得堡）东方学院、埃尔米塔日博物馆、亚洲博物馆等地工作。1937年因被指控为无政府恐怖主义秘密组织成员而被捕，次年遇害。

楚紫气是一位集语言、音乐、绘画才能于一身的天才学者。他通晓欧洲、东方十几种语言。当时，列大东方系越南语教学一直由他担任，在他去世之后，因后继无人而被迫终止。楚紫气精通汉语、满语，而且对广东方言也十分熟悉，曾与其他汉学家一起制定了汉字拉丁化方案。他的《汉学结构》（1938）、《汉语教科书》（合作，1934）等作品是这方面的代表。楚紫气还是一位优秀的诗人，他不仅创造性地对中国古典诗歌进行翻译，其《7—9世纪中国诗歌选》准确性与艺术性完美融合，代表了当时俄国汉学界最高水平。尽管他本人不以诗人自居，但他写出了很多优美的抒情诗，毫不逊色于当时俄国诗坛最著名的诗人。楚紫气还有着非凡的音乐、绘画天赋及表演才能。他的母亲是位大学音乐教师，受家庭熏陶加之与生俱来的天赋，青年时代的楚紫气展现出少有的艺术天分。他也曾同时收到列宁格勒大学音乐系和美术系的录取通知书，尽管他决定转入中国文学的学习，但这毫不影响他对艺术的热爱与痴迷。“他不光可以称之为是位音乐家，还是个地道的歌迷。在那个冰雪覆盖的彼得格勒冬日的晚上，他和其他学生一起把演出刚刚结束的婕利马斯（1884—1969）推上雪橇沿人民委员会至英国大街那长长的一段路狂奔。……楚紫气还曾跟随圣像画老师潜心学习绘画，希望创作出新圣像画，许多朋友都认为这是他未来的发展道路”[①]。

当然，最能为楚紫气赢得崇高荣誉的是他在汉学领域取得的巨大成绩。当我们看到这些汉籍上钤满了楚紫气的藏书印，保留着他的批语，说明这些书为他生前所无比喜爱且经常翻阅的书籍，与他所从事的研究当有密切的联系。故我们联系楚紫气的学术成就，将这些汉籍根据内容略作介绍，借以表达对这位天才学者的崇仰之情。

① 此段介绍，主要参见张叔娟:《中国古典诗歌俄传史论》，博士学位论文，南开大学历史学院，2013年，第69—72页。

一、楚紫气所藏汉籍与其汉学研究

（一）经学四种

楚紫气是俄国易学研究的创始人，被称为“易学之父”。1928年，他完成了《易经》俄文翻译，1937年以《中国经典〈易经〉——语言学试析与俄译》获博士学位，之后出版《中国经典〈易经〉——哲学翻译与研究》。后人曾回忆阿理克院士在1937年楚紫气博士论文答辩会上发出的感慨：“我生命中第一次见证了进步的神秘力量，老师得完全向自己的学生请教。”俄罗斯科学院东方学研究所原所长克鲁申斯基在《易学研究在俄罗斯》一文中对楚紫气给予了高度评价：“舒茨基被视为具有科学性、深刻性，著有学术文、专门著作的先驱者。”[①]楚紫气生前对《周易》的翻译与研究没有正式出版，一直到1960年，在其好友著名东方学家尼古拉·约瑟福维奇·康拉德（Н.И.Конрад，1891—1970）的大力支持下，才在莫斯科出版《易经》俄译本[②]。1979年该作品被译成英文分别在英国和美国出版，引起了强烈的反响。1993年由东方学研究所的科布泽夫博士修订出版了第二版，由原来的423页增至606页，满足了汉学界的迫切需求[③]。俄国图亚非文献部所藏的三部《易》学汉籍以及一部经学通论汉籍，当是楚紫气进行研究的重要资料。

这4部作品基本情况为：1.《易经》八卷，索书号：K3—63。宋程颐传。清光绪九年（1883）江南书局刻本。8行17字，小字双行同，白口，左右双边，单鱼尾。板框高宽：17.7厘米×28厘米，书：23.1厘米×15.1厘米。三册，全。楚紫气藏书，天头有其批语，书中有楚氏藏书票及钤印，其印有：“楚紫气”“百合庵印”“秀月百合庵印”“需斋之印”“楚氏藏印”。2.《易酌》十四卷，索书号：K4—7。清刁包著。清道光二十三年（1843）刻本，顺积楼藏板。10行21字，白口，四周单边，单黑鱼尾。板框高宽：18.6厘米×27.5厘米，书：25.8厘米×15.2厘米。一函十三册，全。楚紫气藏书，书

---

① 张叔娟：《中国古典诗歌俄传史论》，博士学位论文，南开大学历史学院，2013年，第71页。

② 钱中文主编：《读俄罗斯》，济南：泰山出版社，2008年，第86页。

③ 朱越利主编：《理论视角方法·海外道教学研究》，济南：齐鲁书社，2013年，第275—276页。

中有楚氏批语及钤印，其印有："楚氏藏印""楚紫气印""楚紫气""紫""有朋""需斋"。3.《周易折中》二十二卷首一卷，索书号：K3—49。清李光地等纂。清同治六年（1867）刻本。11行24字，小字双行同，白口，左右双边，单黑鱼尾。板框高宽：19厘米×28.4厘米，书：23.8厘米×15.2厘米。一函十册，全。楚紫气藏书，书中有楚氏批语及钤印，其印有："秀月百合庵印""楚氏藏印""需斋""秀月百合庵文库印""楚紫气印""需斋之印""楚紫气"。4.《经学通论》五卷，索书号：K4—332。清皮锡瑞撰。清光绪三十三年（1907）思贤书局刻本。12行25字，白口，左右双边，单鱼尾。板框高宽：21.4厘米×30.5厘米，书：26.8厘米×17.2厘米。一函五册，全。楚紫气藏书，函套上有楚氏题签，相关印记有："楚紫气印""百合庵印""楚紫气""秀月百合庵印"。

以上3部研究《周易》的汉籍，刁包《易酌》学宗程氏，"是书用注疏本，以程传本义为主……其著书一本于义理，惟以明道为主，绝不为程试之计。是书推阐易理，亦大抵明白，正大足以羽翼程朱，于宋学之中实深有所得"[①]。至于《周易折中》，"冠以程传，次以本义"，兼收并采，以为持平之论。这些汉籍展现的学术特征，可以看出楚紫气《周易》研究的哲学趣向。

（二）宋明理学四种

20世纪30年代苏俄学术界对中国古典哲学抱着批判和否定的态度，对于刚刚传入的阳明学说，被定义为"极端的唯心主义者学说"，而楚紫气却对阳明学说在内的中国古典哲学有浓厚的兴趣。在阿理克院士给楚紫气的博士论文评语中可知，楚氏一直致力于编写阳明学研究的专著。

> 他根据导师的要求在1935年对自己的学术生涯写了自传体回忆录，并在其中指出："在中国的古典哲学家中真正使我感兴趣的不是西周时期的古代哲学家，而是从东晋时期的葛洪到明朝中晚期的王守仁等中世纪的哲学家。"……他早在1920年就提出和中国现当代儒学宗师杜维明相同的结论"阳明学是区别于西方唯意志论的唯心主义哲学，是一种强调良知和实践性的创新型儒家哲学——心学，不论在东方、西方还是整个人类社会

① 永瑢等撰：《四库全书总目》卷六，北京：中华书局，2008年，第36页。

都应该提倡和推广这个学说。”[①]

遗憾的是，楚紫气还没来得及将自己的研究心得转化为成果，就惨遭不测。

在俄国图亚非部，我们看到楚紫气有关宋明理学的藏书有以下4部：1.《性理大全书》七十卷，索书号：K4—3。明胡广等奉敕撰。和刻本。10行20字，白口，左右双边，单鱼黑尾。板框高宽：21厘米×29.2厘米，书：27.2厘米×17厘米。十六册，全。楚紫气藏书，书中有其批注及印记。藏印有“楚氏藏印”“秀月百合庵印”“需斋之印”“有朋”等。2.《周子全书》二十二卷首一卷，索书号：K3—244。宋周敦颐撰，清董榕辑。清光绪二十九年（1903）刻本。10行19字，小字双行同，黑口，四周双边，单鱼尾。板框高宽：18.3厘米×26.5厘米，书：25厘米×15厘米。一函十册，全。楚紫气藏书，藏书印有：“楚紫气印”“秀月百合庵印”“百合庵印”“楚紫气”“斋龟”“需斋之印”。3.《王文成公全书》三十八卷，索书号：K3—50。明王守仁撰。清刻本。9行21字，小字双行同，白口，左右双边，单黑鱼尾。板框高宽：18.3厘米×26.6厘米，书：23厘米×14.7厘米。四函二十四册，全。楚紫气藏书，函套上有楚紫气题签。书中钤印有：“楚紫气印”“紫”。4.《理学宗传》二十六卷，索书号：K3—245。清孙奇逢辑。清光绪六年（1880）浙江书局刻本。9行20字，白口，左右双边，单鱼尾。板框高宽：16.8厘米×25.2厘米，书：24厘米×15厘米。一函十二册，全。楚紫气藏书，函套上有楚氏题签，书中有楚氏藏印：“楚紫气”“斋龟”“秀月百合庵印”“百合庵印”“楚紫气印”。

《性理大全书》搜集一百二十家的宋代理学著作与理学家言论，《周子全书》是宋代理学思想创始者周敦颐的作品集，《王文成公全书》全面辑录王守仁的作品，还包括王氏年谱等；明清之际孙奇逢的《理学宗传》，以宋周敦颐、程颢、程颐、张载、邵雍、朱熹、陆九渊、明薛瑄、王守仁、罗洪先、顾宪成十一人为主，以从汉到明的其他儒者为辅，叙述宋明理学的道统。这些书集中反映了楚紫气对中国古典哲学关注的一个侧面。

（三）佛学著作三种

汉代以降，中国古典哲学的一个重要特征是儒释道三家学说在斗争中互

① 杨春蕾：《王阳明思想学说在俄罗斯的传播与影响》，《湖北社会科学》2018年第71期。

相吸收融合。楚紫气关注的中国古典哲学，无论是宋明理学，还是道家哲学（这与其老师阿理克研究趣味相似），都离不开对佛学精义的探究与比较。可以肯定的是，楚紫气对佛教研习颇有心得，这从他于1927年所发表的《佛教中的道士》可以证明。在俄国图亚非文献部中就有楚氏收藏的三部释家汉籍，它们的情况如下：

1.《般若波罗蜜多心经注解》一卷，索书号：K3—254。民国十一年（1922）刻本。10行20字，黑口，左右双边，无鱼尾，版心上刻“心经注解”，板框高宽：18厘米×16厘米，书：24.2厘米×15.5厘米。一册，欧式硬装，全。楚紫气藏书，封皮上有楚紫气题名，封皮反面有楚氏藏书票，并有“秀月百合庵印”“紫气”等多枚藏书印。按，此书末有“心经注解跋”，文末署：“壬戌夏四月朔有十日海宁姚煜薰沐敬跋。”姚煜，字文敷或文甫，浙江海宁人。光绪年间官至盐运使、南洋学监，民国八年（1919）、十一年（1922）两任上海海关监督官。工书法，擅篆、隶书，曾与张元济、徐堂等人应张宗祥发起捐资，补钞文渊阁遗缺四库文稿。晚年长斋念佛。由此，可知书中“壬戌”当为民国十一年（1922）。2.《析疑论》二卷，索书号：K3—257/1。清光绪三十四年（1908）刻本。10行20字，小字双行同，黑口，左右双边，无鱼尾。板框高宽：18.3厘米×26.2厘米，书：24.4厘米×15.5厘米。一册，欧式硬装。楚紫气藏书，封皮有楚氏题名，封皮反面有楚氏藏书票。楚氏印记有：“百合庵印”“秀月百合庵印”“楚紫气”。3.《破邪论》二卷，索书号：K3—257/2。清光绪三十四年（1908）刻本。10行20字，小字双行同，白口，左右双边，无鱼尾。板框高宽：18.5厘米×26.2厘米，书：24.6厘米×15.5厘米。一册。楚紫气藏书，封皮有楚氏题名，封皮反面有楚氏藏书票。收藏印记有：“百合庵印”“秀月百合庵印”“楚紫气”。

二、楚紫气所藏汉籍的流布

楚氏这些汉籍从何处获得呢？种种资料可知，楚氏收藏的汉籍多当在日本购得，或为日本学者的赠予。

楚紫气一生没有去过中国，倒是有过短暂地访日的经历。1928年夏天，时在亚洲博物馆工作的楚紫气到日本出差，搜集日文与汉文书籍是他此行的主要目的，“其目的是为亚洲博物馆购买图书，同日本的学会和科学机关，同一些汉学家建立图书交换关系。休茨基同日本一学会订立了关于经常向亚洲博物馆寄送本协会出版物和其他书籍以交换苏联科学院的出版物的协定。另外，他还同日本一些大学建立了书籍交换关系。他还商定了用亚洲博物馆所保存的唐固特人（西夏）的手抄和木刻书籍的影印本换取日本出版物”[①]。楚氏在日本总共待了四个半月。在这短暂时间里，他也做了出色的工作。其时，日本学者狩野直喜利用阿理克提供奥登堡敦煌文献集中的《文选》照片资料，写就了《唐钞本〈文选〉残篇跋》，并发表于《“支那”学》[②]杂志上。这篇论文被楚紫气立刻翻译成俄文，并在俄发表，“作为正式开始对苏（俄）藏敦煌汉文文献的研究，还作为掀开日俄两国在东方学领域学术交流史第一页的事件，该文的发表具有里程碑式的意义”。[③]楚氏所藏的汉籍中，《经学通论》《理学宗传》首册封皮上有楚氏简短识语：“1928年5月，京都。”《易酌》《性理大全书》等书上识语：“1928年7月，京都。”正与楚氏日本行程契合。彼时，楚氏在日本购买一些和自己研究相关的汉籍，自在情理之中。

《周子全书》则是日本学者石滨纯太郎所赠。在此书首册封皮反面粘有一张名片，内容为：“楚紫气先生惠存，《周子全书》一帙。石滨纯太郎，拜呈。大阪市住吉区千躰町拾四番地。”石滨纯太郎（1888—1968）是20世纪上半期日本研究敦煌、西夏文著名学者。这些资料，特别是西夏文献，俄罗斯收藏丰富，因此石滨纯太郎与俄国学者保持密切的联系[④]，这其中就包括阿理克院士及其学生。但遗憾的是，石滨纯太郎一生没有亲自到过俄国。1924年，他曾跟随内藤湖南等人一起前往欧洲调查汉文书籍，先后经过欧洲多地，但这仅有的一次外国之行并未经过俄国。但据资料可知，石滨纯太郎在楚紫气旅日期间，二人当时有过交际。1927年7月，石滨纯太郎与时在日本的俄著名汉学家聂历山（H.A. HeBCKHPl，1892—1938）等人发起成立了

---

① 中国科学院计划局编《国外科学管理基础资料之七·苏联科学院简史·1917年至1976年》，第82页。

② 日本杂志，1920年9月由狩野直喜等日本学人创办，专门介绍中国文学问题的月刊，东京弘文堂书店刊行，1947年停刊。

③ 高田时雄：《俄国中亚考察团所获藏品与日本学者》，徐铭译，载刘进宝主编《丝路文明》第一辑，上海：上海古籍出版社，2016年，第217页。

④ 其所著的《西夏语译大藏经》（1933）、《西夏文般若经的断片》（1926），都是与俄国学者涅夫斯基合作完成，成为日本学界西夏学研究的开拓者。

"静安学社"[1]。因为当年5月王国维去世，为了纪念这位杰出的中国学者，聂历山提议将学会的名称以王国维的字"静安"命名。"在该学会会员名单之中，通过聂历山的关系，普列特涅尔、康拉德、休茨基等俄罗斯学者的名字得以以会员或会友的形式加入其中"[2]。在这种紧密联系下，石滨纯太郎与楚紫气当有一段过往甚密的交往。获得石滨纯太郎赠书，正是这段关系的很好注脚。此书的封皮题字为："1929年，石滨纯太郎送。"此时楚氏应早已回国，此书当是石滨纯太郎通过邮寄或其他方式赠给楚紫气的。

至于楚氏所藏《般若波罗蜜多心经注解》《破邪论》《析疑论》三本佛教典籍，则没有任何信息证明其来源。

1937年，楚紫气被捕，他的很多研究资料和作品同时被收缴，有些研究成果可能被彻底销毁。幸运的是，他所收藏的部分汉籍后来被转移到俄国家图书馆亚非文献部。据这些书后面所钤的入馆登记时间，可知是在1938年至1939年之间。由此判断，这批书很可能在1938年楚氏去世后，随即被移交到了图书馆。

据统计，楚紫气所藏这些汉籍钤有各式藏书章达15个。而有些书上粘有楚氏自己设计的藏书票，上画着一本打开的书，书页一面是一只昂然直立的狮子，另一面似为一位身披长袍的人。这与他曾给老师阿理克设计的藏书票遥相呼应，"书签上画着一个肩上扛着挑有两包袱书的扁担，正向着太阳跑的人"。[3]楚紫气收藏这些汉籍，从版本学上讲并非稀见珍品，但这些书籍见证了一位优秀的汉学家对中国文化的热爱与追求，仿佛悠远的回声[4]，诉说着他短暂而辉煌的一生。

---

① 聂历山（H.A. HeBCKHPl，1892—1938），俄罗斯著名的西夏文学者，他经历和楚紫气一样坎坷悲惨。他于1937年10月突然遭到逮捕，11月就被当作"人民公敌"而枪杀了。其名誉一直等到20年后的1957年才得以恢复，而且聂历山关于西夏文的遗稿终于在1960年以《西夏文献学》一书的形式出版发行，两年以后被追加授予列宁勋章。

② 高田时雄：《俄国中亚考察团所获藏品与日本学者》，徐铭译，载刘进宝主编《丝路文明》第一辑，上海：上海古籍出版社，2016年，第222页。

③ 张叔娟：《中国古典诗歌俄传史论》，博士学位论文，南开大学历史学院，2013年，第71页。

④ 1923年，由楚紫气翻译、阿理克编辑出版了《7至9世纪中国抒情诗选》，选择了白居易、王维、杜甫、李白等54位唐朝诗人的139首作品。2000年再版时，改名为《悠远的回声》。

附：楚紫气的藏书印与藏书票

张　云　济南大学文学院副教授

·美国汉学研究·

“尽个性而求整体”

——包弼德论苏轼之“道”*

万 燚

摘 要：美国汉学家包弼德（Peter Bol）深入论析苏轼的《策论》《苏氏易传》《东坡书传》以及苏轼对新法的批判，提出苏轼之“道”为“尽个性而求整体”，既要求个性和多样性，同时又能实现整体利益。作为一名思想家，苏轼的重要价值在于解决了“道”的普遍性与个人经历特殊性之间的困境。此论视角新颖，且不乏精辟之处。

关键词：苏轼之道　包弼德　个性　整体

在《斯文：唐宋士大夫哲学思想的转型》（*This Culture of Ours*：*Intellectual Transitions in T'ang and Sung China*）一书中，美国汉学家包弼德设专章深入论析了苏轼的哲学思想，认为苏轼之“道”乃“尽个性而求整体”（Su Shih's Tao：Unity with Individuality）①，是说苏轼重视灵活性、多样性和个性，同时也致力于寻求统一价值观。进而，包弼德肯定苏轼作为一位思想家，其重要价值在于解决了“道”的普遍性与个人经历特殊性之间的困境，苏轼所主张的“道”既要求个性和多样性，同时又能实现整体利益。因此，包弼德提出，苏轼的“尽个性而求整体”，是一种价值观的思维方式，而非整齐划一的价值观。本文即对此展开详细探讨，希冀为国内学界提供镜鉴。

---

* 本文为2022年海南省哲学社会科学规划重大专项“多语种图文版《海南东坡一百问》”阶段性成果，批准号［HNSK（ZDZX）22－19］。

① Peter Bol，*This Culture of Ours*：*Intellectual Transitions in T'ang and Sung China*，Standford：Standford University Press，1992，p.254.

一

包弼德首先指出学界对苏轼哲学思想有所忽视，主要是由三个方面原因造成的：一是苏轼的文学艺术成就使得他常被视作中国文学史与艺术史上的杰出代表人物，然而，在苏轼被普遍视为文学天才的同时，也无形中使他在政治、哲学领域的成就受到忽视；二是与中国学者惯用的思想史编写方法有关，学者们往往以宋代理学家程颐的思想遗产为中心，解读整个中国11世纪的思想世界，致使苏轼的哲学思想遭到忽视；三是与掌权人物的思想取向相关，由于11世纪70年代以来王安石、司马光集团相继掌权，二者均将“学”视作为政体明道，强调思想一致、个人服从制度，这一思想取向使得他们将文学视为虽然合法但却次要之事，像苏轼这样文艺成就突出的士大夫，也只是一介“文士”，而非“学者”。[①]他们认为，“文士”虽具有文学艺术上的创造性与个性，但少有明确且具有影响力的政治、道德、哲学价值观。也有出于其他理由而反对文学之人，如周敦颐在《通书·文辞》中所言：

> 文所以载道也，轮辕饰而人弗庸，徒饰也。况虚车乎？文辞，艺也；道德，实也。笃其实，而艺者书之，美则爱，爱则传焉。贤者得以学而至之，是为教。故曰：“言之不文，行之不远。”然不贤者。虽父兄临之，师保勉之，不学也；强之，不从也。不知务道德而第以文辞为能者，艺焉而已。噫，弊也久矣。[②]

周敦颐所言之“道”，指儒家的传统伦理道德。周敦颐提出“文以载道”，写作文章的旨归在于宣扬儒家仁义道德和伦理纲常，为封建统治的政治教化服务；评价文章好坏的首要标准是其内容与儒家价值观念之联系几何。如果仅仅是文辞华美，却没有道德内容，这样的文章不受重视，更不会广为流传。他反对在“文”与“道”之间建立一种完整的联系，并且认为“文”在“道”上毫无价值，这也导致苏轼思想受到忽视。但包弼德认为，苏轼有意强调其在“斯文”传承上的责无旁贷，也就是说，苏轼本人不但重视“文士”的传道责任，也持有自己关于文化、政治、道德的观点与立场，

① *This Culture of Ours*: *Intellectual Transitions in T'ang and Sung China*, p.255.

② 周敦颐：《周敦颐集》，陈克明点校，北京：中华书局，1990年，第34页。

而且他很巧妙地将“道”统与“文”统相结合，这一点可以在苏辙所作《亡兄子瞻端明墓志铭》得到印证。包弼德从苏轼的策论、对新法的批判、《苏氏易传》《东坡书传》等诸多方面展开全面分析，试图揭示苏轼的主要哲学思想，勾勒苏轼的哲学面貌，确定苏轼思想的地位与影响。

二

通过对《策论》的细读，包弼德认为，苏轼反对任何形式的教条主义，他珍视灵活性、多样性和个性，同时也致力于寻求统一价值观。作为一个中国古代文士，苏轼常处于“道”统与“文”统的张力之中；作为思想家，苏轼解决了“道”的普遍性与个人经历特殊性之间的矛盾与困境。①苏轼主张的“道”要求个性和多样性，以实现整体利益。②他提出了一种价值观的思维方式，而非整齐划一的价值观。这一思想立场解释了人们创造的“文”如何在不要求风格千篇一律和得出相同结论的情况下仍然具有真正价值。相对于“确定性”，苏轼提出了一种文化视界（cultural vision），即一种不断累积的、不断变化的、适应多种多样兴趣的文化形态。③在包弼德看来，苏轼回答了中国自8世纪晚期以来的思想论争，是韩愈所建构的思想传统中最后一位伟大文士。但是，苏轼并不倾向于建立一个表里如一的、具有道德普遍性的文化，因为在他看来，人类会一直面对一个不完美的世界，因此，他拒绝承认存在着一种在任何情境下都正确合理的标准，由此，苏轼与那些继续坚持认为有可能在个人和社会中实现完美道德的人分道扬镳。④具体来说，包弼德提出，苏轼在1061年的制科考试中所撰50篇文章融合了庄子的相对主义、贾谊对上古的理想化、陆贽的改良主义等思想，其内在的核心理念是“中庸”，即通过结合各个极端来创造一个中心，通过平衡相反利益来创造一个整体，也即是“以多样性求整体”。⑤比如，苏轼提出，“夫人胜法，则法

---

① *This Culture of Ours*: *Intellectual Transitions in T'ang and Sung China*, p.259.
② *This Culture of Ours*: *Intellectual Transitions in T'ang and Sung China*, p.259.
③ *This Culture of Ours*: *Intellectual Transitions in T'ang and Sung China*, p.259.
④ *This Culture of Ours*: *Intellectual Transitions in T'ang and Sung China*, p.259.
⑤ *This Culture of Ours*: *Intellectual Transitions in T'ang and Sung China*, p.259.

为虚器；法胜人，则人为备位；人与法并行而不相胜，则天下安，"[1]政治秩序有赖于"法"（规章、传统、惯例）与"人"（人的主动性）之间的平衡，而非"以法制人"，除非"人"缺乏自信，不能采取主动。[2]

包弼德阐明了苏轼所谓"通万物之理"的内涵，[3]他认为"物"是指关于人事的历史范畴，而所谓"历史范畴"，就是在历史的概念框架中看问题，强调概念的发展变化，在不同历史时期有不同含义或存在形态，包括政府中的各种角色（皇帝、朝臣、地方官）、社会群体（平民、军人），这些角色和群体的职能、责任以及不同群体和职能之间的关系；"万物"指政体的所有组成部分，包括中国加以防御的四夷。"变"往往倾向于向和谐、平衡关系的转变；"理"即是"势"，指事情按照特定过程展开。因此，总的来讲，"万物之理"就是事情在特定环境中发展的过程与态势。"通万物之理"即是指万物均有内在之理，个人能够通过考察事物的变化、奇变和变动来理解这种内在之理。苏轼通过考察万物的内在之理而超越了片面性。[4]即苏轼所谓"古之所谓中庸者，尽万物之理而不过，故亦曰皇极"。[5]"尽万物之理"也即将事物内在之理彼此联系、协调以发挥作用，将事物并置为一个统一体。"天下之势，譬诸一身"，意谓世界能够被统治，世界就像人的身体，人的身体能够被统一为一体，那世界也可以被统一。包弼德评论说：

> 苏轼用以平衡对立双方的中庸观念，是他用以协调人类多样现实与建立一个完整政体理想之间的矛盾的一种方法，一种途径，其间包含着他对万事万物发展变化过程的认识，也包含着他对人情本性的理解。[6]

这一方法是苏轼用以调和趋向极端可能性的手段。没有一种极端可能性是绝对的标准，固定的制度规范、僵化不变的伦理教条都不是绝对标

① 苏轼：《应制举上两制书》，张志烈、马德富、周裕锴主编《苏轼全集校注》（文集），石家庄：河北人民出版社，2010年，第5224页。

② *This Culture of Ours*: *Intellectual Transitions in T'ang and Sung China*，p.259.

③ *This Culture of Ours*: *Intellectual Transitions in T'ang and Sung China*，p.260.

④ *This Culture of Ours*: *Intellectual Transitions in T'ang and Sung China*，pp.260－261.

⑤ 苏轼：《策论》（第四），张志烈、马德富、周裕锴主编《苏轼全集校注》（文集），石家庄：河北人民出版社，2010年，第793页。

⑥ *This Culture of Ours*: *Intellectual Transitions in T'ang and Sung China*，pp.260－261.

准，秩序、利益的平衡均依赖于对他人利益、国家制度的斟酌考量，从而来创造一种环境，将人们引向所期望的方向。由此，苏轼将国家社会的使命交付给那些懂得平衡与协调利益且将部分统一为有机整体的人。包弼德进而界定苏轼并非道德家，也非制度的改革者，而是提出了一种思想理路，一种能够趋向统一的理路，该理路与他认为人类性格多元主义是内在统一的。

三

苏轼对新法的批判是苏轼哲学思想的重要组成部分。包弼德在对苏轼反新法的具体内容进行论述后，认为除了苏轼对学校和科举改革措施的评论之外，他对新法的反对意见与司马光大体相同。如反对制置三司条例司，反对任命掌管农业水利的特使，反对青苗法，反对代役制，反对政府贸易制度等等。苏轼只是合唱中的一个"好声音"，而非"独唱"。他并没提出一种制度或者一个计划来切实降低财政赤字、减轻穷人的贫困、让中国在外交关系中更有地位、更有影响力，他只是反复强调，王安石新法所谓政治革新是不切实际的，是不会有成果的。包弼德看到苏轼在反对新法的过程中，一直对一个非常紧迫的问题进行思考，即人们如何能够在内心深处真正抵制取媚权力和财富的诱惑？或者说人们如何抵制新法的种种命令，同时又能保持自己思想的独立性，无需避世隐居？换言之，一个人如何能够既保持自己的社会责任感，又同时能保存自己的尊严？包弼德对此考察了苏轼自11世纪70年代以来的作品，提出苏轼虽然没有直接回答这个问题，但已经开始运用"物我"的概念来思考这个问题。包弼德非常客观地评述道：

> 拥有一个能以尊重物我利益恰当应物的自我是很不容易的，这需要非常清醒的自我意识，然而清醒的自我意识却看到一个人从来都不能真正地超越个性和利益的趋向，清醒的自我意识要求对事物作出鉴别，然而它却不能确定它所看到的就是事物的真实样子。没有万全之策。正如苏轼作品所显示，苏轼能做的是用自己证明一个人可以尝试去思考和处理

此类问题。[①]

苏轼这一思想立场可以通过他对当时思想潮流及新法的批判里窥见，比如他对新法中建立国家学校制度和统一科举考试、取代以诗取士的问题提出严厉批判，还对当时确信自身正当性的思想提出批评，既批判王安石要求学问整齐划一，又批判那种寻求终极和超越之道的理路。对此，苏轼提出：通过呈现整体中的多样性来获得“古人之大全”。包弼德评价说，把价值的终极来源放在创造过程本身，是苏轼后期思想中非常关键的一点。[②]作为终极来源的“道”，是能够在经验中被“直觉”的，但却不能被“定义”；能够通过循序渐进、日积月累来摸索，但不能根据一套教导亦步亦趋地实现。“道”的确是超验的，所以它不能被“定义”，但同时它又蕴含在事物中。它融合了事物运动的方式、事物应该如何运动的方式；融合了规范性和描述性。关于“道”与“学”、终极价值与实际事务，核心在于学习如何行动才能实现事物的内在之“道”。当时的主导思想认为，“道”能够作为某种超验的东西、脱离事物而被理解。苏轼针对这一思想倾向，提出人们需留意实际事物，在《超然台记》中，苏轼建议游于“物之内”，从而欣赏万物；同时也游于“物之外”，从而避免陷溺于物。换言之，即以一种“寓意于物而不留意于物”的态度来对待物。用苏轼的话来说，即“寓意于物，虽微物足以为乐，虽尤物不足以为病。留意于物，虽微物足以为病，虽尤物不足以为乐”，[③]即在物我之间保持平衡。

四

《苏氏易传》《东坡书传》以及亡佚的《论语注》在苏轼心中的地位，远甚于其文学艺术成就，他曾对崇拜者表示，他不希望仅仅被视为一个文艺评论家，那是“故我”，而非“今我”。他在离开海南时写道：“某凡百如昨，但抚视《易》《书》《论语》三书，即觉此生不虚过。如来书所谕，其他何足

① *This Culture of Ours*: *Intellectual Transitions in T'ang and Sung China*, pp.276–277.

② *This Culture of Ours*: *Intellectual Transitions in T'ang and Sung China*, p.276.

③ 苏轼：《宝绘堂记》，张志烈、马德富、周裕锴主编《苏轼全集校注》（文集），石家庄：河北人民出版社，2010年，第1122页。

道。”[①]包弼德对《苏氏易传》《东坡书传》进行了细致阐释，结论是苏轼认为个人能够学会创造性地、同时也负责任地对一个不断变化的世界做出反应。《苏氏易传》是为政治而作，重申了他对“一统”观的批评，反对将一己观点强加给世界与他人，《东坡书传》直接表达苏轼的政治思想与为政之道，其间苏轼阐明了他心中的圣人之道。这两部著作反映出苏轼对两个极端的批判：一个极端是将人性等同于对道德的普遍定义；另一个极端是将圣人的为政之道等同于单一的政治体制。在此基础上，苏轼提出了一个与王安石截然不同的经典阐释方式，王安石试图在经典中假定一个协调一致的结构，进而建构意义；而苏轼则运用“一与多”的辩证关系，一方面将部分看作整体意义的一个侧面，另一方面又在部分中寻求关于整体的意义。包弼德特别阐述了他对《苏氏易传》里的“圣人构想”的看法：“苏轼把《周易》看作不断积累而成的著述，由圣人们相继创造，他们要在‘道之大全’与人类生活中保持联系。该书可以指导人事，但有‘达者’可以将该书抛诸脑后，而像圣人一般行事。”[②]在讨论《系辞传》时，苏轼解释了人为什么有可能实践“道”的原因。与之相应，澳大利亚悉尼大学教授毕熙燕（Bi，Xiyan）也指出，苏轼认为，“圣人之道”之所以受人尊崇，关键在于符合特定时空语境，传“圣人之道”并不是传“圣人之言”，而是把握圣人在特定语境下的思维方式和理念，而非将圣人之言固定下来再予以阐发，[③]也就是苏轼《荀卿论》所谓“且夫学圣人者，岂必其言之云尔哉，亦观其意之所向而已”[④]。在《东坡书传》里，苏轼讨论了“强制的政府”与“仁爱的政府”，《盘庚篇》即为其中典型。从对盘庚迁都的解读，苏轼提出，好的统治者留意臣民的意见而不强迫别人服从。制度的重要性不可否认，但自我修养是更迫切的问题。具有自我修养的统治者可以监察自己的“私欲”，因为“私欲”妨碍他接受臣民的批评意见。“期以致用之士”也不在取悦统治者方面一争高低，而是恪尽职

① 苏轼：《答苏伯固四首》（之三），张志烈、马德富、周裕锴主编《苏轼全集校注》（文集），石家庄：河北人民出版社，2010年，第6364页。

② *This Culture of Ours*：*Intellectual Transitions in T'ang and Sung China*，p.281.

③ 万燚：《英语世界的苏轼“因革”文学思想研究：以毕熙燕为中心》，胡晓明《古代文学理论研究（第四十辑）：中国文论的思想与智慧》，上海：华东师范大学出版社，2015年，第96页。

④ 苏轼：《荀卿论》，张志烈、马德富、周裕锴主编《苏轼全集校注》（文集），石家庄：河北人民出版社，2010年，第340页。

守。“自我修养”指“凡圣人之德：仁义孝悌忠信礼乐之类，皆可以学至”，通过内心专注于此而使这些德行成为自我的一部分。

结　语

在对苏轼的哲学、政治思想进行深入体察后，包弼德对苏轼在中国思想史上的地位给予了极高评价：

> 苏轼是宋代文学、思想领域均占据核心地位的最后一位伟大人物，标志着中国思想史上两个时代的结束，即寻求将普遍价值和文化创造性统一起来的文学——思想时代，其始于韩愈，延续至11世纪，甚至更长。[①]

在这个时代，对价值观的思考是以审视文化传统进行的。苏轼的思想立场的反讽意味在于，为了解释一个个体所创造的作品何以具有真正的价值，他所依赖的价值观思考方式，在理论上对文学却并无裨益。文学写作可以是一种学会在不完美社会里为自己思想负责的方式，而文学创作中的自发性可以证明一个人在“学”上的精通，然而获得“学”需要对事物进行思考，而非思考作品和所谓原则。“这个立场使得苏轼成为一个新的思想时代的一部分，苏轼坚持主张对价值观的思考应以文化和个性为中介”[②]，只是并非绝对确定，即使是最有说服力的结论，在某种意义上往往也只是暂时可行的。包弼德的见解源自文本细读，其对苏轼之“道”的评价比较客观，且不乏精辟之处，值得国内学界深入探究。

万　燚　四川轻化工大学教育与心理科学学院教授

① *This Culture of Ours*: *Intellectual Transitions in T'ang and Sung China*, p.285.

② *This Culture of Ours*: *Intellectual Transitions in T'ang and Sung China*, p.297.

价值的复现：汉学家韩南对《平妖传》的英译*

朱　斌

摘　要：钩沉典型的翻译事件对中国文学对外译介有镜鉴价值。《平妖传》英译本是美国知名汉学家韩南的封笔之作。原文具有的娱乐价值和学术价值是决定译者文本选择的根本原因；译者在“话本”腔调的传达和回目的翻译上倾向于采用“保留”策略，旨在原汁原味地展现原文的异质性；在称谓语的翻译上侧重于“同化”策略，以照顾目标受众的审美习惯。在译者独具“匠心”的打磨下，译本在“保留”和“同化”之间达到了理想中的平衡，获得了良好的接受效果。

关键词：韩南　《平妖传》　英译　策略

时人提及韩南（Patrick Hanan，1927—2014），无不称赞其在汉学研究领域的建树。作为西方汉学界中国明清小说研究的“拓荒者”，他善于考证，精于逻辑推理，重估了19世纪中国小说的内在活力和价值，为明清小说研究拓展了新的空间。[①]而汉学研究的建树似乎也“遮蔽”了其翻译成就。实际上，韩南在晚年（63—87岁）热衷于中国小说的英译，翻译了《肉蒲团》（1990）、《无声戏》（1990）、《恨海》（1995）、《禽海石》（1995）、《十二楼》（1998）、《黄金祟》（1999）、《明代爱情故事选》（2006）、《风月梦》（2009）、《蜃楼志》（2014）和《平妖传》（2017）等10部明清小说。《平妖传》（*Quelling the Demons' Revolt: A Novel from Ming China*）是译者的封笔

* 本文为重庆市社会科学规划项目“美国汉学家韩南明清小说英译本价值复现与重构研究”的成果，批准号（2020QNYY71）。四川外国语大学科研项目“汉学家韩南的译者行为研究”的成果，批准号（SISU202115）。

① 商伟：《韩南先生的最后礼物》，载陈思和、王德威主编《史料与阐释》第3期，上海：复旦大学出版社，2015年，第19页。

之作，2017年在美国哥伦比亚大学出版[①]。译本一经出版，迅速获得目标读者的好评。在他们的眼中，译本巧妙捕捉了原文的“风趣”和“活力”，译笔优美生动，是“一个有精气神的翻译”“一个令人欢快的读物”，也是大学课堂的最好教材。[②]《平妖传》是译者最后一部译作，也是他留给我们的“宝贵财富”，理应受到学界的重视，但稍显遗憾的是，国内尚未见该译本的相关研究。鉴于此，本文尝试梳理译本生成的主要环节，描述译者行为背后潜藏的深层原因，以期为中国文学的海外译介提供些许启迪。

一、文本选择：特定价值的肯定和坚守

《平妖传》是我国元末明初的一部长篇神魔小说，在中国古代文学史上属于被“掩蔽”的状态，它既无《三国演义》《水浒传》《西游记》《红楼梦》那样的读者群，也未在学术界引起足够的反响和重视。[③]清代五湖老人称它“不知滥觞启窦，只导人滔淫耳”，充其可归为《西洋》《浪史》等末流小说一类。[④]鲁迅评价它“事迹于臆造而外，亦采取他杂说，附会入之。”[⑤]也有学者将它定性为“砒霜远远多于蜜糖”“充满着糟粕的下乘之作”。[⑥]总言之，《平妖传》思想消极、艺术平庸，只能算作“三流作品”。但译者为何偏偏选择了这样一部作品呢？

翻译是一项社会文化活动，其运行机制和行为规范无不受到社会力量的牵制。译者所处的社会环境、其赞助人的意识形态等社会因素会引导或刺激译者做出不同的选择。多数情况下，“市场规律迫使那些鹤立鸡群的译者不

① 译本是译者2014年完成的，但正式出版是在他去世3年后，具体缘由见译本前言。

② 汉学家魏爱莲、王德威、何谷理、蔡九迪，以及香港自由出版社的专栏作家萨拉等对译本给予了高度评价，详见Hegel，Robert E，“Quelling the Demons’Revolt：A Novel from Ming China，” *Ming Studies*，no.2（2018）；Sala，Ilaria Maria. “My Kind of Demons：Quelling the Demons’Revolt：A Novel from Ming China，” *Cha*：*An Asian Literary Journal*，no.2（2019）；以及亚马逊网 “https：//www.amazon.com/-/zh/dp/B072399QFQ/re”（2021年6月1日读取）。

③ 苏铁戈：《平妖传系列小说》，沈阳：辽宁教育出版社，1992年，第1页。

④ 黄霖：《中国历代小说论著选》，南昌：江西人民出版社，2000年，第209页。

⑤ 鲁迅：《中国小说史略》，上海：上海古籍出版社，2004年，第117页。

⑥ 陈作林：《〈平妖传〉试评》，《绥化师专学报》1985年第1期。

得不在违反自己趣味以适应读者和孤芳自赏而忍饥挨饿之间做出选择”[①]，而前者通常会胜出。但韩南是个例外。晚年时，他已在汉学界、翻译界和教育界积累了雄厚的文化资本、社会资本和象征资本，获得了足够的话语权，因此受出版社、传媒机构、政府机构等赞助人的制约较小，也不必担心译作的销量。此时的他处于“原作任挑选，译者为主人”[②]的理想环境，对文本的选择也更多是依据自身的主体需要或兴趣而做出相应的价值诉求。

什么样的作品容易打动韩南呢？他曾讲：“我们应当把更多有趣但非主流的作品介绍给英语读者”，这样可以“推动学术研究以及教学”[③]。趣味性或娱乐价值是吸引译者文本选材的重要因素。实际上，从译者的第一部长篇小说《肉蒲团》到后来的《无声戏》和《十二楼》，每一部都是趣味性作品的典例。而在韩南看来，《平妖传》就是一部非常有趣的小说[④]，符合他的价值诉求。小说充满了诙谐幽默的意趣，尤其是对小说女主（胡永儿）传奇经历的叙事令译者惊叹不已：

> 永儿教训那个浮浪子弟的方式倒颇似Banter-bury Tales中的“里佛故事”（the Reeves Tale）一样……这种调皮捣蛋的喜剧与《西游记》中迥然不同。它并未经过刻意的雕琢，只是运用欧洲神话般平铺亲切的风格写成。而且，它还十分忠于想象，并不似一般中国的宗教喜剧，先是建立起一套神话架构，然后又毫无顾忌地全盘推翻。[⑤]

如果我们对译者的汉学著述以及他对李渔、吴趼人、冯梦龙等小说的翻译稍加梳理，便可发现，“韩南的汉学研究与翻译经历已然形成一条鲜明的

---

① 邹振环:《疏通知译史》，上海：上海人民出版社，2012年，第427页。

② 陈洁、陆持:《译者的“非隐形”及其自我建构机制》,《上海翻译》2018年第5期。

③ 凌筱峤:《永远不能预测的下一站》，载郑文惠、颜健富主编:《革命·启蒙·抒情—中国近现代文学与文化研究学思录》，上海：生活·读书·新知三联书店，2014年，第105页。

④ 韩南:《韩南中国小说论集》，王秋桂等译，北京：北京大学出版社，2008年，第143页。

⑤ 韩南:《韩南中国小说论集》，王秋桂等译，北京：北京大学出版社，2008年，第159—160页。

情感脉络，表达出对中国通俗小说的情有独钟”。[①]任何一部小说的译者都必然是小说的读者，全部小说的历史序列都要在作为译者的读者那里形成一种传统定式，并在一定程度上规定着译者的评价指向。[②]显然，对那些有趣的非主流通俗小说的偏重在译者那里已然形成了一种“传统定式”，进而决定了他对《平妖传》的价值重估。至此，非主流作品《平妖传》被纳入译者的翻译视野也就不足为奇了！

接下来就是翻译底本的问题。《平妖传》有两个不同的本子：一是罗贯中编著的旧刻二十回本，原名《三遂平妖传》（下文称旧本）；二是冯梦龙在罗氏基础上增补的四十回本，又称《新平妖传》（下文称新本）。两个本子的接受度如何呢？第一，新本的流通要优于旧本。据张荣起[③]考证，旧本在国内甚为少见，甚至到1982年时，国内还从未印行，只有北大有藏书一部。而新本1957年就在古典文学出版社发行了11万册，1981年又在江西豫章书社出版了5万册之多。[④]另外，新本早已走出国门：据考，在日本江户时代，日本汉学家林罗山（1583—1657）就曾尝试翻译它，后相继出现了本城维芳的十回节译本（1802年）、佐藤春夫（1892—1964）的三十回编译本（1929年）和太田辰夫（1916—1999）的全译本（1967年）[⑤]；1835年以前，韩国学者罗孙就全译了新本，而在20世纪80年代，苏联汉学家、翻译家帕纳秀克（1924—1990）也推出了新本的俄文版。第二，国内学者对旧本多是批评之声。张誉曾批评旧本“首如暗中闻炮，突如其来；尾如饿时嚼蜡，全无滋味”。[⑥]胡万川认为，“二十回本最大缺点是各部脉络不相贯穿”，而新本远超旧本，“因为一方面它既保存了旧本原有的情趣精华，一方面又增饰以头绪分明，有原有委的安排，故事因此就显得更加的丰满与完整。”[⑦]综上可见，

① 刘晓晖、朱源：《“浅处见才”：韩南明清通俗小说翻译原本选择的偏爱价值考略》，《外语与外语教学》2020年第2期。

② 李晶：《历史与文本的超越——小说价值学导论》，上海：上海社会科学院出版社，1992年，第208页。

③ 张荣起：《前言》，《三遂平妖传》，北京：北京大学出版社，1983年，第II页。

④ 陈作林：《〈平妖传〉试评》，《绥化师专学报》1985年第1期。

⑤ 马兴国：《〈平妖传〉在日本的流传及影响》，《日本研究》1988年第4期。

⑥ 韩南：《韩南中国小说论集》，王秋桂等译，北京：北京大学出版社，2008年，第146页。

⑦ 朴明真：《〈平妖传〉二十回本与四十回本的先后问题》，《明清小说研究》2001年第4期。

无论在国内还是国外，新本的接受度都要优于旧本，诚如美国汉学家傅恩（Lois Fusek）所言“新本之流行几乎掩盖了旧本的所有踪迹”。[①]而译者为何又执意选择了后者呢？

对于这个疑惑，也许我们可以从台湾学者胡晓真对韩南翻译的评价中寻到些“蛛丝马迹”。她在《记恩师韩南教授》一文中有过这样一段论述：

> 就算是被视为汉学家当行本色的翻译，在韩南教授手中也别有境界。他讲究语言的滋味还在其次，更重要的是凡蒙他青睐而翻译的，都是他发现具有文学史关键意义的作品。[②]

可见，文本是否具有“学术价值”是译者文本选择的重要考量。就学术价值而论，译者并不认同冯氏增补所做的努力。第一，对于众人批评旧本“脉络支离破碎”“结构松散”的问题，译者并不以为然，因为在他看来，时人所指出的这个大缺点实是“其他口述小说的通病”[③]。如果以现代的审美和艺术标准去评价原作，当然它还显得非常“稚嫩”和“粗糙”。但是，倘若我们对它进行历史维度的观照，将它置于中国白话小说发展史的历史脉络中去分析，便会发现那是彼时小说发展的雏形，具有重要的文学史的价值。第二，新本对旧本所做的“完善”并没有达到预期的效果。在韩南看来，冯氏“所下的功夫并没有点石成金之效”[④]，反而有弄巧成拙之嫌。例如，旧本中的“生盆”“家生”“一色”“冒着风雪了走”在新本中被修改为“火盆”“家火”“一包”“荡风冒雪而走”。这样的修订看似更符合现代汉语规则，实则淹没了宋元时期的语言特色，因为这些未加修饰的词汇正是早期白话小说重要的特征，是中国早期小说发展过程中口语体向书面体过渡阶段的最佳迹象。

---

① Luo Guanzhong, *The Three Sui Quash the Demons' Revolt: A comic novel attributed to Luo Guanzhong*, translated by Lois Fusek, Honolulu: University of Hawai'i Press, 2010, p.xi.

② 胡晓真:《记恩师韩南教授》，载陈思和、王德威主编《史料与阐释》第3期，上海：复旦大学出版社，2015年，第33页。

③ 韩南:《韩南中国小说论集》，王秋桂等译，北京：北京大学出版社，2008年，第146页。

④ 韩南:《韩南中国小说论集》，王秋桂等译，北京：北京大学出版社，2008年，第146页。

如果从文学性或艺术的角度去审视旧本的话，它也许只能算作“三流作品”。但倘若把它置于创作活动所处的特定历史语境中去考察，那它在整个通俗文学发展脉络中的重要性是不容置疑的：“它是早期中国白话小说的最佳范例，启迪了后世众多作品的创作。”①

二、翻译策略：异质特征的保留与同化

韩南不但从事翻译实践，也做翻译研究。2000年在北京大学召开的“晚清与晚明”的学术研讨会上，他在《论第一部汉译小说》②的主旨发言中，提出了翻译的两个重要概念：“保留”（preservation）和“同化”（assimilation）。前者指“译者努力试图再现——或至少是在可能的范围内传达——原著所有可辨的特征”；后者指“译者对原文的改造，即将原文转化为一种普通读者熟悉的形式”。在韩南看来，翻译是两种不同文化间沟通、协调的活动，不存在绝对的“保留”，也不存在绝对的“同化”，而总是游离于两极之间。换言之，任何译文都是“保留”和“同化”的杂合化产物。他进一步指出，可以对比考察原文和译文的显著特质，从总体上判断译文在两极之间所处的位置。③接下来，我们就译者在“话本”腔调传达、回目翻译、称谓语翻译三个方面展开讨论，分析译本所呈现的总体特征。

（一）“话本”腔调的传达

明清小说家创作时有意无意“因袭说书人套语”，因为在那时“小说家没有成为被社会肯定的崇高职业，创作时向说书人认同，是没有选择的‘选择’”④。因此，基于说书人或话本腔调而建立起来的古代小说叙事模式便长期滞留于书面小说中。⑤《平妖传》就是一部与话本小说关系密切的通俗小说。

① 韩南：《韩南中国小说论集》，王秋桂等译，北京：北京大学出版社，2008年，第143页。

② 陈平原：《色情小说与翻译研究——关于〈中国近代小说的兴起〉及其他》，《文艺争鸣》2020年第9期。

③ 韩南：《韩南中国小说论集》，王秋桂等译，北京：北京大学出版社，2008年，第94—95页。

④ 陈平原：《中国小说叙事模式的转变》，北京：北京大学出版社，2010年，第257页。

⑤ 陈平原：《中国小说叙事模式的转变》，北京：北京大学出版社，2010年，第260页。

确切地讲，它吸收了众多话本元素，包含明显的话本套语或腔调。

小说共20回，每回以一首七言绝句开篇，由“诗曰”二字引出。这在话本中被称为“入话”或“得胜头回”。[①]这些诗有作者自撰的，也有抄自他人的。其功能是概括大意，点明主题；也是一种显而易见的修辞，能制造一种“距离效果”。[②]以诗开篇的“形式特质”对现代的英语读者可能显得陌生和新奇，但它是中国白话小说的显著特征。译者对其进行了完全的“保留”。首先，将所有“入话”的提示词“诗曰：”直译为“POEM：”；其次，原诗均是七言绝句，字数相当，有比较工整的韵脚。译者摒弃了目标文化较盛行的自由诗体，而代之以旧格律诗体，实现了诗歌隔行押韵的特点，创造性地再现了原诗的语言特征，竭力让读者领略其审美境界。

小说的主体部分，在话本中被称为“正话”，其显著特征为韵散结合。散文部分借用高度口语化的语态叙述故事，伴有较明显的说话人的口气。[③]通常有“话说……”“……且不说起”“且不说……”等字眼标示。译者在小说第一回《胡员外典当得仙画　张院君焚画产永儿》中，将上述常用语悉数译出，分别为“Let us tell…”“Let us put aside”“Let us leave”。这样的处理确保了读者在开篇便能感受原文的“异”，延长了他们对原文多语态叙述交替使用手法的审美感受，从而激发他们的文化反思。但译者同样明白，现代的读者已不再是古时中国的“听众”。倘若在后文中将这些字眼都全部译出，未免给人繁复、重叠的感觉，导致读者的审美疲劳。因此，译者确保读者在开篇获得“异”元素的“冲击”后，在后文中多数地方省略了这类词语的翻译。

韵文包括骈文、诗词和对偶句，常用来描写人物或环境，或者对某个事件进行评价，通常伴有“古人云”“有诗为证”“但见”等明显套语引入。[④]在话本表演中，散文是用来说的，而韵文是用来吟诵的。韵文的插入可以起到烘云托月的效果，帮助弥补散文叙事不足的缺点，也可以增强表演的艺术效果。译者在韵文的翻译上颇费功夫，基本上保留了原文的这一可辨性特

① 黄霖：《中国历代小说辞典（第二卷　宋、元、明）》，云南：云南人民出版社，1993年，第2页。

② 韩南：《韩南中国小说论集》，王秋桂等译，北京：北京大学出版社，2008年，第6页。

③ 傅礼军：《中国小说的谱系与历史重构》，北京：东方出版社，2006年，第82页。

④ 傅礼军：《中国小说的谱系与历史重构》，北京：东方出版社，2006年，第82页。

征。试看其中一例。

添一指太长，减一指太短。施朱太赤，付粉太白。[①]

One inch more，and she'd be too tall；

One inch less，and she'd be too short；

One touch of rouge，and she'd be too red；

One dab of powder，and she'd be too white.[②]

原文是作者描述某女子身材和肤色惊艳时穿插的一段韵文。其结构匀称，构成了五字和四字的对偶句，句式整齐美观，读起来铿锵有力，非常适合古时的诵读。面对这一文化元素，译者同样在语法结构、句子长短、韵声等方面做到了高度的统一，实现了译文的形式美和音韵美的效果，完美再现了原文的艺术功能。

小说的结尾同样沿袭了话本的叙述模式：讲到关键处，忽然打住，留下悬念，以吸引读者阅读下一回。如小说的第一回便以"毕竟出甚祸事来？且听下回分解"来结尾。这是话本、章回小说中特有的一种方式，但在西方小说中鲜见。译者在处理这一文化特质时，仍然选择保留原文特征，将所有的结尾句均直译出来，即由But引导一个疑问句，再紧接一个祈使句的固定模式。例如，第一回的结尾译为："But what troubles were they? Turn to the next chapter to find out."

（二）回目的翻译

回目是一部作品的关键词，具有表意功能，是作者字斟句酌的结果。《平妖传》共20回，有20个回目。每回目由对偶句构成，前后两句在结构、字数上都工整对照。韩南在翻译这些回目时，主要采取了如下策略。

第一是保留原文的意义、语序和对称性。例如，第一回目的翻译。

原文：

胡员外典当得仙画　张院君焚画产永儿[③]

---

① 罗贯中：《三遂平妖传》，北京：北京大学出版社，1983年，第5页。

② Luo Guanzhong，*The Three Sui Quash the Demons' Revolt*：*A comic novel attributed to Luo Guanzhong*，translated by Lois Fusek，Honolulu：University of Hawai'i Press，2010，p.7.

③ 罗贯中：《三遂平妖传》，北京：北京大学出版社，1983年，第1页。

译文：

Master Hu accepts a pledge and obtains a fairy's portrait;

Mistress Zhang burns a picture and bears a daughter.①

原文为对偶句，前后两句完全对应：前句的“胡员外”对应后句的“张院君”；前句的“典当”对应后句的“焚画”；前句的“得仙画”对应后句的“产永儿”。原文中的“典当”多做名词，指的是“押店”“店铺”，即古时候以收取物品做抵押，而获取利息的一类机构。为了让译文标题的前后完全对称，译者此处取“典当”作为动词的意项，将它译为“accepts a pledge”，正好与后半句“burns a picture”相对应。前半句和后半句的两个并列动宾结构都用“and”相连，让整个译本显得更加平衡。译者不仅在意思上精确拿捏，而且在译文的“文学性”上也煞费苦心。译者并未直接译出“永儿”，而是将胡员外与她的父女关系明晰化。这样的处理一方面可以方便读者通过回目更清楚地了解文本的主旨内容，另一方面则是出于美学的考虑：将“永儿”明晰化为胡员外的女儿“daughter”正好与前半句的“picture”相对，且押尾韵，而译文的“accepts”和“obtains”，“pledge”和“portrait”，“burns”和“bears”都押头韵。译者的这一创造性翻译巧妙地保留了原回目的特质，加强了译文的审美感受，达到了“开卷之前引起阅读的期待，合卷之后产生阅读的回味”的效果。②

第二是确保意义准确性和得当性的前提下美化译文。以小说的第10回“莫坡寺瘸师入佛肚　任吴张梦授永儿法”为例，译者前半句按照中文的顺序译为“In Mopo Temple Lame Priest enters Buddha's belly”，但后半句并没有按照原句的顺序译为“Ren，Wu，Zhang dream they receives Eterna's magic”。此处，译者创造性地将“梦”作方式状语来理解，将其译为“In a dream”，并提前到句首。整个句子变为“In a dream Ren，Wu，Zhang receives Eterna's magic.”译者这样的处理不仅再现了原文的意义，且使前后两句译文在结构上高度对应，给读者一种美的感受。

第三是必要时“舍形存意”。“意义第一”一直是译者坚持的理念。译

① Luo Guanzhong，*The Three Sui Quash the Demons' Revolt*：*A comic novel attributed to Luo Guanzhong*，translated by Lois Fusek，Honolulu：University of Hawai'i Press，2010，p.1.

② 虞建华：《文学作品标题的翻译：特征与误区》，《外国语》2008年第1期。

者在翻译时虽然尽量保留原文的形式特征，但当形式和意义不可调和时，译者便会选择后者。例如，小说第三回“胡永儿试变钱米法　胡员外怒烧如意册”。标题中的“怒烧”，译者并没直接将其译为“angrily burns”，而是先译出主人公“gets angry”的行为，再用“and”连接所导致的结果，即“burns the wish-fulfillment manual”。译文“Eterna tries out the magic for creating cash and rice; Master Hu gets angry and burns the wish-fulfillment manual.”在形式上与原文虽未完全工整对照，但在意义的表达上更加准确到位，便于读者准确把握故事叙事的顺序、过程和阶段性。

（三）称谓语的翻译

《平妖传》所涉及的称谓语众多，译者主要采用了以下几种译法。

第一是运用音译法（trans-literating）。《平妖传》是以北宋王则叛乱事件为故事原型，加入神魔虚构元素而构成的故事。对历史事件中的真实人物，译者均是按照汉语的拼音规则进行音译。如将“王则”和“温彦博”分别译为“Wang Ze”“Wen Yanbo”。这样的处理一是保留了源语文化的特征，二是方便于感兴趣的读者对相关的历史事件或人物进行查证。

第二是运用创译法（trans-creating）。“胡永儿”和“憨哥”是小说中两个重要的角色。其人名不仅有指称功能，也有唤起人们联想的功能。据韩南[①]推测，胡永儿中的“永”字可能来自“永娘”之“永”。“永娘”是《永娘配翠云洞仙》中的一个人物。故事中的“永娘”与神仙翠云相恋，后自己也修道成仙。可见，“永娘”不仅是一个简单的人名指称，也具有了“不死的”外延意义。此处，译者借用“eternal”的“永远的”义项，创造出一个新词“Eterna”，可以给读者产生联想的刺激。同样，译者借用“daffy”的“愚笨的”“弱智的”的义项，将焦员外的傻儿“憨哥”翻译为“Daffy”，巧妙地凸显了“憨哥”的言外之意。

第三是运用归化法（domesticating）。对称谓语的翻译，译者在多处采用了归化法，以迎合目标受众的阅读心理，减轻其阅读障碍。例如，译者对文中的许多称谓语都是按照西方命名的规则来翻译：首先将名或称谓意译放在前，再将姓音译放在后。比如将“李鱼羹”译为“Fish Soup Li”，“杜七圣”译为“Seven Saints Du”，“包龙图”译为“Judge Bao”，“左瘸师”译为

① 韩南：《韩南中国小说论集》，王秋桂等译，北京：北京大学出版社，2008年，第152页。

"Lame Priest Zuo"，"卜客长"译为"Carter Bu"等。

旧本《平妖传》承载了早期中国白话小说的显著特征。译者在"话本"腔调的传达和回目的翻译时倾向于采取"保留"的策略，对原文的可辨性特征进行了复现，试图将这一新鲜的、陌生的艺术形式"原汁原味"地呈现给英语读者，而在称谓语的翻译时则偏向于"同化"策略，以照顾目标读者的阅读感受。

结　语

韩南是哈佛大学特立独行的一位学者。他穷极一生都在"开拓"那些在中国处于"边缘化"的通俗小说。《平妖传》是他翻译的最后一部小说。译者独具慧眼，对《平妖传》进行了价值重估，发掘了罗氏旧本的潜在价值。作为前现代中国白话小说英译的最优秀译者之一，他秉持严谨的、学术式的翻译态度，完成了文本的翻译，将原文的意义转化为透明的、招人喜欢的英语风格，最大限度地保留了原作的用语特色，确保了"原作的生命获得了最新的、持续更新的和最完整的展开"[①]。无疑，韩南的翻译行为可为中国文学走出去提供些许借鉴和启迪。

朱　斌　四川外国语大学商务英语学院副教授

① 本雅明:《译者的任务》，载陈永国主编《翻译与后现代性》，北京：中国人民大学出版社，2005年，第5页。

儒学何以成为中国女性解放的理论依据*

——罗莎莉《儒学与女性》读后

伏 煦

摘　要：美国学者罗莎莉的《儒学与女性》，力图讨论女性在儒家为主流意识形态的历史环境之下的处境，在解决儒学是否是性别歧视主义的基础上，尝试讨论儒学能否成为改变女性现状的积极因素。儒学从社会角色的角度将两性差异看作"内外"之别，具有互补性与相互转化的可能，社会分工的改变可能打破"内外"之别，从而使得女性获得解放。遗憾的是，作者尚未关注儒家推崇的道德品质并不偏向男性，儒家重视调节家庭内部关系，与家、国一致等理论特性对于两性平等的意义，也为更深入的研究留下了空间。

关键词：《儒学与女性》"内外" "仁" 君子

一

20世纪初以来，儒学被视作包括性别歧视在内的种种旧中国社会不平等状况的理论基础，因为无法在其中找到疗救中国的方案以抵御西方的入侵，故而儒学本身为许多有识之士所抛弃。在西方学界，从事性别研究的学者并未从中国文化的因素出发来考虑中国女性的历史与现状，亦存在将儒学视作中国女性受害的理论依据的简单化倾向。但这种观点在最近二十多年开始受到质疑，从事中国妇女史研究的学者对这种意识形态先行的妇女史写作模式进行了反思，其中高彦颐（Dorothy Ko）《闺塾师：明末清初江南的才女文化》（1994）一书绪论《从"五四"妇女史观再出发》的意见颇具代表性，她认为，"受害的'封建'女性形象之所以根深蒂固，在某种程度上是

* 本文是国家社科基金特别委托项目"中华传统文化的创造性转换与创新性发展"的阶段性成果，批准号（15@ZH016）。

出自一种分析上的混淆，即错误地将标准的规定视为经过的现实，这种混淆的出现，是因缺乏某种历史性的考察，即从女性自身的视角来考察其所处的世界。”[①]

高彦颐的《闺塾师》一书，堪称对特定历史阶段、个别区域与某一阶层的中国女性进行研究的典范之作，20世纪90年代，西方学界与之同样精彩的专题研究，亦有伊沛霞的（Patricia Buckley Ebrey）《内闱：宋代的婚姻和妇女生活》（1993）、曼素恩（Susan Mann）《缀珍录：18世纪及其前后的中国妇女》（1997）等等，这些著作有着一个引人注目的共性，就是走出对中国女性作为受害者的想象，从历史本身出发，来讨论中国妇女的生活状况，努力走进她们的内心世界，在这一过程中改变了以往妇女史书写的刻板印象。在这些个案研究的基础之上，是否可能从整体来研究中国女性在儒家为主流意识形态的历史环境之下的处境？罗莎莉（Rosenlee Li-Hsiang Lisa）以2006年出版《儒学与女性》（*Confucianism and Women*：*A Philosophical Interpretation*）一书尝试讨论了这个牵涉面更广的问题。具体来讲，《儒学与女性》一书首先要解决的问题是“儒学是否是彻底的性别歧视主义”这个历史问题，在回答这个问题的基础之上，作者也尝试讨论了儒学对中国女性的现状和未来能否起到积极的作用，也就是说，儒学能否通过自我调节而非引进西方道德理论来直面性别不平等。

《儒学和女性》一书共分为七章，其中第一章“导言”，介绍了构成该书主体的第二至七章的主要内容；第二章“儒学、中国性以及‘仁’的道德人格”的大部分内容是在为西方读者提供一个儒学的历史源流简介，在结束全章之前作者提出了这样一个问题：如何解释儒家“仁”的伦理道德或人格在理论层面上的开放性，与社会历史实际中女性的服从地位之间的矛盾；从第三章开始，作者正式开始讨论儒学这一中国传统的意识形态体系，与女性及性别差异之间复杂的互动关系。

二

第三章“阴阳、性别特质及其互补性”和第四章“内外、两性之别与恰

① 高彦颐：《闺塾师：明末清初江南的才女文化》，李志生译，南京：江苏人民出版社，2005年，第4页。

如其分的礼仪”是从性别差异或者说两性不同的功能这一角度，来考虑中国女性在儒学的理论框架中的地位。首先，作者在第三章的开头强调了在人际关系中的中国女性，她们是女儿、妻子和母亲，不存在脱离这些关系的女性个体，前近代中国的性别体系应该放置到亲属体系中去理解；其次，中国的阴阳隐喻与西方性别观念中男女的二元性不同的是，阴阳是非对抗性的、互补的一对概念，两者之间不存在价值意义上的高下，只有性质上的差异；最后，阴阳隐喻与性别相关而不仅针对性别，在汉代宇宙论中时常用来表示超越两性的状态，如君臣、父子等关系。而在西方的理论语境中，男女的二元对立中，与男性相关的是处于优越地位的理性、精神等特质，与女性相关的是处于卑贱地位的感性、肉体等特质，从这个角度看，中国的阴阳隐喻本身并不构成性别不平等的理论依据。

如果说对阴阳隐喻的分析是从形而上的宇宙论来解释中国的性别关系和性别差异，那么第四章所论的基于性别功能的“内外”，落实到了社会生活的实际。这里的“内外”，其界限并非实体意义的边界，而是文化意义上的象征性界限，这种文化秩序也就包含了和性别有关的亲属关系和社会角色，即《周易·家人》所说的：“女正位乎内，男正位乎外。男女正，天地之大义也。”[①]两性分属于各自“内外”领域，在儒家看来是社会稳定与繁荣的基础。虽然“内外”之别实际上没有一个严格的界限，而且女性在某些情况下也得以跨越看似森严的“内外”界限，比如干预政治事务和从事文学创作，吊诡的是，许多杰出女性恰恰是因为跨越了“内外”的界限而赢得生前身后的赞誉。作者认为：

> 中国女性的生存困境可以部分通过作为规范的内外理念来说明。在内外理念下，真实的越界行为在可见的、表现为性别得体的情况下是被允许的。由于内外是一种功能性的、规范性别得体的区分，女性只有在隐蔽的情况下才能进入政治、社会以及文学等外部领域。也就是说，她们无法获得正式的行为权利。[②]

---

① （魏）王弼、（晋）韩康伯注，（唐）孔颖达疏：《周易正义》卷四，（清）阮元校刻：《十三经注疏》，北京：中华书局，1980年，第50页。

② 罗莉莎：《儒学与女性》，丁佳伟、曹秀娟译，南京：江苏人民出版社，2015年，第103页。

“隐蔽”的说法或许不够确切，固然没有相关机制来鼓励中国女性参与文学活动，但也没有特别的限制，她们的成就也可以得到以男性为主的批评家的认可。

与西方不同的是，在儒学的价值体系中，两性的才能并无高下之分，不平等体现在社会功能的差异，“内外”之别是儒学理论中稳定社会秩序的重要原则，其具体的界限却“依赖于社会政治环境下的独特构造，内外之间的界限不断移动并且不时作出新的调整”[①]。在第五章，作者以妇德女教类文本为例，进一步探讨了女性在“内”领域中的性别认定和对“外”领域文化追求之间的自然冲突。

三

第五章“妇德女教类文本与女性所独有的‘内’领域”论述了帝国的列女传记文本中，女性道德标准由早期的无性别特征，如《列女传》的“仁智”“节义”等，逐渐发展为突出强调女性特征的标准，如贞洁和母教。这一过程被以往许多研究者解读为儒学成为官方意识形态后，对女性的压迫加强，如纪传体正史的《列女传》演变成“烈女传”，但这未尝不可视为女性的性别特质与两性间的差异逐渐得到认识并且强化的过程，在这一过程中，女性自身也参与了性别差异的建构。在论述妇德女教类文本《女四书》的时候，罗莎莉指出“男女作者身份之权威的平等与男性和女性在各自适当领域的教育相联系。正如《四书》指代‘外’领域中的儒家人格典范——君子，《女四书》则代表了才华横溢之女性所定义的‘内’领域中理想的女性人格。”[②]作者指出《女四书》中的《女诫》，其保守性并没有表面上那么严重，其中补充说明了《礼记·昏义》的“四德”，体现的是作为妻子的女性在“内”的领域中应当具备的女性特质。到了明清时期，对“妇言”的再度解释也是出人意料的，这一美德从语言扩展到文字表达，成为女性从事文学创作的理论依据。

虽然罗莎莉无意否认《女诫》的保守性，但在她看来，作为《女诫》和

① 罗莉莎:《儒学与女性》，丁佳伟、曹秀娟译，南京：江苏人民出版社，2015年，第81页。

② 罗莉莎:《儒学与女性》，丁佳伟、曹秀娟译，南京：江苏人民出版社，2015年，第118页。

《女论语》的作者，班昭与宋若莘、若昭姐妹的著作内容无疑是强调女性应该在“内”领域中展示出一种不同于男性的道德品质，然而她们的著述行为本身却逾越了“内”领域，被罗莎莉称作是“超越文盲和大众女性范畴的独居式文人生活”[①]。这一矛盾并未妨碍班昭被后世视作“女圣人”，甚至为后世女性提供了德才兼备的合法性，在《女四书》的后两种，明代徐皇后的《内训》和清代刘氏的《女范捷录》中，女性接受教育的合理性成为受到重视的问题，知识被视作拥有美德的前提。然而女性的才华不能让她们走出“内”的领域，在“外”大显身手，这种无法实现自我价值的不幸，可以说是“内外”之别的限制中衍生而来的，有别于西方从智力的有限性特征来定义“女性”范畴[②]。不过此处作者或许应该适当考虑中西方男性不同的女性才华观念：中国男性中不乏对女性才华赞赏和褒扬之辈，而西方男性多无视甚至贬斥。在以男性为主导的社会中，男性对女性展示才能的宽容度，在事实上对女性能否“走出”闺门有着非常重要的影响。而中国男性较为温和与肯定的态度，或许可以从事实层面为我们重新考量中国女性才能的发展空间提供启发。

在第六章“儒学与中国的性别歧视主义”中，罗莎莉着力探讨“内外”这一功能性差异的更深层原因，以及中国历史上广泛存在的性别压迫行为和儒学的联系，“女权主义者对于儒学中包含男性至上主义的批判或许存在一定的合理性”[③]，但她反对“将某些礼仪文本或个别儒生的男性至上主义言论等同于整个儒学或儒学中的性别主义”[④]，因为这样会带来两种负面的结果，一是将摒弃儒学看作实现中国性别平等的必要充分条件，二是因为个别言论而否定其学说的价值。作者对儒学在中国女性受到歧视的问题上扮演的替罪羊和被告者角色颇有微词，毕竟残杀女婴、收养童养媳、纳妾、缠足和守寡等社会行为，都在某种程度上与作为儒学道德体系的重要理念，即“仁”的

---

① 罗莉莎:《儒学与女性》，丁佳伟、曹秀娟译，南京：江苏人民出版社，2015年，第123页。

② 罗莉莎:《儒学与女性》，丁佳伟、曹秀娟译，南京：江苏人民出版社，2015年，第134页。

③ 罗莉莎:《儒学与女性》，丁佳伟、曹秀娟译，南京：江苏人民出版社，2015年，第135页。

④ 罗莉莎:《儒学与女性》，丁佳伟、曹秀娟译，南京：江苏人民出版社，2015年，第135页。

精神相违背。她指出，中国女性受压迫的根源比起作为国家意识形态的儒学更为深刻，这个更深刻的根源正是中国的家庭制度，“家族传承、祖先崇拜、孝道以及文化力量之间复杂的交互作用共同构成了中国性别压迫的文化基础”[①]，（换言之，是比儒学更早的宗法制度。在这一制度的影响下，家族的延续是以生育男性后嗣为基础的，残杀女婴是保证资源倾向于男性后嗣，纳妾是正妻未能生育男性后嗣的补救措施。虽然儒学在提倡孝道等方面为宗法制提供了十分重要的理论支持，但是我们并不能认为在宗法制影响下的迫害女性的社会行为，都有儒学伦理道德的直接或间接支持。从中国的家庭制度或者说宗法制的角度来理解中国女性不平等，在作者看来更能触及问题的实质。

关于守寡和缠足这两种与儒学孝道伦理相冲突的行为（女性自愿守贞，常常挑战了父母公婆的权威，而缠足伤害了授之于父母的身体），美国的中国妇女史研究者已分别有专门论著讨论，卢苇菁《矢志不渝：明清时期的贞女现象》（2008）和高彦颐《缠足：“金莲崇拜”盛极而衰的演变》（2005），皆论及女性自身通过守贞和缠足所构建的政治与文化意义，在很大程度上纠正了以往的简单化印象，可以说如果没有妇女自身的认同与积极参与，很难想象这些制度如何顽固地持续到清朝覆灭之后。美国的中国妇女史研究者敢于直面这些本来看上去更加能证明中国女性是“受害者”的历史现象，恰恰可以说明，对以压迫与被压迫的先入之见写作中国妇女史的反思更加深入。《儒学与女性》从中国女性通过守贞和缠足实践了汉民族的伦理观和礼仪观的这一角度，反对西方世界将缠足等行为看作东方世界的奇观，进而反对以西方道德标准对待中国女性本身的解放问题，本书写到第六章末尾，事实上已经从回答“儒学是否是中国女性受到歧视的理论根源”，过渡到一个更重要的问题，那就是现代中国女性的解放，是否以摒弃儒学为前提。

四

第三章到第六章重点论述的几个方面，使得我们对儒学和女性的关系有了更深刻的认识，令人欣喜的是，作者的研究并没有止步于这个层面，在总

① 罗莉莎：《儒学与女性》，丁佳伟、曹秀娟译，南京：江苏人民出版社，2015年，第138页。

结历史与研究理论文本的基础上，她提出了一个直面现实及未来的问题：中国女性能否独立于西方的道德观念，在自身的文化传统中找到自我解放之路？第七章“儒家女权主义：“女权主义”道德的酝酿”作为全书最后一章，试图回答了这个问题。但令人遗憾的是，这一章的篇幅过短，对这个问题没能展开充分的讨论就匆匆结尾[①]，笔者将结合前六章的相关论述，尝试评述罗莎莉的观点，并且结合中国语境就此发表一点自己的想法。

通过前面的论述，我们知道儒家主张的性别功能差异（内外）与为儒家孝道所支持的宗法制度，从根本上说是造成历史上两性不平等的原因，甚至直到今日，许多有关女性和性别的社会问题，依然植根于历史文化上的原因，作者罗莎莉指出了问题的症结，并且提出了这样的设想：“一旦基于性别的劳动分工被根除，女性将不再受限于局促的‘内’领域，她们因而也能成为最高的文化典范——君子。”[②]“儒学中需要矫正的是基于性别的内外劳动分工，而不是追求完美人格（仁）的整个儒学体系。”[③]这种分工随着社会的变化，确实在某种程度上已经得到了调整，但调整的契机，是出于政治上主张男女平等、让女性走出家庭，同时在经济上女性通过走出家庭工作获取报酬这种考虑，而非儒学内部的自我调节。作者在认识到这一点的基础上，提出了忧虑：“根除基于性别之内外界限将直接挑战标准的性别身份乃至中华文明之礼仪规范。问题不仅在于是否应该进行这样的变革，更大的问题在于这样的变革是否能够通过儒家传统自身而获得合理论证，或者是否任何性别关系的变革只能通过输入西方的道德理论来完成。”[④]在这种情况下，作者并没有提出一个可以从理论上弥合矛盾的解决方案，她只是以儒家五伦之中的朋友关系，来类比现代社会中的夫妻关系：因为朋友之间的结合基于自愿，而且不存在基于性别的劳动分工。

我们不得不说，这一回答并不那么令人满意，从整体上看，《儒学与女

---

① Valentina Boretti在她的书评中，批评了《儒学与女性》一书结构上的失衡，她认为第一至六章只是背景介绍，不应该成为全书的核心，文载*The China Quarterly*，The History of the PRC（1949－1976），No.188，Dec.2006，P.1148－1149。

② 罗莉莎：《儒学与女性》，丁佳伟、曹秀娟译，南京：江苏人民出版社，2015年，第180页。

③ 罗莉莎：《儒学与女性》，丁佳伟、曹秀娟译，南京：江苏人民出版社，2015年，第175页。

④ 罗莉莎：《儒学与女性》，丁佳伟、曹秀娟译，南京：江苏人民出版社，2015年，第180页。

性》一书虽然找到了中国女性受到不平等待遇的文化根源，却未能在儒学理论层面指出这一古老的意识形态改变现状与面对未来的可能性。当然，从社会变革的层面来看，改变“内外”的性别角色分工，并且摒弃以只有男性才可以成为家族后嗣的观念，对于女性争取平等地位具有更加直接和现实的意义。解决这两个问题，如罗莎莉本人所忧虑的，似乎借助的是西方的性别平等理论而非儒家学说内部的调适，而我们需要注意的是，历史上儒学的思想家不断重新解释经典以适应现实社会的努力，从这个角度来看，作为文化身份植根于儒学的现代中国人，可以试图建构一种儒学理论框架下的女性主义理论，这种思想体系或许可以反向输入西方，为来源于西方的女性主义提供一些反思的契机。

首先，儒家学说中的“仁”的行为主体——君子，在儒家经典中并没有明显偏向男性的特质，也就是说，女性也同样可以通过学习与个人修养，成为儒家的理想人格主体。在这一点上，与中国同处于汉文化圈的朝鲜时代女性，已经有了较为鲜明的意识，如任氏（1721—1793）的《祭仲氏鹿门先生文》中提及次兄对自己学问上的指导：“男女虽曰异行，而天命之性则未尝不同，故其于经义有所疑问，则公必谆谆善喻，使之开悟而后已。”[①]（《允挚堂遗稿》）金氏（1769—1823）《无题五首》（之二）有云：“仁义礼智信，无不具乎人。五者信为贵，日以省吾身。”[②]（《三宜堂稿》）任氏和金氏并没有把女性身份视作追求儒家道德规范与理想人格的桎梏，甚至在金氏看来，女性也肩负着一定的家国责任。她以“平生五色线，愿补舜衣裳”来回答丈夫“古人诗中何句最佳”的问题，当丈夫质疑“此诗之意在男子则可矣，于妇人则不可也。”金氏答道：“忠君爱国，奚独男子事也？……周之兴，基于《关雎》之圣姒；齐之昌，本乎《鸡鸣》之贤妃，则妇人之忠不亦大乎？”[③]（见《礼成夜记话》，《三宜堂稿》）

其次，儒家重视人际关系，尤其是家庭内部的关系，儒家提倡基于血缘联系的“亲亲”（《孟子·尽心上》：“亲亲而仁民，仁民而爱物”）之道，使得父母对儿女的慈爱，儿女对双亲的孝顺，兄弟姐妹之间的友爱，中国人对这种血缘亲情的重视，就包含着男性对其女性亲属地位及命运的关心的可能

① 张伯伟主编：《朝鲜时代女性诗文集全编》，南京：凤凰出版社，2011年，第566—567页。

② 张伯伟主编：《朝鲜时代女性诗文集全编》，南京：凤凰出版社，2011年，第731页。

③ 张伯伟主编：《朝鲜时代女性诗文集全编》，南京：凤凰出版社，2011年，第780页。

性，推而广之，男性也可能参与到促进女性平等的进程中来。近代废除缠足的实践中，有一部分就是从开明的父亲拒绝让自己年幼的女儿接受缠足开始的；男性知识分子对妇女接受教育、享有政治权利的呼吁等行动，在实践层面上说明了这种可能性。从人格和人际关系这两个层面看，我们不得不说儒学暗含着某些可能促成性别平等的因素，在解放中国女性的过程中，和她们关系密切的中国男性也扮演着十分重要的角色，如果把女性解放视作人类实现自由平等的一部分，那么儒学出于天然血缘的“亲亲”之义，与推而广之的“仁者，爱人”，便可能具有超越中国语境的价值。

另外，与西方不同的是，儒家学说将国家视作家庭的拓展，这方面罗莎莉在第四章[①]有所提及，但没有在第七章进一步论述。在儒学的观念中，君臣这种上下级关系都被类比为父子，孝子往往被视作潜在的忠臣，“其为人也孝弟，而好犯上作乱者，鲜矣”（《论语·学而》），故而“家”与“国”（某种程度上也是“内”与“外”）的关系密切，对于中国人而言，家庭和公共领域是相通的，这种观念无意中也为女性进入社会提供了依据，虽然女性操持家务被视作更重要的职责；对于中国男性而言，“欲治其国者，先齐其家”（《大学》），“修身”“齐家”“治国”是一个逐步向外拓展的过程，在这个过程中“齐家”亦是重要的一环。从这个意义上来看，不仅是基于功能而言的“内外”之别的模糊界限，有利于女性走出家庭，男性“齐家”的责任，在某种意义上也消解了“内外”之别的秩序，而在家国一致的大前提下，两性共同承担“内外”的责任，未必不是构建儒学理论中理想社会秩序的必要条件。

在这三个层面上，儒学或许可以成为中国女性解放的理论依据，西方的女性主义学者也可以吸取其中的精华。《儒学与女性》一书在历史背景的研究之外，提出一个直面现实与未来的重要问题，亟待包括中国、日本、韩国在内的东亚学界，与西方学界共同关注，并为其书写续篇，笔者相信，这对于儒学理论和女性解放两者而言，都将是非常伟大的贡献。

伏　煦　山东大学文艺美学研究中心助理研究员

① 罗莉莎：《儒学与女性》，丁佳伟、曹秀娟译，南京：江苏人民出版社，2015年，第97—101页。

·德国汉学研究·

德国汉学期刊的创办与汉学史的演进*

李　松　韩彩琼

摘　要：作为学术研究的重要交流平台，汉学期刊在德国汉学发展中占有重要地位。根据创办地点和发行时段，德国汉学期刊的发展历史大致可以划分为三个阶段：传教士汉学时期、“一战”到“二战”期间、“二战”后的重建时期至今。汉学期刊在不同历史阶段和国家呈现出不同的特点，体现了特定的创刊理念与发展思路，从中可以窥探汉学期刊和汉学发展的双向互动。通过选取代表性的德国汉学期刊，考察其创办的历史与现状、影响与意义，串联汉学史的发展线索，可以呈现德国汉学的历史面貌与演进过程。

关键词：汉学期刊　《华裔学志》《泰东》《汉学学刊》《袖珍汉学》

海外汉学发展至今有长达400年的历史，随着中西贸易和文化交流的发展，西方国家对于中国的关注逐渐增加，海外汉学的队伍也在随之壮大。考索汉学学术的渊源，汉学（Sinology）的语义主要是指对于中国古代语言、文学、历史等传统人文学科的研究。德国传统汉学与当代注重实用目的而展开的中国学研究成果具有鲜明的分野。

学术类期刊（academic journal）是展示某一定领域研究成果的媒介与载体，主要包括原创研究、综述文章、书评等形式的文章为主。非学术期刊发表的文献包括文件、报道、体会、信息等资料性的文章。德国汉学的发展与各种类型的期刊的推动密切相关，而汉学的起源有来源于如下现实需要。第一是出于传教需要。传教士汉学的发展由来已久，德国汉学的发展与传教动机密不可分。从16世纪的耶稣会会士入华传教，到20世纪天主教圣言会会

* 本文为2022年度中外联合科研平台种子基金计划“武大－杜克汉学与中国学期刊研究联合科研平台”的阶段性成果，批准号（XWHUZZJJ202211）。

士在华进行传教、教育以及慈善活动，传教士在德国汉学中不可或缺。例如享誉学界的重要汉学期刊《华裔学志》（*Monumenta Serica*）是天主教圣言会会士、北京辅仁大学汉学家、德国汉学家鲍润生（Franz Xaver Biallas，1878—1936）于1935年在北平创刊的。[①]第二是贸易或殖民等现实需要。如1887年柏林弗里德里希·威廉大学开设了第一个东方语言专业，为驻北京使馆培养翻译人才，第一个正规汉学教授职位于1909年设立于汉堡殖民研究所。[②]正是这些出于实用目的而展开的汉学研究为德国汉学的发展奠定了基础。此后，德国汉学在此基础上继续发展，经历了第一次世界大战、纳粹上台、第二次世界大战等重大事件，呈现出不同阶段起伏沉浮的发展面貌。

本文拟在前人研究的基础上，以期刊作为方法和线索勾勒德国汉学的发展脉络，对其创办的历史概况进行系统梳理，以期全景式总览德国汉学史的嬗变，从而为寻找值得探讨的问题划定边界、奠定文献基础。参考汉学史的历史坐标与思想脉络，根据创办地点和发行时段，本文将德国汉学期刊大致可以划分为如下3个阶段：传教士汉学时期、“一战”到“二战”期间、“二战”后的重建时期至今。

一、《泰东》的创办

19世纪末，德国慕尼黑大学巴伐利亚科学院设立了汉语临时教师职位，莱比锡和柏林的大学也在这些职位上增设了教席。直到1887年，在柏林新成立的“东方语言研讨会”上，实用汉语才成为永久职位。进入20世纪，欧洲汉学向专业化继续迈进，汉学的制度化进一步巩固，20世纪上半叶是德国汉学真正得以迅速发展的一个重要阶段。

（一）繁荣时期

第一次世界大战之后直到纳粹上台之前，德国汉学经历了繁荣时期。柏林大学相继有重要汉学家任职，莱比锡自1922年起也有了一个汉学教授职位，美因河畔法兰克福自1925年起设立了1个受私人基金会资助的教授职位，卫礼贤（Richard Wilhelm，1873—1930）出任此职位。汉学的繁荣发

① 李海英：《德国〈华裔学志〉转向关注更全面的汉学研究》，《中国社会科学报》2020年9月21日，第A08版。

② 罗丹美：《中国学在德国》，https：//www.goethe.de/ins/cn/zh/kul/mag/20720621.html，访问日期2022年2月25日。

展促进了汉学期刊的创办。《泰东》(*Asia Major*)于1923年由出版商和学者布鲁诺·辛德勒(Bruno Schindler,1882—1964)在德国创立,1924年出版第1期,包括德文、法文和英文的文章。该杂志很快成为德国研究东亚学术的主要发表和交流平台,吸引了德国和世界其他地区学者的投稿。《汉学》(*Sinica*)于1925年由法兰克福大学汉学系教授卫礼贤创刊。[①]卫礼贤曾作为基督教同善会牧师在中国生活20余年,法兰克福大学因其对于东西方文化交流做出的贡献授予他荣誉博士学位,并聘请其担任酬金教授,在此期间,他创刊了《汉学》:

> 在法兰克福大学兼课的同时,他初创了一个"中国文化研究所",不到一年的时间里,他就得到德国法兰肯地区的大企业家贝尔塔(Bertha)公爵夫人的资助,正式创立"中国研究院",并开始出版院刊《SINICA》。这是20世纪20—40年代德国最重要的汉学研究刊物之一。[②]

《汉学》由德国法兰克福大学中国学院负责,接受德语写作的投稿论文。[③]"尽管这份杂志将读者定位在对中国感兴趣的大众而非学者身上,不过《汉学专刊》(*Sinica-Sonderausgaben*,共4辑,1934—1937)也为研究者提供了纯学术的空间。"[④]有时也出版为汉学家祝寿文集形式的纪念专刊。[⑤]

(二)衰退时期

由于纳粹的政治迫害和"二战"的影响,德国汉学的发展备受打击,甚至形成了1933—1945年间德国汉学家的迁移浪潮[⑥]。1933年纳粹上台,"旋即

---

① 何俊:《美国汉学与德语区汉学之间的关系构建——以若干机构、人物、译著和期刊为中心的考察》,《中美人文学刊》2019年第1期。

② 王勇:《王光祈与〈SINICA〉》,载洛秦主编《上海音乐学院学术文萃1927—2007(中国音乐史研究卷)》,上海:上海音乐学院出版社,2007年,第507页。

③ 何俊:《美国汉学与德语区汉学之间的关系构建——以若干机构、人物、译著和期刊为中心的考察》,《中美人文学刊》2019年第1期。

④ 张西平主编:《西方汉学十六讲》,北京:外语教学与研究出版社,2011年,第165页。

⑤ 何俊:《美国汉学与德语区汉学之间的关系构建——以若干机构、人物、译著和期刊为中心的考察》,《中美人文学刊》2019年第1期。

⑥ [美]柯马丁:《德国汉学家在1933—1945年的迁移——重提一段被人遗忘的历史》,《世界汉学》2005年第1期。

颁布‘恢复职业公务员法案’，一时间，‘狭隘的畛域之见，血腥与傲慢使汉学这一学科遭到了灾难性的打击’，大学里正在逐步形成的这一学术专业明显倒退”[①]，德国许多重要的汉学家逃往美国或英国等地。第二次世界大战导致欧洲汉学家尤其是德国汉学家大批迁入美国，这也促进了北美中国研究的发展，直到“1939年前后，美国的中国研究大多由欧洲人领导”[②]。除了汉学人才的流失，战争也造成德国汉学期刊的停刊，“所有关于远东问题的德国期刊都在战争结束时停刊了”[③]，汉学研究的重要交流渠道被迫关闭。

德国许多重要汉学期刊由于其主编受到政治迫害或者战争影响等原因被迫停刊或者转往国外。如法兰克福的中国学社（China-Institut）的机关刊物的《汉学学刊》，随着研究所的毁灭成为战争的牺牲品，最后一期出版于1943年[④]。据统计，1933—1945年期间，“除了致力于中国研究诸领域的学者，德国汉学失去了博物馆长、图书馆长以及《泰亚》杂志—1935年，这一关于中国研究‘唯一具国际水准的德国专业杂志’出版终止”[⑤]。纳粹上台也迫使身为犹太人的《泰东》创刊人辛德勒博士于1933年离开德国移居英国，从而结束了最初的系列。直到1949年，辛德勒在剑桥大学、伦敦大学和牛津大学的赞助下以“新系列”的形式重振了该期刊。“新系列”于1975年完结，是当时英国大学经济困难的牺牲品。1988年，杜希德（Denis Twitchett，1925—2006）在美国普林斯顿大学的“第三系列”中恢复了该期刊。为应对东亚研究的发展，该杂志的编辑此时决定将重点放在中国，而不是像前两个系列那样试图覆盖整个东亚。1998年，该刊物再次陷入经济困境，《泰东》的编辑们开始为该杂志寻找新的位置。在中国台湾“中央研究院”历史语言

---

① 鲍吾刚：《汉蒙研究》，第8页，载费丁豪（Helmolt Vottinghoff）：《从德意志帝国到第三帝国之间的中国学》，韦凌译，转引自马汉茂、汉雅娜、张西平、李雪涛等主编，李雪涛等译：《德国汉学：历史、发展、人物与视角》，郑州：大象出版社，2005年，第135页。

② 傅海波：《欧洲汉学史简评》，胡志宏译，载张西平编《欧美汉学研究的历史与现状》，郑州：大象出版社，2006年，第111页。

③ Hellmut Wilhelm，“German Sinology Today”，*The Far Eastern Quarterly*，no.3（1949）：319−322.

④ 张西平主编：《西方汉学十六讲》，北京：外语教学与研究出版社，2011年，第165页。

⑤［美］柯马丁：《德国汉学家在1933—1945年的迁移——重提一段被人遗忘的历史》，《世界汉学》2005年第1期。

研究所所长杜正胜的支持下，该杂志搬到了台湾。《泰东》一直坚持以中国为中心的政策，并扩大了编委，囊括了来自世界各地的一系列学者，体现了其读者群的国际化特征。在整个过渡期间，编辑部继续定期出版期刊，因此该期刊仍被称为Asia Major，Third Series。“二战”前，《泰东》与《通报》（*T'oung Pao*）并称欧洲两大汉学刊物。至今在国际汉学界仍具有重要影响。《泰东》自创刊至今，中间中断两次，因此有3个系列（series）：从1924年至1934年称为第一系列（The First Series），合计10卷，每年1卷，其中1932年和1933年合为1卷。从1963年至1975年被称为新系列（The New Series），合计10卷，每年1卷，其中1964年与1965年合为1卷，1968年与1969年合为1卷。2011年至今被称为第三系列（The Third Series），已出版10卷，每年1卷，其中2020年与2021年合为1卷。

二、《华裔学志》的创办

德国汉学的发展与传教动机密不可分，传教士汉学的发展由来已久。最早始于16世纪，耶稣会便开始派遣会士来华，促进了中西文化的交流，成为传教士汉学的开拓阶段。“据统计，16世纪至18世纪在华活动过的耶稣会士共达九百余名，其中除一百余名是中国人（包括澳门人）外，其他都是外国人。”[①]入华耶稣会士的国际性身份十分鲜明，有葡萄牙、法国、意大利、西班牙、德国等十余个欧洲国家和地区。部分耶稣会士与中国朝廷建立了密切的关系，如德国耶稣会士戴进贤（Ignatius Koegler，1680—1746）任清朝负责天文历算的钦天监监正达30年。[②]此外，还有其他修会如方济各会、多明我会、圣言会等派遣会士来华传教。天主教会的传教修会圣言会于1871年由德国神父杨森（A. Jansen，1837—1909）开始筹备建立，于1875年在荷兰正式成立。[③]圣言会把中国作为第一个传教区，进行传教、教育以及慈善活

---

① 郑德弟：《中文版序》，载［法］杜赫德：《耶稣会士中国书简集·中国回忆录》（上），郑德弟、吕一民、沈坚译，郑州：大象出版社，2005年，第6页。

② 郑德弟：《中文版序》，载［法］杜赫德：《耶稣会士中国书简集·中国回忆录》（上），郑德弟、吕一民、沈坚译，郑州：大象出版社，2005年，第6页。

③ 于可主编：《世界三大宗教及其流派》，长沙：湖南人民出版社，2001年，第103页。

动。[①]为了促进传教，在华传教士汉学家创办了大量的期刊。据统计，“20世纪30年代，天主教和新教教会团体在中国发行的刊物超过400种，其中有8种刊物的名称具备汉学导向”。[②]

20世纪初，中国西北的考古大发现，诸如吐鲁番和敦煌等的大量文献资料重见天日，引发了欧洲探险家、考古学家和汉学家的兴趣。在中国本土的德国传教士汉学家创办了一些影响深远的期刊，其中最有代表性的是由天主教圣言会会士、北京辅仁大学汉学家、德国汉学家鲍润生于1935年在北平创办的《华裔学志》。[③]鲍润生于1905年加入圣言会，1922年在圣言会的派遣下来到中国传教，并同时开展汉学研究。“由于经济原因，北京的辅仁大学从美国的本笃会准备转给德国的圣言会，鲍润生便于1933年5月31日来到北京谈论接管辅仁大学的事。”[④]1935年《华裔学志》在北平创刊，其前身为1926年开始出版的《北平天主教大学学报》（*Bulletin of the Catholic University of Peking*），可见1929年创刊的《辅仁学志》（辅仁汉学期刊）是《华裔学志》的中文对等刊物，《华裔学志》上有许多文章皆来自《辅仁学志》的翻译作品。[⑤]该刊的内容主要介绍中国文化历史，并包含若干邻国的研究。当时的辅仁大学校长陈垣（1880—1971）为之确定中文名称为《华裔学志》并沿用至今。

（一）编辑成员

《华裔学志》编辑部所在地先后经历了中国（1935—1949）、日本（1949—1963）、美国（1963—1972）之后[⑥]，于1972年学志及其图书馆和编

---

① 于可主编:《世界三大宗教及其流派》，长沙：湖南人民出版社，2001年，第103页。

② Rudolf Löwenthal，*The Religious Periodical Pressin China*，Peking：The Synodal Commissionin China，1940.转引自巴佩兰:《〈华裔学志〉及其研究所对西方汉学的贡献》，谢惠英译，《世界汉学》2005年第1期。

③ 李海英:《德国〈华裔学志〉转向关注更全面的汉学研究》，《中国社会科学报》2020年9月21日，第A08版。

④ 雷立柏:《我的灵都：一位奥地利学者的北京随笔》，雷立柏译，北京：新星出版社，2017年，第198页。

⑤ 巴佩兰:《〈华裔学志〉及其研究所对西方汉学的贡献》，谢惠英译，《世界汉学》2005年第1期。

⑥ 何俊:《美国汉学与德语区汉学之间的关系构建——以若干机构、人物、译著和期刊为中心的考察》，《中美人文学刊》2019年第1期。

辑室选址于德国波昂和科隆附近的圣奥古斯丁（Sankt Augustin）圣言会院区。目前《华裔学志》的编辑部成员主要有魏思齐（Zbigniew Wesolowski，2012年任代理总编辑，2013年被正式任命为总编辑）、巴佩兰（Barbara Hoster，1989年起在《华裔学志》研究所担任图书馆管理，后任编辑）、胡宝柱（Anthony Hu，2018年5月起在《华裔学志》研究所编辑部工作）、顾迪康（Dirk Kuhlmann，2006年1月加入了《华裔学志》研究所编辑部）。

《华裔学志》创刊之始，刊物负责人就有中西两方人员。“华裔学志汉学研究所主要成员的学术研究都与中国有关，他们都有在中国长期游学的经历，其学术道路均曾受过中国学人或者华裔学者的影响。”[①]《华裔学志》现任主编魏思齐，为德国波恩大学汉学博士，主要研究中国思想和中国佛学，2002年起任中国台湾地区的辅仁大学华裔学志汉学研究中心主任，他担任这一职务直到2012年回到圣奥古斯丁的华裔学志研究所，以代理总编辑的身份支持编辑部的工作，2013年正式任主编，负责期刊及两部专著的出版。“自魏思齐担任主编以来，《华裔学志》更为积极地与其他国家的出版业者以及大型国际出版社合作，更为注重出版对中国文化进行全面研究的有关成果，并强调期刊应关注真正意义上的汉学。”[②]“顾孝永为华裔学志汉学研究所主任，毕业于荷兰莱顿大学，曾在中国的西北大学留学，主要研究中国历史、汉学研究的历史以及中国古代的避讳学等。”[③]巴佩兰曾经师从德国著名汉学家顾彬（Wolfgang Kubin），自1989年以来，她在《华裔学志》研究所工作，最初担任图书管理员，现在担任编辑，还参与组织研究所举办的会议、展览和其他学术活动，研究兴趣包括中国现当代文学及其与基督教信仰的关系、中国宗教史、《华裔学志》历史研究。[④]胡宝柱于2018年5月起在《华裔学志》研究所编辑部工作，主要研究领域为中国民间宗教与文化、鬼神学、明清时期基督教传教。“顾迪康毕业于德国特里尔大学，曾访学于华中师范大学，

---

① 李海英:《德国〈华裔学志〉转向关注更全面的汉学研究》,《中国社会科学报》2020年9月21日，第A08版。

② 李海英:《德国〈华裔学志〉转向关注更全面的汉学研究》,《中国社会科学报》2020年9月21日，第A08版。

③ 李海英:《德国〈华裔学志〉转向关注更全面的汉学研究》,《中国社会科学报》2020年9月21日，第A08版。

④ http://www.monumenta-serica.de/monumenta-serica/editorial-staff/biblgr-hoster.php，访问日期2021年10月6日。

写有多部以梁启超为主要研究对象的专著。”[①]

（二）创刊目的

《华裔学志》的创办目的主要为帮助传教、促进中西合作、刊载研究成果三个方面。第一，帮助传教。刊物由圣言会创建，也更多关注到宗教研究，尤其是基督教研究，以促进传教。“当今的处境已使得传教人员不易与时代的诸多发展齐肩并进。更不易得知他当于何处作为、如何作为。我们希望在此类事务上襄助传教人员，促进我们的传教任务。”[②]第二，促进中西合作。《华裔学志》的创办人曾提及将北京作为创刊地以促进中西合作的用意：“目前的北京是旧文化的中心，同时也成为中国科学发展的核心点。中西学者共同合作，展望未来东亚研究的最佳成果，殊堪可期。”[③]辅仁大学校长陈垣也曾规划出天主教大学学术研究工作的三大目标：1.应用西方最新的研究方法论整理、组织中国的历史资料。2.编纂和翻译相关参考书籍，协助中外学者的研究工作。3.借由书刊的出版和向外流通，发布汉学研究领域的最新发现和研究成果，促进国际学术合作。他说：“上述列举三项目标原本同等重要，然吾人应特别强调中外合作。”[④]第三，刊载研究成果，提供研究资料。“我们的意图在为读者大众呈现诸多资料，包括中国及其邻邦的民族、语言和文化研究，同时不忽视人类学和史前史学领域。”[⑤]刊物不仅刊载中国的新疆、满洲等研究成果，也刊载中亚、蒙古、日本和韩国等国家的文化和宗教问题。以《华裔学志》的编辑出版为中心，华裔学志研究所从1937年出版《华裔学志丛书》（*Monumenta Serica Monograph Series*），1994年由马雷凯神父（Roman Malek，1951—2019）创建《华裔学志选集》（*Collectanea Serica*），进一步壮大了的德国学界在中国文化、中西交流与基督教传播方面

① 李海英：《德国〈华裔学志〉转向关注更全面的汉学研究》，《中国社会科学报》2020年9月21日，第A08版。

②《华裔学志》，《辅仁学志》1936年5月，转引自巴佩兰：《〈华裔学志〉及其研究所对西方汉学的贡献》，谢惠英译，《世界汉学》2005年第1期。

③《北平　天主教大学学报》（Bulletin of the Catholic University of Peking），1934年第II页，转引自巴佩兰：《〈华裔学志〉及其研究所对西方汉学的贡献》，谢惠英译，《世界汉学》2005年第1期。

④ 陈垣：《倾听未来计划》，《辅仁学志》1935年10月，转引自巴佩兰：《〈华裔学志〉及其研究所对西方汉学的贡献》，谢惠英译，《世界汉学》2005年第1期。

⑤ 巴佩兰：《〈华裔学志〉及其研究所对西方汉学的贡献》，谢惠英译，《世界汉学》2005年第1期。

的研究。

（三）作者群体

《华裔学志》的作者群体部分来自停刊的《泰东》。据巴佩兰介绍：

> 1935年《华裔学志》第一册于北京出刊时正逢《泰东》（Asia Major）停刊，彼为当时德国研究中亚、东亚和东南亚最重要的杂志。如《泰东》一样，《华裔学志》为国际导向，大部分文章乃以英文写就。①

《华裔学志》的内容包括科技、政治、文学、哲学、文物考古、宗教、地理、民俗、中外交流等各个方面。这些文章及书评的作者以欧洲学者为主，也包括中国、日本及美国的学者。《华裔学志》对于汉学研究影响深远，罗文达（Rudolf Löwenthal，1904—1997）在他的研究《中国的宗教期刊出版》（*The Religious Periodical Press in China*）中认为："《华裔学志》因其学术立论中肯而广为汉学圈所接受。"②国外传教士对西方思想在中国的传播与接受起到了巨大的历史作用，深刻影响了近代中国学术的转型、学术体制和学科的形成。中国学者通过与外国汉学家之间的深入交流，更好地融入了世界学术潮流。"'援西入中'的大潮中，中国社会有关现实世界及社会理念合法性论证的思想资源，渐次脱离中国传统的思想资源，转而采纳西方现代性的知识样式。"③自近代以来，中国传统的思想和现代学术体制如"六艺""四部""七科"之学被西方现代学科体系所取代，西学思潮随着汉学的传播推动了中国的现代化进程。

三、"二战"后的重建时期至今

1945年之后，德国汉学面临着战后重建的现实状况。海尼诗于1946年

---

① 巴佩兰：《〈华裔学志〉及其研究所对西方汉学的贡献》，谢惠英译，《世界汉学》2005年第1期。

② Rudolf Löwenthal，*The Religious Periodical Press in China*（Peking：The Synodal Commission in China，1940），p.42. 转引自巴佩兰：《〈华裔学志〉及其研究所对西方汉学的贡献》，谢惠英译，《世界汉学》2005年第1期。

③ 复旦大学历史系编：《中国现代学科的形成》，上海：上海古籍出版社，2007年，第4页。

担任慕尼黑大学的第一位汉学教授，后来又相继有教授来此任职。[①]然而，由于人才的流失、研究书籍的丢失、研究中心的损毁，“德国汉学的复苏步伐相当缓慢”[②]。李雪涛认为“二战”之后德国汉学经历了艰难的重建和恢复阶段之后形成了三足鼎立的局面。以傅吾康（Wolfgang Franke，1912—2007）为首的北部汉学重镇汉堡和以傅海波为首的南部汉学堡垒慕尼黑构成了西德汉学的两大中心，而地处东德的以叶乃度（Eduard Erkes，1891—1958）为首的莱比锡则成了民主德国汉学的中心。[③]

（一）重建时期

波尔施曼（Boerschmann）于1948年5月提出于汉堡召开德国汉学研究者会议，以促进德国汉学的恢复。他提出的讨论要点如下：

> （1）德国汉学未来目标的定位；（2）近15年来在国外的汉学研究情况；（3）德国大学汉学所在地和汉学学术工作的开展；（4）借助外资重建图书馆；（5）出版未发表的手稿；（6）恢复期刊和公报；（7）与外国特别是中国的学者和学生交流；（8）与德国的中国通和商业公司合作。[④]

然而，此次会面提议并未实现，“原因是大多数被邀请的人没有钱支付去汉堡的车费”[⑤]。这些提议从侧面反映了德国汉学重建的努力方向，学术期刊作为汉学研究的重要交流平台也得到关注。据卫德明（Hellmut Wilhelm，1905—1990）统计，到1949年5月，刊载汉学研究相关问题的部分期刊得以复刊：

> 《亚洲艺术》（*Artibus Asiae*）已经复兴，现在在Salmony的编辑下由一个中国研究所继任机构在瑞士伯尔尼出版。《德国东方学会杂

---

① 罗丹美：《中国学在德国》，https：//www.goethe.de/ins/cn/zh/kul/mag/20720621.html，访问日期2022年2月25日。

② Hellmut Wilhelm，“German Sinology Today”，*The Far Eastern Quarterly*，No.3（1949）：319−322.

③ 李雪涛：《德国汉学史的分期问题及文献举隅》，《中国文化研究》2007年第1期。

④ Hellmut Wilhelm，“German Sinology Today”，*The Far Eastern Quarterly*，No.3（1949）：319−322.

⑤ Hellmut Wilhelm，“German Sinology Today”，*The Far Eastern Quarterly*，No.3（1949）：319−322.

志》(*Zeitschriftder Deutschen Morgenlaendischengesellschaft*)有望早日恢复。在新期刊中,《亚洲评论》(*Asiatische rundschau*)和《东亚年鉴》(*Ostasien jahrbuch*)将很快推出他们的第一期。由Erich Schmitt和Toni Pippon编辑的《东亚档案馆》(Archivfür Ostasien)刚刚首次亮相(Bastion-Verlag, Düsseldorf)。①

(二)分裂时期

1949年,统一的德国在冷战的格局中走向分裂,相继成立了德意志联邦共和国(又称西德)和德意志民主共和国(又称东德)。"跟西德汉学平行发展的还有东德汉学。在民主德国,汉学家除了重视语言学的传统之外,由于跟中国的特殊关系而更加注重对现当代中国的研究,并且在很早便将汉学纳入了社会科学的方法范畴。"②民主德国(东德)总体对于汉学研究较为注重,强调政治论题和研究计划性:

> 只有一本关于中国的专门杂志《中国时讯》(*Aktuelle China-Information*),并且上面还做了"保密"和"仅供有关部门参考"的标记。在该杂志的第一期(1971)上曾写道:"《中国时讯》主要面向党政机关和研究所的一些工作人员,在他们的工作中,中国的疑难问题占据了很重要的地位。"这本杂志在1971至1989年间共出版了80期[另外还有名为《原则性文件》(*Grundsatzdokumenten*)的特刊],上面发表的关于中国的文章超过了民主德国其他所有刊物的总和。但是民主德国的大多数中国学学者,无论是作为文章的作者还是读者,都没有机会看到这本惟一的关于中国的杂志。③

传统的德国汉学以中国古代研究为主。"按照傅海波的描述,在1967年,

---

① Hellmut Wilhelm, "German Sinology Today", *The Far Eastern Quarterly*, no.3 (1949): 319–322.

② 李雪涛:《德国汉学史的分期问题及文献举隅》,《中国文化研究》2007年第1期。

③ 坎鹏(Thomas Kampen):《民主德国的中国学研究:科学计划、高校论文及自我描述》,任仲伟译,载马汉茂、汉雅娜、张西平、李雪涛等主编:《德国汉学:历史、发展、人物与视角》,郑州:大象出版社,2005年,第271页。

当时西德的13位汉学教授中只有1位是集中从事中国当代研究的。”[①]在1968年西德大学生运动中，“文化大革命”时期的中国成为左派的乌托邦，德国汉学系的许多学者都参加了1968年的欧洲学生运动，其中以左派居多：

> 1968年的学生运动解构了当时传统的汉学研究，学生们呼吁对中国革命进程进行相关研究。由于用简单的文献学方法研究经典显然不能适应毛泽东思想的研究，因此有必要引进社会科学方法。柏林自由大学的东亚系发起了相关的创新，其他德国大学的汉学系也紧随其后。[②]

进入20世纪70年代末，随着中国改革开放政策的推进，许多德国大学开始设立中国研究和经济学双专业，以满足对于中国专家的需求。此后，德国的中国学研究逐渐发展起来。但是“运用社会科学方法论的中国学，永远无法取代以经史研究为核心的汉学”[③]。以汉学研究为主要内容的期刊仍然在维持欧洲汉学传统。

（三）巩固时期

进入20世纪90年代，汉学现代学术体制的逐步巩固更是促进了专业期刊的发展，期刊数量增多，其主题也从东方研究或亚洲研究进而精准到汉学研究以及具体问题。如《袖珍汉学》（*Minima Sinica*）于1989年由沃尔夫冈·顾彬（Wolfgang Kubin）和他的妻子张穗子（Zhang Suizi）共同创立，并于1989年至2014年联合出版。1989年第1期《袖珍汉学》由CVS Verlag（在法兰克福）出版，直到2014年作为全球版的一部分出版（首先在法兰克福，然后在慕尼黑）。《袖珍汉学》的第27卷（2015年）和第26卷（2016年）由获得该杂志的版权的OSTASIEN Verlag以及外语教学与研究出版社合作出版。第27卷（2017年）和第30卷（2018年）的编辑和印刷是由中国驻德国孔子学院支持，杜塞尔多夫孔子学院（Konfuzius-Institut Düsseldorf）和波恩IOA支持。2015年，北京外国语大学教授李雪涛接替张穗子担任该杂志的联

---

① 罗丹美:《中国学在德国》，https：//www.goethe.de/ins/cn/zh/kul/mag/20720621.html，访问日期2022年2月25日。

② LI Xue tao，“China Studies in Germany”，*Journal of Cultural Interaction in East Asia*，no.1（2016）：155—165.

③ Hellmut Wilhelm，“German Sinology Today”，*The Far Eastern Quarterly*，no.3（1949）：319—322.

合主编。正如沃尔夫冈·顾彬本人所确定的，在第31卷（2019年）的时候，多萝西·沙伯·汉克（Dorothée Schaab-Hanke）接替他担任编辑。李雪涛继续担任该杂志的联合主编。从2019年开始，杂志的形象被重新设计。

1991年5月德国召开了“涉华妇女研究——妇女在汉学和中国的特定活动”会议，会议表达了与中国有关的妇女研究保持联系的愿望和需要。受到会议提议的影响，1991年8月首次出版了《妇女与中国通讯》（*Zhongguo yu funü*）杂志，半年刊。①然而，在5年的发展时间，该杂志的范围和主题范围有所扩大，因此有必要更改标题，在第10期（1996年3月）更名为《中国社会与历史》（*Berliner China-Hefte*）。该刊1年出版两次，由LITVerlag出版公司明斯特分公司出版，由罗梅君（Mechthild Leutner）和史明（Nicola Spakowski）编辑。②《中国社会与历史》将自身视为与中国有关的妇女研究的论坛，同时也是发表基于历史和社会学的中国研究以及讨论该主题的方法论和理论问题的平台。该刊由柏林大学发行，现在的主题涵盖中国世界的当代发展以及中国近代史，包含文章、会议报告和评论，致力于跨学科方法、关键和创新主题。编辑管理是Hauke Neddermann，编辑顾问委员会包括Marianne Bastid-Bruguière（巴黎）、Jens Damm（图宾根）、Bettina Gransow（柏林）、Maria Jaschok（牛津）、Katja Levy（柏林）、Nicola Spakowski（弗莱堡）、Andreas Steen（奥尔胡斯）、Mikhail Titarenko（莫斯科）、张国刚（北京）。

四、汉学期刊和汉学发展的双向互动

总的来看，德国汉学期刊的发展与政治环境有着极大的关联，因此可以将重大政治事件作为期刊发展阶段的划分依据。作为汉学研究的重要交流平台，学术期刊在德国汉学发展中占有重要地位，德国汉学期刊和汉学的发展之间存在着双向的互动。

---

① Berliner China-Hefte：Beiträgezur Gesellschaftund Geschichte Chinas. In：H-Soz-Kult，www.hsozkult.de/journals/id/z6-61244，访问日期2021年10月8日。

② 魏思齐：《德国汉学研究的历史与现状》，《世界汉学》2006年第4期。

（一）汉学发展的晴雨表

德国汉学的发展状况影响德国汉学期刊的发展，德国汉学期刊的发展可以说是汉学发展的晴雨表。一方面，汉学期刊的创办是汉学繁荣的结果和标志之一。例如，在第一次世界大战之后直到纳粹上台之前的德国汉学繁荣时期，具有国际影响力的汉学期刊得以创办。如《泰东》由出版商和学者布鲁诺·辛德勒于1923年在德国创立，1924年出版第一期，很快成为德国研究东亚学术的主要渠道。《汉学》于1925年由法兰克福大学汉学系教授卫礼贤创刊。①另一方面，汉学期刊的停刊也是汉学发展受到打击的结果和标志之一。例如，由于纳粹的政治迫害和“二战”的影响，德国汉学的发展受到打击，甚至形成了1933—1945年间德国汉学家的迁移浪潮②，德国许多重要汉学期刊由于其主编受到迫害或者战争影响等原因被迫停刊或者转往国外。如《汉学》随着法兰克福的中国学社研究所的毁灭成为战争的牺牲品③，具有重要影响力的刊载德国汉学研究成果的《泰东》也因其创办者和发行人辛德勒的犹太人身份而逃亡英国被迫停刊。

（二）汉学发展的推进器

正如波尔施曼于1948年提出的战后德国汉学恢复方向，此时创刊的德国汉学期刊的显著的变化是，更多注重与中国学者的合作与交流。如《袖珍汉学》第27卷（2017年）和第30卷（2018年）的编辑和印刷得到了孔子学院（国家汉办）总部的支持，2015年北京外国语大学教授李雪涛接替张穗子担任该杂志的联合主编，《中国社会与历史》的核心任务是努力让华语地区的作者参与刊物的讨论。

德国汉学期刊的发展反过来影响着汉学的发展，汉学期刊的发展可以说是汉学发展的助推剂。一方面，在德国汉学发展的困难时期，恢复和创办汉学期刊成为促进汉学恢复和发展的重要手段。例如，在“二战”后德国汉学的重建时期，由于人才的流失、研究书籍的丢失、研究中心的损毁等，“德

---

① 何俊：《美国汉学与德语区汉学之间的关系构建——以若干机构、人物、译著和期刊为中心的考察》，《中美人文学刊》2019年第1期。

② ［美］柯马丁：《德国汉学家在1933—1945年的迁移——重提一段被人遗忘的历史》，《世界汉学》2005年第1期。

③ 张西平主编：《西方汉学十六讲》，北京：外语教学与研究出版社，2011年，第165页。

国汉学的复苏步伐相当缓慢"①。此时促进汉学恢复的重要手段之一便是恢复期刊和公报，众多汉学期刊也在此时纷纷复刊以促进德国汉学的重建。另一方面，在德国汉学发展的繁荣时期，创办汉学期刊也成为促进汉学进一步发展的重要手段。进入20世纪90年代，汉学现代学术体制的逐步巩固和繁荣发展，使得汉学研究发表和交流的需求增多，促进了汉学期刊的创办。汉学期刊的创办也使得汉学交流的渠道更加畅通。期刊的主题从东方研究或亚洲研究进而精准到汉学研究以及具体问题，进一步推动了汉学研究的专业化和精细化。

结　语

学术研究的核心价值就在于揭示研究对象的本质与规律，如果没有深入的史料发掘和文献整理的话，无法洞察其玄奥，因而历史学是人文科学最基础的研究方法。本文从汉学期刊的创办出发，试图勾画出汉学史的嬗变轨迹。汉学作为研究中国古典传统的语言、历史以及文化等跨学科领域的综合性学问，经历了游记汉学、传教士汉学与学院汉学阶段，成为一种涵盖海外关于中国全体知识的跨文化研究。通过梳理德国传统汉学的期刊流变史与汉学研究的承续，可以推进中国学术与海外汉学的沟通，深化世界对古代中国的阐释。总之，德国汉学期刊是德国汉学研究的重要对话窗口，见证了德国汉学发展的脉络和流变，隐含着异域视角下作为他者的东方形象，深刻影响德国汉学研究的发展。梳理和回顾德国汉学期刊的历史与现状，以期刊为中心勾勒德国汉学的发展脉络，可以推动构建完善的德国汉学知识体系。

李　松　武汉大学文学院教授，武汉大学当代思想与文化研究中心主任
　　　　中国社会科学院国际中国学研究中心特约研究员
韩彩琼　武汉大学当代思想与文化研究中心助理

---

① Hellmut Wilhelm, "German Sinology Today", *The Far Eastern Quarterly*, No.3 (1949): 319-322.

阐释之阐释　学问之学问

——读《德国汉学研究史稿》有感

包汉毅

摘　要： 李雪涛教授所著述的《德国汉学研究史稿》是对于德国汉学研究史的研究与阐释，可谓“阐释之阐释、学问之学问”，其要义在于“文明互动中的真实”，这也正是新兴学科全球史的研究要旨。该书以学科的重大问题为导向，结构化为五编、十九章，指陈了当前国际汉学研究的五大核心领域：分期、翻译、范式、互动、专史。每一章夹叙夹议，在最后又总有升华的深知卓见。作者的诸多崇论宏议不离鸟瞰的整体视域，却又总是着眼于具体的人物、事例；高屋建瓴之论辅以中、微观的夯实，整个大架构显得生机勃勃。该书含有大量珍贵的史料，配有丰富的图片、影印页。雪涛老师此番“重构德国汉学史的新尝试”令人振奋，实可称为“新轴心时代”的一大构件。

关键词：《德国汉学研究史稿》　阐释之阐释　全球史　文明互动

“凡走过，必留下痕迹。”法证之父艾德蒙·罗卡（Edmond Locard，1877—1966）如是说。这条罗卡定律原本是适用于侦破一个个扑朔迷离的案件的，当然又可以顺理成章地接着说：“凡有痕迹，必泄露真实。”其实，这句话也颇适合于哲学社会科学研究。因为，哲学社会科学所探析的一般并不是天然存在的东西，而大抵是经过人为造作的产物——所谓“痕迹”是也。

源远流长、声誉日隆的阐释学可为典型代表了。其对象是文本等，正是前人所遗留的痕迹，而由此痕迹出发，就可以发掘其中所吐露、逗露、泄露、败露……的一系列真实道理（其中当然也会有自以为是的或者故意捏造的“真理”）。

明清以降，西学东渐之余，东学亦开始西传。而此文明互鉴正是彼此对于对方的阐释。在东西互动而汪洋恣肆的全球大情境中，德国汉学研究亦可为一朵丽葩了，它是欧陆日耳曼民族对于东方华夏文明加以诠解的成果。由李雪涛教授所著述的、2021年底由学苑出版社出版的两卷本《德国汉学研究史稿》(“列国汉学史丛书”之一)，则是对这一朵丽葩的描述与阐释，正是“阐释之阐释、学问之学问”，其要义乃在于“文明互动中的真实”，而并不是在于具体的中国学或者日耳曼学，当然又不离它们（作为载体）——这也正是新兴学科全球史的研究要旨所在。

该书的突出特点在于，虽名为“研究史”，却绝非遵照时间顺序简单进行史实的罗列，而是以学科的重大问题为导向，在可为全书总纲的《自序》之外，结构化为五编、十九章。这五大板块事实上也正是当前国际汉学研究、全球史研究的五大核心领域：分期、翻译、范式、互动、专史。每一板块又含括数章，每一章夹叙夹议，在最后又总有升华的深知卓见。

通篇读来，作者的阐发不离鸟瞰的整体视域，却又总是着眼于具体的人物、事例，这是因为：“如果没有审慎地深入史料，对汉学家及其著作，乃至其所处的时代做透彻的研究，那么整体性的研究很难成立。”[①]可以说，整部作品既骨架鲜明，又血肉丰满，有时雷霆万钧，有时又风和雨细，有时气势磅礴，有时又细弱游丝，全局与细部、远景与近景、统揽与细剖达成了完美的一体化。比如说，第四编“互动与批判”正文之前的导言实可谓汉学研究的高屋建瓴之论了，诸如“以他者反观自身”“新瓶装老酒”等；此后即从宏观的时代背景出发综述了互动情形，接着从八个方面概论了其主观原因（理论基础），诸如“东西文化互补的信念”“中国文明的兼容并蓄”“以西洋的方法整理国故”等——都是不可多得的崇论宏议，是贯通、综合的整体性梳理，读来令人齿颊生香。另一方面，本编又有从艾锷风（Gustav Ecke，1896—1971）到卫德明（Helmut Wilhelm，1905—1990）的八大汉学家实例、音韵学个案，而第十四章则更是专门聚焦霍福民（Alfred Hoffmann，1911—1997）与龙榆生的具体个人来往。有了这些趋于专精的个案研究，有了它们在中、微观的夯实，整个宏观大架构因而显得生机勃勃。

这样做的好处在于，振聋发聩的真知灼见不但言之有据，表面纷繁芜杂的史实也从而显得有条不紊，形而上与形而下相得益彰，而读者也从中窥到了做学问的奥要。兹再略举笔者于书中所能发现的宏论博议数条如下，它们散见、屡见于各篇、各章，不仅将全书糅合成一个统一的有机体，其自身的

① 李雪涛：《德国汉学研究史稿》，北京：学苑出版社，2021年，第4页。

真理性也因而更加彰显、确实：

1. 德国汉学家乃是基于自身的利益需求而致力于汉学研究，秉持“中为洋用”的原则。

2. 作为被阐释者，中华学术也获得了极大的利益，至少是因之而建立起了现代化的学术体系。

3. 德国汉学研究的范式主要经历了自传统的语文学、古典学到现代的社会学、政治学、经济学等的转换。这是基于时代背景和社会政治条件的必然，也是学科自身发展必有的趋势。

4. 当前的汉学研究应当聚焦于传统与现代的结合、多种范式的联合。没有传统的研究，则不能发掘真实；没有现代方法的指导、当代中国的面向，则又缺乏现实的指归。

5. 国际汉学研究的研究应当以阐释（者）、互动（者）为核心。

书中宝贝太多，比如第二编，作者从多个视域出发建构了自己高明的翻译观，第17章则依据顾彬的《中国文学史》阐发了自己的文学观……因篇幅所限，不能一一详述，只能留待读者自己去发现了。

此外，该书包含有很多珍贵的史料，比如柏林王室图书馆所收中文图书书目、傅吾康（Wolfgang Franke，1912—2007）汉学论著目录等，且全书行文始终配有丰富的历史人物图片、原版作品影印页，而最后的参考文献又实可谓迄今为止德国汉学（史）研究的著述大全，令人叹为观止。另可一提的是，雪涛老师一向秉持严谨的治学传统，行文规范、体例编排等亦是一丝不苟、秩然不乱，仅此背后所付出的心血之大亦可想象。

当前，作为“阐释之阐释”的德国汉学史研究、或可称为“文明互鉴学”的全球史研究皆方兴未艾。放眼21世纪，人类进入新时代，面临前所未有之大变局，科学技术固然高度发达，然而亘古而存的人类三大难题——人与自然、人与他人、人与自身的矛盾——非但未能因此而缓解，反而日益呈现出恶化的态势：全球气候持续恶化、区域战争硝烟频仍、心理疾病蔓延肆虐……诚可谓：这是最好的时代，这是最坏的时代！“人类命运共同体”的构建目标委实任重而道远，而雪涛老师此番“重构德国汉学史的新尝试”令人振奋，不但为此宏大建设工程增砖添瓦，更是创设新学问、开拓新文明的筚路蓝缕，称之为“新轴心时代”的一大构件，不也很恰当吗？

包汉毅 山东大学外国语学院副教授

·英国汉学研究·

论修中诚《中庸》译本中的形而上阐译*

宋晓春

摘　要：修中诚在中英文化交流中发挥了重要的作用，他翻译了多部中国经典，其译本影响较大，但目前关于他翻译的专题研究却几近空白。本文以其《中庸》英译为例，通过细读译本、翻译副文本以及关联史料，发现修中诚的《中庸》译本着力于体现原典的形而上哲学意味，其传递的主要路径包括翻译副文本中对《中庸》的形而上哲学定位，结构重组凸显《中庸》形而上的主题以及对"诚"等关键词进行形而上的阐译等。修氏的翻译使得《中庸》首次得以哲学的面相出现在英语世界，因而较其之前的译者如柯大卫、理雅各、辜鸿铭等人的翻译而言，其译本可被视为《中庸》英译史上的一大进步。

关键词：修中诚　《中庸》英译　形而上阐译

修中诚（Ernest Richard Hughes，1883—1956）1911年受伦敦会指派首次来华，1911—1929年的18年间在福建汀州传教，1929—1931年间在上海中华基督教青年会全国协会任职[①]，在华20余年，1933年末回英国，1934年至1947年任其母校牛津大学中国宗教和哲学教授[②]（Reader），实质上主持牛津大学汉学教学和研究工作10余年，其间也就是1942年曾返回中国，1943年赴昆明访问西南联大，在西南联大进修，研究中国古代哲学，师从清华大

* 基金项目：本文系湖南省社会科学基金项目"汉学家修中诚中国哲学翻译研究"的阶段性成果，批准号（21YBA027）。

① 中国社会科学院近代史研究所翻译室编:《近代来华外国人名辞典》，北京：中国社会科学出版社，1981年，第220页。

② 关于reader一词中文译名本文采用了金其斌的考证，详论见金其斌:《英制学衔Professor和Reader的译名探究——以陈寅恪、修中诚和李约瑟的职衔误译为例》，《中国翻译》2016年第4期。

学历史学系主任邵循正，研习先秦百家诸子。[①]修中诚本人的著译颇丰，著作主要有《西方世界对中国的侵略》(*The Invasion of China by the Western World*, 1937)、《东方和西方的个人观》[*The Individual in East and West* (editor and contributor), 1937],《中国、躯体和灵魂》[*China, Body and Soul* (editor and contributor),1938]、《中国的宗教》[*Religion in China* (with K. Hughes), 1950]、《两位中国诗人——班固和张衡：汉朝生活与思想简介》(*Two Chinese poets: vignettes of Han life and thought*, 1960)等，翻译的著作主要有《中国古代哲学》(*Chinese Philosophy in Classical Times*, 1942)、(*The Spirit of Chinese Philosophy*, 1947)，该书是冯友兰《新原道》的英文翻译，以及陆机《文赋》的英译本(*The Art of Letters: Lu Chi's "Wen Fu"*, 1951)，并将《史记》的纪、传翻译为英文。修中诚在华20余年，在中英交流中亦曾发挥了诸多重要的作用，作为庚款管理委员会董事会成员，在他的努力下，庚款管理委员会与位于伦敦的英国大学中国委员会建立了合作关系，因为该合作关系，英国大学中国委员会帮助了大批获得庚款奖学金的中国学生进入各英国大学学习。另外，修中诚是牛津方面聘用首位华人汉学讲座教授陈寅恪的主要联络人，也是陈寅恪当选英国学术院通讯院士的关键人物，修氏的《大学中庸》译本开篇献辞就是献给这位英国首位华人汉学讲座教授陈寅恪的。对于这样一位曾在中西交流史上做出了重要贡献的学者，学界关于他的专门研究却几近空白，因此，本文拟挖掘相关史料，以其1942年和1943年的两种《中庸》英译本为例，研究其中的形而上翻译阐释取向，以及实现的路径、产生的缘由等，以补该领域研究之不足。

一、《中庸》形而上的哲学定位

修中诚的《中庸》翻译实际上先后有两个版本，其一是收录在修氏1942年编撰出版的《中国古代哲学》(*Chinese Philosophy in Classical Times*)一书中的版本，该版本是一个节译本，翻译的内容是修中诚认为出自子思本人所作的部分；另一个译本则是其次年(1943)重新修改了的全译本*The Great Learning & the Mean-in-Action*(以下简称修译本)，该译本添加了包括双行

① 吴学昭:《吴宓与陈寅恪(增补本)》，北京：生活·读书·新知三联书店，2014年，第260页。

小注、脚注以及夹注等多种形式的注释以及前言和附录等。在全译本的引言中，他提及了其翻译的六条原则，其中第3条是“我们要相信这些长久以来受人推崇的作品中蕴含着重要的思想”[①]。这一原则可作双重解，一方面可视为修氏对其所选译作品标准的说明，另外也可理解为对前人译本没能充分体现出“这些长久以来倍受推崇作品中所蕴含的重要思想”的批判。修氏重译的目的就是要着力彰显这些著作中的重要思想，那么，问题是《中庸》中的什么思想是他要在重译中着力凸显的？带着这一研究问题，笔者通过仔细比读其两种版本的译文、翻译副文本以及关联史料，结合陈荣捷先生对修中诚《中庸》译本“修译本比《中庸》原典有时更具哲学性”[②]的评论，提出形而上哲学是修氏用以描述《中庸》的核心词，形而上哲学思想是其英译中所要着力体现的思想，这从其译本的序、引、注释以及附录中多处论及《中庸》形而上精神的论述可以为证。

首先，关于《中庸》的作者子思，修氏评价很高，认为子思是“中国古典儒学中唯一一位一流的形而上学家”[③]。修译本引言中专门列出一节题为“*Reality as Substance or as Relation*”讨论中国形而上学和西方形而上学的区别，说西方哲学倾向于视“reality”（实在）为“substance”（实体），而中国哲学则倾向于将“reality”（实在）视为“relationship”（关系）。西方形而上学“实在”观背后隐含的是逻辑身份的概念，西方哲学家认知事物有一个基本原则，即一事物不能同时是又不是某事物。而中国哲学家则认为事物总处于“生”（becoming）或“解生”（de-becoming）的状态中，也就是说一事物总是处在成为他事物的路上，因而其身份是模糊且难以确定的。[④]总引中关于《中庸大学》语言特点讨论的章节中，修氏提到了《中庸》中的“道”，说“‘道’在《中庸》中并不是指其本来的含义，即道路、旅行或行走之道，而是取其形而上之意，是获取知识和德性之道，以及对生活，对生命的把握之道”。[⑤]“《中庸》中的‘道’与《论语》中的‘道’用法相似，都是指的天

---

① E. R. Hughes，*The Great Learning & the Mean-in-Action*，New York：E.P. Dutton and Company，Inc.，1943，p.xxxvi.

② Wing-tsit Chan，“Review of The Great Learning and the Mean-in-Action”，by E.R.Hughes，Journal of the American Oriental Society，No.4（1943）：291－292.

③ *The Great Learning & the Mean-in-Action*，p.45.

④ *The Great Learning & the Mean-in-Action*，p.52.

⑤ *The Great Learning & the Mean-in-Action*，p.88.

道，天之达道”[①]。

除了引言中的相关介绍，修氏译本的注释中也有多处关于《中庸》形而上义理的论辩。如第12章“天地之大也，人犹有所憾。故君子语大，天下莫能载焉，语小，天下莫能破焉”，此章以“天地”来描述道的普遍性与超越性，说明道不能以大小来衡量。修中诚在该处的翻译注释中对“天地”究竟是应译为小写的“heaven-and-earth”，还是大写的“Heaven-and-Earth”，发表了看法，指出孔子言论提及天地之时应该是没有自然物质之“heaven-and-earth”和形而上“Heaven-and-Earth”的区别，子思后来的注疏者也应不清楚有这样的区分。但在子思的论述中，显然是进行了这样的区分，因为当他要指自然物质之天地时，他想的是“heaven-and-earth”，而意指意志之天时，他想的是“Heaven”。[②]修氏的这番评论显然是从形而上学的视角做出的，意志之天超越了其物质的限籬，成为可以生物、成物、化物之天，具有了超越性，也就有了形而上的典型特质。修氏此章的注释就是要提醒读者，在子思的思想体系中，天地是具有超越义的形而上天地这一层面的内涵。这一点，从该章的第二段注释“此章的论述，子思是将其哲学目的融入其中了”[③]亦可得到佐证。结合上下文以及修氏对子思的综合评价，这里所说的哲学目的，应该是形而上哲学无疑了。

又如20章第8段和第9段是关于“五达道”“三达德”和治天下国家之“九经”的详论，在该部分的注释中修氏首先感慨：“子思真不愧为一位形而上学家啊！”[④]“西方人在道德思考方面，似乎过于理想化，过于关注道德伦理而忽略对人与人之间关系的研究……由于文化传统的不同，我们可以批评子思的“五达道”“三达德”等不够全面，但我们却不能批判他以具体现实来检验理想的坚持，更不能批判其对社会‘一’的预设！”[⑤]

修氏在译完以上章节内容时为什么会发出如此的感慨？会将“五达道”“三达德”和治天下国家之“九经”这些看似具体的事物与形而上学联系起来？究其实质还是与其对中西形而上学差异的研究分不开。修氏在《中庸大学》译本前言中提出中国的形而上学倾向于把“reality”（实在）视为

---

① *The Great* Learning *& the Mean-in-Action*，p.89.

② *The Great Learning & the Mean-in-Action*，p.110.

③ *The Great Learning & the Mean-in-Action*，p.110.

④ *The Great Learning & the Mean-in-Action*，p.121.

⑤ *The Great Learning & the Mean-in-Action*，p.122.

“关系”（relationship），西方则倾向于将“reality”（实在）视为“substance”（实体）。[①]译本附录中他对这一差异进行了再次的强调，“在西方，由于对人格化上帝的笃信，形而上学的实在通常被视为实体（substance），但在中国，由于缺乏对人格化上帝的笃信，实在通常被释为关系（relation）。[②]《中庸》20章此部分的“五达道”是指天下共通的五条人伦大道，即“君臣、父子、夫妇、兄弟和朋友”之间关系，治天下国家之“九经”讲的是统治者处理与“自己、贤者、亲人、大臣、群臣、子民、工匠、远客、诸侯”之间关系的九条原则，“五达道”和“九经”都是关于“关系”的详尽讨论。面对《中庸》此部分如此细致、独到、系统的关于“关系”的论述，再结合修氏本人对中西形而上学之间差异的精辟看法，无外乎他在翻译后会发出“子思真不愧为一位形而上学家啊”这样的感叹了。其实，不仅此章，整体来看，整个《中庸》一书都着重在宇宙与人生关系的说明，依此，将《中庸》称为形而上的著作，将子思称为形而上学家都不为过。

二、结构重组与《中庸》形而上主题的凸显

修译本与其他已有译本相比，最大的亮点在于他对《中庸》重新进行了结构的划分，划分的首要标准是该部分的内容是否为子思所作，因而关于《中庸》作者的考证，是其译本关注的重心之一。在1943年译本引言第四章中他专门讨论了《中庸》《大学》的作者问题，认为《中庸》中有些章节的表达和思想应该是公元前3世纪中期（秦始皇时代）的思想和表述方式，据此推断《中庸》应成书于5世纪中期以后。最近的理论（实是指上文中提及的冯友兰的看法，笔者按）认为《中庸》中的后半部分，从20章的“在下位不获乎上，民不可得而治矣……”开始是秦汉时孟子一派的儒者所作。综上所论，他提出了自己的看法，即第一章为后来注疏者的添加（此处遵冯友兰的观点）；第二章至理雅各译本的第26章第6段为子思所作；而理雅各译本第26章第7段至第31章复为注疏者加入；理雅各译本的第32章为子思所作；理雅各译本第33章至末尾为注疏者所作。[③]

---

① *The Great Learning & the Mean-in-Action*，p.52.

② *The Great Learning & the Mean-in-Action*，p.169.

③ *The Great Learning & the Mean-in-Action*，pp.86−87.

在该章第二节"《中庸》成书目的"中，修氏再一次通过细解《中庸》各部分的内容，来确定其作者是子思本人，还是后来学者。修氏的讨论仅聚焦于子思本人所作内容。根据修氏的分析，《中庸》首章显然是后人加上去的评论，因而不在其讨论范围之内。他的研究是从第二章开始，《中庸》从第二章开始引孔子之言，所选录的孔子语录都是关于中、中庸的论述，在修氏看来，是作者子思想借孔子之言，提出中庸的思想。继而，子思开始用自己的理论话语来论道（中庸之道），包括"造端乎夫妇……察乎天地"之道；不可穷尽，如天地般广博之道以及人能超越物质局限去追寻的道等。在对子思论道的内容大致进行概括之后，修氏指出"此处作者所论说的主题完全是形而上学领域所探索的问题"[①]。接下来在介绍子思论及舜以及周代先王积德累仁的章节内容之后，他又添加评论说"子思是西方意义上的哲学家，其论述覆盖了伦理道德、形而上以及历史中的问题"[②]。接着介绍了子思《中庸》中最重要的理论，即包括天道诚和人之诚的"诚"的思想，认为"子思关于'诚'的讨论是形而上的论述，有关这一主题的论述将读者带入了一个极具哲学趣味的章节"[③]，另外，他还重述了子思作《中庸》的思路，《中庸》始于中/中庸之道的讨论，而中/中庸之道即诚之道。诚是宇宙之诚，是万物之实，是神秘的自我推动力，诚成人、成物，是人类和万物之本。至诚之圣人能打破物质的局限，赞天地之化育，与天地参，"因此，'诚'或中/中庸之道，虽作用于天地之间，但也是超物质的"[④]。而超物质正是界定是否为形而上学的核心标准，在对《中庸》最后几个章节是否出自子思之手进行研究之后，修氏得出结论，认为《中庸》的作者应该有两位，作者A是一位追求真理的哲学家，作者B则是一位关注政治的神学家。显然，这里，修氏所说的作者A是子思，是在重复强调前面他所说的"子思是一位西方意义上的哲学家"这一定论。

结合上述两部分的论证，修氏认为实质上《中庸》只有第2章至第26章第6段和第32章为子思所作，其他部分均为注疏者的添加。据此，他重新划分了《中庸》的结构，*Chinese Philosophy in Classical Times*中关于《中庸》的部分节选了修氏认为出自子思笔下的内容，分为12个部分，每一部分添加

① *The Great Learning & the Mean-in-Action*，p.95.
② *The Great Learning & the Mean-in-Action*，p.96.
③ *The Great Learning & the Mean-in-Action*，p.96.
④ *The Great Learning & the Mean-in-Action*，p.97.

了如下标题：

第一部分（略，因显然不是子思所写）

第二部分（2～10章）：标题为“子思引孔子之言证中庸思想”

第三部分（12章）：标题为“物质世界是受限的，道是无限的”

第四部分（13章）：引孔子之言证中庸之道的普遍性和宗教性

第五部分（17～19章）：圣人传统中至德之广大幽远的影响

第六部分（20章1段～11段）：统治中统治者和被统治者的德性问题

第六部分[①]（20章16～17段）：自诚的努力

第七部分（20章18～20段）：天道诚与人道诚

第八部分（22章）：行动中的人诚：成物的力量

第九部分（24章）：行动中的人诚：前知的能力

第十部分（25章）：再论诚者成物

第十一部分（26章）：至诚超越物质

第十二部分（32章）：子思将至诚与天道相连

从其所添加的标题可以看出修中诚将《中庸》主题归为两种，即中庸之道和诚。第2部分至第一个第6部分均是关于“中庸”之道的论述，援引修中诚自己的解释是，“‘中庸’一词虽然只在文章开篇出现，但实际上文中后来部分（指第2部分到第6部分，笔者按）所用的“道”，实指‘中庸之道’，‘道’在该原典中乃‘中庸’一词的近义词，是出现频率很高的一个词语”[②]。第二个主题为“诚”，因第二个第6部分至第12部分的章节标题均是围绕着“诚”的论述，强调“诚”的本体论、超越性的特质。而“诚者，天之道”将前面部分关于“道/中庸之道”的主题与后面“诚”之道的主题打通，使得在其*Chinese Philosophy in Classical Times*中的《中庸》选译本整体上凸显出浓厚的形而上意味，与修氏为其所加的大标题“子思：追寻实在（REALITY）的哲学家”遥相呼应。

---

① 该部分可能是印刷问题，章节标序重复。

② *The Great Learning & the Mean-in-Action*，p.126.

三、《中庸》关键词的形而上阐译

除了对《中庸》重新划分结构，在译本序引注等多处点明《中庸》形而上内涵之外，修氏译本还多处对原典中的核心术语进行了形而上的译释。“诚”为贯穿《中庸》之枢纽[①]，在《中庸》中享有至高至上的地位，一直以来都是注疏者阐释的重点，也是《中庸》历代英译者着力解决的翻译难题之一。修中诚之前的《中庸》译者除辜鸿铭译“诚”为“truth”之外，其他如柯大卫、理雅各、莱奥等都将“诚”译为“sincerity”。“sincerity”一词的内涵，据特里林（Lionel Trilling）考证，最初是描述人日常生活中内在的、对待自己的“自诚”，后来用于宗教中成为评判信徒是否对本教虔诚的标准，直到18世纪，在浪漫主义代表罗素等人的努力下才回到其原初的含义，即“to be true to oneself”，同时，它的含义还被拓宽，不再局限于内部的、自我的“true”，还包括外在的、对待他人的“faithful”。[②]修中诚之前的译者因为《中庸》的“诚”所蕴含的本体论、宇宙论思想与基督一神教之根本相悖，因而在翻译中故意选用“sincerity”一词作为其英译名，突出其日常意义，从而使得《中庸》整体结构缺乏连贯，后半部分的论述尤显怪诞。正如理雅各本人在译“诚”为“sincerity”时所加入的评论，说“他（指子思，笔者按）所倡导的‘诚’实际上就是一个臆造之物（figment），当然也就不会对描述这个臆造之物时所用之语言的夸张性而感到惊讶了！”[③]修中诚曾专门在西南联大投身于名师门下研读过中国古典哲学，并编撰翻译了*Chinese Philosophy in Classical Times*，因此，可以预见他对《中庸》“诚”在中国哲学尤其是古代哲学中的地位是非常清楚的，但鉴于“诚”的丰富内涵以及中国哲学著作简约且富有提示性的语言特点，为其在英语语境中找到一个恰当译名的确不是一件易事。修氏英译该术语时也颇踌躇，他首先排除了前任

---

① 朱熹:《朱子全书》(第6册)，朱杰人、严佐之、刘永翔编，上海：上海古籍出版社、合肥：安徽教育出版社，2002年，第595页。

② 关于“sincerity”在西方世界中意义流变的考证详参An Yanming，“The Concept of Cheng诚and its Western Translations”，*Dao*：*A Journal of Comparative Philosophy*，No.1（2004）：123－125.

③ James Legge，*The Chinese Classics*，*Vol. I*：*Confucian Analects*，*the Great Learning*，*and the Doctrine of the Mean*，*Hong Kong*：*Anglo-Chinese College Press*，1861，p.282.

译者们用“sincerity”翻译“诚”的做法，认为译“诚”为“sincerity”不妥，“sincerity”暗含“道德之诚”，没有表现出《中庸》之“诚”显著的形而上含义，也没有考虑到《论语》中的“诚”，也就是“信”（truly）与《中庸》中“诚”的关联，继而提出用“reality”来译“诚”是最恰当的译名。试看几例：

诚者，天之道也；诚之者，人之道也（20章18段）。

修译：It is the characteristic of Heaven to BE the real. It is the characteristic of man to be coming-to-be-real.

自诚明，谓之性；自明诚，谓之教。诚则明矣；明则诚矣。（21章）

修译：To（be able to）proceed from（the capacity for）realness to understanding is to be ascribed to the nature of man. To proceed from understanding to realness is to be ascribed to instruction in truth. Logically，realness involves understanding and understanding involves realness.①

唯天下至诚为能尽其性。（22章）

修 译：It is only the man who is entirely real in this world of experience who has the power to give full development to his own nature.

从上面的例子可以看出，修中诚将“天道诚”译为“Reality in Heaven”，“人道诚”译为“Realness in Man”，“诚者”为“BE the real”、“诚之者”为“be coming-to-be-real”、“诚”为“realness”、“至诚”为“entirely real”，而且有一点特别值得注意的是，第20章18段“诚者，天之道也”，修氏译为“It is the characteristic of Heaven to BE the real.”除了用“real”翻译“诚”之外，还特意将“be”全部大写为“BE”。

通过上述译例分析，至此，修氏对“诚”主旨的形而上理解取向已呼之欲出了。我们只要查阅一下“reality”在西方哲学中的地位与意义，再参照修氏本人的解释，即可验证。

“reality”是西方形而上哲学（metaphysics）的主要研究对象，“形而上学一般是指对实在（reality）的最基本成分或特征的研究（本体论），或

① *The Chinese Classics*，*Vol. I*，p.127.

者对我们在叙述实在时所用的最基本概念的研究。”[①]其含义丰富“有时，它指存在之所是，与‘现象’对立。……有时，他用作世界的同义语，或指一切存在的总体。……有时，它也用来指独立于我们的意识和意志的客观存在（objective existence）。”[②]韦伯词典（merriam-webster dictionary）中“metaphysics”的定义里将“reality”和“being”并列作为“metaphysics”研究的分支，说“metaphysics是哲学的一个分支，该分支专门研究“实在”和“是”的本质，下辖本体论、宇宙论，有时认识论也归属于形而上的哲学分支”。那么“reality”和“being”之间的关系又是如何呢？在《西方哲学英汉对照辞典》的解释中“reality”和“ontology”被直接等同，可以互换使用。该辞典中“being”的词条中亦提及了“reality”，讲当巴门尼德（Parmenides）把是（being）当作一种研究对象，将其解释为处于变动不居的感性世界背后单纯不变的终极实在（ultimate reality），从巴门尼德开始，形而上学以“什么是‘是’”（what being is）作为其中心问题，不同的形而上学系统可以被看作是对这一问题的不同回答。柏拉图认为只有普遍形式是“是”（beings），而可感事物则既是又不是。这一区分开启了实在（reality）与现象、共相与殊相等根深蒂固的对立，并最终把最真实意义上的“是”等同于善。[③]一言概之，“reality”是与现象相关的一种性质，为“metaphysics”的一个重要分支，甚至被认为是“metaphysics”另一个代名词“本体论”（ontology）的研究内容，因而经常与“ontology”等同使用，“being”是“ultimate reality”。因此，“reality”的内涵可以说主要包括对作为是的是、存在、终极根源、普遍本质，超越感官知觉的内在实在或超越人类理智的超验实在的追寻。

大致厘清了“reality”在西方哲学史中的含义，再来看《中庸》之“诚”是否具有西方“metaphysics”中“reality”的核心内涵。《中庸》论“诚”是从“实体”“实理”开始的，“实”是诚的古义，是“实体”“实理”“实有”之意，以“实”训“诚”是《中庸》注疏的老传统，如朱熹《中庸章

① 尼古拉斯·布宁、余纪元主编:《西方哲学英汉对照辞典》，王柯平等译，北京：人民出版社，2001年，第614—615页。

② 尼古拉斯·布宁、余纪元主编:《西方哲学英汉对照辞典》，王柯平等译，北京：人民出版社，2001年，第858页。

③ 尼古拉斯·布宁、余纪元主编:《西方哲学英汉对照辞典》，王柯平等译，北京：人民出版社，2001年，第112—113页。

句》中有注"诚者，真实无妄之谓，天理之本然也。"[①]程颐《中庸解》中云"诚者，理之实然"[②]，"诚"是"理"之属性，以"实"为表现特征，正所谓"诚者，实而已矣"。王夫之在气本体论的基础上对《中庸》的"诚"做了改造，以"实有"来规定"诚"，"诚也者，实也，实有之，固有之也，无有弗然，而非他有耀也"[③]。王阳明"诚是实理，只是一个良知"[④]。诚是宇宙万物之所以存在的本体，是天之道，性之根据，所谓"诚者，天之道也"（20章）、"自诚明，谓之性"（21章）、"唯天下至诚为能尽其性"（22章）。因此，可以说《中庸》"诚"所蕴含的超越性、普遍性、本原性担得起西方形而上学中"reality"的内涵。修中诚破除其前辈传教士以及自身的宗教局限，取"reality"来翻译《中庸》之"诚"，的确抓住了《中庸》的哲学主旨，在译语世界重构了"诚"的形而上主题。

结语：对修中诚《中庸》英译形而上译释的批判

著名哲学家陈荣捷先生认为"与理雅各、辜鸿铭等人的翻译相比，修中诚的翻译是一大进步，修氏译本试图突出《中庸》的哲学性，但有时候却走得太远……修中诚把'诚'译为'realness'之后，'自诚明'这一句就成了'to be able to proceed from the capacity for realness to understanding is to be ascribed to the nature of man'（人类理解诚/实在的能力来自人之性），而不如理雅各所用的'sincerity'更符合原文。"[⑤]陈先生的评价中有两个关键，其一是指出修氏译本着重于《中庸》哲学性在英语世界的重构，但具体重构的哲学面相，陈先生没有说明，本文通过对修氏生平、译本前言、附录、译者注释，译本正文里关键术语译名的选择，以及译本结构重组等方面的研究，补证了形而上哲学是修氏《中庸》译本中所着力凸显的哲学面相。陈先生评价中的第二个关键是认为修氏译本阐释有太过之嫌，有时比原典更具哲学性，他举出的例子正是修氏着力进行形而上阐译的关键词"诚"的翻

① 朱熹:《四书章句集注》，北京：中华书局，1983年，第31页。

② 程颢、程颐:《二程集》，王孝鱼点校，北京：中华书局，1981年，第1158页。

③ 王夫之:《尚书引义》卷四，长沙：岳麓书社，1991年，第353页。

④ 王阳明:《传习录》，南京：江苏古籍出版社，2001年，第294页。

⑤ Chan Wing-tsit，"Review of *The Great Learning and the Mean-in-Action by E.R.Hughes*"，Journal of the American Oriental Society，No.4（1943）：291－292. 由本文作者翻译。

译。陈先生的这一评价是基于其介绍中国思想的基本原则而作出的批判。陈先生1963年编撰翻译了*A Source Book in Chinese Philosophy*，该书完全是坚持“以中释中”的翻译立场，而修氏用西方哲学中“metaphysics”的义理来阐释《中庸》，其立场显然是“以西释中”的，与陈先生所秉持的“以中释中”的立场相悖，无外乎陈先生在总体肯定其翻译之后，会作出“有时比原文更具哲学性”的评论，亦是暗批其翻译阐释的立场，批评其译文没有立足于中国思想。的确，以“诚”的译例来看，《中庸》“诚”除了上述本体论的意义外，还有显著的实践和工夫层面的意义。也就是说诚不仅是诚体，也是工夫，是实现，是成就，如25章“诚者，非自成己而已也，所以成物也。成己仁也。成物知也。性之德也”。这一章的核心就是“诚”与“成”的内在关联，因“诚”与“成”在词源学上的同根关系，在《中庸》中被转化为成就、实现、创生等哲学意义，但诚者依诚体而实践，首先是“成己”，即成就自己为一真实的道德人格，因此可以说上述《中庸》之“诚”训为“实”，此“实”除了有“实理”“实体”“实有”之本体论或者说形而上意义，同时，也兼具“实现”“实践”的形而下含义，而后一种层面的讨论是西方形而上学所缺乏的。中西方哲学是两种不同形态的形而上学，西方哲学以“是论”为形而上学的典范，中国哲学的形而上学以道为宗旨，西方的形而上学是通过逻辑思想训练以普遍概念解释事物本身或客观真理的理论，中国传统哲学的形而上是通过修身以进入得道境界的论述。[①]也就是说，中国哲学形而上不离形而下，在中国传统哲学中，形而上是悟道的过程，而对道德真正把握，还要看能否将对道德领悟贯彻到实际生活中，所以说中国哲学“形而上”又“形而下”，是上下求索的哲学。故《中庸》第十二章引诗云，“‘鸢飞戾天；鱼跃于渊’。言其上下察也”。第十三章引孔子之言：“道不远人。人之为道而远人，不可以为道”，强调儒学“道不离器”的主张，道贯穿在一切过程中，也表现在人的日常生活中。而“reality”在西方的形而上学中是指与现象对立的存在之所是；“being”是感性世界背后单纯不变的终极实在，修氏以“reality”译“诚”虽然彰显了“诚”形而上层面的意蕴，但却无法传递出中国形而上学中形而上不离形而下的特点，修氏后来的译者哲学家安乐哲和郝大维重译《中庸》旨在还原中国哲学的本来面相，他们选用“creativity”来翻译“诚”，意在传递“诚”的本体义，同时也想借该词所蕴

① 俞宣孟：《论中国哲学形而上学的精神》，《社会科学》2007年第4期。

含的过程性来传递“诚”之“实现”“成就”“成全”等形而下的创生作用。

整体而言，鉴于中西思想体系的差异，修氏译本中以西方形而上哲学阐译《中庸》难免会存有不足，但正如陈先生所指出的，修氏译本与理雅各、辜鸿铭等人的翻译相比，是一大进步。[①]而且其译本出版于20世纪40年代初，正值中国和欧洲饱受战火摧残之时，修氏亦能坚持纯学术的追求，选编并翻译中国古代哲学著作，并在译著中着力体现各思想体系的典型特征，这在当时是非常可贵的尝试。更何况经典本身的开放性决定了翻译阐释的多样性，因此，我们不必对其译文过分苛求。只希冀通过本研究，能让读者了解到修中诚先生在《中庸》英译史上曾留下的这一浓墨重彩的一幕就已足矣。

宋晓春　湖南大学外国语学院英语系教授

① Chan Wing-tsit, "Review of *The Great Learning and the Mean-in-Action by E.R.Hughes*", Journal of the American Oriental Society, No.4 (1943): 291–292.

霍克斯的《离骚》研究

甄　桢

摘　要：霍克斯（David Hawkes，1923—2009）是20世纪英国著名的汉学家，他的《楚辞》研究专著《〈楚辞〉：南方之歌》（*Chu's Tz'u: The songs of the South，an Ancient Chinese Anthology*）是最早的英译《楚辞》全本。霍克斯对《离骚》的研究多凝聚于此书中。在对《离骚》的解读中，霍克斯对《离骚》的作者进行了考评，探析了《离骚》中的巫文化，并阐释了《离骚》中的象征手法。

关键词：《离骚》　楚辞　霍克斯

《离骚》是《楚辞》的代表作，汉代刘安作《离骚传》开启了《离骚》研究的先河，《离骚》在国内的研究迄今已有千年的历史。由于中西语言差别较大，西方人了解《离骚》首先是通过译文，之后才有研究。在中西文化交流的过程中，传教士起着不可比拟的桥梁的作用。法国耶稣会士马若瑟（Joseph de Prémare，1666—1735）于1728年在广州用拉丁文写成了《汉语札记》……他以楚辞为例介绍隐喻修辞方法。称赞《离骚》通篇点缀着华美的隐喻，并翻译《离骚》和《九歌》中的部分诗句。[①] 德国学者费兹曼（August Pfiz-maier，1808—1887）第一次用德文完整翻译出《离骚》并于1852年发表于维也纳皇家科学院报告上，题目为《〈离骚〉和〈九歌〉——公元前三世纪的两篇中国诗歌》。法国学者德理文（Marquis d'Hervey de Saint Denys，1823—1892）用法文翻译了《离骚》并于1870年在巴黎东学所出版，题目为：《公元前三世纪的诗歌——〈离骚〉》。

目前来看，《离骚》的英译本较多。1879年英国驻华公使庄延龄（Edward Harper Parker，1849—1926）在《中国评论》（*China Reviews*）上发表《离骚》的英译文：《离别之忧——〈离骚〉》，但学界认为这篇文章没有作者的相关背景介绍，译文有错误，粗略草率。1895年，英国汉学家理雅各（James

① 参见陈亮：《欧美楚辞学论纲》，北京：中华书局，2020年，第10页。

Legge，1815—1897）在《皇家亚洲学会杂志》（*Journal of the Royal Asiatic Society*）上发表了《〈离骚〉及其作者》。1947年，美国诗人白英在《小白驹：自古至今中国诗选》中选译了《离骚》，这一版《离骚》由西南联大俞铭传翻译，白英编辑。白英肯定了屈原的崇高人格和历史价值。1959年，美国学者约翰逊（Jerah Johnson，1931— ）出版了《离骚：解除痛苦的诗》（*Li Sao*：*A Poem on Relieving Sorrows*），他用荣格的心理学解释《离骚》，认为其中的"美人"是指代诗人寻找的完全自我。同年，牛津大学出版社出版了霍克斯（David Hawkes，1923—2009）的楚辞英译集大成之作：《楚辞：南方之歌》（*Ch'u Tz'u*：*the Songs of the South*，*an Ancient Chinese Poetry Anthology*）。1990年，湖北教育出版社出版了美国学者劳伦斯·施奈德的《楚国狂人屈原与中国政治神话》（张啸虎、蔡靖泉译），第一章第二节专论《离骚》。

西方学者解读《离骚》是仁者见仁智者见智，而霍克斯对《离骚》的研究综合了中外学者的观点，有自己独特的见地。

一、《离骚》作者的考评

自西汉至清末，在两千多年的楚辞研究中，学术界对《离骚》作者屈原的存在并无怀疑。然而，清末民初，随着疑古思潮的泛滥，有学者开始对屈原存在的真实性提出质疑。霍克斯对这种屈原虚无论的观点表示吃惊，他认为屈原是一个真实的历史人物，纵然《屈原列传》中有些令人迷惑的地方，传记中对他政治身份的描述也有些夸张，但传记本身或多或少是可靠的。[①]霍克斯引用了《史记·屈原列传》中的全文，并对以此为依据否定屈原的观点进行逐一批驳。传记的批评家们一般围绕着两个问题进行讨论，第一个问题是司马迁的传记是否可靠，第二个问题是传记中叙述的史实是否可信。

霍克斯认为司马迁撰写人物传记的史料来源，一部分来自《战国策》，一部分来自不知名的战国文献，虽然这样的传记书写是各种史料的拼接物，但这并不能削弱司马迁传记的真实性。司马迁将屈原与贾谊的合传列为一章，他在篇章末尾说："及孝文帝崩，孝武皇帝立，举贾生之孙二人至郡守，

① David Hawkes：*Chu's Tz'u*：*The songs of the South*，*an Ancient Chinese Anthology*，Boston：Beacon Press，1962，p.18.

而贾嘉最好学，世其家，与余通书。至孝昭时，列为九卿。”[①]一些学者将此段话视为反驳传记真实性的证据，他们认为武帝之前是景帝，“文帝崩”而“武帝立”将中间的景帝忽略是不对的，“孝昭”是汉昭帝刘弗陵的谥号，刘弗陵为汉武帝幼子，司马迁不可能有那么长的寿命活到汉昭帝之后，且知道他的谥号。霍克斯认为这个问题无足轻重，贾谊的事迹还出现在班固所撰写的《汉书》中，传记篇末说：“孝武初立，举贾生之孙二人至郡守。贾嘉最好学，世其家。”[②]《汉书》中没有“至孝昭时，列为九卿”之句，霍克斯认为《史记》中的这句话可能是汉代读者读书时随笔涂写的，是窜入之语。至于“孝文帝崩”之“文”字，霍克斯认为是抄写者的失误，将“景”字错抄成“文”。

霍克斯认为司马迁的文学创作观即伟大文学作品的产生都来源于苦难，这种观念的产生与司马迁的悲惨经历有关，所以司马迁笔下的文学人物也都同他一样有着相似的悲惨经历。在《太史公自序》中，司马迁列举了历史上多位因遭受苦难而著书的人物典故，他说“屈原放逐，著《离骚》”，而在《屈原贾生列传》篇尾，太史公曰：“余读《离骚》《天问》《招魂》《哀郢》，悲其志。适长沙，观屈原所自沉渊，未尝不垂涕，想见其为人。”[③]司马迁的这段评论与自序中的话首尾呼应，可以证明司马迁撰写《屈原列传》的真实性。

霍克斯说，怀疑《史记》中史料真实性的观点有很多，其中最重要的一条是，屈原不曾出现在汉代以前的文献中。一些学者以此推论，可能司马迁利用了一些与屈原无关的历史事实并将屈原的名字插入其中，以方便人物传记的书写。他们利用的一条证据是，“秦虎狼之国，不可信”这句话在《史记·楚世家》中出自昭雎之口，而非屈原。但霍克斯认为这句话在当时应该是众所周知的，谁都可以讲，类似于流行谚语。而屈原自齐返楚向怀王进谏杀张仪一事，在《史记》中除《屈原列传》之外仅提到两次，一次是《楚世家》中，“屈原使从齐来，谏王曰：‘何不诛张仪？’怀王悔，使人追张仪，弗及。”另一次是在《张仪列传》中，“屈原曰：‘前大王见欺于张仪，张仪至，臣以为大王烹之，今纵弗忍杀之，又听其邪说，不可。’”[④]霍克斯认为这

① 司马迁：《史记》，北京：中华书局，1959年，第2503页。

② 班固：《汉书》，颜师古注释，北京：中华书局，1962年，第2265页。

③ 司马迁：《史记》，北京：中华书局，1959年，第2503页。

④ 司马迁：《史记》，北京：中华书局，1959年，第1725—2293页。

三处单独的部分却关联着同一件事，不可能是司马迁自己制造出来的，一定是他从我们迄今不知道某种包含屈原事迹的史料中摘录而来的。

霍克斯虽然肯定《屈原列传》的历史性和真实性，除此之外，他还有更深层次的思索。霍克斯认为传记本身并未告诉我们太多，而一些学者利用传记和屈原诗歌对屈原的生活轨迹、出生和死亡的日期进行推断的研究态度是有待商榷的。这种人物生平重构的缺陷在于从一开始，学者们就假定了《楚辞》中的哪些是屈原的作品，而霍克斯认为在确定《楚辞》作品的著作权方面，司马迁不一定比刘向及王逸可靠。

屈原在汉代备受推崇，他的自沉成为当时一种流行的文学主题，贾谊、扬雄都曾作赋，投入江中以凭吊屈原。霍克斯分析汉代之所以推崇屈原，是因为他是一名具有殉道精神的、诚实的政治家，他的政治遭遇具有典型性特征，能引起广大士人的共鸣。徐复观说："《离骚》在汉代文学中所以能发生巨大的影响……乃是当时知识分子，以屈原的'信而见疑，衷而被谤，能无怨乎'的'怨'象征着他们自身的'怨'，以屈原……的悲剧命运，象征着他们自身的命运。"[①]与此同时，屈原还是一位极具才华的诗人，他被奸佞所害，将一腔悲愤融到诗歌创作当中，后世能从这种文学作品中捕获到自己所需的那部分。屈原代表了一个《楚辞》群体，这个群体包含宋玉、景差、唐勒以及汉代模仿屈骚的文学家们。

二、《离骚》中的巫文化

霍克斯将自己研究《楚辞》的专著命名为《楚辞：南方之歌》，可见他对《楚辞》地域性特征的肯定。一种文体的产生有其复杂的发展过程，地理特征也是影响文体发生的重要因素。谢无量也曾说："楚词是代表南方文学一部最古的书，屈原自然是楚词这种文体开创的人。"[②]在地理位置上居于南地的楚国，地域风貌是与北方相异的，王夫之《楚辞通释》中说："楚，泽国也，其南沅湘之交，抑山国也。叠波旷宇，以荡遥情，而迫之以崟嵚戌削之幽菀，故推宕无涯，而天采矗发，江山光怪之气，莫能掩抑。"[③]楚地山林幽

① 徐复观：《两汉思想史》（第一卷），上海：华东师范大学出版社，2001年，第166页。

② 谢无量：《楚词新论》，北京：商务印书馆，1923年，第1页。

③ 王夫之：《楚辞通释》，杨新勋点校，上海：上海古籍出版社，2018年，第2页。

深，水泽缭绕，雾气弥漫，王夫之认为屈骚的诞生与楚地的山川风貌息息相关。游国恩在《楚辞概论》中也说："不但屈原个人的文学为然，即《楚辞》的发生也与楚国的地理有绝大的关系。文学与地理上关系最深切的莫如'山水'……"[①]这般灵秀的山水滋养了浪漫迤逦的《楚辞》以及变幻莫测的巫风。

巫风起源于人类原始社会的蒙昧时代，那时，社会生产力水平极低，原始先民们渴望通过自身的努力去征服自然，改造周围的生存条件，在这种情况下，巫术活动便产生了。氏族部落中能够担当为"巫"的人，通常是通晓天文、地理、历法、医药等的优秀人才。随着氏族社会的发展，社会上的"巫"也越来越多，"巫也有条件全部或部分地脱离生产劳动，致力于氏族的文化创造和文化积累。……由于巫文化是包含了文学艺术在内的精神文化综合体，巫文化的发展水平，也就决定了文学艺术的孕育程度；巫文化的发展状况，也就影响了文学艺术的某些特征。楚文学风貌的形成，楚文学成就的取得，都与楚地有着源远流长的巫文化传统、盛行经久不衰的巫风有很大关系。"[②]《汉书·地理志》说楚："信巫鬼，重淫祀。"[③]楚国自上而下皆重巫风，《新论》中说楚灵王："简贤务鬼，信巫祝之道，斋戒洁鲜，以祀上帝，礼群神，躬执羽绂，起舞坛前。"[④]《汉书·郊祀志》中记载："楚怀王隆祭祀，事鬼神，欲以获福助、却秦师，而兵挫地削，身辱国危。"屈原身为楚国贵族，长期浸润在巫风浓重的社会环境中，思想行为深受巫风影响是毋庸置疑的。

霍克斯认为诗人在诗歌中不停地诉说自身的悲哀、现实的污浊以及遁逃无门的绝望，这种梦游般循环往复的精神溃决并非神经质的表现，而是诗人在矛盾的挣扎中渴求一种强大的巫术力量，他渴望自己成为具有神力之人。诗人认为相比于这个污浊的人间，他应该属于那个更加纯净的超自然世界。在那里他可以餐风饮露、召唤神灵、漫游到宇宙的尽头。

同时，他还认为我们若要更好地理解这种诗歌艺术，一定要了解楚人的宗教信仰问题。在古代中国，楚国的宗教是一种祖先崇拜和万物有灵混杂的产物。楚国负责接引山川河流众神降世以及通过舞蹈或咒语为病人或死者招魂的职位称为"萨满"(shaman)，而《九歌》就是这样一种萨满巫师的仪式。

---

① 游国恩:《楚辞概论》，北京：述学社，1926年，第56页。

② 蔡靖泉:《楚文学史》，武汉：湖北教育出版社，1996年，第108页。

③ 班固:《汉书》(全十二册)，颜师古注释，北京：中华书局，1962年，第1666页。

④ 桓谭:《新论》，上海：上海人民出版社，1977年，第14页。

霍克斯的《楚辞》研究深受英国汉学家阿瑟·韦利（Arthur Waley）的影响，在霍克斯《楚辞：南方之歌》的序言中，霍克斯表达了对韦利给予自己慷慨帮助的谢意。韦利在其《楚辞》专著《九歌：中国古代巫文化研究》（*The nine songs*: *A study of Shamanism in Ancient China*）一书中以“巫”的视角解读《九歌》并将“巫”解释为“shaman”，这一点完全被霍克斯继承。藤野岩友在《巫系文学论》中说，“巫俗不限于中国，是东方民族一般流行的萨满教信仰的一个支流。”[①]1948年，霍克斯曾在北京大学留学，此期间他也接触到闻一多、游国恩等人的《楚辞》研究成果。游国恩在《楚辞概论》中说《九歌》并非屈原所作，而是春秋时期的作品，是《离骚》的前驱，《九歌》是具有表演性质的巫歌巫舞。霍克斯除了对《离骚》的作者为屈原持肯定态度外，对屈原其他诸多作品的著作权表示怀疑，他赞同游国恩之说，认为《九歌》并非屈原的作品，其作者也应是屈原不久之后，熟悉屈原及其作品的楚地诗人。在《神女之探寻》一文中，霍克斯将《离骚》与《九歌》中的巫术语言进行了比较，认为《离骚》虽是尘世诗人的自述，但巫术神怪贯穿于《离骚》的主题之中，巫术痕迹还是很鲜明的。

对于《离骚》中的主人公来说，下半篇描绘的超自然情景是一个真实的世界，像是巫师作巫术对天际的巡游。陈桐生说：“《离骚》主人公的天国神游是巫术幻境的真实描绘。”[②]诗人逃离了人间的痛苦，开始在天界漫游，在那里诗人是宇宙的主宰，可以手摘星辰，以众神为仆，这种想象并不是凭空产生的，而是诗人多次聆听楚国萨满巫师吟诵，受巫术启发的结果，这种“精神漫游”在中国早期文学中并不寻常，是屈原第一次将这种主题运用到诗歌创作当中，后世之人多效仿因袭。

在解释乱辞中“既莫足与为美政兮，吾将从彭咸之所居”一句时，霍克斯依然从巫术的角度来解读，他认为这句话的意识是诗人将离开人间而投入某种超自然的训练之中。

三、《离骚》中的象征

关于“象征”一词的含义，《文学象征论》一书中说“象征”是一种

① 藤野岩友：《巫系文学论》，韩基国编译，重庆：重庆出版社，2005年，第4页。
② 陈桐生：《〈离骚〉系巫术过程之纪事》，《东方丛刊》1996年第2辑。

古老而年轻的文学现象，“象征（symbol），在古希腊是指‘拼凑’‘类比’。……是指甲事物与乙事物有着重要的密切的关系，甲事物代表、暗示着乙事物。象征是发展的。……在象征活动中，象征是用小事物来暗示、代表一个远远超出其自身含义的大事物（如十字架——基督），用具体的人的感觉可以感知的物象来暗指某种抽象的不能感知的人类情感或观念（如狼——贪婪，白——纯洁）。象征是小事物与大事物的统一，是具体物象与抽象情思的统一，是可以感知之物与不可感知之意的统一。”[①]在早期的中国古代文论中并无“象征”一词，但在文学创作中运用“象征”的意识却是自古就有，《诗三百》中的“比”即是局部象征手法的运用。而在《楚辞》中，《离骚》更是将象征手法大规模地运用。梁启超曾说，他不认为《诗三百》中存在象征派，“纯象征派之成立，起自《楚辞》。篇中许多美人芳草，纯属代数上的符号，他意思别有所指。”[②]王逸认为《离骚》中的一切都具有象征性，植物、树木、彩虹、云朵、众神、神女、一切，他说：“《离骚》之文，依《诗》取兴，引类譬喻，故善鸟香草，以配忠贞；恶禽臭物，以比谗佞；灵修美人，以媲于君；宓妃佚女，以譬贤臣；虬龙鸾凤，以托君子；飘风云霓，以为小人。”[③]王逸的观点正符合“象征”含义中所说的那样以甲事物来暗示乙事物，以小事物来暗示超出自身含义的大事物，比如以香花香草来象征美好的品性等。霍克斯虽承认《离骚》具有政治象征喻意，但不赞同王逸之说，不认为诗中的一切自然和超自然的东西都具有政治象征喻意。

霍克斯认为中国早期的楚辞评论者们受儒家思想影响认为诗歌一定有所指代，这种思想来源于对孔子对《诗经》的解读，即便是一首爱情诗也一定有政治教化的功用。《离骚》出现时，讽喻传统已经在对《诗经》的诠释中形成，“象征”也被应用其中。比如，解释《诗经》中情诗的一种方法就是“爱人”通常象征统治者，而“情人”通常象征统治者的卿士，这也就不难解释为什么《离骚》中的主人公假扮成女子并对自己英俊的“爱人”滔滔倾诉。霍克斯将“灵修”译为“the Fair one”，认为象征的是诗人假扮女子的男性爱侣。《离骚》中的前半部分诗人假扮成女子对着爱侣抒怀，表面上看是男女之间的恋情，实际上却暗含着君臣遇合的成分。游国恩在《楚辞女性

① 严云受、刘锋杰：《文学象征论》，合肥：安徽教育出版社，1995年，第2—3页。
② 梁启超：《梁启超古典文学论著》，上海：上海书店出版社，2013年，第234页。
③ 洪兴祖：《楚辞补注》，北京：中华书局，1983年，第2页。

中心说》中说虽然《诗经》中的比兴材料很多，有草木、虫鱼、鸟兽、各种器物甚至自然现象，如风、雷、雨、雪等等，可是没有“人”，更没有“女人”，文学用“女人”来做“比兴”的材料，最早是《楚辞》。[①]游国恩在这里阐述《楚辞》的艺术表现手法时依然用的“比兴”，“比”是象征手法的局部运用，是碎片化的，不完整不成系统的。事实上，《离骚》中已经出现了“香草美人”寓意的完整的象征系统。殷光熹说屈原：“继承和发展了《诗经》的比兴传统，第一个成功地运用象征手法创作出融主体性、整体性和系统性于一体的传世精品，其中，《离骚》最具代表性。”[②]

对诗中的一些香草，霍克斯做出了自己的诠释，“荃不察余之中情兮，反信谗而齌怒”中的“荃”，霍克斯译为“the Fragrant one”，认为象征的是怀王；对“余以兰为可恃兮，羌无实而容长……椒专佞以慢慆兮，榝又欲充夫佩帏”句，王逸注“兰”为怀王少子子兰，注“椒”为楚大夫子椒，霍克斯不认同王逸之说，认为《离骚》中存在着一个完整的香草象征系统，这里偶然插入以花草指代具体的人物是很突兀的。朱熹曰：“此即上章兰芷变而不芳之意”，钱杲之说：“兰喻所收贤才也”，张凤翼说：“此言兰，下言椒，指贤人之改节者。旧注直以为指子兰子椒，然则下文揭车江蓠又谁指哉”，朱琦说：“《离骚》中皆借草木寓意，不应此独直斥。且榝与椒对举，揭车江蓠又与椒兰并言，若一属人，一属物，辞殊不顺，注意似非。”[③]根据《离骚》中的象征系统，此处的“兰”与“椒”应该是之前诗人辛苦培育的贤才，如今贤才变节不再芬芳，诗人才会是这般痛心无奈的口吻。

霍克斯的《离骚》研究是跨学科的，是受中西方多元文化影响下的独特解读，促进了后世西方学者对《离骚》研究的新发展。他肯定了屈原作为历史人物的真实存在，探讨了《离骚》中的巫文化及象征表现手法，具有一定的启发性。但由于他受西方思维模式影响较深，在解读《离骚》时过于巫化，从而淡化了此诗的政治抒情意味。

甄　桢　廊坊师范学院文学院教师

① 游国恩:《游国恩学术论文集》，北京：中华书局，1989年，第151页。

② 殷光熹:《〈离骚〉中的象征手法和象征系统》,《云南大学学报（社会科学版）》2005年第5期。

③ 游国恩:《离骚纂义》，北京：中华书局，1980年，第423—424页。

英文本《中国现代小说》选集研究*

高 莎

摘 要：1970年，詹纳尔编选的《中国现代小说》由牛津大学出版社出版，成为新中国成立后英美出版的第一部中国现代小说英译选集。该选集通过前言的有声讲述和收入作品的无言阐释，再现了50年的中国革命史。本文拟以选集前言及选目为文本，结合时代背景、选家身份来探究选集的特点。

关键词：《中国现代小说》 詹纳尔 选集 前言 选目

1970年，英国利兹大学教授、著名汉学家和中国文学翻译家詹纳尔（William John Francis Jenner）编选的英文本《中国现代小说》（*Modern Chinese Stories*）由牛津大学出版社（Oxford University Press）出版。该选集是1949年以后英美出版的第一部中国现代小说英译选集，共收入20篇小说，其中12篇创作于1949年之前，分别是鲁迅《孔乙己》《故乡》《祝福》、柔石《为奴隶的母亲》、郭沫若《双簧》、茅盾《船上》、老舍《开市大吉》、叶紫《偷莲》、张天翼《度量》、艾芜《海岛上》、赵树理《孟祥英翻身》、高朗亭《怀义湾》，另外8篇创作于1949年之后，包括孙犁《铁木前传》、和谷岩《枫》、房树民《霜晨月》和王杏元《铁笔御史》，以及4篇口述式小说，分别是高元勋《二老渊》、郭同德《旗杆镇》、唐耿良《穷棒子办社》、徐道生和陈文彩合著的《两个稻穗头》。为方便读者阅读，詹纳尔为选集撰写了长达7页的前言及详尽的汉语拼音读法说明，作品前附有作家生平及作品简介，选集最后附有作品的中文来源。1974年和1978年，牛津出版社两次再版该选集。遗憾的是，这样一部由著名汉学家编译、知名高校出版社出版并再版、文本材料丰富、选目题材广泛的翻译选集未能得到国内学界关注。据笔者检索，目前尚无该翻译选集的专门研究文章。本文以英文本《中国现代小说》

* 本文为“北京语言大学院级科研项目（中央高校基本科研业务专项资金）”的成果，批准号（19YJ100004）。

的前言及选目为文本，结合时代背景、选家身份等因素探究选集特点，以期对选集的深入研究抛砖引玉。

一、选集的历史学视角

选集体现的是选家的眼光。詹纳尔1958年至1962年在牛津大学学习社会学，毕业论文研究5、6世纪中国洛阳的历史和文化，1963年至1965年，他以“外国专家”身份在中国外文局与中国翻译家共事。专业的学术训练、外文局任职经历，及其自身对中国历史文化的兴趣让詹纳尔对中国社会历史有着深入的了解和较为客观的认识，进而影响他对中国文学的解读和评鉴，特别是在中国外文局任外籍译者的经历，让他更易于接受中国大陆的主流意识形态，立足中国语境来解读中国文学。

《中国现代小说》选集前言梳理了1911年至1970年50多年间中国社会和中国文学的发展历程，有助于对中国一无所知的英语读者快速进入中国人的世界。詹纳尔在前言开篇表示：“（20世纪）三四十年代西方出版过几部中国现代短篇小说选集，近年来中国外文局也译出过大量中国现代短篇小说，但是中国现代文学依然没能在有着截然不同的历史文化因素的异域世界真正产生过影响。这不难理解，因为中国现代作家，除了鲁迅之外，无论是形式上还是技巧上，都缺乏文学创新性和文学才华。这部选集的主要目的就是阐释人生，洞察中国人对世界的认知。”[①]可见，在詹纳尔看来，无论从中国现代文学自身水平来讲，还是从英美世界对中国现代文学的需求来讲，在20世纪六七十年代，中国现代文学作品的文学性还不足以成为选集筛选作品的标准，当时中国现代文学更多的是西方世界了解中国革命和中国社会的窗口。

基于对中国现代小说的功能的定位，选集中詹纳尔用作品来讲述历史，依据作品主题与历史的关联性来挑选作品，并按历时顺序编排作品，借助中国现代小说这一载体，大致勾勒出中国社会50年间的政治斗争和历史发展进程。与此同时，作品主题之间的互文关联又让选集成为一个有机的整体，较为全面地重现中国社会的发展历程以及中华民族的成长历程。比如，关于晚清时期捻军起义的两篇小说生动地记录了受压迫的中国人民与生俱来的反抗

---

① W.J.F.Jenner，“Introduction”，*Modern Chinese Stories*（New York：Oxford University Press，1970），p.vii.

精神和独立精神，这种精神在后来与腐败的国民党政府的残酷斗争中再次表现出来，高朗亭的《怀义湾》就是这类主题的写照。又如，鲁迅和柔石描绘了旧中国的贫穷、困顿；老舍、茅盾、张天翼刻画了战争带来的伪善、冷漠、投机取巧等不健康心理；艾芜、郭沫若则体现出反抗精神，号召打倒帝国主义。再如，20世纪40年代，赵树理和房树民的作品刻画了独立、坚强的新时期女性，与20世纪30年代初，《为奴隶的母亲》中温顺、隐忍的女主人公形成鲜明对比。

历史是在不断发现问题、解决问题的过程中前进的，《中国现代小说》按时间顺序排列作品，正体现了这样的问题意识。正如美国加利福尼亚大学的保毕克伟（Paul G. Pickowicz）所说："《中国现代小说》是问题导向的，一些作品只是提出问题，而在另一些作品中，问题得以解决。"①发表于20世纪二三十年代的作品提出国民性问题，鲁迅的3篇小说描绘了贫困、礼教以及严苛的家庭社会结构束缚下的知识分子、农民以及绝望的妇女的生活。语言精悍，篇幅简短，但寓意深刻，不乏震撼灵魂的力量。柔石、郭沫若、叶紫、张天翼、艾芜的作品取材于真实生活，展现人与人之间的冲突、贫富间的斗争以及压迫下的抗争。到了20世纪40年代，赵树理、高朗亭的作品则反映抗争之后带着对美好生活的希望投身建设新社会的主题。1949年之后的作品则聚焦新社会制度下普通人之间的矛盾冲突。可以说，《中国现代小说》收入的20篇作品跨越近50年的历史，用"无声"的作品讲述了有声有色的中国革命史，选集的历史学价值不言而喻。

副文本方面，詹纳尔用历史学方法考证了作家生辰，每篇作品前都附有作家的生平简介，附录的参考文献列出详尽的作品来源。极具启发性的选集前言，对作家、作品的详尽介绍，以及对作品来源的考证，极大程度地保证了选集的完整性，也突出了选集的文学史价值。

二、选集的政治色彩

中国现代小说的特殊属性决定了它与中国社会政治现实有着不可分割的联系。《中国现代小说》前言中，詹纳尔特别指出政治环境对中国现代小说

---

① Paul G. Pickowicz. "Review on *Modern Chinese Stories*", *The Journal of Asian Studies*, Vol.30, No.4 (1971): 889.

创作的影响，认为“要讨论中国文学，无论是古代文学，还是现代文学，都不可能不考虑政治因素。”① 选集前言对中国革命运动历程中重大政治事件均有提及，其政治色彩不言而喻，对此，詹纳尔毫不避讳。他表示：“如果西方读者觉得这样一篇关于短篇小说的政治性讨论有点奇怪的话，那么他应该了解革命的中国所处的语境与认为写作风格和技巧远比内容重要的西方社会所处的语境之间的鸿沟有多大。西方人眼中如此熟悉、认可的东西离开了那个语境就会变得陌生、不相关，甚至让人反感。”②要读懂中国现代小说，首先要了解中国现代小说创作的土壤。因此，对中国社会政治现实的梳理实属必然。

詹纳尔认为：“中国现代短篇小说自诞生之日起就是中国革命和反革命的一部分。”③因此，选集大致是根据革命形势的发展来选取和排列作品，涉及农民起义的“捻军”、旧民主主义革命、新文学运动、北伐、左联、内战、土地革命以及新中国成立初期的农村合作社等历史事件，反映了中国共产党领导下的中国人民的革命历程。难怪夏志清曾评价说：“读者可以从詹纳尔编译的《中国现代小说》选集中找到足够多的有关中国共产党的作品。”④

选集开篇收入鲁迅的三篇小说讲述20世纪二三十年代中国人民的悲苦遭遇。《孔乙己》揭露传统儒教文化的腐朽、落寞，詹纳尔认为，这样一篇小说作品比一篇长辩论文章所发挥的作用要大得多;《故乡》讲述了“我”对“我”和“我的农民朋友闰土”共度的快乐童年时光的怀念;《祝福》描述妇女悲惨命运。1926年北伐战争开始，国共合作获得工人、农民以及学生的支持，很多作家开始积极宣传北伐。郭沫若的《双簧》生动地再现了北伐战争时期国共合作反对帝国主义的经历。随着北伐演变成蒋介石对左翼人士的大屠杀，大多数作家再次开始反战。然而，红军领导的革命运动虽如史诗般浩大，但因远离城市，再加上审查严格，无法成为当时文学创作的主题。可贵的是，詹纳尔关注到了这一主题的作品，选集收入的叶紫的《偷莲》即涉及红军领导的革命运动。后来一些革命老兵的创作也取材于此，高朗亭的《怀义湾》是其中的代表作。到了抗战初期，爱国主义热潮下审查制度相对宽

① “Introduction”, p.x.

② “Introduction”, pp.xii-xiii.

③ “Introduction”, p.x.

④ C.T.Hsia, “Preface”, *Twentieth-century Chinese Stories* (New York & London: Columbia University Press, 1971), p.x.

松，国统区的战争文学获得发展。与此同时，共产党领导游击战在农村开展得如火如荼，革命和战争迫切需要文学教育、鼓舞民众，要求文学作品多讲述战争取得的成就，而不是战争带来的苦难。因此，这个时期军事题材的文学作品多歌颂士兵、百姓的英雄主义，歌颂人民解放军强烈的为政治献身的精神。1942年延安文艺座谈会明确了文艺方针，明确文学与政治的关系是政治统领文学创作，文学为政治服务。《孟祥英翻身》和《怀义湾》是当时的代表作。随着革命形势的发展，文学与阶级斗争之间的争论升级成为文化大革命，直接导致“自1966年以来没有什么有创造性的作品问世”[①]。可见，詹纳尔对作品的选择不是纯粹以意识形态为导向，而是努力在政治性与可读性之间寻求平衡。

三、选集收入作品兼顾政治性与可读性

中国现代小说与政治的不解之缘毋庸置疑，但“西方读者希望中国当代小说能少一些说教，多一些空间来探寻个人性格”[②]。因此，詹纳尔坦言：“编辑选集时，努力遵循经常不可协调的两套标准——一套是我自己的背景，另一套是中国革命的背景。读者可以判断出来哪些小说是按照哪套标准选出来的。整体而言，选择早期的作品问题不大，因为这些作品的创作形式和方法从某种程度上是西方文学的延伸。而对于后20年（20世纪五六十年代），小说的风格和精神上都更加中国化，很难选出大众化的、有热情的，既符合高度政治性革命写作的要求，同时又不会让西方读者感到非常陌生的作品。”[③]

考虑到“中国革命的背景”，詹纳尔选取与革命主题相关的作品，以作品串起中国革命历程，选集的政治性不言而喻。而“我自己的背景”则更多考虑西方读者的期待视野，关注作品的可读性。比如，选集收入了国外翻译较多的老舍的短篇小说之一《开市大吉》，詹纳尔认为老舍的文学成就少有人能够匹敌，认为“《开市大吉》是老舍战前创作的最为尖锐的短篇小说之一”[④]。《开市大吉》全篇不足4000字，但语言幽默风趣，结构完整紧凑，完美生动地表现出社会的一角，极具批判力量。老舍本人也认为这是一篇可以

① “Introduction”，p.xii.

② “Introduction”，p.xiii.

③ “Introduction”，p.xiii.

④ *Modern Chinese Stories*，p.85.

存下来的作品。

据笔者统计，英美出版的12部主要中国现代小说英译选集中，张天翼入选次数最多，入选作品数量仅次于鲁迅，位列第2。詹纳尔对张天翼的文学成就极为认可，认为他是20世纪30年代最优秀的短篇小说作家之一，创作风格鲜明，语言清新、简练，这在当时是不多见的。[①]在其众多作品中，詹纳尔选择了《度量》，这也是该作品唯一一次入选英译选集。《度量》以极其精练的文字描写了都市人贪小便宜、唯钱是命的心态。题目就极具讽刺意味，一个为免掉40个子儿的车钱，宁可被车夫摔伤一跤，好拿药费做抵的人会有多大的度量呢？西方现实主义文学传统一贯偏爱讽刺性小说。詹纳尔选择该作品正是为了顺应西方读者的期待视野。

尽管詹纳尔坦言，选集无意于收入所有名家名作，收入哪些作家也没有与作家本人沟通过，全凭编者个人喜好，可喜的是，詹纳尔凭借对中国历史文化的深入了解，在个人偏好和政治过关的作品之间找到了平衡，对作家作品的选择和推介注意到两套标准的有机结合，尽可能减轻西方读者的陌生感。比如，詹纳尔称“郭沫若是中国最早学习运用西方自由体诗的先行者之一”[②]。“相比中国传统的书面或口述式的文学形式对柔石的影响，其短篇小说作品中19世纪欧洲文学的影响更为清晰可见。”[③]艾芜的《海岛上》与英国作家乔治·奥威尔的写实之作《巴黎伦敦落魄记》有颇多相似之处。[④]这些推介简单明了，却可以快速拉近西方读者与中国文学之间的距离。

选集收入《孟祥英翻身》则体现了两套标准的完美结合。詹纳尔坦言，《孟祥英翻身》算不上是赵树理最优秀的作品，但小说以生动现实的笔法讲述了农村妇女参政这样一个具有永恒性的话题，可谓“政治过关”。同时，詹纳尔认可赵树理的创作手法，认为：“赵树理为西方中短篇小说风格的中国化做出了重要贡献，他早期作品描绘了抗战时期陕西乡村生活，他的创作手法是其同时代其他描写中国乡村的作品所不能比拟的。”[⑤]

詹纳尔曾在一篇论文中对西方人喜欢和不喜欢的中国文学作品作了更为细致的论述。他认为，差异性大的作品更受西方人的欢迎，越真实、越自然

① *Modern Chinese Stories*，p.101.

② *Modern Chinese Stories*，p.68.

③ *Modern Chinese Stories*，p.46.

④ *Modern Chinese Stories*，p.107.

⑤ *Modern Chinese Stories*，p.120.

的作品越能打动西方读者。相反，盲目或拙劣模仿的作品，缺乏创新性和差异性的作品，容易遭到西方人的排斥。论文最后，詹纳尔对当代作家提出善意忠告："目前，中国当代文学越来越多地走向世界，但存在的一个危险是，有些中国作家倾向于为国外读者写作，而不关心国内读者的兴趣。这种做法是要不得的，英语国家的读者普遍喜欢那些明确为中国读者写作的作品。"① 这一忠告与跨文化研究领域普遍认可的"越是民族的越是世界的"的观点不谋而合。

四、选集凸显新中国文学与传统文学的关系

选集不仅收入了鲁迅、郭沫若、茅盾、张天翼、老舍、艾芜这些熟知的作家的作品，同时也收入了国内同行可能都不甚了解的4位说书人讲的故事，成为英美世界出版的唯一一部收入口述式小说的中国现代小说英译选集，并且口述式小说在选集中占比达20%。詹纳尔在选集前言强调要重视中国文学口述传统。他认为早期的短篇小说作家们拒绝了传统文化的束缚，但也忽略了更适用于普通百姓的口语形式。作家们通常一面对人民承受的苦难深表同情，一面又不去跨越他们与普通百姓之间的鸿沟。鲁迅的《故乡》就反映了这样的问题。②这种状况在抗战时期和第三次内战时期的解放区文学作品中得到了改善。赵树理以及其他作家借助民谣和乡村艺人讲故事的方式把短篇小说拉回中国传统，用传统形式讲述新内容。《孟祥英翻身》就是此类作品的代表作。

选集力图从新文学史的背景里突出中国传统文学的价值和意义，连通新中国文学与传统文学的内在渊源。毕克伟对詹纳尔重视口述式传统的做法极为认可，认为："第三世界中，很多人阅读水平低，文化知识匮乏，来源于穷苦人民的丰富艺术形式就极为重要，未必一定要依赖书面语来沟通交流。"③

---

① W.J.F.Jenner，"Insuperable Barriers? Some Thoughts on the Reception of Chinese Writing in English Translation"，Howard Goldblatt，editor，*Worlds Apart*：*Recent Chinese Writing and Its Audiences*（New York：M.E.Sharpe，1990），pp.181－194.

② "Introduction"，p. xii.

③ "Review on *Modern Chinese Stories*".

五、选集对农村、农民题材，以及妇女问题的关注

詹纳尔在前言中提道："因为很多中国作家出身城市，所以他们的作品多描写城市生活，本选集较少关注此类作品。因为，早期现代文学作品很多是教师、学生创作的，或是关于教师、学生的，或是写给教师、学生的，这类主题西方读者已经非常熟悉，没有什么可读性，况且，早期的选集中已收入此类作品。而近二三十年这类主题的短篇小说写得过于甜蜜，像讨论农村主题一样，直接讨论工厂问题不被允许，这就意味着由工人创作的以及工人主题的作品，不如由农民创作的以及农民主题的作品水平高。"①

"詹纳尔注意到（但并没有解决），有关中国革命，尤其是激进的农民运动的文学来源，过于依赖城市知识分子。"②因此，本选集中大多数小说作品都取材于农村，讲述纯朴的农民老乡的故事，有贫农的简朴生活，有遥远山村里的青春与爱情，也有农村合作社和农民公社初创时期遭遇的琐事和困难。这些乡村小说按时间顺序排列，戏剧性地展示了50年间中国农村不断变化的生活方式。

此外，选集还着重关注了长期受到忽略的革命转折时期的中国妇女问题，收入的4篇小说串起中国妇女命运的跌宕起伏。从鲁迅《祝福》，到柔石《为奴隶的母亲》，再到赵树理《孟祥英翻身》和房树民《霜晨月》，读者追随着"她"的命运的改变感受中国妇女在中国革命浪潮中经历的磨难与成长，体会中国妇女如何从一个被动的承受者、一个心灵饱受摧残的顺从者，成长为一个不屈的反抗者、一个敢于掌管自己命运的主人。

值得注意的是，同样是对妇女问题的关注，詹纳尔与之前的选集收入柔石《为奴隶的母亲》的意图却有所不同。《为奴隶的母亲》描述的是解放前中国妇女的悲惨生存状况。"这一点任何中国作家都会意识到，尤其是当他将这篇小说与欧洲小说作品做比较时""即便是奢华的封建大户人家里，妇女也会遭受苦难，比如像18世纪伟大的作品《红楼梦》讲述的那样，在当代就更不难找到妇女遭受压迫的例子了。《为奴隶的母亲》中女主人公的经历没什么特别的，甚至与一些女性所忍受的相比，她所经受的苦难算不了什么。她没有遭受暴力，相反受到了很好的待遇，最后还被允许回家。如果说

① "Introduction", p.viii.

② "Review on *Modern Chinese Stories*".

她不与命运抗争，那是因为她接受了命运，而其他与她有着相同处境的女性或是自杀或是逃跑。”[①]相比以往英译本侧重体现“母亲”受压迫下的疏离感和无助感，詹纳尔的译本尽管也描绘生活的艰难、人与人之间的冲突，但始终充满着希望，传达正能量，这一点从小说题目的翻译即可看出端倪。詹纳尔将“为奴隶的母亲”译为“Slaves'Mother”，而之前另外两部收入《为奴隶的母亲》的小说选集[②]分别译为“Slave Mother”和“A Hired Wife”。名词所有格作定语修饰“mother”，让“母亲”有一种做主人的感觉。该作品的编译再次证明詹纳尔努力平衡两套标准，既考虑到作品要反映中国社会现实，又考虑到“我”所代表的西方社会的价值观。

作为新时期英美世界出版的第一部中国现代小说英译选集，《中国现代小说》引领了接下来20世纪七八十年代中国现代小说英译选集出版的一个小高潮，标志着中国现代小说继续在以选集形式走进英美世界的道路上探索。《中国现代小说》一经出版即受到英美学界关注，多篇专业评论文章对选集的社会学价值、选目的广泛性以及翻译的高水平给予高度评价，认为无论西方读者对那段历史多么熟悉，作品还是会让西方读者从一个相当独特的视角，走进那个充满磨难的革命变迁中的社会的种种现实。[③]选集收入的作家较为广泛全面，有鲁迅、郭沫若、茅盾等文学巨匠，有张天翼、艾芜、赵树理等知名作家，也有孙犁、叶紫等在海外没什么名气的作家。不同风格的作家的不同作品给读者提供了更多选择。应该向编辑表示祝贺，能够抵制住诱惑，没有像西方他的先行者们那样只收入大家的作品。[④]“没有几部选集能像詹纳尔的《中国现代小说》这样受欢迎。”“当前全球范围兴起的对现代中国的兴趣都与这个有关，因为中国现代文学中有对中国社会和中国人民生活的最丰富、最深刻的描述。中国小说为西方人了解中国提供了一个途径。更重要的是，选集充满人文主义关怀，翻译绝对是一流的。收入的作家不光有鲁迅、茅盾、老舍这样的大家，也有五六十年代的新生代作家。这样的编选方式阐释了中国小说写作技巧的连续性发展，同时也使解放前后出版的作品形

① “Introduction”, p.viii.

② 两部小说选集分别是1934年史沫特莱编辑的《中国现代小说》和1936年斯诺编辑的《活的中国》。

③ “Review on *Modern Chinese Stories*” .

④ Angela S. Castro，“Review on *Modern Chinese Stories*”, *The China Quarterly*, No.43（1970）: 162.

成有趣的对比。”[①]“选集的翻译本身是优秀的。”[②]

但也有学者直言不讳指出选集的不足之处。澳大利亚迪肯大学Angela S.Castro认为，“如果他能收入一些有关城市以及工业化的小说作品，哪怕这样的作品水平不高（詹纳尔表示正是出于这个理由，没有收入此类作品），他就能够更加全面地展现中国人的生活。毕竟，选集后半部分收入的作品，包括颇受赞扬的赵树理的作品，水平不高，过于‘甜蜜’，尽管这些小说作为故事来讲颇具愉悦性。”[③]也有评论家对詹纳尔的重译行为提出质疑，认为“詹纳尔竟然花费大量精力去重译一些已有英文译文的小说，比如，柔石、老舍、孙犁和谷岩的作品，真让人费解。尽管这样做为读者省去了查找分散在期刊、已出版的英译选集上的早期译文，我还是觉得詹纳尔应该多花些时间介绍还没有英译本的其他同类作品。”[④]这样的评价有失偏颇。翻译的标准是动态的。时代因素，翻译目的、动机，读者的阅读诉求等因素的变化都会带来翻译标准的变化，翻译需要与时俱进，也正因为如此，才有了经典作品的不断重译。

“二战”结束后，受冷战思维影响，中国与英美世界的关系相对紧张，英美世界对中国现代文学的主动译介在20世纪五六十年代相对迟缓。另一方面，中国政府倾向于推出新中国成立后创作的文学作品来塑造新中国的形象。在整个中国现代文学英译相对停滞的大环境下，英文版《中国现代小说》的出版“正合时宜，整体介绍中国文学面貌，让中国现代文学重回英语世界读者的视野”[⑤]。尽管《中国现代小说》既不像20世纪三四十年代的选集一样，具有中国现代文学外译的开创之功，也不如之后20世纪八九十年代的选集那般，全面展示中国现代小说成果。但严格意义上讲，这是新中国成立后，英美出版的第一部中国现代小说英译选集，也是第一部由西方汉学家独立编译完成的中国现代小说选集，是西方汉学界在中国现代小说以选集形式走进英美世界的一次有益尝试。选集前言中詹纳尔的阐述、选集收入作品的

---

① Swan P. Chong，“Review on *Modern Chinese Stories*”，*The International Fiction Review*，Vol.3，No. 2（1974）：170.

② “Review on *Modern Chinese Stories*”.

③ “Review on *Modern Chinese Stories*”.

④ “Review on *Modern Chinese Stories*”.

⑤ Angela S. Castro，Review on *Modern Chinese Stories*. *The China Quarterly*，1970，No.43，p.163.

主题，以及专业学者的书评，都表明《中国现代小说》作为社会学资料，对认识中国社会、中国革命历程有着重要的历史学、认知学价值。詹纳尔作为西方汉学家、中国外文局外籍译者的身份毫无疑问会影响到其对作品的选择及阐释。因此，对选集选目、作品译文的深入研究有助于深入了解西方汉学家对中国现代文学的解读。

高　莎　北京语言大学培训学院讲师

·加拿大汉学研究·

杜百胜《早期上古汉语描写语法》人称代词研究述评*

朱学斌　朱其智

摘　要：加拿大汉学家杜百胜《早期上古汉语描写语法》认为早期上古汉语人称代词没有数的区别的结论是正确的，然而他在分析人称代词身份时有欠缺之处，这主要表现在他认为“余/予”是所谓的非身份代词。杜百胜认为早期上古汉语“其”“之”“厥”不是第三人称代词而是所谓“前指代词”的观点对于当代语言学研究具有一定的启示意义。杜百胜早期上古汉语动词前的“其”是主格形式的结论是值得肯定的。将杜百胜语言学研究成果，放在国内古汉语语法研究的框架中进行定位，能够进一步凸显他研究的价值所在。

关键词：杜百胜　加拿大汉学　上古汉语语法研究　西周金文　人称代词

杜百胜（W.A.C.H.Dobson，1913—1982）曾任多伦多大学东亚研究部主任，在现有的54种《孟子》英译本中，杜百胜译本是唯一入选联合国教科文组织代表性著作。但他在加拿大汉学界不仅是翻译家，还是重要的语言学家。他的《早期上古汉语描写语法》（Early Archaic Chinese：A Descriptive Grammar）在1962年由加拿大多伦多大学出版社出版，在海外汉语语法学术史也具有重要地位。

杜百胜界定的“早期上古汉语（Early Archaic Chinese）”，指的是公元前

---

* 本文为国家社科基金项目“西周金文考证歧见汇释与相关语法研究”后期成果，批准号（14BYY108）。此论文为华东师范大学2022年度人文社会科学青年预研究项目阶段成果，批准号（2022ECNU-YYJ051）。

11—前10世纪的汉语，属于西周时代。[①]杜百胜在该书中通过中国早期上古的语料，即《尚书》和西周青铜器铭文，构建了有自己特色的早期上古汉语语法体系。

《早期上古汉语描写语法》分为引言（Introduction）、第一章"词语（I the Lexic and the Words）"、第二章"组合（II Syntagma）"、第三章"谓语句（IIIThe Verbal Sentence）"、第四章"非谓语句（IV The Determinative Sentence）"、第五章"句子的分布（V Sentence in Distribution）"、第六章"替代（VI Substitution）"、第七章"杂记（VII Miscellaneous）"、第八章"本书语料（VIII Texts from EAC Authors）"，共九部分。

其中第六章"替代（VI Substitution）"研究的是代词问题，分为七小节：6.1引言（Introduction）、6.2代词（The Pronouns）、6.2.1人称代词和前指代词（The Personal and Anaphoric Pronouns）、6.3身份代词（Status Pronouns）、6.4指示代词（The Demonstratives）、6.5疑问代词（The Interrogative Substitute）、6.5.1早期上古汉语中的疑问代词（Interrogative Substitution in EAC）、6.6不定代词（The Indefinite Substitute）、6.7疑问形式和不定形式概述（Conspectus of Interrogative and Indefinite Forms）。本文将聚焦杜百胜对于上古汉语人称代词的研究：

> 在人称代词方面，说话人和被指称的人之间是有区别的。数字无法区分，但代词或许可以区分身份。非身份人称是指说话人，Yu（铭文"余"，文本"予"）*dio，以及被指称的人，Ruu（铭文"女"，文本"汝"）*ńio。在第一人称当中，Yu可以被替换成"朕（Jenn）"*diəng作为谦称形式，也可以被替换成"我（Woo）"*ngâ作为尊称形式。在第二人称当中，没有人称代名词形成，身份的确立是通过排列、称号和专有名词表现出来的。没有第三人称代词。
>
> 代名词代词，前指代词，既没有独特性——它们可以"无动于衷"地替代说话人、被指称的人，或者除此以外的其他人，也并非完全属于个人。它们的类意义是"为了避免重复，而替换任何名义上的元素"。前指代词包括"其（Chyi）"*kieg（前动词形式）、"之（Jy）"*tieg（后动词形式）

① W.A.C.H Dobson，*Early Archaic Chinese*，*A Descriptive Grammar*，Toronto：University of Toronto Press，1962，pp.xiii.

和“厥（Jyue）”*kiwat（判定形式）。[①]

第六章此段文字是杜百胜上古早期汉语人称代词研究的结论部分，而他的论证过程分布多处，主要在第二章、第三章和第四章中。本论文将以此为基础展开述评，并将其放在国内汉语语法研究的框架中对杜百胜的人称代词研究进行定位。

一、人称代词数的问题

杜百胜认为早期上古汉语没有数的区别（Number is not distinguished）[②]，这是正确的。而国内学者以往多认为上古汉语的人称代词具有单数复数的区别。例如陈梦家认为甲骨卜辞的人称代词，“余”“我”同为第一人称的主格宾格，“朕”“我”同为第一人称领格，它们的分别就在于“我”为复数，“余”为单数。[③]张玉金认为，西周汉语“余”指称单数，而“我”既可以指称单数，又可以指称复数。[④]可是，西周金文的反例很明显：

（1）唯王九月，辰才（在）乙卯，夨卑（俾）鲜、且、䢅、旅誓（誓），曰：我既（既）付散（散）氏田器，有爽，實余有散（散）氏心賊（賊），則（則）爰千罰千，傳棄（棄）之，鲜、且、䢅、旅則（則）誓（誓），迺卑（俾）西宮襄、武父誓（誓），曰：我既（既）付散（散）氏溼（溼）田、牆田，余有爽䜌，爰千罰千，西宮襄、武父則（則）誓（誓）。（《集成》10176：散氏盤，西周晚期）[⑤]

例（1）中，立誓的有鲜、且、䢅、旅和西宫襄、武父多人，誓词中既

① 引文打*号者是杜百胜构拟的上古音，例如dio是“余/予”的上古音，kieg是“其”的上古音，tieg是“之”的上古音，kiwat是“厥”的上古音等，下同。

② *Early Archaic Chinese*，*A Descriptive Grammar*，pp.112.

③ 陈梦家：《殷墟卜辞综述》，北京：科学出版社，1956年，第96页。

④ 张玉金：《西周汉语代词研究》，北京：中华书局，2006年，第38—50页。

⑤ 中国社会科学院考古研究所编：《殷周金文集成（第16册）》，北京：中华书局，1994年，第182—183页。本文金文材料出处简称《集成》。为准确表达字词关系的对应，在引文和表格对于出土文献语料使用繁体字展示。

用“我”，又用“余”。这里的两个“余”跟两个“我”一样，也都是指代复数。因此“余”和“我”的差异不是单数和复数，那么“余”和“我”的区别就跟数没有关系。

陈梦家认为：“西周金文领格第一人称遵守数的规定：如称父考祖妣曰朕，称邦家国土曰我，可知‘朕’是‘我的’而‘我’是‘我们的’。易言之，西周金文领格第一人称由其所领的名词而决定用‘朕’用‘我’：‘朕位’‘朕令’不能代朕以我，‘我邦’‘我家’不能代我以朕。”①

我们认为：如果名词可以决定前面代词的数，那么单名（“文祖”“皇祖”“文考”“皇考”“烈考”等）前面的定语/领格代词用“朕”，而复名（“X祖+Y考”“X考+Y母”和“X祖/考+Y姬”等）前面的定语/领格代词还是用“朕”，这可以看出西周金文第一人称代词“朕”没有数的区别。②

其实“邦家国土”也不一定是复数名词，“邦”是单数——见例（2）（3）（5）（6）（7），“万邦”才是复数——见例（4），可是它们同样都用“我”做定语：

（2）䜌（雝）我邦小大猷。（《集成》02841：毛公鼎，西周晚期）③

（3）令女（汝）叀䜌（雝）我邦小大猷。（《集成》04342：師訇簋，西周中期后段）④

（4）盠曰：天子不叚（遐）不（丕）其（基），萬年保我萬邦。（《集成》09899—09900：盠方彝，西周中期前段）⑤

（5）命女（汝）辪（乂）我邦我家內外。（《集成》02841：毛公鼎，西周晚期）

（6）圂（宏）我邦我家。（《集成》02841：毛公鼎，西周晚期）

---

① 陈梦家：《殷墟卜辞综述》，北京：科学出版社，1956年，第96页。

② 朱其智、朱学斌：《西周金文第一人称代词“余”“朕”和“我”的区别与混用》，《中国语文》2017年第2期。

③ 中国社会科学院考古研究所编：《殷周金文集成（第5册）》，北京：中华书局，1985年，第261—269页。

④ 中国社会科学院考古研究所编：《殷周金文集成（第8册）》，北京：中华书局，1987年，第167—306页。

⑤ 中国社会科学院考古研究所编：《殷周金文集成（第16册）》，北京：中华书局，1994年，第31—35页。

（7）用䜌圉奠保我邦我家。（《集成》04242：叔向父禹簋，西周晚期）

陈梦家“西周金文领格第一人称由其所领的名词而决定用‘朕’用‘我’”的观点有可取处，但这决定的不是单复数，而是“下对上”抑或“上对下”关系。

二、人称代词身份的问题

杜百胜认为：人称代词有身份（status）和非身份（non-status）的区别。在第一人称代词中，“朕”是谦称形式（a deprecatory form），“我”是尊称形式（an exalted form），而“余/予”是非身份的，第二人称没有身份的区别。①

对于“我”作为尊称形式，杜百胜举出的例证为：

（8）我邦我家 Our State and Dynastic House（*MGD* 毛公鼎）
（9）我民 Our People（*LG* 洛诰.50.20）②

他将西周时期将“我”作为尊称形式的解释为：“周王是在将自己定位为王位和国家的语境中使用‘我’自称。”

我们认为西周金文第一人称代词，“余”和“朕”是下对上的自称，而“我”是上对下的自称。③之所以不用“尊称”和“谦称”的术语，是因为在汉语中第一人称不会用尊称，并不会自己尊称自己。实际上西周金文的“我”，是处上位，用于上对下的场合——面对自己统治的疆土和臣民的场合；“朕”处下位，用于下对上的场合——面对自己祖先或君王的场合。根据我们的研究，“余”也用于下对上的场合，那么为什么杜百胜认为“余”是非身份（non-status）的人称代词呢？我们发现在主宾语位置，“余”和“我”的混用已经到了相当大的程度，而在定语位置，“朕”和“我”仅出现开始混用的苗头，也就是说在定语位置“朕”和“我”还相对严格地保持着下对上

① *Early Archaic Chinese*，*A Descriptive Grammar*，pp.112.

② *Early Archaic Chinese*，*A Descriptive Grammar*，pp.23.

③ 朱其智、朱学斌：《西周金文第一人称代词“余”“朕”和“我”的区别与混用》，《中国语文》2017年第2期。

和上对下的区别。见表1：

表1　西周金文第一人称代词搭配表

	主宾语/主宾格			定语/领格	
	余	我		朕	我
小子/順孫	9	0	祖/考/母/姬/姑	124	6
一人	4	3	君/辟	10	1
（冊）令/命（動詞）	6	1	（冊）令/命（名詞）	13	0
黼稟	12	0	邦/家/國/土/有周/西扁東扁	0	20
—	—	—	真晦臣/人/諸侯百姓	0	4
—	—	—	宗子/弟子/孫	0	3

洪波认为“我”“余”“朕”没有数的区别是对的。但他认为上古第一人称代词有“尊称”和“谦称”的区别，“余”是谦称的形式，“朕”是尊称的形式，“我”是通称的形式。问题主要在于洪波在论证的过程中出现了前后不一致矛盾的地方。他在论证“余”是谦称时说：

> 在金文、《尚书》和《诗经》的《雅》《颂》里有“余小子”“予小子”的说法，都是说者对天神、先王、时王①说话时或者是说者将自己与天神、先王、时王对举时的一种自谦之辞。②

而在论证“朕”是尊称的形式时却说：

> “朕”居领格，后面的名词都是说者所尊崇的人或事物，或者是说者希望听者加以重视的人或事物。在金文里，当时王提到自己的先祖的时

① “时王”意为“当时的君主”。

② 洪波：《上古汉语第一人称代词“余（予）”“我”“朕”的分别》，《语言研究》1996年第1期。

候，领格代词一律用“朕”。[①]

洪波在说“余”是谦称，针对的是自己所处的卑位，而说“朕”是尊称，针对的是自己所面对的尊者。其实“余”何尝不面对尊者，“朕”何尝不处卑位。说的更明确一点，“余”和“朕”一样都是下对上的自称。洪波认为：

> “我”居领格没有以上这些讲究，出现在它后面的名词既可以是表示一般的人或事物，也可以是表示说者所尊崇的人或事物；其中当说者提到自己的邦国和人民时，领格代词大多数都用“我”。[②]

洪波通过文献归纳出“邦国和人民”前的领格代词用“我”这样的语言事实，但他没意识到在上古“邦国和人民”属于同一层次，“民”和“疆土”是可以一起分封的，都是被统治的对象，而“我”是统治者的自称，所以“我”应该是上对下的自称代词。

杜百胜认为第二人称没有“身份”的区别，这正是我们注意到的问题。第一人称代词是“我”与“余”“朕”的对立，而西周金文“尔”的数量太少，据我们的统计（见下表2），西周金文“尔”的只有2%，完全不成比例。[③]这样，“汝”和“乃”就缺少了对立面。所以，我们认为杜百胜这个观点是对的。

表2　西周金文第二人称代词统计表

爾	女（汝）	乃	总计
7（2%）	194（60%）	121（38%）	322（100%）

① 洪波:《上古汉语第一人称代词“余（予）”“我”“朕”的分别》,《语言研究》1996年第1期。

② 洪波:《上古汉语第一人称代词“余（予）”“我”“朕”的分别》,《语言研究》1996年第1期。

③ 朱其智:《西周铭文篇章指同及其相关语法研究》，保定：河北大学出版社，2007年，第78页。

三、第三人称代词问题

杜百胜[①]认为：早期上古汉语只有两种人称代词，自称代词和对称代词，没有第三人称代词。杜百胜将“其”“之”“厥”定性为前指代词，它们既没有特指的人称，也没有排他的人称。它们可以分别替代自称、对称或者自称对称以外的其他人称。前指代词的类意义是替代任何名词性成分。杜百胜举出的“其”作为前指代词的例子出现于《尚书》：

Chyi（其）as Agent

（a）第一人称（First Person）

（10）予乃胤保大相东土，其基……（I，accordingly，in the wake of the［grand］Guardian，thoroughly surveyed the Eastern Territories and I have laid the foundations［ there for a new city］…）（*LG*洛诰.50.7）

（11）我幼冲人嗣无疆大历服……矧曰其有能格知天命……（I，a young man，have inherited boundless and innumerable duties…even less should I think that I would be able to grasp or comprehend the ordinances of Heaven…）（*DG*大诰.34.17）

（b）恢复第二人称（Resuming Second Person）

（12）公不敢不敬天之休……其作周匹休。（Your Grace dare not but treat with reverence the grace of Heaven… You have become the fit-mate of our Chou House for Heaven’s grace.）（*LG*洛诰. 50.9）

（13）小子封……往尽乃心……乃其义民。（Feng，my child…go and exert your mind［in governmenting the people］ …then you will control the people）（KG康诰. 38.22—33）[②]

我们也注意到西周金文代词“其、厥、之”有活用指称第一人称和第二人称的现象[③]：

① *Early Archaic Chinese*，*A Descriptive Grammar*，pp.112.

② *Early Archaic Chinese*，*A Descriptive Grammar*，pp.81.

③ 朱其智：《西周金文“其”的格位研究》，载中国古文字研究会、中山大学古文字研究所编《古文字研究》（第24辑），北京：中华书局，2002年。

（14）余其用各我宗子雩百生（姓），余用匄屯（純）魯雩邁（萬）年，其永寶之。（《集成》02820：善鼎，西周中期）①

此例第一、三句中的“其”复指第一人称代词“余”，它们都指代作器者“善”。

（15）女（汝）其以成周師氏戍于古自。（《集成》05419—05420：彔刻尊，西周中期前段）②

此例“其”复指第二人称“汝”。杨伯峻也早已经注意到这个问题，“其”可以活用为第一、二人称代词，不过代词“其”指称第一、第二人称在西周金文中并不罕见。③而杜百胜取消了它们第三人称代词的资格，定性为前指代词。我们看下面西周金文的例子：

（16）A 其朝夕用享于文考。（《集成》04089：事族簋，西周晚期）④

（17）B 克其用朝夕享于皇且（祖）考。（《集成》04465：善夫克盨，西周晚期）

（18）A 其永寶用享。（《集成》04419：伯多父盨，西周晚期）

（19）B 虘其永寶用享。（《集成》04692：大師虘豆，西周中期後段）⑤

上文例B句中，“其”复指作器者“克”“虘”。为“S其VO”句型，其中的“其”当为主格复指代词。“其”既可以复指第三人称，又可以复指第一、第二人称，在这个层面杜百胜称之为前指代词有可取之处。

---

① 中国社会科学院考古研究所编：《殷周金文集成（第5册）》，北京：中华书局，1985年，第217页。

② 中国社会科学院考古研究所编：《殷周金文集成（第10册）》，北京：中华书局，1990年，第339—340页。

③ 杨伯峻：《古汉语中之罕见的语法现象》，《中国语文》1982年第6期。

④ 中国社会科学院考古研究所编：《殷周金文集成（第7册）》，北京：中华书局，1987年，第276—277页。

⑤ 中国社会科学院考古研究所编：《殷周金文集成（第9册）》，北京：中华书局，1988年，第57—299页。

杜百胜[①]认为："前指代词给出了明确的代名词序列，即：其（主格）、之（宾格）、厥（属格）。"他在《早期上古汉语描写语法》多次提到"其"做主格，再如："前指代词的主格形式'其'""作为主格的'其'"[②]，根据主格"其"的句法位置，杜百胜又称之为"pre-verbal form"，意即"前动词形式"[③]。杜百胜所列"其"做主格的例子，除了上文的例（10）（11）以外，还有例（20）（21）[④]，也出自《尚书》：

（20）矧曰其敢崇饮。（Much less should it be thought that they would dare to drink to excess.）（*JG*酒诰.44.6）

（21）公其以予万亿年敬天。（Your Grace，may you and I enjoy a myriad years of life in which to revere the grace of Heaven.）（*LG*洛诰.50.10）

上古汉语代词"其"能否充当主语？这是学术界颇有争议的问题。马建忠、杨树达、周法高等均认为可以作主格代词，何定生、屈承熹等甚至认为谓语或动词前的"其"均为主格代词。而吕叔湘、王力、郭锡良、姜宝琦、杨伯峻、何乐士等均反对上古"其"可以作主格代词，这曾经是古汉语语法学界乃至汉语史学界通行的看法，也影响到古文字材料的语法研究。但还是可以不断听到不同的声音，黄盛璋、潘允中、向熹、吴辛丑、杨琳、朱声琦、朱其智、朱诚、张玉金等皆不同程度地认为"其"上古可以作主语。

马建忠认为："'其'字指名有两用焉，一为读之起词而居主次，二以附名而居偏次。'其'为读之主次者，或其读为一句之起词，或为一句之止词，或其读有连字而词气未全者。至承接之读，则'其'字仍居主次，而为接读代字。"[⑤]

杨树达认为"其"字为"代名词、彼也。兼人称指示二种。用于主位与领位"[⑥]。杨树达又说："此种在读首之'其'字，有时固可当'彼'字一字解，

① *Early Archaic Chinese*，*A Descriptive Grammar*，pp.68.

② *Early Archaic Chinese*，*A Descriptive Grammar*，pp.81.

③ *Early Archaic Chinese*，*A Descriptive Grammar*，pp.112.

④ *Early Archaic Chinese*，*A Descriptive Grammar*，pp.69.

⑤ 马建忠：《马氏文通》，北京：商务印书馆，1983年，第49—50页。

⑥ 杨树达：《词诠》，北京：中华书局，1954年，第158页。

但有时实是当'彼之'二字解。"[①]杨树达认为"读首"之"其"当"彼之"之解，为以后王力等否定"其"作主语埋下了伏笔。

周法高认为代词"其"的句法位置有：(1)"其"在领位；(2)"其"在主位；(3)"其"在宾位；(4)表指示，作形容语。[②]

吕叔湘认为："其字只能用在领格，这是先秦的用例……其实汉、魏以后这种非领格的其字已经屡见而不一见。"[③]

王力认为代词"其"仅用于领格（位）："'其'字在某些情况下，很像句子形式（子句）中的主语。但是，实际上它仍是处于领格"。[④]又"'其'字在某些情况下很像主语，但是，实际上它仍是处于领位"[⑤]。"其"作主语要到南北朝以后，并将发现的功劳归于吕叔湘[⑥]。而且王力说得非常坚决："'其'字的意义，等于'名词+之'。在上古汉语里，它永远处于领位"。[⑦]

郭锡良认为："先秦的'其'，一般只作定语，不能作其他句子成分。……只有在次系是判断句的递系句中，才不作定语，而必须承认它是兼语。"[⑧]

姜宝琦将上古汉语第三人称代词"其"训释为"名词+之"，因为"其"字隐含结构助词"之"，"其"在名词前表领属，在动词前，形成偏正化的主谓短语。[⑨]

何乐士在《〈左传〉虚词研究》一文对于所谓的语气副词"其"进行了全面的研究，并提出了谓语或动词形容词前的"其"不能作主语的数条理由。[⑩]

黄盛璋举出了先秦文献中不能拿"彼之"来解释，且既不是语气副词，也没有连词引导的数例"其"字句，认为只能是主格代词，并指出："吕叔湘

---

① 杨树达：《马氏文通刊误》，上海：上海古籍出版社，2007年，第30页。

② 周法高：《中国古代语法·称代篇》，北京：中华书局，1990年，第102—111页。

③ 吕叔湘：《非领格的"其"》，载《吕叔湘全集（第7卷）》，沈阳：辽宁教育出版社，2002年，第277页。

④ 王力：《汉语史稿》，北京：中华书局，1980年，第265页。

⑤ 王力：《汉语语法史》，北京：商务印书馆，1989年，第49页。

⑥ 王力：《汉语史稿》，北京：中华书局，1980年，第269页。

⑦ 王力：《"之""其"构成的名词性词组》，《语言研究》1984年第2期。

⑧ 郭锡良：《汉语第三人称代词的起源和发展》，《汉语史论集》，北京：商务印书馆，1997年，第6—7页。

⑨ 姜宝琦：《谈谈与人称代词"其"有关的句式及对"其"的训释》，《中国语文》1982年第3期。

⑩ 何乐士：《〈左传〉虚词研究》，北京：商务印书馆，1989年，第357—370页。

先生《语法札记·非领格代词其》条中曾举几个汉魏以后用‘其’作主格的例子，与此正相同。可见此例实开始于先秦。”[①]

潘允中认为“‘其’最初习惯上只用于领格和兼格，战国和秦以后可以用作主格，但不用于宾格”。潘允中比较明确地提出了“其”用作主格的时代，他举出的3例也都是“其”在独立句中作主语。[②]

朱声琦《“其”作主语始于何时？》一文，举出从《诗经》到《汉书》的12个例子，以证明“其”作独立句主语的时代可以上推至先秦。[③]

吴辛丑找到《诗经》中3例“其”作主语的例子，而且都是《大雅》《小雅》中的，这也显示了西周时代“其”可以作主格代词了。[④]

杨琳认为：“把上古汉语中的‘其’一概视为‘名词+之’，是有困难的。我们认为‘其’在上古是可以作主语的。”[⑤]杨琳举出的数例中有3例为《尚书》中的，1例为《小雅》中的，同样显示“其”在西周时代就可以作主语了。

向熹认为上古“其”字，不仅可以作句子形式的主语，相当于“名词+之”，而且可以作分句的主语，并举出《诗·小雅》中的例子。《诗经》中的《大雅》《小雅》一般认为是西周时代的作品，向氏的例证也显示在西周时代“其”可以作主语。不过，向氏仅认为“其”在分句中作主语，虽然他所举例子并无连词引导。[⑥]

我们通过对于西周金文文例的排比对勘，将“其+V+O”句型与“S+V+O”和“厥+V+O”句型进行比较，以证明动词“其+V+O”和“S+其+V+O”中的“其”皆为主格。如：

（22）其乍（作）氒（厥）文考寶貞（鼎）。(《集成》02723：師艅鼎，西周早期后段）

（23）姞曶母乍（作）氒（厥）宩（寶）障（尊）鼎。(《集成》02330：姞曶母方鼎，西周早期）

① 黄盛璋：《古汉语的人身代词研究》，《中国语文》1963年第6期。
② 潘允中：《汉语语法史概要》，郑州：中州书画社，1982年，第83页。
③ 朱声琦：《“其”作主语始于何时？》，《浙江师范学院学报》1983年第1期。
④ 吴辛丑：《人称代词“其”的两种罕见用法》，《中国语文》1985年第4期。
⑤ 杨琳：《也谈人称代词“其”》，《中国语文》1990年第1期。
⑥ 向熹：《简明汉语史（下）》，北京：高等教育出版社，1993年，第57页。

（24）弔（叔）具乍（作）氒（厥）考寶𫍶（尊）彝。（《集成》02341：叔具鼎，西周中期前段）

（25）旂乍（作）氒（厥）文考寶𫍶（尊）彝。（《集成》02347：旂鼎，西周早期后段）

（26）唯三月丁卯，師旂衆僕不從王征于方雷，使氒（厥）友引以告于白（伯）懋父，在𦲻，白（伯）懋父廼罚得𢀛古二百寽（锊），今弗克氒（厥）罚，懋父令曰："義（宜）𢿌（播），氒（厥）不從氒（厥）右征，今母（毋）𢿌（播），𠮷（其）又（有）內（納）于師旂，引以告中史書，旂對氒（厥）賢於𫍶（尊）彝。"（《集成》02809：師旂鼎，西周中期前段）[①]

比照"师旂众仆不从王征于方雷"，"厥不从厥右征"中"厥"当指"师旂众仆"，处主位，（"厥右"当指"王"）。根据管燮初[②]的统计，"厥"作主语有9例。"其又内于师旂"与"厥不从厥右征"互文，"其"当同"厥"亦指"师旂众仆"。此例通过"其""氒"互见，以证明"其"也作主语。

朱诚对先秦时期代词"其"作主语的情况进行考察，用主谓结构充当主语的事实，论证"其"作主语有其先决条件，用"其+谓"与"主+谓"对举，证明"其"作主语的确定性。[③]张玉金通过梳理《尚书》《逸周书》《诗经》《周易》和西周金文的文例，认为西周汉语的"其"已经开始作主语了。[④]弓海涛[⑤]、段兴臻[⑥]等也都认为"其"在上古可以作主语。

结　语

杜百胜认为早期上古汉语人称代词没有数的区别是正确的，然而他在分

① 朱其智：《西周金文"其"的格位研究》，载中国古文字研究会、中山大学古文字研究所编《古文字研究》（第24辑），北京：中华书局，2002年。

② 管燮初：《西周金文语法研究》，北京：商务印书馆，1981年，第174页。

③ 朱诚：《先秦时期代词"其"作主语考察》，《语言研究》2003年第4期。

④ 张玉金：《西周汉语代词研究》，北京：中华书局，2006年，第164—168页。

⑤ 弓海涛：《郭店楚简"其"字用法考察》，《长春大学学报》2010年第7期。

⑥ 段兴臻：《上古汉语中用作第三人称代词的"其"》，《哈尔滨师范大学社会科学学报》2013年第4期。

析人称代词身份时有欠缺之处，这主要表现在他认为“余/予”是所谓的非身份代词，我们知道早期上古汉语“余（予）”是下对上的第一人称代词。杜百胜认为早期上古汉语“其”“之”“厥”不是第三人称代词，而是所谓“前指代词”，这个结论具有一定的启示意义，杜百胜认为早期上古汉语动词前的“其”是主格形式，这是值得肯定的。我们将杜百胜的研究及其结论，放在国内古汉语语法研究的框架中进行定位和评价，这样可以凸显他研究的价值所在。

朱学斌　华东师范大学中文系讲师
朱其智　中山大学/广州南方学院教授

"革命的起源"：加拿大汉学家穆思礼的中国文学选集编译选题标准考察*

王　林

摘　要：对加拿大汉学家穆思礼编译的文学选集《革命的起源：中国现代短篇小说选本》的选题标准进行考察。研究发现，在考虑作品应具有相当的"娱乐性"且未收入其他已有选集的基础上，穆思礼选题时强调作家写作的客观性，而作品主题的"革命性"或"批判性"则是其核心选题标准。在此标准下，选集收录的作品或批判了封建思想对女性的戕害或束缚，或对当时的国民性进行了讽刺和批判，或揭露了当时中国存在的贫困、不公等可能引发革命的社会问题。穆思礼的选题反映了作为"他者"的汉学家对中国现代文学的另类批评，选集的编译丰富了中国现代文学海外接受与传播的图景，具有独到的历史和学术价值。

关键词：《革命的起源》　穆思礼　中国文学　选题标准

加拿大汉学家穆思礼（Stanley Munro）是美国裔，曾先后在耶鲁大学、夏威夷大学和台湾师范大学学习中文，后又于加拿大阿尔伯塔大学和多伦多大学研究语言学，自20世纪70年代初到阿尔伯塔大学任教达12年之久[①]。在从事中国语言与文学教学和研究之余，穆思礼还涉足中国文学翻译活动，早年翻译出版了张恨水的《梁山伯与祝英台》（1955），后又编译并出版了文学选集《革命的起源：中国现代短篇小说选本》[②]（*Genesis of a Revolution*：*An*

---

* 本文系国家社会科学基金一般项目"变译伦理系统建构研究"成果，批准号（19BYY141）；2021年湖北省教育厅人文社科基金项目"中国文学在加拿大的译介与传播研究"成果，批准号（21Y196）；2021年湖北文理学院教师科研能力培育基金项目"中国文学在加拿大的译介与传播研究，批准号资助的阶段性成果（2021kpgpsk05）。

① Munro，S.. R.，ed. and Trans. *Genesis of a revolution*：*an anthology of modern Chinese short stories*，Singapore：Heinemann Educational Books，1979.

② 梁丽芳：《加拿大汉学：从古典到现当代与海外华人文学》，《华文文学》2013年第3期。

Anthology of Modern Chinese Short Stories，下文简称《革命的起源》)，为中国文学在英语世界的传播做出了一定的贡献。《革命的起源》于1979年在新加坡的海涅曼（Heineman）出版社出版，收录的作品包括巴金的《一件小事》、冰心的《分》、丁玲的《庆云里中》(原题为《庆云里中的一间小房里》)、老舍的《柳屯的》、茅盾的《当铺前》、沈从文的《七个野人与最后一个迎春节》、吴组缃的《离家的前夜》、叶绍钧（叶圣陶）的《一生》、郁达夫的《血泪》和张天翼的《旅途中》。选集所收录的也许并非中国现代文学中最有名的作品，但却也是编译者按照一定的标准筛选的精品。文学选集的编译一方面表征着编译者对中国某一时期或某种文类作家作品的认同和接受，另一方面则可推动中国文学的海外传播。正如李刚、谢燕红指出，中国现代文学英译选本"不仅可以视作20世纪中国文学在英语世界传播的海外见证，更由于英译选本是海外学者和出版社对文体、题材、作家、叙事、接受等多方面进行综合评估后所做出的文本选择，其体现的文学批评功能对中国现代文学的研究与当下写作具有重要的参考价值。"[①]因此，对英译中国文学选集的选题标准进行考察可为中国文学研究、中国文学海外译介与传播研究提供有价值的参考。《革命的起源》的编译出版受到国内外学者的关注，但有关论述多是寥寥几笔带过：加拿大著名汉学家王健[②]在该选集出版后即对其进行了简评，认可其具有相当的价值；部分有关中国现代文学域外译介与传播研究的论著也简略提及穆思礼编译的《革命的起源》及其对特定作家作品的收录[③]；加拿大英属哥伦比亚大学华裔学者梁丽芳在对加拿大汉学发展历程的梳理中盘点了20世纪70年代末至21世纪一些加拿大汉学家的中国文学译介活动，其中亦简略论及穆思礼及其编译的《革命的起源》。[④]尽管学界对穆思礼的选集编译实践有所关注，但鲜有深入研究，尤其是对选题标准的探

① 李刚、谢燕红:《王际真英译选本与中国现代文学的海外传播》,《国际汉学》2020年第4期。

② Walls, J. "Genesisofa Revolution. *An Anthology of Modern Chinese Short Stories*, Selected and Translated by Stanley R. Munro (Book Review)." *Pacific Affairs*, 1980, 53 (3), p.601.

③ 如徐敏慧:《沈从文小说英译述评》,《外语教学与研究》2010年第3期；刘江凯:《跨语境的叙述——中国当代小说的海外接受》,《山西大学学报》(哲学社会科学版) 2014年第1期。

④ 梁丽芳:《加拿大汉学：从古典到现当代与海外华人文学》,《华文文学》2013年第3期。

讨。因此，本文拟对《革命的起源》进行“溯本清源”式的考察，重点探讨编译者所遵循的选题标准，从“他者”的视角检视特定作家或作品在海外得以接受的原因，钩沉该选集在中国现代文学海外传播史中的独特地位。

一、《革命的起源》的编译体例简述

《革命的起源》的编译体例表现出相当的严谨性和学术性，体现了汉学家编译者鲜明的学院派风格。全书分为“前言”“引言”“入选作家生平简介及其作品”“建议阅读书目”“翻译来源资料”和“参考文献”几个部分，选集编排比较友好，使英语世界的读者在阅读中国现代小说的同时也对作品的创作背景、作家的文学地位及中国现代文学相关文献有所了解，方便读者对中国文学的阅读接受、进一步学习或研究。下面我们首先对选集的“前言”“引言”等副文本材料进行梳理，为后面的选题考察做铺垫。

一部选集的“前言”和“引言”通常蕴含着编译者的编译理念或选题背景等有助于读者阅读和接受的重要信息。在“前言”部分，穆思礼首先从作家的文学地位、作品风格和主题等方面交代了其选题依据，以便于读者从整体上把握选集所收录的作家作品的特点。继而，穆思礼对他采用的主要翻译方法做了说明：他对中国人名和地名采取的是拼音而不是威妥玛的方法进行翻译（地图上以往用威妥玛拼音音译的一些已经深入人心的地名除外），因为他认为尽管他们这一代人比较熟悉后者，但中国目前使用的拼音系统普及迅速且更为很多青年学生所熟悉①；他在翻译中没有采用“逗号对逗号，词语对词语、结构对结构”的直译的方法，而是尝试对作者的感觉（feel）进行阐释，以使译文通俗易懂。②这说明，穆思礼在翻译中注意照顾目的语读者，特别是年轻一代学生读者的阅读接受。

在“引言”部分，穆思礼对处于20世纪转折点的中国社会、政治、文化、语言和文学等领域发生的巨变进行了介绍，目的在于使读者对中国现代文学产生和发展的社会历史文化背景有所认识。他指出，当时的中国政治上存在着新兴民族主义思潮、清王朝的短暂复辟、国民党左翼和右翼之争及分裂、军阀割据等现象；文化上，存在着新书写语言的运用、西方价值观受

① *Genesis of a revolution*：*an anthology of modern Chinese short stories*，p.ix.

② *Genesis of a revolution*：*an anthology of modern Chinese short stories*，p.x.

到关注、传统习俗与价值观式微和妇女开始争取追求男女平等等现象。[①]穆思礼认为，五四运动前中国遭受外国列强的侵略和凌辱是这一切变革的根源，在此大背景下，陈独秀创办的《新青年》使文学改良运动蓬勃发展，胡适发表了"文学革命论"，五四运动使新观念在中国社会各阶层得到广泛传播，社会各领域发生的变革在促进新文学开花结果的过程中起着很大的作用。[②]此外，穆思礼指出，为中国新文学发展做出最大贡献的是当时由学生社团创办的各种白话文报纸杂志，其中的主要文学社团及其文学主张有：周作人、茅盾等创办的文学研究会提倡"为人的文学"，注重揭露人与社会现实，主张引介西方文学、改造中国旧文学、创造新文学等；郭沫若、郁达夫等人创办的创造社提倡"为艺术而艺术"，后又提出以革命文学反对帝国主义和军阀主义；周作人和鲁迅创办的语丝社则以自由思想、独立判断、人文主义和对中国生活和思想的批判为根基。[③]穆思礼对当时中国社会和文化领域发生的种种变革或思潮的介绍使目的语读者能够大致了解选集所收录作品创作的时代和社会文化背景，从而有利于其对作品的理解和接受，同时，这也反映了他严肃认真的考据态度，并为其选题基调埋下了伏笔。选集正文部分除了入选作品外，穆思礼还在每个作品前对作家的生平和写作风格进行了介绍，有时甚至包括当时文坛对该作家的评论或当局对该作家的态度，"希望哪怕是对作者最粗略的认识也能使读者更好地欣赏其作品所传递的某种特别的信息"[④]。显然，穆思礼对中国现代文学发生背景及入选作家作品的介绍基于其对中国现代文学较为深入的研究，选集后所附参考文献便是明证，显示出其严谨的治学态度。

为方便对中国文学感兴趣的读者进一步阅读或研究，穆思礼在选集末尾附有"建议阅读书目"，其中包括：王际真（Wang Chi-chen）编译的《阿Q正传及其他：鲁迅小说选》（*Ah Q and others: selected stories of Lusin*）、《中国当代小说选》（*Contemporary Chinese Stories*）及其编选的《中国战时小说》（*Stories of China at War*），白之（Cyril Birch）编选的《中国文学选集》（*Anthology of Chinese Literature*），袁家骅（Yuan Chia-hua）和佩恩（Robert Payne）编选的《当代中国短篇小说选》（*Contemporary Chinese*

① *Genesis of a revolution: an anthology of modern Chinese short stories*, p.xiii.

② *Genesis of a revolution: an anthology of modern Chinese short stories*, p.xvii.

③ *Genesis of a revolution: an anthology of modern Chinese short stories*, p.xviii.

④ *Genesis of a revolution: an anthology of modern Chinese short stories*, p.x.

Short Stories）；斯诺（Edgar Snow）编选的《活的中国：现代中国短篇小说选》（*Living China*：*Modern Chinese short stories*）等等。[①]从推荐阅读书目可以看出，穆思礼对当时已出版的英译中国现代小说选集的总体面貌有着宏观而清晰的把握，充分说明他作为学院派编译者严谨的考据态度，这也是其在前言中明确表示自己为编译工作做了相当的背景研究的明证。对已有文集的充分把握使穆思礼能够按照其所希望的"为英语世界的读者译介不同以往的中国现代文学作品"[②]的标准进行选材。

在"翻译来源资料"部分，穆思礼列出了选译作品的中文文集来源，如列出巴金的《一件小事》源自人民文学出版社1959年出版的《巴金文集》第八卷第150—164页；冰心的《分》源自大通书局出版社1975年出版的《冰心小说选》第82—91页，等等。[③]详尽的资料来源清单既增加了选集编选质量的可信度，又可方便有兴趣的读者按图索骥查阅原作及其他作品。在"参考文献"部分，穆思礼列出了选集编译所参考的中英文文献：中文文献如《丁玲选集》《张天翼选集》等作家作品选集以及《作家巴金》《中国新文学史》等学术类著作，英文文献如《五四运动：现代中国知识分子的革命》（*The May Fourth Movement*：*Intellectual Revolution in Modern China*）等。详实的文献罗列使选集不仅具有阅读欣赏价值，还具有相当的学术价值，有利于对中国文学感兴趣的读者或学者进一步查阅或研究，进而推动中国文学的海外传播。

二、选题即批评：穆斯礼的选题标准探究

文学选集的选题实质上也是一种文学批评，既表征着编译者对作家作品的接受，也关系着中国文学海外传播的方向和效果。在《革命的起源》的"前言"中，穆思礼坦言，选题标准或依据是一部文学选集的编译者必须做出的重要抉择，而该选集的"前言""引言"等副文本材料与所收录的作品则共同反映着他对中国现代文学和入选作家作品的认知和接受，也体现着他所遵循的选题标准。下面我们重点探讨穆思礼的选题标准。

---

① *Genesis of a revolution*：*an anthology of modern Chinese short stories*，p.199.

② *Genesis of a revolution*：*an anthology of modern Chinese short stories*，p.viii.

③ *Genesis of a revolution*：*an anthology of modern Chinese short stories*，p.200.

（一）作家写作的客观性、作品的"娱乐性"和"新异性"

谈到对作家的选择，穆思礼在"引言"中首先说明选集收录的是在20世纪20年代至30年代期间写出其最佳作品的作者；其次，他倾向于选择那些被不同党派都批评过但却热爱中国的作家，希望借此达到一种新的客观标准。①穆思礼的言外之意可能是，入选作家纯粹因为爱国、因为有感于中国所处的困境而进行客观的写作，他们希望通过文学创作揭露和批判当时中国社会存在的各种病症，从而推动中国的社会变革和进步。在此选题标准下，他有意排除了"中国现代文学之父"鲁迅及其他著名作家如张爱玲、朱自清等，因为这些作家基本上不满足上述第二条标准。②显然，这是穆思礼在作家选择方面的独到之处。

穆思礼认为，文学选集所选作品尽管应该与特定主题相关，但也应具有"娱乐性"，否则便没有读者。③因此，他在"前言"中首先说明，他在选题时尽量保证所选作品具相当的"娱乐性"。为达此目的，在剔除各个作家曾被翻译过的所有短篇小说后，他特意请一些母语是中文的读者阅读保留下来的作品并按照娱乐性等级对这些作品进行评分，选题时在使作品与选集主题保持相关性的基础上他选择那些娱乐性等级得分较高的作品。④可见，"读者反映"成为穆思礼在选题时进行文学批评的一环，他注重作品带给读者的"悦读"体验，作品的"娱乐性"是他选题的标准之一。

穆思礼在编译《革命的起源》时还尽量避免与其他选集在选题上的重复，力求为英语世界的读者推介不同的中国现代文学作品。在参考当时最新的由Gibbs和Li编写、哈佛大学出版社1975年出版的《中国现代文学研究与翻译索引：1918—1942》（*A Bibliography of Studies and Translations of Modern Chinese Literature 1918—1942*）的基础上，他有意剔除了之前已被翻译和编选过的作品，如他舍弃了一些与选集的主题相关但却已被收入茅盾的《春蚕》（*Spring silkworms and other stories*）、巴金的《狗》（*Dog*）或丁玲的《水》（*Flood*）等英译中国文学选集中的作品。⑤再如，穆思礼坦言为了让非中文世界的读者能够读到新的中国文学作品，选集并没有收入鲁迅的作品，

① *Genesis of a revolution*: *an anthology of modern Chinese short stories*, p.viii.

② *Genesis of a revolution*: *an anthology of modern Chinese short stories*, p.viii－ix.

③ *Genesis of a revolution*: *an anthology of modern Chinese short stories*, p.vii.

④ *Genesis of a revolution*: *an anthology of modern Chinese short stories*, p.vii－viii.

⑤ *Genesis of a revolution*: *an anthology of modern Chinese short stories*, p.viii.

除了因为上述第二条选题标准外，还因为鲁迅的短篇小说中已有35篇被翻译成了90个版本。[①]。为使选集涵盖的作品尽可能广泛一些，穆思礼选题时还特意做到每个作家只收入一个短篇，且每个作家的风格也不同，“或是叙述的，或是描写的，或是说明的，或是罗曼蒂克似的，或是印象主义的等等”[②]。综上可见，“求新”“求异”是穆思礼在选题时考虑的另一标准。

（二）作品主题的“革命性”或“批判性”

文学选集的选题可体现编译者对作家或作品的价值判断和接受，《革命的起源》这部选集的书名中“革命的起源”这个词语即统摄性地指向了穆思礼所认同的作品应具有的共同主题。如前所述，穆思礼在“引言”中便交代了中国现代文学产生和发展的社会历史文化背景，指出当时中国社会存在的各种病症和中华民族所面临的危亡之灾是引发革命的根源。他说：

> 在那个疾病、饥饿、战争、不公、偏见、仇恨和蔑视等种种现象蔓延的时代里，作家们知道，如果中国不想被彻底分裂，就必须要有变革。在这种整体的不满情绪下，我们可以发现最终发生的革命的起源，本选集所收录的所有短篇小说都代表着作家们向中国大众描述国家病症的尝试。[③]

可见，穆思礼将作品是否具有描述当时中国社会各种病症的“革命性”或“批判性”作为重要的选题标准。应该说，收入选集的作品标志着该时期具有革命觉醒意识特点的中国现代文学的开端或萌芽。对此，穆思礼在选集“引言”“前言”和“作家生平简介”中也有明确的表述。下面我们结合“引言”等副文本材料和入选作品，从“封建思想批判”“国民性批判”和“社会问题批判”三个方面探讨穆思礼所秉持的“革命性”或“批判性”选题标准。

1.有关封建思想批判的作品

如前所述，处于20世纪转折点的中国社会、文化和语言等领域发生的变革催生了新文学，而新文学所表现的主题本身也具有一定的革命性。在此背景下，当时中国社会中依然存在的封建思想对妇女的压迫和束缚成为新文

① *Genesis of a revolution*：*an anthology of modern Chinese short stories*，p.viii－ix.

② *Genesis of a revolution*：*an anthology of modern Chinese short stories*，p.viii.

③ *Genesis of a revolution*：*an anthology of modern Chinese short stories*，p.xix.

学批判的重要对象，一些作家开始创作有关“妇女解放”和“男女平等”等主题的作品，收入选集的《庆云里中》《离家的前夜》和《一生》便属于这一类。

丁玲的短篇小说《庆云里中》讲述了一个为了生活不得不在城里卖身的妓女阿英的故事，描写了她既想回到乡下嫁给喜欢自己的人过上正常的小日子却又难以放弃做妓女不愁吃穿的生活的矛盾心理。穆思礼在对丁玲的介绍中明确表示，该作品入选的原因在于其描写了当时妓女中存在的可能比较普遍的看法（不管丁玲是有意还是无意）——她们的生活跟家庭妇女的生活同样或几乎同样具有吸引力，而这种对妓女的看法实际上也可视为革命的种子。[①]显然，穆思礼认为作品所表现的这种关于妓女的看法是颠覆传统的，因而也是具有“革命性”的，而这正契合了其选题标准。吴组缃是20世纪著名的作家，其抗战前的一些短篇小说如《离家的前夜》《菉竹山房》等作品以妇女问题为题材，都是“为妇女诉说怨忿和不幸的，同五四时期呼吁妇女解放的时代精神，全然一脉相通”[②]。《离家的前夜》具有鲜明的呼吁妇女解放的反封建色彩，小说叙述了一个“正在绚烂青春”的年轻母亲“蝶”想要离开“没落的封建乡村”和“寂寞古旧的家庭”去追求“活跃的，前进的，充实的生活”，但却在追求个人理想和为母亲的角色之间彷徨的故事。小说中“蝶”的丈夫——第一人称叙述者“我”支持她与“我”一同外出继续读书，然而“我”的母亲对于儿媳要出去继续读书而不是老老实实待在家里养育孩子的打算很是不满，于是在哭闹的幼儿和奶妈前不禁发牢骚说：“那个女人不是生儿育女的！现在的世界不同啦，要读书——结了婚还要读书，生了孩子还要读书！真是新花样，女人读书有什么用！”[③]小说结尾描写“蝶”终因不忍割舍孩子对母亲的依恋而放弃读书，既表现了母子之爱，同时也表现了当时中国女性在摆脱封建传统家庭束缚、追求自身新生活时的彷徨和无助。穆思礼认为，《离家的前夜》对小孩子不情愿“换奶”的象征性运用也可解读为整个社会不情愿放弃旧生活，恰如吴组缃本人指出的那样，尽管女性开始梦想一种新生活，但整个社会也可能像女性自身一样并未为新生活的诞生

① *Genesis of a revolution*: *an anthology of modern Chinese short stories*, p.34.

② 魏超然：《论吴组缃抗战前的短篇小说》，《安徽大学学报》1985年第1期。

③ 吴组缃：《离家的前夜》，载计蕾编：《吴组缃代表作》，北京：华夏出版社，1998年，第4页。

做好准备。[①]显然，小说中“我”的母亲是封建传统家长的典型代表，固守着旧式的生活模式，“蝶”则代表着当时中国追求男女平等、向往新生活的年轻女性，而“我”也是希望冲破封建思想牢笼、支持女性追求自我梦想的一代，小说表现出鲜明的封建思想批判意识和解放妇女、改良社会的革命意识，这正是其入选选集的重要原因。叶绍钧是著名的教育家，也是中国现代文学史上的一位知名作家，五四运动前写过文言小说，从1919年起开始创作白话文小说，《一生》(又名《这也是一个人？》)即是他的第一篇白话小说。《一生》讲述了一个青年农家妇女在男尊女卑的封建社会中被蹂躏的悲惨生活，描写了她“简直是很简单的一个动物”般的存在。小说中的这个青年妇女没有名字，而是被简单地称作“伊”，她被嫁人，在夫家牛马般地辛苦劳作却遭受各种凌辱，后来曾反抗逃到城里当佣人，但不久就被夫家发现，她宁可做佣人也不肯回家，再后来死了丈夫的她被公婆领回来卖了。小说结尾写道，而“伊的父亲，公公，婆婆，都以为这个办法是应当的，他们心里原有个成例：田不种了，便卖耕牛。伊是一条牛——一样地不该有自己的主见——如今用不着了，便该卖掉。把伊的身价充伊丈夫的殓费，便是伊最后的义务”。[②]可以说，这是作家对压迫中国女性的封建思想的强烈批判，而小说中青年妇女的离家出逃也象征着一种反叛，作品表现出鲜明的反封建色彩。穆思礼在“作家简介”中说：

> 该作品在本特定选集的意义在于表现当时女性的悲惨遭遇……当时的女性不过被认为是在需要的时候可以嫁掉或被买卖的财产而已……重要的是该作品写于1919年1月，即五四运动发生前的几个月，可以说是这个新兴运动的先驱性作品之一，几乎没有写作的先例供作者参考，而且，这也是作家第一次尝试运用白话文进行写作。[③]

可见，作品的反封建色彩与作家革命性地运用白话文写作是其被收入选集的重要原因。

---

① *Genesis of a revolution*: *an anthology of modern Chinese short stories*, p.132.

② 叶绍钧:《叶绍钧选集》，香港：文学出版社，1956年，第78页。

③ *Genesis of a revolution*: *an anthology of modern Chinese short stories*, p.146.

2. 有关国民性批判的作品

除了关注妇女解放、男女平等等问题，对麻木、消极、势利、恃强凌弱等国民性的讽刺和批判是部分现代主义小说所要表现的另一主题，《柳屯的》《七个野人与最后一个迎春节》《血泪》和《旅途中》等便是因此而入选《革命的起源》的作品。

老舍的短篇小说《柳屯的》讲述了"我"的同乡同学夏廉为了"生儿子"在外面搭上并带回家的女人——"柳屯儿的"与夏家父子及村民之间发生的故事，刻画了"柳屯儿的"玩弄夏家父子于股掌之间、欺凌夏家大嫂及其女儿等弱者及依靠教会势力横行乡里等恶行。小说一方面讽刺和批判了夏家父子重男轻女的封建思想及其在"柳屯儿的"面前的软弱与自私，另一方面也鞭挞了村民们面对"柳屯儿的"霸道行为所表现出的麻木和消极态度。正如郭辉指出，老舍在《柳屯的》中对国民性中的"骑墙哲学"进行了批判，并对与此相关的明哲保身、看客等心态进行了揭露。[①]穆思礼在"作家简介"中也指出，该故事与老舍一贯努力揭露他所认为的中国国民性中最大的缺点的风格是一致的：小说聚焦于描写当时中国最致命的病症——中国国民性中的"消极性（passivity）"。[②]可以说，穆思礼所说的"消极性"即指国民的麻木态度或"看客"心理，可见，《柳屯的》的收录源于其对国民性的批判。

沈从文的小说《七个野人与最后一个迎春节》叙述了湘西苗族部落的"七个野人"反抗外来者的故事。以"七个野人"为代表的北溪村人原本诗意地栖居于大地上，而外来者试图在这本地人所热爱的美丽家园上建立一个所谓"文明"的新世界，双方因此而发生冲突，在抗争外来者的征服中，"七个野人"终被杀害。穆思礼认为，该故事讲述的外来者是皇帝及其军队，但作者很可能在隐晦地指涉当时的政府军。[③]邓晓东指出，在"七个野人"反抗外来者的斗争中，"二百名左右的北溪大众实际上对七个野人形成了内部包围，是大众的麻木对精英的觉醒的包围"[④]，此观点即点明了作品对

① 郭辉：《入木三分看国民——〈柳屯的〉和国民性的批判》，《河南理工大学学报》（社会科学版）2010年第3期。

② *Genesis of a revolution: an anthology of modern Chinese short stories*, p.51.

③ *Genesis of a revolution: an anthology of modern Chinese short stories*, p.111.

④ 邓晓东：《悲剧语境下的乌托邦幻灭——解读沈从文〈七个野人与最后一个迎春节〉》，《山东文学》2007年第11期。

“麻木”的国民性的批判。应该说，小说一方面肯定了抵御外来者的反叛精神，另一方面也讽刺和批判了其他村民在“七个野人”反抗外来者的过程中的“麻木”态度和“看客”行为，作品的革命性和批判性主题是其入选选集的重要原因。

穆思礼指出，郁达夫的作品基本上具有自传性质，通过其作品可以一窥当时学生知识分子的生活，他写了其他作家只敢想一想的东西，他写的小说曾激怒当局。①由此可见，郁达夫的写作具有一定反叛性。《血泪》是郁达夫写于1922年的作品，小说描述了人们在没落的社会缺乏机会、即便受过高等教育的人也不免陷入穷困潦倒的地步，除此之外，作者的主要目的是嘲讽当时中国的一些年轻人，认为他们总显露出一种丑陋的、追随“各种时髦主义”却并不真正懂得他们在追随什么或为什么追随的倾向。②也就是说，小说讽刺了当时各种“有学问有见识的青年”把“主义”当作是谋求利益的工具的虚伪或虚荣嘴脸。这种对国民性的批判是该小说被收入选集的主要原因。

张天翼的小说《旅途中》描写了在同一列车车厢的两个农民、自觉高人一等的主要人物“计三钻子”和地位更高的人物“陈季渔”在旅途中的言语和行为表现，讽刺了“计三钻子”在下层农民面前飞扬跋扈而在比他地位优越的人面前却低眉顺眼的虚伪、势利的嘴脸。鲍霁指出，张天翼在小说中塑造的讽刺形象和揭示的社会问题往往是人们在那个病态社会里常见的现象。③穆思礼也认为，张天翼的最佳小说是那些以滑稽或讽刺的风格写成的作品，他坦言称，因为张天翼写得较好的一些小说不谈政治，因而他很乐意将其中之一收录在该选集中，以客观反映当时中国社会的状况。④穆思礼对张天翼小说“不谈政治”的特征的强调表明，他看重作家写作的客观性，同时，小说对“势利”“欺软怕硬”的国民性的讽刺和批判是其入选的主要原因。

3.有关贫穷等社会问题批判的作品

对贫困、不公等社会问题的描写和揭露是中国现代作家写作的另一主题，也是穆思礼所看重的写作的客观性标准。与“引言”相呼应的是，穆思

① *Genesis of a revolution: an anthology of modern Chinese short stories*, p.157.

② *Genesis of a revolution: an anthology of modern Chinese short stories*, p.157.

③ 鲍霁:《论张天翼短篇小说的讽刺艺术》,《昆明师范学院学报(哲学社会科学版)》1982年第1期。

④ *Genesis of a revolution: an anthology of modern Chinese short stories*, p.93.

礼还在入选作品前的"作家生平简介"里总结或提示了该作品所表达的作家对于当时中国社会存在的穷困、不公等现象的揭露或批判，这进一步说明，作品的"革命性"或"批判性"主题是其入选选集的重要标准。

收入选集的第一个短篇小说是巴金的《一件小事》，作品描写了一位穷困饥饿的父亲带着孩子在街上卖菜的故事。小说中这位父亲的菜不仅没有卖出去，还遭到警察的践踏，而他却没有钱给一旁喊饿的孩子买点东西吃，绝望中他遣回孩子而自己选择走进大海自杀。小说揭露了穷人生活的惨状和随之而来的深深绝望，反映了人们"缺乏信心和希望"，在厄运面前"除了屈服，别无选择"。[①]可以说，小说对当时人们的贫困状态和绝望心理的客观描写即是对社会问题的批判。茅盾的短篇小说《当铺前》同样描写了当时穷人的生活状况，主人公为了活下去不得不去当铺典当家人所剩无几的衣服，其悲苦之状无与伦比。穆思礼指出，《当铺前》为了刻画陷入赤贫的农民所描绘的画面是很可怕的，而"贫穷是引发革命的重要因素之一"。[②]综上可见，穆思礼选题时看重的正是作品对于可能触发革命的社会问题的客观揭露和批判。

正如穆思礼指出，冰心常被冠以中国现代文学中婉约或伤感传统（the sentimental tradition）的代表人物，她特别喜欢描写母子之爱，有理想化的倾向，短篇小说《分》便是具有典型的冰心风格的作品。[③]小说从婴儿的视角叙述了两个来自不同社会阶层的新生儿在产房的经历，比较了两者之间在身体、穿着、所受待遇和未来前途等方面的巨大差异，结尾描写了两个婴儿出院时的情景，来自优越家庭的婴儿"我"发出了"我们从此分开了，我们精神上、物质上的一切都永远分开了"的感慨，暗示了冰心心目中的"人人平等"的理想的幻灭。穆思礼在对冰心生平的介绍中说明了该作品入选的原因：除了因为作者呈现小说内容的独到之处，还因为她批判了这样的社会现实——阶级分化在人出生时就已经开始了，且未来也没有调和的希望。[④]上述介绍一方面有助于读者更好地理解作品，另一方面也说明《分》所表现的阶级分化主题因具有一定的社会批判性而契合了穆思礼的选题标准。

---

① *Genesis of a revolution*: *an anthology of modern Chinese short stories*, p.4.

② *Genesis of a revolution*: *an anthology of modern Chinese short stories*, p.93.

③ *Genesis of a revolution*: *an anthology of modern Chinese short stories*, p.14.

④ Munro, S.. R., ed. and Trans. *Genesis of a revolution*: *an anthology of modern Chinese short stories*. Singapore: Heinemann Educational Books, 1979, pp.14－15.

结 语

《革命的起源》是汉学家穆思礼潜心编译的一部中国现代文学选集，选集既表征着编译者对中国文学的接受，也推动了中国文学在英语世界的传播。对穆思礼的选题标准考察发现，除了限定作品的写作年代在20世纪20年代至30年代期间外，穆思礼秉持以下几条主要选题标准：第一，作家写作的“客观性”；第二，作品应具有相当的“娱乐性”；第三，作品的“新异性”；第四，作品的主题应具有“革命性”或“批判性”。在第四个选题标准下，选集收录的作品或描写当时中国存在的贫困、不公等社会问题，或批判封建社会对女性的戕害或束缚，暗含对妇女解放、男女平等的呼召，或批判“麻木”“消极”“虚伪”或“势利”等国民性弱点。正如选集的标题所示，作品是否具有描述当时中国社会各种病症的“革命性”是穆思礼所秉持的一个核心选题标准，围绕“革命的起源”这个主题，穆思礼倾向于选择那些具有独立思想、批判意识和反叛精神的作家作品。穆思礼的选题反映了作为“他者”的汉学家对中国现代文学的另类批评，选集的编译具有独到的历史和学术价值，使得更多不同以往的中国现代小说在海外得到传播，丰富了中国现代文学海外接受与传播的图景。

王 林 湖北文理学院外国语学院副教授

·西班牙汉学研究·

中国与西班牙建交以来西班牙的中国学研究历程与面临的挑战*

李兴华　马亚琼

摘　要：中国与西班牙建交后，西班牙涌现出大量世俗汉学家，以传教士为主体的中国学研究开始向专业化的中国学研究过渡。到了21世纪，政治、经济等新型研究领域崛起，学者们也逐渐摆脱了以往的“个人主义”研究模式，以科研机构为依托形成了专业的研究团队，加速了西班牙中国学的专业化发展进程。根据在Dialnet搜索到的数据，2000—2009年间在西班牙发表的与“中国”相关的期刊论文数量为1990—1999年间发表总数的4倍有余，2010—2019年增速虽有所放缓，但相关期刊论文总数是前十年的近两倍。西班牙中国学研究自18世纪没落后开始复苏。

关键词：西班牙　中国　中国学　传教士

中国学是外国学者研究中国的学问。西班牙作为西方中国学研究的开拓者，拥有较长的中国学研究历程。1564年西班牙人来到菲律宾宿务岛，并在此建立了西班牙首个亚洲据点，在得知菲律宾居民与中国商人之间存在着长期的贸易关系后，将对华贸易作为菲律宾的发展战略。在这样的背景下，马丁·德·拉达（Martín de Rada，1533—1578）等奥古斯丁会教士有了更多与华人接触的机会。为入华传教，他们积极学习中国知识，开启了西班牙中国学研究的先河。因此，在菲律宾诞生了西方最早的中国语言文字著述《中文语法与词汇》（*Arte y vocabulario de la lengua china*）与西班牙最早的中国

* 本文系天津市哲学社会科学规划项目“基于16—17世纪西班牙语原始文献的西班牙早期汉学史研究”的阶段性成果，批准号（TJSLQN19—001）。

学著作《中国纪行》[①]。16世纪末期，耶稣会教士庞迪我（Diego de Pantoja，1571—1618）入华，西班牙中国学得到进一步发展。墨西哥作为前往东方的传教士与中西贸易的中转站，汇集了大量有关中国的文献与书信，成为了西班牙早期中国学的重要学术阵地。《中华大帝国史》[②]与《鞑靼征服中国史》（*Historia de la conquista de China por el tartaro*）[③]的编纂材料便搜集于此。16—17世纪是西班牙中国学的黄金时期，其丰硕的研究成果不仅受到了西方世界的认可，也为早期海外中国学奠定了基础。然而，17世纪后，随着西班牙海上霸权地位的逐步丧失，中国学研究也随之没落，再未能引起大范围关注。20世纪前半叶，西班牙中国学研究仍依赖传教士群体，这一局面直到1973年中国与西班牙建交后才有所改变。随着西班牙人对中国关注度的不断提高，涌现出最早一批世俗汉学家，中国学研究开始转型。21世纪，西班牙中国学开始以各类研究机构为依托，将研究领域延伸至中国社会、政治、经济、历史、文学等领域，开始了全方位的中国学研究。根据西班牙语国家最大、最全面的书目门户网站Dialnet数据库的统计，2004—2009年间西班牙有关“中国”的期刊论文数量每年超过370篇，2010—2019年间则每年超过550篇，2016年达到高峰，为763篇。此外，进入21世纪后，在西班牙出版的相关书籍也迅速增加，出版高峰出现在2006年，近60部。博士论文作为中国学人才储备与研究热度的重要参考因素，增长速度也不容小觑。2010—2019年间相关博士论文总数是20世纪90年代的近13倍，超过900篇。然而，在较为乐观的形势背后，也隐藏着诸多问题。本文基于Dialnet与西班牙各大

① 该书分为*De los que les sucedió a los padres Martín de Rada y fray Gerónimo Marín en su embaxada de China hasta que bolvieron a Manila con los Capitanes españoles que los acompañaron*与*Relación verdadera del reyno de Taibin，por otro nombre China，y del viage que a él hizo el muy reverendo padre fray Martín de Rada，provincial que fue del orden de San Agustín，que lo vio y anduvo，en la provincia de Hocquien，año de 1575 hecha por el mismo 1577*两部分，《中国纪行》为简称。

② Juan González de Mendoza，*Historia de las cosas mas notables，ritos y costumbres del gran Reyno de Chinas，sabidas assi por los libros delos mesmos Chinas，como por relacion de Religiosos，y otras personas，que an estado en el dicho Reyno*（Roma：a costa de Barthome Grassi，1585）.该书全称为《据中国典籍以及造访过中国的传教士和其他人士的记述而写成的关于中华大帝国最负盛名的事情、礼仪和习俗的历史》。

③ Juan de Palafox y Mendoza，*Historia de la conquista de la China por el Tartaro*（Paris：A costa de Antonio Bertier，1670）.

中国学研究机构的原始数据与信息，对1973年中西建交以来的中国学发展进程与相关数据进行研究，发现并指出该研究领域存在的问题。

一、西班牙中国学研究的转变（1973—2000）

1973年以前，出于传教的需要，中国学研究成果主要为工具书，且以方言为主，如《华班字典》（*Diccionario manual Chino-castellano*）[①]、《闽南话汉西辞典》（*Diccionario español-chino del dialecto de Amoy Formosa*）[②]等。这一局面随着西班牙籍华人黄玛赛（Marcela de Juan，1905—1981）的出现有了一定程度上的改变。她于1948年翻译出版了西班牙最早的中国诗集《中国诗歌精选集》（*Breve antología de la poesía china*）[③]，1962与1973年又分别出版了《中国诗选第二部》（*Segunda antología de la poesía china*）[④]与《中国诗歌——从公元前22世纪到文化大革命》（*Poesía china：del siglo XXII a.C. a las canciones de la Revolución Cultural*）[⑤]。除翻译外，黄玛赛在文学领域也有所成就，完成了多部著作，是西班牙第一位真正意义上的世俗汉学家。

1973年西班牙与中国建交，西班牙学者开始关注中国，以传教士群体为主导的中国学研究开始转型，迎来了新局面，而这一变化首先体现在翻译领域。这一时期涌现出多位翻译家，他们分为两类，第一类主要从事翻译工作，第二类为高校教师。中国的哲学经典主要由第一类学者翻译出版，主要有华金·贝雷斯（Joaquín Pérez Arroyo）的《四书》（*Los Cuatro Libros*）[⑥]，

---

① Luis María Nieto, *Diccionario manual Chino-castellano*（Shanghai：Imprimerie "Union Commerciale"，1929）.

② F.Giner y F.Piñol，*Diccionario español-chino del dialecto de Amoy yFormosa*（Hong Kong：Misión Católica Dominicana，1925）.

③ Marcela de Juan（trad.），*Breve antología de la poesía china*（Madrid：Revista de Occidente，1948）.

④ Marcela de Juan（trad.），*Segunda antología de la poesía china*（Madrid：Revista de Occidente，1962）.

⑤ Marcela de Juan（trad.），*Poesía china：Del Siglo XXII a.C. a las Canciones de la Revolución Cultural*（Madrid：Alianza Editorial，1973）.

⑥ Joaquín Pérez Arroyo（trad.），*Confucio. Mencio. Los Cuatro Libros*（Madrid：Alfaguara，1981）.

毕隐崖（Iñaki Preciado Idoeta）的《道德经》（*El libro del Tao*）[①]、《庄子》（*El Maestro Zhuang*）[②]、《列子》（*El libro de la perfecta vacuidad*）[③]，皮拉尔·冈萨雷斯（Pilar González）的《庄子内篇》（*Los capítulos interiores de Zhuang Zi*）[④]。第二类翻译家中最具代表性的有劳雷亚诺·拉米雷斯（Laureano Ramírez Bellerín），完成了《聊斋志异》（*Cuentos de Liao Zhai*）[⑤]等10多部译著。艾莲（Anne-Helène Suárez）主要从事诗歌翻译，译著有苏东坡、王维、白居易和李白的诗集。加夫列尔·加西亚（Gabriel García-Noblejas）则翻译出版了《山海经》（*Libro de los montes y los mares*）[⑥]、《博物志》（*Relación de las cosas del mundo*）[⑦]等作品。此外还有马德里自治大学文学与哲学系教授达西安娜·菲萨克（TacianaFisac），她主要从事中国语言文学、文学与社会、文学与政治研究，除《家》（*La familia*）[⑧]、《围城》（*La fortaleza asediada*）[⑨]等译著外，还写有多部专著，代表作《龙女：女性、文学及中国社会》（*El otro sexo del dragón：mujeres，literatura y sociedad en China*）[⑩]分析了自古以来中国女性在社会与文化中的地位以及她们在中国文学中的形象、所充当的角色，是西班牙首部阐释中国女性与社会、文学之间关系的著作。20世纪后半叶，除翻译外，其他研究领域都未能取得显著成绩。中国哲学与历史研究是西班牙学者涉及较早的领域。有关哲学的著作最早出现于20世纪六七十年代，如吉恩·罗杰（Jean Roger Riviere）的《亚洲的哲学思想》（*El*

---

① Iñaki Preciado Idoeta（trad.），*Lao Zi. El libro del Tao*（Madrid：Alfaguara，1978）.

② Iñaki Preciado Idoeta（trad.），*Zhuang Zi. El Maestro Zhuang*（Barcelona：Kairós，1996）.

③ Iñaki Preciado Idoeta（trad.），*Lie Zi*，*El libro de la perfecta vacuidad*（Barcelona：Kairós 1987）.

④ Pilar González（trad.），*Los capítulos interiores de Zhuang Zi.* Madrid：Trotta，1998.

⑤ Laureano Ramírez Bellerín（trad.），*Cuentos de Liao Zhai*（Madrid：Alianza，1985）.

⑥ Gabriel García-Noblejas（trad.），*Libro de los montes y los mares*（Madrid：Miraguano，2000）.

⑦ Gabriel García-Noblejas（trad.），*Relación de las cosas del mundo*（Madrid：Trotta，2001）.

⑧ Taciana Fisac（trad.），*La familia*（Madrid：S.M.，1985）.

⑨ Taciana Fisac（trad.），*La fortaleza asediada*（Barcelona：Anagrama，1992）.

⑩ Taciana Fisac，*El otro sexo del dragón：mujeres，literatura y sociedad en China.*（Madrid：Narcea，D.L.，1997）.

pensamiento filosófico de Asia)[①]与杜善牧（Carmelo Elorduy）的《道家思想：64概念》（*Sesenta y cuatro conceptos de la ideología taoísta*）[②]。学者们自20世纪80年代起才开始真正关注该领域，然而因相关研究多借助美国、英国、法国等第三方国家的著作译本，所以相关成果较少。从少数专著的出版情况来看，有关道家的成果所占比重较高，雷孟笃（José Ramón Álvarez）于1992年、1996年分别出版了《活络的混沌——中华民族道家思想的起源》（*China Caos vital. Las raíces taoístas delpueblo chino*）[③]与《道与政治》（*El tao y el arte del gobierno*）[④]两部著作，是该研究领域的代表人物。关于中国历史的研究，虽然自1970年起便有相关著作出版，但该研究领域同样依赖第三方国家的著作译本，直到20世纪90年代才有起色。这一时期的著作很少，主要关注中国的当代史研究，代表人物有朱莉娅·莫雷诺（Julia Moreno García），她于1992年、1994年分别出版了著作《当代中国1916—1990》（*China contemporánea1916—1990*）[⑤]与《20世纪的中国》（*La China del siglo XX*）[⑥]。关于中国古代史的研究成果有安吉·蒙特内格罗（Ángel Montenegro Duque）的《中国古代史》（*Historia de la China Antigua*）[⑦]与多罗斯·弗尔克（Dolors Folch）的《司马迁：中华帝国的形成》（*Sima Qian：La fundació de l'imperi xinès*）[⑧]。

博士论文是了解西班牙中国学人才储备情况的重要参考因素。从Dialnet所显示的数据与信息来看，自20世纪70年代起，西班牙有关中国的博士论文数量逐年增长。20世纪70年代虽有学者在博士研究生时期从事中国学研究，并在毕业后进入高校从事科研、教学工作，但没有人继续从事中国学研

① Jean Roger Riviere，*El pensamiento filosófico de Asia*（Madrid：Gredos，1960）.

② Carmelo Elorduy，*Sesenta y cuatro conceptos de la ideología taoísta*（Caracas：Universidad Católica Andrés Bello，1972）.

③ José Ramón Álvarez，*China Caos vital*，*Las raíces taoístas del pueblo chino.*（Taipei：Universidad Fujen，1992）.

④ José Ramón Álvarez，*El tao y el arte del gobierno*（Buenos Aires：Almagesto，1996）.

⑤ Julia Moreno García，*China contemporánea1916－1990*（Madrid：Istmo，1992）.

⑥ Julia Moreno García，*La China del siglo XX.*（Madrid：Akal，1994）.

⑦ Angel Montenegro Duque，*Historia de la China Antigua*（Madrid：Istmo，1974）.

⑧ Dolors Folch，*Sima Qian*：*La fundació de l'imperi xinès*（Barcelona：Empuries，1991）.

究。20世纪80年代完成相关博士论文并进入高校继续从事中国学研究的主要学者有马康淑（Consuelo Marco Martínez）与伊莎贝尔·塞而贝拉（Isabel Cervera）。前者主要从事汉语言文学与文化研究，已编写10多部中文学习工具书。伊莎贝尔·塞而贝拉则是中国艺术研究领域的代表人物，其著作《中国艺术与文化——概念、原料及术语（由A到Z）》（*Arte y Cultura en China. Conceptos，materiales y términos.De la A a la Z*）①是目前西班牙唯一一部完整的中国艺术辞典。根据Dialnet的统计数据，20世纪90年代与中国相关的博士论文数量持续增长，超过50篇，这一时期诞生了诸多汉学家。除上文中提到的达西安娜·菲萨克，以及下文中将提到的欧阳平（Manel Ollé）、华金·贝尔特兰（Joaquín Beltrán Antolín）外，还有胡安·何塞（Juan José Ciruela Alférez），主要从事中文研究，代表作有《汉语言学史》（*Historia de la lingüística china*）②、《古典中国的语言思想》（*El pensamiento lingüístico en la China clásica*）③等。帕洛玛·法顿（Paloma Fadón Salazar）主要从事艺术领域的研究，代表作有《中国绘画简史》（*Breve historia de la pintura china*）④。综上所述,20世纪是西班牙中国学人才储备的重要时期，正从以语言文学研究为主的单一中国学研究向多样且专业化的中国学研究转型。这一时期涌现出的学者是21世纪西班牙中国学专业化进程中的主导力量，是日后各个研究领域的奠基者与中流砥柱。

二、西班牙中国学的专业化发展（2000—　）

进入21世纪，多所大学创建了与中国学相关的研究中心，主要有马德里自治大学、康普顿斯大学、庞培法布拉大学的东亚研究中心等。它们以整个亚洲、东亚、东方学为研究对象，中国学研究为其中一个研究方向。这些

① Isabel Cervera，*Arte y Cultura en China：Conceptos，materiales y términos. De la A a la Z*（Barcelona：Ediciones del Serbal，1997）.

② Juan José Ciruela Alférez，*Historia de la lingüística china*（Granada：Comares，2012）.

③ Juan José Ciruela Alférez，*El pensamiento lingüístico en la China clásica*（Granada：Comares，2012）.

④ Paloma Fadón Salazar，*Breve historia de la pintura china*（Granada：Comares，2006）.

研究机构不仅有自己的科研队伍，也开设了相关的硕、博课程，教学、科研并重。在众多科研机构中，最具代表性，发展最好的当属巴塞罗那自治大学的东亚研究中心（Centro de Estudios e Investigación sobre Asia Oriental）。它是新世纪以来西班牙中国学研究的核心力量，由20世纪90年代创建的中国研究中心（Centro de Estudios Chinos）、日本研究中心（Centro de Estudios Japoneses）等机构合并、发展而来，于2012年正式成立。

该研究中心自成立以来，形成了两支实力雄厚的科研队伍，分别为IterAsia（Grupo de Investigación IterAsia）与Gregal（Grupo de Investigación Gregal）科研团队。前者以整个东亚为研究对象，后者则主要研究韩国和日本。IterAsia研究团队由该校东亚研究翻译系教师创建，团队领头人是华金·贝尔特兰，研究成员来自西班牙多所高校，也有来自中国、日本的成员，是一支高水平的国际化科研团队。根据该研究中心所给出的数据与信息，截至目前，该团队已经完成相关科研项目两项，在研一项，参与其他相关科研项目8项。研究主题涉及中国的移民、社会、政治、文化等多个领域。此外，IterAsia还创办了刊物Inter Asia Papers，于2008年起每年刊登一期，收录与东亚相关的研究成果。教学方面，国际与跨文化学院（Instituto de Estudios Internacionales e Interculturales），即现今的东亚研究学院，于2009年正式开设了加泰罗尼亚地区首个东亚研究本科课程，是西班牙开设相关课程的先行者。2006与2007年开设了当代东亚研究官硕课程与博士学位课程。

随着中国学研究热度的不断升温，西班牙政府性科研机构也开始关注中国学研究，最典型的便是高等科学研究理事会（Consejo Superior de Investigaciones Científicas）。该机构的亚洲与太平洋研究团队致力于以史学的角度研究西班牙对亚洲以及整个太平洋地区的影响，如西班牙的殖民进程与国际关系等，是西班牙非高校科研机构中的主要学术力量。玛丽娅·多洛雷斯（María Dolores Elizalde）作为该研究团队领头人，完成了与西班牙殖民史相关的著作10余部。以她为代表的西班牙史学家较为关注西班牙传教史与殖民史研究，因此多将中国的明清史作为其组成部分来研究。这一领域的重要成果有欧阳平（Manel Ollé）的《中国王朝——从无敌舰队到马尼拉大帆船》（*La empresa de China: de la Armada Invencible al Galeón de Manila*）①，

---

① Manuel Ollé，*La empresa de China. De la Armada Invencible al Galeón de Manila*（Barcelona：Acantilado，2002）.

详细论述了16世纪西班牙人曾试图通过菲律宾入侵中国的计划。

除教学与科研外，西班牙科研机构与科研团队还十分重视中国学资料的搜集与整理工作。巴塞罗那自治大学的东亚研究中心创建了“当代中国电子图书馆（Biblioteca de China contemporánea）”，致力于为西班牙语国家读者提供重要的中国学书目信息。加泰罗尼亚开放大学ALTER课题组则建立了“中国西班牙档案（Archivo China-España）”，按照年份搜集、整理了有关1850—1959年间中西交流的大量文字和图片资料。庞培法布拉大学的东亚研究中心主任多罗斯·弗尔克带领其科研团队建立了“中国在西班牙（La China en España）”电子资料库，搜集整理了1555—1990年间传教士与殖民统治者的书信与中国学著作。西班牙科研机构的发展势头良好，然而，学术刊物作为中国学研究的重要支撑，却成了西班牙中国学研究最为薄弱的一环。《西班牙新汉学》（Sinología Hispánica）创刊于2015年12月，由国家汉办资助，西班牙莱昂大学孔子学院主办，莱昂大学出版社出版，每年两期，收录教育、语言文学、历史、社会学、国际关系、科技等几乎所有领域与中国主题相关的论文。International journal of current Chinese studies于2010年开始发行，每年一期，由鲁迅研究中心（Centro de Estudios Chinos Lu Xun）出版。这两个刊物是极少数专门收录中国学研究成果的刊物。然而，在以上刊物发表论文的学者多为中国人，在西班牙学术圈的影响力极其有限。

总体而言，西班牙学者对中国学研究的热情日趋高涨，相关研究成果也不断增长。根据Dialnet，2000—2009年间与中国相关的期刊论文数量是1990—1999年间论文总数的4倍有余，关注度最高的是卫生科学，占论文总数的20.9%，其中有关药理学研究、中草药研究以及针灸、按摩疗法的研究成果最多。然而，该领域近84%的论文均发表在Journal of Traditional Chinese Medicine 的西班牙语版刊物《生命之脉》（El Pulso de la vida）上，且绝大部分为中国学者。有关经济学、科技、政治与历史领域的研究成果数紧随其后。2010—2019年间西班牙中国学研究热度不减，但增速放缓，相关期刊论文总数是前十年的近两倍，最热门的研究领域分别是经济学与语言文学。在经济学研究领域中，概况性研究所占研究比重最大，为30%。语言文学研究领域中成果最为丰富的是语言学研究，占30%。相较于2000—2009年，科技与卫生科学研究热度下降，分别占据第三、第四。

从著作出版情况来看，Dialnet的统计数据显示，1970—1989年间在西班牙出版的与中国相关的书籍共计170部，1990—1999年间出版数量剧增，达210部，2000—2009年是出版高峰，为404部。结合论文发表情况，西班牙的中国学研究热度在2000—2009年达到峰值。然而，在随后的十年里，相关书籍的出版量迅速下降，仅为153部。2012年，受经济危机的影响，西班牙数以百计的年轻科研人员失业，迫于经费压力，大量研究项目与课题被取消[①]。科研经费的缩减无疑影响了著作的出版，所以学者们有可能将科研成果以论文的形式进行了发表。鉴于此，2010—2019年间著作出版量的减少并不能说明西班牙的中国学研究热情在下降，相反从论文数量为2000—2009两倍的情况来看，反有上升趋势。

综合上述Dialnet的统计数据，21世纪以来西班牙的中国政治、经济研究热度不断上升，成为目前最活跃的研究领域，最具影响力学者是中国问题研究专家徐里奥·里奥斯，代表作有《中国市场与政策管控：向新制度的过渡》（*Mercado y control político en China*：*la transición hacia un Nuevo Sistema*）[②]与《中国的对外政策》（*Política exterior de China*）[③]。此外还有欧阳平，代表作有《中国制造：当代中国社会、政治和文化的觉醒》（*Made in China*：*el despertar social*，*político y cultural de la China contemporánea*）[④]。

西班牙相对薄弱的领域是中西关系史研究。张铠的《中国与西班牙关系史》[⑤]西班牙语译本于2013年在西班牙出版，是中西两国学者重要参考文献。该书最难得之处是历史跨度长，回顾了中西两国从公元1世纪至今2000多年的交往史。虽然西班牙也有相关著作出版，如鲍晓鸥（José Eugenio Borao Mateo）的《中国与西班牙1927—1967》（*España y China 1927—1967*）[⑥]与徐里奥·里奥斯主编的《中西关系：历史与未来》（*Las relaciones hispano-*

---

① 劳尔·拉米雷斯·鲁伊斯：《2010—2015年西班牙"中国学"研究现状与趋势》，魏京翔译，载《国际汉学》2016年第3期。

② Xulio Ríos，*Mercado y control político en China*：*la transición hacia un Nuevo Sistema*（Madrid：Catarata，2007）.

③ Xulio Ríos，*Política exterior de China*（Barcelona：Bellaterra，2005）.

④ Manuel Ollé，*Made in China*：*el despertar social*，*político y cultural de la China contemporánea*（Barcelona：Destino，2005）.

⑤ 张铠：《中国与西班牙关系史》，北京：五洲传播出版社，2013年。

⑥ José Eugenio Borao Mateo，*España y China 1927－1967*（Taipei：Central Book Publishing，1994）.

chinas: *Historia y futuro*）[1]，但现有的著作无法呈现两国历史悠久的关系史，尚需大量的研究工作。

三、西班牙中国学面临的挑战

（一）部分研究领域主要依靠中国学者

根据Dialnet的统计结果，我们可知20世纪90年代西班牙研究成果总量直线上升，中国学者正是从这一时期开始在西班牙学术界崭露头角。这一时期中国学者在西班牙出版的与中国相关的著作与译著30余部，占该领域出版总数的约14%，横跨语言、文学、历史、医学、政治等多个领域。其中医学领域的著作约占一半，涉及最多的是针灸疗法。到了2000—2009年间，关于中国卫生科学研究领域的论文发表总数更是位居第一。然而，如上文所述，该领域主力军一直是中国学者，西班牙学者为这一研究领域所做出的贡献有限。此外，中国学者也是中国语言文学等研究领域的重要学术力量，2000—2009年间中国学者在该领域以西班牙语发表的论文占17%，2010—2019年间上升至约44%。

造成这一局面的因素主要有三个。其一，近年来前往西班牙攻读硕、博学位的中国留学生数量激增，他们发表的论文在西班牙学术圈所占比重不低。其二，随着国内高校教师考核标准的提高，学者们更加关注海外学术刊物。其三，中文的学习难度高，学习周期长，大大打击了西班牙学者学习中文的积极性。虽有学者有学习中文的经历，但无法支撑其阅读并研究中文材料，使得绝大多数人不得不借助第三方语言获取科研资料，因此科研产出有限。

（二）研究人员老龄化

从21世纪以来西班牙人文学科的著作出版情况来看，作者年龄多在50岁以上。从论文发表情况来看，西班牙的中国学研究论文数量在不断增加，其中很大一部分来自西班牙博士生，然而他们中仅有少数人可以进入高校或科研机构继续从事相关研究。这使西班牙科研人员更新换代过缓，老龄化，甚至断代，导致西班牙中国学人才的缺乏与人才链的不完整。这与西班牙政

---

① Xulio Ríos, *Las relaciones hispano-chinas*: *Historia y futuro*（Madrid: Catarata, 2013）.

府财政、高校的管理体制等诸多因素有关，中国学人才的更新换代无法在短期内实现。

（三）无法与拉丁美洲国家进行有效的资源共享

拉丁美洲地区的中国学研究已从最初的访华见闻报道，发展至以各类研究机构为依托，将研究领域延伸至中国社会、政治、经济、历史、文学等多个方面。虽然面临诸多问题，但初步呈现出良好的发展态势，研究成果也不断增多。西班牙与拉丁美洲地区语言共通，在资源与科研成果共享方面存在更多的可能。伊比利亚东亚研究网（Red de Investigación Iberoamericana en Estudios de Asia Oriental）于2007年在西班牙教育与科学部支持下建立，旨在推动西班牙语与葡萄牙语国家学者在东亚研究领域的合作与交流，成员来自欧洲与拉丁美洲多个国家，是两地重要的沟通桥梁。这类学术组织是两地学者们最主要的沟通桥梁，通过举办各类学术活动分享学术信息，然而这并不足以使两地学者进行充分的学术成果共享。目前，通过Dialnet查询到的拉丁美洲地区的相关论文2300余篇，占中国学论文总量的11%左右，然而，通过该数据库所能查询到的拉丁美洲地区19世纪末至2020年间的中国学著作却仅有几部，大大降低了西班牙学者对该地区相关成果的使用率。

李兴华　南开大学外国语学院讲师
马亚琼　浙江越秀外国语学院讲师

汉学的诞生和西班牙的贡献

阎纯德

摘　要：任何事物的发生都有一个过程，汉学（Sinology）作为意识形态中的一种文化也是一样，从旅游汉学、传教士汉学到专业汉学，其历史彰显其形成的复杂性。但是，源于中国文化的汉学的真正缔造者是传教士，且汉学必须通过一种载体得以传播。这一过程，较早有西班牙的传教士马丁·德·拉达和高母羡的著作，而影响巨大的胡安·冈萨雷斯·德·门多萨的《中华大帝国史》，则为汉学的诞生打下了基础，其影响早于那本出版于1687年底的《中国哲学家孔子》。这些都是日后法国雷慕沙开设"汉文与鞑靼文、满文语言文学讲座"的先声，使"汉学"作为一种学术和文化揭开了序幕。

关键词：汉学的诞生　拉达　高母羡　门多萨

一

Sinology（汉学）从哪里来？何时，因何而生？我曾经怀疑它可能是从法文Sinologie演化而来，因为法国汉学的历史稍早于英国，也曾怀疑它可能最早产生于葡萄牙、西班牙或意大利，因为它们的语言文字极其相近，汉学的历史也早于法国。"Sinology"在这几个国家的文字中，基本都很相似，词根都一样，是"Sin"，意思是"秦"，所指是中国，源自拉丁语。这个问题我琢磨了好几年，也征询过几位欧洲汉学家，他们使我对Sinology的来源基本清楚了。Sinology一词源自拉丁词语"Sina"（China，中国）和希腊词语"logia"（意思是科学，也含有考古学或哲学的部分意思），前者所示"中国"，后者所示"科学"或"研究"，两者组合在一起，就是关于"中国科学、文化研究"。

Sinology一词，最早应该出现在"后利玛窦时期"某个传教士的智慧，大概在17世纪末18世纪初。从那时起，传教士就将对中国文化的译介和研究称为Sinology（汉学），研究者称为Sinologist（汉学家）。

自20世纪七八十年代始，中国学者对研究中国文化的外国学者所做的这种学问有多种叫法，为此，我曾给欧洲的多位汉学家写信或当面征询他们的看法。高利克（Marián Gálik）回信说："我认为Sinology（汉学）or Sinologist（汉学家）是用以指称我们所从事的事业的最恰当的词语。"汪德迈（Léon Vandermeersch，1928—2021）和施舟人（Kristofer Schipper，1934—2021）虽然并没有反对人家把"Sinology"称作"中国学（China Studies）"，但他们最认可的都是"汉学"和"汉学家"。

说到汉学，所有的外国汉学家并没有将其视为"汉族"之学，或是"汉代"的学问——尽管汉代、清代均有"汉学"之名，但汉代的"汉学"、清代的"乾嘉汉学"和宋代的"宋学"一样，皆指"国学"。"Sinology"完全是借用"汉学"之名，所代表的就是中国文化。

现在国内对"汉学"的称谓甚多，除了汉学，还有国际汉学、世界汉学、中国学、国际中国学、国外汉学、海外汉学、域外汉学、国际中国文化研究、中国研究，等等。

我认为，"汉学"从400年前发展到21世纪，和20世纪三四十年代问世的"中国学"，其名字虽然不同，但实质上它们已经互相包容、融为一体了，它们是"异名共体"，表述相同的内涵。美国费正清（John King Fairbank，1907—1991）虽然最早打起"中国学"的旗帜，但美国至今还是有太多太多的研究中国传统文化与文学的学者依然称其学问为"汉学"，喜欢别人叫自己"汉学家"！日本出现"中国学"早于美国，但是，日本的"汉学"从未销声匿迹。"汉学"和"中国学"在日本学界是分开说的：研究中国传统文化的是"汉学"，研究中国现当代政治和经济的是"中国学"。

那么，汉学究竟是如何诞生的呢？尽管众说纷纭，但一般都将其分为旅游记汉学、传教士汉学和专业汉学。尤其1814年12月11日，法国法兰西学院26岁的雷慕沙（Jean Pierre Abel Rémusat，1788—1832），开设了一次"汉文与鞑靼文、满文语言文学讲座"，这是汉学的第一课，为"汉学"作为一种学术和文化揭开了"专业汉学"的序幕，影响了其他欧洲国家，学者们纷纷效仿，从此开启了西方汉学的新时代。法国的汉学家层出不穷，众多的汉学家为中法文化交流做出了巨大贡献。

后来，戴密微（Paul Demiéville，1894—1979）在论述法国汉学历史时曾说：汉学的先驱是葡萄牙、西班牙和意大利；但是，汉学作为学术研究和一种文化形态，举大旗的则是法国人。

二

人类大约在公元前三四千年前后才开始互相寻找。

“寻找”就是交流。公元前5世纪，希腊人就记述了天山南北麓居民的情况，并以地中海、黑海为界，最早分出欧罗巴和亚细亚。希腊人克泰夏斯在公元前4世纪就对中国人有所记述。公元前334年至324年，马其顿国王亚历山大东征，喜马拉雅把他挡在了印度，他最终没有到达中国。到了罗马时代，情况发生了变化，这在东西方交流史上意义重大，因为罗马时代的文献里开始出现中国地理、物产、居民的记载。纪元前后，中国人被称为赛里斯（Seres），中国叫作赛里加（Serice）；另一种叫法，称中国为秦（Sin，Thin），中国人被称为秦尼（Sinai，Thinai）。西方人的这种称呼，均源于秦始皇时代。希腊罗马文化扩大于西欧，这时出现了“东方（Orient）”这一概念，中国成为欧罗巴之外的特殊世界。“东方”始见于罗马时代著述家的笔下，在《法国大百科全书》《小百科全书》及《世界历史大事表》里，均能找到这样的记载：公元170年，罗马帝国的特使马克·奥尔雷（Mark Aurle）到过中国。这大概是东西方最早的交往记录。

从古罗马时代开始，就有冒险家、旅行家和商人东来，他们跋山涉水，漂洋过海，寻找神秘的东方，实际上就是寻找传说中的中国。无论是先秦两汉，或是隋唐，幅员辽阔，山川美丽，繁荣富庶，善良好客，就是留在他们书信、日记和游记里的中国形象。这些历史“文献”，较早的有公元851年描述大唐帝国繁荣的阿拉伯帝国（大食国）旅行家苏莱曼的《中国印度见闻录》(一译《苏莱曼东游记》)、1255年方济各会修道士威廉·吕布吕基斯（又名吕布鲁克）的《远东游记》、意大利雅各·德安科纳的《光明城》，但是，这类著作，最著名且影响至今的当属《马可·波罗纪行》(《东方见闻录》)。马可·波罗于1275年随父亲和叔父来到中国，觐见过元世祖忽必烈，1295年回国，之后口述了这本书，它以美丽的语言和无穷的魅力翔实地记述了中国元朝的财富、人口、政治、物产、文化、社会与生活，第一次向西方细腻地展示了“唯一的文明国家”的方方面面。

这些记录中国所见所闻所思的文字，有学者将其称为“旅游汉学”。其实，这些文字虽有一些“汉学”价值，但也只能是“旅游文学”，算不上真正的“汉学”，因为它们缺少对于中国文化经典的传播与研究。

在人类互相寻找中，中国人并不落后。公元前139年，张骞奉汉武帝之命，先后两次出使中亚各国，直达地中海东岸，千辛万苦，历时十多年，开创了贯通了亚欧非的陆路“丝绸之路”，通过交往，为其他民族了解中国开创了先河。

三

法国戴密微在论述法国汉学历史时曾说：“汉学的先驱是葡萄牙、西班牙和意大利。”我想，这是因为这三个国家早期的传教士，在译介和传播中国经典文化上做出了贡献。

西班牙之于汉学诞生的贡献，可以从“中西关系史、传教史、殖民史”来考察。

“大航海”的思想源头在西班牙。明末清初，1453年至1689年，是欧洲的文艺复兴时期，这次思想解放运动揭开了欧洲历史发展的序幕，还推动了宗教改革。

这期间，由于受马可·波罗《东方见闻录》的影响，西班牙国王产生了开疆拓土的强烈愿望，决心到“东方”“殖民”，寻找财富。

意大利人哥伦布（Christopher Columbus，约1451—1506）和葡萄牙人麦哲伦（Fernando de Magallanes，1480—1521），这两位航海家和探险家，先后受雇于西班牙王室，开始大航海。1492年8月3日，相信大地是球形的哥伦布，带着国王给印度君主和中国皇帝的国书，从欧洲启航向西航行，寻找印度和中国。他率领三艘帆船从西班牙巴罗斯港向西航行，虽然无意中发现了美洲大陆，但到死都认为他发现的新大陆是“印度”。1519年8月10日，麦哲伦率领5条船出发，历时3年，完成了人类历史上的首次环球航行，1521年4月27日，麦哲伦的船队到达菲律宾的马索毕岛，实现了环绕地球的理想，他成为第一个拥抱地球的人。但是，此次航海代价巨大，出发时200多名船员，返回时只剩下18人，麦哲伦也在与菲律宾土著居民的战斗中献出了生命。大航海是“殖民”航海，也是“科学”航海，新大陆的发现，是人类历史的转折点，使欧洲成为世界的中心。1565年4月，西班牙人又到菲律宾，在宿务岛建立了第一个亚洲据点，并从那里建立中国－菲律宾－墨西哥－西班牙“殖民”和“贸易”航线。

就在这一时期，垂涎于中国这块辽阔大地的西班牙王朝，企图以传教士入华传教的契机，达到“殖民”的目的。1540年，最早来华的西班牙耶稣会士是罗耀拉（Ignacio de Loyola，1491—1556）、圣方济各·沙勿略（San Francisco Javier，1506—1552）等人；接着又有意大利的范礼安（Alexandre Valignani，1539—1606）、罗明坚（Michele Ruggieri，1543—1607）等传教士来华。1582年，即明朝万历十年，利玛窦（Matteo Ricci，1552—1610）神甫才到中国，从此耶稣会士在中国的宗教文化活动无论是对于西方或是对于东方而言，都开始了一个新的历史时期。

因为大航海，西班牙成为最早的“日不落”。但是，不管是在菲律宾、墨西哥或中国，这三处“辉煌”都和早期“汉学”有关。西班牙多明我会传教士高母羡（Juan Cobo，1546—1592），16世纪在马尼拉对华人传教多年，除了著有汉文《天主教教义》《无极天主教真传实录》和《中国指南》《中文字典》《中国语言的艺术》等，还将流行于当地，辑有孔、孟、荀、老、庄及朱熹等人的名言隽语的《明心宝鉴》译成西文，成为译成欧洲文字的首部中国书籍。另一位传教士马丁·德·拉达（Martín de Rada，1533—1578），他的《中文语法与词汇》（*Arte y vocabulario de la lengua china*）是西方第一部中国语言文字的著述；1575年6月12日拉达从菲律宾入华，回国时带回百余部中国典籍及访华见闻，写成《中国纪行》，是那时西方第二部论述中国的早期汉学著作。

最早入华的著名耶稣会士沙勿略和罗耀拉（Ignacio de Loyola，1491—1556）等多位传教士，他们在日本了解中国之后，再将关于中国的信息传回西班牙，主张以“适应政策”传教，“派往东方的传教士应具备一定的学识，得先学习该国语言与文化，用当地语言传教”。他们虽然肩负着“殖民”和“传教”的旨意，但和众多的传教士一样，以“真、善、美、圣”的情怀融入中国社会，积极参与“西学东渐”和“中学西传”，为汉学的诞生创造契机。西班牙传教士，从不同空间和时间，围绕东方这个文明古国，他们的一切努力和关于中国文化和知识的积累，最终都集于门多萨的手下，参与了营造“汉学”的诞生。

胡安·冈萨雷斯·德·门多萨（Juan Gonzãlez de Mendoza，1545—1618），虽然没有来过中国，但他为中国文化在欧洲的传播，或者说为汉学的诞生做出了巨大的贡献。

门多萨编著了一部于1585年出版的《中华大帝国史》，这部大书被誉为汉学的第一部著作，因为它比1687年出版的《中国哲学家孔子》早了100多年。这部“大帝国史”对中国的政治、历史、地理、文字、教育、科学、军事、矿产资源、物产、衣食住行、风俗习惯等第一次做了百科全书式的详细介绍，学术价值高，先后以7种文字印行，风靡欧洲。这部大书的编著出版，是门多萨受教皇之重托，根据当时所能收集到的关于中国的记载及传教士们的文件、书信、日记、报告等多年积累的文献，以及已经翻译成欧洲各种文字的中国书籍，经过细心研究、辛苦整理，才写出轰动当时整个欧洲的汉学巨著。这部著作和《中国哲学家孔子》的出版发行，极大地影响了西方人对中国形象的想象和一代代汉学家的诞生。

四

数不清的传教士来到中国，把中国文化经典译介到西方，成为汉学诞生的关键。传教士除了关注中国社会及民俗，更是在学好汉语之后，把主要的精力放在中国文化经典上，例如对“四书”(《大学》《论语》《孟子》《中庸》)、“五经”(《易经》《尚书》《诗经》《春秋》《礼记》)的译介、研究和“传播”。“四书五经”重道德和思想,《中庸》说:“天命之谓性，率性之谓道，修道之谓教。”人要学习、省察及领悟，提高自己的道德境界和思想境界。只有“闻道”，才能率性而“从心所欲”；行正途，顺天命而行，才能“万物与我为一”，使自己和天地万物融为一体。《中庸》还说:“致中和，天地位焉，万物育焉。”朱熹这样解释:“盖天地万物本吾一体，吾之心正，则天地之心亦正矣，吾之气顺，则天地之气亦顺矣。”《大学》开篇即云:“大学之道，在明明德，在亲民，在止于至善。”这正是为官之道，“正心”“修身”“亲民”，也就是“齐家”“治国”“平天下”。《论语》《孟子》，其旨在于“克己复礼”“仁者爱人”“己所不欲勿施于人”“为政以德”等高尚的德行。“四书五经”的美好精神，甚为传教士们所折服，这一切，都成为日后汉学宝贵的生命土壤。

传教士的耕耘对于汉学的诞生是决定性的，但他们是如何实现的？应该说，与他们首先掌握“汉语”密不可分。如果没有“汉语”习得，很难会发生文化上的深入交流与传播，“汉学”这个混血的文化产儿，也不会诞生。这就是说，传教士催生了“汉学”。梁启超说:“八股使得学界贫血，至万历利玛窦等西洋人来，学术界风气才为之一新。”(《中国学术三百年思想史》)

这证明传教士对中国文化有影响。

五

不少传教士是抱着真、善、美、圣来到中国的，尽管他们的初心也有“殖民”。1579年7月罗明坚到达澳门，开始学习中文，发现“儒释道”精神其实与基督教的精神有不少相似之处，“知儒教之不可攻，则附会六经中上帝之说，以合于天主，而特攻释氏以求胜然”(《钦定四库全书》)。罗明坚实为开“儒耶合汇”先河之师，利玛窦与他的观点一致，主张以彼此互相尊重，以儒家经典中的理性精神进行对话。但是，反对的声音也很大，不仅是葡萄牙的范礼安，西班牙的桑切斯（Alonso Sánchez）甚至说：“我和罗明坚的意见完全相反，我以为劝化中国，只有一个好办法，就是借重武力！”罗明坚和利玛窦抱着“弃佛依儒传教”的想法融入中国社会，赢得信赖和支持，开始研究中国文化，为东西文化交流做出了伟大贡献。

在中国传教期间，罗明坚著有《圣教实录》；1590年他译完西班牙文四书（*Los Cuatro Libros*）；在1591—1593年间，他用拉丁文翻译《大学》《中庸》《论语》《孟子》等，手稿现藏于意大利国家图书馆，编号为FG（3314）1185，是“已知最早的儒家经典欧洲语言译本，开东学西渐之先河”。“1593年，耶稣会士波塞维诺出版的《书目选编》收录了罗明坚《大学》写本译文的前四句，这是西方首次出版中国经典内容。”[①]这证明罗明坚才是儒学西译的真正奠基人。

利玛窦著译了《几何原本》(与徐光启合译)、《天学实义》、《关于耶稣会进入中国》及《中国札记》等。他的《中国札记》和大量的日记、信札和报告保留了明末中国社会的第一手史料，成为汉学形成期具有奠基价值的著作，使这位思想家和观察家可以当仁不让地被视为西方汉学的鼻祖之一。意大利卫匡国、殷铎泽、熊三拔、艾儒略，比利时南怀仁、鲁日满，德国的汤若望、基歇尔，法国的龙华民、金尼阁、邓玉函，葡萄牙罗如望……数百名传教士身后所留下的关于中国及其文化的各种著作和文字记录，都成为汉学成长的沃土。由于宣教思想和策略不同，导致教会矛盾，罗明坚被耶稣会召回罗马，译介儒家典籍的工作则由利玛窦及后来的柏应理与殷铎泽、恩理

---

① 高源：《儒家典籍在欧洲首次译介考辨》，载《历史研究》2021年第1期。

格、郭纳爵等合作完成，这部影响深远的《中国哲学家孔子》于1687年以拉丁文出版后被译成法、英、意、西、俄、德等多种文字，使中国文化得以广泛传播，这个标志性的“事件”，便是Sinology（汉学）诞生的标志。

六

自明末清初，直至20世纪40年代，一批又一批传教士东来，他们在中国各地“传教”，其实也是考察中国，了解、学习和研究中国文化，然后著书立说，“四书五经”及唐、宋、元、明、清各个时代重要的人文学术著作和唐诗、宋词、元杂剧、明清小说，均有数不清的传教士和汉学家们迻译传播到世界各地。之后，20世纪50年代，汉学的中国之路虽有过坎坷，但并未止步，其命运依然追随着中国的历史跋涉着。尤其在“文革”之后，一百多个国家年轻的学者来中国学习汉语和文化，不久他们成了新一代卓有成就的汉学家，他们有的译介中国的传统文化，有的研究中国的语言，有的钟情于中国现当代文学，从“五四”时期的鲁迅、胡适、郭沫若、郁达夫、闻一多、徐志摩、梁实秋、谢冰莹、张爱玲，到当代的李瑛、谌容、张洁、舒婷、王安忆、张抗抗、余华、莫言等作家的作品，都是汉学家们译介和研究的对象。与此同时，汉学家们也不断以新的视阈译介和传播着中国传统文化的经典。

七

Sinology之根是中国文化，或者说它与中国文化同根同源，因为它们几乎有着相同的DNA。我们说汉学与中国文化是一根藤上的两个瓜，但是，这是两个瓜，一个是“西瓜”，一个是“东瓜”。

中国有一句古话：“海纳百川，有容乃大。”还有一句：“他山之石，可以攻玉。”这是中国人历来对待学问的精神——取外来文化之精华，以完善自己的文化。汉学家由于自身文化根柢和视阈的影响，所站位置不同，有时也会道破中国文化之谜——这是“汉学”值得中国文化借鉴之处。比如，法国的马伯乐，称道教是“世界上最奇妙的宗教之一”，他独立探索道教的历史及其道术的内部体系，是唯一通晓道教的汉学家，其著作《老子和庄子及圣人的生的神秘体验》《关于道教的考察》《关于中国宗教和历史的遗稿》（第二卷《道教》）等，都深深影响了中国宗教学者对道教的理解与研究。瑞典汉学家高本汉一生有汉学著作百余种，其中代表作之一《中国音韵学研究》，是构拟古代汉语语音系统的奠基之作，是中国现代音韵学史的开端，他被称为中国历史音韵学研究的先驱。赵元任受其启发，创设中国第一套罗马拼音字母方案；王力认为，中国语言学家受高本汉影响很大，不仅接受了他研究的总原则，有的甚至完全接受他的观点和方法。同样，因为“汉学”含有中国文化的“精华”，对外国文化也具有启迪作用。

汉学也像外国的本土文化，对我们有借鉴作用，对西方有启迪作用——西方学者以汉学为媒介了解中国，汲取中国文化的精华，完善自己的文明——十七八世纪欧洲的“中国热”可见一斑。在文化面前，不能说谁比谁高明，但差异总是有的。由于文化背景的不同和文化语境的差异、思维方向和方式的不同，因而人们对于文化的看法，就会有不同的结论，说出不同的真理。

人类就像一只巨大的雄鹰，一只翅膀，很难飞翔。人类要想进步，就需要多种文化兼容并包，取彼之长，补己之短，最后达至“各美其美，美美与共”的文化境界！世界只有这样，才会没有战争，各个民族亲如一家！虽然我们怀有这个文化自信，善良的人们也从未放弃这一美好的理想，但实际上，人们追求的天下太平，比登天还难。我们这些学术研究者、文化人，就是这一善良人群的中坚，联结中外学者的Sinology，虽属于学术，但也负有这样的使命。

阎纯德　北京语言大学教授

东西方接触与对话：中华文化与世界文明的交流互动

——第三届西班牙当代中国学研究国际研讨会会议综述*

李秋杨

2022年5月3日至4日第三届“东西方接触与对话：当代中国学研究国际研讨会”在线举行。本次会议由莱昂大学、湘潭大学和莱昂大学孔子学院共同主办，中外语言交流合作中心资助。来自西班牙、中国、法国、英国、意大利、阿根廷、厄瓜多尔、芬兰、德国等12个国家和地区的120多位专家和学者相聚云端，围绕“国际中文教育”“汉学研究”“翻译研究”“社会学”“哲学与文学”“话语与传播”“历史研究和国际关系”等主题进行研讨和交流。

开幕式由莱昂大学副校长Roberto Baelo Álvarez主持，湘潭大学校长李伯超教授、中国驻西班牙大使馆文化参赞刘雯秋女士视频致辞、莱昂大学孔子学院西方院长Óscar Fernández Álvarez教授、莱昂市市长José Antonio Díez先生和莱昂大学校长Juan Francisco García Marín教授在大会开幕式上先后在线致辞。

为期两天的会议中，法国巴黎东方语言文化学院白乐桑（Joël Bellassen）教授、巴塞罗那自治大学Helena Casas-Tost教授、马德里康普顿斯大学Consuelo Marco Martínez教授、意大利罗马大学马西尼（Federico Masini）教授、北京语言大学阎纯德教授、西班牙胡安卡洛斯国王大学Raúl Ramírez Ruiz教授和巴塞罗那自治大学周敏康教授先后做了主旨发言，并与参会代表分别就法国中文教育、当代汉西文学和电影翻译、西班牙中文教育、意大利

* 基金项目：2021国际中文教育研究课题“西班牙中文教育本土化发展与转型升级研究”（21YH04C）。

汉学与中文教育、西班牙中国学研究以及新丝绸之路对21世纪中国经济技术的影响等问题进行交流与讨论。

首场主旨发言人是法国巴黎东方语言文化学院白乐桑教授和巴塞罗那自治大学Helena Casas-Tost教授，他们的报告题目分别为《法国中文教育与中文的独特性问题》和《汉语西译：进步与问题》，报告由巴塞罗那自治大学Sara Rovira-Esteva教授主持。白乐桑教授首先回顾了法国汉学和法国中文教育发展历史。法国1968年将中文纳入高考，随后纳入中小学课程体系；2002年发布全面的中文教学大纲，开展由法国教育部组织的汉语教师师资培训。白乐桑教授强调，汉语教学的独特性在于汉语词在口语教学中出现；而汉字则是在汉语书面语教学中出现。他着重阐述了法国中文教学的“二元论”教学思路并认为，欧洲汉学界自古以来一直把字当成中文独有的最小教学单位，因此，汉语教材设计在考虑词的出现频率的同时，也应该兼顾字的出现频率。同时，中文教学应该从学习者角度出发，遵循语言教学规律，充分考虑学习者语言习得过程中的各种因素，重视教学转化和教学效率。

Helena Casas Tost教授以大量数据详细展示了以《道德经》《孙子兵法》《论语》为代表的中国古代典籍翻译，以及以鲁迅、莫言、阎连科、高行健等为代表的中国现当代文学作家作品在西班牙的译介情况，包括代表译者、译作、翻译方式等。西班牙汉西文学和电影字幕翻译主要特点表现为：中国哲学典籍为西班牙译者最受关注的类别；汉西直接翻译和借助其他语言的间接翻译为目前翻译的主要方式；西班牙的汉西翻译以实践为主，以学术研究为辅。她认为，目前汉西翻译的主要问题在于，从事汉西翻译的专业人才数量较少；借助英语或法语进行的转译大大影响翻译质量；西班牙已有的翻译机构以巴塞罗那自治大学、巴塞罗那孔子学院、亚洲之家为主；获得国家翻译奖的译者数量有限。在此基础上，Helena Casas-Tost教授高度强调高质量、专业化汉西翻译人才培养的重要性。

第二场主旨发言由西班牙马德里康普顿斯大学Consuelo Marco Martínez教授和意大利罗马大学马西尼教授完成，由巴塞罗那大学Javier Orduña教授主持。报告题目分别为《西班牙中文教育：现状与展望》和《意大利汉学史回顾和前景》。

Consuelo Marco Martínez教授介绍了西班牙高校东亚研究的各等级学位设置、培养方向、学术会议和科研团队的情况，并汇报了西班牙各地官方语言学校、大学语言中心、私立语言学校、华人中文培训机构和商会语言中心的发展现状，并就西班牙现有中文教材编写提出建议，她强调应在汉西语言对比、偏误分析、语法分析的基础上，结合欧洲语言标准框架和HSK汉语水平考试要求，针对儿童和成人不同的教学对象学习特点进行教材编写。

马西尼教授指出，意大利与中国之间交往是一段相互了解和文化交流的历史。他指出，意大利传教士和威尼斯商人在推动东西方接触与交流方面做出的贡献。之后，他介绍了意大利基础教育和高等教育中中文教育的发展现状。意大利近年来中文教育发展态势良好，2015年，中文纳入意大利高中课程体系；2016年，意大利教育部出台了中文课程设置体系和中文教学大纲，并召集本国汉学家和中文教学专家编写意大利本土中文教材。马西尼教授在报告中着重介绍了意大利本土中文教材《我们学汉语》《说汉语、谈生意》《我会说中文》《我们说汉语》的编写过程及主要特点。他强调，语言学习与文化学习息息相关，教师应激发学生对中国文化的兴趣，无论是教材编写，还是教学方法都应充分考虑文化学习这一关键要素。同时，教材编写应考虑意大利母语人的语言学习特点，结合意大利语言文化，在内容安排、教学顺序和当地习俗等方面凸显本土特色。

最后一场主旨发言由中国北京语言大学阎纯德教授、西班牙胡安卡洛斯国王大学的Raúl Ramírez Ruiz教授和巴塞罗那自治大学的周敏康（Minkang Zhou Gu）教授完成，主旨发言由厄瓜多尔汉学家José Salazar教授主持。他们的报告题目分别为《汉学的诞生及西班牙的贡献》《西班牙中国学研究：制度化过程与挑战》和《新丝绸之路对21世纪中国经济技术的影响》。

阎纯德教授介绍了从有文化载体以来到秦汉时期的中外文化交流，回顾了汉学的产生过程，强调法兰西学院雷慕沙的“汉文与鞑靼文、满文语言文学”讲座开启西方汉学的新时代。阎教授回溯人类开始寻求交流的漫长历程，总结了中国与世界各国互动交往中，各国传教士在中国经典文化传播与研究中做出的贡献。在此基础上，他专门论述了以胡安·冈萨雷斯·德·门多萨、马丁·拉达等为代表的西班牙汉学家在世界汉学领域做出的贡献，充分肯定了西班牙汉学先驱筚路蓝缕的先锋作用，从而引发对中国典籍传播与研究、汉学的诞生与发展关系的思考。他强调，汉学是海外的本土文化，从“他域”视角描述中国，对西方有启迪作用。西方学者以汉学为媒介了解中国，汲取中国文化的精华。人类的进步需要多种文化兼容并包，取彼之长，补己之短，最后达至“各美其美，美美与共”的文化境界。

Raúl Ramírez Ruiz教授以大量详实的数据汇报了西班牙中国学研究的现

状，包括高等院校中的亚洲研究机构的设立、不同阶段学生培养与学位授予、亚洲研究方向博士论文的主题分布、中国学研究的主要领域等问题。他指出，以马德里、巴塞罗那、格拉纳达、马拉加、瓦伦西亚等城市为代表的高校科研团队和研究机构是目前西班牙中国学研究的主力军。Ramírez Ruiz教授指出，西班牙中国学研究融合了当代和古代中国哲学、政治、经济、文化与社会研究，高度专业化的科研人员对于中国移民、中国崛起和经济发展尤其关注。随着中西关系的密切发展，西班牙中国学研究在学科化、专业化、多领域方面，发展特色会更加明显。

周敏康教授在简要介绍新丝绸之路沟通东亚、中亚、西亚、中东欧和西欧国家和地区经济往来与贸易合作现实价值的基础上，着重分析了新丝绸之路对沿途国家经济建设、地区繁荣、贸易往来以及世界经济平衡的重要意义。他着重介绍了新丝绸之路的开辟对铁路、道路、桥梁技术发展、医疗技术合作、人工智能、纳米技术和智能城市等领域技术发展的重要作用。同时指出，新丝绸之路在西班牙的发展潜力，包括巴塞罗那与瓦伦西亚港口合作、中欧班列的铁路运输以及沟通两国文化、艺术、旅游、体育等方面的交流与合作。

本次会议主旨发言后还设置了提问环节，观众与学者针对发言嘉宾的讲座进行互动，现场气氛十分热烈。主旨发言后，来自12个国家的与会代表汇报了亚洲、欧洲以及世界其他国家和地区的中国学研究现状和历史研究问题。代表们普遍认为，随着中国崛起，世界各国的中国学研究逐渐升温，海内外同人应该团结协作，树立中国学学科研究的大学科意识，就传统汉学研究和当代中国学研究两个层面，进一步探索不同地区、不同领域、国别和区域之间的中国学研究的共性和个性，从而进一步促进西班牙当代中国学研究发展，建立世界性、跨学科的中国学研究范式。

第三届东西方接触与对话：中国学国际研讨会以中文教育研究为基础，论题涉及中国学历史、社会、国际关系、语言教育、翻译、文学等多个方面，内容既有深度，也有广度；汉学家与青年学者合作，既展示了中国学研究的最新前沿成果，也体现了中国学研究涉及的本土化问题，例如汉西语言对比问题、西班牙汉学发展问题和西班牙汉语传播问题展开讨论，既有针对传统话题如历史研究的新探，也出现了当代中国学研究的新领域如社会学和国际关系研究。西班牙本土青年学者和在西攻读博士的留学生成为本次会议的一大亮点，他们的选题植根西班牙本土中国学研究问题，从“他者”和

“我者”的视角展开对话，加深了该领域中西学者的相互理解与合作。这些青年学者严谨求实的科研态度，让我们看到了中西学术交流与互动、文化传播与互鉴的光明未来。

本次研讨会从不同的理论视角，结合多个学科，共同探讨了中国学研究发展的当代性问题，这将有助于形成特色的中国研究路径，推进西班牙中国学的深入研究与创新发展。此次由西班牙莱昂大学孔子学院主办的“当代中国学研讨会”以西班牙当代中国学研究为依托，放眼欧洲和世界汉学研究，凝聚海外中国学研究力量，具有广泛的国际学术影响力。海外中国学研究学者是研究与传播中国文化的特殊群体，随着中国开放和科技的发展，海外中国学研究者有了更多获取资料和与中国学者进行交流的机会，他们以其独特的域外视角，成为中国文化返照自身的一面镜子。此次会议为与会的中西各国青年学者展开对话和交流开辟了学术空间，同时也是沟通中国主流学术与海外中国学研究的重要平台，为西班牙的当代中国研究起到了重要的凝聚作用，尤其是本届会议所提出的“东西方接触与对话”构想和实践，更将进一步推动西班牙中国学研究的发展和振兴。

李秋杨　天津师范大学外国语学院副教授，博士后，硕士生导师

·葡萄牙汉学研究·

19世纪葡萄牙汉学的复兴和转向

张敏芬

摘　要：18世纪末遣使会接管澳门圣若瑟修院后，诞生了一批或任教于圣若瑟修院，或毕业于该修院的优秀汉学家。他们致力于汉语言文化的研究，编著了大量中葡双语教材和词典。此外，游记文学在19世纪继续盛行，催生了一批热爱中国文化、热衷记述和研究中国事物的非传教士汉学家，多为外交官和海军军官。19世纪以江沙维为代表的语言学家的著作和以外交官为主体的关于中国社会现状的专著不仅促使了葡萄牙汉学的复兴，亦标志着葡萄牙汉学的转向。

关键词：葡萄牙汉学　19世纪　复兴　转向

葡萄牙汉学至18世纪末遣使会[①]接管了澳门圣若瑟修院后开始出现复兴之势。该修院培养了不少致力于汉语言文化研究的杰出人才，诞生了一批优秀的汉学家。另一方面，随着19世纪中葡两国之间的交流和外交事务的增加，以及远游变得较之前更为方便，东方丝国仍然是葡萄牙人热切向往的热土。这一时期的旅行者把远游当作思想的漫游、创作的旅程。他们乐于分享旅途喜闻乐见，因此游记文学在19世纪继续盛行，涌现了一批非教士汉学家，大多数为外交官和海军军官。

一、语言学家、汉学家江沙维

遣使会传教士江沙维（Joaquim Gonçalves，1781—1841）不仅是19世纪杰出的葡萄牙汉学家，也是近代中葡双语教育的奠基人。他1781年出生于葡萄牙后山省，曾研修神学，随后在修道院担任神职。也许因为彼时葡萄牙社

① 遣使会1625年在巴黎成立，旨在向贫困民众派遣布道使者、在贫困地区建立修院培养神职人员、从事慈善事业。

会政局不定，“江沙维决定去一些更平静的国家，来体验他所接受的宗教生活的愉悦”。[①]他于1813年抵达澳门。他本来的目的地是北京，但因1813年9月京城爆发“癸酉之变”，他被迫留在澳门传教，并开始在圣若瑟修院任教，从此致力于教育事业和汉学研究，直至1841年在澳门去世。

“江沙维学习汉语完全具有天然的热情。在第一年，他学习通常被称为官话的北方语言。他讲的官话很流利，语调亦准确”。他在圣若瑟修院教授语言，同时也致力于汉语研究，“以有条理的方式和毅力研究艰涩的中文”。[②]他在教学之余编写了大量著作，收获了丰厚的汉学成果，“时至今日，人们仍对江沙维神父能在短短数年内迅速掌握汉语表示惊讶。他不但能讲，而且能用中文极有深度地撰写大量的著作”。[③]他编写了系列有针对性的教材和工具书:《中国青年实用拉丁文文法》(1828),《汉字文法》(1829),《常用词汇和语法》(1829)。其中《汉字文法》是一部包括语音、文法以及各类范文的综合性的教科书，闻名欧洲。

1831年，他编撰了《葡华字典》，“它为八开本，装成厚厚一册，这本著作是我们这个时代能使用的非常好的著作。其作者自己亦觉得很满意”。1833年，他编写了《汉葡字典》，按他的学生加略利的说法，“其主要长处是没有其他书可以媲美。”此外，精通拉丁语的江沙维还编写了4部汉语和拉丁语词典:《拉丁语—汉语袖珍字典》(1836),《拉汉小字典》(1839),《拉汉大字典》(1844),《汉拉字典》手稿（1844）是在他去世前几天完成的。[④]他的这些汉学成就很快得到学术界的认可，在1876年和1878年分别被克里克斯伯爵和罕姆林译成法语。[⑤]“《中国艺术》[⑥]、《葡华字典》和《汉葡

① 加略利:《江沙维神父传记：包括一份有其各类汉学著作介绍的生平简介》,《中国丛报》第15卷第2期。转引自汤开建、陈文源、叶农主编:《烟片战争后澳门社会生活记实——近代报刊澳门资料选粹》，广州：花城出版社，2001年，第172页。

② António Aresta，“Joaquim Afonso Gonçalves，professor e sinólogo”，*Revistade Administração Pública de Macau*，no. 48（2000）.

③ “Joaquim Afonso Gonçalves，professor e sinólogo”.

④ 伽利略:《江沙维神父传记：包括一份有其各类汉学著作介绍的生平简介》,《中国丛报》第15卷第2期。

⑤ António Aresta，“A Sinologia Portuguesa：Um Esboço Breve”，*Revista de Cultura*，no. 32（1996）.

⑥ 葡文名为*Arte Chinesa*，中文应该是《汉字文法》。

字典》足以确立江沙维成为最杰出汉学家的地位及获得未来时代的感谢”。[①]这些彰显他的汉语造诣、倾注他毕生精力和心血编著的词典直到20世纪还一再得到再版。“20世纪，欧洲还一再重印这些工具书，可见其实用价值之大。1922年，亚洲神学院学生大增，把它毫无删增地重印；1936年，北京的法国人要编法文—拉丁文—中文字典，把江沙维的字典的第九版为蓝本的”。[②]可见他的字典影响之大，“江沙维编写的字典是19世纪欧亚两洲的无声老师，通过这些书，他指导了多少学生？他作出的贡献是不可估量的”。[③]

“江沙维的成就，将汉学对中国语言的研究推向一个新的高峰，所以江沙维应该说是代表了一个汉学研究的时代”。[④]另一方面，江沙维的研究也标志着葡萄牙汉学的转向，开始转变为培养新型的汉学人才。

二、土生葡人汉学家、翻译家伯多禄

伯多禄（Pedro Nolasco da Silva，1842—1912）1842年出生于澳门，在若瑟修院接受过系统的汉语教育，精通北京官话和粤语。他毕业后进入澳门政府任翻译，后来成为澳门华务局第一任局长。他创建了澳门商业学校，是该校的第一任校长。1887年，他被任命为北京全权公使罗沙伯爵（Conde de Sousa Rosa，1844—1918）的翻译秘书，协助公使签署1887年12月1日的中葡协约。他还是澳门教育促进协会的创始人之一，澳门教育制度变革的积极推动者。

他一生热心教育事业，倾其毕生精力编写汉语教材。他最早编撰的汉语课本是1884年在香港出版的针对初学者的《葡文和中文知识范围》。从1901年到1903年，他出版了一套四册的汉语课本：《汉语口语》第一册《词汇》（1901），第二册《改良课本》（1902），第三册《圣谕广训》（1903），第四册《常用短语、口语和标准会话》（1903）。他最后的著作是1911年编写的《国

① 伽利略：《江沙维神父传记：包括一份有其各类汉学著作介绍的生平简介》，《中国丛报》第15卷第2期。

② 刘羡冰：《双语精英与文化交流》，澳门：澳门基金会，1994年，第40页。

③ 刘羡冰：《双语精英与文化交流》，澳门：澳门基金会，1994年，第41页。

④ 叶农：《19世纪上半叶活跃在澳门的葡籍汉学家——江沙维神父》，《国际汉学》2010年第20辑。

文教科书》，1912年出版。这些教材内容涉及语音、词汇和文化，充分展现了他的语言功底和汉学成就，使他成为当时汉语教材研究的标杆人物。他还编写语言学专著。语音方面，他1907年编译了一本《粤语方言指南》，对粤语的九个声调进行准确的发音介绍。他从对比语言学的角度编写的著作有：《广州话和北京话的惯用语》(1884)，《广州和北京方言的惯常用语以及对话汇编》(1894)。语法方面，他编写了《中文实用语法》(1886)。

伯多禄也重视中华文化内容的教授。这方面的教材有《三字经》《千字文》，也涉及《四书》《五经》等儒家经典。他不仅介绍汉人的文化礼仪，也涵盖满族风俗习惯，以及汉满对比研究，厘清此前西方人混淆不清的关于汉文、汉人、满文、满洲、满洲人、旗人等概念。他所展现的文化丰富多元，"有关认识中国的内容也比前人丰富和充实得多。这些认识从点到面，从表象到本质，从单向到多元，从笼统的中国人而到分清汉、满、蒙、回……具有一定的综合概括和系统分析"。①

翻译方面，他把政治著作《圣谕广训》翻译成葡语作为对外汉语教材培养译员。"伯多禄选择该作品并非偶然。他是个饱学之士，为葡萄牙教育带来了新儒家思想的正统核心价值。这些价值对于理解中国国民行为的精神构架大有益处"。②他选择翻译这以儒家伦理道德思想为指导方针的作品，"不仅因为书写风格现代、优雅和清晰，而且因为内容有趣，反映了中国人的道德准则"，③不但可以让学员和其他民众了解清朝皇帝对中国经典，尤其是儒家典籍的运用，亦可以展示中国民众的日常生活概貌，其中的道德观念也具有强大的教育意义。从汉学的角度来说，《圣谕广训》葡译本的面世，也标志着，"19世纪末，在澳门的葡人中，已经出现具有相当水平的汉学家"。④

三、其他土生葡人汉学家

玛吉斯（José Martinho Marques，1810—1867）是第一位土生葡人汉学

① 刘羡冰：《双语精英与文化交流》，澳门：澳门基金会，1994年，第62页。

② 安文哲：《圣谕广训·葡译本前言》，澳门：澳门基金会，1995年。

③ Pedro Nolasco da Silva, "Introducção da *Amplificação do Santo Decreto*, *Imperador Yongzheng*, *Edição Fac-similada*",（Macau：Fundação Macau，1995）.

④ 刘羡冰：《圣谕广训》葡译本在澳门出版的历史意义，《文化杂志》(中文版)，1997年第30期。

家。他中文造诣极高，精通普通话和粤语。他在圣若瑟修院完成学业后，曾在葡澳政府担任翻译，翻译了大量中葡往来文件。1847年，他应聘任北京驻华公使馆的翻译。他晚年回到澳门，致力于汉学研究，代表作是以文言文书写的《外国地理备考》(1847)，20万字，共10卷，取材于大量西方资料，介绍天文地理和各国的法律政治制度，引进地理知识，大大拓宽了人们的视野，加深了对世界的认识。[①]该书出版后得到了学术界的重视，1847—1848年被编辑进广州《海山仙馆丛书》，后来又被编进《小方壶斋舆丛钞》第1卷。他的著作还有《音乐要素》和一部未刊的《中葡字典》。[②]

罗德里格斯(João Rodriguez Gonsalvez，1806—1870)精通中国语言文化，是19世纪初澳门最主要的翻译之一。他于1822年至1869年连续47年在澳门市政厅担任翻译，也曾在北京法国大使馆担任翻译工作。1862年，他被派往天津，参与《中葡和好贸易条约》的谈判及签约。因其出色的翻译水平，被文德泉神父誉为江沙维神父培养的最出色的翻译。他流利的一口北京话，被时任理事官玛吉斯·佩雷拉(Marques Pereira，1839—1881)称赞为“真正的汉学专家，说起官话来京味十足”。[③]他曾经参与江沙维《汉拉大字典》的编写，主要汉学著作是《辣丁中华合璧字典》，1851年在澳门出版，1881年在上海点石斋再版，1882年在北京出版，共779页，收录15000多字。

四、游记作家、汉学家若泽·伊纳西奥·德·安德拉德

安德拉德(José Ignácio de Andrade，1779—1863)1779年出生于亚速尔群岛，是航海船长和游记作家。他19世纪初开始航海遨游东方，并以此创作了系列作品，其中最重要的是《1815—1835年间自印度及中国给夫人玛利亚·热特鲁德斯·安德拉德的书信集》(以下简称《书信集》)。《书信集》收录了100多封信，几乎全部写给他的第一位夫人玛利亚·热特鲁德斯·安德拉德(D. Maria Gertrudes de Andrade)女士。因“受到滋养中国的各种实实

① Jorge Forjaz，*Famílias Macaenses*，vol. III，(Macau：Fundação Oriente e Instituto Cultural de Macau，1996)，p. 577.

② 刘羡冰：《双语精英与文化交流》，澳门：澳门基金会，1994年，第42—43页。

③ *O Independente*，de 6 de maio de 1875，LR. 196，Mic. B0030. 转引自李长森：《近代澳门史稿》，北京：社会科学文献出版社，2016年，第204页。

在在的奇遇的感染”，[①]这些信件大部分谈论中国，介绍了中国历史、哲学、天文学、地理学、农业、商业、物产等，盛赞中国人的文明、勤劳、智慧，特别是为人类福祉所作的贡献。

安德拉德认为，“我们只有在深入研究了中国人的法律、政府治理、人民的天才智慧，甚至是个人生活的根基后，才能了解他们的风俗习惯”。[②]在他眼里，中国历史悠久，拥有长达4460年的历史，堪称一座“古老而又生机勃勃的丰碑，从中可以观察到他们民众的风土人情”。在他看来，中国人“与其说是博学的，不如说是有文化的；与其说是能干的，不如说是知识渊博的；被动的、人性化的、克制的，但是也是易受激情感染的”。在安德拉德的笔下，中国人都是杰出的诗人，也是优秀的哲学家。他赞扬中国人“不受阶级偏见和僧侣绝对权力的影响。公共利益是他们权利的基础”。[③]他赞同克鲁兹、平托等葡萄牙人关于中国拥有高度文明的观点，强调中国人尊重老人、父母长辈的优良作风。但是，他也批评中国人最可不可原谅的缺点就是傲慢，“把其他民族视为蛮族”。[④]

中国人给他的第一感觉是他们对那个时代主人的尊重，这使得中国人“对君主、对所有代表他们的人尽心尽职”。在他笔下，中国君主是国之父母；总督是所治理省份之父母官；官员是所管辖城市之父母官，人民需要的是顺从他们，“顺从可以家和，顺从保证国安”。他详细介绍了中国政府机构、职官制度、司法制度，并援引孔子等哲学家的治国理念，赞美中国有序有法可依的国家治理体系，没有一个国家能像中国那样，“财产受到尊重，警察正规执法，犯罪事件少发，司法公正，贫困得到帮助，民族精神驱散战争的灾祸”。[⑤]

安德拉德将儒学视为宗教，伏羲为鼻祖，相继得到黄帝、尧帝等才德兼备之天子的发展，孔子为该教派之宗师。他非常喜欢《易经》的诠释，书中可以看到伏羲的卦文解释和神性的证明，可以证实葡萄牙大文豪卡蒙斯

① 冼丽莎（Teresa Sena）:《关于若泽·伊纳西奥·德·安德拉德〈书信集〉的再版》,《文化杂志》(中文版)，2002年第45期。

② Andrade，*Cartas escriptas da Índia e da China*，*nos annos de 1815 a 1835*，*1ª edição*，(Lisboa：Imprensa Nacional，1843)，p. 1.

③ *Cartas escriptas da Índia e da China*，*nos annos de 1815 a 1835*，p. 2.

④ *Cartas escriptas da Índia e da China*，*nos annos de 1815 a 1835*，p. 4.

⑤ *Cartas escriptas da Índia e da China*，*nos annos de 1815 a 1835*，p. 13.

（Camões，1524？—1580）的思想。他也介绍了老子的道教。不过他说中国最流行的是已经拥有1760年历史的佛教。在信仰问题上，他认为中国政府是宽容大度的，但是“主张官员、总督要让民众了解这个宗教①以及其他相似教派的虚假性”。②

在他笔下，中国非常重视教育，制定规范民众文明的习俗、推广语言、历史、哲学研究、禁止无德之人进入官场任职等。他特别写了一封“关于教育的看法”的信，希望引起人们对教育赋予重视，其中特别提到了妇女的教育，希望欧洲妇女也能接受良好教育以对付欺压他们的男人，更期待欧洲能出现如中国女性那样的巾帼英雄。

《书信集》的出版赢得了文学界的诸多赞誉。“这些书信为我们展现了一种全新的文学体裁，题材丰富多元，构思布局巧妙，且具有公认的实用性”。安德拉德值得我们重视，“《书信集》不仅是一个时代的生活写照，而且也是历史和领域和汉学领域中相当突出的一部著作”。③

五、海洋文学家弗朗西斯科·玛利亚·博尔达洛

博尔达洛（Francisco Maria Bordalo，1821—1861）1821年出生于里斯本，曾在海军学院学习，毕业后入职葡萄牙海军。博尔达洛在1850至1852年间④在东方游历，被中国文化深深吸引，“我终于来到了遥远的大契丹，它源源不断为我奇妙的小说提供素材”。⑤他的游记《七千海里漫游》记叙他从葡萄牙里斯本出发，途经多个港口到香港、澳门和广州，然后从中国经过相同的港口又回到里斯本差不多两年的见闻和感想。

作为海洋文学作家，博尔达洛不吝笔墨描写江河广阔水域和沿岸景观。他把黄埔比喻为“桅杆的森林”，江上各式优美且高速的船只数不胜数。对

---

① 指佛教。

② *Cartas escriptas da Índia e da China*，*nos annos de 1815 a 1835*，p. 33.

③ 冼丽莎（Teresa Sena）：《关于若泽·伊纳西奥·德·安德拉德〈书信集〉的再版》，《文化杂志》（中文版），2002年第45期。

④ Bordalo，*Um Passeio de Sete Mil Leguas. Cartas a um amigo*，（Lisboa：TYP. na Rua dos Douradores，No. 31 N，1854），p. 70.

⑤ Introdução，*Um Passeio de Sete Mil Leguas. Cartas a um amigo*，p. IX.

博尔达洛来说，“来中国不去看广州，比去罗马不见教皇更糟糕”。[①]博尔达洛到达广州的时间是在第一次鸦片战争之后，17世纪游记文学中富饶文明、国大强盛的中华帝国已经没落。在他笔下，广州多处沦为外国租界。租界内，“围墙围着的美丽的公园，绿树鲜花，凉亭和座椅，周围是漂亮的房屋，里面居住着各国人士……”；而租界外的中国简陋、落后，是一个“有着古老文明，但是停滞不前”的帝国，“属于官员、竹子和枷锁的中国”。[②]提到瓷器、生漆、金银工艺品、象牙、珍珠、木器工艺时，他流露出对没落古国的偏见和傲慢。他说这一切在欧洲都有仿制品，而且做得更为精美，“为了抬高价格，中国人还把他们的商品说成是欧洲制造”。[③]

在博尔达洛看来，汉字实在太多，“中文有七万个图形，每个对应一个字，两个或多个组合成另一个字”。[④]与安德拉德一样，博尔达洛同样发现中国有很多诗人，但他认为中国诗词“有很多东方式的比喻，也不乏一些动人的诗篇，但无人能与卡蒙斯相提并论。中国的戏剧模仿希腊和英国的作品，但没学到其精华，远未达到埃斯库罗斯和莎士比亚的戏剧作品之美”。博尔达洛对中国的音乐也不大感冒，刻薄地认为“它会损害欧洲人的耳膜，无论他的耳膜有多牢固”。至于中国的绘画，“比欧洲任何平庸画作都相差甚远，因为他们关于男人和女人的美感和我们相异，他们的美好概念对我们来说就像怪物”。对中国的手工艺术，他同样持贬低的态度。对博尔达洛来说，“不完美是中国艺术品最主要的特点之一。”他说中国有无数的机械艺术家，具有无可辩驳的才能，但是他们的任何作品都达不到欧洲人的完美程度。“拿起任何一件中国工艺品——金的、银的、象牙的、木制的，随便哪一个，你都会发现角度不完美，不够光洁，存在一个或几个明显的瑕疵”。[⑤]

六、外交官、汉学家卡洛斯·若泽·卡尔德拉

卡尔德拉（Carlos José Caldeira，1811—1882）1811年出生于里斯本，是外交官、作家和记者。他从青年时代就渴望走出狭小的城市去环游外面广

---

① *Um Passeio de Sete Mil Leguas. Cartas a um amigo*，p. 103.

② *Um Passeio de Sete Mil Leguas. Cartas a um amigo*，p. 105.

③ *Um Passeio de Sete Mil Leguas. Cartas a um amigo*，pp. 116−117.

④ *Um Passeio de Sete Mil Leguas. Cartas a um amigo*，p. 149.

⑤ *Um Passeio de Sete Mil Leguas. Cartas a um amigo*，pp. 135−138.

阔的世界。[①]1850年6月，他乘坐英国轮船前往东方，50天后到达澳门。他在澳门逗留了一年多，其间游览了从广州到上海多个沿海城市。他最重要的汉学作品是《从里斯本到中国以及从中国到里斯本的旅行笔记》（以下简称为《笔记》)。《笔记》共2卷，第一卷叙述他从里斯本到中国的旅程，第二卷则是他从澳门回里斯本的沿途笔记。《笔记》采取日记形式，记述沿途景观、风俗习惯、社会状况、鸦片战争的影响等。

虎门因其特殊的地理位置和在历史上的重要性，成为19世纪游记作家描述的焦点。卡尔德拉说虎门历史悠久，“修筑了6英里的城墙，外面有12扇门，围墙把它分为旧城和新城。城外郊区和城里一样人口众多，总人口超过一百万，仅在河上8万条船上就有差不多30万人”。[②]在他看来，虎门防御工事是“强大、坚不可摧”，因为它的“军事阵地雄伟，中国人充分利用了其炮台布局”。[③]不过他对中国大炮持否定态度，“中国人的大炮非常糟糕，可以说，他们的将领认为大炮声音越大就越好”。[④]他对中国的军事力量做了详细的研究，包括葡萄牙人占领澳门和鸦片战争，认为中国军队“组织非常糟糕”，虽然士兵能够熟练使用武器，但武器枪支粗制滥造。根据他的描述，中国军人没有热情，不热爱荣誉，对国家事业缺乏真正的兴趣。“军人职业根本不能给人带来任何鼓舞，通常被视为卑贱的，知识分子看不起军人”。因此，“武官的声望低于文官。武官有时被选中是因为他们的体力。士兵领不足军饷”。[⑤]

在他笔下，广州商业非常繁华，有些马路上是全是店铺，且装饰夺人眼目，有的甚至呈现出一种剧院的效果。提到对外贸易，他说广州的地理位置和中国的政策曾经使这个城市成为和西方保持贸易关系的唯一城市，“这里以前不仅云集了全国各地的产品，还有来自科钦、柬埔寨、锡兰、马六甲、印度、欧洲的所有港口、美国各州和大平洋岛屿的商品”，但是，现在广州的贸易大幅萎缩，大部分转移到了上海。[⑥]他观察到宁波还保留着17世纪葡

① Caldeira, *Apontamento d'uma viagem de Lisboa à China e da China a Lisboa*, primeira parte,（Lisboa：Typograpnia de G. M. Martins，1952），p. 3.

② *Apontamento d'uma viagem de Lisboa à China e da China a Lisboa*，pp. 135－136.

③ *Apontamento d'uma viagem de Lisboa à China e da China a Lisboa*，p. 126.

④ *Apontamento d'uma viagem de Lisboa à China e da China a Lisboa*，p. 127.

⑤ *Apontamento d'uma viagem de Lisboa à China e da China a Lisboa*，pp. 168－170.

⑥ *Apontamento d'uma viagem de Lisboa à China e da China a Lisboa*，pp. 136－137.

萄牙人的遗迹，那里的船只“还保留着以前葡萄牙人的设备”。在他笔下，宁波是浙江的第一类城市，称为“府”，也是向外国人开放的主要商业港口，但那里时有海盗出没，不但抢走重要货物，还把船长和船员抓走以索取大笔赎金。①在他看来，上海美丽、富饶、气候宜人，是这个国家的享乐之城，据说是中国的巴黎，“全国各地的有钱人都涌到上海纵情欢乐，那里有最豪华的娱乐游艇、最美丽的花园、最漂亮的女人”。②

根据卡尔德拉的观点，“中国的文化机构是政府稳定的柱石，而军事力量则完全不足以保证这个省份众多、疆域辽阔帝国能够团结一心”。他得出结论，对于所有渴望进入政府工作的人来说，教育是必不可少的条件。因此，“通常国家最杰出的人物通过他们的才能得到高位。这些人同时也是哲学家、大师和人民的统治者，然而他们要付出的代价是，只有服从君主的意志才能保持这样的地位，王权是绝对和无穷无限的”。③

《笔记》对中国风情、社会现状、文化等进行了多方位的研究，是19世纪葡萄牙人关于中国叙事不可多得的一部汉学著作。

七、汉学家、外交官卡拉多·柯雷斯珀

外交官柯雷斯珀（Joaquim Heliodoro Callado Crespo，1861—1921）曾于1895年至1900 年间担任葡萄牙驻广州领事，著有《中国事物：习俗和信仰》和《1900年的中国》两本汉学著作。《中国事物：习俗和信仰》是一部全方位介绍中国社会文化的专著;《1900年的中国》主要研究1900年义和团运动，同时也讲述皇室纷争、教派和帮派等。

柯雷斯珀对汉语颇有研究。他认为汉语区别于其他语言的特征是具有“令人惊奇的原创性和古老性，现在的说话和书写方式几乎和几百年前一样”。④在他看来，汉语的口头语和书面语完全独立无关。中国人口头讲的是方言。汉语是“自成一格”的语言，不是字母文字，而是由各种符号构成的汉字组成。如果不进行专门研究，根本不知道原始文字代表的意义。汉字单

---

① *Apontamento d'uma viagem de Lisboa à China e da China a Lisboa*, pp. 304−305.

② *Apontamento d'uma viagem de Lisboa à China e da China a Lisboa*, pp. 343−344.

③ *Apontamento d'uma viagem de Lisboa à China e da China a Lisboa*, pp. 138−139.

④ Crespo, *Cousas da China*: *Costumes e Crenças*,（Lisboa: Imprensa Nacional, 1898）, p. 40.

音节、无变化，分为独体字和合体字。独体字只有一个部分，由笔画组成；合体字由两部分组成：词根和偏旁，词根可以是一个或多个笔画。

柯雷斯珀也热衷研究汉语词汇。例如，他认为中国人不仇视外国人，但是鄙视他们。这从称呼上可以看出。中国人称外国人为“番鬼”，或者“洋鬼子”；侮辱性的称呼有“西洋人”，称外国女人为“洋婆子”。最具侮辱性的称呼是“乌龟王八蛋”。提到“曼达林”一词，他说中国人不了解这个词，因为是葡萄牙人发明的，来自葡语动词“命令”。这个词来自梵文“mantrin”，意思是“顾问”，后来经在印度经商的葡萄牙人引入后被收进葡萄牙语，意思是“先生、阁下、老爷”，现在所有国家都用这个词来称呼中国官员。很多作家描述过曼达林的特征，“他们几乎都赞同这个词可以翻译为对弱者来说是强者，对强者来说是弱者，甚至有人把他们比作竹子。你要是能抓住他们的头，他们会很容易就屈服，但你一旦放手，他们会马上恢复所有的傲慢”。①

在柯雷斯珀笔下，家庭观念是支撑中国社会的重大理念，皇帝是这个重大理念的化身，该理念或多或少地渗入社会各阶层。他强调，“皇帝是天子”，根据孔子的思想，“上帝主宰并调控国家所有的运动和革命，改朝换代是上帝的意志。皇权是天命，是上帝为了天下众生的利益赋予一个人的使命，一旦皇帝不配赋予他的使命，他的一切权力就会被剥夺”。他注意到，皇帝的权威是绝对的，“总之，国家就是皇帝”。柯雷斯珀认为，中国皇帝的权力尽管是专制的，但不是暴虐的，更确切地说，“可以说是一种更高级的集权制度”。②

柯雷斯珀对中医作了详细研究，对中医持赞赏态度。“他们知道使用药膏和发泡剂；能够神奇地治疗伤口和骨折；他们的针灸被法国医生引进后在欧洲流行。”他说最早牛痘是中国的发明，就是“在鼻孔中塞入浸泡过病毒的棉花”。他提到一个可以治百病的中药“灵宝如意丹”，说是北京一个家族的祖传秘方，“这是一个真正万能的治疗所有疾病的灵药，无一例外”。③他注意到在中国，官府在调查凶杀案时，经常会验尸，“有一本所有审判官都

① *Cousas da China*: *Costumes e Crenças*, pp. 79-81.

② *Cousas da China*: *Costumes e Crenças*, pp. 49-50.

③ *Cousas da China*: *Costumes e Crenças*, p. 100.

有的书，叫《洗冤》[①]，意思是‘洗坟墓’”。[②]

对于义和团运动爆发的原因，他做了具体分析。首先，中国人从小就有一种民族自豪感。他们鄙视其他国家，也仇恨所有想把“野蛮”文明强加给他们的外国人；其次，中国允许外国人在华经商，但外国人却滥用中国人的慷慨友好，使用武力或通过狡诈的外交手段让他们割让几乎所有的港口；外国人在中国建造铁路，到处糟蹋埋葬他们祖先尸骨的坟墓；把山脉打穿让火车通过，不尊重造物主赐予自然的原始形式。但在所有这些原因中，最重要的民众所受的教育，以及保守派和革新派之间的斗争。最后，外国机械工业和中国手工之间的产业竞争，对中国人来说，现代发明对他们不利，因为剥夺了成千上万人的工作。[③]

《1900年的中国》可以说是研究义和团运动的专著，是一个葡萄牙外交官除了亲眼目睹这场运动，还“收集了所有能够获得的关于1900年运动的材料”，对这场大规模农民运动的翔实描述和分析，对研究义和团运动和中国农民起义史具有重要的史料价值，正如作者所言，“对那些想要全面研究中国当前困境的人来说是补充资料”。[④]

结　语

19世纪葡萄牙汉学不仅得以复苏，也出现了转向趋势，呈现出几个显著的特点。以江沙维为代表的汉学家研究地点在澳门，其中不仅有葡萄牙人，还有受中葡两国文化滋养的土生葡人。教育通常服务于政治。19世纪中葡关系的发展需要的是新型的汉学家，主要是优秀的中葡双语翻译人才和跨文化交际人才。他们集汉语教学和研究于一体，为培养双语翻译人才作出了巨大贡献。汉学成果都与汉语教学有关，中葡双语教材和词典等工具书因教学需要而产生。他们的汉学研究着重于双语词典的编撰、各类汉语教材的编写、汉葡语言对比及汉语教学法的研究。19世纪游记文学的发展也催生了一批非传教士汉学家，他们是热衷东方之旅的游记作家，主要是外交官和海军军官。他们的研究不再以基督教文化模式为出发点，不受官方机制制约，全凭

---

① 即《洗冤录集》，南宋宋慈著，中国古代法医学著作。

② *Cousas da China*：*Costumes e Crenças*，p. 101.

③ Crespo，*A China em 1900*，（Lisboa：Manuel Gomes，1901），pp. 24—33.

④ Crespo，“Uma explicação”，*A China em 1900*，（Lisboa：Manuel Gomes，1901）.

个人对中华文化的热爱和情怀审视中国、研究中国历史文化。他们的著作观点趋于理性、记述走向客观、真实，注重分享个人体验，力图展示一个他者眼中的真实中国。

张敏芬　上海外国语大学西方语系副教授

西方汉学视阈下的《葡汉辞典》研究刍议

韩晓燕

摘　要：《葡汉辞典》作为世界上第一部中文和欧洲语言对照的双语词典，是当之无愧的汉学珍宝，在中西文化交流史、语言学史、双语辞典编纂史及海外汉语教育史等方面都有着不可取代的学术地位和极高的学术价值。20世纪30年代以来，随着这部辞典手稿的发现，国内外学术界对《葡汉辞典》的研究不断取得进展，研究视阈不断扩大，研究方法日益丰富，中国学者的参与极大地推进了这一进程。

关键词：《葡汉辞典》　中西文化交流　汉学

在中国文化走向世界的今天，探讨中国文化在全世界的传播历史，厘清中国文化在域外的接受历程，离不开西方汉学的研究。在中西文化交流史中，中西方文明与文化首次在精神层面上的交流产生于大航海时代。入华传教士虽以传教为目的，但事实上成为最早学习中文并对中国当时的社会和文化进行系统研究的西方人，是有关中国语言、文化、政治、哲学、历史和社会生活情况最早的解读者和传播者，同时他们也成为首批向中国人介绍西方科学、宗教和哲学思想的西方人。他们与中国文人共同架起了沟通中国文化与世界的桥梁，拉开了第二次中外文化交流高峰的序幕，为中西文化的接触与交流做出了历史性的贡献。这批传教士实际上是最早的汉学家，他们所传递的思想文化，无论是对欧洲还是对中国其后长达几世纪的哲学思想文化史均产生了十分深远的影响。

一、《葡汉辞典》概况

第一部中欧双语辞典《葡汉辞典》产生于这个时代。该辞典大约著于1583—1588年之间，是一部手稿，迄未发现任何抄本。这部辞典手稿几百年来一直深藏在罗马耶稣会档案馆不为人知，直到1934年才被发现。手稿的编号为Jap.Sin.I，198，没有封面，没有署名，也没有日期，共189页，写在23厘米长、16.5厘米宽的中国纸上。其中第32—156页共计124页为葡萄牙语和汉语的对照辞典，前后还有共计65页附页。辞典正文共收录了6000余条葡语词汇，与之对应的汉语字词5460多条，并配有5000余条罗马注音。辞典的编纂分为三栏：第一栏是葡语词条，依拉丁字母ABC次序排列，既有葡语单词，也有词组和短句；第二栏是罗马注音，不过系统尚不完备，无送气音和声调符号，声母和韵母的拼法不完全一致；第三栏是汉语词条，包括单词、词组和短句。

二、《葡汉辞典》相关研究

这部辞典尽管作为最早编纂的双语辞典还较为粗糙，却是西方语言—汉语对照辞典的开山之作和奠基之作，成为日后一系列西方语言与汉语对照双语词典编纂的模板。辞典首次使用罗马字母给汉字注音，实际上开创了最早的汉语拼音方案。辞典客观真实地记录了明末清初官话的音韵词汇特点，以及古葡语词汇的语法和拼写特征，为研究中国语言学和葡语语言学提供了珍贵的一手资料。它还是考察中国语言和文化在海外接受与流播的基础性文献，对于从语言入手研究海外中国文化具有极为重要的价值。这部辞典作为西方人学习汉语的第一部工具书，亦为国际汉语教育史研究提供了不可多得的珍贵资料。在《葡华词典》手稿文献发现后的80余年间，中外学者分别立足西方汉学视阈之下并对其从不同角度展开了研究。

（一）关于辞典编纂与作者的研究

意大利耶稣会史学家德礼贤（Pasquale D'Elia，1890—1963）是发现《葡汉辞典》手稿并首次将之公布于众的人，也是第一位对手稿进行整体性研究的人。他于1934年在罗马耶稣会档案馆发现这部手稿后如获至宝，并于1938年撰文介绍了这部辞典，称它为*Dizionario Europeo-Cinese*（《欧汉辞典》）。1949年，德礼贤在其编撰的《利玛窦全集》第二卷（《*Fonti Ricciani*》Vol. Ⅱ）一书中详细描述了这部手稿。德礼贤的发现为学界进行研究提供了史料基础，他基于第一手资料的研究成为《葡汉辞典》研究的开端，其主要研究成果至今仍得到学界的广泛认可。德礼贤的研究成果主要包括：一是为这部辞典确定了在辞典史上的地位，即第一部由欧洲人编纂的欧洲语言与汉语对照的辞典。二是推断了辞典的作者和写作时间。德提出，《葡汉辞典》

是罗明坚（Michele Ruggieri，S.J.，1543—1607）、利玛窦（Matteo Ricci，S.J.，1552—1610）于1583—1588年间合作编写的作品。三是推断辞典中的罗马注音是按照意大利语发音系统创立的。但德礼贤对辞典的内容没有展开研究。目前学界基本认同其关于《葡汉辞典》编写时间和作者的论断。

美国乔治城大学语言学教授杨福绵（Paul Fu-mien Yang，1925—1995）对辞典手稿跟踪研究多年，自1986年起发表多篇论文论述，其中《罗明坚和利玛窦的〈葡汉辞典〉：历史语言学导论》[①]呈现了其最新、最全面的研究成果。杨福绵的贡献主要有：一是从历史文献中梳理出罗明坚、利玛窦的汉语学习历程和葡汉辞典的编纂过程。杨认为辞典是由罗明坚和利玛窦在1584至1588年间共同编撰完成的，主编者是罗明坚，合编者是利玛窦。罗、利二人编撰辞典的目的是为了方便他们的汉语学习。[②]二是明确了《葡汉辞典》的几个首创，即辞典中所使用的罗马注音系统是汉语最早的拉丁字母拼音方案；辞典开创了中国按拉丁字母编排外文词汇并对照拼音和汉语的双语辞典排列法；辞典是外国人学习中国官话的第一部双语辞典。在汉语史和辞典编纂史上具有重要的历史地位和极高的学术价值。三是通过对这部辞典的内容、结构、注音、词汇和语法特征等进行全面研究，得出了明代官话是以南京音为基础的南方（江淮）官话这一重要结论。杨福绵的研究不仅确立了《葡汉辞典》在汉语史、中国语言史和辞典编纂史上的重要历史地位，也使人们充分了解到这部文献极高的学术价值。杨福绵还澄清了另一个问题，即除了罗明坚和利玛窦在肇庆合编的《葡汉辞典》之外，利玛窦与郭居静等人在从北京到南京的旅途中编了另一部汉葡辞典。杨福绵从历史文献学和语言学等角度对《葡汉辞典》进行的跨学科研究取得了突破性的进展，将学术界关于《葡汉辞典》的研究大大推进了一步。

在当代学者中，张西平对《葡汉辞典》的研究最为全面和深入。他撰写

---

① 杨福绵的英文原文刊登于1989年台北中央研究院的第二届国际汉学研讨会论文集，修改稿被收入2001年旧金山大学利玛窦中西文化历史研究所、葡萄牙国家图书馆、东方葡萄牙学会联合出版的《葡汉辞典》影印版作为导论。

② 杨福绵：《罗明坚、利玛窦〈葡汉辞典〉所记录的明代官话》，《中国语言学报》1995年第5期。

了大量相关学术论文，并在多部专著中专辟章节进行论述。[①]他关于辞典的最新研究成果在《西方汉学奠基人罗明坚研究》[②]中得到完整的体现。张的主要贡献有：一是对辞典散页进行整理和研究，填补了相关研究史料上的空白。他亲赴耶稣会档案馆，挖掘整理了辞典的散页部分以及一批相关史料，并于2009年首次将散页中的部分中文手稿转写公布，对其中的重要文献进行了研究。二是首次将辞典放到汉学史和中西文化交流史中进行研究。同时使用跨学科的研究方法来阐释辞典在推动中西文化交流中所发挥的作用和影响。三是利用辞典散页中的文献论证了罗明坚是《葡汉辞典》的主要作者，利玛窦仅起到辅助作用。他还对罗明坚编写的其他中文著作、中文典籍译著、中国地图集等文献进行了全面整理和研究，重新确立了罗明坚汉学奠基人的地位。

美国汉学家魏若望（John W. Witek，1933—2010）于2001年将《葡汉辞典》手稿影印出版，使学界可以一睹文献的面目。魏若望在出版序言中对辞典作了整体介绍，对辞典所产生的历史背景、手稿的源流、辞典内容以及20世纪80至90年代相关研究作了简要综述。魏基本认同德礼贤、杨福绵的研究成果，没有太多新观点。文中的独创点是关于手稿笔迹的研究，认为辞典中D—Z（72a—156a）外文词条部分及罗马注音都是由罗明坚书写。魏认为"这部著于明朝末年，对汉语首次进行罗马注音、编辑系统的辞典是汉学研究领域中的一个重要的里程碑。"[③]给予辞典应有的历史定位和评价。

路易斯·巴雷托（Luís Barreto）首先对学界主流观点提出了反驳意见，他对辞典编写的时间、地点、作者均有不同看法。[④]但巴雷托的文章有明显硬伤，且提出的观点论据明显不足，其结论不具备太多参考价值。阿松桑·卡洛斯（Assunção Carlos）通过对辞典编写背景、原手稿等进行分析考证，论证这是一部集体作品。拉乌尔·赞波尼（Raoul Zamponi）撰长文对辞

① 张西平相关著作包括《中国与欧洲早期宗教与哲学交流史》，北京：东方出版社，2001年;《传教士汉学研究》，郑州：大象出版社，2005年;《欧洲早期汉学史：中西文化交流与西方汉学的兴起》，北京：中华书局，2009年等。

② 张西平:《西方汉学奠基人罗明坚研究》，香港：饶宗颐学术馆，2019年。

③ 罗明坚、利玛窦著，魏若望编:《葡汉辞典》，澳门：旧金山大学利玛窦中西文化历史研究所、葡萄牙国家图书馆、东方葡萄牙学会联合出版，2001年，第87页。

④ Luís Filipe Barreto，"A Fronteira Cultural，" *Revista Macau*，no. 2（1997）：52.

典的作者、手稿、注音、译介特点等做出延展性的研究。[①]欧美其他学者哈瑞斯·乔治（Harris George）、若昂·拉莫斯（João de Deus Ramos）[②]、弗雷德里克·韦恩卡特内（Frederic Weingartner）[③]、费尔南多·伯尔托内（Fernando Bortone）[④]等也撰写过关于《葡汉辞典》的文章，对辞典的内容、作者、词汇等略有论述。

中国学界对于该辞典的研究起步较晚。除张西平对辞典进行了较为系统的研究之外，其他研究多是从一个领域或一个侧面进行的。徐文堪较早对辞典的编纂作了简要介绍。[⑤]董海樱对《葡汉辞典》的源流、基本框架、注音系统的相关研究成果进行了梳理。[⑥]刘振平研究了辞典的体例，介绍了罗氏拼音方案的内容及不足。[⑦]姚小平主要从词汇学方面对辞典进行研究，同时对辞典的编者提出了自己的看法，认为辞典的编者可能是葡萄牙俗人，而非传教士。杨慧玲将《葡汉辞典》研究放入300年中外辞典编纂史的历史纵轴之中，从辞典编纂史、中西文化交流史及西方人语言学习史的角度进行评述，进而展现该辞典的历史定位和角色。[⑧]

（二）关于辞典词汇和音韵的研究

杨福绵是最早从语言学角度入手对辞典进行研究的学者。他对辞典所反

---

① Zamponi Raoul，"Per una nuova immagine del dizionario portoghese-cineseattribuito a Ricci e Ruggieri"，*Attualità di Ricci*：*testi*，*fortuna*，*interpretazioni.*（Macerata：Quodlibet，2012），pp. 65－101.

② João de Deus Ramos，"os Dicionários Luso Sínicos"，*Revista de Cultura*（1988）：15.

③ Frederic Weingartner，"El Primeiro Diccionario EuropeoChino"，*Boletim de la Associación Española de Orientalistas*，（1975）：223－227.

④ Fernando Bortone S.I.，*Padre Matteo Ricci*，*S.J.IL Saggio d'Occidente.Un Grande italiano nella cina Impenetrabile*（*1552－1610*），（Rome：Desclée&C.-Editori Pontifici，1965），pp.269－270.

⑤ 徐文堪：《也谈耶稣会士与辞书编纂》，《中西文化交流史国际学术研讨会论文集》1998年；徐文堪：《谈早期西方传教士与辞书编纂》，《辞书研究》2004年第5期。

⑥ 董海樱：《16世纪至19世纪初西人汉语研究》，北京：商务印书馆，2011年，第61—72页。

⑦ 刘振平：《汉语拼音经典方案选评》，北京：北京语言大学出版社，2013年，第7—19页。

⑧ 杨慧玲：《19汉英词典传统：马礼逊、卫三畏、翟理斯汉英词典的谱系研究》，北京：商务印书馆，2012年，第301—311页。

映的音韵系统及其特点的分析深入详尽，取得了突破性的成果，其结论主要有：一是《葡汉辞典》中使用的罗马注音是中国最早的汉语拼音方案。杨认为该注音系统由罗明坚初创，其特点是尚未形成完备的体系，杨将之命名为“罗氏方案”，以区分于之后的利玛窦方案、金尼阁方案等罗马注音方案。二是通过对辞典音韵及词汇特点的分析，证明了明末清初官话的方言基础是南京话。杨还对辞典的词汇、语法等特点进行了分析，认为辞典中的词句基本上代表了明末的官话。

奥地利学者梅斯纳（Dieter Messner）把《葡汉辞典》中的葡语词汇与葡萄牙现存最早的一部葡萄牙语双语辞典，即由热罗尼姆·卡尔多佐（Jerónimo Cardoso）编写的《葡拉辞典》1569年版作了初步对比，发现两部辞典的葡语词汇特点相似，单词词汇的排序也是一致的，只是后者增删了一些词条，因而认为《葡汉辞典》中的葡语词汇是在这部葡拉辞典的基础上编写的。[①] 梅斯纳的研究为我们寻找辞典的底本提供了重要线索。

美国艾奥瓦大学约瑟夫·莱维（Joseph Levi）探讨了辞典注音系统以及辞典中收录的葡文、中文词条类型和葡语词条的音位学、词汇学价值，特别强调了这部辞典对于研究罗马语族语言学，特别是葡萄牙语语言学的价值。由于缺乏对原始手稿的研究，此书的论点并无太多创新之处，基本延续了主流观点。且该书在第39至126页是冗长的注释及书目提要，论述部分反而显得相对薄弱。[②]

中国台湾辅仁大学意大利籍学者康华伦（Valentino Castellazzi）2010年发表论文，对辞典的源流、作者、葡语词条的选择和译文特点、葡语词条的排列和书写特点、注音系统、汉语词汇栏、意大利语栏等进行了探讨。[③]

中国大陆学者对于《葡汉辞典》的语言学角度研究起步较晚，多侧重对中文词汇的研究，对词汇的译介略有涉及。罗常培是中国最早开始对耶稣会士在音韵学方面贡献进行研究的学者。他1930年发表《耶稣会士在音韵学上

---

① 梅斯纳：《第一部葡萄牙语——汉语双语辞典》，《文化杂志》2003年第2期。

② Levi：*O Dicionaro Porugues-Chines de Padre Matteo Ricci*，*S.J.*：*Uma Abordagem Historico-Linguisticca*，（New Orleans：University Press of the South，1998）.

③ 康华伦：《罗明坚和利玛窦编辑的所谓〈葡汉辞典〉（*Dicionário Português-Chinês*）中的一些不一致》，《第六届汉学国际研讨会：西方早期（1552—1814年间）汉语学习和研究论文集》，2011年。

的贡献》一文，指出了西方传教士对中国音韵学研究的三个贡献。[①]但由于这篇文章发表之时《葡汉辞典》手稿尚未发现，这一研究是从利玛窦、金尼阁（Nicolas Trigault，1577—1628年）时期往后，并未将之前的这部《葡汉辞典》包括在内。此后，中国学者鲜有从音韵学角度对《葡汉辞典》进行研究者。

姚小平从词汇学角度入手，发表数篇文章，以《葡汉辞典》作为对象，将辞典的词汇按语义划分为若干类别，逐类以例词的方式进行分析。姚还从葡汉词汇的对译以及汉字流变的角度去挖掘辞典的语言学和译介学价值。[②]

张西平2013年发文公布了由罗明坚首次使用的50个天主教宗教哲学词汇，对罗明坚中文文献中所创立的汉语基督宗教哲学术语进行了语言学分析，梳理了明清之际的汉语神学概念的演变史，找出了《葡汉辞典》中15个西方宗教哲学外来词汇并进行了语言学分析。[③]

王铭宇从宗教词汇、方言词汇和官话词汇三个角度考察辞典的词汇语料特征，再次论证了辞典所记录的不是纯粹的南方官话，而是夹杂了闽粤方言的南方官话。[④]董少新从辞典中提取出了100多条与医学有关的词语进行研究，为辞典词汇研究提供了独特的视角。[⑤]

（三）关于散页的研究

辞典散页的研究起步较晚。杨福绵核对了散页中的《宾主问答辞义》和金尼阁的《西儒耳目资》这两份文献中的罗马注音系统，认为这两个系统在音系上大致相同，但未展开论述。中国学者陈绪纶在《罗马耶稣会档案馆藏汉和图书目录提要》一书中仅列出散页的标题，但未对文献进行系统研究。日本学者古屋昭弘仅对散页中的《宾主问答辞义》进行了音韵学方面的初步探讨。

散页的研究直到近年才取得了实质性进展。张西平对散页的研究做出了重要贡献：一是整理、转写了散页的全面史料并进行研究，填补了学界关

① 罗常培：《耶稣会士在音韵学上的贡献》，《历史语言研究所集刊》1987年。

② 姚小平：《明末〈葡汉词典〉的汉字》，《中国语文》2015年第2期；《明末〈葡汉词典〉译释体例考》，《当代语言学》2014年第4期；《从晚明〈葡华词典〉看中西词汇的接触》，《当代外语研究》2014年第9期。

③ 张西平：《西方汉学奠基人罗明坚研究》，香港：香港大学饶宗颐学术馆学术部，2019年，第188页。

④ 王铭宇：《罗明坚、利玛窦〈葡汉辞典〉词汇问题举隅》，《励耘语言学刊》2014年第1期。

⑤ 董少新：《形神之间：早期西洋医学入华史稿》，上海：上海古籍出版社，2008年。

于散页研究的空白。张对辞典及散页原始资料进行整理挖掘，并于2009年首次将散页中的部分中文手稿转写公布[①]。2016年又撰文《〈葡汉辞典〉中的散页研究》，首次全面公布档案散页及页码分布，并从历史学和语言学的角度对散页部分进行了系统研究。二是将前人对散页的注音系统研究大大推进一步。张西平、杨少芳对《宾主问答辞义》手稿进行了转写，对《问答》与《辞典》中的注音作了比较，找出了两者之间的关系并确立了《问答》在汉语学习史上的地位，即是现今发现的西方汉语学习史上最早的一篇汉语对话教材。三是通过散页研究论证了《葡汉辞典》的作者主要是罗明坚。他创新性地利用散页中有关罗明坚官司、学习中国诗词以及《解释圣水除前罪》等文献作为论据，有力论证了罗明坚是辞典的主要作者。

以上是学界的主要研究成果。德礼贤发现手稿史料，对辞典进行了整体阐释并初步确定了手稿的作者和编写时间。杨福绵将辞典的研究正式拉入了语言学的视角。张西平从汉学史和中西文化交流史角度进行研究并填补了散页研究的空白。其他学者围绕作者的辨伪、词汇、音韵等从不同角度对辞典进行了具体阐释和研究。以上成果都是具有较高价值的学术成果，将《葡汉辞典》的研究向前大大推进，并充分展现了这部文献极高的学术价值。当然，由于词典手稿文献公布时间仅数十年，同时辞典正文包含近2万条中文、葡萄牙文词条及注音，前后还有大量散页内容，所涉及的学科和领域非常广泛，对研究者的综合能力要求较高，研究难度很大。因此，目前仍缺乏对该文献全面的综合性、系统性的研究。

三、《葡汉辞典》的西方汉学研究特点

综上所述，该辞典作为西方汉学史中最有价值的文献之一，对其展开的个案研究亦可体现西方汉学研究的相关特点。

（一）研究视阈的扩大

19世纪末以来，随着天主教来华传教史研究的兴起以及耶稣会士相关史料相继发现，中外学界对来华耶稣会士的研究不断取得新进展。基于原始

① 包括一份用罗马注音写成的对话录、汉字表、中国地名及语言学习词汇、中国节气和天干地支词汇、量词表、双音节同义词表、双音节反义词表以及罗明坚对天主教义的简介《解释圣水除前罪》等。

文献多藏于欧洲图书馆或档案馆，且书写文字多为拉丁语、西班牙语、葡萄牙语、意大利语等，所以有传教士背景的学者或是教会内研究者在文献获得和文本阅读方面有天然优势，故他们成为对早期来华传教士的汉学研究的主力，但也是因为他们的知识背景及语言能力，他们关注的重点为传教士书写的外文文献，并多从西方传教史或是天主教在华发展史角度出发对其进行阐释。如《葡汉辞典》手稿的发现者和最初的研究者德礼贤是耶稣会史学家，杨福绵则是有教会背景的学者。而近20余年来，随着谢和耐（Jacques Gernet，1921—2018）提出的“汉学的转向”，基督教在华传播史研究范式也发生了重要改变，如钟鸣旦（Nicolas Standaert，1959—）所说：“这一变换是从传教学和欧洲中心论的范式转到汉学和中国中心论的范式。”[①]在这样的趋势下，中文文献的重要性开始凸显，越来越多的专业汉学家和中国研究者加入其中，从而扩大了西方汉学研究视阈，即西方传教史逐步扩展到汉学史和中西文化交流史的研究范畴。如在《葡汉辞典》的研究中，中国学者张西平即是从汉学史和中西文化交流史角度切入，重点讨论了《葡汉辞典》在整个汉学史中的历史定位，并强调葡华词典的产生过程本身就是当时中西文化交流的一个组成部分，并对其在中西文化互动过程中的具体作用进行了跨学科研究。

（二）研究方法的综合

关于《葡汉辞典》的研究方法，最初是以传统的西方语文学等方法对文本进行分析研究。如《葡汉辞典》初期的研究主要从文献本身出发，从传教士的生平、时代背景、书信、字迹等史料入手，分析文献产生的时间、编撰者，研究方法较为单一。随着研究的深入，杨福绵将语言学引入了辞典研究，对辞典的内容、结构、注音、词汇和语法特征等进行了全面研究，得出了辞典所用的罗马注音系统是最早的汉语拼音方案，明代官话是以南京音为基础的南方官话等重要结论，在辞典研究方面取得了突破性的成果。同时，更多通晓中西文学者加入使文献尤其是中文部分得到更深入的阐释和分析。如张西平对散页文献的研究得出了辞典的主要作者是罗明坚，《宾主问答辞义》是汉语学习史上最早一篇汉语对话教材等重要结论。姚小平通过分析辞典的中文词汇以及葡汉对译所反应出的中西语言文化差异及对应性，进一步

① 钟鸣旦：《基督教在会传播史研究的新趋势》，马琳译，载《基督教文化学刊》1999年第2辑。

挖掘出辞典的历史语言学价值。杨慧玲将辞典研究放入数百年中外辞典编纂史中，确定其定位和角色。另外，中外学者围绕作者的辨伪、词汇、音韵等从不同角度对辞典进行了阐释和研究，而随着研究领域的扩展，研究方法也呈现出跨学科的特点，如历史学、概念史学、比较文化学、词汇学等，中外学者对辞典文献进行的多维度、多视角的挖掘使辞典多重的学术价值得以更加充分地展现。

（三）中国学者的参与

《葡汉辞典》作为第一部中欧双语词典，不仅是西方学术史的组成部分，亦是中国学术的一部分，因此，中国学者的参与及研究有利于全面把握该辞典的文化及学术价值。自20世纪80年代后，中国学者开始进入这一领域研究，并取得了令人瞩目的成果。中国学者立足本土学术主体性及自身学术优势，不仅收集、转写了原始文献，还对相关汉学文献进行了新的阐释，其综合历史文献学、历史语言学、词典编纂学等多个学科，从汉学史和中西文化交流史等角度进行的研究凸显了其二重属性。而中国学者的研究不仅对西方汉学、西方语言学起到了重要作用，还对中国的传教士汉学、语言学、辞典编纂学等研究也发挥了很大的作用。在《葡汉辞典》研究中，张西平从知识论和方法论的层面上对传教士汉学研究提出了纲领性意见，首倡将辞典研究放入汉学史和中西文化交流史中进行研究，给辞典研究带来全新的视角。而且，中国学者对辞典散页进行整理、辨读和系统的分析研究，填补了学界关于散页研究的空白。中国学者通过扎实的基础史料的整理论证，通过对辞典产生的历史背景、作者身份等进行系统梳理和探讨，提出了新的观点，还从微观角度入手，对辞典词汇的译介、分类、词源等方面进行了新的阐释，从而推动了《葡汉辞典》的研究，而中国学者发出的声音，在进一步丰富西方汉学研究的内涵之外也使得西方汉学呈现出新的特点。

韩晓燕　北京外国语大学国际中国文化研究院博士研究生

拉嫡娜对中国文化的研究历程及其在拉美的传播影响*

雷 妍

摘 要：墨西哥汉学家拉嫡娜长期从事中国文学文化研究与译介，她精通西汉双语，研究和译介范围广泛，成果作品以多渠道方式在拉美各国传播，很具影响力。本文通过梳理她在不同阶段的研究和译介成果，阐释其为中国文化在拉美地区传播带来的积极影响。

关键词：墨西哥汉学　域外传播　拉嫡娜　中国文学文化　译介

墨西哥汉学家拉嫡娜（Radina Plamenova Dimitrova，1979—　）出生于保加利亚，在保加利亚索菲亚大学获汉学学士学位后，又获索菲亚大学汉学硕士和中国华中师范大学中国古代文学硕士学位。随后定居墨西哥，在墨西哥学院亚非研究中心获中国专业博士学位。目前，拉嫡娜任墨西哥国立自治大学语言、语言学与翻译学学院翻译专业教授。

拉嫡娜的研究经历可大致划分成两个阶段：第一阶段为2006—2016年，主要学术成果体现在中国古代文学研究和小说译介；第二阶段为2017年至今，主要学术成果体现在中国现当代诗歌译介和汉语语言文化研究。本文通过梳理拉嫡娜在不同阶段的研究成果和译介作品，讨论其对中国文化在拉美地区传播带来的积极影响。

一、2006—2016年：中国古代文学研究和小说译介

2006—2016年可以看作是拉嫡娜学术历程的第一阶段，这一阶段她的

* 本文为2021年度新汉学计划博士生项目的成果；北京语言大学梧桐创新平台项目（中央高校基本科研业务专项资金）的阶段性成果，批准号（21PT05）。

学术成果主要体现在两个方面：一是唐代诗歌与叙事研究，二是中国小说译介。

拉嫡娜早在攻读硕士学位时期，就开始关注唐代诗歌与叙事。就读期间，她阅读并译介了大量与“李杨故事”主题相关的中国文学作品，如白居易的《长恨歌》和《霓裳羽衣舞歌》、杜牧的《过华清宫》、白朴的《梧桐雨》、洪昇的《长生殿》等，相关研究成果主要包括（按发表时间先后顺序）：（1）《颠覆帝国的美人：杨贵妃和马林奇，历史风暴前的剪影》（Bellas que derrumban imperios：Yang Guifei y Malintzin，dos siluetas ante el huracán histórico）[①]。（2）《白居易：其诗歌创作及象征意象对日本文学的影响》［Bai Juyi（Haku Rakuten）：influencia de su obra poética y simbolismo de su imagen en la literatura de Japón］[②]。（3）《“李杨”故事与唐代诗人：千年文学之旅的开始》（The Story of Li and Yang and the Tang Dynasty Poets：the Beginning of a Millenary Literary Journey）[③]（4）《文坛中的历史木偶：“李杨故事”的早期诗歌创作》（Muñecos históricos sobre la escena literaria. Las tempranas creaciones poéticas sobre la “Historia de Li y Yang”）[④]。

拉嫡娜的唐代诗歌与叙事研究以“李杨故事”为核心。如，她将莎士比亚名作《李尔王》与元代杂剧《梧桐雨》进行了比较分析，通过追查李尔、李隆基二人及其故事的史实和文学演变，考证两本著作的历史背景和作者个性，对比两人在著作中的形象塑造，探究两个人物悲剧的原因和后果，发现李尔的“悲剧”在于失去自我，而李隆基的“悲剧”在于失去挚爱，这分别

① Dimitrova Radina，“Bellas que derrumban imperios：Yang Guifei y Malintzin，dos siluetas ante el huracán histórico”，*La nueva nao：de Formosa a América Latina I. Bicentenario del Nombramiento de Simón Bolívar como Libertador*（Memorias del XIII Seminario Internacional sobre Asia Oriental y América Latina，México D.F.，25－26.4.2013），pp.147－163.

② Dimitrova Radina，“Bai Juyi（Haku Rakuten）：influencia de su obra poética y simbolismo de su imagen en la literatura de Japón”，*Colección ALADAA*，*Documento 3*（Memorias del XIVCongreso de ALADAA，La Plata，Argentina，13－17.8.2013），pp.57－78.

③ Dimitrova Radina，“The Story of Li and Yang and the Tang Dynasty Poets：The Beginning of a Millenary Literary Journey”，*Revista de Estudos Chineses*，no.9（2013）：147－160.

④ Dimitrova Radina，“Muñecos históricos sobre la escena literaria. Las tempranas creaciones poéticas sobre la ‘Historia de Li y Yang’”，*Revista Estudios*，no.33（2016）.

符合西方文化对“我”的地位与价值的强调和中国文化对“团圆圆满”的价值追求。①又如，她将“李杨故事”与拉美流传的埃尔南·科尔特斯（Hernán Cortés）和马林奇（Malintzin）的故事进行比较，分析了杨贵妃和马林奇两个人物所处的历史背景、后世评价、母性特质、宗教洗礼以及她们在文学作品中的形象。她认为，这两个女人都是生活在帝国由繁盛转向衰败的时代，个人的美貌与才能让她们脱颖而出分别成了大唐帝国和阿兹特克帝国繁盛的象征，但所处的男权社会也将帝国转衰和社会秩序崩坏归咎于她们。不同的是，中国民众身处大唐盛世的优越感，一方面促使了杨贵妃的死亡，另一方面随着真实事件影响的逐渐消除，大众对和平的向往和辉煌时代的留恋使得杨贵妃“死而复生”，进而成了中国封建时代的一种文化沉淀。不同的是，马林奇在墨西哥大众意识中一直饱受争议，有人认为她身不由己，是人类复杂性的象征，也有人认为她崇洋媚外，是助纣为虐的叛徒，这种争议一直持续，映射在现今墨西哥社会生活的方方面面。②再如，她对比分析了唐代诗人（李白、白居易、杜甫）有关“李杨故事”的早期文学作品，进而阐释唐代诗人对这一主题或批判或同情的不同看法。她认为所处的不同历史时期决定了不同诗人对“李杨故事”的态度。李白作为玄宗的同时代者，既见证了开元盛世也亲历了安史之乱，其诗作多表达对统治阶级奢靡宫廷生活的愤慨和对人民苦难的同情，并将杨贵妃刻画成勾引皇帝的妖妃形象。杜甫深受战乱之苦，他的诗作表现出对盛世的留恋和对李杨二人的谴责。白居易出生时安史之乱已结束了近十年，时间的流逝以及与真实事件的距离使得他可以以全新的视角重构“李杨故事”，他首次将“李杨故事”的重点放在了“李杨”二人而非政治事件上，让“李杨故事”从社会批判的需要中解脱出来，成为对浪漫的叹息和对美的赞颂。③

拉嫡娜的唐代诗歌与叙事研究表现出鲜明的个人特色。第一，注重比较研究。拉嫡娜擅长通过比较研究来分析“李杨故事”并发掘李隆基和杨玉

① 拉嫡娜:《灵魂的风暴——〈李尔王〉〈梧桐雨〉比较研究》，硕士学位论文，华中师范大学，2009年。

② “Bellas que derrumban imperios：Yang Guifei y Malintzin，dos siluetas ante el huracán histórico”，pp. 147－163.

③ “The Story of Li and Yang and the Tang Dynasty Poets：the Beginning of a Millenary Literary Journey”，pp.147－160. “Muñecos históricos sobre la escena literaria. Las tempranas creaciones poéticas sobre la ‘Historia de Li y Yang’”.

环在不同文学作品中的形象塑造，进而进一步探究其背后的文化因素和民族心理。她的研究不局限于将“李杨故事”放置在中国历史和文学的框架中进行探析，更多的是将其与中国传统和文化之外的故事或人物进行比较，这使得杨贵妃这一在中国文化中具有重要价值的女性形象在世界历史和文学中占有了一席之地。第二，文学和历史并重。在研究与“李杨故事”有关文学作品的同时，拉嫡娜也查阅大量史书对这段历史的记载，兼顾文学和历史，互为补充。拉嫡娜发现，官方史料对杨贵妃“重视不足”，如《旧唐书》《新唐书》等史书中有关这段历史的记载多是对李隆基后期荒政以及杨家干政的愤慨，对杨贵妃的记载寥寥且内容趋于雷同。因此她认为，杨贵妃这一人物在很大程度上属于文学而不属于历史；她的真实形象不断被抹去，取而代之的是不同时期因不同目的而生成的含有大量虚构成分的历史故事，在中国诗歌、叙事、戏剧中不断被重构。

拉嫡娜在这一时期的译介作品以小说为主，主要包括（按发表时间先后顺序）：（1）《娇娜》（Jiaona）①。（2）《心爱的树》（El árbol más querido）②。（3）《瑞云》《书痴》《丑狐》（Ruiyun，El lector Obsesionado，La zorra fea）③。（4）《吹牛》（Inflando vacas）④。（5）《李谪仙醉草吓蛮书》（Li，el Inmortal Desterrado，inspirado por el vino，compone la misiva que hace temblar a los

① Dimitrova Radina、Pan Lien-tan（trad.），Pu Songling，“Jiaona”，*Estudios de Asia y África*，no.147（2012）：119－131.

② Dimitrova Radina（trad.），Jiang Yun，“El árbol más querido”，*Selección de la narrativacontemporánea china*，（Beijing：China Intercontinental Press，2013），pp.9－91. *Selección de la narrativa contemporánea china* 中译名为《中国当代中篇小说集》或《中国当代优秀作品集》。

③ Dimitrova Radina、Pan Lien-tan（trad.），Pu Songling，“Ruiyun，El lector Obsesionado，La zorra fea”，*Estudios de Asia y África*，no.154（2014）：457－473.

④ Dimitrova Radina（trad.），Hong Ke，“Inflando vacas”，*Colección de Obras Ganadoras del I Concurso de Traducción Internacional de China*，（Beijing：Foreign Languages Press，2015），pp.83－110. *Colección de Obras Ganadoras del I Concurso de Traducción Internacional de China* 中译名为《首届中国当代优秀作品国际翻译大赛获奖作品集》，由首届中国当代优秀作品国际翻译大赛组委会编写。“Inflando vacas”还收录在两部西班牙语小说集中，分别是：*La espada Rayo de Luna y otros cuentos*，（Madrid：Popular，2015）和 *Vidas II. Cuentos de China contemporánea*，（México：El Colegio de México，2019），pp.163－178.

bárbaros)[①]等。《娇娜》《瑞云》《书痴》《丑狐》是中国文言小说集《聊斋志异》中的名篇，这些故事反映出中国传统文化中“注重情义，不以盛衰相忘、媸妍易念”的价值观。《李谪仙醉草吓蛮书》源自中国白话短篇小说集《三言二拍》之《警世通言》，是拉嫡娜在2012—2014年哥伦比亚萨瓦纳大学(Universidad de la Sabana)“大卫·梅亚·维利拉”(David Mejía Velilla)国际文学奖竞赛中译介的作品，目前已独立成册出版。中篇小说《心爱的树》和短篇小说《吹牛》是中国当代小说的优秀代表，分获第四届和第二届鲁迅文学奖。《心爱的树》的作者蒋韵有多部作品曾被译为英语、法语、日语等在海外出版，《心爱的树》(El árbol más querido)是她的作品第一次被译为西班牙语。拉嫡娜称这部小说既是文学的想象，也是文化的探索，其中包含的大量文化因素和成语俗语的应用，既充分展现了汉语语言和中国文化的魅力，也大大增加了译介的难度。她对小说中涉及历史人物、地理名称、文学典故、生活习俗等诸多方面的文化因素进行了详尽考察[②]，并以注释的方式对这些文化因素加以说明，为读者提供有益的参考。

二、2017年至今：中国现当代诗歌译介和汉语语言文化研究

2017年至今可以看作是拉嫡娜学术历程的第二阶段，这一阶段她的学术成果主要体现在两个方面：一是中国现当代诗歌译介，二是汉语语言文化研究。

这一时期，拉嫡娜译介了大量中国现当代诗歌，个人译著代表作主要包括(按发表时间先后顺序)：(1)《灰光灯》(*Luz de cal viva*)[③]。(2)《我的前生是一个补鞋匠　诗歌2016—1982》(*En mi vida anterior fui zapatero.*

---

① Dimitrova Radina (trad.), Feng Menglong, “Li, el Inmortal Desterrado, inspirado por el vino, compone la misiva que hace temblar a los bárbaros”, *La Peste*, no.34 (2019): 14-16. 该译作于2022年由墨西哥国立自治大学(México: Universidad Nacional Autónoma de México)独立成册出版，为西汉双语读物。

② Dimitrova Radina, “Referencias culturales y cuatrisílabos: retos en la traducción chino-español. Tomando como ejemplo la novela corta El árbol más querido”, *América Latina y El Caribe y China-Historia Cultura yAprendizaje del Chino 2015*, (2015), pp.233-250.

③ Dimitrova Radina (trad.), Wang Yin, *Luz de cal viva*, (Buenos Aires: Editorial Catálogos, 2018).

Poemas2016—1982）[①]。（3）《诗人的工作》（*El trabajo del poeta*）[②]。

西语诗集《灰光灯》（*Luz de cal viva*）和西汉双语诗集《我的前生是一个补鞋匠　诗歌2016—1982》（*En mi vida anterior fui zapatero. Poemas2016—1982*）是中国当代诗人王寅（1962—　）的诗选译作，其诗作均由拉嫡娜遴选并译介。王寅是80年代崛起的中国“第三代诗人”中的代表人物，其诗作曾被译为英文、法文、德文、挪威文、波兰文、日文、韩文、蒙古文等在世界各地传播。《灰光灯》（*Luz de cal viva*）是王寅的作品首次被译成西班牙语，也是拉美的首部王寅作品西语译本。《我的前生是一个补鞋匠　诗歌2016—1982》（*En mi vida anterior fui zapatero. Poemas 2016—1982*）自2021年4月起在拉美、美国、欧洲三地出版发行，将中国当代诗歌的韵味传播至智利、墨西哥、厄瓜多尔、阿根廷、美国、西班牙等十数个国家。《诗人的工作》（*El trabajo del poeta*）是拉嫡娜诗歌译介的又一力作，西汉双语诗集，于2022年由智利南方大学（Universidad Austral de Chile）出版，原作者是中国当代诗人蓝蓝（1967—　）。拉嫡娜遴选诗歌并作序，她在书中这样介绍蓝蓝：“蓝蓝的诗歌节奏悠闲，又有着如河流一般的律动，在她独特的抒情氛围里，理性与感性兼备，表现力惊人。”2022年4月30日智利《南方日报》发表文章《蓝蓝，一位不为母亲扫墓的诗人》（Lan Lan，la poeta que no barrió la tumba de su madre），详细介绍了原作者蓝蓝及该诗集的发行。在与笔者论及这本译作时，拉嫡娜表示“希望一切西班牙文读者都能体会到蓝蓝诗歌的美妙、伤感、温柔与神秘”。

除了出版发行的个人译著，不少诗歌选集或合集也收录了拉嫡娜的诗歌译介作品，主要包括（按时间先后顺序排列）（1）《街灯》（*Farolas*）[③]。（2）《2017“译桥杯”中西诗歌翻译比赛佳作集》（*Colección de Piezas Finalistas*

---

① Dimitrova Radina（trad.），Wang Yin，*En mi vida anterior fui zapatero. Poemas 2016-1982*，（Chile：Aérea，Cuba：Ediciones Vigía，2021）.

② Dimitrova Radina（trad.），LanLan，*El trabajo del poeta*，（Valdivia：Ediciones Universidad Austral de Chile，2022）.

③ Dimitrova Radina，et al.（trad.），*Farolas I*，（Beijing：ForeignLanguages Press，2017），pp.166-172，pp.174-179. 该诗集收录拉嫡娜个人译作诗人蓝蓝的诗歌6首，与孙新堂合译诗人严力的诗歌7首。

del Concurso LinkChina de Traducción de Poesías Chino-Español 2017）[①]。（3）《夜幕下》（*Bajo el telón de la noche*）[②]。（4）《中国当代诗选》（*Poesía China Contemporánea. Antología*）[③]。（5）《海上的霞光》（*Un mínimo destello en el mar del atardecer*）[④]。（6）《封锁日志》（*Bitácora del Encierro*）[⑤]。（7）《山水无尽——来自长江的诗》（*Ríos y monañas*：*Poesía del Yangtzé*）[⑥]等。《海上的霞光》（*Un mínimo destello en el mar del atardecer*）是拉丁美洲及加勒比海地区首部大型西汉双语中国当代诗歌合集，作家网对该译著的首发仪式进行了报道，报道中评价该诗集"旨在代表中国当代诗歌的最高水平"，对促进中拉文化交流起到了重大推动作用，"其文学与历史意义均不容忽视"[⑦]。

---

① Dimitrova Radina，et al.（trad.），*Colección de Piezas Finalistas del Concurso LinkChina de Traducción de Poesías Chino-Español 2017*，（Barcelona：LinkChina，2017），p.19. 该诗集收录拉嫡娜参赛作品，诗人舒婷的诗歌《神女峰》。

② Dimitrova Radina，et al.（trad.），*Bajo el telón de la noche*，（Santiago：LOM Ediciones，2018），pp.88－107，266－271. 该诗集收录拉嫡娜个人译作诗人路内的诗歌1首和安琪的诗歌1首。

③ Dimitrova Radina，et al.（trad.），Sun Xintang、Zhou Sese，*Poesía China Contemporánea. Antología*，（Santiago：SIMPLEMENTE Editores，2019）. 该诗集收录拉嫡娜个人译作诗人北岛的诗歌2首、蓝蓝的诗歌3首、安琪的诗歌4首、刘畅的诗歌1首、许立志的诗歌1首、崔馨予的诗歌2首、与孙新堂合译译作诗人严力的诗歌3首。

④ Dimitrova Radina，et al.（trad.），*Un mínimo destello en el mar del atardecer*，（México：Universidad Autónoma de Nuevo León，2019），pp. 43－58，pp.251－265. 该诗集收录拉嫡娜个人译作诗人蓝蓝的诗歌6首，与孙新堂合译译作严力的诗歌6首。

⑤ Dimitrova Radina，et al.（trad.），Philippe Ollé-Bitácora，*Bitácora del Encierro*，（México：UAM-Cuajimalpa，2021）. 该诗集收录拉嫡娜个人译作诗人严力的诗歌3首和散文1篇、邓安庆的散文1篇、于坚的诗歌10首和散文1篇、巫昂的散文1篇（节选）、蓝蓝的诗歌2首、韩东的诗歌3首和散文1篇、林白的诗歌2首、杨炼的2首诗歌和1篇散文、阿乙的散文1篇。这些译作原发表在电子杂志Bitácora del Encierro上（https：//bitacoraencierro.org/），2021年收录于本诗集中出版。

⑥ Dimitrova Radina，et al.（trad.），*Ríos y monañas*：*Poesía del Yangtzé*，（Buenos Aires：Leviatán，2021）. 该诗集收录拉嫡娜个人译作诗人沉河的诗歌4首、邓翔的诗歌3首、非亚的诗歌2首、冯娜的诗歌3首、胡桑的诗歌2首、胡弦的诗歌2首、王寅的诗歌4首、黄梵的诗歌2首、庞培的诗歌3首、张执浩的诗歌3首、钟鸣的诗歌4首、周伦佑的诗歌2首、贺中的诗歌4首。

⑦《双语版中国当代诗选〈海上的霞光〉于墨西哥首发》，作家网（http：//www.zuojiawang.com/yishu/39673.html.）2019年10月29日阅览。

拉嫡娜的诗歌译作也常在西语各国特别是拉美国家杂志和媒体网站刊发转载。如，西班牙阿拉贡作协杂志特刊《档案》(*Dossier IMAN*)特邀拉嫡娜在其译介的诗歌中遴选了32位中国诗人的作品，做成第七期《21世纪中国诗歌》专辑[①]；智利比森特·维多夫罗(Vicente Huidobro)基金会电子版杂志《阿尔塔佐》(*ALTAZOR*)刊载了她译介的7首安琪的诗歌[②]和9首王寅的诗歌[③]；由墨西哥大学支持的诗歌报《劳特拉》(*LAOTRA*)在"另有之诗"(Revista La Otra)中国百年诗歌专刊刊登了由拉嫡娜译介的5首安琪的诗作[④]，该报还曾发表文章《谈论生活　蓝蓝》(Plática sobre la vida. Lan Lan)，并同文刊发由拉嫡娜译介的5首蓝蓝的诗歌[⑤]；由墨西哥国立自治大学主办的《诗歌报》(*Periódico de Poesía*)在第78期、80和81期、85期、91期、96期、101期分别发表了由拉嫡娜译介的北岛、许立志、崔馨予和刘畅、蓝蓝、严力、安琪(与孙新堂合译)的诗作[⑥]；委内瑞拉诗歌和诗歌理论杂志《诗歌》(*Poesía*)刊登了由拉嫡娜译介的9首王寅的诗歌[⑦]，该杂志的通讯员遍及西班牙、德国、巴西、阿根廷、智利、哥伦比亚、厄瓜多尔、乌拉圭8个国家，在拉美地区很具影响力。

近两年来，拉嫡娜的研究重点开始转向汉语语言文化。她参与译写了中国文化艺术系列图书《中国美术》(1—4册)(*Historia del arte chino*，*Tomos I*-IV)[⑧]。中文版《中国美术》于2010年由人民大学出版社出版，由多位当代知名美术家集体撰写，是一部介绍中国艺术的宏篇巨著。作品1—4册分先秦至两汉、魏晋至隋唐、五代至宋元、明清至近代四个阶段，介绍了中国美术的发展过程与艺术成就，包括建筑、雕刻、壁画、绘画与书法、工艺美术

① https://www.academia.edu/50807294/Radina_Dimitrova_trad_China_XXI_32_Poetas_chinos_Dossier_IMAN_7_ISSN_2255_145X.

② https://www.revistaaltazor.cl/an-qi-2/?fbclid=lwAR2pUhq5bwP49Wa4fmFGIbifYZTL2ENCiUg4Y175DKB1JOOtX26YNJPbyEo.

③ https://www.revistaaltazor.cl/wang-yin-2/.

④ https://www.laotrarevista.com/2021/11/muestra-poetica-de-an-qi/.

⑤ https://www.laotrarevista.com/2020/11/platica-sobre-la-vida-lan-lan/.

⑥ http://www.periodicodepoesia.unam.mx/index.php/4468.

⑦ https://poesia.uc.edu.ve/w_yin/.

⑧ Dimitrova Radina，et al.(trad.)，Li Song、Jin Weinuo、Xue Yongnian、Zhao Li、Shang Gang、Shan Guoqiang，*Historia del arte chino*，*Tomos I-IV*，(México：Universidad Veracruzana，2020－2021).

等，展现了历史悠久的中华文明在不同时期的辉煌艺术成果。拉嫡娜分别译介了1—3册书中“秦汉建筑与雕塑（Arquitectura y escultura de las dinastías Qin y Han）”“绘画（Pintura）”“工艺美术（Artesanías）”的章节内容，并作为顾问依据中文原版对全书进行审校。该书在“一带一路”学术出版联盟支持下，由墨西哥韦拉克鲁斯大学（Universidad Veracruzana）出版。韦拉克鲁斯大学评论该书不仅展示了中国文化，而且拉美读者在阅读此书时会发现中国艺术与拉美艺术和艺术表现形式的相似之处[①]。拉嫡娜本人也曾提及，2022年4月29日人民大学在韦拉克鲁斯洲举办的《中国美术》介绍活动中评价该书“是涉及中国艺术的最佳西班牙文著作”。目前，拉嫡娜正忙于新作《中华思想文化术语》（*Pensamiento y cultura de China. Conceptos históricos y filosóficos*）的编写和《新华字典（汉西）》（*Diccionario de caracteres chinos Xinhua，chino-español*）的校对与审核，两部著作分别由墨西哥国立自治大学和北京外国语大学外语教学与研究出版社出版。

三、拉嫡娜对中国文化在拉美地区传播的影响

自“一带一路”倡议提出后，中国与拉美各国的交流日趋加深。2016年是中拉文化交流年，是中拉关系第一次将文化提高到与政治和经济同等重要的地位[②]，中国文化在拉美各国的传播开启了新篇章。拉嫡娜作为拉美地区汉学研究的中坚力量，对中国文化在拉美地区的传播产生了积极的影响。

第一，有利于提升拉美地区汉语文学文化作品的译介质量。长期以来拉美读者接触到的汉语作品多从其他语种转译，从汉语直译的作品较少，因而作品质量往往不高。究其原因，或是因为拉美地区的汉学家是翻译中国文学文化作品的最理想人选，然而根据2017年3月公布的“世界汉学家数据库”[③]显示，在全球5925位汉学家中拉美地区仅21人[④]，且从事中国问题研究的居

---

① https：//www.uv.mx/editorial/resenas/la-historia-del-arte-chino-en-cuatro-tomos/.

② 郭存海：《中国的国家形象构建：拉美的视角》，《拉丁美洲研究》2016年第5期。

③ 该数据库于2017年3月发布了文中汉学家信息，目前网页显示“正在建设中”，尚未见更新数据发布。

④ 楼宇：《中国对拉美的文化传播：文学的视角》，《拉丁美洲研究》2017年第5期。

多，专注于文学作品研究与译介的屈指可数[①]。拉嫡娜中文功底深厚，精通西汉双语，对汉西翻译有着独到的见解，译介作品广受好评。她提出了“透明的翻译”这一翻译理念，主张翻译应该完全按照作者的意图来进行表达，以直译的方式尽可能保持源文的语言特色，诚实、直接地传达作品中蕴含的情感，降低翻译对读者的干扰，让作品直接与读者“对话”。[②]同时，她非常重视发掘作品中的文化因素，强调汉语作品中包含的文化因素是外国读者阅读和理解作品的难点，译者有义务帮助读者解开其中的文化之谜。[③]她认为翻译的意义在于使不同地区、不同文化之间得以交流，被国内媒体誉为“立于智慧与审美十字路口的译者”[④]。

第二，有利于丰富拉美地区汉语文学文化作品的种类和数量。根据中国外国文学学会西葡拉美文学研究分会常务理事、秘书长楼宇在2017年所做的调查，在拉美传播较广、受关注度较高的中国文学类图书以中国古代诗歌和古典名著为主，现当代文学的译介严重不足，仅有鲁迅、莫言、余华、王安忆、麦家、阎连科等为数不多的作家的作品被译介到拉美地区，因此他认为中国文学在拉美的传播尚处于“拓荒”阶段。[⑤]拉嫡娜的研究和译介范围广泛，涉及中国古代文学、中国当代文学、中国语言文化等，译介的文学作品从中国古代、近现代直至当代，囊括了唐诗、元代杂剧、明清小说、现当代诗歌、当代小说等诸多体裁，涉及白居易、冯梦龙、蒲松龄等近10位古代文学家和王寅、蓝蓝、北岛、许立志、蒋韵、莫言、贾平凹、红柯、郭敬明等50多位当代诗人和作家，其中蒋韵、王寅等人的作品都是第一次被译成西班牙语。她丰硕的研究成果和丰富的译介作品为拉美读者了解中国历史、传统文化、社会生活打开了一扇窗。正如她在访谈中说到的，她在选择译介作品时会“协调古代、近现代和当代文学，权衡不同题材作品对拉美读者的感染力和传播力”[⑥]。近年来她还出版或即将出版中国语言文化类图书，可以说她

① 彭佳:《中国当代文学走进拉美的路径——以拉美文学在中国的传播经验为借鉴》，《今古文创》2021年第46期。

②《拉嫡娜（墨西哥）：“透明的翻译”》，中国文化译研网（http://www.cctss.org/article/headlines/6513），2021年12月28日阅读。

③ “Referencias culturales y cuatrisílabos：retos en la traducción chino-español. Tomando como ejemplo la novela corta El árbol más querido”，pp.233－250.

④《拉嫡娜：立于智慧与审美十字路口的译者》，《全国新书目》2015年第12期。

⑤ 楼宇:《中国对拉美的文化传播：文学的视角》，《拉丁美洲研究》2017年第5期。

⑥ 刘旭霞:《拉嫡娜：走在中国文化传播之路上》，《人民日报》2020年8月3日。

的研究和译介一定程度上推进了中国文化在拉美传播的“拓荒”历程。

总之，拉嫡娜在汉学研究域领域已经取得了许多重要的学术成果。她的研究成果与译介作品不仅仅通过书籍、杂志、报刊等形式发行传播，还在各电子杂志和媒体网站发表转载，在拉美地区广为流传，特别是在墨西哥、委内瑞拉、哥伦比亚、智利、阿根廷等国反响积极。她将中国文化的方方面面通过文字展现在拉美读者面前，为中国文化在拉美地区的传播带来了积极的影响。

雷　妍　贵州医科大学外国语学院讲师
北京语言大学英语系在读博士生

塞尔维亚汉学研究现状述略*

龙　芸　程　婷

摘　要：当代塞尔维亚的汉学研究起于1955年中国与南斯拉夫社会主义联邦共和国建交，本文主要探讨了当代塞汉学研究的发展，选取了三位具有代表性的汉学家为例，他们分别是出生于20世纪60年代的普西奇·拉多萨夫、出生于70年代的约万诺维奇·安娜、出生于80年代的格莱迪奇·叶莲娜。通过对三位不同时期的汉学家代表的研究的梳理和介绍，讨论了当代塞汉学的研究现状与代际特征，并且分析了汉学研究还存在的问题及原因。

关键词：塞尔维亚　汉学研究现状　三个不同时期的代表人物

塞尔维亚是位于东南欧的一个国家，有大约700万人口，是前南斯拉夫主要成员国之一。由于前南斯拉夫的汉学研究中心设立在塞的首都贝尔格莱德，塞汉学研究得到空前发展，汉学家的队伍也在不断地壮大。

纵观国际汉学发展史，汉学家对中外关系的影响较大且直观，他们是中外交流的重要桥梁。他们以自己的视角来研究中国文化，为中国文化的海外传播做出了贡献。这里借鉴胡适先生的一句话，我们可以把塞的汉学研究比喻成一位任人打扮的小姑娘，汉学家们想怎么打扮，就可以怎么打扮。

当代塞汉学研究是从中国与南斯拉夫建交之后开始的，考虑到汉学家的成长需要年限，因此本文选取了出生于三个不同年代的汉学家作为主要研究对象。分别是出生于20世纪60年代的普西奇·拉多萨夫（Radosav Pušić，1960—），20世纪70年代的约万诺维奇·安娜（Ana Jovanović，1976—），20世纪80年代的格莱迪奇·叶莲娜（Jelena Gledić，1983—）。

由于从事汉学研究的时间不同，而且不同年代汉学家由于所处年代背景

* 本文为2022年度北京语言大学引智项目“跨学科时代语言研究的理论与方法”。

不同，所从事的与中国相关问题的兴趣点和出发点都不相同，因此这样的划分也与当代塞汉学研究现状相吻合。通过对这几位不同时期汉学家代表的研究的梳理与概述，讨论了当代塞汉学研究的现状，并且分析了汉学研究的代际特征，最后指出了当前塞汉学研究所存在的问题及原因。

一、普西奇·拉多萨夫：现阶段汉学研究的领军人物

拉多萨夫是当代塞汉学研究的领军人物。1985年至2001年间，他先后在贝尔格莱德大学、北京语言大学、南京大学学习哲学和汉语，并于2001年在贝大获得博士学位。

拉多萨夫有着极强的学术号召力和出色的学术活动组织能力。他除了塞汉学家这个身份外，还有一个重要身份，那就是贝尔格莱德大学孔子学院的塞方院长。贝尔格莱德大学孔子学院是塞尔维亚第一个孔子学院[①]，从2006年成立至今，拉多萨夫一直担任塞方院长。

拉多萨夫在大学本科期间和博士期间都与哲学相关，因此，他的大部分汉学研究和东方哲学相关。从1991年起，拉多萨夫在中、塞、美、英等国有影响的学术刊物上发表了100多篇学术论文和多本著作，其中具有代表性的论文和文集有《婴儿与水：老子的道》《老子宇宙观的探讨》《论老子的"无"》《宇宙的纹理：中国古代哲学思想对美的认识》《中国古代哲学中的象形文字和美的概念》以及《道德经》《中国古代四大哲学家》等汉译塞作品，深受读者喜爱。[②]

哲学和宗教是紧密相连的，拉多萨夫的哲学研究也体现了他对于宗教的思考。他于2009年发表了《中国与西方：上帝与爱》[③]，这部具有思辨性的作品描述的是东方与西方之间信仰的差别，中国由于几千年的农耕文明偏向于信奉祖先，而西方人则认为上帝才是众神之首。除此之外，他在《贝尔格莱德孔子学院期刊》上发表了很多以叙述为主的文章，包括《中国新石器时代

① 塞另外一个孔子学院是塞诺维萨德大学孔子学院，于2014年成立。

②《中国古代文化是人类智慧的源泉——访塞尔维亚贝尔格莱德大学普西奇博士》，《光明日报》，2013年9月23日08版。

③ Pušić，R.，Кина и Запад：бог，љубав и остало，*у зборнику Модерна Кина и њена традиција*，（Београд，2009），стр.165－173.

晚期》[①]《汉字：世界观，2020》[②]等。

拉多萨夫作为目前塞汉学研究的泰斗人物，不仅研究汉学时间长，涉及范围广，研究有深度，而且他还积极参与到对中文和中国文化的推广活动中来。拉多萨夫在习总书记2016年访塞期间汇报学习中国文化的成果，他还特地为习总书记准备了一份特殊的礼物——用中、英、塞三种文字出版的《贝尔格莱德孔子学院期刊》[③]一套。在他看来，“让更多的塞尔维亚人爱中国、爱中文，将塞地区对中国文化和文明的爱好者联系起来，也正是拉多萨夫和孔子学院正在做的事情。”

二、约万诺维奇·安娜：中青年汉学家的杰出代表

作为当代青年汉学家的著名代表，安娜她刚开始的主要研究方向是语言学，包括汉语词汇，认知语言学，文化语言学，随后慢慢地她也同时研究汉学，她的语言学功底也为之后的汉学研究打下了坚实的基础。

安娜于1999年毕业于贝尔格莱德大学中文专业。1996—2010年期间先后获得中国政府奖学金资助，前往山东大学现代汉语专业进修，并在北京师范大学汉语言文字学专业获得硕士、博士学位。

她出版的作品（包括翻译作品）涉及多个领域，涵盖了中国古代哲学、中国近现代文学。2013年安娜翻译的莫言长篇小说《蛙》（*Žabe*）是她的一部重要的翻译作品[④]，《蛙》的塞文译文获得第一届Ljubiša Rajić首部长篇文学作品翻译奖和第26届萨拉热窝国际书展最佳译文奖。

除了翻译莫言的作品之外，她还发表了与莫言相关的塞语文章，包括《在梦想与现实的拥抱里：莫言的高密》（*Мо Јенов Гаоми.Сан о граду*）[⑤]，文

① Pušić，R.，“Rezanci kineskog kasnog neolita”，*Алманах Института Конфуције III-IV*，Филолошки факултет у Београду，Институт Конфуције，Београд，（2011）.

② Pušić，R.，“Kineski karakteri：pogled na svet”，*Алманах Института Конфуције XXI-XXII*，Филолошки факултет у Београду，Институт Конфуције，Београд，（2020）.

③《贝尔格莱德孔子学院期刊》（*Алманах Института Конфуције*）一年发行两期，设置不同的板块，包括“中国与世界”“中国和塞”“中国作家的笔下”“汉语和文字”“有趣的中国”，从不同的角度介绍中国文化，推广汉语。

④ Mo Jen，安娜trans.，*Žabe*（蛙），Beograd：Laguna，2013.

⑤ У загрљају маште и реалности—*Мо Јенов Гаоми.Сан о граду. III：зборник радова.*［*ed.Александра Вранеш*］（2020），pp. 293－306.

中安娜分析了莫言的小说《蛙》与《檀香刑》以及散文《会唱歌的墙》中对莫言故乡高密的描写，通过对莫言所处的胡同、房屋、庙宇的描述，来表明莫言散文中的高密不仅仅是真实的存在，而且是一个充满传奇、风土人情和艺术的地方。

从安娜所出版的作品来看，不仅有翻译作品，而且也涉及对历史人物的深度挖掘，比如在《康有为的塞游记》①，文章写出了康有为对塞首都的看法，以及他对该国政治、历史和经济形势的看法。这也表明安娜对中国的历史进行过深度挖掘。

现在她作为塞知名汉学家，正担任北京语言大学一带一路研究院特约研究员，负责世界汉学家口述中文和中华文化海外传播史的研究，时间到2022年6月。

三、格莱迪奇·叶莲娜：汉学研究的后起之秀

叶莲娜于1983年出生于贝尔格莱德。2006—2007学年，她获得中国政府全额奖学金在南京大学进修一年，学习汉语、语言学、历史、哲学、艺术和电影课程。她还是欧洲汉学家协会（EACS）的成员。

作为80后的新生代汉学家，她的汉学研究兴趣领域包括哲学、传播理论、文化和电影、语言学。她对于汉学的研究是处于整个亚洲语言文化背景中的，尤其是在东亚文化之中。她在《混合种族：当今对东亚身份的看法》②一文中提到当前西方世界对东亚的主流看法：虽然东亚有不同的国家，但是整个东亚有共同思想和价值观，一种共同的世界观，因此将东亚视为一个相对同质的整体。

在中国古代哲学思想的研究方面，她的研究涉猎广泛，主要以儒家思想为中心。在2012年出版的《空虚感：一种跨学科的方法》一书中第二章《儒

---

① Fidan, G., Jovanovic, A., “Kang Youwei’s Visit to Serbia/Kang Youwei’in Sirbistan Seyahati”, *İstanbul Gelişim* Üniversitesi *Sosyal Bilimler Dergisi*, *2*（1),（2015）: p. 101.

② Gledić, J., “Blending Ethnicities: Perceptions of East Asian Identities Today”, *Social Commentary on State and Society in Modern Japan*,（2016）: стр. 155–176.

家中的空虚》[①]，叶莲娜对儒家思想中的“空”这个概念进行了基本介绍，同时对儒家思想观点及其在当今中国的地位进行了考究，然后分析了儒家实践及其方法论和话语中“空”的位置，并在道教和佛教中简要概述了类似的概念。

在对于《易经》的翻译作品——《欧洲易经研究》(The Study of the Book of Changes in Europe)[②]，叶莲娜对里面的“阴”“阳”等哲学词的把握是到位的，可见叶莲娜对于古汉语的研习考释能力之强。

叶莲娜还是个中国电影迷，在2006年到2012年之间出版的有关中国电影的文章就有5篇。其中以《电影审查与亲密画面的跨文化概念:〈色·戒〉不同版本中的亲密构成》(*Film Censorship and Cross-Cultural Concepts of Intimacy and Love*: *Constituents of Closeness in Different Versions of*“*Lust*, *Caution*)[③]，2010”这篇文章最具代表性。

文章旨在通过探索礼仪规范来加强跨文化交流。叶莲娜以《色·戒》这部电影为例，文中表述了由于东西方社会文化背景的不同使得在描绘爱情、亲密关系和浪漫关系的其他复杂方面时采用的方法不同。叶莲娜的研究对我们另一个启发是还可以以此来估计中西方亲情和爱情概念的范围和特征。

近年来，叶莲娜对于汉学的研究和重要贡献体现为在当前国际形势下，对中塞关系的研究。作为一带一路沿线国家，中塞交往日益变得密切。叶莲娜在《“一带一路”倡议下中塞关系的发展：打造“铁的友谊”》(*The Development of Sino-Serbian Relations under the Belt and Road Initiative*: *Forging the* ‘*Iron Friendship*’, *2019*)[④]一文中阐述了中塞之间的友谊历程。她通过实证数据追溯中塞关系的发展历程，强调密切和长期友谊思想的中塞

---

① Gledić, J.,“Emptiness in Confucianism”, *Sense of Emptiness*: *An Interdisciplinary Approach*, (2012): стр. 14−31.

② Gledić, J., Јулијан К. Шуцки: Истраживања „Књиге промена, (Iulian K. Shchutskii: The Study of the Book of Changes in Europe), *У Алманах Института Конфуције у Београду*, Изабрани делови теоретске књиге, IX-X (2014): стр. 67−97.

③ Gledić, J.,“Film Censorship and Cross-Cultural Concepts of Intimacy and Love: Constituents of Closeness in Different Versions of“Lust, Caution”, *Revista de Estudos Chineses*, no. 6, (2010): стр, 151−168.

④ Gledić, J.,“The Development of Sino-Serbian Relations under the Belt and Road Initiative: Forging the ‘Iron Friendship”, *Stosunki Międzynarodowe-International Relations*, 3 (55), (2019): стр. 21−36.

文化关系是在政治和经济合作增加后才开始的“一带一路”倡议中得到逐步增强的，这才有了所谓的“铁之友谊”。

四、当代塞尔维亚汉学研究的现状与特征

（一）塞汉学研究的现状

由于中西文化交流的不断加强，中塞交往也日益密切。塞尔维亚不仅对中国的政治经济有浓厚的兴趣，对这个东方伙伴的文化更是感兴趣和着迷。“一带一路”的建设，使得其与中国之间也进一步形成了铁杆关系。

从出生于不同年代的汉学家所关注的方向可以看到，当代塞汉学研究范围广泛，包括了中国现当代历史和古代历史研究，语言文化与哲学研究、政治经济与国际关系研究以及当代中国社会问题研究，年轻的汉学家也从更加多元的角度来解读汉学，比如安娜的中塞人体词对比研究，叶莲娜的新儒家研究和中国电影研究。

当代塞汉学研究大多数还是传承了传统的欧洲汉学研究的研究方法，最典型的就是对中国历史和中国文学作品的翻译是最热门的两个研究方向。把中国的书籍和经典文章作品翻译成塞文一直以来都是塞汉学研究的重要组成部分。得益于塞当代汉学家们较强的语言学研究背景，塞当代汉学研究有不少作品是关于中文语言学的研究，包括汉字的字音、字形以及概念引申。这些语言学习书籍和论文的出版也成为塞当地人民学习中文的重要渠道。

中塞关系的研究，是近年来最热门的汉学研究话题，综合文献我们可以发现塞的汉学研究虽然涉猎广泛，但是里面的核心脉络是不变的，那就是中塞友好关系的推动。

（二）塞尔维亚汉学研究的代际特征

塞当代汉学家相较于较早年代的汉学家，绝大多数都有来华留学的经历，他们中的有些人还在中国获得硕士、博士学位。他们来中国学习要么以学习汉语为目的，要么崇尚中国文化，学习中国哲学等专业。近年来随着孔子学院的建立，以及中国政府的奖学金，有越来越多的塞留学生来到中国学习，他们学成归国之后，也有部分人开始从事了汉学研究，这也为塞汉学研究注入了强大的后续力量。

尽管或多或少出于相似的目的研究汉学，但是出生于不同年代的汉学家由于经历不同，所处的中塞关系环境背景也有不同，因此在汉学研究的聚焦

点上也有诸多区别，显示出不同年代群体的代际特征。这一点也与本文中塞汉学的领军人物拉多萨夫、安娜、叶莲娜他们的研究方向和特征相吻合，因此将当代塞汉学家划分为20世纪60年代、70年代、80年代三个年代是科学的。

出生于20世纪60年代的汉学家，如拉多萨夫，他出生于1960年，那时候正值中南重新建立关系5年后，虽然那时两国建立了联系，但是有历史资料清楚地表明，两国关系受到动荡的国内和国际政治以及两国领导人的影响。80年代的经济危机和南斯拉夫民族主义的兴起进一步加剧了这种情况。这就是当时与中国所处关系的背景。

当时，虽然时年16岁（1976年）的拉多萨夫对《道德经》感兴趣，但是刚开始他的研究属于"闭门造车"形式的，因为那时候基于当时的背景，他的研究只能在书斋中进行，无法"走出去"，直到80年代中后期，两国关系逐渐加强，他终于走出国门，来到南京大学学习，因此我们可以看到拉多萨夫发表的较有影响力的作品往往出现在90年代之后。

对于出生在1976年的安娜来说，那时候正值中国的改革开放初期。与此同时，从安娜出生直到安娜来中国交流学习前，塞尔维亚有三个需要引起注意的社会现象和事件；一、90年代，塞受到经济制裁，廉价的中国商品在塞出售帮助塞渡过经济难关；二、1999年北约对中国驻南联盟大使馆的轰炸；三、由于匈牙利移民政策的缩减，中国移民从匈牙利涌入塞，这些都使得塞人民对华人的普遍看法是负面的。这种看法之后慢慢改变是由于中国的经济崛起。

相比之前的拉多萨夫和安娜，出生于20世纪80年代的叶莲娜无疑幸运得多。中国的经济崛起在塞人民心里激起涟漪，从2010年开始，中国的经济体量就稳居世界第二大经济体的位置，而且增长势头迅猛。"一带一路"的建设，塞是一个重要的节点国家，在此基础上，塞更多地宣传了与中国的"铁杆友谊"，还使得塞成为欧洲第一个对中国免签的国家。

这样的背景下，叶莲娜的汉学研究有着前人的传统研究，同时也将她近年来的研究重点放在了对中塞关系的研究上。国家之间的关系影响汉学研究也成为世界汉学家们的一个普遍共识。

经过仔细对比不同汉学家的研究，还发现：不同代际的汉学家的研究不是断层的。比如米拉[①]和安娜共同完成了对张爱玲《倾城之恋》三部曲的翻译。此外还有多项研究也是不同代际汉学家共同参与完成，这表明了塞的汉学研究在不同代际之间也有老带新的现象，而且年青一代的汉学家在较年长的汉学家的基础上还会有更多方面的研究。

五、当代塞尔维亚汉学研究还存在的问题及其原因

从1955年南斯拉夫时期的塞与新中国建立外交关系以来，塞汉学研究已经走过了66个年头了，塞的汉学研究取得了巨大的进步。一方面，中国古代文哲学作品和现当代文学作品的塞语译本数量不断增多。另一方面，有关中国当代政治经济文化的作品也方兴未艾。然而，在蓬勃发展的过程中，我们看到当代塞汉学研究的一些问题与不足。

第一点，目前来看，汉学家队伍的整体数量规模比较小。虽然前南斯拉夫的汉学中心建在贝尔格莱德，使得塞汉学研究可以近水楼台先得月，但相对于其他欧洲大国，塞有着天然的弱势——人口总数相对来说比较小，因此导致汉学家的队伍也并不庞大，这也制约着塞汉学的发展。

第二点，研究的深度不足。当代塞的汉学研究在涉及面上已经比较广泛，在不同的领域也都提出了各自的新观点。但总的来看，大部分的汉学研究旨在推广汉学层面，主要体现在介绍和说明的范畴内，浅尝辄止，在思想深度方面的挖掘不够。甚至有些汉学相关作品只是为了追求热点，内容质量不佳。

这些问题的出现，究其缘由，既有历史原因，也有现实因素。塞所处的巴尔干半岛，历来都是多事之地，素有“火药库”之称。在这里，由于地处交通运输要道关口，历来都是兵家必争之地。我们熟知的第一次世界大战的导火索事件——“萨拉热窝事件”便是发生于此。在这片55万平方公里（相当于我国新疆维吾尔自治区三分之一大小的面积）的土地上，就有包括塞尔维亚、斯洛文尼亚等11个国家的全境和部分地区。这里民族众多，而且历史上从来没有出现某个民族所引领的大一统时代。由于民族矛盾、文化差异等带来的宗教冲突和政治纠纷等不稳定因素都制约着这里的汉学的发展。南斯

① 帕夫诺维奇·米拉（Mirjana Pavlović，1969—　），塞汉学家，曾在北京语言大学学习现代和古典汉语、中国文学和中国历史课程。

拉夫的汉学研究中心设在塞首都贝尔格莱德，本来这可以让塞汉学研究在学科建设起到引领性的作用，但之后南斯拉夫解体，科索沃战争与黑山共和国的独立这一系列事件，都使得塞汉学研究在那段时间里举步维艰。

当前中塞关系，用塞媒体所表达的那样“Iron Friendship”（铁杆友谊），这一点为中塞双方合作建立孔子学院提供了政治基础，并为塞当地培养了很多能讲汉语的复合型人才，也为即将来华的塞留学生打下汉语基础。但就目前孔子学院的课程来看，主要聚焦在语言教学和翻译训练，对有关中国历史、文化以及当前中国的热点社会问题的研究还较浮于表面。

结 语

当代塞尔维亚的汉学研究从1955年中塞建立关系至今经过将近70年的发展，获得的进步巨大，取得的成果丰硕，也出现了很多优秀的汉学家。虽然与传统欧洲大国的汉学研究相比还存在较大的可追赶空间，但现在的稳定并持续向好的中塞关系使得塞未来的汉学研究令人充满期待。随着越来越多的年轻人学习汉语和中国文化，必将涌现一大批学子来华深造，这也一定会不断充实和壮大现今塞汉学家队伍，塞汉学研究也必将更上一个台阶。

龙　芸　贵州医科大学外国语学院教授
程　婷　贵州医科大学外国语学院讲师，北京语言大学博士研究生

·日本汉学（中国学）研究·

《群书治要》东传日本及其历史影响*

刘余莉　聂菲璘

摘　要:《群书治要》是一部汇集了六经至诸子中古圣先王治国理政智慧精华的匡政巨著，为大唐盛世奠定了思想理论基础。唐玄宗天宝年间，日本遣唐使将其携回。由于《群书治要》重要的思想价值以及与盛世产生的内在联系，这部书被历代皇室、公卿所重视，并且经历了从皇室向民间逐渐普及的流传过程。从国家治理到思想传播，从汉籍出版到学术研究，《群书治要》很多方面都产生了深远的影响。《群书治要》东传日本的历史意义还体现在，它为中国保存下了这部珍贵却又亡佚的“帝王学”教科书，并几次将其传回中国，使这部治世宝典在当今时代继续发挥“古镜今鉴”的重要价值。

关键词:《群书治要》　东传　日本　历史影响

2022年习近平主席致新年贺词时的右手边书架上，出现了一部极其珍贵却又鲜有人问津的经世之作——《群书治要》。其实早在2015年，这部书就已出现在习主席新年贺词的书架上了。

《群书治要》是唐太宗为求治国良策而令魏徵等社稷之臣，以“务乎政术”“本求治要”为宗旨，整理历代帝王治国资政史料，从五帝至晋年之间经、史、子部典籍之中，撷取有关修身、齐家、治国、平天下之精要，汇编而成的匡政巨著，成书于贞观五年（631）。唐太宗阅读手不释卷，感慨“览所撰书，见所未见，闻所未闻，使朕致治稽古，临事不惑”①，并赐太子诸王作为从政龟鉴。《群书治要》不仅是魏徵向唐太宗进谏的重要理论依据，也是唐太宗创建“贞观之治”的思想源泉和理论基础。遗憾的是，《群书治要》

---

* 本文为国家社会科学基金一般项目“《群书治要》中的德福观研究”的成果，批准号（19BZX123）。

① 刘肃:《唐新语》卷九《著述》，景印文渊阁《四库全书》总第1035册，台北：台湾商务印书馆，2008年，第363页下。

传至南宋只余十卷残帙，《元史》已不见著录。这部书虽然在中土亡佚，但有幸在唐朝时被遣唐使携回日本保存并流传，成为日本学习中华文化的重要典籍。

1996年春，我国原驻日大使符浩先生通过日本皇室成员获得一套影印天明版《群书治要》，由关学研究专家吕效祖等对其点校考译。《群书治要考译》的编纂受到了老一辈无产阶级革命家习仲勋老先生的亲切关怀。2001年2月25日，习老先生亲笔为《考译》一书题词“古镜今鉴”，为继承和弘扬这部治世宝典提供了有力的思想指南，为其在当代的弘扬和传播揭开了新的篇章。据统计，《习近平谈治国理政》（第一卷）中的用典来自《群书治要》的有82条之多。党的十八大之后，习近平总书记提出的一系列治国理政的新思想和新理念也都可以从《群书治要》中找到其思想渊源。①

《群书治要》是中日两国人民友好往来的见证，也是中日两国文化交流的结晶。梳理《群书治要》东传日本的来龙去脉，探究此书在日本的流传及影响，是一项重要的学术课题，具有历史及现实意义。

一、《群书治要》东传日本

史料没有明确记载《群书治要》东传日本的时间及途径。尾崎康认为是奈良（710—784）至平安（794—1185）初期传入。②金光一认为奈良时代天宝遣唐使（唐玄宗朝）和平安时代贞元遣唐使（唐德宗朝）携回此书的可能性较大。③笔者在前人研究基础上，深入史料进一步分析了两次东传的历史时机，认为天宝遣唐使一行最有可能将《群书治要》携回日本。

天宝遣唐使是日本第十一批遣唐使，由孝谦天皇于天平胜宝二年（750）任命，藤原清河任大使，大伴胡万和吉备真备任副使，天平胜宝四年（752，唐天宝十一年）闰三月出发，次年天宝十二年（753）三月藤原清河敬献方

① 刘余莉：《〈群书治要〉与百年大党》，载李文堂、董山峰主编《文化经典与中国共产党》，北京：中国方正出版社，2021年，第114—127页。

② 尾崎康：「群書治要とその現存本」、『斯道文庫論集』第二十五輯、東京：慶應義塾大學附屬研究所斯道文庫、1990、第121頁。

③ 金光一：《〈群书治要〉研究》，博士学位论文，复旦大学中国古代文学专业，2010年，第49—57页。

物，六月朝见唐玄宗。天平胜宝五年至六年（753—754）回到日本。[①]金光一据《东大寺》所引《延历僧录》的记载分析，本次遣唐使受到了唐玄宗热情隆重的接待，特别是副使吉备真备拜秘书监，并由朝衡（阿倍仲麻吕）任使团参观向导，获赐进入宫廷秘府浏览群书的机会，因此有了发现《群书治要》的可能。[②]《玉海》引《集贤注记》云："天宝十三载（754）十月，（玄宗）敕院内别写《群书政要》，刊出所引《道德经》文。先是，院中进魏文正所撰《群书政要》，上览之称善，令写十数本分赐太子以下。"[③]据此，天宝十三年之前，唐玄宗曾阅读《群书治要》并称赞有加，因此下令抄写并分赐太子以下。史料没有记载《群书治要》录副工作是否在遣唐使抵达之前完成，但此时朝衡已升任秘书监，又长期参与宫廷文献管理，理应悉知《群书治要》。又因朝衡与吉备真备同为第九批即开元五年（717）遣唐留学生，关系甚笃，很可能会向吉备真备推荐《群书治要》，而作为中国文献专家的吉备真备也很可能积极地将其携回。综上，金光一认为，"《群书治要》的东渡很有可能是由唐玄宗、吉备真备和朝衡的合作而成的，唐玄宗对这次使节的欢待，真备搜集和携回中国典籍的热情，以及朝衡对秘府藏书的知识，使得《群书治要》东传到日本。"[④]笔者认为金光一的推断是合理的。

贞元遣唐使是日本第十七批遣唐使，由桓武天皇派遣，藤原葛野麻吕任大使，菅原清公任判官。贞元二十年（804）十二月藤原葛野麻吕抵达长安，贞元二十一年（805）二月离开长安。[⑤]《日本后纪》卷十二恒武天皇延历廿四年六月八日条详细叙述了此次使团行迹。[⑥]金光一认为，虽然其中并无与

---

① 戴禾:《中日史籍中的日使来唐事异同考》，载《中国文化研究所学报》1984年第15期。

② 金光一:《〈群书治要〉研究》，博士学位论文，复旦大学中国古代文学专业，2010年，第52—53页。

③ 王应麟:《玉海》卷五十四《艺文·承诏撰述》，景印文渊阁《四库全书》总第944册，台北：台湾商务印书馆，2008年，第449页下。按：为避唐高宗李治名讳，《群书治要》又称《群书政要》或《群书理要》。

④ 金光一:《〈群书治要〉研究》，博士学位论文，复旦大学中国古代文学专业，2010年，第54页。

⑤ 戴禾:《中日史籍中的日使来唐事异同考》，载《中国文化研究所学报》1984年第15期。

⑥ 藤原冬嗣等撰、黑板勝美、國史大系編修會編『日本後紀』、東京：吉川弘文館、1972、第41—43頁。

《群书治要》相关的记载，但是不排除《群书治要》此时东渡日本之可能，并列出了三条依据：第一，作为纪传博士的菅原清公非常重视中国的帝王学，如果获知《群书治要》的存在，很可能积极地将其携回；第二，由《邺侯家传》所记唐德宗与李泌的对话知贞元遣唐使行时，唐秘府仍存藏《群书治要》，而且即使遭逢国丧，唐室对贞元遣唐使的款待不亚于天宝遣唐使；第三，日本皇室最早阅读《群书治要》是在承和五年（838），与贞元遣唐使时间相对接近。[①]

金光一所列的三条依据，第一、二条可合并为对获得《群书治要》可能性的推测。笔者查阅史料后认为，虽然贞元遣唐使存在获得《群书治要》的可能，但实际上可能性很小。《日本后纪》卷十二桓武天皇延历二十四年六月八日条记录：

廿四日，国信、别贡等物，附监使刘昴进于天子。刘昴归来，宣敕云："卿等远慕朝贡，所奉进物，极是精好，朕殊喜欢。时寒，卿等好在。"

廿五日，于宣化殿礼见。天子不衙。同日，于麟德殿对见。所请并允。即于内里设宴，官赏有差。别有中使，于使院设宴，酣饮终日。中使不绝，频有优厚。

廿一年正月元日，于含元殿朝贺。

二日，天子不豫。

廿三日，天子雍王适崩，春秋六十四。

廿八日，臣等于亟天门立仗，始着素衣冠。是日，太子即皇帝位。谅闇之中，不堪万机。皇太后王氏，临朝称制。臣等三日之内，于使院朝夕举哀。其诸蕃三日，自余廿七日而后就吉。

二月十日，监使高品宋惟澄，领答信物来，兼赐使人告身，宣敕云："卿等衔本国王命，远来朝贡，遭国家丧事，须缓缓将息归乡。缘卿等频奏早归，因兹赐缠头物，兼设宴，宜知之。却回本乡，传此国丧，拟欲相见，缘此重丧，不得宜之，好去好去者。"事毕首途，敕令内使王国文监

① 金光一：《〈群书治要〉研究》，博士学位论文，复旦大学中国古代文学专业，2010年，第57页。

送，至明州发遣。[①]

由上述记录知，贞元二十年（804年，延历二十三年）十二月二十五日，使团朝见唐德宗，德宗对使团一行设宴、赏赐，“所请并允”。贞元二十一年（805）元旦，使团参加朝贺，再次见到德宗。正月二十三日，德宗病逝。国丧期间使团参与悼念。二月十日，唐皇室“赐缠头物，兼设宴”，随后使团离开。可见，使团在长安遭逢国丧，仅有短暂停留，未有较多活动，相比天宝遣唐使之行去之甚远。

笔者认为，使团两次朝见唐德宗，第二次朝见属于元旦朝贺，第一次是正式的使团朝见，因此更可能获得《群书治要》。获得的方式有两种，一种是使团向德宗提出请求，一种是德宗直接赏赐。第一种方式的前提是日本使节预知《群书治要》的存在，并且知道此书的价值，但目前尚未查得相关史料。第二种方式的前提是唐德宗对《群书治要》有所了解，且当时朝廷有副本存在。《玉海》引《邺侯家传》记载了李泌与唐德宗的对话：

上曰：“朕欲知有古政理之要，而史籍广博，卒难寻究，读何书而可？”

对曰：“昔魏徵为太子略群书之言理道者，撰成五十卷，谓之《群书理要》，今集贤合有本。又肃宗朝宰相裴遵庆撰自上古已来至贞观帝王成败之政，谓之《王政纪》，凡六十卷。比写本送臣，欲令进献于先朝，竟未果。其书见在，臣请进之，以广圣聪。”

上曰：“此尤善也，宜即进来。”于是表献。[②]

由对话可知，当时集贤院尚存《群书治要》，但经过“安史之乱”，唐玄宗朝录副的《群书治要》劫后余存数量未知，难以判断是否尚存副本。而且德宗最终选择的是阅读《王政记》，因此可能并不了解《群书治要》，主动赏赐的可能性也就不大了。总之，第一次朝见德宗时，虽有“所请并允”并设宴赏赐的记载，但是获得《群书治要》的可能性非常有限。

---

① 藤原冬嗣等撰、黑板勝美、國史大系編修會編『日本後紀』、東京：吉川弘文館、1972、第42頁。

② 王应麟：《玉海》卷五十四《艺文·承诏撰述》，景印文渊阁《四库全书》总第944册，台北：台湾商务印书馆，2008年，第449页下—450页上。

金光一的第三条依据是日本皇室最早阅读《群书治要》的时间在承和五年（838），与贞元遣唐使时间相对接近。笔者认为此说有待商榷。《日本の年号》“延暦”条云：

> 延暦の出典は不詳であるが、『群書治要』巻二六に「民詠徳政、則延期歴」とある（その原拠は『三國志』魏書二五高堂隆伝。「歴」と「暦」とは通用。95永暦の項参照）。[1]

据此，桓武天皇年号“延历”有可能出自《群书治要》，那么“延历”之前，《群书治要》就应该已传入日本。而贞元遣唐使之行在延历二十三至二十四年（804—805），就不可能是首次将《群书治要》携回了。此外，承和五年（838）是史料记载的天皇最早阅读此书的时间，但未必就是此书被阅读的最早时间。如果“延历”有可能出自《群书治要》，就可能存在天皇或臣子阅读此书而未记载的情况。天宝遣唐使于天平胜宝五年至六年（753—754）回到日本，此后不到30年即延历元年（782）。而贞元遣唐使回国的时间（805）与承和五年（838）相距却有33年。因此笔者认为，日本皇室最早阅读《群书治要》与贞元遣唐使回国的时间相对接近是值得商榷的。

结合《日本后纪》对贞元遣唐使之行的记载及日本学者对“延历”年号出处的推测，笔者认为，贞元遣唐使携回《群书治要》的可能性很小。天宝遣唐使之行，无论是当时唐皇室还是日本使团的情况，都有利于书籍传播，因此是最有可能将《群书治要》携回日本的，即《群书治要》于奈良时期天平胜宝五年至六年（753—754）传入日本。

二、《群书治要》在平安时期的流传及影响

《群书治要》传至日本后，日本天皇将其奉为圭臬，并确立了系统讲授此书的传统。史籍记载，平安时期有四位天皇阅读过此书。

仁明天皇是日本文献中首次记载阅读此书的天皇。《续日本后纪》第七卷记载，承和五年（838）六月壬子（廿六），“天皇御清凉殿，令助教正六

---

① 小倉慈司『日本の年号』、東京：吉川弘文館、2019、第41—42頁。

位上直道宿祢广公读《群书治要》第一卷。有五经文故也。”[①]仁明天皇热爱中国文化，“柱下漆园之说，《群书治要》之流，凡厥百家，莫不通览”[②]。这一时期也成为日本皇室倾向中国文化的极盛时期。

清和天皇仰慕唐太宗开创“贞观之治”，意欲效仿，于是践祚翌年，天安三年（859）四月十五日庚子，改元“贞观”。[③]《日本三代实录》后篇卷二十五记载，贞观十六年（874）闰四月二十八日丙戌，“顷年天皇读《群书治要》。是日御读竟焉。”[④]贞观十七年（875）四月二十五日丁丑也有天皇阅读此书的详细记载。[⑤]

尾张藩校督学细井德民《刊〈群书治要〉考例》云：“谨考国史承和、贞观之际，经筵屡讲此书，距今殆千年。”[⑥]朝散大夫国子祭酒林信敬《校正〈群书治要〉序》云：“我朝承和、贞观之间，致重雍袭熙之盛者，未必不因讲究此书之力。则凡君民臣君者，非所可忽也。”[⑦]这充分说明《群书治要》在成就日本平安前期繁荣局面中所起的作用，也强调了大凡领导人民、事奉国君者是不可轻忽此书的。

宇多天皇阅读《群书治要》的记录见于现存最早的菅原道真传记《菅家传》：“（宽平）四年（892），……奉敕清凉殿侍读《群书治要》。”[⑧]菅原道真道德文章皆为上乘，宇多天皇赞赏有加：“右大将菅原朝臣，是鸿儒也。又深

① 藤原良房等撰、黒板勝美、國史大系編修會編『續日本後紀』、東京：吉川弘文館、1972、第77頁。

② 藤原良房等撰、黒板勝美、國史大系編修會編『續日本後紀』、東京：吉川弘文館、1972、第238頁。

③ 小倉慈司『日本の年号』、東京：吉川弘文館、2019、第57頁。

④ 藤原時平等撰、黒板勝美、國史大系編修會編『日本三代實錄』後篇、東京：吉川弘文館、1973、第342頁。

⑤ 藤原時平等撰、黒板勝美、國史大系編修會編『日本三代實錄』後篇、東京：吉川弘文館、1973、第361頁。

⑥ 细井德民：《刊〈群书治要〉考例》，《群书治要》第1册，北京：国家图书馆出版社，2019年，第21页。

⑦ 林信敬：《校正〈群书治要〉序》，《群书治要》第1册，北京：国家图书馆出版社，2019年，第7—8页。

⑧《菅家传》，转引自金光一：《〈群书治要〉研究》，博士学位论文，复旦大学中国古代文学专业，2010年，第56页。金光一按，“群书治要”“治”原作“始”，当误。

知政事。朕选为博士，多受谏正”[①]。宇多天皇重用菅原道真，整肃政纲，刷新政治，后世称为“宽平之治”。宽平九年（897），宇多天皇让位于醍醐天皇时，赠《宽平御遗诫》作为天皇之“金科玉条”。《遗诫》中有“天子……唯《群书治要》早可诵习”[②]的劝勉之辞。

醍醐天皇谨遵父训。《日本纪略》第三（后编）记载：昌泰元年（898）二月二十八日戊辰，“式部大辅纪长谷雄朝臣侍清凉殿，以《群书治要》奉授天皇。大内记小野朝臣美材为尚复。公卿同预席”。[③]醍醐天皇的臣籍皇子源高明私纂的仪式书《西宫记》将《群书治要》列为奉公之辈的设备之书。这不仅说明公卿大臣对《群书治要》的重视，也说明此时《群书治要》已不再囿于天皇及博士阅读。

从平安中期开始，日本天皇大权旁落，但也是在这一时期，《群书治要》开始走出皇宫，进入京都贵族之家，这固然有治国理政的需要，阅读与传抄《群书治要》一时成为京都贵族的时尚。现存最早的《群书治要》文本，便是由京都贵族“五摄家”之一的九条家代代保管的平安本《群书治要》（又称九条家本）。

平安本于“二战”后被发现于九条公爵府邸的一间仓库，余13卷残帙，抄写于10或11世纪，是当前《群书治要》最古老的写本，文献价值极高。其所用纸张属于高贵的御用材料，书写风格优雅端正，这种风格多见于平安时代抄写的和歌典籍，汉籍则少见，因此推测平安本《群书治要》是在特殊情况下制作。[④]也正是由于高贵的用纸及精美的笔迹，九条家经常将卷子切割后作为珍贵的礼物献给天皇、贵族或赠与友人，成为“古笔切”藏品，这导致平安本《群书治要》多有散佚，但也说明了其珍贵的文物价值。根据平安本《群书治要》残简的散佚及残卷奥书的记载，《群书治要》不仅在当时，而且在后世有着广泛的阅读和传抄，可见，《群书治要》中有关治国理政的思想在日本古代获得了广泛认可。1952年，平安本《群书治要》被指定为“日本国宝”。

---

①『寛平御遺誡』、『日本教育文庫』家訓篇、東京：同文館編輯局、1901—1911、第4頁。

② 宇多天皇『寛平御遺誡』(897)，转引自太田晶二郎『「群書治要」の殘簡』、『日本学士院紀要』第九卷第一号、1951、第43頁。

③ 山崎知雄撰、黑板勝美、國史大系編修會編『日本紀略』第三（後篇）、東京：吉川弘文館、1979、第3頁。

④ 尾崎康「群書治要とその現存本」、『斯道文庫論集』第二十五輯、東京：慶應義塾大學附屬研究所斯道文庫、1990、第135頁。

三、《群书治要》在幕府时期的流传及影响

镰仓幕府（1192—1333）至江户幕府（1603—1867）这段时期，天皇权力被架空，政治实权在幕府手中。直至明治维新，与《群书治要》相关的记载多集中在幕府。

（一）镰仓幕府时期

幕府非常重视学问，据佐川保子，平安末期至镰仓幕府时期，教授天皇的汉籍有《古文尚书》《古文孝经》《后汉书》《贞观政要》《帝范》《臣规》《白氏文集》等，教授“公卿、将军等特定贵人”的书籍除上述外，还有《春秋经传集解》《论语》《群书治要》。①

镰仓幕府的文化遗产中对后世产生深远影响的是由北条实时创建的金泽文库。金泽文库是日本中世纪武家文化之代表文库，收有日、汉典籍两万卷以上，素有“和汉文物之渊薮”之称。②从北条实时到其孙北条贞显时期的写本，是金泽文库中最为古老的组成部分，金泽本《群书治要》亦是此时产生的珍贵典籍。③

建长五年（1253），北条实时委托后藤基政抄写了《群书治要》全帙，又命三善康有抄写副本。文永七年（1270）十二月，原本史部多卷被焚毁，随后根据副本进行了补抄。14世纪初，北条贞显发现仍有一些卷子不存，便利用自己在京都任职的机会，借出藤原光经和藤原经雄（藤原俊国之子）的藏本补抄。

北条实时还委托清原氏家族和藤原氏家族的学者为金泽本《群书治要》添加了训点。清原教隆为经部诸卷添加了训点，并多次传授北条实时。金泽本卷一奥书云：“建长七年（1255）八月十四日，蒙洒扫少尹尊教命，加愚点了。……同年九月三日即奉授洒扫少尹尊阁了。”④说明八月十四日清原教

---

① 佐川保子：《关于九条本〈文选〉识语的研究》，杨颖译，载《域外汉籍研究集刊》2017年第16辑。

② 衣川贤次：《日本金泽文库藏抄本〈香雄颂〉七十六首复校》，载《中华文史论丛》2006年第4期。

③ 金光一：《〈群书治要〉研究》，博士学位论文，复旦大学中国古代文学专业，2010年，第60页。

④「金澤文庫本群書治要奥書（各巻の題名は尾題による）」、古典研究會叢書漢籍之部15『群書治要』（七）、東京：汲古书院、1991、第513頁。

隆加点完毕后，九月三日即开始向北条实时教授此卷。据小林芳规，传授并不仅限于九月三日这一次，各卷末类似备忘录风格的横线（“读符”）表示传授或解读的次数。[①]由此可知经部各卷中，卷一传授六次，卷三五次，卷五、六各四次，卷七、九、十各两次。

史部训点者是藤原氏南家的藤原茂范，以及藤原氏北家系统内麿流日野家的藤原俊国。由于史部多卷属于补抄，因此无法知晓北条实时是否学习过。但从移录底本奥书的内容可知对底本《群书治要》（非金泽本，而是《群书治要》其他藏本）的阅读与传授情况，如卷廿九奥书记载文永八年（1271）藤原经雄阅读了此卷，卷三十奥书记载藤原经雄传授了此卷。这说明当时对《群书治要》的学习是比较普遍的。

子部的训点是清原教隆根据莲华王院宝藏御本移写的，而御本的训点除卷卌六由清原赖叶（教隆的祖父）添加外，其他诸卷是由藤原氏式家宇合流的敦周、敦经和敦纲添加的。根据“读符”，清源教隆将卷卅六、卌一至卌三、卌五至卌六、卌八至五十各以一次传授给北条实时。

从金泽本奥书可知，12世纪末至14世纪初，日本皇室、京都贵族以及幕府有众多《群书治要》藏本，而且从天皇、博士家，到幕府将军、御家人，都对学习《群书治要》有着浓厚的兴趣，不断进行抄写、点校、阅读。

1333年，镰仓幕府灭亡。此后日本经历了室町幕府及战国时代，时局变乱，众多《群书治要》抄本纷纷失散，至江户幕府德川家康时，金泽本《群书治要》成为了海内孤本（卷四、十三及二十已亡佚），这也使金泽本成为了此后诸《群书治要》版本的母本。

金泽本《群书治要》是日传汉籍中的瑰宝。如果同时考虑年代和保存情况，金泽本《群书治要》目前是“最古的全本”，其在文献学、文字学和中国古代治道思想方面，都具有极高的研究价值。

（二）江户幕府时期

德川幕府的将军、幕僚等皆注重文治，尤其注重《群书治要》的阅读和刻印，出现了庆长、元和、天明、宽政、弘化等众多《群书治要》版本。

1.庆长—元和年间

《群书治要》能够在江户时期重振光辉，与德川家康的积极推动密不可

① 小林芳規『金澤文庫本群書治要の訓點』、古典研究會叢書漢籍之部15『群書治要』(七)、東京：汲古书院、1991、第485頁。

分。德川家康虽出身武家，但喜文翰，确立了“文治武功”的基本治国策略。[①]特别是认识到印书在文治中的积极作用，退居骏府后，便倾力于铜活字印刷。[②]其实早在庆长年间，德川家康就已经开始重视《群书治要》。庆长十五年（1610）九月，德川家康下令将金泽本《群书治要》抄写两份，作为制定公家、武家法度的参考，并按照唐太宗编纂此书的目的加以利用。[③]这便是庆长本《群书治要》，此本后来成为元和本《群书治要》的底本。

元和本《群书治要》是德川家康于元和二年（1616）正月十九日下令印刷的，也是家康下令印刷的最后一部汉籍。金光一据《禁中并公家诸法度》认为，元和本《群书治要》的印刷政治色彩浓厚。《法度》是关于江户幕府与天皇及公家之间关系的法律，第一条“天皇の主务”规定天皇在各种技艺能力之中应当以研习学问为先，并援引《宽平御遗诫》云，天子虽不穷经史，但可诵习《群书治要》。然而《群书治要》此时只有金泽本这一孤本了，因此江户幕府要流布《群书治要》，首先需要印书，这便有了元和本的刊印。[④]

德川家康不仅下令刊印《群书治要》，还命林罗山补足《群书治要》所缺之卷。“元和元年（乙卯），先生（林罗山）赴骏府奉命监《群书治要》等刊版之事，且补足治要阙失之数卷。”[⑤]或许是元和本刊印之时，林罗山补缺工作尚未完成，因此元和本《群书治要》仍为47卷。

元和本《群书治要》于元和二年（1616）五月底成书，用时四个多月，可谓非常迅速。然而在此之前的四月十七日，德川家康在骏府城猝然逝世，生前仅见部分刊印成果，遗憾未见书成。元和本也未得奉命流布于世，而是随其他藏书一起，被分赠给家康的儿子。其中铜活字传纪伊家，印本传尾张、纪伊两家。[⑥]

---

① 严绍璗:《汉籍在日本的流布研究》，南京：江苏古籍出版社，1992年，第154页。

② 金光一:《〈群书治要〉研究》，博士学位论文，复旦大学中国古代文学专业，2010年，第71—72页。

③ 尾崎康「群書治要とその現存本」、『斯道文庫論集』第二十五輯、東京：慶應義塾大學附屬研究所斯道文庫、1990、第140頁。

④ 金光一:《〈群书治要〉研究》，博士学位论文，复旦大学中国古代文学专业，2010年，第72页。

⑤「群書治要刊版の事」、全國东照宮連合會『披沙揀金：德川家康公逸話集』卷第二十、東京：八木書店、1997、第459頁。

⑥ 严绍璗:《汉籍在日本的流布研究》，南京：江苏古籍出版社，1992年，第162页。

元和本《群书治要》不仅是日本首次大规模印刷《群书治要》，而且在日本印刷史上也有着重要地位。元和本《群书治要》47卷及《大藏一览》10卷又称为骏河版，骏河版是日本近世三大官版之一，官版的兴起是日本于数百年动乱之后振兴文教的标志之一。①骏河版还是首次用日本铸造的铜活字印制的典籍，中国人林五官担任技术指导。②

2.天明—宽政年间

在尾张藩藩主、幕僚等人的共同努力下，《群书治要》在这一时期获得了大量刊刻和广泛传播。天明本《群书治要》是在尾张藩第九任藩主德川宗睦的主张下，由其世子、幕僚通力合作完成的。宗睦深知《群书治要》对日本平安时代繁荣做出的贡献，然而元和本未得广布，且由于排印仓促，讹谬多有，因此命二世子治休、治兴与臣僚等校正刊印此书。③

工作于安永年间开始，然而二世子先后于1773、1776年去世。安永六年（1777），高须藩的德川治行过继成为尾张藩世子，继承前二世子遗志，继续刊行。参与刊印的人员有人见桼、深田正纯、细井德民、冈田挺之、关嘉、南宫龄等，皆为尾张藩重臣、藩主侍读、藩校明伦堂督学或教授。可见，尾张藩为保证校勘质量，集中了整个藩国最有学问的学者参与。

校勘时，“博募异本于四方”，“上自内库之藏，旁至公卿大夫之家，请以比之，借以对之。”④“内库之藏”“公卿大夫之家”当指枫山文库所藏的金泽本及九条家所藏的平安写卷，四方异本指魏徵所引原典的传世本。故校勘是以元和本为底本，与金泽本、九条家本进行校合，再与传世原典相互对照。天明六年（1786）十月完成校勘，历时约10年。⑤

天明七年（1787）九月中旬印刷完成。据尾崎康，初印数量有五六十部

① 严绍璗:《汉籍在日本的流布研究》，南京：江苏古籍出版社，1992年，第153页。

② 张绣民、韩琦《中国活字印刷史》，北京：中国书籍出版社，1998年，第145—146页。

③ 林信敬:《校正〈群书治要〉序》,《群书治要》第1册，北京：国家图书馆出版社，2019年，第8—9页；细井德民:《刊〈群书治要〉考例》,《群书治要》第1册，北京：国家图书馆出版社，2019年，第22页。

④ 细井德民:《刊〈群书治要〉考例》,《群书治要》第1册，北京：国家图书馆出版社，2019年，第23页。

⑤ 尾崎康「群書治要とその現存本」、『斯道文庫論集』第二十五輯、東京：慶應義塾大學附屬研究所斯道文庫、1990、第166頁。

（据《细井平洲书简》）和三百部（据《名古屋市史》）两种说法。刊印完成后，藩国重臣、校勘者、有关人员各赐一部。第二年，又有七十多位藩臣申请获得此书。随后多次补印。宽政三年（1791），尾张藩再次组织学者对原文进行了校勘，此次补印数量较大，此即宽政本《群书治要》。后享和、文化、文政年间，尾张藩又多次补印。[①]在《群书治要》诸版本中，流传最广的就是天明本和宽政本。

《群书治要》在日本大量印刷后，日本学界注意到此书在中国已失传，便积极将其传回中国。首次回传是在嘉庆元年（宽政八年，1796），据近藤守重记载，德川宗睦幕臣人见忝将五部《群书治要》委托其送予中国。守重与当时长崎地区行政长官中川忠英商议后，将五部中的一部存长崎圣堂，一部存诹访神社，三部委托唐商馆转交中国。[②]此次回传的是宽政本。[③]此本或其再刊本被阮元巡抚浙江时访得，收入《四库未收书》，上呈嘉庆皇帝。至此，在中国散佚失传了近千年的《群书治要》重回故土。《群书治要》不仅再次传入皇室，而且作为一部“佚存书”，在清末学术界，特别是在辑佚和校勘方面，产生了巨大影响。

3.弘化年间及近现代

纪伊藩也积极推动《群书治要》的弘传。德川家康注重文治，尤其重视《贞观政要》及《群书治要》，纪伊德川家欲继承德川家康祖训，使国老、诸司知书中大意，以有裨益于政治，于是刊印二书。在骏河版《群书治要》刊印230年后，纪伊藩用元和二年的铜活字再次刊印《群书治要》，弘化三年（1846）仲春竣工。

明治维新是日本近现代化的开端。明治二十四年（1891）三月三十日，金泽本《群书治要》入藏宫内省图书寮（即宫内厅书陵部），由皇室永世保存。[④]昭和十六年（1941），宫内省图书寮以金泽本为底本，精细校勘，铅字排印了昭和本《群书治要》。根据《群书治要解说》可知其刊行目的:《群书

---

① 尾崎康「群書治要とその現存本」、『斯道文庫論集』第二十五輯、東京：慶應義塾大學附屬研究所斯道文庫、1990、第166—168頁。

② 近藤守重「右文故事」卷五「御本日記續録」卷中、『近藤正齋全集』（第二）、東京：國書刊行會、1906、第214頁。

③ 近藤守重「右文故事附錄」卷之一、『近藤正齋全集』（第二）、東京：國書刊行會、1906、第362頁上。

④『群書治要解說』、『群書治要』解說凡例、東京：宮内省圖書寮、1941、第7頁。

治要》作为治世宝典，对成就盛世具有重要意义，不仅李唐之治有赖此书，日本历代皇室及公卿都极为重视。然而金泽本孤本流传，且有大量异俗体字；而其他版本又多有讹误，因此以金泽本为底本，将《群书治要》再次校勘出版。[①]同年（1941），宫内省图书寮还运用珂罗版技术复制了金泽本，复制本被分赠给日本各地图书馆及研究机构收藏，金泽本《群书治要》全面公开。[②]

随着日本政府建立公共图书馆，统一管理原官家及众多私家藏书，藏于不同文库的各种版本的《群书治要》也随文库的开放进入公众视线，广大学者得以近距离阅读此书。此后，《群书治要》不仅在日本学界，也在中国学界收到了广泛关注，书志学、出版学、校勘学、文献学、版本学、语言学、历史学及思想价值等方面的研究论文大量涌现。

结　语

《群书治要》在唐玄宗时期传到日本后，不仅成为日本学习中华文化的重要典籍，还在此后的日本历史中，从国家治理到思想传播，从汉籍出版到学术研究，都产生了深远的影响，更重要的是，它为中国保存下了这部珍贵却又亡佚的"帝王学"教科书。

2018年是《中日和平友好条约》缔结40周年，日本前首相细川护熙向中国国家图书馆无偿捐赠了36部4175册汉籍，《群书治要》赫然在列。细川先生墨书题写"盖文章，经国之大业，不朽之盛事"，宣明了文化典籍的重要功用。[③]

《群书治要》将中华文化的历史渊源、独特创造、价值理念等，简要翔实地表达了出来，是一部汇集了中华优秀传统文化精华的"次经之书"[④]。书中所蕴藏的治国理政思想，特别是关于国家盛衰的经验和规律，是历经数千

---

①《群書治要解說》、《群書治要》解說凡例、東京：宮内省圖書寮、1941、第1—10頁。

② 金光一：《〈群书治要〉研究》，博士学位论文，复旦大学中国古代文学专业，2010年，第60页。

③《群书治要》第1册，北京：国家图书馆出版社，2019年，出版说明页。

④ 林信敬：《校正〈群书治要〉序》，《群书治要》第1册，北京：国家图书馆出版社，2019年，第7页。

年考验所累积的结晶，历久弥新。正如魏徵所赞叹的，此书实为一部“用之当今，足以鉴览前古；传之来叶，可以贻厥孙谋”[①]的治世宝典。

刘余莉　中共中央党校哲学部教授
聂菲璘　中共中央党校哲学部博士生

① 魏徵:《群书治要序》,《群书治要》第1册，北京：国家图书馆出版社，2019年，第19页。

日本学者的中国典籍古写本研究*

王晓平

摘　要：中国典籍日本古写本可按其底本、内容、书手身份、书写时间等加以分类。日本学者对中国典籍日本写本所做的工作，包括发现与访书、影印与图录、序跋与解说、释录与训读、校注与考证、辑佚与比较等多个方面。为了深化研究，今后除了有计划开展影印出版之外，也有必要翻译介绍相关学术成果，编撰工具书，加以精细释录与解读，并展开与传世文献与各国汉文写本的比较研究，为汉文写本学的发展切实积累新材料，探讨新问题。

关键词：中国典籍　日本学者　古写本　汉文写本学

为能较全面描述中国典籍日本古写本，我们有必要根据不同情况对其加以简单分类。

从古写本底本看，可分为写底本和刊底本。所谓写底本，是指那些依据写本转抄的本子。在我国唐宋及其以前传入日本的典籍，基本是写本，所以奈良平安时代的抄本，大都是根据写本转抄的。后来宋椠本传入日本，被称之为“折本”，而宋椠本昂贵不能满足需求，便有了以抄本传播的方式。这便是刊底本。如岩崎文库所藏室町时期抄本《山谷诗集注》《鹤林玉露》等均属刊底本。在写底本与刊底本之间，还有一个中间地带，那就是在日本相传的抄本基础上，利用新传入的宋椠本进行过校勘而制作的所谓“正本”，这一种可称为写底刊校本。

从古写本内容看，可分为传世书写本与散佚书写本。前者指我国现存典籍的抄本，如《史记》《汉书》《文选》等；后者则是我国散佚典籍的写本，如《游仙窟》《五行大义》《群书治要》等，我国很早已失传，而写本或根据写本刻印的版本却保存在日本。这些写本于19世纪后半叶以及后来陆续回传

* 本文为国家社科基金重大项目“日本汉文古写本整理与研究”的成果，批准号（14ZDB085）。

我国。我国学者多从古典文史研究的角度评价其价值，从事相关文献研究工作。与此相关，在日本古典研究领域，则多考索其与日本语言文化的关系。与后者相关，在日本典籍特别是抄本中还保存了一些中国散佚典籍的佚文，也当纳入中国典籍日本写本的研究视野。

从古写本书手的身份看，可分为唐抄本与和抄本。前者出自中国人之手，后者则出自日本人之手，是日本人依据中国本子抄写的。在奈良平安时代的被学者称为“旧抄本”的那些抄本，有的被认为是唐人所写，冠之以“唐抄本”之名。然而究竟是不是真的出自唐人之手，不易确证，往往存在争议。还有一类，那就是20世纪日本人通过各种途径获取的敦煌写本和其他中国写本，它们是名副其实的中国人写本，当称为“中国典籍日藏古写本”。这些写本与某些日传写本具有同时代性，也有纳入研究视野的必要。

从古写本内容的著者来看，可分为中国人著述写本与日本人著述写本。前者自不待言，而后者按道理说，似乎不当算作中国典籍日本古写本，其实不然。从奈良时代起，日本人为了钻研和利用中国典籍，便开始根据中国传来的书籍编写字书、辞书、类书、注释书。有时为了研读中国典籍，还要为作者编制年谱等。这种传统一直延续至今。属于这一类的写本，依据的是中国典籍，呈现方式也是中国方式，反映了那一时点中国典籍的传播与接受样态，可以与同时代的中国典籍相互对照。

从古写本形态来看，可分为原写本与训点本。前者是原样照抄中国写本的，保存中国写本原貌较多，而后者则是日本人为了读懂中国典籍进行了复杂的解读工作，将解读的方法留在了写本上。前者只有汉字及与中国本土写本相同的各种符号，后者在文字周围加上了假名音读、训读符号、校勘符号和各类批注。日本国学者将后一类写本视为研究日本训读、语言演变、文化史的重要资料，而迄今对其予以关注的中国学者，大半还只是从事日本语言、文学、历史研究的人，这是多少令人遗憾的事情。在原写本与训点本之间，也有广阔的中间地带。

从古写本存在方式看，有整写本与零写本。前者或是全书抄写，或是断简残篇，均是以完整的写本形态存在，基本来源于一个底本。后者则是在原来的写本或刊本上抄写的各种辅助内容，或作为注释而抄录其他文献，或发表研读者的个人见解，由于内容丰富，也具有某些文献价值。这些内容，或书写在刊本的栏外或字里行间，或书写在写本或刊本的背面。从本质上说，它们也属于广义的写本。如所谓南化本（或称上杉本），即现藏日本国立历史民俗博物馆的《史记》全十二卷，本是南宋中期建安黄善夫刊本，是最早的集解、索隐、正义三注的和刻本，室町时期与《汉书》《后汉书》刊本一起传入日本。释月舟寿桂（幻云，げっしゅう-じゅけい，？—1533）和他的门生在这一刊本上，加了数量可观的批注，保存了珍贵的史料和当时解读的信息，其中包括平安朝博士家诸说、1348年藤原英房的识语、唐张守节《史记正义》的佚文、三国蜀谯周《古史考》佚文等，对于研究日本从中古到中世的《史记》接受史与中国古代史均多裨益[①]。这些有的书写在书上，有些写在纸上而后粘贴在书上。与此相似的是穗久迩文库所藏《五行大义》写本，不仅写本正面有批注，而且背面抄写了字数远远超过《五行大义》本文的注释，引用文献达百八十种。注释多达一千六百余条[②]。上述两书的批注，虽看上去像是寄生于刊本或写本，但汇聚起来都有作为写本专门研究的价值，也可看成批注者的个人著述。

从古写本的终结来看，还有未刊写本和有刊写本之分。很多中国散佚写本像《五行大义》《群书治要》《游仙窟》等，在明治维新之前甚至更早，便有刊本问世，它们是前人整理写本的成果。如《游仙窟》有江户刊本。这些刊本也是研究写本不可忽视的对照材料。还有一些新发现的写本，则没有刊本传世。在未刊写本中包括日本学者撰述的研究中国典籍的著述，这一类著述多尚未经过深入研究，如早稻田大学图书馆所藏中村惕斋（1629—1702）《笔记诗集传》，还有江户时代考据学者的研究著述。未刊本，多半就意味着是未释录本。研究它们的第一步，就是准确释录。

另外，也可根据书写时间来将其分为奈良写本、平安写本、镰仓写本和江户写本。各个时期的写本反映了社会文化的变化和语言文字的演变。根据写本保存地点或物主来看，也可分为官藏本、寺藏本与私藏本，许多珍贵的写本原本保存在寺庙，有的后来流落于藏家之手，其流转有迹可循。

从以上粗略分类就不难看出，中国典籍日本写本研究，本属跨文化典籍研究，内容十分丰富。以下对日本学者中国典籍写本研究的梳理，正是置于这种跨文化认识的基点上。

---

① 水澤利忠、尾崎康、小澤賢二『解題〈史記〉(一)』、東京：汲古書院、1996、第1頁。

② 中村璋八、筑島裕、石塚晴通『解題〈五行大義〉(二)』、東京：汲古書院、1990、第7頁。

一、发现与访书

江户时代的考据派学者，关注起中国本土书籍的传存状况，开始发现一些书籍仅在日本保存下来，并将这些书称为“佚存书”。他们开始积极搜集整理这些书，希望彰显它们的价值，有机会将其回传中国本土。根本逊志（1699—1764）于1750年整理出版了《论语义疏》，山井鼎根据日本足利学校保存的写本撰著了《七经孟子考文》，林述斋（1768—1841）编辑、从1799年至1810年出版了《佚存丛书》等。他们的意图，是由日本人之手，将这些书送回中国，以此证明日本是一个文化深厚的国家。

1897年，市村瓒次郎在《史学杂志》上发表了《写本时代与版本时代中国书籍的存亡聚散》，在文中指出，即便进入版本时代，也并非各种书籍悉数得以刊行，其中也有作为写本流传的。北宋太宗时编辑的《太平御览》引用书目达一千九百六十种，这些当时是否全都现存实属可疑。《经籍会通》卷四说：“《太平御览》因袭唐诸类书，《文思博要》《三教珠英》等，仍其前引书目，非必宋初尽存也。”市村瓒次郎认为，这种说法，可能就是事实，足以推知其现存者还是很多的。然而到了南宋，保存下来的就不多了。《容斋五笔》卷七说：“国初承五季乱离之后，所在书籍印板至少，宜其焚炀荡析，了无孑遗。然太平兴国中编次《御览》，引用一千六百九十种，其纲目并载于首卷，而杂书、古诗赋又不及具录，以今考之，无传者十之七八矣。”这足以说明版本时代书籍的散亡也是很严重的。而由于其中以写本相传者多，其散亡甚多也就并非偶然。宋人高似孙《史略》卷四载有《资治通鉴》参据书目二百二十八种，而其中如《三十国春秋》《十六国春秋》（现存流布本二种，皆非原书）《汉晋春秋》、张璠《后汉记》《隋季革命记》、山阳公《载记》《献帝起居注》《献帝春秋》《修文殿御览》、孙盛《杂话》、韦曜《吴书》，因不见于南宋诸家之书，或在南宋时即已散逸，而这些书是否是写本也未可知[①]。市村瓒次郎这里实际上接触到写本所具有的易毁损、易散逸、流传有时间空间限制因而也易被忽略轻视的脆弱性，这些或许正是写本的宿命，然而，却并不应该作为贬低写本存在价值和作用的理由。

杨守敬以及后来的罗振玉在日的访书活动，敦煌发现的大量写卷，可称为日本学者中国典籍写本研究的两大推进器。

---

① 市村瓒次郎『支那史研究』、東京：春秋社、1939、第497—530頁。

为研究敦煌写经，1907年，狩野直喜、小川环树和内藤湖南等人被派往北京，首次看到了莫友芝发现的《说文·木部》写本，便始终不能忘怀，1917年内藤湖南再次来到北京，一直关注着这一写本的下落。十七年后，他终于如愿以偿，在战乱的中国，将这一写本搞到手。在他撰写的《唐写本〈说文〉残卷》一文中谈到，“今天在中国，敦煌及其他西域地方的古书面世，佛经以外的经籍，不仅是唐写本，连六朝时代的写本也都公之于世，而中国最古的辞书《说文》，虽说只有九十行的断片，与之相媲美的却一枚也不曾出世。日本一直认为梁陈之际（公元6世纪）顾野王所编《玉篇》是最古老的辞书，由于唐代写本的存在，学界非常珍视，至于《说文》，只有故平子铎岭氏发现的二行左右的古本影写本，其古本确可与此唐写本一视同仁，但遗憾的是只不过是些许残片。然而这一回此本到手，几乎就可以品尝太牢的美味了。”①

二、影印与图录

1918年，矿物学者、书志学者和田维四郎（1856—1920）所撰《访书余录》，分《本文篇》《图录篇》两册。在《本文篇·第二编旧抄本》中，和田维四郎简略描述了从奈良时代到镰仓时代写本兴衰的历史后，痛惜写本的现状堪忧，他说：“此等抄本，历经岁月，或罹火灾兵乱之厄运，悉归乌有，或仅留下断简残篇。又传于今日者，几经誊写，故多遂生脱漏、讹误等，加之往往有后人补删者等，以致有与原本大相径庭者。”②在谈到中国传来的旧抄本时说：“从中国传来的旧抄本，是隋唐人的笔迹。那一时代中国人的真迹，现在甚为罕见。隋唐人抄写的，在中国本土多早已亡佚，其断片零墨亦一纸难求。……在我国现存的多种抄本中，则有书风、字体皆与六朝古物相仿佛者，或有为了让注疏双行字数相同而添加‘之’‘也’等虚字者，确可认为是出于隋或初唐人之手笔，在古文研究上超乎斯坦因所发掘的旧抄本价值者，亦不鲜矣。此等旧抄本固然并非完善，然犹数篇之多，且数篇多字体明晰，多较少蠹害者。”③

① 内藤虎次郎『内藤湖南全集』、第十二卷、東京：筑摩書房、1997、第258頁。

② 和田維四郎『訪書餘錄·本文篇』新装複製版、京都：臨川書店、1978、第77頁。

③ 和田維四郎『訪書餘錄·本文篇』新装複製版、京都：臨川書店、1978、第78—79頁。

和田维四郎列举现存最重要的中国传入的抄本及转写它们的抄本时指出，平安朝初期以前日本人抄写的旧抄本中，多有笔迹酷似中国人者，此时代中国人、朝鲜人等来往于日本，有很多人从事经卷书写及一般典籍的笔写，所以无抄写年月以及附记人名的抄本，很多苦于判断其是否来自中国传来。以下和田维四郎列举了自《尚书》至《韵镜》共七十九种写本。在《图录篇》则收入了近20种中国典籍抄本的书影[①]。

最重要的图录，还不能不提到长泽规矩也主编足利学校遗迹图书馆后援会刊行的《足利学校善本图录》。

京都帝国大学文学部从1922年至1942年，编印了《京都帝国大学文学部景印[②]旧抄本》，共十集，其中除了第一集收入《毛诗唐风残卷》《毛诗秦风正义残卷》《翰苑残卷》《王勃集卷第廿九卷卅》，第十集收入《尚书残卷》《毛诗二南》，第二卷收入《春秋经传集解》之外，其余从三至九集，均为《文选集注》各卷。这些抄本，编入华东师大出版社出版的《汉籍古抄本丛刊》，中国广大学者都能看到，却已是近百年后的2020年了。《汉籍古抄本丛刊》将京都大学文学部景印旧抄本35册重新编辑，拟增加更多日本所藏汉籍旧抄本，总数将达到60册。

1985年临川书店出版了杏雨书屋所编的《新修恭仁山庄善本书影》，收录了内藤湖南藏书书影，其中的《说文解字・木部》尤为珍贵。有些刊本后面的题跋，日本称之为“奥书”，是研究中国典籍在日本传播与接受的难得资料。如宽永活字版宋陈淳撰《北溪先生性理字义》书后有如下题跋：

> 学道者以晓性理为最，不知性理，何以言学乎？欲晓性理者，以此书为先。不读此书者，不知字义；不知字义，则性理不明矣。此书昔年甫田菅先生，虽初加和字训点，侮些小以忽略鲁莽，故讹谬不鲜，而初学之士，恨难通晓，余病间执笔改正之。学者得性理万乙于此书，幸甚！
>
> 庆安二岁仲春下澣
>
> 纯山主长皓子玄志焉[③]

---

① 和田維四郎『訪書餘錄・圖錄篇』(新裝複製版)、京都：臨川書店、1978。

② 景印，影印。

③ 杏雨書屋主編『新修恭仁山莊善本書影』、京都：臨川書店、1985、第103頁。

从这一题跋中可以了解到，南宋理学家北溪先生陈淳（1159—1223）所著《性理字义》传入日本之后，菅原甫田曾加以训点，日本庆安二年，即1649年长子玄有感于其训点因轻视细小处而显得粗糙，讹谬不少，致使初学者难以读懂，便在病中执笔改正。这为追寻宋学在江户时代的流布，提供了有益的线索。

20世纪20年代至40年代，古典保存会影印了一批日本写本，大部分属于日本典籍写本，也有数部中国典籍写本，如《游仙窟》（1927）、《汉书》第二十四（1928）、《白氏文集》第四（1929）、《古文孝经》（1930）、《春秋经传集解》第十及第十一（1932）、《琱玉集》第十二及第十四（1933）、《史记》卷第九（1935）、《文镜秘府论》（1935）、《石山寺藏史记》（1938）、孟献忠《金刚波若集验记》（1938）、金泽文库藏《春秋左氏音义》（之一、之二）（1944）等。

在此之后，贵重古籍刊行会影印了真福寺本《游仙窟》（1954）、东北大学所藏国宝《史记・孝文本纪》（1954）等。

2000年，古典研究会在创立二十周年之际，将日本传存的学术价值极高的汉籍彩印出版，其中包括写本如静嘉堂文库藏《毛诗郑笺》、东洋文库藏《论语集解》、穗久迩文库藏《五行大义》、金泽文库与宫内厅书陵部藏《群书治要》等。

有些珍贵写本没有收入以上丛书，需要另外寻找。东方文化学院编的《东方文化丛书》中影印了高山寺本《庄子》（1931）。又如杨守敬携回的《蒙求》古写本，收在《蒙求古注集成》中。古写本有些足可作为书法作品来欣赏，故书道的专业出版社二玄社，作为“书迹名品”也影印了一些古写本，如《王勃集》（1970）、包括小川本、小西本、神田本在内的《唐抄本世说新书》（1972年），光明皇后书《乐毅论》和《杜家立成杂书要略》等。2011年前中国典籍日本写本影印的情况，可查阅船山想编《旧抄本（含唐抄本）汉籍影印本目录（稿）》[①]。

① 神鹰德治、静永健『旧鈔本の世界—漢籍受容のタイムカプセル』、東京：勉誠出版、2011。

三、序跋与解说

狩野直喜注重旧抄本研究，撰写了多篇高水准的序跋，如《旧抄卷子本〈庄子〉残卷校勘记序》《唐抄本〈文选〉残篇跋》[①]《旧抄本〈毛诗〉残卷跋》[②]《旧抄本〈老子河上公注〉跋》[③]。20世纪20年代以后，《支那学》上也刊登了一些至今值得回顾的序跋和论考。内藤虎次郎的《关于正仓院尊藏二旧抄本》[④]、神田喜一郎《影旧抄卷子本〈周礼郑注〉残卷跋》[⑤]、孙人和的《古写本〈抱朴子〉斠文（上）》[⑥]、狩野直喜《旧抄本〈老子河上公注〉跋》[⑦]、孙人和的《古写本〈抱朴子〉斠文（下）》[⑧]、白坚《晋写本〈三国志·吴志〉残卷跋》[⑨]、罗福成《晋写本陈寿〈三国志·吴志〉残卷校字记》[⑩]、罗福成《汉人墨迹〈史记〉校字记》[⑪]、狩野直喜《旧抄本〈讲周易疏论家义记〉残卷跋》[⑫]与《旧抄本〈经典释文〉校记序》[⑬]等。

由此不难看出，从20世纪20年代以来，京都大学文学部就成为中国典籍日本古写本研究的重镇，虽然有峰有谷，有起有伏，但不断有专注于此项研究的学者。中国典籍日本古写本研究也就成为这里的学术特色之一。21世纪以来，先后由高田时雄和道坂昭广主持的中国典籍日本古写本精细化与国际传播研究，是这一学术传统的新发展。

1919年，神田香岩刻印《容安轩旧书四种》，收入其所藏四种旧抄本《古文尚书》《太史公河渠书》《世说新书·豪爽篇》及《王子安文》一篇，

---

① 狩野直喜『讀書纂餘』、東京：みすず書房、1980、第525—536頁。
② 狩野直喜『支那學文藪』、東京：みすず書房、1973、第461—462頁。
③ 狩野直喜『支那學文藪』、東京：みすず書房、1973、第465—467頁。
④『支那學』第三卷第一號、1922年10月、第61—68頁。
⑤『支那學』第三卷第一號、1922年10月、第68—69頁。
⑥『支那學』第三卷第七號、1923年12月、第73—80頁。
⑦『支那學』第三卷第八號、1924年7月、第71—72頁。
⑧『支那學』第三卷第八號、1924年7月、第73—80頁。
⑨『支那學』第三卷第十一號、1925年8月、第82—83頁。
⑩『支那學』第三卷第十一號、1925年8月、第83—84頁。
⑪『支那學』第三卷第十一號、1925年8月、第85頁。
⑫『支那學』第八卷第一號、1935年10月、第67—72頁。
⑬『支那學』第八卷第一號、1935年10月、第73—82頁。

内藤湖南为其撰序，序中说："余尝考其《古文尚书》，为初唐人手笔，《王子安集》为武周时书，《世说新书》有香岩先生校语，《河渠书》有先生孙𢍰盦校语，皆定为李唐旧笈。余审其书法信然。"又说："盖明治初，王政维新，世变方亟，巨刹右族所藏旧书善本，往往散落人间，甚或厄于水火。赖先生与其同社诸人，夙具精鉴，能收什一于千百，拾已残之坠绪，以贻后生，其有功于斯文，岂可没哉！"①

内藤湖南曾为多种中国典籍日抄本撰跋，举其要者，有《神田氏藏古钞〈尚书〉跋》《岩崎男藏古钞〈尚书〉跋》《旧抄本〈翰苑〉跋》《〈圣武天皇宸翰杂集〉跋》《〈大唐三藏玄奘法师表启〉跋》《上野氏藏唐抄本〈王勃集〉残卷跋》《富冈氏藏唐钞〈王勃集〉跋》《正仓院〈王勃集〉残卷跋》《〈杜家立成杂书要略〉跋》《景印旧抄本〈礼记〉残卷跋》《唐抄本〈左传〉残卷跋》《吉田篁墩手校〈春秋正义〉跋》《晋人写〈三国志〉残卷跋》《古抄本〈六韬〉跋》《古抄本〈五行大义〉跋》《〈画图赞文〉跋》等。这些跋虽然简短，却都是这些抄本价值与学术意义最早最完善的论述。内藤湖南主张全面利用日本古抄本和中国敦煌写卷，综合前贤成果，对古籍进行校勘。在《神田氏藏古钞〈尚书〉跋》一文中，他说：

> 今日所见《尚书》传世古本，自叔言所印行敦煌本、我邦传抄本外，尚有英国博物馆藏敦煌本。我东寺藏古写本皆为隶古定本，有丰宫埼本、林崎本为今字旁注隶古本。若能合校此等诸本，再参以子温所见佛国敦煌本陆氏《释文》，则岂惟梅氏古文顿还旧观，庶乎上溯贾马郑王传承之师说，直窥杜林卫宏漆书之本真，斯不难矣。方今薄海内外，万里比邻，重译梯航，声气相应，行当与诸友谋，遂了斯愿耳。②

1932年，民友社刊行了评论家、历史学家德富猪一郎（号苏峰，1863—1957）所著《典籍清话》。书中所载《身延本〈礼记正义〉残卷》，记述他于1928年6月探访身延文库，偶然发现单疏本《礼记正义》六十四卷至七十卷二册，认为这是世界独一无二的珍书，便借回出示给安井朴堂、内藤湖南

① 内藤虎次郎『内藤湖南全集』第十二卷、東京：筑摩書房、1997、第20—21頁。

② 内藤虎次郎『内藤湖南全集』第十二卷、東京：筑摩書房、1997、第7頁。

看，二人皆惊叹不已，不断怂恿其复制公之于世。然其书于杂书堆中埋没数百年，蠹蚀满纸，殆不可入手。于是他便请来工匠，将其修补。文中还附有安井朴堂发表于《昭和诗文》上的短文，对单疏本的文献价值给以很高评价。[①]

1933年贵重图书影本刊行会，刊印了大阪府立图书馆所编《近畿善本图录》。

1936年，竹醉书房出版的《考文库》第一辑，收入的是河原万吉所著《稀籍考》，对日本珍稀古籍加以考证，其中涉及中国典籍的，包括《堺板韵镜》《正平版论语》《明应版论语》《天文版论语》《敕版四书》《敕版古文孝经》《敕版皇宋事宝类苑》等，虽均属版本而非写本，如果要探索写本与版本的关系，该书也值得一读。

山田孝雄（1875—1958），是享有“传承契冲、真渊、宣长以来国学传统最后的国学者”之称的学者。所著《典籍杂考》[②]《典籍说稿》[③]，大体是作者为稀觏典籍撰写的解说，属于书志之著。解说的大部分是日文书，也有少量是中国典籍的日本古写本。见于《典籍杂考》一书的有《史记第九吕后本纪》（毛利家本）、《史记零卷》（石山寺本）、《汉书二卷》（石山寺本），另外还有空海的《篆隶文体》（昆沙门堂本）和《文镜秘府论·地》（德富本）。见于《典籍说稿》的有《游仙窟》（醍醐寺本）、《汉书·食货志》（国宝）和《古文孝经》（三千院本）（国宝）、《春秋经传集解》（卷第十）（国宝）和《琱玉集》（国宝），另外还有日人编撰而与中国典籍相关的佳句集、书目、字书和类书，包括《千载佳句》《日本国见在书目录》《篆隶万象名义》（国宝）、《秘府略》（卷第八百六十四）（国宝）、《世俗谚文》（国宝）和《节用文字》等。山田孝雄为古典保存会刊印的中国典籍写本撰写了一批解说。

与内藤湖南用汉文撰写不同，山田孝雄则用日文作跋。两人着眼点也不尽相同。汉文序跋和日文解说曾经相互辉映，至20世纪40年代之后，汉文序跋渐少，日文解说也出现在《支那学》这样汉学家主持的刊物上。在古典保存会和以后古典研究会影印的写本书中，都一定有一篇文献学家撰写的解说。与汉文序跋多把重心置于写本样式和其与传世本的文字异同不同，日文

① 德富猪一郎『典籍清話』、東京：民友社、1932、第60頁。

② 山田孝雄『典籍雜考』、東京：寶文館、1956。

③ 山田孝雄『典籍說稿』、東京：西東書房、1972。

解说多不仅涉及写本发现原委等，而且尽可能与其他各本比较，并说明对日本文学、日本文化影响的各个方面，这不仅表明撰写者的预想读者不再局限在熟稔汉学的学者圈内，而且出于将此项研究切实视为日本研究之一翼的认知，因而期待更多学者来关注这一领域的发现。

四、释录与训读

1978年平凡社出版了金谷治所著《唐抄本郑氏论语集成》，该书分为两部分。第一部分为译文，包括郭沫若《序言》《卜天寿本本文与训读》，中国科学院考古研究所资料室编《唐景龙十年〔卜天寿〕写本〈论语郑氏注〉校勘记》、文物出版社编《唐〔卜天寿〕写本〈论语郑氏注〉解说》、中国科学院考古研究所资料室编《唐景龙四年〔卜天寿〕写本〈论语郑氏注〉残卷说明》、龙晦《唐五代西贝方言与卜天寿〈论语〉写本》、韩国磐《卜天寿〈论语郑氏注〉写本与唐代书法》、郭沫若《卜天寿〈论语〉写本末尾的诗词与杂录》；第二部分包括各本解说，三种敦煌写本，即斯.3339、斯.6121和伯.2510以及两种日藏写本，即书道博物馆藏敦煌本和龙谷大学藏吐鲁番本的本文与训读，每一写本的本文与训读后，皆附有校勘记。像这样集中翻译中国学者的研究成果，在此之前，甚为罕见。金谷治撰写的《后记》表达了当时的心情。他想到20世纪初敦煌发现便感慨万千：

> 那时发现的《论语》资料，大部分七零八落地运到外国，中国人亲手整理的只不过一星半点。然而这一回大不相同。这一回是由中国人整理的，而且自豪地公之于世界人民面前。想一想看，这本来是理所当然的事情，然而，这样理所当然的事情那一时期在中国却是办不到的，这很令人心痛。对于身为日本人的我们来说，有必要深刻反省，而且今天也必须为新时代进展与新中国发展而祝福。[①]

日本学者的写本释录，以细腻见长。他们对写本影印与释录采用两种方式，一种是分离式，一种是翻拍式。分离式是先影印，后释录，两者是分离的，而翻拍式则是让写本页面与相应的释录同框。不论是分离式还是翻拍

① 金谷治『唐抄本鄭氏注論語集成』、東京：平凡社、1978、第409頁。

式，都对原件不仅分页编码，而且分行编号。根据编号，读者可以方便地一字一画对照原文和释文。释录的内容不仅是汉字，而且是汉字周围的各种标记，以及行间、行外、栏外、栏上的批注和标记。这种一一对照的释录方式，不放过每一处细节，体现的是“一本一世界”的写本意识。不同学科的学者对写本的释录，也会各有侧重。如《中山法华经寺藏本三教指归注总索引及研究》除了上述内容之外，还编制了总语汇索引、汉字索引，采取了将文字解剖到底的姿态。编撰者认为，本文是反映读解的正确内容，作为日语史研究资料必须能够充分好用，另一方面总索引作为释录本文的基础又具有对其加以补充的作用①，也就是说，总索引是将每一字放在全书中来探讨的工具。在释录、索引之后，还有一组论文，分别讨论该写本所涉及的各种语言问题。这样做的好处，就是将释录与语言文字研究无缝对接。

翻拍式的优长，除了免去阅读者翻来覆去翻页之劳以外，还便于随时对照，检证释录的准确性。训点写本的字符十分多样，同一符号在不同位置表示不同意义，同时也有不同符号表示相同意义的。同一字符在不同写本中，还各有意义。以点为例，点在同一字下的，左侧为反点，中间为读点，右侧为句点；点在字左侧的，或为误字号，而把正确字写在旁边；点在字右侧的，或为指示号，指明栏上或栏外所加注解的字。点还是重文号，会根据前面的字或假名，读作不同的字或假名。点和“ヒ”同样表示删除或改正，但“ヒ”有时就在某字的空白处，乍一看就像是字的笔画。准确无误地解读每一点、每一画，是写本学研究的基本要求。稍不留意，便有疏失。翻拍式的排印法，可以让读者更多参与释录。东野治之《金刚寺本游仙窟》便采用这样的方式。细细对照每一面影印与释录，我们可以发现释录尚有欠精准之处。如图“闻”字右旁注的“忿”字，在同一面相应位置释录的是“怒”字②。东野治之将金刚寺本与江户初期无刊记本做了逐字对照，书中还附有勘误表。这些都是为了将错误减少到最低限度。

---

① 筑島裕、小林芳規『中山法藏经寺藏本三教指歸注總索引及び研究』、東京：武藏野書院、1980、第3页。

② 東野治之主編『金剛寺本遊仙窟』、東京：塙書房、2000、第44頁。

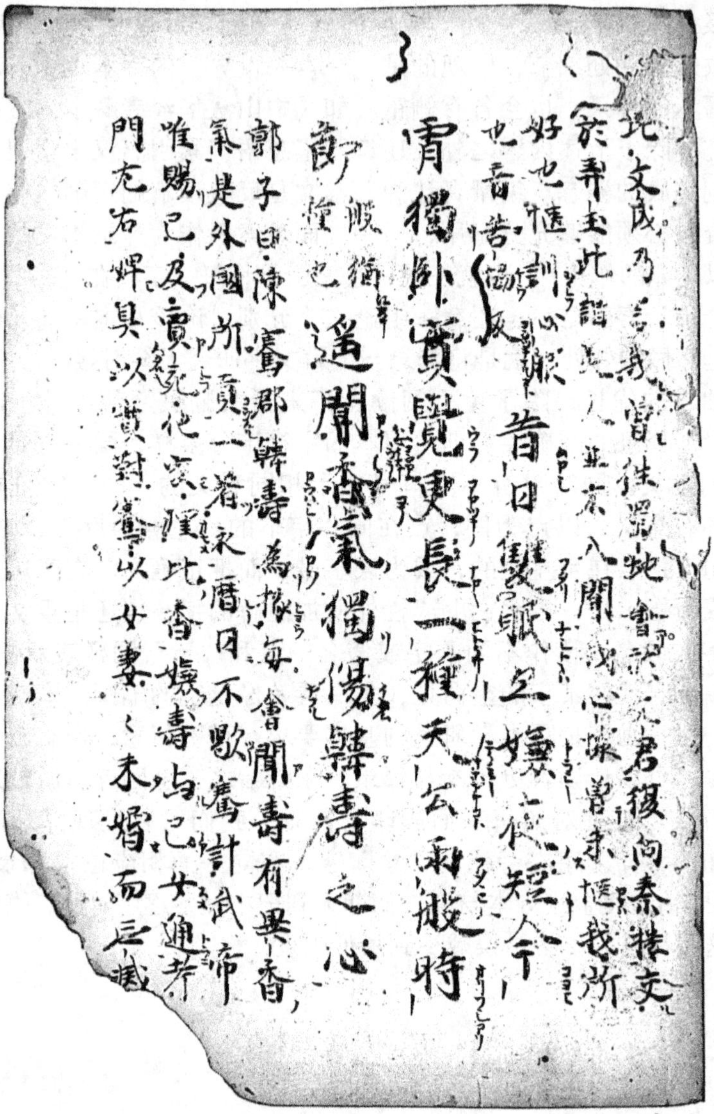

図13（8オ4～8ウ2）

影印

金剛寺本 遊 仙 窟

比文成乃言我曾往蜀地會於文君復向秦樓交
於弄玉此謂美人並不入関我心懐曽未惬我所
好也惬訓心服
也音告協反
昔日雙眠 旦嫌夜短 今
宵獨臥 實覺更長 一種天公 兩般時
節 遥聞香氣 獨傷韓壽之心
般猶種也
郭子曰陳騫郡韓壽為掾毎會聞壽有異香
氣是外國所貢一着衣暦日不歇騫計武帝
唯賜己及賈充他家理比香嫌壽与己女通考
門左右婢具以實對騫以女妻々未婚而亡滅

释录

五、校注与考证

1995年正仓院事务所主编的《正仓院宝物（北仓Ⅲ）》影印引了《圣武天皇宸翰杂集》和《杜家立成杂书要略》。2010年，东京女子大学古代史研究会编《圣武天皇宸翰〈杂集·释灵实集〉研究》由汲古书院出版。该研究会对《镜中释灵集》各篇的注释，从2000年至2003年，先后在《续日本纪研究》中分三十一次陆续发表，在《续日本纪研究》中还先后发表了铁野昌弘《杂集·镜中释灵实集〉的意义及注解成果》等相关论文。在后记中谈到："在本书最终校对阶段，在《域外汉籍研究集刊》上发表的王晓平《〈镜中释灵实集注解〉商补》[①]，就我们的先行研究概括介绍之后加以补正。虽也有与我们想法不尽一致的部分，本书也吸收了那些有益的意见。"[②]

在我国早已散逸的《杜家立成杂书要略》，在日本却作为正仓院御物而世代相传。1958年《东方学》第十七辑发表了福井康顺撰写的《正仓院御物〈杜家立成〉考》。1985年3月23日午后，于东洋文库东方学会与东洋文库共同举办学术讲演会，周一良就敦煌书仪做了专题讲演，会后还回答了与会者的提问。7月我国《文物》发表了周一良撰写的《敦煌写本书仪中所见的唐代婚丧礼俗》，这立即引起日本学者的注意，

在同年出版的《东方学》第七十一辑迅速发表了周一良此文的摘译，并附有池田温撰写的《附记》。1994年日中文化交流史研究会著《杜家立成杂书要略注释与研究》由翰林书房出版，高桥庸一郎在序言中说明，著者有志于本书的读解与研究的原因，在于考究隋唐书翰文的书式、规律；考究书翰文中韵文、散文表达上的融合性；由管窥隋唐时代文人日常生活性来考究其文化认识的面貌；搞清见于本书翰的先行文学等的典故影响；确定本书翰成书的时代及编撰者，阐明该书翰集给与日本上代文学或所谓往来物的影响。该书分注释篇与研究篇两部分，研究篇分四章，分别就《杜家立成杂书要略》的成书、内容与构成、表达与用语、传入日本及其影响4个问题展开论述，书后附影印和汉字索引。著者希望，通过研究能够为《杜家立成杂书要略》在隋唐文学中定位，并在日本文学史上给它以与《游仙窟》相提并论而

---

① 张伯伟主编:《域外汉籍研究季刊》(第五辑)，北京：中华书局，2009年，第391—418页。

② 東京女子大學研究會『聖武天皇宸翰〈雜集·釋靈實集〉研究』、東京：汲古書院、2010、第676頁。

中国文学关联之一的重要位置[①]。

我国宋代以后亡佚的隋萧吉所撰《五行大义》，很早便传入日本。曾作为特定人群的专有物而备受珍视。江户时代便有刊本，影响波及町人中间。中村璋八的研究收在他的四部书中，即明德出版社出版的《五行大义的基础研究》、明德出版社的《五行大义》、明治书院的《五行大义全释》和汲古书院的《五行大义校注》。《五行大义校注》以弘相传本为底本，异体字等特殊用字，原则上据刊本改正。明显误字则据天文抄本、高野山灵宝馆本、宝玲文库本等抄本订正[②]。校注采用日本古籍整理常见的竖排三段式排印。上段为校勘记，中段为释录，下段为注释。书后附有引用文献索引。竖排三段式的体例，在阅读释录的同时，不用翻页便能一眼找到校勘记与相关注释，符合一般读者阅读古籍的习惯。本书的注释并不很多，这种方式足以满足阅读需求。而在另外一些古籍校注的书中，有时在注释之外，还需对文中的难点或某些问题做比较繁复的引证或讨论，往往就在校注正文之后，再专设“补注”，顺次将著者的考证呈现出来。也有在校注之后，增加若干篇专题研究的论文，以便读者一书在手，便能了解某一阶段的前沿成果。这些著述方式，我国今后的写本研究都可以选择参考。

有些研究中国典籍的学者，将利用保存在日本的写本文献，作为相对于中国本土学者的一种独有资料，给予特别关注。古胜隆一《中国中古学术》一书中的第四章《围绕御注〈孝经〉开元初注本》，开头便谈到，在日本传存的旧抄本汉籍中，旧抄本《孝经》及其注释诸书，格外占有重要位置。《古文孝经》在唐末便已散佚，后人对其几乎一无所知，而在日本却流传很多好写本。江户时代便有学者注意到那些仅存于日本的本子，因期待将其介绍给中国士大夫而着手校订整理。古胜隆一回顾了他们所做的校订出版工作。其一是太宰春台（1680—1747）于1744年校刊的《古文孝经》，此书收进1776年刊行的《知不足斋丛书》（第一集），并博得卢文弨（1717—1795）等硕学的赞许。其二是冈田挺之（1737—1795）整理的郑注《孝经》，该书有1793年撰写的序，其后也被收进1801年刊行的《知不足斋丛书》第二十集。江户时代的学者也还注意到开元初注本的价值。古胜隆一特别对日本传

① 日中文化交流史研究會『杜家立成雜書要略注釋與研究』、東京：翰林書房、1994、第2頁。

② 中村璋八『五行大義校注』、東京：汲古書院、1984、第3頁。

存御注《孝经》中最为重要的京都大学图书馆藏镰仓时代抄本（包括其中的批注），着重做了探讨[①]。他认为此抄本好在是镰仓时代旧抄本，书写年代早于杨守敬所看到的三条西本，且是日本明经博士清原家相传的主流写本，加之其讹误较少，可依此部分订正三条西本的误字。其中还多存批注，引用了唐元行冲《孝经疏》佚文[②]。

六、辑佚与比较

我国典籍的辑佚，即从各种传世文献中搜集整理业已散佚的书籍的佚文，尽可能再现佚书的原貌，这样的工作远在13世纪就已经开始了。自18世纪后叶至19世纪的乾嘉时期，辑佚书逐渐增加，质量也越来越高。著名的如清马国翰《玉函山房辑佚书》、王仁俊《玉函山房辑佚书续编三种》等[③]。然而，这些辑佚书所依据的典籍却仅限于中国国内。19世纪后期，走出国门的杨守敬、黄遵宪等人竭尽全力访书聚典，收获重大，但也没有来得及更多注意保留在异国典籍中的零散资料。1932年，日本东方研究所新美宽启动了宏大的计划，选择了50多种日本书籍，抽取抄录其中引用的中国散佚典籍文献。这一工作虽然在侵华战争期间被迫中断，但在他去世之后，小岛祐马继续推进，历经多年，在小岛祐马去世之后，经铃木隆一续补，终于其成果在1967年由京都大学人文科学研究所印行。这就是《本邦残存典籍辑佚资料集成》。此书集录分经史子三部，依据的大都是平安镰仓时代前的日本人著述，其中很多属于写本，底本的引文文字，原则上采录从原本的直接引用或与之相近者，而略去间接引用者。这部书是彻底调查中国散佚典籍佚文的第一阶梯。由于编纂伊始依照的底本，尽可能是原抄本，不得已的情况下才根据刊本，著者原稿还忠实地转写抄本的字体，可见著者具有较强的写本意识。这使得不仅书中丰富的佚文可供古籍整理参考，而且对于研究中日汉字也提供了有力的线索。全书分两册，上册收经部，下册收史部与子部。

诚如铃木隆一在跋中所指出的，著者编纂的目的不仅在于辑佚书，而是在于以日本传承的典籍，不问现存还是亡佚，对于汉籍进行广泛校勘。一般

① 古勝隆一『中国中古の学術』、東京：研文出版、2006、第341—368頁。
② 古勝隆一『中国中古の学術』、東京：研文出版、2006、第368頁。
③ 王仁俊：《玉函山房辑佚书续编三种》，上海：上海古籍出版社，1989年。

来说，宋元以后的撰述，在中国可用于校勘的资料很多，并且已经有效地利用，因而著者的工作，并非这些书籍，而是把精力集中在隋唐以前撰述的书籍，并且不限于刊本，而是从包括作为抄本传入日本的典籍，或者从其引用书当中，搜集校勘资料。[1]

1985年汲古书院出版的柳瀬喜代志、矢作武《琱玉集注释》，以《古逸丛书》影旧抄卷子本《琱玉集》为底本，参校真福寺文库所藏《琱玉集》卷十二、卷十四的古典保存会1933年影印本。在书后附录了《本邦书籍残存的〈琱玉集〉佚文》[2]。同时也介绍了学者关于《琱玉集》与日本文学关系的相关研究，提到山田孝雄《〈琱玉集〉与本邦文学》及其《补遗》、川口久雄《敦煌本〈类林〉与我国文学》，两位学者对日本文学中的《琱玉集》佚文也曾有所涉及。《琱玉集注释》不仅列出佚文，而且做了训读。所列出的13条佚文，基本出自觉明《三教指归注》写本。如第五条出自该书卷一第三十四面：

> 安—，《琱玉集》云：將閭者，始皇庶子也。二世既立，趙高盡計令殺公子及諸貴臣。二世可之。于时將閭兄弟三人，囿於内宫。二世使使令問將閭曰："公子不臣，罪當合死，可就法焉。"將閭曰："闕庭之禮，吾未甞敢違；賓賛之處，吾未甞失序；廊廣[3]之位，吾未甞失節；受命應對，吾未甞失辭，何謂不臣？願知其罪而死。"使者曰："臣不得與謀，奉書從事，不知其他。"將閭乃仰天大呼曰："厝哉（ヲシイカナ）[4]！吾之无罪！"昆弟三人皆誅，乃引劍以自殺也。[5]

此段文字，与《史记》传世本有异同。如将闾之语，《史记》作"阙廷之礼，吾未尝敢不从宾赞也；廊庙之位，吾未尝敢失节也；受命应对，吾未尝敢失辞也。"[6]这些佚文的存在，即便不是提供了一种更为可信的底本，至

---

① 京都大学人文科学研究所『本邦殘存典籍による輯佚資料集成續』、京都：平田弘文堂、1968、跋第1頁。

② 柳瀬喜代志、矢作武『琱玉集注釋』、東京：汲古書院、1985、第260—266頁。

③ 原文作"廣"，恐"庙"字之讹。

④ "厝哉"，据文意及假名标注，"厝"疑为"惜"字之讹。

⑤ 柳瀬喜代志、矢作武『琱玉集注釋』、東京：汲古書院、1985、第262頁。

⑥ 司马迁：《史记》（全十册），北京：中华书局，1975，第268页。

少也使我们看到了古人对典籍的别种理解。在古籍校勘与梳理其接受史的时候，都可能想起它们。

由于对日本说话文学的多方面影响，《冥报记》受到日本佛教文学、说话文学研究者特别重视。说话研究会编撰的两卷本的《冥报记》，第一卷包括前田育德会尊经阁文库本《冥报记》的影印，而后是翻字、释文、注释等。翻字即释录，解读写本中所有的文字与符号，释文则是用日语转换原文提供的全部信息。随后的注释，重点解词，继而逐字进行校异，探究训注、声点，注释中罗列与该篇故事相关的日本文学作品，总之是逐字逐句逐篇加以细节解读。这反映了日本文学专业对某目标文献的所谓“轮读”的研读过程，即研究者在导师或主持者的指导下，由每位成员轮流对每篇作品进行讲读，在集体深度讨论的基础上，加以细致整理。目标文献往往是尚未全面解读的重要作品。轮读的核心，是发现疑点、解决疑难问题。

日本研究国语学、国文学的学者通过对中国典籍日本写本的研究，探讨日本文化史的问题，构成了比较研究的核心。西野贞治《光明皇后书〈杜家立成〉周边》将《杜家立成杂书要略》与敦煌书仪作了比较，从而提出了这样的问题：光明皇后侧近不乏卓越的学者，为什么还会将《杜家立成》这样的俗书与《乐毅论》《头陀寺碑文》等量齐观呢？这在中国有教养的人看来颇不以为然，甚至会感到奇怪。西野这样解释：正像看一看大陆文化流入日本的情况就可以清楚地看到那样，摄取文化过快，新舶载来的书籍，即便是在中国不当一回事的俗书，也作为实用书备受珍重，不把它们与正统书籍严加区分。《杜家立成》就是在这种情况下得到光明天皇的青睐，因而被亲笔书写的①。

学者在遵循文献考据传统的同时，吸取西方理论和方法，对中国典籍日本写本展开跨文化、跨学科研究的著述也不为罕见。由黑田彰等五人结成的《幼学会》对日本保存的两种《孝子传》精心做了注解②，而黑田彰所著《孝子传研究》则做了比较研究与跨学科研究的尝试，他通过东汉以来的图像资料，对孝子传图、二十四孝图从考古学、美术史的视角加以剖析，从包括家族法在内的法制史等方面加以考察，同时还引入了弗洛伊德的精神分析法，

① 西野貞治「光明皇后筆の杜家立成をめぐって」、『萬葉』第26號、1958、第51頁。

② 幼學會『孝子傳注解』、東京：汲古書院、2003。

探讨《孝子传》中的性倒错问题，更通过《注好选》中引用的孝道故事与日本战国时代吴江毛利元就所谓“三矢之训”的故事，来总结日本分析孝子故事的典型个案[①]。

对写本的研究，包括以上各方面的工作。以筑岛裕为首的学者在对高山寺写本的调查和研究之后出版的《高山寺古训点资料》（第一、第二）就很具有代表性。著者对于高山寺所藏《论语》《史记》与《庄子》三种写本做了解剖式的解读。他们将这些文献当作佛教学、国语学、国文学、国史学、美术史学广泛领域的学术研究资料，对每一写本，在影印的基础上，厘清训读，编写过细的语汇索引和汉字索引，列出异体字对照表[②]。影印采用两段式排列，释录逐行对照、逐字对照。写本释录呈现的，是那一时代活生生的语言。

研究中国典籍日本写本的论文，大抵出自研究中日文字、语言、历史、文学的文献学和比较文学领域的学者之手，这些学者供职于大学、博物馆或文化机构、研究机构，论文也就刊登在不同专业、不同单位的学术刊物上。文献整理如中泽希男《〈赋谱〉校笺》[③]；书志如《伏见宫旧藏〈杂抄〉卷十四》[④]，薄井俊二《关于国立国会图书馆藏〈天台山记〉》[⑤]，考辨来源如藏中进《真福寺本〈翰林学士集〉之传来》[⑥]等，均刊载于大学、出版社、研究与文化机构主办的学术刊物或通讯上。对于中国学者来说，将研究论文和著述汇聚起来，编一部资料索引，是十分适时而又适用的。

迄今发现的中国典籍日本古写本，不论是释录还是校注，几乎都不难找出不避琐细、唯求精微的书，即便如此，也大都存在很多尚未解决的难点，亦不乏失考、失证、失解之处。这也为今后研究的深入留下了巨大空间。不侮些小，不惮烦劳，有疑必问，有误必纠，精益求精，以校勘训诂为初步，以构建汉文写本学为标的，方能有新创获。

---

① 黑田彰『孝子傳研究』、京都：株式會社思文閣出版、2001。

② 高山寺典籍文書綜合調查團『高山寺古訓點資料第一』高山寺資料叢書第九冊、東京大學出版會、1980。

③ 群馬大學共同教育部『群馬大學教育學部紀要・人文・社會科學編』第17卷、1967。

④ 宮内廳書陵部主編『書陵部紀要』第五十一號、2000。

⑤ 汲古書院主編『汲古』第41號、2002。

⑥『アジア游学』第27号。

中国典籍日本古写本，既是古今中日学人学术智慧的蓄水池，也是写本研究的必经站；既是跨文化新朴学的试验田，也是汉字写本学的演兵场。为了深化中国典籍日本古写本研究，我国学界继续有计划地影印这些古写本，翻译介绍相关序跋和研究论著，编撰写本学相关的工具书，都很有必要。同时，对它们进行释录与深度解读，展开与传世文献及周边各国汉文写本的比较研究，则还有更多工作可做，而且这些工作，或许可以视为汉文写本学行路中实实在在的一小步。

王晓平　天津师范大学文学院教授

江户时代的中国绘画收藏与流通

——通向近代中国学的桥梁

[日]塚本麿充 著 宋 刚 译

摘 要：14世纪后期，元朝灭亡、明朝建立，在这一中国巨大的社会变动中，大批来到日本的宋元时期的绘画作品被足利将军家族积极购入，由此形成了“东山御物”系列藏品。本文要处理的正是从“东山御物”消亡到20世纪近代美术史学成立这一期间的历史。

16世纪足利将军家族的衰落使得这些藏品分散至各地，全国的大名成了继承这些藏品的主体。自1603年成立以来统治日本长达250多年的德川幕府是由全国300多个藩组成的巨大政治机构，它积极继承了同样是武家政权的足利将军家族的仪典，收集“唐物”，包括载于《君台观左右帐记》中的中国绘画，使其在江户与地方、幕府与藩以及各家族之间交换和流通。此外又由于狩野派广泛的临摹和制作，其文化权威得以维持。本文将论述被足利义满分割的牧溪“潇湘八景图卷”传入的历史，江户时代它被分开藏于各藩，或保管于藩国，或保管于江户藩邸，成了象征各大家族的“文物”。

此后，1867年德川幕府灭亡，此前的“唐物”和“汉学”更名为“中国美术史”和“中国学”，在近代新学制和博物馆制度中被重新定位。本文将通过作品评价的变迁及相关叙述考察其间的具体情况。

关键词：中国绘画　唐物　牧溪　潇湘八景　东山御物　收藏　美术史

序言：应仁之乱与散落日本各处的中国艺术品

本文主要讨论从室町幕府倒台的导火索事件——应仁之乱（1467—1477）开始，中间历经江户幕府建立，一直到日本近代中国绘画收藏热潮开端事件——内藤湖南等人访问北京（1910）为止近500年时间内发生的事情。这500年左右的时间也可以说是有关“中国绘画”的历史。本文的主要目的就是为了从一个较高的层面上统括性地理解这约500年的历史。

目前在日本所藏的中国绘画自奈良、平安时代以来陆续被带到日本，此后在镰仓时代又有很多“唐绘”（中国画）流传到日本。但是，目前我们对于这类镰仓时代流传到日本的“唐物”的实际情况仍然有很多不了解的地方，这也自然成为我们今后需要进一步研究的课题。在北条时宗开山的镰仓圆觉寺寺内塔头——佛日庵财产目录《佛日庵公物目录》[图1，元应二年（1320）的目录，由该寺住持法清于贞治二年（1363）撰写]中，我们发现在禅宗的顶相、墨宝、法衣、陶器瓷器中，还存在一些像“猿猴二幅牧溪”“坐禅猿猴一幅牧溪”“龙虎两幅徽宗皇帝”“兰花二幅赵干”等物品名称。

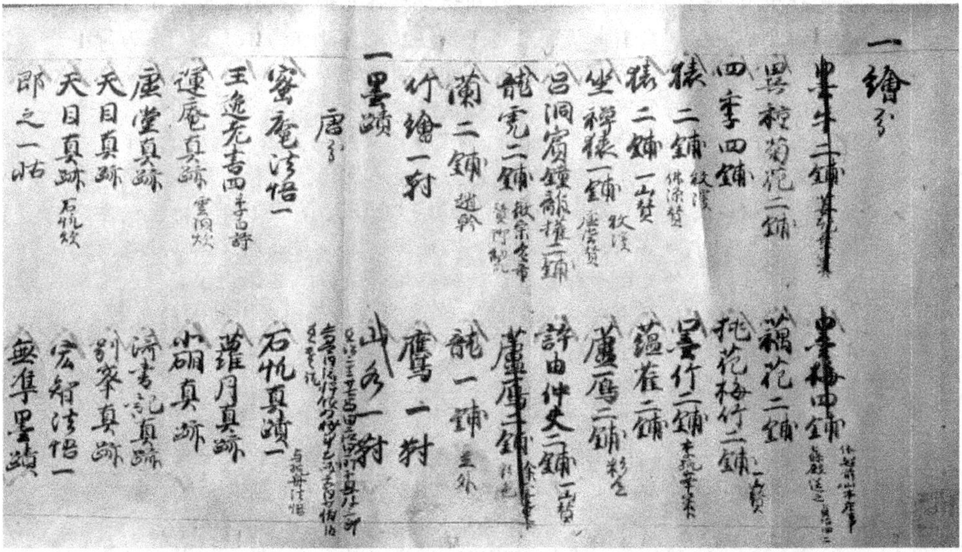

图1 《佛日庵公物目录》(元应二年（1320）目录，于贞治二年（1363）书写)

据说这个记录是日本现存最早的“唐物”目录，从中我们可以看到，在日本社会最开始被人们熟知的名字便是徽宗皇帝、牧溪[①]等人，同时还有一些和赵孟頫、高克恭同一个时代但在当时的中国画坛并不属于正统派系的画家们。

此后，镰仓幕府倒台（1333），经过南北朝动乱的洗礼，室町幕府在京

① 荏開津通彦「牧溪の尊重」、『アジア遊学』142、古代中世日本の内なる「禅」、東京：勉誠出版、2011、第170—182頁。

都建立（1336）。室町幕府的第三代将军足利义满（1358—1408）和第八代足利义政（1436—1490）最终建立起后世称之为“东山御物”即宋元画作的一大收藏。有关“东山御物”这一系列收藏，我们可以通过作品上足利义满的“天山”印以及足利义政的“杂华室印”具体地了解其实情如何①。在这个时期，中国正值改朝换代，元朝灭亡后北迁，明太祖朱元璋建立明朝（1368），与此同时，和元朝一直保持密切关系的高丽不久后灭亡，在朝鲜半岛，李成桂（1335—1408）建立了朝鲜王朝（1392）。由此可见，足利义满在日本治世的时期正好处在东亚地区的大动乱时期，而足利义满的“东山御物”正是收集了中国书画理念从宋至元逐步发展、日趋成熟时期的画作，可以说这个收藏十分特殊，意义深远。在此之上，可以说这个时期足利将军家收藏的牧溪、梁楷等南宋禅林以及宫廷绘画一方面承袭了镰仓时代的价值观，另一方面流入日本，以真实的形态现身于日本鉴赏人面前，从某种意义上来说我们也可以认为这些画作收藏品具有一定的“重生”寓意。

但本文的重心不在足利将军家收藏品，而是主要集中在这些画作成为足利将军家收藏很长时间之后的时期。由于应仁之乱（1467—1477）爆发，足利将军家的威严大大降低，而在另一个层面上来看，应仁之乱却给流传到日本的这些中国文物带来新生。

> 其比，不行茶汤之道者等人非人。且不言诸大名，下至南都·京都·堺市町人，专一茶汤之道。其中善行茶汤知道且所持上品之名物者，大和大名京·堺市町人外，召集大和大名共享茶汤之座，故町人等亦持名物。京·堺两地多珠光弟子。大抵有松本·篠·道堤·善法·古市播州·西福院·引拙。
>
> 且说东山殿薨去后，代代将军喜茶汤之道。其朋众艺阿弥·相阿弥、学从先师。其后（东山）御物散落天下，不绝于今，茶汤之道繁盛也。珠光后继，宗珠·宗悟·善好·藤田·宗宅·绍滴·绍鸥也。
>
> 引用自《山上宗二记》②

① 板倉聖哲「東山御物の美—中国絵画を中心として」、『東山御物の美—足利将軍家の至宝』、東京：三井記念美術館、2014。另请参考板倉聖哲『日本美術全集第6巻　東アジアの中の日本美術』、東京：小学館、2015。

② 林屋辰三郎、横井清、楢林忠男編注「山上宗二記」『日本の茶書』、東京：平凡社、1971、第142—143頁。

此处引用的文章是堺市茶人山上宗二（1544—1590）茶道口传善本《山上宗二记》的开头部分，同时也是山上宗二本人阐释其本人的一种茶道文化史发展史观。从这里我们也可以看出，文中所述“东山殿”即足利义满薨去后，之后的历代将军仍嗜好品茶，甚至最近几年南都奈良、京都、堺市的许多町人都开始学习、修行茶道，这也就导致了“（东山）御物散落日本各处”的一个必然结果。在此以前一直集中在京都将军家中的这些中国文物由于应仁之乱以及茶汤文化的盛行，散落到日本的各个地方。实际上，这也就造就了在日中国文物分散各处的情况，同时新的权威也应运而生。那么在本文中我们主要将目光投射在牧溪身上，并探讨与此相关的诸多问题。

一、占据统治地位的“唐绘”（中国画）
——松平忠直和“牧溪”“初花”及其子孙后世的故事

提起代表足利将军家以及代表日本的“唐物”，我们是无法绕过牧溪来谈相关问题的。在足利将军家的收藏目录《御物御画目录》（东京国立博物馆）中，牧溪的《观音猿鹤图》（现藏于京都：大德寺）被记录成“大观音脇猿鹤牧溪”，此外宋徽宗的《夏秋冬山水图》（现藏于京都：金地院、山梨：久远寺）则是“四幅山水徽宗皇帝”，《出山释迦·雪景山水》三幅画（现藏于东京国立博物馆）则被记录成“出山释迦脇山水梁楷”。而上述这些画作可以说是足利将军家现存收藏品中的顶峰名作。同时，上述画作上每幅都印有“天山”“道有”印，由此我们也可判断这些画作都是可以追溯到足利义满时代的收藏品。

另一方面，牧溪的《观音猿鹤图》不知何时从足利将军家流出，辗转到了禅僧太原崇孚（1496—1555）手中。在太原崇孚圆寂后，该画被捐赠给了大德寺。同样，《夏秋冬山水图》后由室町幕府第十代将军足利义稙赏赐给时任周防国（今山口县）守护一职的大内政弘（1445—1495），后由大内义隆赠与天龙寺明智院的禅僧策彦周良（1501—1579），又由妙智院三章令彰（？—1615）赠予以心崇传，最终流传至南禅寺塔头金地院。《夏》这一幅则于宽文十三年（1673）由远江国（今静冈县）滨松城城主太田资宗（1600—1680）捐赠给甲斐身延山久远寺。而《出山释迦雪景山水》三幅画从足利将军家流出后的流传路径尚未明确，但是可以明白的一点是，该画作于17世纪初由若狭（今福井县）酒井家分别收藏。正如山上宗二所言，足利将军家所收藏的这些中国绘画收藏品在其后正是踏上了逐步“散落天下”的过程。

自不用说，一些地方的大名们之所以争相想要获得这些“御物”，正是因为这些“御物”代表足利将军家文化权威的分身。随着1603年江户幕府建立，各地分封的藩及其大名家超过了250家，从此时开始，中国文物在日本又开始了新的一段生命。

足利将军家收藏品在战国时代中分散各地，而17世纪后这些收藏品被再次分配给各地进行稳定领国统治的各大大名家，而这个再次分配的最后机会就是宣告丰臣家族倒台的大坂冬之阵（1614）和大坂夏之阵（1615）。事实上，这两次战役和牧溪都有着不解之缘。牧溪的《潇湘八景图》八景中现存只有四幅，其中有三幅尺寸较小的画作（一般称为“小幅”）流传到了日本，具体情况列举如下。

（1）山市晴岚　情况不明

（2）远浦归帆（大幅）现藏于京都国立博物馆（曾分别收藏于村田珠光、织田信长、荒木村重、德川家康、松平右卫门大夫、德川家光、户田家、田沼意次、松平不昧、吉川家流传）

（3）烟寺晚钟（大幅）现藏于畠山纪念馆（经松永久秀、织田信长、纪州德川家、加贺前田家流传）

（4）渔村夕照（大幅）现藏于根津美术馆（经德川家康、纪州德川家、伊予松平家流传）

（5）平沙落雁（大幅）现藏于出光美术馆（经上杉家、德川秀忠、传至津山松平家）

（6）江天暮雪（小幅？）现藏于相国寺（曾分别收藏于德川家康－骏府御分物、纪州德川家）

（7）洞庭秋月（小幅）现藏于德川美术馆（经古河土井家、德川将军家、尾张德川家流传）

（8）潇湘夜雨（小幅）个人收藏（经川越秋元家流传）

我们认为这些作品在当时应该都是画卷的形式，而根据小川裕充的复原预测来看，可以发现上、下两卷中应该都是画卷中加杂诗文的形式[①]。这些画

① 小川裕充「牧谿筆瀟湘八景図巻の原状について」、『美術史論叢』13、1997、第111—117頁。

卷原本是足利将军家的收藏品，据考证应该就是记录在《御物御画目录》中的“纸横八景 牧溪”。由于在《室町殿行幸御饰纪》中有记载当时该画作曾经在“御十二间”东、西墙上分别挂了四幅，而现存宽幅的四幅画上面印有“道有”印，所以不难推测当时的八景图已经被裁剪成八幅画作了。但是这八幅图先后离开足利将军家，在17世纪初逐渐成为各地大名家的所有物。那么以下我想重点讨论一下八景图中传世经历十分丰富的《平沙落雁图》（图3，现藏于出光美术馆）。

《子爵松平家御藏品投标目录》[大正十三年（1925）6月11日，于东京美术俱乐部]举办拍卖，牧溪的《平沙落雁图》也在其中。《平沙落雁图》历经江户时代，从美作国津山（今冈山县津山市）松平家留传至今。津山松平家是松平忠直（1595—1650）的长子松平光长（1616—1707）所建立的家系，而牧溪的《平沙落雁图》在津山松平家得以留传也可以说是寓意深远。

1615年夏天，大坂夏之阵战役爆发，以丰臣秀赖为首领的丰臣家族一派坚守大坂城，德川家康、德川秀忠的军队包围大坂城，最终将其攻陷。在这场战役中拿头杆枪率先杀入敌阵立下汗马功劳的便是方才提到的松平忠直（1595—1650）。当时的松平忠直继承了福井藩七十五万石的俸禄（全藩第三名），是一个年轻气盛的藩主。松平忠直的父亲结城秀康是德川家康的次子。德川家康的长子信康在家康的命令下自尽身亡，而次子秀康又被送到丰臣秀吉家成为秀吉的养子，且其后因为继承了结城姓氏，所以没有继承德川将军家业（图2）。德川家康的三子秀忠由于其母出身三河国名门贵族，最终继承德川家家业，成为江户幕府第二代将军。松平忠直的父亲结城秀康正是因为这样复杂的家庭情况，分藩时得到福井藩六十八万石的领地，受到优厚待遇，其子忠直尽忠于父亲弟弟的儿子（堂弟）德川秀忠，出征大阪夏之阵。此时打头阵最先到达大坂城的便是由忠直所率领的越前军队，总人数约有一万五千人。该军队不仅在整个德川军队中夺取敌人首级数量最多，共3753人，此外忠直的家臣西尾仁左卫门还勇夺真田幸村的首级立下汗马功劳。大阪夏之阵战役结束后，忠直在京都二条城谒见秀忠，秀忠赏赐给忠直的便是牧溪的这幅《平沙落雁图》（图3，现藏于出光美术馆）和“初花茶入”（图4，现藏于德川纪念财团）。

根据福井藩所流传的乡土资料《片聋记》（现藏于福井市立乡土历史博物馆），我们可以看到如下相关记述。

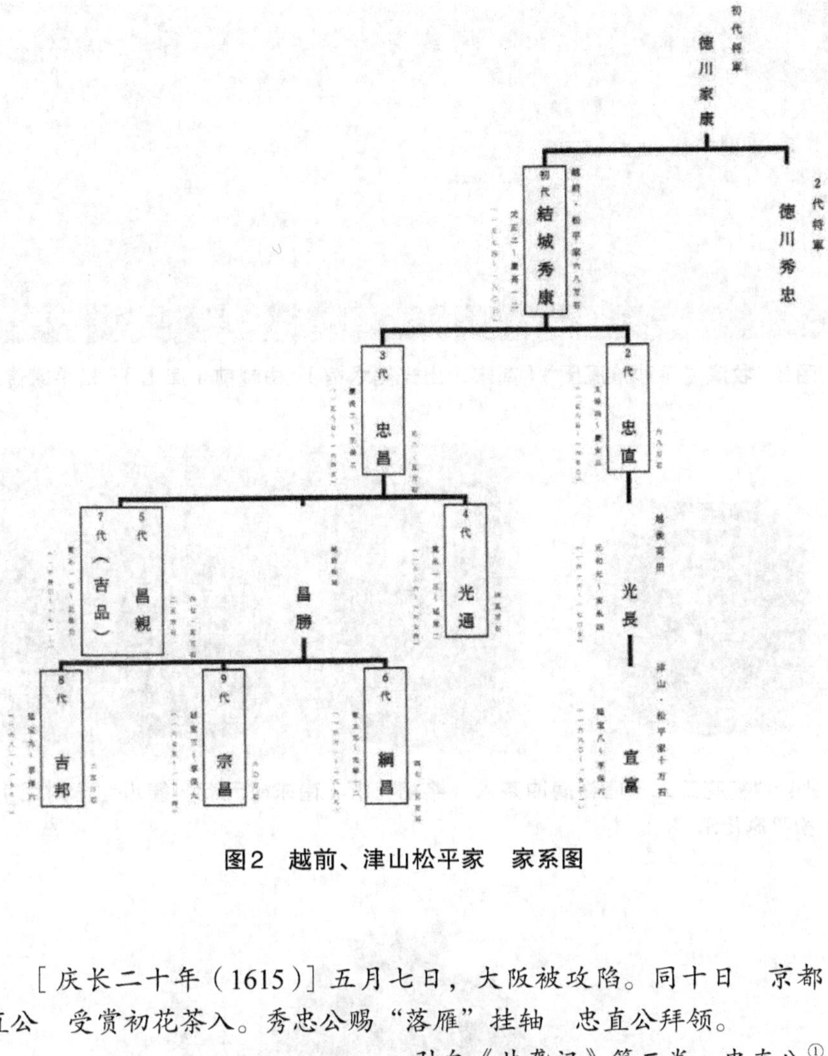

图2　越前、津山松平家　家系图

［庆长二十年（1615）］五月七日，大阪被攻陷。同十日　京都　忠直公　受赏初花茶入。秀忠公赐“落雁”挂轴　忠直公拜领。

引自《片聋记》第二卷、忠直公[①]

松平忠直在大坂夏之阵战役中立下了大功，他本以为将军会大大提高他的俸禄，可是当时德川家在剿灭丰臣家之后也没有获得能够进一步给德川家

---

①『片聾記』卷二、忠直公。目前该资料可在福井市立乡土历史博物馆主页上可阅览前一页。

图3　牧溪《平沙落雁图》(南宋、出光美术馆)　由越前(津山)・松平家传承

图4　“初花茶入(唐物肩冲茶入　铭初花)”(南宋～元朝・德川纪念财团)由(津山)・松平家传承

图5　“茶壶　铭初花”(越葵文库、福井市立乡土历史博物馆)

谱代大名们分配的俸禄，而是通过赏赐这些“唐物”进行了实物层面上的赏赐。根据福井藩的记录，据说当时松平忠直在此次战役中损失了约五千名将士，当得知自己没有获得足以回报家臣们的俸禄时，十分愤怒，在宅邸大门口就把将军赏赐的“初花茶入”踢碎了[①]。这些有关祖先功勋以及有关“唐物”的故事是如何被他们的子孙后代继承的，这一点着实有趣。从此我们不难看出，江户时代“唐物”的社会意义逐渐显露。

众所周知，之后的忠直变得品行不端。1621年，时年27岁的忠直以病重为由拒绝到江户参勤交代，1622年被将军德川秀忠下令隐居。忠直随后出家改名一伯，被押解到竹中重义统领的丰后府内藩禁闭，终了一生。与此同时，忠直的弟弟，当时也是越后高田藩藩主松平忠昌成为福井藩藩主，而相应地，忠直与将军德川秀忠的女儿胜姬所生长子松平光长转封到越后高田藩。这也就意味着，福井藩并不是由忠直这一脉继承家业，而是由忠直的弟弟忠昌这一脉继承藩主称号。另一方面，光长被转封到越后高田藩后，由于当地爆发越后骚乱（1679），光长被罢免藩主，其后收结城秀康第五子松平直基的孙子松平宣富为养子，于元禄十一年（1698）被授予美作国津山藩十万石的领地，自此终于重振家业。那么，在这场围绕着福井藩和津山藩家名的斗争中，之前将军赐予忠直的《平沙落雁图》和《初花茶入》到底经历了几番风雨，创造了几番传奇后留传后世的呢？

我们前面也看到了，从这个时候一直到幕末的这段时间内，《平沙落雁图》和《初花茶入》并不是在福井藩，而是在津山藩代代相传。其原因是，《平沙落雁图》和《初花茶入》不属于福井藩这块土地，而是忠直亲自受赏获得的财产，也就是说这份财产应该是属于忠直自己的后代子孙。众所周知，松平忠直将岩佐又兵卫（1578—1650）请到福井，让其创作了《又兵卫画卷群》这一华丽的画卷集合之作，而这个作品在忠直被罢免之后并没有被福井藩继承，而是由身处越后高田藩的光长继承，并不断流传至重振家业后的津山藩[②]。如果从这些艺术品是属于忠直的宝物这个角度来看的话，《平沙

---

①『国事叢記』一、第一三五一一三六開（松平文庫）。《国事丛记》总结了福井藩的历史，是一本极为重要的史书，原始版本由松平文库保管，现由福井县文书馆保管，在该馆公共主页上可浏览全文。此外，全文复刻参见，福井县立图书馆、福井县乡土志恳谈会共编、《国事丛记（上、下）》、1961、1962。

② 有关流传的过程，请参考筒井忠仁「又兵衛絵巻の伝来と享受」『岩佐又兵衛展』図録、福井県立美術館、2016、第197—201頁。另，请参考《越前家代代御道具帖》。

落雁图》应该是由津山藩来继承，并在大正十四年的拍卖之前一直由津山松平家保管收藏。另一件传家宝《初花茶入》则在元禄十一年（1689）光长的养嗣子长矩成为津山藩藩主重振家业时作为谢礼进献给德川将军家了[①]。这个艺术品正是目前德川纪念财团拥有的《初花茶入》(图4)。《初花茶入》经由织田信长，到德川家康手中，再经过松平忠直最后再次进献给德川家。这件艺术品就是在众多所谓传世之作的肩冲茶入中也可以算是传奇之作，至今仍有很高的评价。

那么福井藩将象征着藩国领地统治权的传家宝《平沙落雁图》和《初花茶入》让给津山藩后又是如何填补这个空白的呢？在此之后，福井藩第四代藩主松平光通自尽（1674），第六代家督纲昌被勒令隐居（1686）等一系列不吉利的事情层出不穷。贞享三年（1686）发生了“贞享领地俸禄减半”的事件，福井藩四十八万石知行被没收，将军家为了解决这个问题，命令第五代前任藩主昌亲改名为吉品并重新分配其领土封地且俸禄减半为二十五万石。自此之后，福井藩一改江户时代初期七十五万石大藩的风貌，逐渐失去势力[②]。

其后，据说在福井藩第十代藩主松平宗矩（1715—1749）统领时期内完成的《御风雅一之箱御道具名录》(图6，松平文库［福井县立图书馆保管］[③]）中，有一段饶有兴致的记述。据说这份目录是记录保管在领国（福井）“御风雅一之箱”中特别重要宝物的目录[④]。这份目录记录了第四代将军以德川家纲（严有院，1651—1680)、第六代将军德川家宣（文昭院，1662—1712）为代表，福井藩松平光通（第四代，大安院，1636—1674)、松平吉品（第五代、第七代，探源院，1640—1711)、松平吉邦（第八代，升安院，1636—1674)、松平宗昌（第九代，丰仙院，1636—1674）等人曾经拥有的物品，且其下一代所拥有的物品会特别标注出“御当代”字样，因此可以认为这是第十代松平宗矩时代福井藩松平家的一个最为重要的宝物收藏目录。

---

①“初花肩冲茶入”在松平忠直改易后由其长子松平光长继承，但是光长由于越后动乱改易后，由侄女女二之宫（光长的妹妹亀姬次女）暂时保管，光长被赦免后再次回到他手上，最终于元禄十一年（1689）进献幕府。有关这一段内容，可见：浅倉有子「「初花肩衝」のゆくえ」、『日本歴史』810、2015、第67—76頁。

② 吉川喜代江「貞享の半知における家臣団—福井藩政史研究ノート—」、『福井県文書館研究紀要』3 、2006、第75—82頁。

③ 松平文库〔A0143—20581〕、现由福井县文书馆保存。

④ 久角健二「解説」、『再会ふくいゆかりの名宝たち』、福井県立博物館、2015、第123頁。

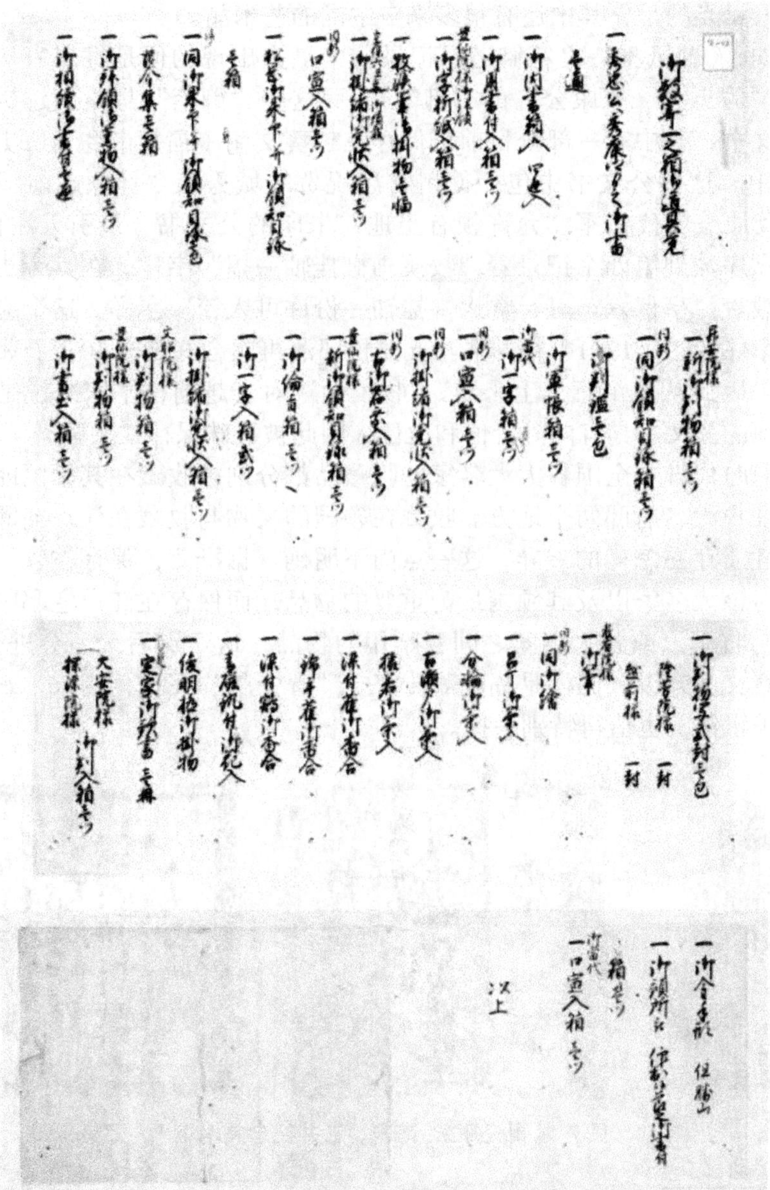

图6 《御风雅一之箱御道具名录》[松平文库 (现由福井县立图书馆保存)]

最吸引人目光的是，其中还有很多来自中国的艺术品。

例如，《御风雅一之箱御道具记录》中最先出现的便是德川家初代、二代将军“秀忠公、家康公”的“御笔”，而这些“御笔”是藩创建初期最重要的公文书，其中有一部分目前仍保存在越葵文库（福井市乡土历史博物馆寄存）中。这些公文书中包括德川秀忠祝贺结城秀康“拜领越前国”的书简[①]以及加盖历代将军“允许领有土地”朱印的公文书。最引人注目的是，从上面顺序数到第四个记录着“牧溪画御挂轴一幅”字样。在其旁边第五项内容记载着“享保六　丑　赏赐御挂轴一份许可入箱”字样。这个应该是能够证明享保六年（1721）福井藩与支藩松冈藩再次合并恢复30万石领地俸禄的文书，因此从这个意义上来看，“牧溪画”对于越前松平家来说是和约定允许领地的公文书具有同等价值和地位，因此被特殊保存在领国。

江户时代日本全国各大大名家的收藏品都分别被收藏在其领国即居城所在地和江户大名府邸两个地方。收藏在领国的文物与收藏在江户宅邸中的文物之间性质存在怎样的差异，这一点尚不明确。据推测，保存在领国的文物应该是对该大名家以及其领国最为重要的物品，而保存在江户宅邸中的物品应该是与将军家或各大名家之间互赠用的物品，这一点后续还会进行阐述。从这个意义上来说，同样是福井藩传家宝“青瓷瓶”（图7，南宋，现藏于三井纪念美术馆）也值得特别一提。

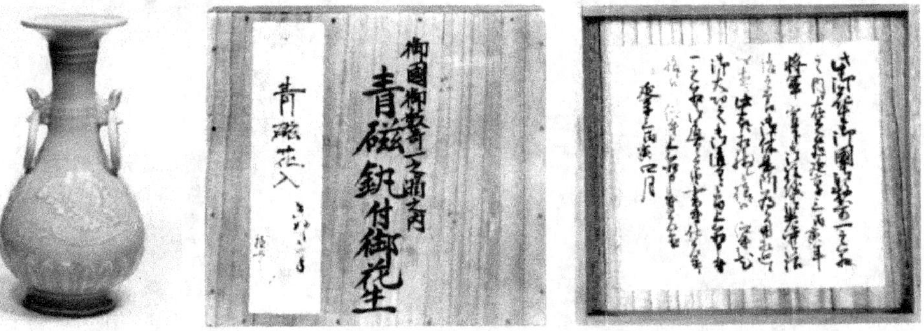

图7 《青瓷瓶》（南宋、三井纪念美术馆）

① 福井市立郷土歴史博物館編『越前松平家展　文書の部』、福井市立郷土歴史博物館、1979、第3頁。另，这个文书中还有经松平春嶽之手的“越前家第一之珍宝”的题函签，这个由德川秀忠给结城秀康对于证实越前领土的文书，对于福井藩来说是最为重要的一个公文书。

根据这件花瓶所属的入箱题字印章来看，这件艺术品原本是收藏在福井藩“御国御风雅一之箱”中的，由此可认为，这件艺术品和刚才提到过的《御风雅一之箱御道具记录》[松平文库（福井县立图书馆）保存]中所记载“一青瓷带环御花瓶”应该是同一件物品①。据入箱题字印章来看，这件艺术品本是延享三年（1746）第九代将军德川家重在奉旨继任将军的庆典上召集众位老中时，因需在将军休憩所使用所以被运输到了江户宅邸中。同时，还有记录说“尤御大切之御道具ニ候間、上箱申付、一之箱御道具之由書付仕差置候様ニ被　仰付　上箱申付差置。延享三　丙寅四月”（因为这是尤为重要的器物，上面命令务必做出一个与此相衬的上等箱子，此外，上面还下令加上记录：该艺术品还是属于（在领国的）“一之箱”中的器物。于是最后为此物做了箱子）。做出这个命令的应该是当时的藩主松平宗矩。这件“青瓷瓶”在当时尤其得到重视的原因并不只是因为其外形流畅，釉瓷外观优美，而是因为它由来于大坂城的战利品，所以越前松平家将其作为自己统治领国一个正统性的标志，对于越前松平家来说这件花瓶是最为重要的宝物。当时松平宗矩很有可能在各位老中面前展示了这件青瓷花瓶，充满自豪地讲述自己祖先的赫赫功勋。

更加令人饶有兴致的是“初花茶壶”（图5，越葵文库，现藏于福井市立乡土历史博物馆）。这个“初花茶壶”和刚才提到津山松平家进献德川将军家的《初花茶入》（也就是“初花肩冲茶入”）是不同的文物，这个“初花茶壶”是在江户时代末期才出现在越前松平家的。

付大阪夏御阵战功，从东照宫（注：德川家康）御手自西严院〈忠直卿〉御拜领之处，无之赏与群臣功劳，御玄关前抛此御壶却相成，后修补为当家第一重宝。明治六年　十五代孙　正二位　松平春嶽（花押）②

经研究，这个茶壶并不是产自中国，而是在日本濑户地区（今爱知

① 三井文庫三井記念美術館編、『三井家伝世の至宝』、東京：三井文庫三井記念美術館、2015年。

②『春嶽公記念文庫名品図録』、春嶽公記念文庫名品図録刊行会、1983年、第342頁。

县）烧制而成，约为16世纪左右的作品[①]。而更为重要的是，在越前松平家有“初花茶壶”这样一件讲述了家族起步时期历史的珍贵宝物，这对当时的“唐物”来说也是意义深远的。

换言之，对于日本社会来说，“唐物”是代表历史正统的一种物品，一直以来受到高度的重视，而这些围绕物品的故事也显得更加重要。在整个江户时期，越前松平家和津山松平家都认为自己才是正统而不断争吵，争夺其正统性。津山松平家藏有牧溪的《平沙落雁图》《初花茶入》以及丰臣秀吉赏赐给德川家康、德川秀忠以及松平忠直的名刀《童子切》（锻造于平安时代，现藏于东京国立博物馆）等宝物，自忠直时代之后宝物收藏十分丰富，可以说津山松平家就是获得了自室町时代以来足利将军家收藏品最后再次分配的家系。另一方面，忠直的弟弟这一族，也就是福井藩，虽然从领地俸禄上（福井藩是三十万石津山藩是十万石）来说可能较为优越，但是比起津山藩来说，还是缺少很多这些证明历史正统性的文物。为了讲述一族的“历史”，证明自己支配领国的“正统性”，有关“忠直”和“大坂夏之阵”的最直接视觉性物证便是对于传承家族名声来说最不可或缺的“文物”的存在。在江户时代后期，越前松平家找到曾经破碎的茶壶，从茶壶身上探寻有关“初花”的记忆，所以将“初花茶壶”作为“家族第一珍贵宝物”。从此我们也可看出，在日本社会中，“唐物”身上包含着很多重要的社会功能。

二、在日本社会流通的唐绘（中国画）
——德川将军家与各大名收藏品之间的相互循环

如上所述，各个大名家的收藏品主要分散在两个地方收藏，一是藏于其领国的居城内，另一便是藏于其所在江户宅邸中。收藏于江户宅邸中的中国画（唐绘）一般是用作与各大名及将军家的赠答中，而各个领国内的画作则是作为“家族”的象征被珍藏。与收藏在领国内的画作不同，收藏于江户宅邸内的中国画性质稍有不同。在这里我们主要引用《德川实记》作为例证来探寻这些收藏在江户宅邸中的中国画作品。

玉涧，浙江金华人，主要活跃于南宋末期，僧人，其作品大多数都流传

① 德川美術館、根津美術館編『茶壺』、愛知：德川美術館・東京：根津美術館、1981、第187頁

到了日本。和牧溪相同，玉涧也是一位给日本带来了空前影响的画家[1]。玉涧的《庐山图》（图8，成画于南宋，现藏于冈山县立美术馆）是其代表作之一，后佐久间将监（1570—1642）获得这幅画之后，想把它做成茶室内的挂轴，于是和狩野探幽商谈后将其剪裁成三幅。江户时代初期，这幅画曾经为若狭小滨藩（今福井县）藩主酒井忠胜（1587—1662）所有，后于万治三年（1660）四月二十七日进献给将军德川家纲。在《德川实记》中有当时进献情景的记载，具体如下："（万治三年四月二十七日条）酒井忠胜入道空印归谒日光山。宋僧玉涧自画赞庐山瀑布之画幅。若狭盆一。金马代、献太刀、将军亲自打开这幅画。"[2]

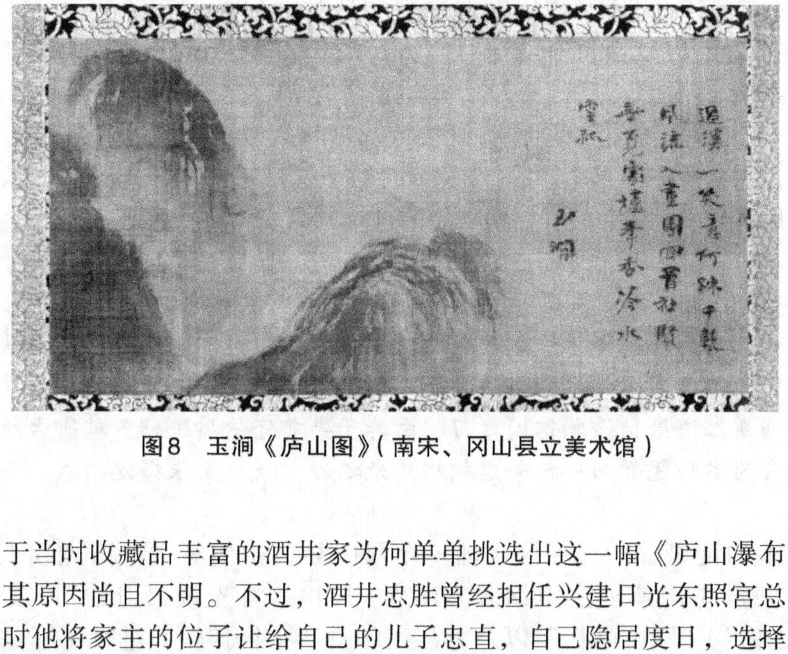

图8　玉涧《庐山图》（南宋、冈山县立美术馆）

至于当时收藏品丰富的酒井家为何单单挑选出这一幅《庐山瀑布图》来进献，其原因尚且不明。不过，酒井忠胜曾经担任兴建日光东照宫总领的工作，当时他将家主的位子让给自己的儿子忠直，自己隐居度日，选择这幅画作进献的理由可能是作为本人一生的一份谢礼以及出于希望将军家庇佑子孙后代的殷切期冀。当时，全国各地的大名在其告老还乡、家主换代、藩主去

---

① 另，有关玉涧作品在中国的流传情况，可见衣若芬:《玉涧〈潇湘八景图〉东渡日本之前——"三教弟子"印考》，载《台湾大学美术史研究集刊》2008年第24期。

②『德川実記』第四编、万治三年四月二十七日条（国史大系本，以下皆同）。

世时，都会向将军家进献中国绘画等众多美术作品。

（天和二年三月二十一日）松平元千代谢袭封。吉包之刀、银千枚、时服五十。奉若君介则之太刀、时服与银。其父大膳大夫纲广致仕得物、正宗之刀、茶壶（有明）。奉若君来国光之刀。牧溪笔鸡挂幅。献御台所公卿集写源氏物语。立花和泉守种长致仕。陈所翁笔龙对幅、献若君牧溪笔芦雁挂幅。[1]

这是天和二年（1682）松平元千代即毛利吉就［长州藩（今山口县）第三代藩主，1668—1694］在其父毛利纲广（1639—1689）隐居后继承家主之名时，向当时的将军德川纲吉进献物品时的记录。其父毛利纲广将“牧溪作鸡挂幅”进献给将军，同时向将军的正室御台所夫人进献了“公卿集写的《源氏物语》”。此外，筑后三池藩（今福冈县）第二代藩主立花种长（1625—1711）让位给长子种明时给将军进献的谢礼是“陈所翁作龙对幅”，同时他也给“幼君”即德川纲吉夭折的幼子德松（1679—1683）进献了“牧溪作芦雁挂幅”。向将军家进献物品的这个倾向也同样存在于其他大名处。

（天和二年三月二十一日）致仕松平新太郎光政。因薨于同年五月二十二日，其子伊予守纲政献遗物默庵画、印月江赞布袋挂幅。献御台所小仓大纳言实名卿、顿阿法师两笔古今集。献若君赵子昂画、马挂幅。松平别峯入道康信遗物信国之刀，由其子丰前守信庸进献。献御台所二条大纳言为定卿笔歌书。献若君相州广光之刀。献公主张择端画卷。[2]

这里的记录显示，在冈山藩（今冈山县）初代藩主池田光政（1609—1682）去世时，其子池田纲政（1638—1714）将光政“遗物”（或者说是“遗世之物”）“默庵画作”以及月江正印赞“布袋挂幅”进献将军，进献将军正室御台所夫人“小仓大纳言名卿、顿阿法师”二位所书《古今集》，同时进献幼君“赵子昂”所画马挂幅。和毛利家刚才所叙述的情景相同，如进献对象为男性，则多为刀或中国绘画；若为女性，则多为假名作品或物语作

①『德川実記』第五编、天和二年三月二十一日条目。

②『德川実記』第五编、天和二年三月二十一日条目。

品；若为孩子，则多为马的画作。如此看来，这种进献礼品的搭配倒是甚有兴味。此外，佐仓藩（今千叶县）第二代藩主松平康信（1600—1682）去世时，其子松平信庸（1666—1717）也曾进献将军家物品，进献公主“张择端的画卷”。这个画卷就像苏州片一样颜色丰富，是一幅故事风格的画卷，因此这个画卷当时可能是以纲吉的多位“公主”为对象进献的。可见，在藩主更换或逝去时进献中国绘画并不是一个大名家族的行为，这一点在京都本愿寺以及以下所举出的宇治万福寺的记录中也可窥探一二:“(延宝元年四月二十六日）自黄檗山来使僧。携先任住持隐元遗物。为谢恩之偈。献王振鹏笔五百罗汉一轴。”①

这是延宝元年（1673）四月圆寂的隐元隆琦（1592—1673）的“遗物”——“王振鹏作五百罗汉画轴”进献给将军德川家纲时的一段记载。当时进献给将军的中国绘画一般都是牧溪或者梁楷的画作，这里是将王振鹏的画作用来赠答，可以说是一个比较罕见的现象。从这一点来看，这幅作品是隐元隆琦遗世之物的可能性很大。

那么这些诸方进献的作品到了将军家之后又是用作了怎样的用途呢？例如，郭熙的《牡丹图》(图9）这一著名作品当时也是被进献到了将军家。北宋山水画家郭熙的这幅画在中国的中国绘画史上早已无迹可寻，但是这幅画到了日本，历经中世和近世，在日本是一幅非常有名的画作。这幅作品于享保五年（1720）六月六日，献给第八代将军德川吉宗:“(享保五年六月六日）松平大助丰常家谢继承家业献国宗太刀、银五百枚、棉百把。献其父土佐守丰隆遗物来国次小指添、郭熙画牡丹、赞山谷挂轴。”②这幅作品是足利义政曾经的收藏品，后成为土佐山内家的宝物。目前在东京国立博物馆所藏（传）狩野常信的《唐画卷》中有该画的复写本，其中还有“元禄十六年卯月十六日松平土佐守殿下所持”的公文字样（参考图9)。由此可见，郭熙的这幅《牡丹图》一直到元禄十六年（1703）还都保存在土佐山内家（今高知县)。令人饶有兴致的是，将本画进献给将军时，进献人山内丰常（1711—1725）当时还是一个未满十岁的孩子。他在享保四年（1719）年刚刚晋见将军德川吉宗。其父山内丰隆于享保五年四月十四日去世，将军于同年五月二十七日下令准许丰常继承家主之位，丰常于同年六月六日将郭熙的这幅

①『德川実記』第五編、延宝元年四月二十六日条目。

②『德川実記』第五編、享保五年六月六日条目。

图9　郭熙《牡丹图》摹本（江户时代、东京国立博物馆）
“元禄十六年（1703）卯月十六日　松平土佐守殿所持”

《牡丹图》进献给了将军。由此，郭熙的这幅《牡丹图》可以说是在山内家濒临家主之位继承危机之时，成为紧密连接将军家与山内家的重要纽带。

通过这些方式汇集到将军家的这些丰富多彩的文物后被称为“柳营御物”，但是这些物品绝不是一直保留在将军家。将军在下榻各位大名府邸的时候，大名家会进献将军各种各样的物品，与此同时，将军也会赐予大名家物品。我们现在所见的牧溪《柳燕图》（图10，成画于南宋，现藏于德川美术馆），就是元禄十一年（1698）三月十八日五代将军纲吉造访尾张德川家第二代家主德川光友位于麹町的宅邸时赐予光友的，此后该画作一直作为尾张德川家（今爱知县）的家宝流传下来[①]。另一方面，在《德川实记》中，我们发现了一段颇有兴味的文字记载：“（光禄十年四月十一日）邻驾纪伊大纳言光贞邸、（中略）此日赐物亚相青江重次御太刀、（中略）另赐光贞卿茶罐（药师院）、纲教卿梁楷福禄寿画幅（后略）”[②]这段记录描述了元禄十年（1697）四月十一日，纲吉造访纪州藩（今和歌山县）第二代藩主德川光贞

① 原史彦「尾張徳川家の御成」、『徳川将軍の御成』、愛知：徳川美術館、2012、第133—147頁。另，请参考『徳川実記』第六編、元禄十年十一月十日条目。

②『徳川実記』第六編、元禄十年四月十一日条目。

（1627—1705）宅邸时赏赐给日光贞之子即后来纪州藩第三代藩主纲教“梁楷福禄寿画幅”的情景。梁楷的“福禄寿”是十分罕见的画作题材。实际上在此之前也有记载，天和三年（1683）时，梁楷这幅“福禄寿”已经被进献给了将军家。

“（天和三年六月十八日）美浓守正则致仕献物。献御所吉光之插胁短刀、梁楷画幅·福禄寿。献御台所二条中纳言为重卿笔伊势物语。献公主冷泉大纳言为广卿笔古今集。”①

图10　牧溪《柳燕图》（南宋、德川美术馆）

文中的“美浓守正则”即小田原藩（今神奈川县）第二代藩主稻叶正则（1623—1696）。他于天和三年隐居，将家主之位让位于自己的儿子正往（1640—1716），作为让位谢礼，他给将军德川纲吉进献了“梁楷的画幅　福禄寿”。这样一来，纲吉在元禄十年（1697）驾临尾张藩德川光友宅邸时赏赐给他的“梁楷福禄寿画作”很有可能就是方才提到的这一幅。这幅画由稻叶正则进献到将军家后，在将军家仓库里静静沉睡了近14年后，再次由纲吉赏赐给了尾张藩藩主德川光友。从这个意义上来说，在这些大名家和将军家之间流传的这些艺术品与稻叶家这样的家族相关的历史故事没有太过密切的关系。因此，我们可以说这些艺术品在将军家和大名家之间的流传是具有一定的社会意义的。

另一方面，通过目前称作《柳营御物集》的众多复写本流传于世，我们

①『德川実記』第五編、天和三年六月十八日条目。

可以了解这些进献到将军家的艺术品群的大致情况①。其中，若狭酒井家流传下来的《御道具目录》(图11，酒井家文库，现由小市教育委员会保存）应该就是在某个阶段中所集成的复写本②。我们发现在该复写本中还记载了各件物品的价格。也就是说该复写本某种程度上传播了有关大名家应该进献的中国物品的相关价格以及鉴定的知识。

此外，古河藩（茨城县）第三代藩主土井利重（1647—1673）于宽文五年（1665）七月朔日进献了“牧溪画月图一幅”，这也就是世间流传的潇湘八景之一《洞庭秋月图》(小幅)。根据相关记录我们发现，除了这幅画之外，此时进献的物品还有“京极中纳言定家卿七首和歌一幅”“茶壶（延命)”“唐代铜制花瓶（大曾吕利)”以及“进献高丽茶碗赏赐金币三百枚”等字样。当时的古河土井家很多家臣在俸禄方面都发生了各种各样的财政问题，所以土井家通过进献所藏古画、古器物来换取金钱，这么看来这个例子也可以是饶有兴味③。这样一来，将军家的收藏库中牧溪的画作渐渐堆积。众所周知，将军德川吉宗曾于享保十三年（1728）七月，从全国范围内收集牧溪画，并在江户进行展出④。这也是有关潇湘八景图的一个十分重要的事件。

此时，将军家内已经收藏了由土井利重进献的《洞庭秋月图》。在牧溪的《潇湘八景图》的八幅画作中，《潇湘夜雨图》藏于武藏川越藩（今埼玉县）藩主秋元乔房（但马守，1683—1738）处，《平沙落雁图》为美作津山藩藩主松平长熙（又三郎、越后守，1720—1735）所有，《元寺晚钟图》和《江天暮雪图》藏于纪伊德川家，《渔村夕照图》为伊予西条藩（今爱媛县）

① 具有代表性的校订本有高木文『柳営御物集：校訂』、1933年。此外，《德川家御道具帖》(图12、1992、东京国立博物馆）也是相同内容，但是本书应该是明治时代以后的誊本。有关这本书籍，今后还需对其各个版本校勘以及其形成过程进行进一步的考察。另，『名物茶器：玩貨名物記と柳営御物』、愛知：徳川美術館、東京：根津美術館編、1988。

② 有关图版相关内容请参考:『再会ふくいゆかりの名宝たち』、福井県立博物館、2015、第123頁。

③［宽文五年（1665）七月朔日］“土井大炊头利重献牧溪月图一幅。京极中纳言定家卿七首和歌一幅。茶壶（延命。唐代铜质花瓶（大曾吕利)。献高丽茶碗获赠金三百枚”『徳川実記』第四編。

④ 另，有关该流传过程，请参考高木文『牧溪玉澗名物瀟湘八景絵の伝来と考察』、東京：好日書院、1935；塚原晃「牧渓・玉澗瀟湘八景図―その伝来の系譜―」、『早稲田大学大学院文学研究科紀要別冊』第17集、1991。

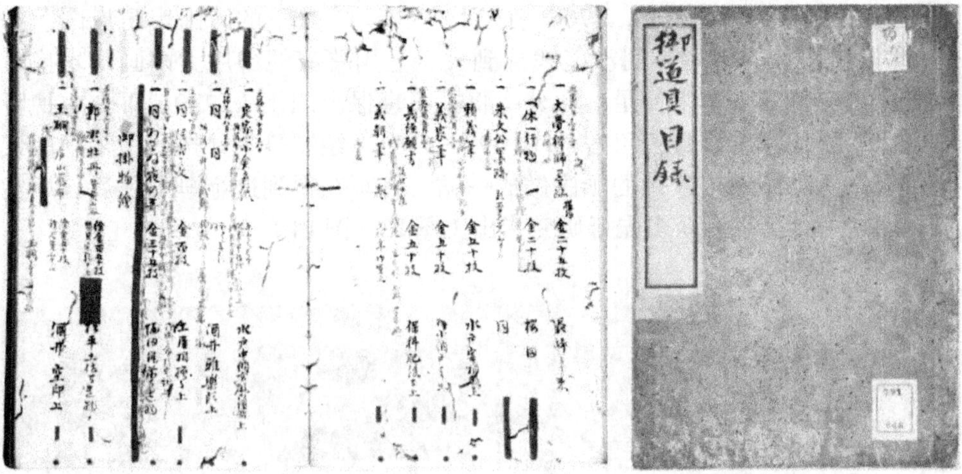
御道具目録

御掛物繪

图11　若狭酒井家《御道具目录》（酒井家文、小滨市教育委员会）

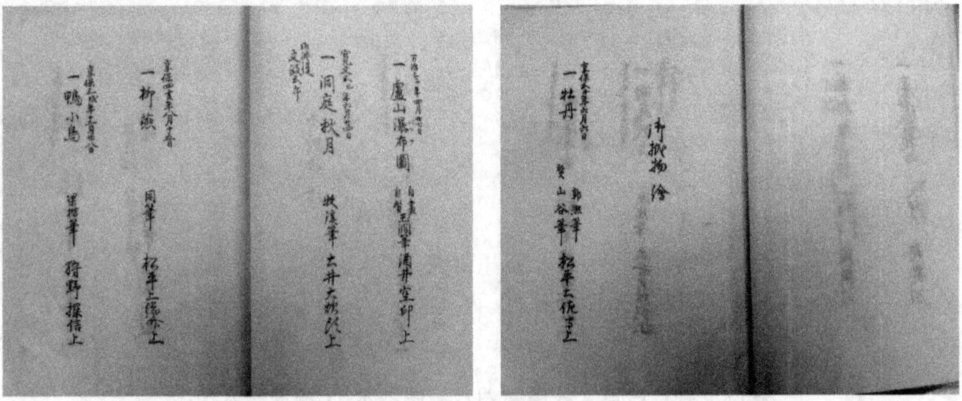
一 盧山瀑布圖

一 洞庭秋月

一 柳燕

一 鴨小鳥

御掛物繪

一 牡丹

图12　《德川家御道具帖》（明治初期手抄本，东京国立博物馆）

藩主松平赖渡（左京大夫，1706—1738）所有[①]。余下的《山市晴岚图》和《远浦归帆图》因下落不明没能找寻到，于是用幕府的御用大内画师木挽町狩野家内流传的摹本来补足。此外，将军于享保十四年（1729）下令木挽町狩野家第五代家主狩野荣川古信（1697—1731）绘制摹本并按照南宋第四代皇帝宁宗所咏潇湘八景诗的顺序做成一帖。将军在得到这个摹本之后长期赏玩，而这一点已早有众多先行研究指出（图13，图14）[②]。

图13　狩野古信《牧溪潇湘八景图摹本》（根津美术馆）

① 杉本欣久「八代将軍・徳川吉宗の時代における中国絵画受容と徂徠学派の絵画観：徳川吉宗・荻生徂徠・本多忠統・服部南郭にみる文化潮流」『古文化研究』13、2014、第43—120頁。

② 板倉聖哲「解説」、『南宋絵画才情雅致の世界』、東京：根津美術館、2004、第165—66頁。

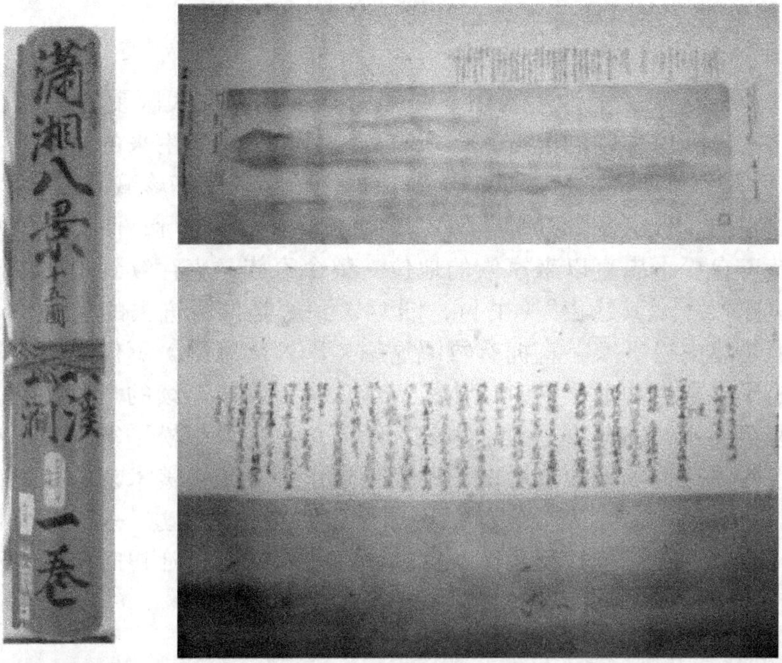

图14 （传）常信模《潇湘八景　十五图　牧溪　玉涧　一卷》（东京国立博物馆）
"享保十三年（1728）九月十七日　松平又三郎（长熙）殿所持
御用而来　牧溪笔　平沙落雁"

那么我们在这里暂时将话题转回到福井藩松平忠直拜领将军赏赐的牧溪《平沙落雁图》。当时拥有这幅《平沙落雁图》的是年龄未满九岁的美作津山藩第三代藩主松平长熙（1720—1735）。原本继承了家主之位的松平浅五郎于享保十一年（1726）年仅16岁夭折，于是津山松平家急忙将浅五郎的堂弟又三郎收为养子以继家业。这个处理方式虽然使得津山藩免遭改易危机，但是俸禄还是由十万石骤减到五万石。在这样一个涉及家族存亡的危机中，吉宗看到牧溪的这幅《平沙落雁图》后做出了如下的评述。

> 松平左京大夫赖渡持宋牧溪笔潇湘八景。传自松平越守长熙远祖参议忠直卿，元和元年之战结束，参贺二条城之际，台德院殿赐之，并初花茶入、贞宗御刀。于牧溪平沙落雁之画中记其缘由，以备御览。将军御

览，甚为感动。命永世珍藏此宝。[1]

牧溪的这幅《平沙落雁图》是当时松平忠直在大阪夏之阵战役中从将军德川秀忠那里拜领的奖赏，吉宗看到有关这段历史由来的“记其缘由（书付）”后万分感动，说道“这幅画就让他们留起来好好珍藏吧”。为了弥补这幅画的空白，吉宗命令狩野荣川古信制作摹本长期赏玩，而津山松平家也一直保持着自松平忠直以来家族的地位，整个家族一直存续到了明治时代。那么究竟这段“记其缘由”（书付，图14）到底是谁写进去的，这一点尚未明晰。但是津山松平家一直拥有牧溪这幅《平沙落雁图》不仅对内对外彰显了祖先松平忠直的功勋，同时还让人们承认了该家族存续的意义所在。对于当时刚刚恭迎年幼的藩主、为了家族存续而焦急的津山松平家来说，在将军面前展示牧溪这幅《平沙落雁图》不仅创造了一个鉴赏美术艺术品的机会，同时这也是向将军宣示家族存续的一个绝妙机会，我想这一点是毋庸置疑的。于是，牧溪这幅《平沙秋雁图》就这样一步一步走过江户时代，在津山松平家代代相传。

结语：东亚语境中“中国绘画”的历史、丰富多彩的中国绘画史

明治维新之后，各地大名家纷纷卖掉很多各自的收藏品。《旧越前福井藩藩主松平侯爵家御藏品投标目录》[昭和四年（1929）2月12日，东京美术俱乐部]中，如“东山御物牧溪　芦鹭　常信外题　常信箱　安信添状”以及“牧溪　柳猿猴”等艺术品被冠以高价拍卖，其中价格最高的便是方才提到过的“青瓷瓶”（图7），目前为三井纪念美术馆所有。此外，牧溪的《平沙落雁图》（图3）也在《子爵松平家御藏品投标目录》[大正十三年（1925）6月11日，东京美术俱乐部]中被冠以高价拍卖，目前为出光美术馆所有。对于明治以后各大家族来说，这些被高价拍卖的“唐物”已经丧失了它们作为家族延续的权威意义，甚至可以说已经不再被这些家族所需要。

本文中不仅将江户时代的这些“唐物”从美术品的角度来考虑，更多的是从整体角度考察了这些艺术品所拥有的社会性意义，以及它们与所有人之间产生的传奇故事。可见，对于日本社会中流传的这些“唐物”，人们并不

---

①『徳川実記』第五編、有徳院殿御実記記録、附録巻七。

仅仅从审美角度来赏玩来传承，而是“唐物”这个存在形式本身，即这些艺术品原本来自足利将军家，是武士阶层的一个代表，这一点十分重要。从这个意义上讲，这些美术品与江户时代之后风靡一时的明清文人画肩负着完全不同的社会意义。

在中国美术史研讨会上讨论这些艺术品在日本的传承花费了很长时间，也许人们可能会觉得有些讶异。进入20世纪后，中国美术史变成了一种近代的“美术史”，于是流传到日本的中国绘画也成了美术上的鉴赏对象不断被研究和观察。另一方面，20世纪兴起的所谓“中国学”的学问，同时也从阐明圣贤之道的“汉学”角度逐渐转变成研究作为“他者”的中国（参考吴氏论文），以长尾甲（1864—1942）、内藤湖南（1866—1934）为代表的新型中国学学者也随之出现。

近代美术史学者重新“发掘”中国绘画的例子不胜枚举。例如，矢代幸雄（1890—1975）重新评价了牧溪的《观音猿鹤图》（图15，京都：大德寺）。众所周知，矢代将牧溪的这幅《观音猿鹤图》定位为东洋水墨画的最高峰，从该画作所具备的“渗透”效果进一步说明其审美上的价值，反对将中国传统文人画的笔墨效果作为一种“异国情趣”来欣赏[①]。如果从主张中国学的根本性的角度上来说，文人画的笔墨才是中国美术的根本源流，应该是最为重要的一个因素，但是学习过意大利美术史的矢代却对处于中国美术史旁系地位的南宋禅林牧溪的光影塑造给予新型的、近代的、美的评价，这种评价取得了很大的成功。

但是在有关建构近代中国美术史的多种学说中，不管是对于立足于理解中国语境的京都学派学者内藤、长尾等人来说，还是对于从近代美术史的角度把握美术史艺术语境的矢代以及泷精一等学者来说，成为他们共同敌人的便是对江户时代之前这些“中国艺术品”的多种学说和价值定位，这一点需要我们格外注意。那么其结果，我们发现来自狩野派的鉴定以及人们多年以来积累的有关中国绘画的知识并没有成为学者们的研究对象得以重视。这意味着人们比起社会性意义更加重视艺术作品形成时的“文化语境”，而有关随着这些艺术品流传过来随之产生的社会性意义一直以来只视作从属于此的次类因素。同时，这也说明艺术品的社会意义在日本近代中国学以及近代美术史形成过程中却被不约而同地忽视掉了，而这些艺术品所承担的社会意义

① 矢代幸雄『水墨画』、東京：岩波新書、1969。

图15　牧溪《观音猿鹤图》(南宋，大德寺)

也正是这些艺术品“生命史”中的一个重要的侧面。

那么，我们应该如何讲述“中国绘画”的历史呢？例如，目前在中国有关乾隆皇帝的美术收藏研究十分火热。在这种情况下，几乎没有人再认为乾隆皇帝所兴起的文化活动是一个愚蠢皇帝的奢侈的爱好了。从乾隆皇帝身上，我们可以看到在18世纪中国重新组织这些书画和古玩的活动对于后来的19、20世纪建构新式中国美术史学来说是一个十分重要的基础。同理，我们也应该对于江户时代有关中国书画的知识体系予以新的评价了。中国近代知识体系建构的前提是19世纪之前的世界观，同理，在日本语境下讨论有关近代中国的认识，我们不能忽视19世纪以前的知识积淀。正是因为在日本流传的这些“中国书画”身上带有“中国学”和“美术史学”两种话语，在这些“中国书画”作品中才能蕴含着讲述多样东亚史形象的一种无限的可能性。我们怀着敬畏历史的谦逊态度探索历史，也就是重新认识多种多样的中国绘画价值观。这样一来，我认为我们就可以重绘、重构一个立体的、充满魅力的“中国绘画”史形象。

塚本麿充　东京大学东洋文化研究所教授
宋　刚　北京外国语大学日语系教授

《文选》李善注引《子虚赋》《上林赋》所见文学语言的创作*

［日］富永一登　著　杨晓斌　张静宜　译

译者按：《〈文选〉李善注的活用——文学语言的创作与继承》为日本汉学家富永一登先生研究《文选》的最新成果，本书旨在利用《文选》李善注的材料来探究文学语言的创作与继承。本译文为该书的第一章第二节的内容，作者采用语言实证、语言分析和文本解读的方法，“来考察后代的文人们如何将赋中的文学语言运用在自己的作品当中”。本文原作者富永一登，文学博士，1949年生于广岛，1972年广岛大学中文系本科毕业，后师从日本汉学家小尾郊一先生，1978年取得文学博士学位。先后任大阪教育大学教授、广岛大学教授，现为广岛大学名誉教授、安田女子大学教授。

本文通过比较分析《文选》李善注引司马相如《子虚赋》《上林赋》与《文选》正文的语句，来考察后代的文人们如何将赋中的文学语言运用在自己的作品当中。若无特别标注，本文所引《文选》正文与李善注皆从胡刻本①。

李善注总数约四万条，约引用文献六百五十种，注释一百八十种，共引二百六十五位作家一千一百一十一篇作品，共计一千九百五十种文献和作品。部分作家和作品的被引次数见表1所示②。

---

* 本译文为国家社科基金项目“胡风东渐与汉魏文学新变”的阶段性成果（批准号：18BZW041）。本译文为富永一登《〈文选〉李善注的活用——文学语言的创作与继承》（东京：研文出版社，2017年）一书中第一章第二节的内容。本译文已获得原作者富永一登先生与研文出版社山本实社长授权。

① 译者按——此指清嘉庆十四年（1809）胡克家仿宋刻本《文选》。中华书局1977年据此本影印出版《文选》，可参考。

② 译者说明——为了节省排版空间，下表用一粗竖线划分为左右两栏。左栏第一列的“作者”与右栏的“作品”“引用次数”列之间无关联。

表 1

作者	作品数	引用次数	作品	引用次数
张衡	20	429	西京赋	184
杨雄	32	357	上林赋	135
司马相如	12	331	古诗十九首	132
班固	20	305	西都赋	106
曹植	99	242	东京赋	82
宋玉	8	167	子虚赋	67
陆机	55	158	南都赋	58
潘岳	45	135	高唐赋	57
蔡邕	44	122	甘泉赋	54
左思	6	101	李陵书	52
李陵	6	89	答宾戏	52
魏文帝	25	87	封禅文	50
贾谊	5	81	报任少卿书	48
谢灵运	27	74	解嘲	44
王褒	6	65	曹植乐府诗	41
王粲	20	60	羽猎赋	41
傅毅	10	55	吴都赋	41
嵇康	7	54	长杨赋	40
司马迁	2	53	神女赋	39
枚乘	6	51	过秦论	39
李尤	20	48	东都赋	39

从李善注的引书可知，赋的文学语言对后代文人们影响巨大，而且曹植、陆机、潘岳、蔡邕等作家文章中的很多语句和修辞被当作典据而引用，从而可清晰看出文学发展史的基本脉络。若是加以更为详尽的分析，可能有助于探知特定作家或作品之间是如何相互影响的。

李善注引司马相如《子虚赋》《上林赋》共计二百零二处，其中《子虚赋》六十七处、《上林赋》一百三十五处，与引用一百八十四次的张衡《西京赋》的次数差不多，都是被引次数很多的作品。通过比较李善注引《子虚赋》《上林赋》与《文选》正文后可发现，正文中的很多作家直接承袭了司马相如的词藻。具体示例如下：

〇卷1·7a7 班固《西都赋》：其阳则崇山隐天。

李注:《上林赋》曰：崇山巃嵸崔嵬。

〇卷1·8b3 班固《西都赋》：离宫别馆。

李注：离，别，非一所也。《上林赋》曰：离宫别馆，弥山跨谷。

〇卷1·8b5 班固《西都赋》：踰昆仑，越巨海。

李注:《子虚赋》曰：东注巨海也。

〇卷1·8a5 班固《西都赋》：张凤盖，建华旗。

李注:《上林赋》曰：乘法驾，建华旗。

〇卷1·17a9 班固《西都赋》：割鲜野食，举烽命釂。

李注:《子虚赋》曰：割鲜染轮。

〇卷2·22a7 张衡《西京赋》：割鲜野飨，犒勤赏功。

李注:《子虚赋》曰：割鲜染轮。

〇卷2·3b4 张衡《西京赋》：澶漫靡迤，作镇于近。

李注:《子虚赋》曰：登降迤靡，案衍澶漫。

〇卷2·3b8 张衡《西京赋》：日北至而含冻，此焉清暑。

李注:《上林赋》曰：盛夏含冻裂地。

〇卷2·8b2 张衡《西京赋》：后宫不移，乐不从悬。

李注:《上林赋》曰：庖厨不徙，后宫不移。

〇卷2·16b6 张衡《西京赋》：周以金堤，树以柳杞。

李注：金堤，言坚也。《子虚赋》曰：上金堤。

〇卷2·18b3 张衡《西京赋》：弧旌枉矢，虹旃蜺旄。

李注:《上林赋》曰：拖蜺旌也。

〇卷3·17b5 张衡《东京赋》：鸾旗皮轩，通帛綪旆。

李注:《上林赋》曰：前皮轩，后道斿。

〇卷3·17b7 张衡《东京赋》：云罕九斿。

李注:《上林赋》曰：载云罕。

〇卷3·33a8 张衡《东京赋》：虽系以隤墙填壍。

李注：司马相如《上林赋》：其卒曰：乃命有司，隤墙填壍，使山泽之人得至焉。

〇卷3·35a2张衡《东京赋》：得闻先生之馀论。

李注：《子虚赋》曰：愿闻先生之馀论。

〇卷43·20b6刘峻《重答刘秣陵诏书》：绪言馀论，蕴而莫传。

李注：《子虚赋》曰：愿闻先生之馀论。

〇卷55·7b3刘峻《广绝交论》：攀其鳞翼，丐其馀论。

李注：《子虚赋》曰：愿闻先生之馀论。

〇卷4·4a4张衡《南都赋》：腾猨飞蠝栖其间。

李注：《上林赋》曰：蜼玃飞蠝。张揖曰：蠝，飞鼠也。蠝与猵同，并音垒。

〇卷4·5a4张衡《南都赋》：亘望无涯。

李注：《上林赋》曰：察之无涯。

〇卷4·5b3张衡《南都赋》：嘤嘤和鸣，澹淡随波。

李注：《上林赋》曰：随风澹淡。

〇卷4·6b4张衡《南都赋》：以为芍药。

李注：《子虚赋》曰：芍药之和，具而后进也。文颖曰：五味之和。

〇卷34·5a6枚乘《七发》：勺药之酱。

李注：韦昭《上林赋注》曰：勺药，和齐咸酸美味也。

〇卷35·12b10张协《七命》：和兼勺药。

李注：文颖《上林赋注》曰：勺药，五味之和。

〇卷4·9a2张衡《南都赋》：汰瀺灂兮船容裔。

李注：《上林赋》曰：瀺灂陨队。

〇卷24·8b10嵇康《夜赠秀才入军》(其三)：鱼龙瀺灂。

李注：《上林赋》曰：瀺灂賈坠。

〇卷4·11b5张衡《南都赋》：望翠华兮葳蕤，建太常兮裶裶。

李注：《上林赋》曰：建翠华之旗。葳蕤，翠华貌。太常已见《东京赋》。《上林赋》曰：衯衯裶裶。

〇卷4·25a1左思《蜀都赋》：蹑五屼之蹇浐。

李注：《子虚赋》曰：蹇浐沟渎。

〇卷4·26a9左思《蜀都赋》：景福肸蠁而兴作。

李注：《上林赋》曰：肸蠁布写。

〇卷5·2b5左思《吴都赋》：翫其碛砾而不窥玉渊者。

李注：《上林赋》曰：下碛砾之坻。

○卷5·17b9 左思《吴都赋》：旂鱼须，常重光。

李注：《子虚赋》曰：靡鱼须之挠旃。

○卷6·13a8 左思《魏都赋》：丹藕凌波而的皪。

李注：的皪，光明也。《上林赋》曰：的皪江靡。

○卷6·17a3 左思《魏都赋》：宾幪积墆，琛币充牣。

李注：《子虚赋》曰：充仞其中。

○卷54·21a9 刘峻《辩命论》：种落繁炽，充仞神州。

李注：《子虚赋》曰：充仞其中，不可胜记。

○卷7·5b1 杨雄《甘泉赋》：雷郁律于岩窔兮。

李注：《上林赋》曰：岩窔洞房。

○卷11·20b4 王延寿《鲁灵光殿赋》：岩突洞出，逶迤诘屈。

李注：《子虚赋》曰：岩突洞房。（胡氏《考异》云："案，'突'当作'窔'，注同。各本皆误。《上林赋》作'窔'，'突'与'窔'同字也。"）

○卷7·6a3 杨雄《甘泉赋》：溶方皇于西清。

李注：西清，西厢清净之处也。《上林赋》曰：象舆偃蹇于西清。

○卷7·11a9 潘岳《藉田赋》：清洛浊渠，引流激水。

李注：《子虚赋》曰：激水推移。

○卷34·14a7 曹植《七启》：左激水，右高岑。

李注：《子虚赋》曰：其西则激水推移。

○卷46·19a10 王融《三月三日曲水诗序》：任激水而推移。

李注：《子虚赋》曰：涌泉清池，激水推移。

○卷7·12a4 潘岳《藉田赋》：于是前驱鱼丽，属车鳞萃。

李注：《子虚赋》曰：珍怪鸟兽，万端鳞萃。

○卷8·20a3 杨雄《羽猎赋》：萃傱沇溶，淋漓廓落。

李注：《上林赋》曰：沇溶淫鬻。

○卷10·21a8 潘岳《西征赋》：次后庭之猗靡。

李注：《子虚赋》曰：飞襳垂髾，扶舆猗靡。

○卷10·28b7 潘岳《西征赋》：乘云颉颃，随波澹淡。

李注：《上林赋》曰：浮淫泛滥，随波澹淡。

○卷10·28b8 潘岳《西征赋》：瀺灂惊波，唼喋蔆芡。

李注：《上林赋》曰：唼喋菁藻。

○卷11·20a8 王延寿《鲁灵光殿赋》：长途升降。

李注:《上林赋》曰：长途中宿。郭璞曰：途，楼阁间陛道。

○卷12·20b4 郭璞《江赋》：珍怪之所化产。

李注:《高唐赋》曰：珍怪奇伟。《子虚赋》曰：珍怪鸟兽。

○卷13·23a6 祢衡《鹦鹉赋》：思邓林之扶疏。

李注:《上林赋》曰：垂条扶疏。

○卷30·4a9 陶渊明《读山海经诗》：绕屋树扶疏。

李注:《上林赋》曰：垂条扶疏。

○卷14·4a1 颜延之《赭白马赋》：故能代骖象舆。

李注:《上林赋》曰：象舆婉婵于西清。

○卷15·13a2 张衡《思玄赋》：漂通川之硹硹。

李注:《上林赋》曰：通川过于中庭。

○卷22·5b8 魏文帝《芙蓉池作》：嘉木绕通川。

李注:《上林赋》曰：通川过于中庭。

○卷25·23b8 谢惠连《西陵遇风献康乐》：曲汜薄停旅，通川绝行舟。

李注:《上林赋》曰：通川过于中庭。

○卷15·14a1 张衡《思玄赋》：颜的砾以遗光。

李注:《上林赋》曰：宜笑的砾。

○卷16·5b8 潘岳《闲居赋》：煌煌乎，隐隐乎。

李注:《苍颉篇》曰：煌煌，光明也。《上林赋》曰：煌煌扈扈。隐隐，盛也。又(《上林赋》)曰：沉沉隐隐。一作殷殷，音义同。

○卷16·5b10 潘岳《闲居赋》：而王制之巨丽也。

李注:《上林赋》曰：君未睹夫巨丽。

○卷16·24b7 江淹《恨赋》：紫渊为池。

李注:《上林赋》曰：丹水更其南，紫渊径其北。

○卷17·11b1 王褒《洞箫赋》：玄猨悲啸。

李注:《上林赋》曰：玄猨素雌。

○卷28·5a10 陆机《乐府十七首·苦寒行》：玄猿临岸叹。

李注:《上林赋》曰：玄猨素雌。

○卷17·14b1 王褒《洞箫赋》：惲惂澜漫，亡耦失畴。

李注：澜漫，分散也。《上林赋》曰：澜漫远迁。

○卷17·17b1 傅毅《舞赋》：眉连娟以增绕兮。

李注：连娟，细貌。绕，谓曲也。言眉细而益曲也。《上林赋》曰：长眉连娟。

〇卷17 · 17b3 傅毅《舞赋》：华袿飞髾而杂纤罗。

李注:《上林赋》曰：飞纤垂髾。司马彪曰：髾，燕尾也，衣上假饰。《子虚赋》曰：杂纤罗，垂雾縠。司马彪曰：纤，细也。

〇卷34 · 21a1 曹植《七启》：被轻縠之纤罗。

李注:《子虚赋》曰：杂纤罗也。

〇卷18 · 16b1 嵇康《琴赋》：纡馀婆娑。

李注:《上林赋》曰：纡馀委蛇。

〇卷26 · 20a6 陆机《赴洛道中作》(其一)：山泽纷纡馀。

李注:《上林赋》曰：纡馀逶迤。

〇卷18 · 16b5 嵇康《琴赋》：新衣翠粲，缨徽流芳。

李注:《子虚赋》曰：翕呷翠粲。张揖曰：翠粲，衣声也。班婕妤《自伤赋》曰：纷翠粲兮纨素声。《洛神赋》曰：披罗衣之璀粲。字虽不同，其义一也。

〇卷18 · 17b4 嵇康《琴赋》：布濩半散。

李注:《上林赋》曰：布濩宏泽。

〇卷18 · 18a6 嵇康《琴赋》：案衍陆离。

李注：案衍，不平貌。《上林赋》曰：阴淫案衍之音。

〇卷18 · 18b2 嵇康《琴赋》：缥缭潎洌。

李注:《上林赋》曰：转腾潎洌。潎洌，水波浪貌，言声似也。

〇卷18 · 28a5 成公绥《啸赋》：或冉弱而柔挠。

李注:《上林赋》曰：柔挠嫚嫚。

〇卷20 · 13a5 王粲《公宴诗》：并坐荫华榱。

李注:《上林赋》曰：华榱璧珰。

〇卷20 · 21a2 应贞《晋武帝华林园集诗》：羽盖朱轮。

李注:《子虚赋》曰：建羽盖。

〇卷20 · 34b1 潘岳《金谷集作》：前庭树沙棠，后园植乌椑。

李注:《上林赋》曰：沙棠栎储。《西京杂记》曰：上林有乌椑沙棠树。

〇卷22 · 5b9 魏文帝《芙蓉池作》：卑枝拂羽盖。

李注:《子虚赋》曰：上拂羽盖。

○卷22·23b1 沈约《宿东园》：野径既盘纡。

李注:《子虚赋》曰：其山则盘纡岪郁。

○卷23·2b6 阮籍《永怀诗》(其二)：猗靡情欢爱。

李注:《子虚赋》曰：扶舆猗靡。

○卷25·4a4 陆云《为顾彦先赠妇》：京室多妖冶，粲粲都人子。

李注:《上林赋》曰：妖冶闲都。(《文选》作"妖冶娴都",《汉书》作"妖冶闲都",《史记》作"妖冶娴都"。)

○卷30·22a6 沈约《咏湖中雁》：群浮动轻浪。

李注:《上林赋》曰：鸿鹔鹄鸨，……(群)浮乎其上。

○卷31·29b1 江淹《杂体诗三十首》(鲍参军)：碛砾皆羊肠。

李注:《上林赋》曰：下碛砾之坻。

○卷34·7a1 枚乘《七发》：寂漻薵蓼。

李注:《上林赋》曰：悠远长怀，寂漻无声。寂与寂，音义同也。

○卷34·14a6 曹植《七启》：入乎泱漭之野。

李注:《子虚赋》曰：过乎泱漭之野。(当作"上林赋")

○卷34·18a3 曹植《七启》：驰骋足用荡思，游猎可以娱情。

李注:《子虚赋》曰：终日驰骋，曾不下舆。又曰：游猎之地，饶乐若此者乎。

○卷34·20b7 曹植《七启》：采菱华，擢水苹。

李注:《子虚赋》曰：外发芙蓉菱华。

○卷35·6b9 张协《七命》：出华鳞于紫渊之里。

李注:《上林赋》曰：紫渊径其北。

○卷35·7a3 张协《七命》：榜人奏采菱之歌。

李注:《子虚赋》曰：榜人歌。张揖曰：船长也。

○卷36·21a5 任昉《天监三年策秀才文》：风流遂往。

李注:《上林赋》曰：遂往而不反矣。

○卷46·6a5 颜延之《三月三日曲水诗序》：虽渊流遂往。

李注:《上林赋》曰：恐后代靡丽，遂往而不反。

○卷40·27a3 任昉《到大司马记室笺》：将使伊周奉辔。

李注:《上林赋》曰：孙叔奉辔。

○卷57·4a4 潘岳《夏侯常侍诔》：奉辔承华。

李注:《上林赋》曰：孙叔奉辔。

〇卷46·8b2 颜延之《三月三日曲水诗序》：南除辇道。

李注:《上林赋》曰：辇道纚属。

〇卷46·8b3 颜延之《三月三日曲水诗序》：略亭皋，跨芝廛。

李注:《上林赋》曰：亭皋千里，靡不被筑。

〇卷59·13b6 王巾《头陁寺碑文》：膴膴亭皋，幽幽林薄。

李注:《上林赋》曰：亭皋千里，靡不被筑。

〇卷46·9b5 颜延之《三月三日曲水诗序》：靓庄藻野。

李注:《上林赋》曰：靓庄刻饰。

〇卷47·7a6 史岑《出师颂》：授以雄戟。

李注:《子虚赋》曰：建干将之雄戟。

〇卷47·17a5 陆机《汉高祖功臣颂》：扬节江陵。

李注:《上林赋》曰：扬节上浮。

〇卷50·7b8 范晔《宦者传论》：南金和宝冰纨雾縠之积。

李注:《子虚赋》曰：杂纤罗，垂雾縠。

〇卷54·16a5 刘峻《辩命论》：交错纠纷。

李注:《子虚赋》曰：交错纠纷。

〇卷55·3b1 刘峻《广绝交论》：主人听然而笑曰。

李注:《上林赋》曰：亡是公听然而笑。

〇卷58·20b4 王俭《褚渊碑文》：建旗则日月蔽亏。

李注:《子虚赋》曰：岑崟参差，日月蔽亏。

〇卷59·20b2 沈约《齐故安陆昭王碑文》：东渚钜海，南望秦稽。

李注:《子虚赋》曰：齐东渚钜海，南有琅耶。

当然，其中亦不乏凝词炼句的苦心。用例如下所示：

A 取一字的用例

〇卷2·19a4 张衡《西京赋》：奋鬣被般。

李注：毛苌曰：鬣般，虎皮也。《上林赋》曰：被班文。般与班，古字通。

〇卷26·18a6 潘尼《迎大驾》：凄风寻帷入。

李注:《子虚赋》曰：张翠帷，建羽盖。然此虽无翠羽，而盖即同也。

〇卷34·19a10 曹植《七启》：批熊碎掌，拉虎摧斑。

李注：斑，虎文也。《上林赋》曰：被斑文。

〇卷35·13b9张协《七命》：赪尾丹鳃，紫翼青鬐。

李注：《上林赋》曰：揵鬐掉尾，振鳞奋翼。

B 改字的用例

〇卷2·23b5张衡《西京赋》：搤水豹，馽潜牛。

李注：《上林赋》曰：沉牛鹿麋。

〇卷6·25b6左思《魏都赋》：末上林之隤墙。

张载注：司马相如《上林赋》曰：颓墙填壍，使山泽之人得至。

〇卷7·3a8杨雄《甘泉赋》：驷苍螭兮六素虬。

李注：《上林赋》曰：乘镂象，六玉虬。

〇卷10·17a9潘岳《西征赋》：听览馀日。

李注：《上林赋》曰：听览馀闲。《舞赋》曰：馀日怡荡。

〇卷36·19b9任昉《天监三年策秀才文》：听览之暇，三馀靡失。

李注：《上林赋》曰：朕以览听馀闲，无事弃日。

〇卷11·15a10王延寿《鲁灵光殿赋》：洞轇轕乎其无垠也。

李注：《上林赋》曰：张乐乎胶葛之寓。郭璞曰：言旷远深邈貌。

〇卷11·33a8何晏《景福殿赋》：岂惟盘乐而崇侈靡。

李注：《子虚赋》曰：奢言淫乐而显侈靡也。

〇卷12·3a3木华《海赋》：于是鼓怒，溢浪扬浮。

李注：言风既疾，而波鼓怒也。《上林赋》曰：沸乎暴怒。

〇卷12·3a5木华《海赋》：状如天轮，胶戾而激转。

李注：《上林赋》曰：宛潬胶盭。

〇卷12·3a6郭璞《江赋》：扬鳍掉尾，喷浪飞唌。

李注：《上林赋》曰：揵鬐掉尾。

〇卷12·18b7郭璞《江赋》：抚凌波而凫跃。

李注：《广雅》曰：凌，驰也。《上林赋》曰：驰波跳沫。

〇卷15·18b1张衡《思玄赋》：乘焱忽兮驰虚无。

李注：《上林赋》曰：凌惊风，历骇焱，乘虚无，与神俱。

〇卷16·4a3潘岳《闲居赋》：傲坟素之场圃。

李注：《上林赋》曰：翱翔乎书圃。

〇卷17·19b5傅毅《舞赋》：纤縠蛾飞。

李注：纤縠，细縠也。蛾飞，如蛾之飞也。纷猋，飞扬貌。《上林赋》（当作“子虚赋”）曰：垂雾縠。

○卷18·13b5嵇康《琴赋》：安回徐迈，寂尔长浮。

李注：安回，波静远去象。《上林赋》曰：安翔徐回。又曰：寂漻无声。

○卷23·17a6张载《七哀诗》：颓陇并垦发，萌隶营农圃。

李注：司马相如《上林赋》曰：地可垦辟，悉为农郊，以赡萌隶。

○卷30·10b9鲍照《翫月城西门解中》：娟娟似蛾眉。

李注：《上林赋》曰：长眉连娟。《毛诗》曰：螓首蛾眉。

○卷34·16b2曹植《七启》：滋味既殊，遗芳射越。

李注：《上林赋》曰：众香发越。郭璞曰：香气射散也。

○卷34·19a2曹植《七启》：机不虚发，中必饮羽。

李注：《子虚赋》曰：弓不虚发，中必决眦。

○卷35·7b6张协《七命》：建云髦，启雄芒。

李注：云髦，云旆竿上施旄也。《上林赋》曰：连云旆。髦与旄，古字通。《子虚赋》曰：建干将之雄戟。芒，锋刃也。

C 将四字省为二字、三字的用例

○卷15·18a2张衡《思玄赋》：弄狂电之淫裔。

李注：《上林赋》曰：淫淫裔裔。

○卷22·25a5徐悱《古意酬到长史溉登琅邪城诗》：兹山复郁盘。

李注：《子虚赋》曰：其山则盘纡茀郁。

○卷31·30a7江淹《杂体诗三十首》（休上人）：怅望阳云台。

李注：《子虚赋》曰：楚王乃登云阳之台。

D 其他用例

○卷10·10b2潘岳《西征赋》：分身首于锋刃，洞胸腋以流矢。

李注：《子虚赋》曰：洞胸达腋。

《子虚赋》中的“洞胸达腋”被潘岳用作“洞胸腋以流矢”。

○卷15·19a8张衡《思玄赋》：与仁义乎逍遥。

李注：《上林赋》曰：驰骛乎仁义之涂。

《上林赋》中的“驰骛乎仁义之涂”被改作“与仁义乎逍遥”。

〇卷27·5b5 谢朓《之宣城出新林浦向版桥》：江路西南永，归流东北骛。

李注:《上林赋》曰：东南西北，驰骛往来。

谢朓据《上林赋》中"东南西北，驰骛往来"，作"江路西南永，归流东北骛"。

〇卷27·21a6 曹植《乐府四首》(美女篇)：美女妖且闲。

李注:《上林赋》曰：妖冶闲都。(《文选》作"妖冶嫺都"，《汉书》作"妖冶闲都"，《史记》作"妖冶嫺都"。)

曹植从《上林赋》中取"妖""闲"二字，作"妖且闲"。

〇卷28·8a5 陆机《乐府十七首》(齐讴行)：孟诸吞楚梦，百二侔秦京。

李注:《子虚赋》曰：齐浮渤澥，游孟诸，吞若云梦者八九，于其胸中曾不蒂芥。

〇卷28·16a3 谢灵运《乐府·会吟行》：连峰竞千仞，背流各百里。

李注:《上林赋》曰：荡乎八川分流，相背而异态。

陆机据《子虚赋》中的"游孟诸……吞若云梦者八九"，作"孟诸吞楚梦"句。谢灵运从《上林赋》"八川分流，相背而异态"中，提炼出"背流"一词。

文人们在文辞上苦心思索、尝试独创的痕迹，亦可从下文见出。

《文选》卷七《子虚赋》中有一段对楚国云梦泽山川的描写："其山则盘纡岪郁，隆崇嵂崒，岑崟参差，日月蔽亏。交错纠纷，上干青云。罢池陂陀，下属江河。"李善注在以下所列六例中引证了这段文字：

〇卷22·23b1 沈约《宿东园》：野径既盘纡，荒阡亦交互。

李注:《子虚赋》曰：其山则盘纡岪郁。

〇卷22·25a5 徐悱《古意酬到长史溉登琅邪城诗》：此江称豁险，

兹山复郁盘。

李注:《子虚赋》曰：其山则盘纡茀郁。

〇卷22·25a7 徐悱《古意酬到长史溉登琅邪城诗》：修篁壮下属，危楼峻上干。

李注：上干，已见上注。

〇卷22·22a7 沈约《钟山诗应西阳王教》：发地多奇岭，干云非一状。

李注:《子虚赋》曰：其山则交错纠纷，上干青云。

〇卷27·6a7 谢朓《敬亭山诗》：上干蔽白日，下属带回溪。

李注:《子虚赋》曰：日月蔽亏。交错纠纷，上干青云。罢池陂陀。

〇卷43·25b5 孔稚珪《北山移文》：干青云而直上。

李注:《子虚赋》曰：上干青云。

〇卷58·20b4 王俭《褚渊碑文》：建旗则日月蔽亏。

李注:《子虚赋》曰：岑崟参差，日月蔽亏。

由以上所举例证可见，梁沈约直接取《子虚赋》中“盘纡”二字来形容山间小径盘桓曲折貌，梁徐悱据《子虚赋》中“盘纡茀郁”四字而作“郁盘”一词。谢朓将《子虚赋》中“上干青云”减为“上干”二字，结合上句的“日月蔽亏”，作“上干蔽白日”。“上干”一词又被徐悱直接承袭，沈约则作“干云”一词，南齐孔稚珪改为“干青云而直上”。更有同样引用“干云”一词，但所引用意却不同。且看以下用来形容建筑物的例子：

〇卷10·21a2潘岳《西征赋》：擢仙掌以承露，干云汉而上至。

〇卷11·32b3何晏《景福殿赋》：飞阁干云，浮阶乘虚。

以上二例中李注皆引张衡《西京赋》中“干云雾而上达”，这是李善注体例中对引书的区分。[①]

同样，下文所列诗文的李善注中皆引卷八《上林赋》中描写美女香气的句子“芬芳沤郁，酷烈淑郁”。

① 参富永一登「解題」、『文選李善注引書索引』、東京：研文出版、1996。

〇卷4·20a5 左思《蜀都赋》：芬芬酷烈。
〇卷15·1b10 张衡《思玄赋》：美襞积以酷烈兮。
〇卷34·16b10 曹植《七启》：酷烈馨香。
〇卷55·18b2 陆机《演连珠》：郁烈之芳。
〇卷55·2a6 刘峻《广绝交论》：言郁郁于兰茝。

东汉张衡在《思玄赋》中，直接引用了《子虚赋》中形容裙襞层叠的“襞积”一词，将其与模仿屈原香草美人意象的“酷烈”一词组合在一句之中。魏曹植在《七启》中，于“酷烈”之后加“馨香”一词，用来形容美酒煮沸时四溢的香气。晋左思《蜀都赋》在“酷烈”前加“芬芳”二字，用以表现葡萄美酒煮沸时产生的浓郁香气。其后的晋陆机在《演连珠》中由“酷烈淑郁”而作“郁烈”一词，梁刘峻则在《广绝交论》中由“芬芳沤郁，酷烈淑郁”二句而作“郁郁”一词，二者皆形容香气浓烈馨香。

作家们无一例外地在表达上求变求“奇”，利用前人赋作中的语句创作出了很多新词汇，这正体现了文学语言的继承与创作。之后的文人们在传承前人文辞中创新，也许体会到了如昭明太子在《文选序》中所言“并为入耳之娱”“俱为悦目之玩”般的痛快和乐趣。小尾郊一先生曾指出昭明太子的文学观体现了“文学的娱乐性”：

> 昭明太子所言可以概括的理解为文学作品的目的在于其娱乐性，这个结论颇为重要。他认为以诗歌为代表的各种文学作品确实有悦人之目的，故而说文学是供人娱乐之物。这与以往以文为鉴的文学观念相比，无疑是巨大的转变。……恐怕昭明太子是言明文学娱乐性的第一人。[①]

如小尾郊一先生所言，唐代以后的诗人们通过李善注，有意或无意地领会到昭明太子所言，并将其活用在自己的作品中。

［日］富永一登　广岛大学名誉教授、安田女子大学教授
杨晓斌　陕西师范大学文学院教授
张静宜　陕西师范大学文学院博士生

① 小尾郊一著作選Ⅰ『沈思と翰藻』、東京：研文出版、2001、第139—140頁。

· 朝鲜半岛汉学研究 ·

代言文创作与朝鲜古代文人的中国文化情结*

王 成

摘 要：古代朝鲜代言文以中国历史、文化为取材对象，因内容表达、情感抒发等的实际需要而采用不同的文体，其中以表、笺、奏、诏、书牍、赠序等实用性文体为主。古代朝鲜代言文大量引用中国文化典故，并与中国文化相关史实构成互文关系，形成跨境对话、互动的联效机制。代言文是古代朝鲜科举应试场域影响下的产物，不但提高了朝鲜古代文人的整体创作水平，也折射出朝鲜古代文人对中国文化接受的深广程度，是中国文化“走出去”的鲜活例证。

关键词：朝鲜　代言文　中国文化　域外传播　互文性

汉魏六朝时期出现了拟代诗文，南朝梁萧统主持编纂的《文选》卷三十、卷三十一专列“杂拟”类型，收录拟代诗歌六十余首。此后，拟代这一文学样式被古代文人广泛接受，成为抒情达意的重要文体，历代传唱不衰。拟代诗文的标题要么用“拟”要么用“代”，“拟”与“代”却存在一定差异。“拟”一般指模拟前代已有的题目，“承袭前人作品抒情主体的身份进行创作，因而其视角是被限定的，只是生活情境可由作者创造性的构想”①，其创作动机往往由作品引发。“代”指假托某一角色并代其发声，“所代言的内容和形式俱无具体规范可循，于是只能根据自己对所欲代言之对象的了解，以‘设身处地’‘感同身受’的方式，来替他说话”②，其创作动机一般由特定、具体的抒情主体引起。拟代中的代言这一独

* 本文为国家社科基金项目“韩国古典散文与中国文化之关联研究”，批准号（14CZW038）；黑龙江省高校基本科研业务费黑龙江大学专项资金项目，批准号（2020-KYYWF-0919）的成果。

① 蒋寅：《古典诗学的现代阐释》，北京：中华书局，2003年，第163页。

② 梅家玲：《汉魏六朝文学新论——拟代与赠答篇》，北京：北京大学出版社，2004年，第11页。

具特色的文体样式不仅在中国广受文人喜爱，也通过“书籍之路”传播到域外，实现了“文本旅行”，在东亚汉文化圈产生了重要影响，尤其是对一衣带水的朝鲜半岛影响更是深远。

代言文，一言以蔽之，即代他人或他物立言之文。[①]作者在假设的某种特定场景下，设身处地地为文中人物设计形象、语言、心理活动等，并为扮演的特定角色发声，实现由读者向作者的角色转化。因凝聚着作者的现时经验与拣择，因此每一个情感抒发瞬间都是基于真实性历史的艺术再创造，融入了历史与现实的互动。朝鲜古代文人创作了大量代言文，但目前学界的相关研究成果还不够充分，卞东波《“以文为戏”与“文学扮演”——东亚汉文学中的“拟代文”》[②]第三部分选择朝鲜文人奇大升《拟李太白与杜子美书》、尹推《代顾荣送张翰归江东序》、崔忠成《拟送张舍人归江东序》等文章进行了细致解析，但论述范围尚显不足，留下了诸多有待解决的问题。本文拟对古代朝鲜代言文的文体特征、对中国文化的吸收与借鉴以及代言文产生的深层次原因等进行深入挖掘，以期抛砖引玉。

一、古代朝鲜代言文对中国古文文体的接受

古代朝鲜代言文因表达内容、情感抒发等的需要而采用了不同的文体，以表、笺、奏、诏、书牍、赠序等实用性文体为主，其中又以表、奏、诏等文体使用最为广泛。

表、笺、奏、疏等是臣子对帝王或实际统治者陈述意见、发表政见的常用文体，属于上行公文，名目繁多，包括奏、疏、对、启、表、状、劄子等，后世统以奏议或奏疏称之。姚鼐《古文辞类纂·序》云：“奏议类者，盖唐、虞、三代圣贤陈说其君之辞，《尚书》具之矣。……汉以来有表、奏、疏、议、上书、封事之异名，其实一类。”[③]徐师曾《文体明辨序说·奏疏》曰：“奏疏者，群臣论谏之总名也。奏御之文，其名不一，故以奏疏括之也。七国以前，皆称上书。秦初，改书曰奏。……魏晋以下，启独盛行。唐用表状，亦称书疏。宋人则监前制而损益之，故有劄子，有状，有书，有表，有

① 还有一种代言文是受人所托而代他人着笔，即代笔，不在本文讨论范围之内。

② 南京大学古典文献研究所主编：《古典文献研究》第十九辑，江苏：凤凰出版社，2016年，第66—82页。

③ 姚鼐：《古文辞类纂》，武汉：崇文书局，2017年，第2页。

封事，而劄子之用居多。”[①]奏议主要针对各种具体政事而发，刘勰《文心雕龙·议对》以“达政体”“明治道”“敬慎群务，弛张治术”“使事深于政术，理密于时务”[②]等概括奏议的基本内容。

朝鲜古代文人创作了大量表、笺、奏、疏等奏议类代言文。表类，如李廷龟《拟唐江西观察判官李泌谢除贼后召见表　丙戌课试居魁》、梁庆遇《拟汉校尉习隆请立丞相诸葛亮庙于沔阳表　丙辰重试》、金龟柱《拟宋留正谢拜丞相表》、洪受畴《拟唐安西留后郭昕谢赐爵武威郡王表　壬子别初三中》、姜沆《拟燕将乐毅辞封齐王表》、高敬命《拟净妃郭氏谢赐御制乐府表》等。笺类，如郑士兴《拟汉萧何请养民以致贤才笺》、郭说《拟纳醯堂上谢恩笺》、石之珩《拟孟子请勿毁明堂笺　并引》、金龟柱《拟汉群臣贺项羽至固陵吹箫散楚兵笺》、金锡胄《拟鲁大夫臧孙辰请告籴于齐笺　壬寅增广殿试居魁》等。奏类，如金镇圭《拟汉太中大夫公孙卿等请改正朔奏》、宋微殷《拟东汉司徒掾班彪请依旧制置护羌校尉奏》、李令翊《拟大禹进九州贡赋奏》、姜锡圭《拟宋开封府推官苏轼请勿买浙灯奏》《拟宋知滨州吕夷简请勿税农器奏》等。疏类，如李民宬《拟陈平壤城修筑钱货复立疏》、崔忠成《拟褚遂良谏立武氏为后疏》等。朝鲜奏议类代言文的代言对象并不固定，完全根据作者的实际需要进行设计；文章长短不一，从三五百字至四五千字不等，如崔忠成《拟褚遂良谏立武氏为后疏》达二千余字、申景濬《拟白起请勿伐赵奏》长达四千多字。奏议文体的特殊属性使其对行文有着一定的要求：其一，观点要鲜明，不能模棱两可，要“标以显义，约以正辞”[③]，这一点从文章标题即可看出，如石之珩、姜锡圭、申景濬等的奏议都用了“勿”字，态度鲜明。其二，分析事理要深入透辟，富有说服力，做到“要而非略，明而不浅”[④]；论述时要事出有据，不夸大其词、不弄虚作假，论据浅显易懂，不生僻怪诞，“事以明核为美，不以深隐为奇”[⑤]。如崔忠成《拟褚遂良谏立武氏为后疏》运用大量浅显易懂、世人皆知的典故来为自己的观点作论据，颇具说服力。

① 徐师曾：《文体明辨序说》，罗根泽校点，北京：人民文学出版社，1998年，第123—124页。

② 刘勰：《文心雕龙今译》，周振甫译，北京：中华书局，2014年，第224—227页。

③ 刘勰：《文心雕龙今译》，周振甫译，北京：中华书局，2014年，第224页。

④ 刘勰：《文心雕龙今译》，周振甫译，北京：中华书局，2014年，第208页。

⑤ 刘勰：《文心雕龙今译》，周振甫译，北京：中华书局，2014年，第224页。

诏是帝王或统治者给臣民的旨令或者告示天下的公文，属下行公文，名目繁多，有命、令、诏、册（策）、制、诰、敕、誓、教、批答、檄、移等，后世以诏（诏令）统括之。明代吴讷云："三代王言见于《书》者有三：曰诰、曰誓、曰命。至秦改之曰诏，历代因之。"①翻阅朝鲜古代文人别集，此类代言文俯拾即是，如朴世堂《拟汉文帝勿营露台诏　课制》、姜沆《拟宋仁宗开天章阁诏》、赵根《拟汉文帝赐今年田租之半诏》、黄杲《拟唐肃宗拜杜甫为左拾遗制　课作》、洪柱国《拟汉封张良留侯制　戊申冬》等。更有文人别集存有多篇此类型文章者，如郑士兴《汉求贤良方正直言极谏之士诏　丁丑庭试》《汉文帝赐吴王几杖诏》《唐太宗奖谕安市城主将诏》《唐肃宗拜杜甫为左拾遗制》、李献庆《拟汉招田横诏》《拟汉命苏武太牢谒茂陵诏》《拟汉赐董承衣带诏》《拟唐千金购求陆贽诏》、申翊全《拟汉高祖赦季布诏　课制》《拟汉除挟书律诏　课制》、李谷《拟汉责降司隶校尉王尊诏》《拟汉杨震二子为郎诏》等。诏由于是"代王者立言"，因此语言风格上要求严肃、醇正、典雅，以期收到"辉音峻举，鸿风远蹈。腾义飞辞，涣其大号"（《文心雕龙·诏策》）②的艺术效果。诏的内容广泛，举凡政治、经济、军事、对外关系、用人赏罚除授、日常事务等方面均有涉猎，前面所列题目已能看出。如申翊全《拟汉高祖赦季布诏　课制》是关于用人赏罚方面的文章，季布曾为项羽效力，项羽败亡后，刘邦曾悬赏缉拿季布，后夏侯婴说情，刘邦赦免季布并拜其为郎中。申翊全代刘邦颁布了赦免季布的诏书，他站在"刘邦"欲拉拢人才、巩固统治的立场上发声："诏曰：夫为人臣，各为其主，职耳。其或临危怀二心，观望逗挠者，非人臣也。今者伪楚项籍将季布，以其君亡国灭，灭迹而为髡钳，不敢齿诸人。盖布于籍时，窘辱朕实多。朕即大位，购布以千金。布之不附朕，固也。抑所谓职耳，诚不比丁公自来降屈。反而思之，彼有何罪？其节为可尚而可褒也。朕之必欲生致而置律者，有歉于包荒。传不云乎，举而失当，何以示后。朕而不赦布，群臣何则焉。其释布畴昔之罪，除购令拜郎中，庸为人臣之劝。"③"刘邦"诏令开篇就提出"人臣"与"非人臣"的不同，为后面赦免季布奠定了理论基调，后面的举措就顺理成章、水到渠成了。

---

① 吴讷：《文章辨体序说》，于北山校点，北京：人民文学出版社，1998年，第35页。

② 刘勰：《文心雕龙今译》，周振甫译，北京：中华书局，2014年，第186页。

③ 申翊全：《东江先生遗集》，韩国民族文化推进会编《韩国文集丛刊》（第105辑），首尔：景仁文化社，2005年，第72页。

赠序是为亲朋师友送别而作，吴讷《文章辨体序说·序》曰:“近世应用，惟赠送为盛。当须取法昌黎韩子诸作，庶为有得古人赠言之义，而无枉己徇人之失也。”[①]韩愈有赠序文近四十篇，《送孟东野序》《送董邵南序》《送李愿归盘谷序》等脍炙人口，传唱不衰。“赠序一体，一般以述友谊、叙交游、道惜别为主，而某些优秀作品，往往表达作者的思想、识见，以及师友亲朋之间互相劝勉和真挚赤诚的情感，成为叙事、说理而又兼抒情的散文。”[②]朝鲜代言赠序文如金安国《拟送韩愈贬潮州序》、鱼有凤《拟送韩退之贬潮州序》、柳希春《拟区册送昌黎量移江陵序》、李玄锡《拟送贺知章归乡序》等各具特点，而以代东晋顾荣送张翰题材为最多，如金锡胄《代顾荣送张翰归江东序　月课代人作》、苏斗山《代顾荣送张翰归江东序　庚子月课》、尹善道《送张翰归江东序》、尹推《代顾荣送张翰归江东序》、赵根《拟顾荣送张翰归江东序　月课》、崔忠成《拟送张舍人归江东序》、洪柱国《代顾荣送张翰归江东序　以下月课，壬寅秋居首》、黄床《送张翰归江东序　课作》等。

书信（或称书牍、书札、尺牍）是一种比较常用的应用文体，《文心雕龙·书记》篇云:“详总书体，本在尽言，言以散郁陶，托风采，故宜条畅以任气，优柔以怿怀；文明从容，亦心声之献酬也”[③]，这段话道出了书信的特殊功能，即在他类文章无法言说的内容、情感等，往往可以在书信中“尽言”。褚斌杰说:“书信是人与人之间的交际工作，最具有实用价值；而书信所涉及的内容，又几乎无所限定，无论是军国大事，讨论学术，评述人物，推举自荐，倾诉个人境遇，以至日常所感所思，皆可入书，其内容可以包罗社会生活、个人生活的各个方面”[④]。朝鲜代言书信如奇大升《拟李太白与杜子美书》、金得臣《代张旭寄吴道子书　月课代人作》、李回宝《代张旭与吴道子书　戊子月课》、李建昌《拟客上平津侯书》、李玄锡《拟郦生与韩信书》《拟韩信使蒯彻复郦生书》等，都颇具特点。以李回宝《代张旭与吴道

① 吴讷著:《文章辨体序说》，于北山校点，北京：人民文学出版社，1998年，第42页。

② 褚斌杰:《中国古代文体概论》(修订版)，北京：北京大学出版社，1990年，第385页。

③ 刘勰:《文心雕龙今译》，周振甫译，北京：中华书局，2014年，第233页。

④ 褚斌杰:《中国古代文体概论》(修订版)，北京：北京大学出版社，1990年，第388页。

子书　戊子月课》为例，该文是代书法家张旭给画家吴道子的书信，首先道出“张旭”关于书法、绘画之间关系的认识，“比闻吾子以画鸣于一世，画亦书之类也。书中有画，画中有书。鸣于世，无彼此。君则以画，老夫则以书。书与画，又何上下”①。“张旭”认为书法、绘画的关系是你中有我、我中有你，彼此包容、渗透，无所谓高低上下。吴道子曾追随张旭学书法，后来发现无法超越张旭，于是开始学习绘画。文中“张旭”揣摩了吴道子弃书法而改绘画的心理活动，对于世人猜测吴道子是因为“学书不成，去而学画”②，“张旭”认为是世人没有真正了解吴道子，他认为吴道子是有意地相让于自己，“使吾子卒其业，老夫恐不能独步于一世。吾子让而不有，托以不成，归而求诸画中之书，放出一路头于老夫”③，对于吴道子此举，“张旭”充满感激与赞赏，“子之高义，又人所难及处”④，同时对二人的未来充满期许：“鸣于世，岂独以画也。愿吾子，尽其妙，夺取造化之精，老夫当尾而发挥之。同时之乐，岂浅浅也。”⑤

二、古代朝鲜代言文与中国历史、文化的传播

代言文对于朝鲜创作者来说绝对是一种考验，只有在精读中国政治、历史、文化、艺术等书籍文献，具备扎实的语言表达能力等基础上，才能创作出符合要求、令人满意的文章。古代朝鲜代言文对中国历史、文化接受与运用，主要体现在以下维度。

取材范围的广泛性，是古代朝鲜代言文对中国文化接受的重要面相之一。古代朝鲜代言文的代言对象多为中国古代历史人物，范围广泛，举凡历代君主、臣下、文人、学者、普通百姓等都可以成为被代言的对象；时间跨度久长，从原始氏族时代直至宋元时期。帝王君主，如汉高祖、汉文

① 李回宝:《石屏先生文集》，韩国民族文化推进会编《韩国文集丛刊》(第25辑)，首尔：景仁文化社，2018年，第503—504页。

② 李回宝:《石屏先生文集》，韩国民族文化推进会编《韩国文集丛刊》(第25辑)，第503—504页。

③ 李回宝:《石屏先生文集》，韩国民族文化推进会编《韩国文集丛刊》(第25辑)，首尔：景仁文化社，2018年，第503—504页。

④ 李回宝:《石屏先生文集》，《韩国文集丛刊》(第25辑)，第503—504页。

⑤ 李回宝:《石屏先生文集》，《韩国文集丛刊》(第25辑)，第503—504页。

帝、唐太宗、唐肃宗、宋仁宗等；文人学者涉及更广，如先秦孟子、庄子，汉代贾谊、班彪、桓荣、董仲舒，唐代李白、张旭、李翺、贾至，宋代欧阳修、苏轼、程颐等；军事、政治人物，如战国时期乐毅、白起，汉代韩信、张良、萧何、霍去病、田横、苏武，唐代郭子仪、褚遂良，宋代李纲、吕夷简、寇准、韩琦等；亦有普通百姓或未道出具体名姓者，如伏羲群臣、燧人氏之民、周庶民、平津侯门客、汉群臣、汉诸将、唐河朔使者、唐群臣等。上文所引述文章的题目已涉及部分代言对象，限于篇幅，不再一一枚举。

援引中国文化典故，彰显出接受中国文化程度之深，是古代朝鲜代言文对中国文化接受的又一重要面相。古代朝鲜深受中国文化影响，朝鲜文人对中国文化典故往往信手拈来，代言文创作即鲜明地体现出这一特点。如崔忠成《拟褚遂良谏立武氏为后疏》多处引用中国典故：

> 臣闻《诗》云：刑于寡妻，至于兄弟，以御于家邦。《传》曰：欲治其国者，先齐其家，欲齐其家者，先修其身。……孔子曰：合二姓之亲，以承宗庙，不亦重乎？《婚礼》亦曰：斋戒以告鬼神。……《礼》曰：父没而不能读父之书，手泽存焉尔。曾子不食羊枣者，以不忍食也。……孔子以是为惧，而欲先正名，曰：名不正，则言不顺，事不成，民无所措其手足。……夏以妹喜而亡，商以妲己而倾。赫赫宗周，褒姒灭之。夫前世之王以色亡国者，莫如桀、纣、幽、厉，而然亦不闻其名分之有如今日者也。《传》曰：三代之庠、序、学、校，皆所以明人伦也。是故，赞大舜之德者，必称二妃。称文王之化者，必赞《关雎》。舜、文之治，至矣尽矣。……[①]

崔忠成在论述每一层观点、发表意见时，往往采用典故以突出、增强表达效果，所引文字既有语典也有事典。“刑于寡妻”几句出自《诗经·大雅·思齐》“刑于寡妻，至于兄弟，以御于家邦”[②]；“欲治其国者”几句出自《礼记·大学》“欲治其国者，先齐其家；欲齐其家者，先修其身”[③]；“合二姓

① 崔忠成：《山堂集》，韩国民族文化推进会编《韩国文集丛刊》（第16辑），首尔：景仁文化社，1996年，第597页。

② 程俊英、蒋见元：《诗经注析》，北京：中华书局，1991年，第773页。

③ 潜苗金注译：《礼记注译》，浙江：浙江古籍出版社，2007年，第736页。

之亲”源自《礼记·昏义》“昏礼者，将合二姓之好，上以事宗庙，而下以继后世也”[①]；“斋戒以告鬼神”出自《礼记·曲礼上》“故日月以告君，斋戒以告鬼神，为酒食以召乡党僚友”[②]；“父没而不能读父之书”出自《礼记·玉藻》“父没而不能读父之书，手泽存焉尔。母没而杯圈不能饮焉，口泽之气存焉尔”[③]；“曾子不食羊枣”典出《孟子·尽心下》“曾皙嗜羊枣。而曾子不忍食羊枣”（突出曾子之孝）[④]；“名不正”几句出自《论语·子路》“名不正，则言不顺；言不顺，则事不成；事不成，则礼乐不兴；礼乐不兴，则刑罚不中；刑罚不中，则民无所错手足”[⑤]；“三代之庠、序、学、校”出自《孟子·滕文公章句上》“设为庠序学校以教之。庠者，养也；校者，教也；序者，射也。夏曰校，殷曰序，周曰庠；学则三代共之，皆所以明人伦也”[⑥]。“是故”以下几句主要源自舜与娥皇、女英的故事，以及《毛诗序》有关《关雎》的评价。舜到南方巡视途中死于苍梧之野。娥皇、女英二妃追至沅、湘间，听闻大舜已死，于是自投湘水而死；《毛诗序》云：“《关雎》，后妃之德也，风之始也，所以风天下而正夫妇也。”[⑦]崔忠成《拟褚遂良谏立武氏为后疏》这段文字，有的是以典故引起下文的论述，有的是以典故进行总结。无论是哪一种形态，均做到了与文意的高度契合，显示出作者对中国文化的熟谙程度。

与中国相关人物、史实等的互文性关系，是朝鲜古代文人对中国文化接受的又一重要维度。热奈特认为互文性是“两个或若干个文本之间的互现关系，从本相上最经常地表现为一文本在另一文本中的实际出现”[⑧]（《隐迹稿本》）。依据热奈特的理论，共存关系、派生关系是互文性的主要类型，而代言是派生关系的重要形式之一。

以韩愈为例，朝鲜古代文人创作了多篇代人送韩愈的文章，这些文章与

---

① 潜苗金注译:《礼记注译》，浙江：浙江古籍出版社，2007年，第751页。

② 潜苗金注译:《礼记注译》，浙江：浙江古籍出版社，2007年，第13页。

③ 潜苗金注译:《礼记注译》，浙江：浙江古籍出版社，2007年，第383页。

④ 杨伯峻译注:《孟子译注》，北京：中华书局，2008年，第269页。

⑤ 杨伯峻译注:《论语译注》，北京：中华书局，2017年，第189页。

⑥ 杨伯峻译注:《孟子译注》，北京：中华书局，2008年，第89页。

⑦ 郭绍虞主编:《中国历代文论选》（第1册），上海：上海古籍出版社，2001年，第63页。

⑧ 热拉尔·热奈特:《热奈特论文选　批评译文选》，史忠义译，河南：河南大学出版社，2009年，第57页。

韩愈的相关文本形成互文。唐元和十四年（819），韩愈因上书《谏迎佛骨表》被贬为潮州刺史。朝鲜朝文人金安国、鱼有凤均以友人送韩愈贬潮州作为角度撰写赠序。金安国以韩愈好友文学家、哲学家李翱身份送韩愈贬潮州，金安国抓住了李翱思想的核心即道统思想，《拟送韩愈贬潮州序》文章以“道”开篇，指出“道”的重要意义，“昔者圣人以道治天下，道行而天下无异俗，其功化之极，至于天地位、万物育，夫又何以加之哉？然其道不出乎人伦饮食日用之间，不外乎仁义礼智礼乐刑政之中。由体以达用，沿流而泝源，上以是为教，下以是为学”①。而后“李翱”从“道”的不同发展历程的不同表现入手，指出尧、舜、禹、汤、文、武死后，“道不复行于世”②。有赖孔子出现，“慨然以行道为己任”③，孔子在不得志的情况下，“退而删诗书、赞周易、修春秋、述礼乐”④，于是“六经作而道之大全”⑤。孔子死后，“邪说并起，蔓延于天下，涂生民之耳目。先王之所谓光明正大简易明白之道，郁而不彰，其为害可胜言哉”⑥。是时孟子出现，“赖孟轲氏盖尝辞而辟之廓如也”⑦。孟子死后，历经秦、汉、晋、隋，“老佛之道复显行于世，清净寂灭广大慈悲之说盈于天下，弥近理而大乱真”⑧，此时需要有人出来担当拯救万生的重任，“不有圣贤出而正之，几何其不至于夷狄禽兽，而生民之类或几乎息矣”⑨。但是上下数千年，

① 金安国:《慕斋先生集》，韩国民族文化推进会编《韩国文集丛刊》（第20辑），首尔：景仁文化社，2006年，第216页。

② 金安国:《慕斋先生集》，韩国民族文化推进会编《韩国文集丛刊》（第20辑），第216页。

③ 金安国:《慕斋先生集》，韩国民族文化推进会编《韩国文集丛刊》（第20辑），第216页。

④ 金安国:《慕斋先生集》，韩国民族文化推进会编《韩国文集丛刊》（第20辑），第216页。

⑤ 金安国:《慕斋先生集》，韩国民族文化推进会编《韩国文集丛刊》（第20辑），第216页。

⑥ 金安国:《慕斋先生集》，韩国民族文化推进会编《韩国文集丛刊》（第20辑），第216页。

⑦ 金安国:《慕斋先生集》，韩国民族文化推进会编《韩国文集丛刊》（第20辑），第216页。

⑧ 金安国:《慕斋先生集》，韩国民族文化推进会编《韩国文集丛刊》（第20辑），第216页。

⑨ 金安国:《慕斋先生集》，韩国民族文化推进会编《韩国文集丛刊》（第20辑），第216页。

并未有如此人物出现，“溺于见闻，卒无有一人敢倡言排斥之者”[①]。文章论述至此，为韩愈的出现以及陈说韩愈的巨大贡献蓄足了力量：“子今独喟然引圣，争四代之惑，虽蒙讪笑，跛而复奋，自非见道不惑，勇往直前，自任以先王之道之责者，其何以至此哉。……而数千载斯道之望，其在子乎？百世之下，必有神会默识而兴起者焉。圣人之道绵绵续而不绝，子之功于是为愈大矣。”[②]“李翱”认为韩愈的出现拯救“道”于衰颓，起到的作用必然会得到彰显，其贡献在百年之后也会得到人们的认可。

鱼有凤以不具名友人的身份送韩愈贬潮州，《拟送韩退之贬潮州序》开篇以儒与释关系切入：“儒与释，互相排击，犹两敌然也。两敌之相攻也，一必义而一必不义。”[③]作为儒者的韩愈对释家是极力反对的，“吾友昌黎韩子，即所谓儒者也。其为道，尊孔氏而贵仁义，黜百家而攘异端。至于释氏之说，则尤明辨而痛斥之，嫉之也若仇雠，忧之也若洪水猛兽也”[④]，终因上书反对释家而被贬潮州。潮州地理环境恶劣，“南荒之表，距中土八千有余里，地远而俗恶，瘴雾所蒸，毒疠所聚”[⑤]。“友人”想象了韩愈居于潮州的两种不同情形及其产生的不同后果，如果韩愈居于此，是“忧其心、悴其容，消沮其气，变易其志”[⑥]，那么释者就会“抵掌大笑曰：‘韩愈，懦夫也。平居扼腕扬眉，以为学圣人而辟异教，因一摧陷，而抑郁穷蹙，至此之极也。虽有斯人千辈，吾何足畏哉？’”[⑦]这种情况是“友人”不愿意看到的，“如此则韩子虽竭力攻之，惟日不足，吾恐释氏终不可服，而韩子之穷而死也”[⑧]。如果韩愈居于此，是“守其志、善其道，卓然自立，视祸福如浮云”[⑨]，那么释者则“垂头丧气曰：‘韩愈，大贤也。扶正抑邪，一意不变，其通也如是，其穷也

① 金安国:《慕斋先生集》，韩国民族文化推进会编《韩国文集丛刊》(第20辑)，第216页。

② 金安国:《慕斋先生集》，韩国民族文化推进会编《韩国文集丛刊》(第20辑)，第216页。

③ 鱼有凤:《杞园集》，韩国民族文化推进会编《韩国文集丛刊》(第184辑)，首尔：景仁文化社，2009年，第177页。

④ 鱼有凤:《杞园集》，韩国民族文化推进会编《韩国文集丛刊》(第184辑)，第177页。

⑤ 鱼有凤:《杞园集》，韩国民族文化推进会编《韩国文集丛刊》(第184辑)，第177页。

⑥ 鱼有凤:《杞园集》，韩国民族文化推进会编《韩国文集丛刊》(第184辑)，第177页。

⑦ 鱼有凤:《杞园集》，韩国民族文化推进会编《韩国文集丛刊》(第184辑)，第177页。

⑧ 鱼有凤:《杞园集》，韩国民族文化推进会编《韩国文集丛刊》(第184辑)，第177页。

⑨ 鱼有凤:《杞园集》，韩国民族文化推进会编《韩国文集丛刊》(第184辑)，第177页。

如是。斯人不死，吾辈不复行于天下矣。'" [①]这是"友人"希望看到的情景，也是历史赋予韩愈的责任。

唐贞元二十年（804），韩愈谪居阳山，与青年人区册相交，区册归家时，韩愈作《送区册序》相送。次年，韩愈授江陵法曹参军，离开阳山。朝鲜文人柳希春以区册的身份，作《拟区册送昌黎量移江陵序》送别韩愈。文章开篇指出韩愈贬谪的阳山属于"岭峤炎瘴地"[②]，韩愈《送区册序》也说"阳山，天下之穷处也"[③]。在"区册"看来，是"天意"将韩愈"置之穷愁孤寂之境"[④]，为的是"欲使著书立言，以开万古之群蒙者"[⑤]。"区册"指出当时的环境："自晋迄今，佛老横流，圣道不断如线，世之儒者倍正附怪，推波助澜，六百年间，无一人能自脱于陷溺之中"[⑥]，韩愈适时出现，"我先生独喟然引圣，争四海之惑，汲汲焉以只手障狂澜而东之"[⑦]。阳山的恶劣环境也给韩愈提供了休养生息、锤炼思想、文学创作的绝佳机会，"及来穷僻之邑、闲寂之中，沉潜玩索，温故知新，自得弘多，乃著《原道》《原性》等篇。生于圣人千载之后，发其关键，直睹堂奥。凡异端之巢穴、俗儒之蹊径，莫不发蒙而指迷"[⑧]。正因为如此，韩愈才取得了巨大成就，"若晦冥之日月，有目者皆可睹焉，岂徒向之？惊者定而疑者将信，传之万世而为教无穷，此非天

---

① 鱼有凤：《杞园集》，韩国民族文化推进会编《韩国文集丛刊》（第184辑），第177页。

② 柳希春：《眉岩先生集》，韩国民族文化推进会编《韩国文集丛刊》（第34辑），首尔：景仁文化社，2001年，第192页。

③ 韩愈：《韩昌黎文集校注》，马其昶校注，马茂元整理，上海：上海古籍出版社，1986年，第266页。

④ 柳希春：《眉岩先生集》，韩国民族文化推进会编《韩国文集丛刊》（第34辑），第192页。

⑤ 柳希春：《眉岩先生集》，韩国民族文化推进会编《韩国文集丛刊》（第34辑），第192页。

⑥ 柳希春：《眉岩先生集》，韩国民族文化推进会编《韩国文集丛刊》（第34辑），第192页。

⑦ 柳希春：《眉岩先生集》，韩国民族文化推进会编《韩国文集丛刊》（第34辑），第192页。

⑧ 柳希春：《眉岩先生集》，韩国民族文化推进会编《韩国文集丛刊》（第34辑），第192页。

之所欲者乎？向使先生言听道行，扬于王庭，则于一时生民，固为幸矣”[①]，起到了关键作用。

金安国、鱼有凤、柳希春在其代言文中都将韩愈与孟子进行比较，认为韩愈与孟子一样都具有突出的贡献：

> 昔者，孟轲氏扶之于未毁之前，子乃救之于既乱之后。其为道则同，而其功过于孟轲氏远矣。（金安国《拟送韩愈贬潮州序》）[②]
>
> 如此则韩子虽默然无为，释氏将自灭。而韩子之功，可与孟轲并驾矣。（鱼有凤《拟送韩退之贬潮州序》）[③]
>
> 昔孟轲氏道不行于齐、梁，有不豫之色，后之君子伤圣贤之道否？然七篇格言，非穷而退则不能著也。先生亦尝叹发秃齿豁，不见知己。然孟子之书，世虽传诵，未有深达其旨。千有余年而后，得先生之所著，今虽未遇桓谭之识太玄，后世岂无圣贤默契而心醉，如先生之于孟子耶？先生文起八代之衰弱，而念切天下之苍生。然愚以为斯二者，比诸卫先圣之道，觉来世之迷，所系孰为轻重，所施孰为短长，必有能辨之者矣。（柳希春《拟区册送昌黎量移江陵序》）[④]

金安国、鱼有凤、柳希春的论述表明朝鲜古代文人非常熟悉韩愈的著述、文学思想等，韩愈本人在多篇文章中都表达出对孟子由衷的敬意：“自孔子没，群弟子莫不有书，独孟轲氏之传得其宗”（《送王秀才序》）[⑤]、“始吾读孟轲书，然后知孔子之道尊，圣人之道易行；王易王，霸易霸也。以为孔子

① 柳希春:《眉岩先生集》，韩国民族文化推进会编《韩国文集丛刊》（第34辑），第192页。

② 金安国:《慕斋先生集》，韩国民族文化推进会编《韩国文集丛刊》（第20辑），第216页。

③ 鱼有凤:《杞园集》，韩国民族文化推进会编《韩国文集丛刊》（第184辑），第177页。

④ 柳希春:《眉岩先生集》，韩国民族文化推进会编《韩国文集丛刊》（第34辑），首尔：景仁文化社，2001年，第193页。

⑤ 韩愈:《韩昌黎文集校注》，马其昶校注，马茂元整理，上海：上海古籍出版社，1986年，第261页。

之徒没，尊圣人者，孟氏而已”（《读荀》）[①]、“向无孟氏，则皆服左衽而言侏离矣。故愈尝推尊孟氏，以为功不在禹下者，为此也”（《与孟尚书书》）[②]，等等。金安国、鱼有凤、柳希春涉及韩愈的三篇代言文，始终站在被代言者的立场去思考，“由于该文本乃出自于特定作者的创作，因此对拟作者而言，先透过作品及相关资料去观察、思考、体验、并认同原作者的情意感受，再回到拟作者的立场，设身处地、感同身受地以他的口吻发言，用类于原作的文字语言撰结成篇，就成为其所必经的两个阶段。前者，可谓之‘神入’；后者，则谓之‘赋形’”[③]，金安国、鱼有凤、柳希春的三篇文章做到了既“赋形”又“神入”。另外，金安国《拟送韩愈贬潮州序》、柳希春《拟区册送昌黎量移江陵序》均有“独喟然引圣，争四代之惑”句，这句话出自《新唐书·韩愈传》“愈独喟然引圣，争四海之惑，虽蒙讪笑，跲而复奋，始若未之信，卒大显于时”[④]，也表明朝鲜文人熟悉韩愈相关的文献史料，并且能够为己所用。古代朝鲜代言文构筑出具有互文性意义的独特景观，与中国相关史实形成对话、互动的联效机制，向读者展示出创新本身所具有的模拟属性，以及模拟本身显示出的创新意义、性质。

三、古代朝鲜代言文的创作成因及其意义

古代朝鲜代言文的大量出现，有着深厚的文化场域。布迪厄说：“场域形塑着习性，习性将场域建构成一个充满意义的世界，一个被赋予和感受和价值的世界，作为场域中的行动者，既不是某个主体或某种自觉意识，也不是某种功能的简单实现者。”[⑤]文学创作实践从未脱离、隔绝政治权力、社会文化场域，古代朝鲜代言文的兴盛主要与科考密切相关。

---

① 韩愈：《韩昌黎文集校注》，马其昶校注，马茂元整理，上海：上海古籍出版社，1986年，第36页。

② 韩愈：《韩昌黎文集校注》，马其昶校注，马茂元整理，上海：上海古籍出版社，1986年，第214页。

③ 梅家玲：《汉魏六朝新论——拟代与赠答篇》，北京：北京大学出版社，2004年，第31页。

④ 欧阳修、宋祁：《新唐书》（第17册）卷一百七十六《列传》第一百一，北京：中华书局，1975年，第5269页。

⑤ 皮埃尔·布迪厄、华康德：《实践与反思：反思社会学导引》，李猛、李康译，北京：中央编译出版社，2004年，第173页。

古代朝鲜科举考试承袭了中国的科举制度，太祖李成桂明确规定将初场讲经入格者送于礼曹，“礼曹试表章古赋，为中场”[①]，终场试策，这奠定了朝鲜朝文科试的基本程式与主要内容。朝鲜朝文科试分为式年试与别试，其中式年试每三年举行一次，程式较为固定；别试名目较多，除每年应相关节仪而设的谒圣试、庭试、节日制试外，还有增广别试、文臣庭试、登俊试、拔英试、进贤试等非定制科目。表、笺、赋、策等一直在别试科目中占据重要地位。如主要针对堂下官而设置的文科重试、文臣庭试，一般都是从表、策中选一种进行考试；主要针对成均馆儒生的谒圣试、庭试，一般是在“表、赋、策、箴、颂、铭、诏中任选一种进行考试，要求作文必须是合乎一定格式的骈俪文”[②]。朝鲜朝三场文科初试都考查制述写作，“初场五经四书疑义或论中二篇，中场赋颂铭箴记中一篇、表笺中一篇，终场对策一篇”（卷三《礼典》）[③]，复试也考查制述，殿试为对策、表、笺、箴、颂、制诏中一篇。朝鲜文人尹愭《文章类选序》曰：“我东之士操觚童习者，大约不出于赋、表、策三者。盖所以决科也。”[④]《朝鲜王朝实录》也记载了多道试表、笺的试题题目。

表、笺作为“事大交邻”的文书，不仅关系到与中原王朝的交往，也关系到国家的体面，所以深受朝鲜君臣的重视。奎章阁韩国学研究院藏手抄本《取大》（共3册）收录了2600多篇科考的表体文，颇能说明问题。朝鲜朝初期文人徐居正《笔苑杂记》通过列举高丽朝的表、笺外交史实，突出表、笺的重要性：“事大表、笺，要须精切。高丽时，辽人欲过鸭绿江为界，朴参政寅亮修《陈情表》，立语用事，明白恳切，辽帝寝其议。我太祖高皇帝二十九年贺正，清城君郑擢撰表，光山君金若恒撰笺，西城君郑摠、吉昌君权近润色之。帝怒表、笺语涉戏侮，征摠、若恒诘责。近蒙宥以还，摠等被留不还。高丽知制诰崔甫淳尝撰《贺金帝登极表》云：‘五马渡江，表晋帝之开新主；六龙驭极，符义易之见大人。’时金主兄弟争国，恶其触实，敕曰：‘引用晋元事不当。’崔由是得谴。崔之表辞，非不工也，而触帝之怒，则由

① 河崙等撰，郑麟趾等增修：《朝鲜王朝实录》第一册《太祖实录》卷一，第22页。

② 李成茂：《高丽朝鲜两朝的科举制度》，张琏瑰译，北京：北京大学出版社，1993年，第74页。

③《经国大典》，首尔：亚细亚文化社，1983年，第210—213页。

④ 尹愭：《无名子集》，载韩国民族文化推进会编《韩国文集丛刊》第256辑，首尔：景仁文化社，2005年，第219页。

用事不切也。”[①]这段记载透露出的信息值得关注，小至个人的命运沉浮、大至国家的兴衰荣辱，都受到表、笺撰写得体与否的影响。朝鲜世宗十三年（明宣德六年，1431），世宗与臣下的一段对话，足见世宗对表、笺的重视：

“（世宗）谓检讨官权采曰：‘经筵所藏《宋播芳》，帙具乎否？’采对曰：‘多脱落。’上曰：‘更考以闻，当令礼曹购求矣。尔素得善述表、笺之名，益观经史，且熟《播芳》，则制述无难矣。本国事大，专用表、笺。若序、记之类，不紧于事大，特文章，余事耳。又，我国素称文翰之邦，表、笺之作，要须精切，尔其念之。’”[②]

表、笺因为有关国体，受到世宗的格外重视，他要求礼曹购买《宋播芳》（全称《宋朝名贤五百家播芳大全文粹》，宋代魏齐贤、叶棻编）以备科考士子习用，他还强调创作表、笺时“要须精切”。统治者在科举考试时重视表、笺、诏等文体，以及国家内政、外交等的现实需求，自然会引起士林学子的热烈响应，促使他们通过代言文提升实用文书的写作水平。翻阅朝鲜朝文人别集，鲜有不含代言文者，甚至有文人别集保留整卷各种类型的代言文，如郑士兴《晚洲先生集》（卷三“表笺”、卷四“诏制”）、崔璧《质庵集》（卷二“表笺”）、姜锡圭《聱牙斋集》（卷六、卷七“表”）、李殷相《东里集》（卷十二“表笺”）、姜沆《睡隐别集》（“课制表”）、洪受畴《壶隐集》（卷五“科体表”）、李献庆《艮翁先生文集》（卷十“俪文”）、金益熙《沧洲遗稿》（卷十五）、洪柱国《泛翁集》（卷六“应制录附贺笺课制”）等都收录了数十篇代言文。

文章标题是具有一定指涉作用的副文本，热奈特《隐迹稿本》认为作为典型副文本的标题，“它们为文本提供了一种‘变化的’氛围，有时甚至提供了一种官方或半官方的评论”[③]，是进入正文本“阐释的门槛”（《副文本：阐释的门槛》）。文章标题是控制读者阅读、理解文本，具有明确的提示、指涉作用的先入为主的语意符号，承担着文本导读的功能，“能够激发读者的一种期待。所以对于作家而言，它则形成了一方能够引导阅读的战略性空

① 徐居正：《笔苑杂记》卷上，载《稗林》第5辑，首尔：探求堂，1991年，第57页。

②《世宗实录》卷五十一“十三年二月癸卯”，载《朝鲜王朝实录》第3册，第294页。

③ 热拉尔·热奈特：《热奈特论文选　批评译文选》，史忠义译，郑州：河南大学出版社，2009年，第58页。

间”[①]。古代朝鲜代言文的题目往往具有一定指向性，为读者迅速、有效地了解文本提供了导航路径。古代朝鲜代言文标题多带有“课制”“月课”“应制”“殿试”“庭试”“御考”等字样，且往往标明应试时间、应试成绩等消息，如洪葳《拟东汉薛包辞侍中表　课制》《拟汉贤良董仲舒请正心以正朝廷表　课制》、郑百昌《拟汉萧何谢自追韩信表　丙寅中重试制》、苏斗山《代顾荣送张翰归江东序　庚子月课》《拟宋崇政殿说书程颐请俟初秋即令讲官轮日入侍　庚子月课表》《拟本朝弘文馆进朱熹救荒状　庚子月课笺》、郑士兴《汉求贤良方正直言极谏之士诏　丁丑庭试》《拟本朝礼曹请于讲经时兼讲近思录笺　应制二中》、赵秉铉《拟唐舍人贾至谢朝朝染翰侍君王表　禁直应制》、姜彝天《拟唐群臣贺龙虎榜　庚戌六月泮制御考》《拟齐闾丘老人谢出猎社山之日谕以愿请先生为相　甲寅泮制御考》《拟周召虎请天子万年　癸丑三月泮制御考居第二》、洪受畴《拟唐安西留后郭昕谢赐爵武威郡王表　壬子别初三中》《拟唐神策行营节度使李晟请以裨将赵光铣等为洋利剑三州刺史表　轮次二中》《拟燕旧昌国君乐毅谢遣使遗书责以报先王之义笺　辛酉九日制三下》《拟周召虎谢赐珪瓒秬鬯祀其先祖锡山川土田往受命于歧周表　壬戌增广三下》等，充分表明代言文在朝鲜古代科举考试中受重视程度之高，各级乡校、书院、学堂，以及君王在考察臣属等都注重代言文写作，通过严格、频繁的“月课”训练，学子们才能迅速、熟练地掌握科文的创作技巧，从而在各类应试中取得好成绩。在多方面综合作用下，促进了代言文创作在朝鲜文坛的繁盛。

结　语

基于对中国历史、文化的熟悉，朝鲜古代文人的代言文创作从不同角度对选取的对象进行拟构。朝鲜古代文人的代言之作，既是对前人的演绎，同时也是作者对自我的再认知。代言作者移情入境，使异域异代的历史人物、历史事件等深深地打上了代言作者的情感印迹，从而使文本不断被丰富、拓展，演绎出更为丰富的文本内涵。读者只有走进这一拟构的文本场域，“打

① 弗兰克·埃夫拉尔:《杂闻与文学》，谈佳译，天津：天津人民出版社，2003年，第51页。

开历史的褶皱，还原文学活动与文本生成的具体过程”[①]，才能品味出其中蕴含的滋味。古代朝鲜代言文与中国相关史实形成跨界对话，拓展了汉语的表达空间，是对中国文化的一次特殊受容过程与积极反馈，值得我们给予高度重视与深入探讨。

王　成　黑龙江大学文学院副教授

① 刘文娟:《“彭王”并称及其文学活动考论》，载《励耘学刊》2021年第2辑。

朝鲜文人联句诗的谐趣精神与艺术书写

王园瑞

摘　要：韩孟联句对朝鲜半岛联句诗的创作和理论有着重要影响，朝鲜文人在书写联句诗过程中也加入了很多创新性的趣味体验。通过自唱自和与梦中联句形式，化群为一，达到“浑融无迹”效果；与古人联句，集古人之语联句，体现出联句诗融合的对话功能；加入其他杂体因素联句，并扩展至更为丰富的生活场景，又反映出朝鲜文人联句诗日常生活的诗意化和交际功能的普遍化，从而体现出朝鲜文人私人领域联句诗歌创作的人文谐趣和生活艺术。

关键词：朝鲜时期　韩孟　联句诗　游戏艺术

联句诗发轫于中国汉代的柏梁体，基本形式是由两人乃至多人各赋一句或一联共同合作成诗，是文人唱和活动的重要表现形式之一。这种形式一来能适应文人聚会娱乐消遣的需要，二来能反映作者的诗思才学，因而极具游戏趣味。联句诗自中国唐代兴盛以来，便发挥着交流感情、相互切磋和娱乐消遣的重要功能。“诗可以群”是酬唱诗歌礼仪交际的重要特征，中国与朝鲜半岛的诗文酬唱有着重要的文化交流意义，学界关于朝鲜半岛酬唱文学中的赠答、送别和应制诗多有提及，而较少从联句诗这一诗体对朝鲜文人的唱酬诗歌展开讨论。其次，关于朝鲜文人的联句诗，多侧重于国家外交、君臣应制等太过熟稔的书写景观。《朝鲜王朝实录》和《皇华集》之类的官方文集担负着过于沉重的政治外交使命，其文学性和审美性相应的冲淡了，诸多私人文集则因为不受政治立场主导的书写性质，其文学性和真实性得以凸显，而这种私人领域下的联句诗便成了朝鲜文人笔端翰墨、游戏三昧的重要载体。其即兴作诗的竞技色彩和雅俗共赏的游戏趣味，使联句诗不仅仅是君臣和文人士族间高雅生活的艺术点缀，而逐渐成为世俗化、日常化的一种社会交往方式。事实上，朝鲜时期的联句诗不但实现了不同群体人际交往、诗艺切磋的社会功能，在诗歌的体裁和内容上也加入了很多创新的游戏体验，而笔者关注的就是朝鲜文人私人领域下联句诗的谐趣精神和艺术诗语。

一、取法韩孟：朝鲜文人对联句诗的体认与创作

联句诗至唐代大盛，尤以韩孟联句为最。朝鲜半岛的文人对联句诗的认识与创作大多源自于韩愈诗集中的联句诗，早在高丽时期，李奎报（1168—1241）即在诗中写道："不必论文期渭北，端宜联句会城南。"[①]李穑（1328—1396）也说道："每观联句序，石鼎出何山。"[②]可知韩愈的《城南联句》《石鼎联句》等一系列联句诗已在高丽时期流传，高丽文人李奎报、白文宝、李穑等人亦有相当数量的联句诗创作，该时期的联句诗已成为诗歌交际娱乐的代表，"群缝掖游，联句饮酒"[③]"儒释杂坐，啜茶联句"[④]是当时文人社交的真实写照。朝鲜英祖时期的实学家李瀷（1681—1763）认为："柏梁诗未有联句之名，至宋孝武《华林都亭水曲联句》效柏梁，梁武帝《清晨殿联句》亦云：'柏梁体，则后人已指之谓联句也。'且退之所作，诗令多端，或多或寡，随得辄录，则优劣判矣，《会合联句》是也。彻止于二联，籍止于五联，又或先占一句，他人属对则巧拙见矣，《城南联句》是也，此实退之创始。"[⑤]可以肯定的是，朝鲜半岛的联句诗主要受韩愈影响，而且联句诗到了朝鲜时期已经出现很多韩愈联句诗同题同韵的仿作，如权斗寅（1643—1719）等人《秋雨联句用韩孟联句韵》，仿韩孟的《秋雨联句》，李光庭（1674—1756）等人《溪斋纳凉联句，次韩诗韵》仿韩孟的《纳凉联句》。赵纬韩（1567—1649）、权韠（1569—1612）等三人仿韩孟《同宿联句》作《土泉同宿联句》《黄溪同宿联句》等一系列同宿联句诗，这三人的联句被评价为"如出一手，实同于昌黎之与郊、籍也"。[⑥]

---

① 李奎报：《东国李相国全集》卷第六《次韵全履之文长老见访》，《韩国文集丛刊》第4册，首尔：景仁文化社，1990年，第359页。

② 李穑：《牧隐诗稿》卷十二《题朴总郎诗卷》，《韩国文集丛刊》第4册，首尔：景仁文化社，1990年，第117页。

③ 李穑：《牧隐文稿》卷八《赠休上人序》，《韩国文集丛刊》第5册，首尔：景仁文化社，1990年，第62页。

④ 李穑：《牧隐文稿》卷十五《韩文敬公墓志铭并序》，《韩国文集丛刊》第5册，首尔：景仁文化社，1990年，第135页。

⑤ 李瀷：《星湖僿说》卷三十《联句》，蔡美花、赵季主编《韩国诗话全编校注》第五册，北京：人民文学出版社，2012年，第3824页。

⑥ 南龙翼：《壶谷诗话》，蔡美花、赵季主编《韩国诗话全编校注》第七册，北京：人民文学出版社，2012年，第5354页。

朝鲜半岛的联句诗数量庞大，据笔者粗略统计有近两千首，这远远超出中国联句诗的创作数量，朝鲜时期大部分诗人的诗文集中已单列“联句”一体。这些联句诗基本承袭中国联句诗的样貌与特点：从创作地点和参与人员来看，既有朝廷宴会上君臣御制联句，也有诗社酒宴、赏景游玩的亲友联诗；从题材来看，送别、宴饮、赠答、咏物、羁旅、写景抒情、纪行叙事等，皆入联句体裁中。一些大型的文人诗会中，也产生了长篇巨幅、气象不凡的联句诗精品，如词林之秀沈守庆（1516—1599）等人在三角山重兴寺读书之暇，烧灯夜晤，联句作诗，“遂成七言近体一首，夜如是，凡十七夜而止。每篇用灯月字，书以为轴，名之曰《灯月录》。”[①]今《灯月录》虽未曾得见，但三人所作的十七首以“灯月”为主题的联句诗，颇受后人推崇，格律清奇，堪称“兰亭绝唱”。

朝鲜文人李晚秀（1752—1820）论道：“联句之盛，昉于韩孟。其难在异曲同工，融合圆全，裁缝灭迹，斧凿无痕也。其妙在于急就争妍，险境出奇，如国棋对枰，良驷比足也。其乐在于陶写友朋之情，发挥耳目之观，虽牙期之琴心，刘阮之酒德，不足言其欢适也”[②]，一语道出联句诗的合作性、竞技性、趣味性。联句诗是文人群体唱和的产物，对诗歌的要求是化“群”为“一”，因而难在“融合圆全”“斧凿无痕”；短时间内融会成诗，特别是一些联句诗造语奇崛，用韵险仄，意象生涩，更表现出逞才使气、因难斗巧的风尚；联句诗人群多为亲友知己，褪去官场的拘谨与虚伪，在琴乐美酒中的身心放纵和真诚交谈才是这些文人最本真的状态。韩孟联句诗所具有的知名性和独特风格，也为朝鲜文人对联句诗的创新改造提供了可能，朝鲜文人在对联句诗的艺术书写中，蕴含着学习韩孟联句诗的意求，同时也在试探着联句诗体式所可能具有的包容开放性。

二、以“群”之名：独处的感知与梦里的接续

联句诗的体式表明其团体合作的特点，理论上成熟的联句诗应呈现出如出一手、圆融无迹的表达效果。朝鲜文人为解决这一困惑，便在联句诗的体

---

① 沈守庆:《遣闲杂录》，蔡美花、赵季主编《韩国诗话全编校注》第一册，北京：人民文学出版社，2012年，第589—590页。

② 李晚秀:《屐园遗稿》卷九《玉局集·题跋》,《韩国文集丛刊》第268册，首尔：景仁文化社，2001年，第407页。

式上进行创新性的改制，将自唱自和冠以“联句”之名，开创一种新的文体形式的同时实现联句诗如出一手的终极目标。

朝鲜文人李献庆（1719—1791）作《退食联句》，便是对联句诗诗体改造的一种尝试，序中云：“衙罢暇豫，辄赋退食联句。先成者书以左手，次成者书以右手，有若少年之与丛神博者，此所谓以文为戏者也。然夫以一国之大，人士之众，而直以左手为一愈，右手为一郊，则有以见吾道之孤，而其意诚可悲也。”[①]

李献庆感叹无与为乐者，也为了避免与他人联句争强好胜的心理负担，于是退食于家，以左右手分别代表韩愈、孟郊，自唱自和，以文为戏，并将这种诗体命名为“退食体”，可谓是李献庆在诗歌体裁上的独创。全诗节选前八联如下：

> 辞家事明主，臣心每惶恐。（左）孤羁迹堪嗤，忠义性所种。（右）
> 为官百僚下，当仁万夫勇。（左）蝉饥志逾洁，鹰老思犹耸。（右）
> 愁缠苦于蛛，意乱繁如氄。（左）耗铜貘何功，偷仓鼠同宂。（右）
> 未衰多疾病，何以答君宠。（左）监驹昔南迁，度岭记修壠。（右）[②]

这首自唱自和的联句诗，是韩孟联句在朝鲜半岛接受创新的典范。此诗作于李献庆担任政言一职的第一年，不难看出李献庆初入仕途为官为臣的仁洁忠义。《退食联句》中涉及李献庆对旱灾影响下的百姓生活的关注，作此诗不久天降甘霖，李献庆首先关注的也是百姓生计，随即亦用“退食体”作《听雨联句》。李献庆师承朝鲜实学家李瀷，极力倡导国家实施积极的社会改革，在文学理念上也提倡“文以载道”，其诗文大多针砭时弊，揭露现实。虽然李献庆“常怪韩退之学道之士也，犹多少年之戏，如为《毛颖传》《石鼎联句》。……何其不自贵重如是哉！此皆仆之所深戒。”[③]但主要倾向于对内容蕴意的不满，而李献庆用“退食体”这种游戏文体抒发的则是讽谏美刺之

① 李献庆：《艮翁集》卷九，《韩国文集丛刊》第234册，首尔：景仁文化社，2001年，第183页。

② 李献庆：《艮翁集》卷十三《答郑司谏书（又答）》，《韩国文集丛刊》第234册，首尔：景仁文化社，2001年，第183页。

③ 李献庆：《艮翁集》卷十三《答李台甫承延论文书》，《韩国文集丛刊》第234册，首尔：景仁文化社，2001年，第269页。

道和忠信笃敬之性，是朝鲜实学派“性情之正”的表现。

中国诗人一直有记梦传统，梦境中的文学创作是现实生活中感悟情思的反映和体现。梦中联句主要分为两种情况：一是“梦中之他”与“现实之我”的联句模式，将现实中的群体唱和搬至梦中，反映的是联句发生场域的变化；二是“梦里之我”与“现实之我”的联句模式，是同一创作主体的行为，反映的是作者作诗场域的变化。从第一种情况来看，虽然梦中为两人联句，但作诗者和成诗场景都以作者为中心，是作者主导诗歌文本的产生，所谓的梦中他吟，实则是作者思维活动和创作意识的投射。心理内驱作用下的梦中联句，不但具备浑然天成、不事雕琢的自然色彩，更显现出浪漫主义的艺术价值。朝鲜后期文人张维（1587—1638）曾回忆梦中联句之事云：

> 丙子十一月五日，夜梦与子容共游名山。……子容谓余曰：“盍与子联句”，唱曰：“良友幸同来”，余继曰：“石门秋色哀。”时正向昏，东林月出，山色苍然，子容沉吟久不成，余又曰：“林端有新月，岳势似天台。”俄而梦觉，遂以梦中所见，足成一律云：“良友幸同来，石门秋色哀。林端有新月，岳势似天台。列岫围成障，奔泉响作雷。诸天知不远，更上最高台。”①

张维叙述了梦中与好友联句的场景，清晰至时间、地点、人物及当时景色，并且其联句诗应情应景。好友首先发起“良友幸同来”一句，后文成诗皆为张维所对，并且分为梦中对句与醒后联诗两个环节，以作者为主导的梦中抒情写景联句为无意识的梦境书写，梦后的接续则是建立在潜意识创作上的艺术书写，从联句的角度来看，这类艺术化的创作既有梦中“二人”的联诗，又有梦境与现实“二境”的联合，表面上诗歌的“群”和“联”，实则都处于作者所掌控的意识范围内。

第二种模式从现实与梦境接续这层意义来讲，诗人梦中得佳句，醒后补足而成篇的这种创作意识也是自我联句的一种体现。这类诗歌的创作出现时间的间隔和空间的分层，相当于联句思考的缓冲带，而不具有联句诗旋即而

---

① 张维：《谿谷集》卷二十九，《韩国文集丛刊》第92册，首尔：景仁文化社，1992年，第478页。

作、一气呵成的完整性。与上述场景不同的是，不管是现实还是梦境，作者都是创作主体，只不过有梦中“我”的创作和现实“我”的创作之分。朝鲜后期文人许薰（1836—1907）也有醒后与梦中联句的经历，“壬寅二月十三日夜，梦成二联句，觉而想之，有若风月良宵，船游清江而作者也，遂缀成首尾，为一篇。”其诗曰：“良辰载酒泛烟涛，分外风流乐我曹。浮世百年今夜快，大江千里片帆高。金笺鸿雁能成字，水府鱼龙解听箫。睡觉不知何处是，依然苏子过临皋。”[①]作者将梦中一首七言绝句，添加首尾两联对梦境的内容进行扩充和改造，是在记梦诗题材上的艺术创作，从而呈现出虚实交接、亦真亦幻、错落有致的表达效果。

上述朝鲜文人所作的联句诗虽然一定程度上消解了“诗可以群”的诗学意义，但却从另一角度诠释和丰富了“诗可以群”的对象和体式。联句诗不仅仅是一种集体性创作，承担着与人沟通交流的文学功能，也可以是一种自我对话的文学工具。退食体是联句诗形式上的突破和创新，而梦中联句则是联句诗内容上的扩展和延续，“以群之名”实则多记叙个人情事，抒发现实心志，是朝鲜文人对联句诗群体创作特点的艺术阐释。

三、与古为友：联诗对话与借语表达

古人作品一经形成就不是一个垂诸永久的固定状态，后人的添改化用过程是与古人作品的创作处于一种共时状态，在这种共时语境中，与古人联句、集古人诗联句作为一种显著的诗歌交流方式，不仅可以使古人作品焕发新意，也铸造了朝鲜半岛汉诗的一种特殊书写形态。朝鲜后期文人洪奭周（1774—1842）曾与好友一行三人在练光亭联句吟唱，这次小型联句诗会就是从高丽文人金黄元（1045—1117）留在浮碧楼上的一联诗歌开始的：

> “长城一面溶溶水，大野东头点点山”，高丽文士金黄元诗也。黄元登浮碧楼，得此一联，终日不能复续，遂痛哭而下。……（李公）遂唱一联曰：“黄鹤楼中人不见，白云滩下舟空还。”澹宁公沉思良久，余曰：

---

① 许薰：《舫山集》卷五，《韩国文集丛刊》第327册，首尔：景仁文化社，2004年，第540页。

"子美诗云'诗卷长留天地间'，此语似可押也。"公颔之遂书曰："禽鱼自乐烟波际，诗句长留宇宙间。"余继之曰："千载文章今合璧，大同江上月如弯。"[①]

高丽文人金黄元在浮碧楼虽然只吟得一联诗，但却启发和引导了洪奭周等人联诗行为，金黄元的这一联诗对整首诗歌起着导向和催生作用。金黄元的诗句重在写景，洪奭周三人的联诗则指明与古人对话的意图，多以抒情为主。这首七言律诗流畅自然，不但从题材上发扬蹈厉了咏史诗伤古感今的历史书写传统，从这次诗会中还可以看到联句过程中诗人们的切磋与商讨。"联佳句而成篇"作为一种特殊的联句方式，成为后人在特定语境下同古人对话的一种艺术化表达。洪直弼（1776—1852）在与好友联句时，便在诗尾用韦应物的诗歌，凑足完篇，也颇有艺术魅力。诗曰："楼下长江碧不流，（得汝）青山多意住行舟。（伯应）如今送别临江水，他日相思来水头。（韦）。"[②]诗中三人毫无时空局限感，交流无碍，衔接自然。这场对话让朝鲜文人在千载相隔的时空地域中找到"知己"，得益于"诗人之助"，与古人联句便有了"借古人以增荣"的意味。

"尚古"的本质在于学古以自修，涵咏古人话语，还原话语场景，也可视为一种进步的文本解读与表达方式。集古人诗句联句，这在朝鲜汉诗中别具一格。这种诗歌形式，从本体来看，为集句诗，从形式来看，为联句诗。因此，借用古人诗句进行联诗表达极具共同学习、交流切磋的意味，宋时烈（1607—1689）集邵雍之语，与孙儿联句，便颇有风趣。"大丈夫心识者稀，人情物理见几微。（孙）铺舒帝伯皇王事，照耀星辰日月辉。富贵莺花都自管，清闲水竹以为归。（祖）自余荣辱都忘了，醉后时时大笔挥。（孙）"[③]在朝鲜时代的诗坛上，"暇时闲吟邵子诗"[④]现象十分普遍，邵雍著作已经深入

---

① 洪奭周：《渊泉集》卷十九《练光亭联句序》，《韩国文集丛刊》第293册，首尔：景仁文化社，2002年，第420页。

② 洪直弼：《梅山集》卷二《辞楼下舟》，《韩国文集丛刊》第295册，首尔：景仁文化社，2002年，第71页。

③ 宋时烈：《宋子大全》卷四《用康节语联句》，《韩国文集丛刊》第108册，首尔：景仁文化社，1993年，第166页。

④ 李光庭：《讷隐集》卷一《送春行》，《韩国文集丛刊》第187册，首尔：景仁文化社，1997年，第151页。

至文人的日常生活。宋时烈作为程朱理学在海东的传承代表，也醉心于朱子学著作，在祖孙联句的温馨语境下，集邵雍语更多彰显的是其警戒和教育意义。宋时烈以长辈的身份，借邵雍之语对孙辈进行理学修养的塑造和从容心理的调适，既强调邵雍理学的思想内涵和教育意义，又注重联句艺术形式的完美适宜，二者有机融合统一，从而达到寓教于乐的审美理想。这种近于格言的联句诗，也是邵雍诗语在朝鲜时代广泛传播的力证。

朝鲜文人在集古人诗句联诗时，为了打破集合诗句的单一性，联句时也会有意提高难度。如南龙翼（1628—1692）与李端夏（1625—1689）集古诗联句，即要求一句各改三字，成诗曰："朝擎香币彩云间，（云）正属农家惜雨干。（周）同作享官吾更远，（周）天教看得五冠山。（云）"[①]这四句分别改自李白"朝辞白帝彩云间"（《早发白帝城》）、杜甫"田家望望惜雨干"（《洗兵马行》）、刘禹锡"同作逐臣君更远"（《重送裴郎中贬吉州》）、苏轼"天教看尽浙西山"（《与毛令方尉游西菩寺》），皆出自于常见诗人诗作。"改字"作为中国古典诗歌中常见的摹拟手法，力求"化腐为奇""点铁成金"，朝鲜诗人对中国诗歌构思、命意的改动极小，基本属于名词性词组的"调换"，如"辞白帝"改为"擎香币""看尽浙西山"改为"看得五冠山"，只是在内容上朝鲜文人笔下的诗句更贴近现实，更具本土化色彩。整体来看，联句体为今古对话提供了一种交流途径。陈寅恪先生所说的"了解之同情"，意在"知人论世"的基础上，跨越时空、设身处地与古人进行生命的交流。这种生命体验，朝鲜文人通过"集古联句"得以领悟和深入，这期间表现出来的既有不同文体交互与渗透的动态考察，又有古今情意表达和诗意流畅的互动与互通。

四、群游于艺：趣味的层累与群体的外延

诗歌趣味性的感知通常是从文体形式变化开始的，进而带动其内容的变化。当常规的联句诗中出现了形式的改造和创新，就能极大丰富诗歌的表现力和感染力。联句诗作为一种集体性的文字游戏，为提高其竞技性和趣味性，联句过程中会制定一些规则，如"不许用叠字，故观其牵强艰涩之状，

---

① 南龙翼:《壶谷集》卷七,《韩国文集丛刊》第131册，首尔：景仁文化社，1993年，第137页。

用作一时调戏之资”[①]，因此涌现出很多包含杂体因素的联句诗。唐代已有这种杂体联句诗，如颜真卿的《三言拟五杂俎》联句、皎然的诸言体（大言小言等）联句、陆龟蒙的药名联句等，但朝鲜文人加入了更多的杂体形态，增添了丰富的联句趣味。如赵龟命（1693—1737）演雅体联句创作的《次山谷集演雅体韵，与稚晦联句》；李令翊（1738—1780）《联骑往看洞泉宗兄病，途中联句》用回文体；李晚秀（1752—1820）《滕王阁序集字联句》用集字体，集《滕王阁序》中字联句唱和。常见的还有各种嵌名类联句诗唱和，如赵寅永（1782—1850）的卦名体联句诗《灯夕联句》，朴昌元（1683—1753）的《算博士体联句》，每联嵌入数字依次联句唱和。此外朴昌元还用一至十言作《四时联句》，用一至十言体成诗，不仅在形式上对仗工整，如同宝塔一样璀璨夺目，而且在诗歌节奏上参差错落，极具音乐美感。

这些杂体联句诗更多展现的是文人游戏的一面，借其中的“杂体因素”表现联句者的才学。这种充满趣味的回应式诗歌，成功地打开了联句诗通向平民阶层的大门，诗歌创作已不再是文人士大夫等上层贵族的专属，联句诗的群体呈现下移趋势，这从某种程度上打破了诗歌的阶级限制，为“诗可以群”扩宽了交流对话的渠道，更多女性群体和中下层平民也拥有联诗唱和、表达心志的机会。

在朝鲜女性的汉诗创作中，与家人联句也是为数不多的独特的家庭群体活动之一。朝鲜中后期女性诗人洪原周（1791—　）出生于文学世家，其父洪仁谟有《足睡堂集》，其母徐令寿阁有《令寿阁稿》，其兄长洪奭周有《渊泉集》、洪吉周有《沆瀣集》，其妹洪显周亦颇有才华。因此家庭内部的联句唱和，在其家族文学中颇为典型。

> 霁余新月照，（睡堂）留影上疏帘。远客偏多兴，（寿阁）青光两不嫌。虚明天宇阔，（奭周）滴沥露华沾。楼阁凭空回，（吉周）峰峦入镜尖。云归云外静，（原周）星出树间添。催夜深灯翳，（显周）吟风短角严。相看欢笑足，（睡堂）团坐醉醒间。挥笔聘词苑，（寿阁）倾壶报漏签。绕阶罗宝树，（奭周）供膳和晶盐。茶孰诗肠润，（吉周）琴清玉手

① 朴泰辅:《定斋集》卷二《枯木联句》,《韩国文集丛刊》第168册，首尔：景仁文化社，1995年，第45页。

仙。怡怡真可乐，（原周）去去不辞淹。起视银河转，（显周）佳怀问老蟾。（睡堂）[①]

诗中以父母长幼之序分别联句，而且采用跨句联诗的方式以增加难度，意在难中见巧。整体上描绘了一幅月下赏景、啜茶饮酒、佳肴丰腴、琴瑟在御的和谐温馨的家庭聚会画面，既为人物活动提供一个立体可感的艺术环境，又为联句诗作的形成增添了“相看欢笑足”的生活气息，成为家族幸福生活的美好记录和缩影。

除此以外，联句的群体也会出现身份的反差。韩国诗话中记载这样一则趣闻：“世祖春日偶书一句于柱上曰：‘绿萝剪作三春柳，红锦裁成二月花。’翌日，见有一句足其下，观之曰：‘若使王孙争此色，春光不到野人家。’上问左右，皆不知。有一直门卒伏地曰：‘死罪，臣所书写。’上命官之。”[②]这条诗话记载了一门卒因诗才被世宗大王重用做官的故事，这或许是国王亲民形象的一则美谈，但也反映出君王与普通侍卫联句完诗的社会现象。一般的文人士大夫也会与妓女联诗，《海东诗话》载：“一士赴京，见路上美姝坐驴车而望，贻一句诗索美人联句曰：‘心逐红妆去，身空独倚门。’美人驻驴续之曰：‘驴嗔疑我重，添载一人魂。’”[③]这些妓女诗人不同于一般以声色示人的妓女群体，她们以汉诗为工具与当时处于主流社会的文人仕宦进行交流。显然这首联句诗中书生与妓女的对话承载着二人心意互相试探的重要功能，联句群体的延伸也说明联句体诗歌在社会礼仪交往中的普遍意义。

结　语

传统文学总是有意无意地夸大文学的教育认识功能，文人神圣的地位和已经神化了的文学观似乎导致了文学“娱乐性”的回避，以至于游戏文学一直饱受后人诟病。萧统认为文学的作用是“人目之娱”“悦目之玩”，古人在

① 洪原周：《幽闲集》，张伯伟主编《朝鲜时代女性诗文集全编》中，南京：凤凰出版社，2011年，第920页。

② 车天辂：《五山说林》，蔡美花、赵季主编《韩国诗话全编校注》第七册，北京：人民文学出版社，2012年，第5222页。

③ 佚名：《海东诗话》，蔡美花、赵季主编《韩国诗话全编校注》第七册，北京：人民文学出版社，2012年，第5601页。

强调抒发情志的同时也注重其审美娱乐功能。联句诗多被认为具备参与政治（如柏梁体）和扩大交际两种功利性极强的社会功能，这种功能下的联句诗有着一成不变的创作体式和近乎相似的表达需求，但其实逞才扬技的娱乐功能才是联句诗最显耀的风格特征。朝鲜文人书写联句诗的不同场景和形态，映射着诗人们的主观精神和价值取向，反映的是朝鲜文人的谐趣精神和艺术创新。把这些艺术化的联句书写放置在朝鲜半岛联句诗创作的大环境中极具典型意义，文化以游戏形式产生，各种有意味的形式使司空见惯的联句诗充满活力，诗歌中包含着不同阶层、不同文化修养的诗人们的情趣爱好，也凸显着诗人们知识、技能和勇气的较量。因此，这些悦目可观的游戏诗歌不仅是了解朝鲜半岛游戏文学和酬唱诗歌的重要资料，更显现出中国古典文学在东亚汉文化圈中的多元面貌，彰显着东亚汉文学的开放性和超越性。

王园瑞　南京大学文学院　博士研究生

·南亚汉学研究·

巴基斯坦作家伊本·埃·因霞游记《去中国走走》中的中国形象*

袁雨航

摘　要：20世纪50年代中巴建交后，随着巴基斯坦国内“中国热”的兴起，有一批乌尔都语作家陆续访华并撰写多部中国游记，其中影响力最大的是著名游记作家伊本·埃·因霞的《去中国走走》。《去中国走走》发表于1967年，记录了因霞和巴基斯坦作家团访问中国的经历。这部作品第一次向巴基斯坦读者全面展现了社会主义新中国的社会风貌和人民的精神新气象，反映出以因霞为代表的巴基斯坦社会精英希望通过社会主义制度追求公平、正义的美好愿景。因霞的中国游记为从非西方文本深入中国形象研究提供了新的切入点，帮助学者在新的时空坐标系中重新发现“中国形象”。

关键词：《去中国走走》　伊本·埃·因霞　巴基斯坦　中国形象

巴基斯坦是最早承认中华人民共和国的国家之一。1951年5月21日，中巴两国正式建立外交关系。随着中巴关系的萌芽和发展，巴基斯坦国内兴起了一股“中国热”，巴基斯坦人民希望进一步认识中国这座山水相连的友好邻邦。从20世纪50年代起，有一批乌尔都语作家访华并撰写了中国游记，其中包括伊勒沙德·艾哈迈德（Irshad Ahmed，1928—2010）的《社会主义中国》（*Ishtaraki Cheen*，1957）、阿卜杜·卡杜斯·哈什米（Abdul Qadus Hashmi）的《中国游记》（*Safarnama-e-Cheen*，1957）、阿卜杜·哈米德·巴达约尼（Abdul Hamid Badayuni，1898—1970）的《漫话中国》（*Tassurat-e-*

* 本文为国家社科基金青年项目“巴基斯坦语言运动及其对中巴经济走廊影响研究”，批准号（21CGJ029）、国家社科基金重大项目“‘丝路文化’视域下的东方文学与东方文学学科体系建构”，批准号（19ZDA290）、中央高校基本科研业务费项目“‘一带一路’建设下对巴基斯坦的语言战略构建”，批准号（2017JJ017）的阶段性成果。

Cheen, 1956)、伊本·埃·因霞（Ibn-e-Insha, 1927—1978）的《去中国走走》（*Chalte Ho To Cheen Ko Chaliye*, 1967）等。这批游记作品中影响最大的是著名游记作家伊本·埃·因霞的《去中国走走》。

近年来，外国作家游记中的“中国形象”研究吸引了诸多学人的关注。19世纪末，在西方列强入侵的冲击下，中国传统的“天下想象”走到尽头。“中心与边缘”的转换迫使中国人不得不重新在新的世界秩序中寻找“他者”和“自我”的位置。[①]“中国形象”研究起始于如何看待中国“自我”和世界“他者”之间的关系，因此学者关注外语文本中中国形象生成和传播的过程，并探寻现实和想象背后的权力运作机制。在学界已有研究中，学者从“比较文学形象学”“跨文化形象学”和“信念体系和形象政治研究”三个角度入手，已有丰硕的成果问世。[②]由于“中国形象”研究的基本动力源于“西方”列强入侵后中国对新身份的追寻和认知，因此上述3个领域的国家形象研究中，研究对象普遍是西方文本中对中国的描绘。在这些文本中，“中国”多存在于想象而不是现实世界中，中国形象往往显得奇特、异域，甚至负面。与此同时，萨义德（Edward Said，1935—2003）在《东方学》（*Orientalism*，1978）中所开创的“东方主义”理论范式又为此类研究提供了批判的武器，将“现代性”“现代化”等作为西方专属现象进行批判。但值得警惕的是，只关注西方文本的中国形象研究很容易主动将中国置于西方的“他者”位置，甚至使研究陷入“文化自守与封闭、对立与敌视的民族主义情绪”[③]。因此，跳出西方文本的桎梏，在新的坐标系中考察、发现中国形象，对新时代的国家形象研究将具有重要意义。

《去中国走走》发表于1967年，记录了伊本·埃·因霞和巴基斯坦作家

① 董军:《国家形象研究的学术谱系与中国路径》,《新闻与传播评论》2018年第6期。

② “比较文学形象学”研究以莫哈（Jean-Marc Moura，1956—）、巴柔（Daniel-Henri Pageaux，1939—）等的研究框架和理论为基础，关注外语文本在本国意识形态影响下使用本社会话语重塑出的特殊中国形象。“跨文化形象学”研究则进一步将国家形象研究的对象从文学文本中解放出去，并使用更宏观的研究视角，考察国家形象背后隐含的文化政治意义。而“信念体系和形象政治研究”则主要体现在国际关系、政治学、传播学等学科的研究领域中，揭示国家形象对决策行为、公众行动的影响机制。参见董军:《国家形象研究的学术谱系与中国路径》,《新闻与传播评论》2018年第6期。

③ 周宁:《另一种东方主义：超越后殖民主义文化批判》,《厦门大学学报（哲学社会科学版）》2004年第6期。

团访问中国的所见所闻。通过对新中国现代化建设、中国革命、人民日常生活、人民精神文明的描述，因霞向巴基斯坦展现了一个独立自主、平等美好的社会主义新中国形象，这样的中国既是和巴基斯坦拥有共同历史记忆的东方友邻，也是后殖民时代东方现代国家的典范。《去中国走走》为从非西方文本重新深入中国形象研究提供了新的切入点，并以东方内部的声音帮助学者在新的时空坐标系中重新发现"中国形象"。

一、巴基斯坦作家伊本·埃·因霞和乌尔都语游记文学《去中国走走》

伊本·埃·因霞是巴基斯坦著名的游记作家、诗人、散文家，出生于印度的皮拉乌尔（Phillaur），后在印巴分治后迁徙到巴基斯坦的卡拉奇。和同时代大部分乌尔都语作家一样，伊本·埃·因霞也受到了乌尔都语进步文学运动（Taraqqi Pasand Tehreek）的影响。作为20世纪上半叶印度文坛最具影响力的文学运动，由左翼知识分子领导的进步文学运动将马克思主义文学批评理论奉为指导思想，将对生活的真实反映和对现实的批判看作文学的终极目的，并以文学的形式推动了印度人民的反殖斗争。伊本·埃·因霞在印度独立运动时期就加入了全印进步作家协会（Anjuman Taraqqi Pasand Musannifin-e-Hind），印巴分治后，他继承进步文学运动的思想，继续书写诗歌、散文反映巴基斯坦建立后社会改革的艰难进程。与此同时，伊本·埃·因霞还是一位杰出的游记作家，主要游记作品包括《去中国走走》、《流浪之尘的日记》（*Aawara Gard Ki Diary*，1971）、《世界是圆的》（*Dunya Gol Hai*，1972）、《追寻伊本·白图泰的足迹》（*Ibn-e-Battuta Ke Taaqub Mein*，1974）等。这些游记作品一方面反映出国外的风土人情和文化特色，另一方面也体现出作家观察国外社会后对本国建设的反思。

《去中国走走》是伊本·埃·因霞影响力最大的一部游记作品，这部作品记录了1966年作者和巴基斯坦作家团访问中国的经历。因霞在中国之行后共书写了26篇游记文章，这些作品陆续发表在报纸专栏中，并于1967年结集出版。在为期3周的中国之行中，因霞和同伴们游览了北京、上海、武汉、广州等大城市，同时也有幸拜访了中国农村的人民公社。让因霞不可思议的是，中国共产党领导下的新中国在成立后短暂数十年间便在文化、经济、科技等领域取得了惊人成就。在美苏冷战的后殖民时代，奉行不结盟政策、独立自主发展并获得成功的中国被因霞视为东方现代化国家的典范。

二、焕然一新的现代国度:《去中国走走》中的社会主义中国

（一）社会主义中国的宏伟建筑

20世纪60年代，巴基斯坦国内很难看到关于中国社会建设的相关报道。伊本·埃·因霞在游记中提到，自己曾读到过一些香港作家关于中国社会的描述，这些作家都提到了“大跃进”时期中国经济发展的停滞，然而在中国各大城市的见闻却让因霞质疑此前书中的中国形象。在《中国的阿拉丁和灯神》（*Kuch Cheen Ke Aladinun Aur Jinun Ke Bare Mein*）一章中，因霞着重笔墨记录了首都北京在现代化建设上取得的成就：北京城中心有开阔的天安门广场和宏伟的人民英雄纪念碑，还有庄严的人民大会堂和中国革命博物馆、历史博物馆交相辉映。此外，民族文化宫、北京站、军事博物馆等新中国成立后迅速完工的建筑无不高大宏伟、富丽堂皇。令因霞印象深刻的是，新建成的人民大会堂10000个座椅背后都配有先进的音响设施，可以用多种语言对会议进行同声传译，这样的配备让游览过西方国家的巴基斯坦作家们也叹为观止。

毫无疑问，作为曾游历欧洲、土耳其、日本等地的作家，辉煌雄伟的现代建筑对因霞而言并不陌生，但让巴基斯坦作家震撼的是中国人民现代化建设的速度——北京站的建设居然仅仅耗时7个半月。让人瞠目结舌的“中国速度”背后的动力既非强迫，也非金钱，而是中国人民对祖国的一份赤诚之心。在参观人民大会堂后，因霞写道：

> 共有14000名工人参与了大会堂的建设，此外，还有很多北京人民自愿投入建设工作中，即使是夜晚、周末，成千上万的人民依然劳作不息。他们为自己的工作感到骄傲，并自豪感叹：“没错，我们亲自用双手参与了大会堂的建设。”[①]

① Ibn-e-Insha, *Chalte Ho To Cheen Ko Chaliye*, Lahore: Lahore Academy, 1981, p.30.

（二）社会主义中国的技术突破

在社会建设上取得伟大成就的背后，是新中国在工业领域争取的技术突破。在《去武汉看看》（*Wuhan Chalo*，*Wuhan Chalo*）一章中，因霞记录了武汉长江大桥给自己带来的震撼，工程师出色的技艺让巴基斯坦作家们不禁回想起南亚的传统：在莫卧儿时代，拥有这种伟大技艺的工程师一定会被皇帝处死，以防他未来可能为别人创造出更加富丽堂皇的建筑。这虽然仅是笑谈，却反映出长江大桥设计者李文骥（1886—1951）、茅以升（1896—1989）的高超技艺给巴基斯坦友人带来的震撼。

如果说武汉长江大桥建设背后还有苏联专家的援助，那么因霞在《他们独立发展的工业》（*Wo Dukan Apni Bharhaa Ga'e*）一章所书写另外一座工厂——上海锻造液压机厂则用“中国技术”震惊了包括美国、英国等在内的西方世界。锻造液压机的工作原理是通过液压作用产生强大压力，锻造巨大钢锭以及多种合金锻件，飞机、大型舰船、坦克以及重要的民用设备都离不开锻造液压机。由于这种重型设备的战略敏感性，任何国家都不愿意出让技术。为大力发展重工业，中国不得不自主研发。因霞提到，中苏关系的变化导致苏联撤走了大部分专家，但中国却凭借一已之力完成了看似遥不可及的任务目标：

> 中国工程师凭借自己的勤劳和智慧制造出了这样的大型器械，这些工程师中仅有一位曾在捷克斯洛伐克进行过短暂参观考察。就这样，研究设计仅用一年半，制造生产再用一年半，巨型液压机便横空出世。[①]

（三）社会主义中国人民的美好生活

在现代化设施和技术的保障下，中国人民也过上了和旧时代天壤之别的生活。北京、上海、广州等大城市的生活自然不必多说，因霞还在游记中着重笔墨关注了乡村地区和新疆地区人民的生活现状。

在广东参观时，因霞参观了位于某乡村地区的人民公社。一位老妇人邀请因霞到家中做客，并向作家们讲述了革命前后人民生活的差别：“革命之前，我们无家可归，过着可怜的做工生活，全部房屋都归地主所有，但现在

① *Chalte Ho To Cheen Ko Chaliye*，p.110.

庄稼和田地都是我们的公有财产。”[①]在目睹了中国农村人民公社的发展，并聆听了农妇的亲身经历后，因霞不禁感慨：“中国的人民公社十分先进……他们（中国人民）向外国人证明，中国正是通过人民公社的形式摆脱了贫穷的状态”。[②]

除了乡村地区，因霞和巴基斯坦作家团也格外关注新疆地区的发展和人民的生活。因霞在书中提到，新疆在历史上凭借“丝绸之路”和中亚、南亚交往甚密，因此伊斯兰世界中“中国”（Cheen）的地区概念，往往会让人联想到新疆。在《库尔班大叔的故事》（*Baba Kurban Tulum Ki Kahani*）一章中，因霞记载了民族文化宫中一位维吾尔族姑娘对新中国成立后新疆人民生活的描绘，“革命前，这里的人民没有财产、没有房屋、没有土地、没有牲畜，只有一卷破铺盖，甚至还负债累累。”[③]因霞从维族姑娘那里了解到，是1952年的农村改革让新疆人民获得了土地和房屋，并第一次让这里的人民感受到了欢乐。维族姑娘还为因霞讲述了“库尔班大叔和毛主席会面”的故事：新疆的库尔班大叔感谢中国革命给自己和同胞带来的改变，他并不知道北京距离新疆有多远，却毅然决定骑毛驴到北京感谢毛主席。无论是库尔班大叔坚毅、感恩的品德，还是毛主席对人民的关怀，都让因霞感慨良多。在目睹了新中国伟大的成就后，因霞在游记中回忆起《天方夜谭》中的“中国人”——阿拉丁的故事。在《天方夜谭》的故事中，阿拉丁曾召唤灯神获得魔法，灯神则帮助阿拉丁为自己的新娘建设了宏伟的宫殿。“阿拉丁是中国人，但他的灯神更应该是中国人。”[④]而灯神让中国迅速发展、蓬勃向上的秘诀，就是毛主席和社会主义思想指引。伊本·埃·因霞惊叹道：

> （飞速发展）这样的事情仅可能在中国发生。而阿拉丁的神灯和中国神灯存在这样的区别：当阿拉丁的神灯被他人夺取时，他的宫殿也灰飞烟灭；毛泽东的神灯施展勤劳的魔法，它永不消逝……[⑤]

---

① *Chalte Ho To Cheen Ko Chaliye*，p.85.
② *Chalte Ho To Cheen Ko Chaliye*，p.86.
③ *Chalte Ho To Cheen Ko Chaliye*，p.103.
④ *Chalte Ho To Cheen Ko Chaliye*，p.30.
⑤ *Chalte Ho To Cheen Ko Chaliye*，p.30.

三、平等纯净的中国人民：《去中国走走》中的社会主义中国精神文明

除新中国在社会建设上取得的成就外，因霞在中国人民身上看到了不同于其他国家人民的高尚品质，而社会主义中国人民的新气象也让因霞和巴基斯坦作家团感到振奋。

（一）新中国社会的基石——“平等”

在因霞的游记中，“平等”是巴基斯坦作家友人对中国社会最突出的印象。在因霞笔下，“平等”主要体现在两个方面，一是阶级平等，二是男女平等。

在一次求医经历中，因霞遇到一位曾在海外留学，却放弃欧洲优越生活条件回国工作的中国医生。在交谈中，医生告诉因霞，尽管国外物质生活富足，但却让人缺少价值感。因霞写道，这些优秀的医生、工程师、专家之所以选择在中国工作并获得价值感和幸福感，就是因为社会主义中国人与人之间平等、质朴的关系。不同于资本主义社会中经济不平等带来的阶级不平等，在中国，经济条件较好、收入较高的阶级并不会歧视经济基础较差的人群，“中国的医生、文学家、工程师会定期下乡，和农民生活在一起，他们并不认为自己比农民高人一等，即使是毛主席也是如此。”[①]因霞认为，正是新中国无处不在的“平等”价值观，吸引了国内外人才无比向往这个崭新的社会主义国度。

而在阶级平等之外，让因霞感到惊讶的还有新中国的男女平等。因霞在游记中专门撰写了文章来表现中国妇女事业的发展，题为《中国没有女性》（*Cheen Mein Aurat Nahin*）。他在文章中解释道，中国并不是没有女性，而是没有巴基斯坦人眼中的女性。在中国女性身上，巴基斯坦作家看不出任何能够体现出性别特质的装束：“在中国，女性的着装和男性毫无差别。都是上着夹克，下着裤子，穿和男性一样的鞋子。不涂口红、不戴饰品、不穿长裙、不戴头巾、不拿手包。”[②]但这并不代表着中国女性不够美丽，因为因霞在中国“经常会看到这样的脸庞，那些脸庞美丽、健康、容光焕发，但却质

① *Chalte Ho To Cheen Ko Chaliye*，p.117.

② *Chalte Ho To Cheen Ko Chaliye*，p.67.

朴、天然，毫无人工雕饰的痕迹”[①]。除着装打扮之外，男女平等在中国还集中体现为女性在工作上和男性没有任何差别。因霞认为，不少国家的女性都已走出家门开始工作，但她们往往会选择一些具有女性特质的职业，然而在中国："女人也会操作重型机械，也会驾驶小汽车和卡车，还会经营商店。她们在田地里挥舞锄头，在城市间修建公路。此外，最值得一提的是她们都可以搬运重物。"[②]因霞认为，正是这种全面解放妇女的思想，加快了新中国成立后社会主义建设的速度。

（二）新中国人民的身心“纯净”

除“平等”外，“纯净”（Saaf）也是《去中国走走》中因霞对中国的重要印象。中国的“纯净”体现在两方面，除了物质层面上的洁净外，更重要的是精神层面的纯洁。因霞写到，中国人路不拾遗，甚至连巴基斯坦作家故意丢弃在酒店不要的破旧衣物也会原封不动寄回；中国人坚持“平等”的价值观，不会因贫富而对他人另眼相看……而这一切美德的源泉，就在于中国人从“西方的精神糟粕和性文化中解脱出来”，而西方的“精神糟粕”则是资本主义社会中“对财富的欲望”。因霞提到，资本主义社会经常滋生这种欲望，“看到邻居买了冰箱，我们总会嘀咕，我们家怎么没有呢？我们何不做一些不诚信之事以获取财富呢？”[③]而中国人民身上却完全没有这种对财富的欲望以及欲望之下的陋习。因霞认为，正是社会主义给予了中国人民和资本主义社会截然不同的人生追求和价值观念。

四、对“社会主义”的向往和呼唤：巴基斯坦知识分子的改革诉求

任何两个文化体在具有差异性的同时也具有一定的相似性，这也决定了它们互为“他者”的关系和在审视对方的过程中认识“自我”的可能性。[④]事实上，因霞在游记中对中国“他者”形象的描绘也体现了巴基斯坦作家对“自我”的投射，中国形象的塑造实际上折射出因霞希望巴基斯坦“乐于置

① *Chalte Ho To Cheen Ko Chaliye*，p.67.

② *Chalte Ho To Cheen Ko Chaliye*，p.69.

③ *Chalte Ho To Cheen Ko Chaliye*，p.118.

④ 姜景奎：《现当代印度文学汉译："水平翻译"与"同一性他者"构建》，载《中国语言文学研究》2019年第1期。

身其间的那个社会的、文化的、意识形态的、虚构的空间”[①]。作为奉行马克思主义的左翼作家，在将中国描绘为后殖民时期典范现代国家时，因霞实际上希望巴基斯坦也可以和中国一样，在未来成长为一个独立平等的社会主义国家。

1947年英国撤出南亚次大陆，印度、巴基斯坦两国分别成立。南亚人民虽然取得了反帝反殖斗争的胜利，但很多社会问题在两个新兴国家成立后依然没有得到根本解决，而巴基斯坦社会面临的最大挑战就是国家成立后社会贫富差距的日益加剧。印巴分治后，由印度迁徙而来的一批工业资本家（industrial capitalist）和巴基斯坦原住大地主家族为争取社会资源展开了博弈和斗争。因霞访问中国时正值阿尤布·汗（Ayub Khan，1907—1974）军人政府的执政末期，而经历了两次印巴战争的巴基斯坦社会满目疮痍、经济低迷，国家财富也逐渐落入“22大家族”[②]手中。工人、农民等无产阶级的生活水平则进一步恶化，日益加大的贫富差距和阶级矛盾让人民苦不堪言。与此同时，在国际关系上，因霞访问中国之际正值美苏争霸的冷战时期，巴基斯坦不得不在两个超级大国的夹缝中寻求结盟、艰难生存。左翼作家将这种和超级大国的政治结盟看作是新形式的“殖民主义”，并希望争取民族真正的独立自主。而在继承了进步文学运动传统、试图用文学折射现实并解决社会矛盾的因霞眼中，中国无论是对内还是对外都体现出让因霞向往的特质：在社会内部，新中国经济发展迅速，人民生活水平显著提高，人民精神富足，处处体现平等的价值观；在对外关系上，中国奉行不结盟政策，独立自主实现了技术创新，社会欣欣向荣的场景令因霞和巴基斯坦作家们不能忘怀。而中国实现社会公平、正义，并在国际社会上取得一席之地的法宝，就是因霞称为“阿拉丁的魔法”的社会主义制度。

事实上，因霞在《去中国走走》中所体现出的对“社会主义”的向往正是巴基斯坦彼时国内社会思潮的缩影。看到新中国在共产党领导下取得的成就后，巴基斯坦政治家和社会精英也将目光转向了社会主义制度，并希望从

① 孟华主编：《比较文学形象学》，北京：北京大学出版社，2001年，第156页。

② “22大家族”理论由巴基斯坦著名的经济学家马赫布卜·乌·哈克（Mahbub ul Haq，1934—1998）提出，他认为巴基斯坦三分之二的工业资产掌握在22个工业资产大家族的手中，这种情况阻碍了巴基斯坦经济的发展，并进一步加速了国内贫富差距的增大。参见：James Wynbrandt，*A Brief History of Pakistan*，New York：Infobase Publishing，2009，p.197.

中探寻改善社会窘境的可能。1967年，佐勒菲卡尔·阿里·布托（Zulfikar Ali Bhutto，1928—1979）创立了巴基斯坦人民党（Pakistan People's Party，PPP）。人民党以“社会主义”为方针，在党的宣言中提出：“人民党政策的终极目标是消除阶级社会，而在当今时代，想要达到这个目标只能通过社会主义。”[①]在1970年举行的大选中，人民党承诺为人民提供面饼、衣衫和房屋（Roti，Kapra，Makaan），而布托也被选民称为“人民领袖”（Quaid-e-Awam），获得了工人、农民、学生以及知识分子的支持。最终，人民党在西巴基斯坦获得了胜利，但当时正值东巴基斯坦独立运动。1971年，当东巴基斯坦独立为孟加拉国后，布托当选巴基斯坦新一届总统。[②]布托上任后随即实施了一系列社会主义性质的改革措施，其上任初期巴基斯坦经济也出现了好转的势头，但受制于国际压力、国内宗教势力、自然灾害等一系列因素，布托和人民党最终并没能引领巴基斯坦取得经济突破，但却一定程度上缓解了社会日益增大的财富差距和阶级矛盾。

结　语

因霞的游记《去中国走走》在中巴交流史上具有重要意义。《去中国走走》第一次向广大巴基斯坦读者全方位介绍了中国城市、乡村景观，展现了社会主义新中国的社会风貌和人民的精神新气象。而在“中国形象”刻画的背后，《去中国走走》也反映出以因霞为代表的巴基斯坦知识分子希望通过社会主义制度追求公平、正义的美好愿景。

与此同时，作为非西方作家，因霞笔下的中国形象跳出了传统东方主义研究视角强调东方“传统”以反对西方“现代性”的思维定式。萨义德在《东方学》中提出，所谓的“东方”概念不过是西方历史文化的建构物，“东

---

① Babafemi Badejo, “Socialism Under Bhutto: An Appraisal of Policy and Performance,” *Comparative Studies of South Asia*, *Africa and the Middle East*, No.1 (1988): 28.

② 1971年巴基斯坦公布大选结果时，来自东巴基斯坦的政党人民联盟（Awami League）获得了国民议会300席位中的160个席位，人民联盟同样也是在东巴基斯坦获胜的政党，西巴基斯坦的获胜政党是布托领导的人民党。选举结束后，布托拒绝承认人民联盟的胜利和穆吉布·拉赫曼（Mujibur Rahman，1920—1975）的总理地位，这也导致东巴基斯坦独立运动达到鼎峰，并最终于1971年3月26日宣布独立，改名孟加拉国。参见：*A Brief History of Pakistan*，pp.199－201.

方”作为西方文化自我认同的“他者”，是为了在差异的世界秩序中确立西方的本质和价值。[①]而随东方学产生的“自觉的文化民族主义义愤，以及由此而生的反抗心理、运筹于帷幄之中的颠覆韬晦”[②]很容易让东方学者将自我禁锢在“东方主义”的桎梏中，只关注西方文本中负面的中国形象，而忽略“东方”本不是在时间、空间上停滞不前的西方“他者”，而是内部本身也存在差异、且处在基于自我历史文化传统的现代化进程中。在中国形象的刻画过程中，因霞并未使用“东方主义”惯用的刻画手法，刻意强调东方独特的历史传统以反击西方现代性，而是用尽笔墨描绘中国的现代化社会建设、中国人的现代精神文明以及中国共产党实现中国特色现代化所经历的革命历程。因此，《去中国走走》也为重新深入中国形象的社会谱系研究提供了新的思考角度，并提供了一种区别于西方的“他者”声音，帮助学者在新的时空坐标系中重新发现“中国形象”。

袁雨航　北京外国语大学亚洲学院讲师

① 周宁：《东方主义：理论与论争》，《厦门大学学报（哲学社会科学版）》2003年第1期。

② 许纪霖：《第三种尊严》，北京：人民文学出版社，1996年，第165页。

·中国文化经典域外传播与研究·

《易经》宗教索隐诠释译介研究*

张凤华

摘　要：16世纪晚期，中西文化的重要联络人和诠释者耶稣会士来到中国，其中一些采用“文化适应”政策，基于赫尔墨斯主义思想传统，建立起将儒学与基督教融合的宗教索隐诠释框架，在《易经》译介中采用索隐主义策略。通过对《易经》作者、文本本质、阴阳、圣（人）、天子、君子、道、易、乾和坤等核心术语和关键概念等要素的索隐诠释，耶稣会士试图把《易经》纳入犹太一基督思想文化体系，以实现儒耶融合的解读目的。文中分析和梳理以白晋为代表的耶稣会士对《易经》核心术语和关键概念等要素的宗教索隐解读，展示诠释者个人视野和历史视野融合下独特的《易经》译介面貌。

关键词：赫尔墨斯主义　索隐主义　耶稣会士　《易经》

《易经》早期译介过程中主要分为历史批判诠释和宗教索隐（Figurism）诠释两种类型①。《易经》宗教索隐视角译介传播大量中国信息，对当时西方学术界、思想界和文学界影响深远，其反对派只能对其批判指责，却没有能力建立一个可以与之匹敌的阐释框架②。国内外一些专家学者研究论述《易经》索隐视角解读，如柯兰霓（Claudia von Collani）③、孟德卫（David Mungello）④、

---

* 本文为“中央高校基本科研业务费专项资金”的成果，批准号（63202214）；“南开大学2021年‘交叉融合’课程建设项目”的成果，批准号（2022059）。

① Claudia von Collani，“The First Encounter of The West With The *Yijing*,” *Monumenta Serica*，55:（2007），p.258.

② D.E.Mungello，*Curious Land*：*Jesuit Accommodation and the Origins of Sinology*，Honolulu：University of Hawaii Press，1989，p.15.

③ “The First Encounter of The West With The *Yijing*,” pp.227－387.

④ *Curious Land*：*Jesuit Accommodation and the Origins of Sinology*.

鲁尔（Paul A. Rule）[①]、张西平[②]、杨宏声[③]和杨平[④]等，但系统梳理《易经》核心术语和关键概念等要素的宗教索隐诠释视角解读的文章较少。基于此，本文拟以《易经》宗教索隐诠释译介文本为研究对象，旨在分析和阐述代表性诠释者如白晋（Pere Joachim Bouvet，1656—1730）、马若瑟（Joseph-Henry-Marie de Prémare，1666—1736）和傅圣泽（Jean-Francois Fouçquet，1663—1741）等耶稣会士对《易经》核心概念和关键术语等元素的选择和索隐诠释及其传播特质，以展示《易经》译介面貌。

一、《易经》宗教索隐诠释视角溯源

《易经》宗教索隐诠释视角生成于特定的历史文化语境，这一语境深刻影响诠释内容的选择和诠释方法的应用。欧洲赫尔墨斯主义（Hermetism）的文化传统和欧洲的文艺复兴时代背景、耶稣会士的本质特点、中国国内以儒家思想为主导的价值思想体系，这些要素的结合促成《易经》宗教索隐诠释视角的形成和发展。

（一）《易经》宗教索隐诠释视角的国内外历史文化和思潮背景

索隐主义诠释视角形成的推动力是赫尔墨斯理论思想传统和欧洲的文艺复兴历史文化背景。赫尔墨斯主义指的是以公元1至3世纪出现的一批希腊语、拉丁语以及科普特语秘文作品为基础发展而成的一系列哲学、宗教思想和秘学传统。其主要书面文献被认为来自三重伟大的赫尔墨斯（Hermes Trismegistus）。之所以是“三重伟大”，原因有三：其一是他的学问涉及三大领域，炼金术、占星术和魔法；其二是他的三重身份，最伟大的哲学家、祭司和国王；其三亦可能指的是混合希腊神赫尔墨斯（Hermes）、埃及神托特（Thoth）及罗马神墨丘利（Mercury）三神的“三位一体”的状态。赫尔墨斯主义的意义在于把非基督教哲学或异教哲学和基督教融合，因为赫尔墨斯主义传统认为某些异教文本包含基督教遗迹。受这一思想影响的文艺复兴思

---

① Paul A. Rule，*K'ung-tzu or Confucius? The Jesuit Interpretation of Confucianism*，Sydney：Australian National University，1986.

② 张西平：《〈易经〉在西方的早期传播》，《中国文化研究》1998年冬之卷，第123—127页。

③ 杨宏声：《明清之际在华耶稣会士之〈易〉说》，《周易研究》2003年第6期。

④ 杨平：《耶稣会传教士〈易经〉的索隐法诠释》，《周易研究》2013年第4期。

想家推崇远古智慧，认为远古意味着正当、真理和逻辑，他们坚信先人们更强壮、更智慧、生活环境更和谐，其根本原因是不同学说和信仰的融合，而后人产生的分歧是堕落的标志，这一观念是信仰融合思潮的驱动力。对不同学说和信仰融合的追求也促使文艺复兴思想家们坚信古代的东方宗教一定可以简化为一种类似于基督教的单一模式，古人和上帝（God）保持某种联系，因此具有神的洞察力。总之，“三重伟大的赫尔墨斯”成了准基督徒，是融合异教哲学思想和基督教的纽带。[①]

耶稣会（the Society of Jesus）成立于16世纪，是欧洲文艺复兴宗教改革的产物。其成员果断拥抱世俗世界，注重运用世俗知识作为传教手段，以完成传教使命。[②]16世纪晚期耶稣会士来到中国时，中国的主导思想是新儒家思想。为了完成他们肩负的传教工作，以利玛窦（Matteo Ricci，1552—1610）为代表的耶稣会士以世俗知识为工具，采取“文化适应”[③]政策，建立将儒学与基督教合为一体的诠释框架，进行思想和信息流通。具体地说，就是受赫尔墨斯思想传统影响的耶稣会士追求“儒耶融合”。孟德卫把赫尔墨斯主义描述为一座桥梁——既推动“适应政策”在中国的发展，又有助于在欧洲把中国的信息纳入欧洲文化体系。[④]融合“适应政策”和赫尔墨斯思想的耶稣会士采用索隐主义策略诠释包括《易经》在内的中国经典，认为儒家思想和儒家经典的唯一核心内容就是关于伟大的“圣人”——耶稣基督。

（二）《易经》宗教索隐诠释视角要义

索隐主义思想体系起源于《圣经》的象征主义阐释传统。索隐派认为追溯任何文化的历史，至其起源之初，总会发现这一文化从主干文化（犹太—基督传统）脱离的历史时刻，也就是说世界任何一种文化皆是犹太—基督文化的分支。他们认为上帝制定古代法律使人类得知他的希冀和教义，上帝将这些古代法律交付于最高立法者手中，他们代表上帝实施法律完成使命，把

① *Curious Land*: *Jesuit Accommodation and the Origins of Sinology*，pp.29–34.

② *Curious Land*: *Jesuit Accommodation and the Origins of Sinology*，p.248.

③ *Curious Land*: *Jesuit Accommodation and the Origins of Sinology*，p.15.

④ *Curious Land*: *Jesuit Accommodation and the Origins of Sinology*，p.29.

上帝荣耀赋予人类。[1]最高立法者在不同文化中以不同称谓受到不同民族敬仰，如希伯来传统中是以诺（Enoch）或赫诺克（Hannoch/Henoch），希腊神话中是赫尔墨斯，中国文化中是伏羲。伏羲被称作华夏民族人文始祖，他创立八卦、创造文字、教民作网渔猎和驯养野兽、变革婚姻制度、改革社会管理体系、发明乐器，并发起祭祀和宗教仪式。伏羲在这些领域的建树和多重身份，同“三重伟大的赫尔墨斯”颇有一致之处。至此，索隐派为中西方宗教和伦理传统找到共源，他们称世界上所有现存人类都是大洪水时期的诺亚（Noah）的子孙，诺亚之子闪（Shem）带着纯洁之“道”（Logos）来到中国，通过伏羲得以流传，中国人成为“普世之道”的真正继承者。索隐派的理论出发点是《圣经》的世界观和人类史观，坚信在中国文化的源头，儒耶相通。

《易经》，儒家元典系统之一，在中国文化中享有至高的地位和声望。《易经》宗教索隐诠释者普遍认为伏羲是《易经》作者，而伏羲是上帝教义在中国文化中的执行者。由于其重要性和文本特质，《易经》遂成为索隐主义者的关注焦点[2]，是耶稣会教士劝诱改宗策略研究的首选[3]。索隐派认为《易经》包含基督教暗示，“道”就是基督教所信奉的上帝。《易经》是上帝的启示，因而可以借鉴《易经》以完善《圣经》。《易经》宗教索隐诠释者的目的无非是要找到证明西方宗教思想和中国伦理传统共源的证据。

二、《易经》宗教索隐诠释

《易经》宗教索隐诠释经历发轫、拓展和顶峰三个阶段。《易经》宗教索隐诠释首推意大利耶稣会士利玛窦。利玛窦对《易经》中核心术语“天”“帝”或“上帝”进行宗教索隐诠释，指出基督教所讲的“Deus”等同于这些概念，也就是说“天”“帝”或“上帝”等同于基督教的至高神，并

---

① Arnold H. Rowbotham，“The Jesuit Figurists and Eighteenth-Century Religious Thought,” *Journal of the History of Ideas*，17（4）（1956）：471–485；吴莉苇：《当诺亚方舟遭遇伏羲神农——启蒙时代欧洲的中国上古史论争》，北京：中国人民大学出版社，2004年，第248—249页。

② “The Jesuit Figurists and Eighteenth-Century Religious Thought,” p.478.

③ Richard J Smith，*The I Ching：a biography*，New Jersey：Princeton University Press，2012，p.171.

借用“上帝”或“天主”来译称其所崇奉之神，这些表达方式应用至今。利玛窦试图以儒经印证天主教，融合中国思想传统和天主教义的译介策略和实践，开拓了适应儒家文化的基督教本土化之第一步[①]，为后来很多耶稣会士开辟了一条诠释道路，此为索隐之先。继利玛窦之后，《易经》译介者如意大利耶稣会士卫匡国（Martin Martini，1614—1661）、比利时耶稣会士柏应理（Philippe Coupet，1623—1693）和意大利耶稣会士殷铎泽（Prospero Intorcetta，1625—1696），他们在作品中肯定利玛窦的传教策略，遵循并发展利玛窦的《易经》索隐派立场和思路。17世纪下半叶，《易经》索隐诠释达到顶峰。《易经》最深入的研究者是法国传教士白晋。白晋系统阐述索隐理论体系，明确提出索隐主义就是他正确阐释中国哲学原理的道路，把《易经》索隐诠释推向极致。[②]白晋的弟子马若瑟和傅圣泽认同并进一步研究白晋索隐解读基本理念，丰富并扩充索隐派理论。在这一过程中，白晋、马若瑟和傅圣泽的索隐主义思想日益成熟，同时他们的《易经》索隐诠释研究成果和索隐主义思想在欧洲得以传播。

（一）白晋《易经》要素宗教索隐解读

第一，白晋宗教索隐解读《易经》作者伏羲和文本性质。白晋曾在写给莱布尼茨的信件[③]中明确提出伏羲同其他古代东方文化中提到的琐罗亚斯特（Zoroaster）、三重伟大的赫尔墨斯和以诺是同一人。白晋认为《易经》是最古老的中文经典，内容和基督教教义一致，其中蕴含着中国文化中第一位立法者、中国语言的创造者、中国第一位哲学家伏羲，也就是以诺的哲学原理。白晋坚信亚当从上主那里得到第一个启示和许多科学艺术知识，并传给他的后代赛特（Seth）和以诺，先祖以诺通过观察星象运行获得新知识并补充到启示中。[④]在中国文化中，伏羲以一种神秘符号的形式把造物主的预示和启示写入《易经》。白晋认为伏羲应该出现在诺亚之前，并且掌握着关于创世更准确的认识，所

① 宋荣培：《利玛窦的〈天主实义〉与儒学的融合和困境》，《基督教研究》1999年第1期，第46—55页。

② 张西平：《〈易经〉在西方的早期传播》，《中国文化研究》1998年冬之卷，第124页。

③ 白晋1714年11月3日的拉丁文书信，转引自“The First Encounter of the West With the *Yijing*,” pp.293−294.

④ 柯兰霓：《耶稣会士白晋的生平与著作》，李岩译，郑州：大象出版社，2009年，第137页。

以伏羲才会把创世六天的情形用卦中的六个线条表示出来。白晋坚信《易经》蕴含着中国语言和文化的根基，伏羲所创造的各卦体现出所有科学原理，但中国人已经丢失了这一知识体系，必须重新建构中国古代哲学原理，才能指引他们回归伏羲纯净且正统的哲学本源，促成整个民族回归上主。白晋称如果能用天主教教理来解释这本神秘之作，证明天主教和中国古老哲学具有一致性，中国人则更易被感化，更易从心理上和思想上接受天主教。白晋提出《易经》索隐诠释者借助神的数学能重新发现被伏羲隐藏在《易经》"神秘符号"背后的知识，他自己所起的作用就是抛开中国以往的传统注释，从数学的角度研究伏羲的卦，重新找回《易经》已经失去的原始意义，继而发现伏羲卦象系统中所涵盖的一切知识领域的共性本质。另外，白晋在写给欧洲耶稣会士教友和学者的信中说，《易经》包含着象形文字智慧的完整体系，描述着过去、将来直到世界末日的所有变化，《易经》中的神秘数字形式蕴含着从预言时代到弥赛亚的第二次来临这段时间内的星象运行，这些神秘数字与圣约翰在《默示录》中关于世界末日的叙述完全一致。①

第二，白晋宗教索隐解读《易经》核心术语和命题，如阴阳、圣人、天子和道等，以证明中国古代典籍和天主教教义内容一致，都可以追溯神的启示。首先，白晋解释伏羲的卦象体系是一种普世符号，是由远古某位像是三重伟大的赫尔墨斯一样的古代奇才所创造，目的是体现一切科学最抽象的原理。《易经》有两个基本符号，"—"（阳）和"--"（阴）是由统一（unity）、第一性原理（first principle）和超越性存在（transcendent being），意即上主God直接产生的两个类别，分别象征圆满、完全和完美，或欠缺、不完全和缺陷，重构《易经》卦象的原始意义，能重塑这个民族对上主（true God）的理解。②其次，白晋认为，中国人眼中的"圣人"都是半人半神的，他们集救世主的善心和公正于一身。"圣人"也被称作"天人"或者是"人神"，白晋认为这些称谓中暗含着圣父和圣子的合一以及天人合一的思想。《易经》中"乾""坤"二卦象征的就是"圣人"所具备的神与人的美德。《易经》描述的是"圣中之圣"，也就是耶稣基督。由于上帝或天帝经常被称为"天"，所以他的儿子被称为"天子"。白晋指出《易经》体现出天子从其父那里得

① 柯兰霓：《耶稣会士白晋的生平与著作》，李岩译，郑州：大象出版社，2009年，第96—102页。

② *Curious Land: Jesuit Accommodation and the Origins of Sinology*；孟德卫：《奇异的国度：耶稣会适应政策及汉学的起源》，陈怡译，郑州：大象出版社，2010年。

到了统治和更新世界的力量。《日讲易经解义》提及上天之子依据上天的意愿担当天、地和天神的最高统治者，白晋认为这里的天子指的是上主之子。再次，白晋认为人类始祖所赐予人类的原始启示，在中国思想“道”中得以呈现，“道”指的是永恒的真理，也就是上主的法则。白晋坚信《易经》揭示了“道”的含义，《易经》“乾”卦讲述“道”，象征造物主；《易经》中的64卦384爻都在研究“道”的学说，所以《易经》亦被称为“心易”。

第三，白晋对《易经》中“乾”和“坤”等具体卦象的宗教索隐诠释。白晋在《易经释义》[①]中提出《易经》描述世界三种状态，即世界在刚刚产生之后的和谐完满状态（the state of perfection），称为黄金时代（Golden Age）；天使和人类反抗上帝，世界进入堕落状态（the state of perversion），为铁器时代（Iron Age）；救世主拯救世界的状态（a state of reformation and restoration）。第一阶段为天道，象征着最初的和谐和公正，为“易简”状态；第二个阶段是地道，《易经》“乾”卦中九五爻爻辞“飞龙在天”，表示的就是魔鬼撒旦飞跃到星星上，大地被黑暗笼罩，为“易变”状态；第三个阶段是人道，表示一位神人，是整个宇宙的救世主，为《易经》中的“圣人”，为“不易”状态。这三种状态宣告第三个阶段的到来，体现了整个《易经》的内容和意义。另外，每一种状态都和《易经》中的一种卦象相符合。第一种状态，也就是世界的第一阶段，与“泰”卦相符。“泰”卦由“乾”和“坤”两个经卦组成，“乾”有君、父、夫三种身份，代表的是造物神对世间万物的统治，“坤”代表柔顺，是所有受造物对天主的顺从。按照自下而上的读法，“泰”卦中代表天的“乾”出现在代表地的“坤”之上，表示和谐状态。“否”卦则对应的是天使和人叛乱后的第二阶段。“否”卦中代表天的“乾”和代表地的“坤”颠倒过来，表示世界的堕落。为了促成第三阶段，即救赎阶段，必须由“圣者”重新把颠倒的卦象还原其本来状态，促成天与地的和解。白晋在《易经》中发现世界发展的三个阶段理论之后，便着手去证明各个阶段与天主教相关教义的一致性，并在此基础上发现《易经》中隐藏的自然神学。白晋在回答骆宝禄（Gianpaolo Gozani，1657—

① 柯兰霓：《耶稣会士白晋的生平与著作》，李岩译，郑州：大象出版社，2009年，第154—179页；*K'ung-tzu or Confucius?The Jesuit Interpretation of Confucianism*，p.436.

1732）提问时，区分了《易经》的内部意义和外部意义。[1]外部意义指的是符号的外部形态，它们以一种数字和科学的形式出现，真理隐藏在这些符号后面，《易经》文本最难理解，但其中的卦象是打开神圣教义的钥匙；内部意义则是神学真理，这些真理引导人们归信上主，内部意义和外部意义同世界的三个阶段相互关联，《易经》中隐藏着创世和救世、三位一体神性等宗教秘密。[2]

（二）马若瑟《易经》要素宗教索隐解读

首先，马若瑟宗教索隐解读《易经》本质和作者。马若瑟认为《易经》是一本古老且神圣的书籍，更确切地讲，它是一部关于弥赛亚（耶稣基督）的寓言性著作，《易经》中的圣人就是弥赛亚，中国人无法解读其神秘内涵，因为他们缺少对于天主、耶稣和救世主三位一体的认识。马若瑟认为《易经》作者不可能是周文王和周公，它是神话的图示，表示了耶稣基督的某些神迹，是上帝对亚当的神秘性话语：安慰他说弥赛亚就要来临了。这本神秘书籍来源于以诺所写下的这些神秘的图形和符号，因此关于弥赛亚的古老传统就这样口头流传开来。马若瑟说，必须从不同角度看待伏羲和以诺，伏羲预示了神性，女娲预示了耶稣基督的人性，《路史》中说伏羲创造了天地，女娲又修补了它们，所以这里说的肯定不是以诺。

其次，马若瑟对《易经》中的关键词汇和概念如易、圣（圣人）、阴阳和君子进行宗教索隐解读。马若瑟提出《易经》是关于耶稣基督的，因为“易”字由“日”和“月”组成，“日”表示神、统治者和丈夫；“月”则表示普通人、被统治者和妻子。他认为《易经》中的卦图和附录都和“圣”有关，文本则描述“圣”的完美性。“圣”并不是指人们通常所说的孔子或某个至善的人，或某个现实生活中的人，“圣”是超物质的存在，《易经》中所有象征性的表达都体现出“圣”是天主耶稣基督。马若瑟强调《易经》和汉语文字来自相同的源泉，指向相同的方向，蕴含相同的“道”，如汉字“心”由三个点和一条曲线组成，因而得出结论：“心”这个字代表了圣父、耶稣基

① “The First Encounter of the West With the *Yijing*,” p.284；柯兰霓：《耶稣会士白晋的生平与著作》，李岩译，郑州：大象出版社，2009年，第71—72页；魏若望：《耶稣会士傅圣泽神父传：索隐派思想在中国及欧洲》，吴莉苇译，郑州：大象出版社，2004年，第186—187页。

② 柯兰霓：《耶稣会士白晋的生平与著作》，李岩译，郑州：大象出版社，2009年，第72页。

督（圣子）和圣灵，也就是三位一体的概念。马若瑟认为《易经》中包括阴阳爻、三爻卦、六爻卦和六十四卦在内的符号体系一开始就让人们看到了救世主——上帝的符号“—”“--”两仪，体现相对事物的阴阳，作为基本符号，贯穿这部书始终。马若瑟在其著作《易经理解》中阐释“乾”卦象传中“君子以自强不息”时，指出这段文字展示了卦象如何能代表圣人的形象：《易经》中的“君子”等同“圣人”，指的是具备一切智慧和德行的人，圣人凭借自己的能力变得强大，且不停地奋斗。[①]马若瑟引用《圣经》中《路加福音22：42》中的内容：“圣人”对他的“父”说：“不要成就我的意思，只要成就你的意思”，以强调这段文字的目的是为人们树立榜样，必须永远做善事才能获得德行，意即“圣人”是“神”的鲜明形象。

再次，马若瑟选择《易经》中卦爻辞和十翼的内容和基督教教义进行比附。马若瑟强调八卦中的“乾”“坤”两卦是通向智慧神庙的入口，“乾”为天表示上主，“坤”为地表示人，“乾”和“坤”这两个三画卦构成“泰”和“否”两卦，“泰”意味着天地交，“否”则为天地不交。“否”意味着天地间失去协调和交通，人力不能达到上天，天地不通，是“罪”造成的这种状态。“泰”意味着天地再次交融，上天眷顾人类，故而上下交通。主在天上，地上的人都是上天的奴仆。基于此，马若瑟指出“否”和“泰”的真正含义是世界由于亚当的原罪而遭到破坏，又因道成肉身而得到恢复。实现这一转变的是“圣人”，“圣人”将“天地合一”，一些有罪的人破坏了这种和谐统一，而“圣人”重构和谐，“乾”卦九二爻辞“利见大人”就是《易经》所隐含的奥秘，无形的“圣人”变成有形的“圣人”。“乾”和“坤”两卦中，天地融合，“道”由此生，天地各居其位，“圣人”生焉，“圣人”高高在上，主宰万物，恩泽万邦。又如，“师”卦、“剥”卦和“困”卦象征着耶稣基督的事迹和死亡；“比”卦、“复”卦和“井”卦表现上帝的荣耀；“咸”卦和“恒”卦用夫妻的形象来象征造物主；“需”卦《象》曰：“云上于天”，体现人世间对“圣人”的期盼，犹如对甘霖的等待，圣主来了，人们就可以获得重生；“夬”上卦“乾”象征天，下卦“兑”象征嘴或舌头，整个卦意味着上天的语言。[②]

---

① 龙伯格：《清代来华传教士马若瑟研究》，李真、骆洁译，张西平审校，郑州：大象出版社，2008年，第182—186页。

② 龙伯格：《清代来华传教士马若瑟研究》，李真、骆洁译，张西平审校，郑州：大象出版社，2008年，第142—186页。

复次，除了对《易经》关键术语和概念的索隐解读以及对《易经》思想和基督教教义的比附，马若瑟将西方的基督教理论渗透到《易经》内容翻译文本中来。例如，“益”卦（第42卦）中《象》传内容，拉丁文译为英文如下[①]：

表1 “益”卦《象》传原文和英文译文

损上益下	the High One sacrifices to those below
民说无疆	the people rejoice endlessly
自上而下	he comes down from above and submits himself below
其道大光	therefore his way is exceedingly brilliant
利有攸往	it is good that he proceeds
中正有庆	central and correct，he shall bring back the only true felicity
利涉大川	it is good that he passes the great river
木道乃行	for thus the law of wood/tree（lignilix）is spread to everybody
益重而巽	the symbol Yi，strong and obedient，excites and submits（itself）
日进无疆	it rises ever and ever
天施地生	heaven gives，Earth produces
其益无方	this advantage（Yi）has no place and no bounds
凡益之道	all things that include advantage（Yi）in its principle
与时偕行	develop gradually and occur at their time

这段译文中，从语言和内容两方面体现了索隐解读。首先是the High One，因为在基督教教义中，the Most High 指的是万王之王和万君之君的上主，the One 则是独一的真神God，the High One即是“上主”。其次，“大川”则解读为耶稣跨过的汲沦溪（Brook Cedron）[②]，来到客西马尼（Gethsemane），在这里，耶稣遭背叛，被抓捕并被钉在十字架上；马若瑟把“木道乃行”理解为耶稣基督所背的十字架。整段译文诠释为耶稣基督为了

① 龙伯格：《清代来华传教士马若瑟研究》，李真、骆洁译，张西平审校，郑州：大象出版社，2008年，第115页。

② https：//www.ppzuowen.com/book/en/shengjingxinyueyingwenban/144233.html

天下人的罪作了挽回祭，救赎众人。

（三）傅圣泽《易经》要素宗教索隐解读

首先，傅圣泽对伏羲和《易经》本质进行索隐解读。傅圣泽在1729年所刊《中国历史年表》（*Tabula Chronologica Historiae Sinicae*）的序言"《易经》智慧介绍"（Essaid'introductionpreliminaire a l'intelligence des King）[①]中论述伏羲即为希伯来立法者以诺，因为根据传统，他们生活在同一时代，在族长名单中都处于第七位，都被尊崇为科学和文学鼻祖，他们两人都以书面形式讨论了从原始物质到宇宙的发展问题，两人都阐述了未来奖惩的学说，最后，每一种学说中，生命的尽头都被解读为未来的生命。傅圣泽认为中国古代经典，包括《易经》在内都是预言性书籍，都以自己独特的方式包含着一部宗教史，典籍中的"天""上帝""道""太极""神"和"理"都是指同一位"主"，"圣人"指的是天主教徒《圣经》中的弥赛亚。[②]傅圣泽在给马若瑟的信件中[③]提出《易经》包含关于"神人一位"和弥赛亚预言的内容，其中的"卦"不是变易之说。每一"爻"都被预定一个相应数字，这个数字有某种指代意义，如某位贤人的形象，或救世主的预言，或其教会中的某重大事件。另外，傅圣泽索隐解读汉字"易"。傅圣泽借用《列子》第一章《天瑞》中区分世界的四个层次"有太易，有太初，有太始，有太素"来解释"易"字，认为"太易"是先于天使、人类、天堂和地球存在的统一于圣子（the Second Person）的基督之神。《易经》的"易"字是由代表太阳的"日"和代表"月亮"的"月"组成的，太阳是光之源，而月亮则是天主圣言的人性灵魂（圣子）的形象，进而"易"为圣父和圣子合一（Hypostatic Union）的真实写照，此种解读是对白晋索隐注释的效仿。[④]傅圣泽的论述体现出索隐派合理化他们理论的努力。

---

① "The Jesuit Figurists and Eighteenth-Century Religious Thought," pp.478—479.

② 魏若望:《耶稣会士傅圣泽神父传：索隐派思想在中国及欧洲》，吴莉苇译，郑州：大象出版社，2004年，第228页。

③ 魏若望:《耶稣会士傅圣泽神父传：索隐派思想在中国及欧洲》，吴莉苇译，郑州：大象出版社，2004年，第144—147页。

④ John Witek，*An Eighteenth-Century Frenchman at the Court of the K'ang-His Emperor*：*A Study of the Early Life of Jean-Francois Faucquet*，Georgetown 1974，Diss.转引自柯兰霓著《耶稣会士白晋的生平与著作》，李岩译，郑州：大象出版社，2009年，第58—77页。

结　语

耶稣会士白晋、马若瑟和傅圣泽以西方中心主义的知识和思想权威为出发点，使用基督教思想文化术语索隐解读《易经》核心概念和关键术语等要素，以拉近《易经》和《圣经》的距离。索隐派试图将《易经》纳入西方文化视野，在利用中国文献时不免损害其原貌，并把他们眼中的"中国"和中国文化输送到欧洲。[①]但是，耶稣会士的活动也在客观上促进了中西文化交流，成为中西思想的接触媒介。宗教索隐派把关于中国的知识、中国的经籍和思想学说介绍到西方，在欧洲得以传播，并激发一些学者对中国语言和文化产生浓厚兴趣。他们研究出版大批早期汉学著作，成为欧洲汉学的起点。《易经》宗教索隐诠释实践和理论影响了一些欧洲学者的思想发展和学术研究，进而影响了那个时代的欧洲社会思潮。[②]正如朱谦之所述："传教的本质是反科学的，而其结果乃将西方的科学文化传入中国，同时，又将中国哲学之合理部分传入西方，成为革命的导火线"。[③]《易经》索隐诠释视角既富有创意又成效显著，古今中外的易学家和典籍传播者都在直接或间接地利用类似的方法来诠释和传播不同民族、不同文化的经典作品。[④]张西平教授评论索隐学派为中西文化初次相遇后基督教方面为适应中国文化所做的一次最认真、最严肃的努力，他们的理论努力最终被耶稣会内部的力量压制，但却是一次最悲壮的理论尝试，索隐派的执着努力让人动容。索隐派的问题意识，他们研究中所涉及的问题对我们来说具有根本性。如何判别儒家的属性，这实际上涉及在全球化发展的今天，我们应如何继承自己的文化传统，向哪个方向展开我们自己的文化传统问题，索隐派留下的问题再次启发着我们。[⑤]

张凤华　南开大学外国语学院讲师

① 吴莉苇：《当诺亚方舟遭遇伏羲神农——启蒙时代欧洲的中国上古史论争》，北京：中国人民大学出版社，2004年，第258页。

② "The Jesuit Figurists and Eighteenth-Century Religious Thought," pp.471－485.

③ 朱谦之：《中国哲学对欧洲的影响》，上海：上海世纪出版集团，2006年，第72页。

④ 杨平：《耶稣会传教士〈易经〉的索隐法诠释》，《周易研究》2013年第4期。

⑤ 龙伯格：《清代来华传教士马若瑟研究》，李真、骆洁译，张西平审校，郑州：大象出版社，2008年，第1—12页。

中国古典哲学的西译

——从《道德经》和《论语》说开来*

王小忠　程弋洋

摘　要：中国古典哲学思想深邃、意义深远，是国内外译介传播和汉学研究的重要组成部分，而其中又以《道德经》《论语》《易经》等最受关注，翻译的版本和语种也最多。本文梳理了各主要语种译介的起始与发展，特别是西班牙语译介中的文本和译者等，探究了西译传播的趋势特征与现存问题。

关键词：《道德经》《论语》　翻译　中国古典哲学

近年来，汉学作为一门西方研究东方的学术门类，更加受到国内外研究者的青睐。进入新时代后，中华文化走出去的推动与实施将汉学研究进一步推向高潮，其中又以中国古典哲学最受推崇。

中国古典哲学一般是指中国古代的哲学流派及其思想，通常有狭义和广义之分。一般意义上的广义中国古典哲学是指“中国从周代到清代中期大约两千六百年的哲学”①。中国古典哲学与其他国家的哲学有着不同的发展历程并演化出了诸多的民族特征，尤其是在本体与现象、生活与思想、唯物与辩证、生死与自然等方面形成了一套独特的基本范畴与基本概念。

承载着这些基本范畴和基本概念的中国古典哲学，自然而然就成为国际文化交流互鉴中的重要元素，其中《道德经》《论语》《易经》等典籍著作都在西方有诸多翻译版本。

---

* 本文为中宣部项目“中华文化对外传播之策略研究”阶段性成果，批准号（WEH3152004）。

① 张岱年：《中国古典哲学中若干基本概念的起源与演变》，《哲学研究》1957年第2期。

一、东学西渐中的中国古典哲学

王宏印将中华典籍翻译分成三个阶段：以汉族汉籍为主的轴心时代，融汇民族典籍的扩充时期，多元多级译介的外传阶段[①]。东西方的经济文化交流最早可以溯及古代的“丝绸之路”，而真正激起欧洲对中国好奇心的则是公元13世纪的马可·波罗（Marco Polo，1254—1324），可以说《马可·波罗游记》的出版开启了中西政治、经济、文化交流的新时代。

从16世纪开始，来自欧洲的各国传教士陆续进入中国，他们布道施教的同时，也将中国的典籍译介回欧洲，而这些思想对西方文明的发展与进步起到了一定的启发和推动作用，影响了包括伏尔泰、孟德斯鸠等在内的一批学者。来自东方的思想模式和内涵对他们固有的西式思维造成了一定的冲击和影响，甚至重塑了其部分观念理念。

（一）《道德经》

《道德经》是春秋时期老子的哲学著作，主题思想为“道法自然”，内容涵盖哲学、伦理学、政治学、军事学等诸多学科。据统计，“《道德经》是迄今为止世界传播范围最广的一本中国图书”[②]，目前已有超过1500个译本，涉及70多种语言。其中英语、德语和西班牙语的译本数量居于西方语言译本的前三。

1.《道德经》的初译

众所周知，唐代玄奘高僧组织了大规模的佛经翻译，属于“引进来”，然而其实他也做了“走出去”，便是把《道德经》翻译为梵文，开创了中国典籍译介的先河。而1711年，比利时传教士卫方济（François-Noël，1651—1729）的拉丁文译本则成为距今可考的第一个西方文字译本。

法国汉学教授雷慕沙（Jean-Pierre Abel-Rémusat，1788—1832）在1823年将《道德经》中的部分章节首次翻译成了法文，18年后他的学生儒莲（Stanislas Julien，1797—1873）完成了老师的心愿，首次法译了《道德

① 王宏印：《典籍翻译：三大阶段、三重境界——兼论汉语典籍、民族典籍与海外汉学的总体关系》，《中国翻译》2017年第5期。

② 何明星：《中华文化对外传播研究》，北京：人民出版社，2021年，第76页。

经》全本，目前仍是法国再版次数最多、影响范围最广的译本。德语译本在1870年由传教士波莱恩克那（Reinhold von Plänckner，1809—1884）翻译，同年维克多·施特劳斯（Victor von Strauss，1808—1899）的译本也出版发行。

据学者考证，《道德经》最早的英语译本是现存于耶鲁大学图书馆的1859年译本手稿，但译者不详，不过可以确认的是，该英译本转译自儒莲的法译本[①]。而英国传教士湛约翰（John Chalmers，1825—1899）的1868年译本先前被学界认为是第一个英译本。加之此后1891年理雅各（James Legge，1815—1897）和1895年亚历山大（George Gardiner Alexander，1821—1897）的译本，皆为英国译者所译，且均被赋予了浓厚的基督教色彩。1880年，第一个美国人翻译的译本出版，译者是保罗·卡鲁斯（Paul Carus，1852—1919）和铃木大拙贞太郎（D.T. Suzuki，1870—1966）。

英语世界中《道德经》的传播出现过三次翻译高潮：第一次是由传教士开展的翻译传播，第二次是因为两次世界大战，第三次的诱因是学者运用西方哲学研究范式对老子著作及其思想进行深入的理论探究[②]。其实，《道德经》在西语世界主要语种中的传播大体都可以按此进行划分。

2.《道德经》的西班牙语翻译

在西班牙，《道德经》同样是中国古典哲学典籍中被翻译出版频次最多的书籍，截至目前总计93次。首个西班牙语译本于1916年由乌拉圭作家艾蒙多·蒙特雷（Edmundo Montagne，1880—1941）翻译并在阿根廷出版，但这个译本并非中文直译，而是由法国汉学家亚历山大·乌拉（Alexander Ula，1876—1919）的法译本转译而来。此后的1951年和1961年又分别出版了两个转译本，其一是基于林语堂的英译本，另一个则是基于初大告的英译本。此处值得一提的是，1937年的初大告英译本《道德经》是第一个由中国人翻译的英译本。也是在1961年，西班牙语世界中的首个中文直译本出版，译者是传教士杜善牧（Carmelo Elorduy，1901—1989）。首先，杜善牧的译本对道家思想的起源发展及《道德经》中的重要术语进行了阐述；其次，将道家与其他哲学流派进行了比较；再次，译文非常注重内容的忠实而非形式

---

① 姚达兑:《〈道德经〉最早英译本及其译者初探》,《外语教学与研究》2017年第1期。

② 武志勇:《〈道德经〉在西方世界传播的历史》,《湖南大学学报（社会科学版）》2020年第5期。

的一致。杜善牧的译本“不仅在《道德经》西语译介史上具有里程碑的意义，而且在学术上也极具参考价值”[①]。

十几年后的1978年，毕隐崖（Iñaki Preciado Idoeta，1941—）翻译出版了《道之书》，译本较好地平衡了“诗意”和“文意”[②]，次年借此获得了西班牙国家翻译奖，后并未止步，而是进行了持续深入的研究。1998年出版了专著《老子的教诲》，从中国哲学的起源出发，讲述老子和道教，讨论其在政治、军事等方面的思想，并对道教中出现的“道”和“空”等诸多方面进行阐释。2006年，毕隐崖出版了最新的《道德经》译本，该译本的最大特点就是囊括了《道德经》的三个中文版本：最古老的郭店一号楚墓竹简版本，马王堆汉墓丝帛版本，以及现今大多数人看到的通行版本。该译本共分四部分：第一部分是由玛丽亚·特蕾莎·拉蒙（María Teresa Román）撰写的引言，介绍西方对道教及其思想的接受状况。第二部分从多个角度介绍《道德经》的具体情况，各方对不同版本的不同态度，以及中国文人对《道德经》的评述和研究。第三部分是对正文的翻译，与大多数译本不同的是，毕隐崖对上述三个中文版本进行了同时翻译，并将郭店版本和译文双语呈现，且中文进行了竖版排版，每一段译文的开头还标注了另外两个版本对应的章节篇目，便于读者查询比照。第四部分是译者对《道德经》中所传达概念和想法的阐释，讲述个人的认知与理解。2018年毕隐崖又出版《寂静之路：道经书行》，表述了对老子教义的一系列反思，与西班牙语读者分享自己的精神世界。毕隐崖除了翻译之外，还做了大量的资料搜集与考证工作，从研究的深入性和受众的接受度出发，让读者尽可能多地了解文本相关的历史背景、发展历程以及人物信息，进而能够在有认知准备的前提下去阅读译文[③]。这样引导读者进一步思考和探究道家思想的本源，乃至中国哲学的渊源。

1998年苏亚雷斯（Anne-Hélène Suárez Girard，1960—）翻译的《道德经》是另一个较为知名的西班牙语译本。首先，在形式方面，每个章节的译文之前都有对该部分内容的详细解说与阐释。其次，在背景方面，苏亚雷斯认为《道德经》的著述背景和作者存在神秘性，尽管《论语》中有对于老子的记述，但仍然缺乏具体的文献资料，可这种模糊赋予了统治者以改编扩充

---

① 赵琳：《〈道德经〉在西班牙语世界的译介》，《中国道教》2020年第1期。

② 赵琳：《〈道德经〉在西班牙语世界的译介》，《中国道教》2020年第1期。

③ 程弋洋：《鉴外寄象：中国文学在西班牙的翻译与传播研究》，北京：商务印书馆，2021年，第98页。

《道德经》的可能，进而有了马王堆汉墓版对郭店楚墓版的扩充和其他带有明显政治倾向的版本[①]，也让学界的关注点转移到了作品内容上来。再次，在翻译方面，苏亚雷斯非常注重对于汉字词源的研究，并且运用了多种翻译策略，例如中国古典哲学中的部分特有名词术语在西班牙语中无法完全精准对应，因此在翻译过程中尽量保证译文的忠诚度，并把书中专有名词的拼音甚至汉字一同放到了译文当中，尽其所能将文本明白晓畅地呈现给西班牙语读者[②]。

综合学者研究可见，《道德经》在西班牙语世界中的译介传播大致可以划分为萌芽期、空白期、发展期和繁荣期四个阶段。萌芽期的译本寥寥无几，到了20世纪的前十年出现了出版的空白，此后又重新恢复了生机，译本和再版不断涌现。西班牙语译本的发展也经历了巨大的变化：翻译与研究范围从小到大，参与人员由少到多，研究内容从文本到多元，翻译形式从单一到平衡，翻译方式从转译到直译。《道德经》跨越国界与时代，带着恒久的神秘性与阐释的多样性，吸引着一代又一代的读者、译者与学者去徜徉其思想的深邃海洋。

（二）《论语》

据考证，《论语》成书已经有约2500年，是孔子弟子对其言行的记录，在中国古典哲学思想中占有极为重要的地位，古有"半部《论语》治天下"之说，但在很长一段时间里，其传播范围基本限于东方，直至近代东方被动接受西方思想，西方也同样受到了东方古典思潮的影响。

1.《论语》的初译

学界普遍认为，《论语》最早的西方文字译本存在于耶稣会士罗明坚（Michele Ruggieri，1543—1607）翻译成西班牙语并于1590年献给国王腓力二世（Felipe II，1527—1598）的《四书》手稿之中，但只有前两篇[③]，此后又于1593年完成了《四书》的拉丁文翻译手稿，然而罗明坚在儒学经典西

① Javier Bustamante Donas，Juan Luis Varona. "Bibliografia seleccionada y comentada sobre Taoismo Clasico（II）: Dao De Jing（Tao De King/Laozi）" 'Ilu. Revista de Ciencias de las Religiones 21（2016）: 211－246.

② 程弋洋：《鉴外寄象：中国文学在西班牙的翻译与传播研究》，北京：商务印书馆，2021年，第96页。

③ 梅谦立、王慧宇：《耶稣会士罗明坚与儒家经典在欧洲的首次译介》，《中国哲学史》2018年第1期。

传方面的开创者地位，长期以来都受到严重的忽视[①]。真正出版发行的第一个译本是1687年的拉丁文译本《中国哲学家孔夫子》，译者是耶稣会士柏应理（Philippe Couplet，1622—1693）[②]。

次年，西蒙·富歇（Simon Foucher，1644—1696）和让·德拉布吕纳（Jean de LaBrune，1627—1707）分别翻译出版了法文译本《关于孔子道德的信札》和《中国哲学家孔子的道德箴言》。同年还有弗朗索瓦·贝尼耶（François Bernier，1620—1688）的《论语导读》译本手稿，这是法国第一本系统介绍儒学的书籍。

《论语》最早的英文译本出版于1691年，是转译本，此后的1809年，英国传教士马士曼（Joshua Marshman，1768—1837）在印度翻译出版了《论语》的第一至九章。1828年，英国传教士高大卫（Rev. David Collie，1748—1828）翻译的《四书》在马六甲出版。而学界普遍认可的真正的第一个《论语》英译本是英国传教士里雅各于1861年在香港出版的译本。根据秦洪武等所做的多维数据分析，该译本至今仍为西方读者受纳情况最好的版本[③]。

2.《论语》的西班牙语翻译

如上文所述，1590年罗明坚就已经将《论语》的前两篇翻译成西班牙语。而真正出版的西班牙语全译本最早出现在1968年，被包含在一本名为《东方哲学》的书籍中，由胡安·戈多（Juan Godo）和海梅·乌雅（Jaime Uyá）根据其他语种的译本转译而来，当然该译本还存在着诸多有待改善之处[④]，但这是向西班牙语读者译介中国传统哲学典籍的首次尝试，开启了以《论语》为主的儒家哲学典籍在西班牙语世界译介传播的先河。

单独成书的《论语》西班牙语译本是1975年由恩里克·黑格维茨（Enrique Hegewicz，1944—）从庞德版英译本转译而来的[⑤]，而庞德版的《论

---

① 张西平:《西方汉学的奠基人罗明坚》,《历史研究》2001年第3期。

② 梅谦立:《〈论语〉在西方的第一个译本（1687年）》,《中国哲学史》2011年第4期。

③ 秦洪武、孔蕾、徐欣:《〈论语〉英语多译本受纳状况多维数据分析》,《外语教学与研究》2020年第4期。

④ Molina Ortiz，G，trans. "Resena de Juan Godo，Jaime Uya" 1968，Filosofia oriental：Confucio，Laotse. Barcelona：Ediciones Zeus，1968.（Coleccion Podium）. *Estudios de Asia y Africa*，Vol. 4，NO. 2（1969），Mayo-Agosto.

⑤ 程弋洋:《鉴外寄象：中国文学在西班牙的翻译与传播研究》，北京：商务印书馆，2021年，第105页。

语》是以创译为特点的诠释性翻译，译文虽然贴近原文简约凝练的语言风格，但内容上却存在着很大程度的挪用与误读[①]。

截至目前，直接以《论语》为标题的西班牙语译本一共有9部，其中2部为中文直译，其余均为英语转译。这9部西班牙语译本再版次数最多的要数阿方索·克罗德隆（Alfonso Colodrón Gómez-Roxas，1945—）的转译本，该译本转译自澳大利亚汉学家西蒙·莱斯的英译本，而西蒙·莱斯（Simon Leys，1935—）的这个译本在学界中却也毁誉参半，其风格受到了较大的批评，但所秉持"协调知识与文学之间关系"[②]的翻译理念，促成了其在西方的广泛传播[③]，而且莱斯对《论语》的评价很高，其于1987年翻译出版了法语译本，又以此为基础于1997年翻译出版了上文提到的英语译本，翌年又翻译出版了西班牙语译本，他是目前唯一一个用法、英、西三语翻译《论语》的人。莱斯的译本"兼顾了学术性和通俗化，用词地道，译文简洁优美、通顺流畅，在注释中旁征博引，贯通中西，从现代视角表达他对自己参悟的儒家思想本质的诠释"[④]。由汉语直接译入西班牙语的《论语》译本分别于1997年和2001年出版，译者一位是上文提到的苏亚雷斯，另一位是华金·佩雷斯·阿罗约（Joaquín Pérez Arroyo）。

二、中国古典哲学译介传播的特点

中国古典哲学在西方语言译介中归结有如下特征：

（一）译者译本特色更加多元

目前，中国古典哲学典籍多已被翻译成世界诸多语种，且译本和译者特色也更加多元。比如西班牙语的译者中，毕隐崖涉猎道家典籍较广；劳雷亚诺·拉米雷斯钻研中国佛教典籍多年；阿伯特·卡尔瓦尼哲学学养极为深厚；加西亚·诺布雷哈斯则相对较为高产。另外，译者甚至从专业的汉学家

---

① 杨平：《20世纪〈论语〉的英译与诠释》，《孔子研究》2010年第2期。

② Leys，Simon. *The Analects of Confucius*. New York：W. W. Norton Company，1997.

③ 姜哲：《西蒙·莱斯〈论语〉英译本"前言"及"导论"研究》，《中国文化研究》2014年第1期。

④ 陶友兰：《雅俗共赏，贯通中西——西蒙·利斯〈论语〉英译本特色评鉴》，《亚太跨学科翻译研究》2018年第2期。该文中的西蒙·利斯即Simon Leys，本文统一使用西蒙·莱斯。

延伸到了中华文化爱好者，比如2003年曾若镜和安赫尔·费尔南德斯·德卡斯特罗合作翻译了《道德经》西班牙语译本[①]，而两人的身份分别是书法家和太极拳专家。

（二）更加注重其人其书的考证

随着被译介的中国古典哲学典籍不同历史版本的发现，以及各个时期不同译本的出现，学者们开始更加关注所译文本翻译与传播背后的著书之人、著作背景和文本考证，探究其中的文化意义与文本意涵。例如《道德经》版本的考证和争辩：学者认为最古版本才是最佳，而且译者“必须在校勘方面下一番功夫”[②]；另外，毕隐崖的三合一译本除了对不同时期三个版本的原文进行比照翻译之外，还运用大量篇幅对书籍作者的背景以及书中蕴含的思想意涵等进行阐释。

（三）相关的阐释性研究更多

翻译本身就是一种阐释，早期中国古典哲学典籍对外译介的过程中存在着诸多的转译、创译、改译甚至讹译，但均以传播为最终目的。后来随着交流的逐渐扩大，相关的阐释逐渐增多。比如《论语导读》这种伴随大量解释文字以及借此表达思想见解而出版的相关书籍，可以视为翻译的衍生品或是周边产品，而这种阐释性的研究是另一种途径的扩大与深化传播。再如白牧之和白妙子夫妇（E. Bruce & A. Taeko Brooks）认为译文加注释才是真正的翻译，才能跨越历史和文化的障碍[③]。还有庞德宣称自己翻译《论语》的基本目标是传达原著凝练的文字风格和生动的语言特色，因此在翻译中加入了自己的思想，抒发了个人的政治、经济和诗学观点[④]。

（四）从传教到接纳再到传播

中国古典哲学典籍的翻译最初是由传教士以传教为目的的翻译传播，那时的翻译文本为了教众的接纳多采用西方宗教术语，也就是韦努蒂（Lawrence Venuti，1953—）所说的“归化”。此后的几百年里，人们开始逐

① 武志勇、刘子潇：《〈道德经〉在西方世界传播的历史》，《湖南大学学报（社会科学版）》2020年第5期。

② 陈国华、轩治峰：《〈老子〉的版本与英译》，《外语教学与研究》2002年第6期。

③ 陶友兰、王琰：《〈论语〉英译过程中历史考据方法的应用——汉学家白牧之夫妇访谈录》，《国际汉学》2021年第2期。

④ Pound，Ezra. *Confucius*：*The Great Digest*，*The Unwobbling Pivot*，*The Analects*，New York：New Directions，1969，p. 194.

渐能够慢慢接纳中国古典哲学的思想，进而研究这些思想背后的本源，由此中国古典哲学的一些理念、概念与范畴逐渐被更加原本地译介到西方，为西方读者与学者所接纳。以后的历代汉学家在中国古典哲学思想与文化的传播中发挥了更加重要的作用，尽管在翻译与传播的过程中依然存在着主观和客观的些许偏离，但这并不影响诸多译者学者在翻译过程中力图忠实地体现原文，并将原文所表达出的真实思想传递给读者。

（五）西方读者的接受度趋高

西方读者对于中国古典哲学思想的接受度越来越高，对于哲学经典的思想内涵、价值以及人生观的引导意义给予了正面评价。其中通过对《道德经》译本读者评论的技术分析可以看出“正面情感态度的评论文本内容维度多元，涵盖读者的阅读动机与需求、文化心理以及对作品思想内涵、译文质量、翻译策略、图书设计等方面的认同”①。

三、中国古典哲学译介的现存问题

第一，在研究上，中国古典哲学典籍虽然已经有了一定的知名度和影响力，但更具针对性的系统研究亟待加强。比如，研究的角度在政治、文化、哲学三个方面就占了70%以上，研究方法九成以上为定性研究②。传播视角的研究也存在着较大空缺，译本的研究同时也被极大忽视。而且自2016年的出版高峰之后，整体相关出版量出现了下降趋势。

第二，在理解上，汉学界对中国古典哲学思想的理解存在着巨大差异，导致各自的解释风格和途径差别很大。其中包括对著作原作者的不同认知，甚至质疑作者的真实性。也正因为理解的迥异导致在译本中原作者的声音被译者所覆盖，加入了更多译者自身的感情和个性③。

第三，在方法上，尽管有的研究已经在当时社会历史语境下进行了尝试解读，但传播视角和翻译研究视角可以引入更多学科领域的理论框架和方

① 李书影、王宏俐：《〈道德经〉英译本的海外读者接受研究——基于Python数据分析技术》，《外语电化教学》2020年第3期。

② 左雅、李彼蔚：《〈论语〉在西班牙的译介传播及多向阐释》，《孔子研究》2020年第5期。

③ 丁四新：《近年来英语世界有关孔子与〈论语〉的研究（上）》，《哲学动态》2006年第11期。

法。方法创新和跨学科研究有利于在现有成果基础上，为中国古典哲学译介研究注入新鲜活力，寻求和创造我国传统思想文化传播与现阶段国际传播策略的契合点有重要的现实意义。但有的学者追随西方当红理论并迅速转嫁到中国领域，以至于出现了理论干预成为理论买办的现象①，应该值得警惕。

第四，在翻译上，中国古典哲学核心术语的翻译没有统一，影响了思想传播。比如“道”，很多使用“Dao”或“Tao”，但是在西班牙语中苏亚雷斯使用了“curso”，而阿莱伊萨则用“camino”，英语中还使用“way”，而湛约翰运用“tau（reason）”，威特·宾纳采用“existence”，许渊冲翻译成“the divine law”，安乐哲和郝大维的译本则用“Way-making”。对于其余的术语更是见仁见智，甚至连“孔子”这个名字的翻译都有差异。

第五，在传播上，翻译方法和传播方式还需更加多元。通过非翻译方法传播，比如译文应该多层次、多模态②；而且，儒学思想海外传播的译本接受状况决定因素是读者的接受意愿而非译文质量③，因此非翻译方法的传播也就具有了更加重要的意义。

结　语

中国古典哲学思想博大精深，相关研究、翻译与传播意义深远。现阶段正处于典籍译介的第三个阶段，即多元多极译介的外传阶段。在过去的几个世纪里，传教士、学者、译者甚至文化爱好者，都在中国古典哲学思想译介传播的过程中起到了重要作用，典籍著作的翻译以英语、德语和西班牙语为前三，其中又以《道德经》的译本数量为最多。可想而知的是，随着时间的推移，新的译本会不断涌现，而与此同时，更老的译本也可能会被发现，因此，译文传播的研究就出现双向双轨的情况，即各语种各版本的首个译本和最新译本的时间将会被不断刷新。

另外，中国古典哲学典籍的版本也在更新，考古发掘工作会给学界带来

---

① 丁四新:《近年来英语世界有关孔子与〈论语〉的研究（下）》,《哲学动态》2006年第12期。

② 陶友兰:《〈论语〉英译海外传播多元化策略》,《中国社会科学报》2018年第10期。

③ 秦洪武、孔蕾、徐欣:《〈论语〉英语多译本受纳状况多维数据分析》,《外语教学与研究》2020年第4期。

更古老的原著版本，为传播和研究提供更加广阔的空间。也正因如此，译者译本的特色将更趋多元，对于典籍文本、原著者甚至典籍本身的研究考证将更加深入细致，相关的阐释性研究将会风起云涌，而中国古典哲学思想的传播则将进入自主传播阶段，对中国古典哲学思想也将更趋认同。因此，对于中国古典哲学思想的理解，特别是核心术语的翻译，应该更趋统一；译介传播应该更加系统，方式方法应该更为多元，特别是非翻译方法的传播，更应该予以鼓励和尊重。

中国古典哲学典籍的译介传播任重而道远，各方努力发挥好语言的桥梁作用，让东西方的思想文化交流更加顺畅，增进彼此的理解、谅解与互信，促进译介文化传播及其研究的向前发展，为人类命运共同体的构建做出应有的积极贡献。

王小忠　烟台大学外国语学院讲师
程弋洋　复旦大学外文学院教授

琉球官话课本《文例集》所存明代琉球汉语教学史料考*

范常喜

摘　要：由于史料匮乏，明代琉球的汉语教学情况一直相对模糊。近年发现的琉球官话课本《中国语会话文例集》是明代晚期的抄本，通过考察发现，该课本中有不少关于琉球汉语教学的对话片段。这些对话片段包括了久米村公塾天妃宫学堂的官话教学、疑似天妃宫学堂的官话教学、学堂外的官话学习等多类汉语教学史料，内容涉及教学对象、教学方法、教学内容、考试、教师等多个方面。课本中这些对话鲜活生动，展现了明代琉球汉语教学的许多细节，在一定程度上弥补了明代琉球汉语教学史料缺失的遗憾。

关键词：琉球　《文例集》　汉语教学史

明清两代，琉球王国与我国保持着朝贡与册封关系。这一关系一直持续到清同治五年（1866）琉球国最后的国王尚泰（第19代国王）为止，共长达500年之久。不少琉球人都要学习当时中国的官话和礼数，以备朝贡往来及海上贸易之需。为了培养精通官话和礼数的人才，琉球在国内创办了明伦堂、国学等汉语教学机构，同时向中国派遣公费留学生“官生”与自费留学生“勤学人”。通过国内、国外这两种途径，培养了大量汉语人才，为中琉文化交流做出了重要贡献。经过徐恭生、董明、罗小东、濑户口律子等先生的研究，明清时期琉球派往中国的“官生”和“勤学人”在华汉语学习情况

* 本文为“琉球官话课本整理与研究”的成果，批准号（16JHQ042）。

已经比较清楚[①]。至于琉球国内的汉语教学情况，清代部分也相对清晰。根据真境名安兴、岛仓龙治等先生的梳理[②]可知，明朝洪武年间“闽人三十六姓”从福建迁入琉球，定居于久米村（现那霸市久米町一带）。随后久米村人成为负责琉球与中国进贡、贸易等外交事务的特殊群体。清康熙五十七年（1718）在久米村孔子庙创设了本村子弟公共教育机构“明伦堂”。在此实施汉语官话教育之外，还传授经学与诗文，进行表奏文、咨文等外交文书的学习，从而奠定了琉球汉文和汉语官话的教育基础。清嘉庆三年（1798），尚温王在首里设立琉球最高学府“国学”，教授《四书》《五经》《唐诗合解》及官话，随后根据需要还增加了呈文、咨文、录文、谕文等科目。同时，还建立了“三平等学校”。在首里开设了三间学校，按照行政区域招收学生，学校运行机制同国学大同小异。可以看出，清代以来琉球国内的汉语教学主要是依托久米村的明伦堂和首里府的国学及“三平等学校”等机构展开。

然而，明代琉球国内的汉语教学情况则相对模糊，根据以往的研究约略可知，明代久米村人的汉语教学主要有私塾和公塾两种形式。琉球文化大家久米村人程顺则在康熙年间所撰《庙学纪略》云：

> 按兴学之始，例延中国大儒授生徒，如明之毛擎台讳鼎、曾得鲁、张五官、杨明州四先生，至今国人能道之。夫木有根本，学有渊源，四先生教泽及于我国，炳若日星，及今弗纪，后将无有传之者。至于四先生之前，则不可考矣。[③]

由此可知，明朝时久米村人曾延聘中国的儒者毛擎台、曾德鲁、张五官、杨明州等人教子弟读书。这可能是私塾性质的汉语教学活动。公塾设在久米村的天妃宫，明万历九年（1581）曾在中国国子监留学的官生郑迵归

① 参见徐恭生:《琉球国在华留学生》,《福建师范大学学报（哲学社会科学版）》1987年第4期；董明:《明清时期琉球人的汉语汉文化学习》,《北京师范大学学报（人文社会科学版）》2001年第1期；罗小东、瀬户口律子:《明清时期琉球国的汉语教育》,《世界汉语教学》2007年第1期。

② 島倉龍治、真境名安興『沖縄一千年史』、東京：日本大學、1923、第396—397、406—414頁；真境名安興『沖縄教育史要』、那霸：沖繩书籍販売社、1965、第119—155頁。

③ 那覇市企画部市史編集室『那覇市史資料編第一卷之六〈家譜資料二（下）久米村系〉』、那覇：那覇市企画部市史編集室、1980、第552頁。

乡后曾在天妃宫集合久米村子弟进行儒学教育。郑秉哲《琉球国旧记》卷四云：

> 万历年间，有郑迵者尝以官生入监。返国后，旋擢紫金大夫（今称总理唐荣司）司教，每旬三、六、九日诣讲堂，稽查诸生勤惰。厥后金正春亦授斯职时，奉王谕选择文理精通者一人为讲解师，以教通事、秀才等，又择句读详明者一人为训诂师，以诲若秀才等，然而未设学校，但于天妃宫以为讲堂。至于康熙五十八年己亥，尚敬王世代始设学校于圣庙之东，而庙学灿然大备矣。①

据此可知，明朝时琉球国内主要是通过久米村的私塾和天妃宫公塾进行汉语教育，但其中的具体教学情况并不了解。

值得注意的是，近年发现的明代晚期琉球官话课本《中国语会话文例集》(后文简称《文例集》)中有一些关于汉语教学的对话片段，涉及教学对象、教学方法、教学内容、考试、教师等多个方面。根据其中所涉地名和场景来看，大部分对话可以确定是发生在当时久米村的天妃宫学堂，或者发生在琉球国内其他地方，只有小部分对话可能发生在中国福建。这些对话鲜活生动，展现了明代琉球国内汉语官话教学的许多细节，可以在一定程度上弥补史料缺失的遗憾。《文例集》现藏日本关西大学图书馆长泽文库②，实为残本，线装1册，共16叶，首叶仅剩反面一部分，末叶则仅余正面。每半叶8行，行20字，共约4500字。据现存其他琉球官话课本的内容与篇幅推测，《文例集》残本约为原来整本的三分之一，而且当是该课本的后半部分。抄本原无书名，现名实为图书整理者所加。根据《文例集》中明确所记“假如去大明时”之事以及书末所列曲词中有“满洲家鞑婆子”的文字，可将其编

① 高津孝、陈捷主编:《琉球王国汉文文献集成》第15册，上海：复旦大学出版社，2013年，第33—34页。

② 参见内田慶市編著『関西大学長澤文庫蔵琉球官話課本集』、吹田：関西大学出版部、2015。

写年代定为明代晚期[①]。此时琉球久米村的明伦堂以及首里府的国学尚未成立，所以明本《文例集》中所见汉语教学史料反映的应该主要是久米村公塾天妃宫学堂或私塾的教学情况。从内容来看，《文例集》分为两部分，前一部分是会话集（第1叶反面至第13叶正面），后一部分是题作“曲座”的唱词（第13叶正面最末一行至第16叶正面）。会话集中的内容基本上都是官话问答，形式基本同于《官话问答便语》《学官话》等会话课本。“曲座”部分共存唱词11首，从内容来看，应当与我国明代的民间俗曲以及琉球御座乐有关[②]。有关汉语教学的内容全部集中在会话集部分。笔者曾对此部分内容的汉语教育史价值做过简单揭示[③]，但未展开详论。本文拟在此基础上将《文例集》中关于汉语教学的史料择要摘出，并略作考述，以期能为琉球汉语教育史以及汉语传播史的研究提供一些参考资料。

需要说明的是，文中所引《文例集》原文[④]一般用通行简化字。文句重加新式标点，原文中的重文符号补写出所重文字，朱笔圈号标点及五声标记符号等均略去。文中所引例文用阿拉伯数字加注页码出处，并以ab字母代表每叶的正反面。

一、久米村公塾天妃宫学堂的教学史料

琉球久米村公塾天妃宫学堂设在本村“天妃宫”，亦即上天妃宫，而非首里府那霸天使馆附近的下天妃宫。徐葆光《中山传信录·卷二·天妃宫行香》：“琉球天妃宫有二，一在那霸曰下天妃宫。……上天妃宫在久米村，夏

---

① 范常喜:《新见琉球官话课本〈中国语会话文例集〉文献价值试论》，载北京大学中国古文献研究中心编《北京大学中国古文献研究中心集刊》第16辑，北京：北京大学出版社，2017年，第261—273页。按：内田庆市先生将其定为万历三十五年（1607）以降，清康熙（1662）年以前。参见内田慶市:「琉球官話の新資料——関西大学長澤文庫蔵〈中国語会話文例集〉」、『中国語研究』、2013年第55号；内田慶市編著『関西大学長澤文庫蔵琉球官話課本集』、吹田：関西大学出版部、2015、第3—14頁。

② 范常喜:《琉球官话课本〈中国语会话文例集〉所存“曲座”资料述略》,《文化遗产》2019年第2期。

③ 范常喜:《新见琉球官话课本〈中国语会话文例集〉文献价值试论》，载《北京大学中国古文献研究中心集刊》第16辑，北京：北京大学出版社，2017年，第261—273页。

④ 内田慶市編著『関西大学長澤文庫蔵琉球官話課本集』、吹田：関西大学出版部、2015。

给谏子阳《使录》云此为嘉靖中册使郭给事汝霖所建，他无碑记可证。”[①]天妃信仰在琉球的传播源于明初闽人三十六姓移居琉球，明景泰八年（1457）尚泰久王曾铸钟悬于上下天妃宫，可见上天妃宫当非嘉靖时册封使郭汝霖所始建[②]。吕青华先生指出：

> 上天妃宫一直是久米村人的信仰生活的中心，不仅是册封船滞琉期间供奉船上妈祖的临时处，也是平日处理朝贡文书的办公室，更是教育久米村子弟的场所，可以说上天妃宫和久米村人的日常生活紧密结合在一起，在册封使眼里，久米村的上天妃宫仿佛中国驻外使馆，所以册封船上的妈祖不入琉球王国所建的下天妃宫，而安奉在上天妃宫。[③]

可见，天妃宫在久米村人甚至整个琉球政治生活中都有着非常特殊的地位。前文已经指出，万历年间（1565），明朝国子监官生郑迵归乡后曾经在天妃宫集合久米村子弟进行儒学教育，这可能是天妃宫学堂作为公塾进行汉语教育的开始。《文例集》中有两处比较明确的关于天妃宫学堂汉语教学的对话片段，例如：

> （1）阮先生，今日大老爷驾到天妃宫，要看门生们讲书，如今都讲完了，念诗听如何？门生去大家商量罢。长史老爷，今日小弟大家都欢喜了。小弟年幼，大老爷面前考试，惟恐讲错，如今行礼都完了，故此欢喜。禀上各位老爷，如今学生们念唐诗一首么，老爷听一听。刚才先生说大老爷面前念诗，那时候读得不好听，可笑可笑。（13a）

从本段对话中“到天妃宫要看门生们讲书”的内容可知，此处对话的地点应该在天妃宫学堂。从抄本文字留下的3处空格可知，本段对话由4句话组成。这四句话应当是久米村天妃宫学堂里考试的情形。从“要看门生们讲书”“大老爷面前考试”等均可以说明当时天妃宫学堂的汉语教学设有“考

① 黄润华、薛英：《国家图书馆藏琉球资料汇编》（中），北京：北京图书馆出版社，2000年，第109—111页。

② 李献璋『媽祖信仰の研究』、東京：泰山文物社、1979、第472頁。

③ 吕青华：《琉球久米村人的民族学研究》，博士学位论文，台湾政治大学民族研究所，2008年，第172页。

试”环节。“考试”由“大老爷”主持，考的内容是“讲书”和“念唐诗”。学生们遇到考试都很紧张，生怕讲错。学生们念唐诗时自觉念得不好听，比较害羞。程顺则《庙学纪略》云：

> 又按旧例，以紫金大夫一员司教，每旬三六九日诣讲堂，稽察诸生勤惰，兼理中国往来贡典并参赞大礼，历年久远者，无从记其姓氏，今所可考者，明万历间郑迵以官生入监返国后授长史，旋擢斯职。其后则有蔡坚、金正春、郑思善、周国俊（国俊以正议大夫授紫金大夫）、王明佐、蔡国器、蔡铎为之。①

由此可知，明朝万历年间，郑迵曾做过天妃宫学堂的“司教”，“每旬三六九日诣讲堂，稽察诸生勤惰”，这与《文例集》中所说的“到天妃宫要看门生们讲书”恰相一致。

这种由“大老爷”主持的汉语考试在康熙五十六年（1717）明伦堂建成后仍然得到延续。《琉球国志略》卷六：

> 五十六年，紫金大夫程顺则启请建明伦堂，又于堂北祀启圣并四配神主。五十七年冬堂成，蓄经书略备，国王又敬刊《圣谕十六条》，命程顺则演其文义，月吉读之。官师则紫金大夫一员司之，每三、六、九日诣讲堂，稽察诸生勤惰，兼理中国往来贡典。讲解师则择久米内文理精通者一人为之，不拘大夫、都通事、秀才皆可，岁廪十二石。训诂师则择句读详明者一人为之，岁廪八石。②

其中的“讲解师”重在讲解所学文章的义理，训诂师重在帮助学生了解字词的含义与读音。这二者都为学生们读四书、五经服务。例（1）中所云考试内容之“讲书”应即针对这些内容所做。

首里府于乾隆五十四年（1789）成立的国学也设有月考以及季考。讲谈生月考内容为：1.《四书体注》（一张半），五经中的《诗经衍义》《书经体注》

① 那覇市企画部市史編集室『那覇市史資料編第一巻之六〈家譜資料二（下）久米村系〉』、那覇：那覇市企画部市史編集室、1980、第552—553頁。

② 黄润华、薛英：《国家图书馆藏琉球资料汇编》（中），北京：北京图书馆出版社，2000年，第958页。

《易经会解》《礼记陈浩注》《春秋胡传》等（共一张半）以及二十一史的选段（共一张）等内容的“训点”；2. 根据老师命题起草谕文、呈文、咨文、录文等诸文体中的一种（共三张）。官话诗文生的月考内容则为：1. 用官话朗读《尊驾》《白姓》《人中话[①]》（共一张），注意平仄句读。2. 四书体注（共一张半）中内容的“训点”。3. 作诗。诗的体裁由教师从五言四韵、试帖诗、今体诗五言七律中选取。季考则在每年的二、五、八、十一月右琉球王府派遣摄政、三司官、吟味役等到现场监督，考试形式大致如前述[②]。由此可见，琉球首里府国学中设立的这些考试项目应当是前述上天妃宫、明伦堂汉语考试的进一步细化。

根据后面两句起首分别是“长史老爷”与“禀上各位老爷”来看，本段文字起首的“阮先生”可能并非老师，应当是来天妃宫督学的考官。琉球久米村阮氏一族入琉相对较晚，阮明“原是福建漳州府龙溪县人也，明万历十九年辛卯奉敕至中山，蒙国王隆礼且赐宅于唐荣。”阮国“原是福建漳州府龙溪县人，万历三十五年九月二十八日奉旨为三十六姓补抵中山，赐宅唐荣。”[③]阮氏在琉传三世之后便已入清，故这里的“阮先生”应当是万历到崇祯年间第一、第二世阮姓之人。“长史老爷”应是一种官称，明初久米村人主要负责朝贡贸易事务，明朝通常任命“长史”两名以负责册封与进贡等事务。根据琉球史书《球阳》卷四记载：“万历丙申，王遣王舅毛凤仪等谢袭封恩，附奏洪武永乐间赐闽人三十六姓，其孙子知书者授大夫、长史为贡谢之司，习海者授通事、总官，为指南之备。”[④]清周煌《琉球国志略·爵秩》中记载久米村人担任的职位曰：“久米府官：紫金大夫四员，总理唐荣司一员（即于四员中以一员统辖一村事为最尊），主朝贡、礼仪、文移。正议大夫、中议大夫、长史、都通事、加遏闼理衔副通事、副通事、通事（皆久米人秀才习汉文者任其职）。”[⑤]据此可知，到了清代久米村人的“长史”一职被逐渐

---

① 按：当为“画”之误。

② 島倉龍治、真境名安興『沖繩一千年史』，第410頁。

③ 那覇市企画部市史編集室『那覇市史資料編第一卷之六〈家譜資料二（上）久米村系〉』、那覇：那覇市企画部市史編集室、1980、第152、176頁。

④ 鄭秉哲等原編，球陽研究会編『沖繩文化史料集成5：球陽』、東京：角川書店、1974、第207頁。

⑤ 周煌：《琉球国志略》，台北：台湾银行经济研究室，1971年，第198页。

固定下来[①]。

从对话中可知，久米村的“长史”会到学堂中督查诸生的学习情况。清赵新《续琉球国志略》卷二云：

> 自嘉庆十七年至道光四年，那霸四邨（若狭町邨、西东两邨、泉崎邨）、唐荣二邨（大门邨、久茂地邨）、岛中人等（凡那霸人民，寓居唐荣邨中者，号岛中）各建学校，置讲课之法。四时那霸官亲临各学稽察勤惰，总理司、长史等亦于四时按临岛中乡学稽察劝励。学校有六，……各设讲解师一员（唐荣人充之），主取官一员，中取笔者各二员。凡邨中冠童皆入学，讲习四书、小学等书。[②]

其中“总理司、长史等亦于四时按临岛中乡学稽察劝励”与天妃宫学堂中从事督教工作的“长史”相类似。

> （2）昨夜下雨，滴滴打打，睡不着。看堂的人快快起来罢，日头约有上午时辰，读书的也大家要到了，怎么不起来扫得干净呢？若有人看你这样懒惰就不便了。老兄家里请坐罢，我要去请老先生来。再一会去请他好了，如今还没有会二十个人，怎么敢请得他呢？恐怕一请他就来么，就得罪他了。如今好请他么？也还早些，再多得五六个人才该请他了。如今有个二十多人，去请他好么？好了。如今请他，那一个是年纪最小的？快去请老先生来。我是最小的，天天去请了。今日也该我去的，不晓得怎么样脚子有些痛，勉强出来了，某人是高我一年的，也替我同年的[③]，请老兄，今日该叫他去请先生罢？明日会好些，就天天都是我去请。我才回来了，先生讲“就来开学堂”。先生告暇，这两天没有开学堂了。有甚么告暇呢？有事情。有些不自在。有些快活。今日就开学堂。今日没有教书。（《文例集》4b—5b）

---

① 参见富島壮英「近世の行政組織と役職」、池宮正治、小渡清孝、田名真之編『久米村：歴史と人物』、那覇：ひるぎ社、1993、第23—30頁。

② 黄润华、薛英:《国家图书馆藏琉球资料汇编》（下），北京：北京图书馆出版社，2000年，第219—220页。

③ 按:“某人是高我一年的。也替我同年的。”两句抄本中原为墨书双行小字，应当是准备的两句不同的答语。

从这段对话中的“看堂的人”以及学生有20多人推测，本段对话也应该是发生在天妃宫学堂。学堂有专门负责“看堂的人”，而且此人住在学堂里面，要负责早起打扫卫生。可能因前夜下雨影响了睡眠，导致这位照看学堂的人第二天早上没有按时起床扫除。教书的“老先生”不住在学堂，每天早晨需要学生基本到齐后才去请他过来授课。由于每天去请先生的学生都是学堂中最小的那一位，可能该生有些怨言，故而以“不晓得怎么样脚子有些痛”为由没有去请，同时推荐了高他一年或者同年的代替他去请。若老师有事或身体不舒服，可以“告暇”，就不开学堂了。

二、疑似天妃宫学堂的教学史料

《文例集》中还有几处关于汉语教学的对话片段，但不能明确发生在天妃宫学堂，故单列于此，例如：

> （3）……事，不讲书了。禀上先生，听说□□□□□□□□□□，□考门生且讲书。门生四书的□□□□□□求先生用心教导门生。法司老爷□□□□久米府的人都□□□，要讲中国言语□□□□去中国，如今怎么样才好呢？教我罢。我教□□□天天用心学官话，自然后来会说了，又教□□要紧是不要怕羞。(《文例集》1b)

本段对话中有“□考门生且讲书”，这与例（1）中“今日大老爷驾到天妃宫，要看门生们讲书”的表述相似，所以不排除对话发生天妃宫学堂的可能。但从这种师生的一对一单独对话来看，也有可能是发生于私塾。从“讲书”“四书”可知，当时所读之书是“四书”“五经”类汉文古籍。其他琉球官话课本中也有此类对话内容，如《学官话》7b：“问：‘你那里也读书么？’荅：‘读书。’问：‘读什么书？’荅：‘四书五经都读。’问：‘会写汉字么。’荅：‘会写。读书写字和中国都是一样的，总是字同音不同就是了。’”① 从这些内容来看，当时的汉语教学仍然跟中国私塾、公塾的母语教学相类，学的内容仍是儒家经典四书、五经。

① 瀬戸口律子『学官話全訳：琉球官話課本研究』、宜野湾：榕樹書林、2003、第249頁。

不过从《学官话》所云“总是字同音不同就是了”似透露出琉人读汉籍用的方法是“和式训点，汉字球音”。“和式训点”乃是日本人用来学习汉文的方法。这一方法早在琉球尚丰王时（1621—1640）既已使用，当时日本禅僧泊如竹来琉球担任尚丰王的老师，在琉球逗留3年，传朱子学，以和式训点的方法教授汉籍。不过，明代陈侃《使琉球录》（1534）记曰：“陪臣子弟，凡民之秀者，则令习读中国书，以储他日长史通事之用。馀但从倭僧学书番字而已。”[①]由“从倭僧学书番字”看来，“和式训点”法应早已传入琉球。迁入琉球的闽人三十六姓后裔，汉语水平应该逐渐降低，不久琉球语便会成为其母语，所以吕青华先生认为：“1654年在久米村移入政策实施之后，加入许多‘擅汉语’琉球人，表示琉球语已经替代闽语或官话，成为久米村人的母语。”[②]潘相《琉球入学见闻录》卷二云：

> 臣按：琉球读书，惟官生专学汉文诵习，其从人仍用其国之法，或依文顺序，或颠倒错杂，或二字相连，或逐字顿断，或以其字母之字，一为正文，一为馀腔，或又以数字为正文，数字为馀腔，且一虚字而有读有不读，一实字而于此于彼其读不同。所刻之书，或于白文小注之旁，附镌球字正文，或止刻勾挑及馀腔之字。即购得中国书，亦照球刻添注。[③]

可见，当时琉球人的确是运用“和式训点”的方法读汉文古籍。《学官话》中所说“字同音不同”可能指的正是这一方法。

从“法司老爷□□□□久米府的人都□□□，要讲中国言语□□□□去中国，如今怎么样才好呢？”可知，久米府的人学习官话应当是琉球政府的要求。“法司”亦称“三司官”，是琉球国朝廷的最高执政机构，也是这个机构所有官员的官职名称。《中山世谱》卷三：“法司（昔者以法司称‘阿司多部’，至明末始称法司）。”又卷四：“法司王茂（当时之人称法司职曰‘阿司

---

① 陈侃：《使琉球录》，台北：台湾银行经济研究室，1970年，第28页。

② 吕青华：《琉球久米村人的民族学研究》，博士学位论文，政治大学民族研究所，2008年，第147页。

③ 潘相：《琉球入学见闻录》，载沈云龙主编《近代中国史料丛刊》第92辑，台北：文海出版社，1973年，第201页。

多部'，至明末改称法司）。"[①]另据明代册封使陈侃出使琉球后所撰《使琉球录》所记，嘉靖甲午（1534年）五月十八日："世子遣法司官一员来，具牛、羊、酒、米、瓜、菜之物为从者犒，亦有酒、果奉予等。"[②]由此看来，当时久米府的人学习官话应当是琉球政府为满足进贡之需而作的规定。

显然，这些"久米府的人"应当是学习官话的主体。其他官话课本中也有相关的内容，如《白姓官话》40a—41a：

> 那时候，我们敝国的人，从没有见圣人的道理，中国的礼数，全全不晓得，我们国王，差几十个人，到中国去学，后来到洪武二十五年间，皇上拨闽人三十六姓，来这里教导，到万历年间，又拨闽人六姓，也到这里来教导，中国的礼数，才略略晓得一点。……通事贵居在那一府呢？敝居在久米府。首里府的人，也会讲官话么？不会。他怎么不学官话呢？首里府的人，就像中国的满洲人一样，他不做通事，所以不学官话，久米府的人，就是明朝里发来四十二姓的人，就像你中国汉人一样，凡有中国飘来的船，替那到中国进贡的船，都是用久米府的人做通事，所以要学官话，才会替国王办得事情。[③]

由此可见，琉球国内汉语教育始于明洪武年间赐闽人三十六姓，其后人在久米府"教人读书、习礼数、写汉字，设立圣庙、学宫"（《官便》23a）[④]。学成之后"有文理通达的，有官话明白的"，举拔出来做官，为琉球国王办事。尤其是官话熟练者要做通事，为朝贡贸易及海难救助等服务。清张学礼《中山纪略》记载闽人迁居琉球一事时云："赐三十六姓人教化三十六岛子孙，世袭通使之职，习中国之语言文字，至今请封、谢恩、朝贡皆诸姓之后。"[⑤]这一记述可与此相印证。

---

① 殷梦霞、贾贵荣：《国家图书馆藏琉球资料续编》（下），北京：北京图书馆出版社，2002年，第82、102页。

② 黄润华、薛英：《国家图书馆藏琉球资料汇编》（上），北京：北京图书馆出版社，2000年，第30页。

③ 濑户口律子：《琉球官话课本研究》，香港：吴多泰中国语文研究中心，1994年，第162—163页。

④ 瀬戸口律子『官話問答便語全訳：琉球官話課本研究』、宜野湾：榕樹書林、2005、第250頁。

⑤ 张学礼：《中山纪略》，台北：台湾银行经济研究室，1971年，第11页。

（4）各位通事、秀才，我有一件事同你商量。我们大家还没有到中国，故此不知道官话，如今大家相见时节要学官话好不好？你的意思更好了，这样么，如今就到先生面前去讲这个话，求教先生罢。（《文例集》1b-2a）

例（4）中有“我们大家还没有到中国”的话，说明此处对话发生在琉球国内，但不能明确是否发生在天妃宫学堂。在这里学习官话的学生都已经是“通事、秀才”，不是一般的琉球人。清徐葆光所撰《中山传信录》卷五《取士》云：

久米村皆三十六姓闽中赐籍之家，其子弟之秀者，年十五六岁，取三、四人为秀才。其十三四不及选者，名若秀才，读书识字。其秀才，每年于十二月试之，出《四书》题，令作诗一首，或八句，或四句，能者籍名，升为副通事，由此渐升至紫金大夫（紫金大夫亦称曰亲方）。此为久米子弟入仕之始。[①]

据此可知，对话中所说的这些“通事、秀才”都应是久米村的年轻人，已经有了一定的汉语、汉文基础。

（5）明日七月十三，中元的节将来。我们大家扫庭接神，请先生宽我们大家几天读书。好了，这是孝顺的情意。天要下雨了，快些把晒的书收起来。今日要出来读书，头痛读不得书，你替我告暇。有些好么？出来读罢。（《文例集》4a）

中元节是我国民间传统祭祖节日，此时百姓各自在家里打扫庭堂，设祖先灵位，接神祭祖。福建地区多安排在农历七月十三开始。黄仲昭《八闽通志》卷之三《地理·风俗》：

① 黄润华、薛英：《国家图书馆藏琉球资料汇编》（中），北京：北京图书馆出版社，2002年，第431页。

> 中元追远，郡人最重是节。自五六月间即渍纸而糜之，刻模印为金银锭，捶锡为薄，以饰银锭，煮栀子汁，染锡薄以饰金锭，家以数千百计。迨是月十三日各洒扫室堂及庭，设先世像位，日具牲醴庶羞祭奠，至十六日，乃积楮钱杂金银锭，逐位焚献。[1]

琉球久米村人多为闽人三十六姓的后裔，其习俗多袭自闽省。因此例（5）对话中同样将中元节祭祖安排在七月十三。由于中元节祭祖一般需安排在自己家中，故知本段对话极可能也应当发生在琉球久米村，但不能确定是发生在公塾天妃宫学堂。这段对话说明，当时学堂里的学生可以因中元节祭祖向老师请假，老师也为此“孝顺的情意”而允准。例（5）后半段是“晒书”及头痛告假的对话，这说明久米村比较潮湿，学堂里的书需要时常取出来晒。学生若有病也可以让同学帮他向老师请假。

> （6）今日天气热的紧，你书看完了么？仝到波上山去乘凉。我们看得书还不曾看完，你先去等我，我后来就是了。你必定来了么？呵，必定来。(《文例集》4a—4b）

本段对话中有“仝到波上山去乘凉”的话，据此推测这些对话发生地也在琉球国内。“波上山”是琉球一处游玩之地。清李鼎元《使琉球记》：

> 二十二日，癸卯，晴，午后，偕介山、寄尘策骑游波上山，一名石笋崖，以形似名之也；石垣四周，垣内板阁离立，三楹。下有平堂，三楹。垣后可望海，沿海多浮石，嵌空玲珑；潮水击之，声作钟磬，东北有山曰雪崎，又东北有小石山曰龟山，稍下为护国寺，国王祷雨之所。[2]

波上山上有护国寺，位于那霸市若狭町，至今仍是冲绳一处知名旅游景点。从这段对话来看，当时久米村的汉语教学当中，学生因天气太热不想看书可以到“波上山去乘凉”。

---

① 黄仲昭:《八闽通志》(上)，福州：福建人民出版社，1996年，第51页。

② 殷梦霞、贾贵荣:《国家图书馆藏琉球资料续编》(上)，北京：北京图书馆出版社，2002年，第755页。

三、学堂外的官话学习史料

明清时期，中国政府赴琉册封人员抵琉后，需候风而归，故居琉时间较长。明陈侃《使琉球录》记曰："使琉球与使他国不同。……琉球在海外，候北风而后可归，非可以人力胜者。"[①]陈侃此次册封于嘉靖十三年（1534）5月25日抵琉，9月12日启程返国，在琉球滞留时间长达百日[②]。因此，册封使团有足够的时间与当地人交流。方宝川先生指出：

> 封使及其从客实际上又是一个文化代表团。他们在琉球，按规定完成了各种典礼和外交活动之后，必须等待适当的风候，确定归期，其归期往往都在数月以后，因此，他们多有充裕的时间与琉球各界人士相交往，得以各施所长，广泛传播中国的文化、艺术、医学及其它手工业生产技术。[③]

清李鼎元《使琉球记》中记载琉球国王尚温称赞李鼎元曰："乃承教训国中士子，每遇进见，必策以忠孝。副使大人更为小邦广声教，辑《球雅》。国之略晓文字者，皆得就教尊前，执经问业。父师之恩，尤深感戴。欣幸久住，亲炙多人。"[④]于此可见，赴琉册封使团居琉期间与当地人进行了广泛的交流，对于登门求教者，悉心指导，所以国王尚温才以"父师之恩，尤深感戴"言之。琉球人借此机会向册封使团人员学习或练习官话，自属情理中事。这在《文例集》中也有体现，例如：

> （7）老兄请坐，弟们还未到中国，言语不通，请兄们指点教我，学得几句也好。有闲的时候，到这里来谈谈，千万不要见外。不敢。我也一

① 陈侃:《使琉球录》，台北：台湾银行经济研究室，1970年，第17页。

② 参见夫馬進『增訂使琉球録解題及び研究』、宜野湾：榕樹書林、1999、第6—8页。

③ 方宝川:《明清册封使及其从客在中琉关系中的作用》，《福建师范大学学报（哲学社会科学版）》1989年第4期。

④ 李鼎元著:《使琉球记》，韦建培校点，西安：陕西师范大学出版社，1992年，第174页。

样，我初到贵国，更求你的事。一来说，还不知这里的风俗；二来呢，又不知这里的路上，虽听见好玩的所在，总去不得了。几时有闲么？同我去各处游玩游玩。(《文例集》2a)

从“弟们还未到中国”“我初到贵国”等内容来看，该段对话应当发生在琉球国内学汉语的人与赴琉的中国册封使团人员之间，对话地点应是琉球那霸，而非久米村。对话中“我初到贵国”“虽听见好玩的所在，总去不得了”等语应当是册封使团成员所讲。明代赴琉册封使团居琉期间，与琉球人交往颇多，亦经常受邀游玩当地景致。明陈侃《使琉球录》：

八月中秋节，夷俗亦知为美，请赏之；因得遍游诸寺。……是日，王因神降，送迎无暇，遣王亲侍游。至未刻，邀坐；宴不甚丰，而情意则款洽矣。诸从人皆召至阶下，令通事劝饮；旅进旅退，各以班序，至醉而止。向夕回馆，明月如昼，海光映白，松影筛青；令舆人缓步徐行，纵目所适，心旷神怡。乐兹良土，忘其身之在海外也。[①]

从“请兄们指点教我，学得几句也好”可知，琉球人希望用跟中国册封使聊天的方式学习或练习官话。册封使为了打发时间，也非常乐意跟当地会些汉语的人聊天闲谈，故回答“有闲的时候，到这里来谈谈，千万不要见外。”由此可见，赴琉册封人员在一定程度上充当了官话老师的角色。

（8）今年上京来的通事秀才与你讲些中国官话么？学生也曾听他讲来，南京、北京的话都讲得好，极是好听得紧。又听他说上京一路的好光景。我们思量，也要去看一看，无奈不差我，因此心闷。今年罢了，明年必要讨一差，到中国去观光，走一遭。(《文例集》6b—7a)

从本段对话中“今年上京来的通事秀才与你讲些中国官话么”可知，当时未到过中国的琉球官话学习者会向参与进贡归国的“通事秀才”请教官

① 黄润华、薛英:《国家图书馆藏琉球资料汇编》(上)，北京：北京图书馆出版社，2002年，第43—44页。

话。而从“南京、北京的话都讲得好”来看，当时来到中国进贡的琉球“通事秀才”经过中国目的语环境的熏陶，官话水平已得到大幅提高。

（9）你们列位，受国王的恩惠，须要尽忠报国才是道理。假如不尽忠，人饶你天亦不饶你。呵。学生晓得，再不敢欺。你们列位，倚靠我身边，须要小心，不要放肆。假如放肆，上下都不好呢。你们列位，奉公上为国，下为身，不要欺心。欺心的人，定受天诛。列位进城日公事完毕时，只管我家来。你们唐营的列位，大家要教子弟读书才合道理。为人不识字，无事时候真是十分快活，假如去大明时，你们唐营列位做个笔文的官，不识字可不失吊礼面呢？（《文例集》9b－10a）

从本段对话中的“只管我家来”“你们唐营的列位”推测，本段对话不似发生在天妃宫学堂。“唐营”是琉球久米村早期的名字。清周煌《琉球国志略》卷四《舆地》：“地皆洪武中赐‘闽人三十六姓’居之，不他徙，故名‘唐营’，亦称‘营中’，后改‘唐荣’。”[①]清齐鲲《续琉球志略》卷四《艺文》上：“久米村，一名‘唐荣’，即古之普门地也。明洪武赐唐人三十六姓聚族于此，故曰‘唐营’；又以显荣者多，故改曰‘唐荣’。国王厚其裔，世其糈，故取世禄之义，曰‘久米’。”从“你们列位”的训诫口吻推测，说话人应该是久米村一位德高望重的长者。这位长者要求“唐营的列位”在家要好好教导子弟读书，并告诫他们教好子弟识字，因为将来“唐营”的人有可能承担“笔文的官”，到“大明”去进贡交流。这说明“唐营”的子弟从小会受到父辈们一定的汉语汉字熏陶和教导，只不过有些父辈公事太忙，没能很好地教家中子弟读书写字。

结语

以上对《文例集》中所见明代琉球汉语教学史料作了辑录和简单考证，由此可以得知明代晚期琉球的一些汉语教学情况。从久米村公塾天妃宫学堂的教学史料可知，明代晚期琉球的汉语教学主要集中在天妃宫学堂。学堂里

① 黄润华、薛英：《国家图书馆藏琉球资料汇编》（中），北京：北京图书馆出版社，2002年，第824页。

有20多名学生，1位老师。学生早上去上学，需要最小的那位同学去请老师。此外，还有1位专门照看学堂、打扫卫生的“看堂人”。天妃宫学堂的汉语教学设有“考试”环节，以督查诸生的学习情况。“考试”由“长史”等“大老爷”主持，考的内容是“讲书”和“念唐诗”。学生们遇到考试都很紧张，生怕讲错。这与清代琉球久米村所建明伦堂及首里府所设国学中的汉语教学情况基本相同。

《文例集》中疑似天妃宫学堂的教学史料很可能大部分也都是发生在天妃宫学堂，通过这些史料可知，当时为满足琉球政府与中国的进贡贸易需求，久米村人是学习汉语的主体。所读之书是“四书”“五经”类汉文古籍。久米村中的很多汉语学习者尚未到过中国，不会讲官话，需要见面时彼此讲官话进行练习，而老师的教学方法可能仍然是私塾先生死记硬背的传统方法。学生若有病、有事可以向老师请假。若因天气太热不想看书，学生也可以到波上山去乘凉。

除了学堂中的汉语学习之外，琉球汉语学习者还尽可能地利用现有条件进行官话练习。如利用中国册封人员在琉之际与其用官话聊天，练习汉语口语；向来中国进贡回国的“通事秀才”请教官话。此外，“唐营”久米村的子弟从小也会受到父辈们一定的汉语、汉字熏陶和教导，只不过有些父辈公事太忙，没能很好地教家中子弟读书写字。这些熏陶和官话练习都是学堂中汉语教学的有益补充。

范常喜　中山大学中国语言文学系教授

中古汉语阳声韵、入声韵字在冲绳方言中的韵尾标记

石　晨

摘　要：历史上古琉球国与中国有着长期密切的往来，两国间的交往导致了语言之间的频繁接触，汉语也对冲绳方言产生了一定的影响。本文以中古汉语音韵地位为研究框架，考察中古汉语阳声韵字、入声韵字在冲绳方言中的韵尾标记特点，并在此基础上探讨其反映的中古汉语阳声韵尾、入声韵尾的演变类型，可以为研究汉语对冲绳方言产生的直接或间接影响提供参考。

关键词：冲绳方言　韵尾标记　中古汉语　阳声韵字　入声韵字

在历史上古琉球国曾是中国的藩属国，自古以来与中国有着长期密切的往来，两国间的交往导致了语言之间的频繁接触，这使得汉语对当地语言产生了一定的影响。冲绳方言具体指的是冲绳县的主岛冲绳本岛及其所属岛屿即冲绳群岛地区所使用的语言。冲绳方言又分为北部方言和中南部方言，北部方言以今归仁方言为代表，中南部方言以首里那霸方言为代表。在琉球国时期，首里方言是标准语，也是上流社会的公用语，诗歌或文学作品使用的都是首里方言，那霸方言则是琉球时期商人之间通用的语言。如今那霸市是冲绳县的首府，首里已归并到那霸市，成为那霸市的一个区，当地的方言统称为首里那霸方言。本文所研究的冲绳方言具体指的是首里那霸方言。

本文使用冲绳语研究中心首里那霸方言语音数据库中的13624个名词语料来进行探讨，数据库中每一个名词的条目均由片假名、国际音标、日语释义、例句以及该词语的音频文件构成。本文首先根据音频文件来核对国际音标，再以语义相同或相近为基础，通过将冲绳方言读音与汉语中古音韵结构以及日语音读进行比较来确定该读音所对应的汉字，即如果该词条中的某音节读音能够与中古汉语声韵母结构或日语音读中的元辅音存在对应关系，同

时该义项与汉语或日语音读所对应的汉字的义项一致，即可确定词条中的音节与该汉字相对应。由此最终确定了877个音节及其对应的汉字。本文通过结合中古汉语音韵框架考察这些字音的特点，找出中古汉语阳声韵字和入声韵字在冲绳方言中的韵尾标记，并在此基础上探讨其反映的中古汉语阳声韵尾、入声韵尾的演变类型，为研究汉语对冲绳方言产生的直接或间接影响提供参考。

一、中古汉语阳声韵字在冲绳方言中的韵尾标记

（一）韵尾标记

中古汉语阳声韵字（以下简称“阳声韵字”）在冲绳方言中的标记可以分为词尾标记和非词尾标记两种情况。词尾标记是指中古汉语阳声韵字在冲绳方言中单字成词或位于复合词词尾时的韵尾标记。非词尾标记是指中古汉语阳声韵字在冲绳方言中位于复合词词首或词中的韵尾标记。

1.词尾标记

词尾标记表现为鼻尾、长音、无标记三种形式。其中鼻尾的音值是[ŋ]。具体见表1。

由表1可以看出，中古汉语阳声韵字在冲绳方言中的词尾标记具体情况如下：

①咸深摄

咸深摄阳声韵字的词尾标记为[ŋ]，没有其他形式。

②山臻摄

a.大多数为[ŋ]，如：安[aŋ]，岸[ɡaŋ]，本[ɸuŋ]；

b.三个字无标记，包括：伴[ba]，边[bi]，分[bu]；

c.四个字为长音，包括：田[taː]，钝[duː]，昆[kuː]，人[riː]。

③宕江曾梗通摄

宕摄阳声韵字的词尾标记表现为以下两种类型：

a.大多数为长音，如：傍[boː]，菖[soː]，长[ʧioː]；

b.两个字为[ŋ]，包括：广[kwaŋ]，洋[jaŋ]。

江曾摄阳声韵字的词尾标记均为长音。

表1　阳声韵字在冲绳方言中的词尾标记及其分布

摄	中古汉语阳声韵字	词尾标记
咸	谗点帆柑感俭检勘堪龛男南念三痰谈探嫌馅	ŋ
深	今金禁赁审心音	ŋ
山	安岸按案半绊弁便变残产船丹箪旦电短段断缎番藩烦繁反边返饭罐肝干官棺关观贯寒间煎见建饯看栏裥莲联炼蛮满慢棉面难年判叛片袢千前钱犬散山珊膳壇炭天湾丸顽晚碗万洗仙先限县献线玄言眼元缘愿传赞栈	ŋ
	伴边	无标记
	田	长音
臻	本真臣春存寸恩分根婚巾斤近进均君困麟悋门闷民盆贫人忍闰润身神顺孙笋损豚文纹闻问信勋因银隐印运镇	ŋ
	分	无标记
	钝昆人	长音
宕	广洋	ŋ
	傍菖长常当荡方放皇凰将匠酱狂粮两量强伤上裳唐堂糖王忘望相香乡详想杨养样葬脏丈帐装状	长音
江	棒双	长音
曾	灯等胜籐应	长音
梗	羹京铃明瓶请	ŋ
	景名平	无标记
	兵饼病成丁疔定行京经井景警镜灵领孟名明命宁平屏评清情生盛厅亭形幸性姓兄迎侦正政证	长音
通	冬东风贡龙	ŋ
	风工笼	无标记
	充聪冬胴动封风奉凰公功宫共龙穷容绒蓉通同痈用中忠重总	长音

说明：[ŋ] 尾在元音 [e] 后读音近似 [n]。

梗摄阳声韵字的词尾标记三种类型都存在：

a.大多数为长音，如：兵［çioː］，饼［ɸiː］，病［bioː］；

b.个别字为［ŋ］，如：羹［kaŋ］，京［kiŋ］，铃［riŋ］；

c.三个字无标记，包括：景［ʧi］，名［mi］，平［ɸi］。

通摄阳声韵字的词尾标记三种类型都存在：

a.大多数为长音，如：充［ʤiuː］，聪［suː］，公［kuː］；

b.个别字为［ŋ］，如：冬［tuŋ］，东［tuŋ］，贡［kuŋ］；

c.三个字无标记，包括：风［ɸu］，工［ku］，笼［ru］。

综上可以看出，咸深摄词尾标记类型完全一致，均为鼻尾；山臻摄绝大多数为鼻尾，个别表现为无标记和长音的形式；宕江曾梗通摄绝大多数为长音，仅少部分仍读鼻尾，个别表现为无标记的形式。如果把个别情况看作例外，则咸深山臻摄为一类，词尾标记基本为鼻尾，宕江曾梗通摄为一类，词尾标记主要为长音。

从中古音韵地位来看，无论是读鼻尾、长音还是无标记的阳声韵字均无明显的规律，呈零散分布状态。此外，有三个字不是阳声韵字，但在冲绳方言中也读鼻尾：夫［buŋ］，非母遇摄合口三等虞韵；五［guŋ］，疑母遇摄合口一等模韵；九［kuŋ］，见母流摄开口三等尤韵。

2.非词尾标记

非词尾标记与词尾标记之间有一定的关联性。具体情况如下：

①阳声韵字在冲绳方言中如果其词尾标记为鼻音，则其非词尾标记亦为鼻音，但音值会有所变化，主要表现为以下三种类型：

a.后接［m］、［b］和［p］时鼻尾读［m］，如“三”单字音读［saŋ］，在“三百［sambaku］”中读［sam］；

b.后接［n］、［t］和［d］时鼻尾读［n］，如“烦”单字音读［buŋ］，在“烦恼［bunnoː］”中读［bun］；

c.后接［k］和［g］时，鼻尾读［ŋ］，如“三”在“三角［saŋkaku］”中读［saŋ］。

这种鼻音在词语中表现出来的［m］、［n］和［ŋ］三种具体音值是由于语音连读中受前后音节影响而致，与中古汉语阳声韵字咸深摄的［m］尾，山臻摄的［n］尾以及宕江曾梗通摄的［ŋ］尾没有相关性。这种语音同化现象在语言中非常普遍，如汉语北方方言中“面”单字音读［mian］，在“面包”［miambao］中读［miam］。

②阳声韵字在冲绳方言中如果其词尾标记为长音或无标记时，则其非词

尾标记没有变化，仍为长音或无标记。如“风”字单字音读［ɸuː］，在词语“风铃［ɸuːriŋ］”中亦读［ɸuː］。

此外，非词尾标记为长音或无标记的阳声韵字出现在词语中后接清辅音时，个别清辅音有读浊音的情况，如“心”单字音读［ʃiŋ］，在“灯心”［tuːʤiŋ］中读［ʤiŋ］，“灯”为曾摄阳声韵字；“子”单字音读［ʧi］，在“孟子”［moːʤi］中读［ʤi］，“孟”为梗摄阳声韵字。但并非所有的清辅音在位于非鼻尾的阳声韵字后都读浊音，也有保持不变的情况，如“伤寒”［soːkaŋ］中清辅音［k］位于宕摄阳声韵字“伤”后仍读［k］；“上等”［ʤoːtuː］中清辅音［t］位于宕摄阳声韵字“上”后仍读［t］。

（二）韵尾标记与中古汉语阳声韵尾的演变

1. 中古汉语阳声韵尾的演变

王力[①]依据各时代的韵书和韵文，排列了各时代阳声韵的韵尾情况。由各时代的韵尾情况可知，在官话方言中咸深摄阳声韵字［-m］到了元朝以后变读为［-n］，山臻摄阳声韵字［-n］和宕江曾梗通摄阳声韵字［-ŋ］基本不变。徐通锵指出：

> 中古后鼻音韵在今方言中仍为后鼻音韵的比例最高，中古为前鼻音韵的次之，中古为双唇鼻音韵的在今方言中仍然保留的最少。韵尾的发展方向：后鼻音韵尾可以向前鼻音韵发展，前鼻音韵也有较多的向后鼻音韵发展，但它们几乎不会向双唇鼻音韵尾发展，双唇鼻音韵则同时向前鼻音韵和后鼻音韵发展。在前、后鼻音韵尾的互转中，韵腹为前元音或央元音的后鼻韵尾容易变为前鼻韵尾，韵腹为后元音或低元音的后鼻韵尾往往保持不变。韵腹为舌位靠后或较低元音的前鼻音韵容易变为后鼻音韵。后鼻韵尾比较稳定，不容易鼻化或失掉，而前鼻韵尾和双唇鼻韵尾的稳定性较弱。在韵尾失落的过程中，元音舌位越低韵尾越容易失落，舌位越高韵尾越容易保持。几乎所有类型的阳声韵在今方言中均会向阴声韵和鼻化韵转化。[②]

由此可以看出，中古汉语阳声韵尾［-m］多向［-n］和［-ŋ］转变，

① 王力：《汉语语音史》，北京：商务印书馆，2012年，第579—587页。

② 徐通锵：《历史语言学》，北京：商务印书馆，2014年，第278页。

[-n] 和 [-ŋ] 有互转的现象，[-n] 变为 [-ŋ] 的数量较多，[-ŋ] 变为 [-n] 的数量较少。从整体上看，[-ŋ] 保留得最好，稳定性最高，[-n] 次之，而 [-m] 稳定性最差，大多数已发生变化。

2.韵尾标记与中古汉语阳声韵尾的演变

冲绳方言中不同类型的韵尾标记会在一定程度上反映中古汉语阳声韵尾的特点和演变过程。在冲绳方言中咸深山臻摄阳声韵字较好地保留了鼻尾，山臻摄只有个别鼻尾发生了变化，而宕江曾梗通摄大多数阳声韵字鼻尾已消失，仅个别保留了鼻尾。从鼻尾的具体音值来看，当阳声韵字单字成词或位于复合词词尾时鼻音韵尾全部混同成 [-ŋ]，当阳声韵字位于词首或词中时鼻音韵尾会在语音连读中受前后音节影响而表现出 [m]、[n] 和 [ŋ] 三种音值。而鼻尾消失的阳声韵字，则表现为无标记和长音两种韵尾形式。

从具体的开合、四等和韵的角度来看，无论鼻尾特点保留还是消失，相同音韵地位的阳声韵字在冲绳方言中标记可能也会不同，如深摄开口三等侵韵“心”字有 [ʃi] 的读音形式，无鼻尾，而其他侵韵字均读鼻尾；山摄合口一等桓韵字“伴” [ba] 无鼻尾，而其余桓韵字均读鼻尾；臻摄合口一等魂韵字“钝” [duː] 和“昆” [kuː] 均读长音，而其他同韵字均读鼻尾；宕摄开口三等阳韵字“洋” [jaŋ] 读鼻尾，而其他同韵字均读长音；通摄合口一等东韵字除“工” [ku] 外均读长音。标记不同的字之间也无明显区分条件。

这种现象可以用词汇扩散理论来解释。在词汇扩散理论看来，语音的变化是突然的、离散的，但这种突然的变化在词汇中的扩散却是逐渐的、连续的，即开始的时候可能只在某些词中有变化，而随着时间的推移，首先在少数词中发生的变化逐渐扩散到所有相关的其他词。也就是说冲绳方言反映出中古汉语阳声韵尾的鼻尾特点有弱化消失的趋势，这一语音变化在词汇中逐渐扩散，且这种扩散是零散的，无规律的，扩散的结果表现在两个方面：一是不同韵摄之间的韵尾表现不同，咸深摄阳声韵字单字音保留了鼻尾特点，山臻摄大多数阳声韵字保留了鼻尾，而宕江曾梗通摄阳声韵字多数鼻尾已消失。二是部分字的异读现象，如臻摄“分”字在冲绳方言中有 [bu] 和 [buŋ] 两种读音形式，即除了保留鼻尾形式外，还出现了无标记的形式，类似的还有梗摄“京”字读 [ʧoː] 和 [kiŋ]，“明”字读 [miː] 和 [miŋ]，通摄“冬”字读 [tuː] 和 [tuŋ]，“龙”字读 [ruː] 和 [riŋ]，通摄“风”字读［ɸuŋ］。此外，阳声韵尾的演变也会体现在冲绳方言后接清辅音的读音类型里。在冲绳方言中，鼻音后的清辅音往往读浊音，这被称为连浊现象。通常情况下，当清辅音前是保留鼻音的阳声韵字时一般都会遵循这一规律。而当清辅音前是非鼻尾的阳声韵字时清辅音一般仍读清音，也有个别读浊音的情况，这种个别情况反映了虽然阳声韵字的鼻尾特点已消失，但后接清辅音仍读浊音的规律依然保留，反过来也印证了该阳声韵字韵尾曾是鼻尾的特点。这种在非鼻尾的阳声韵字后的清辅音通常读清音，个别读浊音的现象也很好地反映了中古汉语阳声韵尾弱化消失的过程。

二、中古汉语入声韵字在冲绳方言中的韵尾标记

（一）韵尾标记

中古汉语入声韵字（以下简称“入声韵字”）在冲绳方言中的韵尾标记有两种，分别为非喉塞标记和喉塞标记。

1.非喉塞标记

非喉塞标记表现为两种类型：一是在辅音后增加元音［i］或［u］，即开元音化，不同韵摄表现又有所差异；二是韵尾脱落，元音变长或不变，即长音和无标记的形式。见表2。

非喉塞标记的出现条件有两种：一种是位于词尾，如“一”［ʔiʧi］（单字词词尾），又如“菩萨”［bu:sa:］中的“萨”［sa:］（复合词词尾）；另一种是位于非词尾，即出现在复合词的词中，其后不接清辅音，如“薄情”［hakuʤio:］中的“薄”［haku］。无论出现在词尾还是非词尾，非喉塞标记的类型特点一致。

表2 入声韵字在冲绳方言中的非喉塞标记及其分布

摄	中古汉语入声韵字	非喉塞标记
咸	答法合纳协	长音
	法	无标记

续 表

摄	中古汉语入声韵字	非喉塞标记
深	给急入十	长音
	入湿	无标记
山	萨	长音
	八别钵察罚发节切热铁月札	ʧi
臻	不蜜	无标记
	佛骨蜜匹七日实物一质	ʧi
宕	脚	无标记
	薄度恶落幕却弱勺药约乐着酌作	ku
江	角学濯	ku
曾	贼	长音
	北	无标记
	得德国极勒食蚀翌则职	ku
	直	ki
	力色式直	ʧi
梗	格拍石	长音
	白百尺嫡厄客脈迫石役泽	ku
	石	ki
	敌籍历易益	ʧi
通	祝族	长音
	福木育	无标记
	畜促毒服福腹菊六禄录木目睦肉束俗续欲狱竹竺足族	ku

中古汉语入声韵字在冲绳方言中的非喉塞标记具体情况如下。

①咸深摄

咸深摄入声韵字表现为以下两种类型：

a. 大多数为长音，如：答［toː］，纳［noː］，协［ʧuː］；

b. 三个字无标记，包括：法［bu］，入［nu］，湿［ʃi］；

这两种标记已无法看出入声韵尾的特点，入声韵尾已消失。

②山臻摄

山臻摄入声韵字表现为以下三种类型：

a. 大多数为［ʧi］尾，如：八［haʧi］，铁［tiʧi］，骨［kuʧi］；

b. 两个字无标记，包括：不［bu］，蜜［mi］；

c. 仅"萨"［saː］字为长音。

第一种标记是在入声韵尾［t］的基础上增加了元音［i］，即开元音化，同时辅音［t］在后接细音时出现了腭化现象，变为［ʧ］；后两种标记已无法看出入声韵尾的特点，入声韵尾已消失。

③宕江曾梗通摄

宕摄入声韵字表现为以下两种类型：

a. 绝大多数为［ku］尾，如：恶［ʔaku］，幕［maku］，酌［saku］；

b. 仅"脚"［ʧa］字无标记。

江摄入声韵字均表现为［ku］尾，如：角［kaku］，学［gaku］，濯［taku］。

宕江摄的韵尾标记［ku］是在中古汉语入声韵尾［k］的基础上增加了元音［u］，即开元音化。仅"脚"字入声韵尾脱落，已无法看出入声韵尾的特点。

曾摄入声韵字表现为以下五种类型：

a. 多数为［ku］尾，如：德［tuku］，国［kuku］，则［suku］；

b. 部分为［ʧi］尾，如：力［riʧi］，色［ʃiʧi］，直［ʤiʧi］；

c. 仅"直"［ʤiki］字为［ki］尾；

d. 仅"北"［ɸi］字无标记；

e. 仅"贼"［ʧeː］字为长音。

曾摄的第一种标记［ku］，是在入声韵尾［k］的基础上增加了元音［u］，即开元音化。第二种标记［ʧi］和第三种标记［ki］是在入声韵尾［k］的基础上增加了元音［i］，且多数辅音［k］在后接细音时出现了腭化现象，由［ki］变为［ʧi］。最后两种标记已无法看出入声韵尾的特点，入声韵尾已消失。

其中，由［ki］变为［ʧi］这一语音变化可以从异读现象中得到印证。如"直"有两个读音，分别是［ʤiki］和［ʤiʧi］，两者的不同在于［ki］和

［ʧi］的不同，即后者是前者的腭化，这两种形式的共存反映了中古汉语曾摄入声韵字的入声韵尾［k］后接元音［i］时有腭化的倾向。

梗摄入声韵字表现为以下四种类型：

a. 大多数为［ku］尾，如：白［ɸaku］，尺［saku］，厄［jaku］；

b. 部分为［ʧi］尾，如：敌［tiʧi］，籍［ʃiʧi］，易［iʧi］；

c. 三个字为长音，如：格［koː］，拍［çioː］，石［ʃiː］；

d. 仅“石”［ʃiki］字为［ki］尾。

第一种标记［ku］是在入声韵尾［k］的基础上增加了元音［u］，即开元音化。第二种标记［ʧi］和第四种标记［ki］是在入声韵尾［k］的基础上增加了元音［i］，而［ʧi］尾是中古汉语梗摄入声韵字［k］尾在后接细音时出现了腭化现象，变为［ʧ］。第三种标记已无法看出入声韵尾的特点，入声韵尾已消失。

通摄入声韵字表现为以下三种类型：

a. 绝大多数为［ku］尾，如：畜［ʧiku］，菊［ʧiku］，六［ruku］；

b. 三个字无标记，包括：福［ɸu］，木［mu］，育［i］；

c. 两个字为长音，包括：祝［suː］，族［ʤuː］。

第一种标记［ku］是在入声韵尾［k］的基础上增加了元音［u］，即开元音化。后两种标记都无法看出入声韵尾的特点，入声韵尾已消失。

综上可以看出，咸深摄类型完全一致，主要以长音为主，个别为无标记的形式；山臻摄类型基本一致，主要以［ʧi］尾为主，山摄个别表现为长音，臻摄个别表现为无标记的形式；宕江曾梗通摄类型则不尽相同，主要以［ku］尾为主，个别表现为长音和无标记的形式，其中曾梗摄类型较复杂，个别还存在［ki］尾、［ʧi］尾等类型，这反映了与其他摄相比，曾梗摄最不稳定的特点。

2. 喉塞标记

喉塞标记的详细情况见表3。

表3 入声韵字在冲绳方言中的喉塞标记及其分布

摄	中古汉语入声韵字	喉塞标记
咸	法合接杂	ʔ
深	立	
山	达发洁	
臻	比佛吉	
宕	薄	
曾	逼德	
梗	册嫡格	
通	六	

说明：喉塞标记［ʔ］有不同的音位变体，包括［ʔ］、［p］、［t］、［k］，其互补条件为后接不同的清辅音，如［s］（和［ʃ］）、［p］、［t］、［k］，为便于讨论，本文将不同的音位变体合并为一个［ʔ］音位。

中古汉语入声韵字在冲绳方言中所对应的喉塞标记只出现在复合词中，且只能出现在词首或词中，不出现在词尾，后仅能接清辅音。如“立夏”［riʔkaː］中的“立”出现于词首，后接清辅音［k］；“六角”［ruʔkaku］中的“六”出现于词首，后接清辅音［k］。可以看出，喉塞标记与非喉塞标记的出现条件是互补的。

冲绳方言中的喉塞标记与汉语入声的读音特点很相似，是一种中顿、闭气的语音现象，都有成阻和除阻的过程，所不同的是汉语入声可以出现在复合词的词尾，而冲绳方言中的喉塞标记不出现在词尾。不同摄的中古汉语入声韵字在冲绳方言中所对应的喉塞标记后接清辅音的具体音值有所不同。具体来说，咸摄入声韵字后接清辅音具体表现为［p］、［t］、［k］；深摄入声韵字后接清辅音具体表现为［k］；山摄入声韵字后接清辅音具体表现为［ʃ］、［s］、［p］；臻摄入声韵字后接清辅音具体表现为［p］、［t］；宕曾梗通摄绝大多数入声韵字后接清辅音仅限于［k］，仅曾摄“逼”字后接清辅音［p］，梗摄“嫡”字后接清辅音［t］，“册”字后接清辅音［p］，通摄“六”字既有后接清辅音［p］的情况，也有后接清辅音［k］的情况；江摄入声韵字出现在复合词中没有后接清辅音的情况。

（二）韵尾标记与中古汉语入声韵尾的演变

1. 中古汉语入声韵尾的演变方向

王力[①]依据各时代的韵书和韵文，排列了各时代入声的韵尾情况。根据“历代语音发展总表”，上古时期的长入到了南北朝时期消失塞尾变读去声；短入保持-p、-t、-k直到宋代出现合并，曾梗摄开合口三四等-k尾变成了-t尾，合并后的-p、-t、-k到了元代就全部消失；部分入声韵塞尾消失后主元音发生变化，部分增加了元音尾，部分保持主元音不变。入声韵尾-p、-t、-k的消失，大约经过合并为韵尾-ʔ的阶段。我们设想，合并为-ʔ之后，大约还在经过短入变长入的阶段，然后由于元音延长，导致后面辅音-ʔ的脱落。栗华益[②]指出入声韵尾的演变有合并，主要有韵尾-t化和韵尾-k化两大类型；弱化，主要有韵尾-ʔ化、韵尾边音化和韵尾鼻音化三大类型；消失，有部分消失和全部消失两个阶段。由此可以看出中古汉语入声韵尾整体的演变方向是合并、弱化和消失。

2. 韵尾标记与中古汉语入声韵尾的演变

中古汉语入声韵尾的演变过程在冲绳方言的标记中也有所体现。由于冲绳方言的音节结构与汉语不同，通常以元音结尾，于是入声韵字进入冲绳方言后为了适应冲绳方言的音韵体系，在塞尾后增加了元音i或u，因此我们可以通过去元音化的方法来看其保留的塞尾特点。山臻摄大多数字在冲绳方言中的非喉塞标记为［ʧi］，可能表明这部分字在冲绳方言中较好地保留了［t］尾的音类特点，但音值发生擦化。宕江曾梗通摄入声韵字在冲绳方言中的非喉塞标记大多数为［ku］，可能表明这部分字在冲绳方言中较好地保留了最初的［k］尾。而长音和无标记则体现了一部分入声韵字在冲绳方言中韵尾弱化消失的现象。从不同类型标记的数量上看，咸深摄入声韵字在冲绳方言中已失去入声韵尾的特点，而大多数山臻摄和宕江曾梗通摄入声韵字保留了原入声韵尾的特点。

与非喉塞标记相比，喉塞标记更能体现出中古汉语入声韵尾的音值特点。其中宕江曾梗通摄入声韵字保留的最好，喉塞标记后仅接清辅音［k］，完整地保留了这部分字中古时期的塞尾音值特点，仅有个别字发生了变化。

① 王力：《汉语语音史》，北京：商务印书馆，2012年，第569—579页。

② 栗华益：《汉语方言入声韵尾演变研究》，博士学位论文，北京语言大学语言研究所，2011年，第1页。

咸深摄和山臻摄入声韵字的喉塞标记后接清辅音类型较复杂，包括［p］、［t］、［k］、［s］、［ʃ］等，说明这部分字的入声韵尾在冲绳方言复合词中音值已出现了变化。另外，如果同一入声韵字在冲绳方言中同时具有非喉塞标记和喉塞标记，如梗摄“嫡”字的非喉塞标记为［ku］，喉塞标记后接［t］，从非喉塞标记可以看出其保留了中古时期［k］尾的音值特点，而喉塞标记后接［t］说明它在词语中已失去了中古时期［k］尾的音值特点。同一入声韵字的非喉塞标记和喉塞标记的这种不一致现象，反映了中古汉语入声韵尾的一种分化情况。如臻摄“佛”字，非喉塞标记为［ʧi］，喉塞标记后接清辅音［p］，从非喉塞标记可以看出其保留了中古时期［t］尾的音值特点，而喉塞标记后接清辅音的条件则表明了其音值已发生变化。

冲绳方言中存在一字多读的现象，这种现象也反映出入声韵尾的分化情况。如臻摄“蜜”字在冲绳方言中有［mi］和［miʧi］两种读音，通摄“福”字有［ɸu］和［ɸuku］两种读音，通摄“木”字有［mu］、［muku］、［buku］三种读音，表现为入声韵尾脱落和塞尾开元音化两种形式；通摄“族”字有［ʤuː］和［ʤuku］两种读音，梗摄“石”字有［ʃiː］和［ʃiki］两种读音，均表现为长音和塞尾开元音化两种形式。在冲绳方言中，相同音韵地位的入声韵字其非喉塞标记并不完全一致，非喉塞标记与喉塞标记之间的对应也不完全一致，这种现象可以用词汇扩散理论来解释，也就是说中古汉语入声韵字韵尾的变化趋势是在词汇中逐渐扩散且无规律的，是离散式音变，因此呈零散分布状态，无明显条件。

结 语

中古汉语阳声韵字和入声韵字在冲绳方言中具有各自的韵尾标记，这些标记类型可以反映出中古汉语阳声韵尾和入声韵尾的特点及其演变类型。

中古汉语阳声韵字在冲绳方言中的韵尾标记分为词尾标记和非词尾标记，两种标记类型的情况基本相同，咸深山臻摄阳声韵字较好地保留了鼻尾，山臻摄只有个别字鼻尾发生了变化，宕江曾梗通摄大多数阳声韵字鼻尾已消失，而鼻尾消失的阳声韵字则表现为无标记和长音两种标记。中古汉语入声韵字在冲绳方言中表现为非喉塞标记和喉塞标记，其中非喉塞标记中一种可以通过去元音化的方式来反观其保留的塞尾特点，另一种是长音和无标记的形式，原韵尾特点已消失，而喉塞标记则通过后接清辅音的具体音值来反观其保留的塞尾特点，两种标记均显示宕江曾梗通摄入声韵尾特点保留得最好。与非喉塞标记相比，喉塞标记更好地保留了中古汉语入声韵尾的音值特点。

从中古汉语阳声韵字、入声韵字在冲绳方言中的韵尾标记类型可以看出，中古汉语阳声韵尾和入声韵尾从整体上看有弱化消失的趋势，且这种趋势是离散式音变，呈零散分布状态，无明显条件。

石　晨　北京语言大学图书馆馆员

·汉语教学国际传播研究·

赫宁茨《习汉英合话》与近代早期中美语言接触

潘瑞芳

摘　要：1854年，由波兰人赫宁茨（Stanislas Hernisz）编写的《习汉英合话》一书，在美国波士顿出版。这是专门方便早期美国旧金山的华人和当地人编写的一部汉英双语学习手册，见证了近代中美语言文化交流和接触，具有重要的价值。研究发现，《习汉英合话》在美国的出版，早于《华英通语》，而且出现在美国本土，属于早期的第二语言学习手册。出版后，该书在美国市场上得到了接受和认可。作为其管理单位的美国东方学会在其会刊中也发表书评文章，对其进行评价介绍。可以说，该书不仅是中美语言学习的工具书，更是早期中美语言接触历史的重要见证。

关键词：赫宁茨　《习汉英合话》　中美语言接触

1849年，美国旧金山发现金矿，在世界范围内引发了前往美国的“淘金热”。同时，大量的中国人，尤其是广东、福建等地的华人，纷纷前往美国。到1867年，在加利福尼亚州的华人就有8.9万之多。[①]到了1868年，尤其是金山市，华人社区已经盛行，华人占加州总人口的比重也有较大的提升。

与此同时，华人在美国生活、工作，就必然需要语言的接触和交流。而在语言接触早期，词汇和对话书，就是最重要的工具。[②]外国人来华后，最早的语言学习资料是由马六甲英华书院培养的学生袁德辉（SHAOU TĬH，生

① 张德彝：《走向世界丛书第II辑：欧美环游记》，长沙：岳麓书社，1985年，第638页。

② 周振鹤：《鬼话 · 华英通语及其他》，《读书》1996年3期。

卒年不详）于1826年编写的《英华学生口语手册》。[①]在早期中美语言接触中，最著名的语言学习资料是《华英通语》，是针对华人学习英语的重要作品，也被日本学者福泽谕吉（Fukuzawa Yukichi，1835—1901）于1860年引入日本，经过注释后以《增订华英通语》出版，成为影响中国和日本近代英语学习史的重要作品。[②]

实际上，不光是中国人到加利福尼亚州，就是在当地的美国人，也有非常强烈的汉语学习和交流的需求。因此，富有外语学习经验的美国中文教育学会的成员赫宁茨（Stanislas Hernisz，1805—1866）[③]于1854年出版了他的《习汉英合话》（*A guide to conversation in the English and Chinese languages: for the use of Americans and Chinese in California and elsewhere*）。日本关西大学内田庆市教授在研究日记中认为，这是一本"用汉字标记英语的声音"的英汉对译课本，且"与之前看到的略有不同"。[④]该书出版之后，美国东方学会在1856年出版的会刊发表了一篇书评对其评介。同时，该书也被收录在多种书目之中，如"考狄书目"。在对其介绍时，还重点介绍其采用现代活字印刷的方式。

可惜的是，目前关于该书的研究十分有限。仅盐山正纯在开展"官话"一词形成过程的研究时提到了该书。[⑤]屈文生提到了作者赫宁茨及其参与《望厦条约》签署的过程，但是对其《习汉英合话》一书，则仅仅是提及，并没

① 卞浩宇:《近代中国人编写的第一部英语口语教科书——〈英华学生口语手册〉研究》,《外国语言与文化》2018年第4期。

② 田野村忠温「新出資料『華英通語』道光本と中国初期英語学習書の系譜——附論　福沢諭吉編訳『増訂華英通語』」、『大阪大学大学院文学研究科紀要』、大阪大学大学院文学研究科、2018年第58期。

③ 目前的资料里，还没有找到其中文署名。中文译名"赫宁茨"是参考屈文生的研究成果。见：屈文生:《〈望厦条约〉订立前后中美往来照会及翻译活动研究》,《复旦学报（社会科学版）》2017年第1期。

④ 内田庆市的学术日记：http://keiuchid.sakura.ne.jp/1998-1202/最后查询日期：2022年10月26日。

⑤ 盐山正纯:《19世纪西洋人眼中的中国通用语言——以汉英课本为核心资料》，载周小兵主编、韩一瑾副主编《国际汉语：汉语教材史国际学术研讨会论文集》第4辑，广州：中山大学出版社，2018年。

有展开。[①]而岳岚[②]，余德英、罗文萍[③]，墨磊宁（Thomas S. Mullaney）[④]等只是在研究中提到了《习汉英合话》这本书，都没有对其有详细的介绍或深入的研究。本文基于哈佛大学图书馆所藏的《习汉英合话》一书，考察作者赫宁茨的基本情况，对《习汉英合话》一书的编著特征进行评介，从语言接触的角度重新评估其价值。

一、赫宁茨（Stanislas Hernisz）其人

在哈佛大学图书馆收藏的《习汉英合话》一书中，有作者赫宁茨的亲笔签名（见图1）。赫宁茨是波兰人（波兰语的名字是Stanisław Hernisz），1805年生于波兰的首府华沙（Warsaw），1866年在英国伦敦去世。

图1　赫宁茨的亲笔签名

1855年1月至5月，可以在*Daily Alta California*上看到赫宁茨给《习汉英合话》以及其诊所所投放的广告。[⑤]值得注意的是，作为医生的赫宁茨能够用英语、法语、西班牙语、意大利语、日语等多种语言进行交流，显示了其独特的语言天赋和语言能力。赫宁茨的诊所（营业时间：上午10点一下午1点）就在Bush Street，在音乐大厅（Musical Hall）的隔壁。同时，在自己的诊所里也售卖《习汉英合话》这本书。[⑥]

---

① 屈文生：《〈望厦条约〉订立前后中美往来照会及翻译活动研究》，《复旦学报（社会科学版）》2017年第1期。

② 岳岚：《汉语西传——以晚清时期英语世界汉语教材为中心》，《北京行政学院学报》2015年第5期。

③ 余德英、罗文萍：《罗伯聃与〈华英通用杂话·上卷〉的研究》，《肇庆学院学报》2018年第6期。

④ Thomas S. Mullaney，*The Chinese Typewriter*：*A History*，Massachusetts：The MIT Press，2017，p.351.

⑤ *Daily Alta California*，Volume 6，Number 73，March17，1855.

⑥ *Daily Alta California*，Volume 6，Number 31，February1，1855.

关于作者的名字，在屈文生的研究里，将其翻译成赫宁茨。其他地方尚未见到其中文名字。[①]但是，作者将赫宁茨的国籍错误地写成了“荷兰”。

二、《习汉英合话》概览

（一）出版情况

《习汉英合话》于1854年在美国波士顿出版，同时在多个州发行。在法国巴黎印刷。定价为5美元。出版商John P. Jewett & Co.是一家1846年创办波士顿的著名出版公司。主要出版教材和宗教教材，也出版反对黑奴制的作品。最著名的作品是《汤姆叔叔的小屋》。

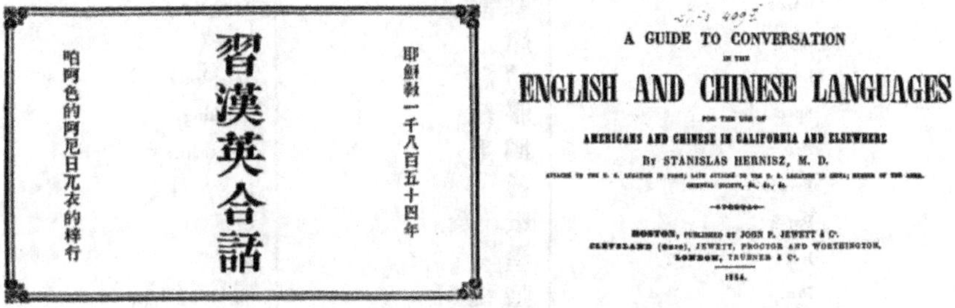

图2 《习汉英合话》中英文扉页

在美国哈佛大学图书馆藏有《习汉英合话》一册。[②]成品尺寸为16×24cm，179页。在扉页之前，有作者赫宁茨的亲笔手写签名和赠言。文前，还有一段用法语撰写的致谢，对提供汉字字模的李格昂（Marcellin-Legrand，生卒年不详）表达感谢。正文之后，附有勘误表。

日本东洋文库的“贵重书（编号：III-12-F-b-5）”部藏有《习汉英合话》一册。

（二）使用对象与版式

在序言里，赫宁茨认为该书的使用对象是“在加利福尼亚和其他地区的美国人和中国人”。可见，这本书不仅帮助在加州的美国人学习汉语，还有

① 屈文生：《〈望厦条约〉订立前后中美往来照会及翻译活动研究》，《复旦学报（社会科学版）》2017年第1期。

② https://curiosity.lib.harvard.edu/immigration-to-the-united-states-1789-1930/catalog/39-990030870830203941最后查询日期：2022年10月20日。

助于中国人学习英语。从时间上看，这是早于《华英通语》并应用于美国加利福尼亚州的汉英双语学习短语手册。而其出版时间，恰恰是晚清时期大量华人前往美国“淘金”时期。

赫宁茨1841年曾参与顾圣（Caleb Cushing，1800—1879）使团，并在其中担任使团的翻译，在中国境内有一定的经历。加上其本身的外语能力和外语天赋，使他很容易就根据已有资料并参照当时流行的语言学习用书编写出一本新的汉语－英语学习材料。《习汉英合话》在排版时，将英文、中文、汉字读音排在一行上，三者对应，便于读者学习。[①] 如图3。

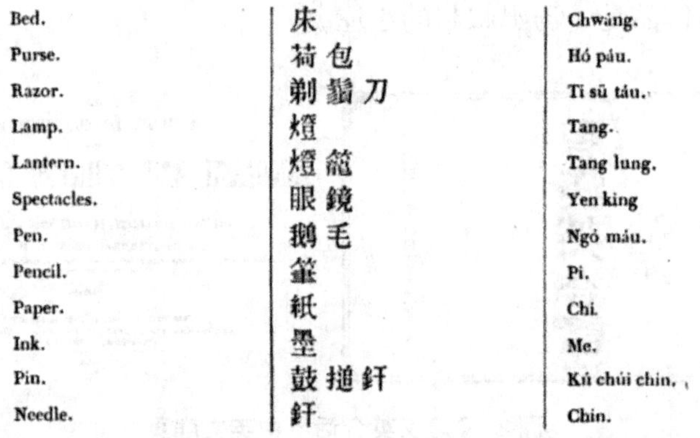

Bed.	床	Chwáng.
Purse.	荷包	Hó páu.
Razor.	剃鬚刀	Tí sü táu.
Lamp.	燈	Tang.
Lantern.	燈籠	Tang lung.
Spectacles.	眼鏡	Yen king
Pen.	鵝毛	Ngó máu.
Pencil.	筆	Pi.
Paper.	紙	Chí.
Ink.	墨	Me.
Pin.	鼓搥針	Kú chúi chin.
Needle.	針	Chin.

图3 《习汉英合话》的排版示例（第45页）

（三）主要内容

全书结构：简介（包括字母、部首、正字法、声调）、读英字学习（第1—3页，展示了“学英咧喂话”的一段问答）、英咧喂话二十六字（第4—31页，包括二十六个字母的读法和200个常用词语及其读法）、数目字（第32—41页，包括数字及其读法）。正文：字部（1—11页，包含根据《康熙字典》整理的214个部首及其读法）、第一回文法（第13—94页）、第二回（第95—151页）、第三回问答（第152—179页）。

赫宁茨创新了汉字的读音注释方法，将每个汉字用拼音字母进行读音注释，帮助学习者掌握汉字的读音。如“Bed—床—Chwáng”。

① 从版式上来看，《习汉英合话》为横长版的图书，其长方形的版式也比较适合将英文、中文和发音进行对照。这也是这本书的一大特色。

在"读英字学习"部分，赫宁茨通过一段问答对话，说明英语并不难学，相反，只要用心学习"英话字之声"，"三四天工夫就认完了"，然后就很容易能读书了。在赫宁茨看来，学习英语"用心五六个月的工夫"就能够学好了。而且，英语"不过有二十六个字"，英国书比中国书还要更容易念。

在"第一回　文法"部分，以动词"有"为核心，分组展示了人称代词（6个），矿产、食物蔬菜、动物、家居用品、称谓名词、职业、工具等类别的名词，以及指示代词（10个）、不定代词（11个）、形容词（13个）、连词（2个）等，并通过动词"有"贯穿的不同句型，进行反复的替换练习进行强化。

在"第二回"里，展示了以动词为中心的不同句子和表达方式，包括职业、国家、方位、时间、刑法、天气、情感、状态等主题。动词包括单音节词和双音节词。选用的常用动词包括是、有、来、去、至/到、回、出去、入去/进来、出外、进来、说话、打劫、念书、想一想等。但这些动词的分组没有明确的规则，是编者根据句子表达的需要进行的整合。

"第三回"是"问答"，以句子和对话为主。包括"说是""说话""听见""懂得"等十一组句子。十一组问答对话中的每一个短句看似是孤立的，但连读起来就能够形成完整的对话，符合一套完整的"话轮"转换特征，[①]能够帮助使用者在实际的交际过程中达到实际的交际目的。虽然，这些句子大多不是赫宁茨自己创作的，但可以看出他对语言交际功能的重视。比如"问答七　买衣服"的问答对话，"说什么//无有什么//我有一件背心或尔中意不定//什么背心//这件//要多少价钱//六个银子//拿六元银子//请了//请了"（第160页），就明显地展示了这一特征。

（四）赫宁茨中文知识的来源

赫宁茨自己的汉语能力不得而知。但根据作者自己在序言里的讲述，赫宁茨自己从来没有依靠中国本土"先生"的帮助，就完成了《习汉英合话》的编写。但在序言里，作者提到，他的中文语言文化知识来源于由传教士出版的汉语学习资料、汉英双语词典等。主要有罗伯聃（Robert Thom，1807—1846）1843年出版的《华英通用杂话》，葡萄牙神父江沙维（Joaquim Affonso Gonçalvez，1781—1841）1829年编著出版的《汉字文法》，麦都思（Walter Henry Medherst，1796—1857）1848年编写并在上海墨海书馆出版的

① 刘虹：《会话结构分析》，北京：北京大学出版社，2004年，第45—64页。

两卷本《英汉字典》，美国“汉学之父”、新教传教士卫三畏（Samuel Wells Williams，1812—1884）1844年出版的《英华韵府历阶》，新教美国公理会在华传教士裨治文（Elijah Coleman Bridgman，1801—1861）1841编写出版的《广州方言撮要》，以及《康熙字典》等。

经过比较《习汉英合话》和以上作品发现，《习汉英合话》中的第三回“问答”部分的句子，基本上都是摘选自江沙维所编《汉字文法》一书。

（五）《习汉英合话》的出版特色

《习汉英合话》在巴黎印刷出版。而巴黎是19世纪初欧洲的汉学中心。1834年，巴黎著名铸字师傅李格昂在著名汉学家包铁（Guillaume Pauthier，1801—1873）指导下，打造出一套中文字范。李格昂对大多数的汉字采取按部首偏旁拼合的方式，如“碗”字，以“石”字排旁，与“宛”字结合，只有无法拆解拼合的汉字才逐一打造。最终，通过4200个活字，就能够组成3万个不同的中文字，足够排印一般图书，大大减少了成本和时间。①

《习汉英合话》一书应该是比较早使用这种字体来进行印刷的。而赫宁茨也在出版序言里称赞了这种新字形和印刷方式，“在我们这个时代，中国的书应该用‘海外野蛮人’制造的字体在中国印刷，这也许不是最不有趣的事实”。②

三、《习汉英合话》的编著特征

（一）北方官话特征

盐山正纯以近代以来传教士、汉学家等群体编写的汉英课本为核心，研究“19世纪西洋人眼中的中国通用语言”，在该文中他介绍了赫宁茨对“官话”的认识。③而在《习汉英合话》中，作者赫宁茨也很明确地提出了他所使用的就是中国的北方官话。

（二）重视句型——强化句子与表达的作用

赫宁茨在选取材料方面，非常重视句子和句型的价值，使用“替换”

① 苏精：《铸以代刻：十九世纪中文印刷变局》，北京：中华书局，2018年，第94页。

② *The Chinese Typewriter：A History*，p.351.

③ 盐山正纯：《19世纪西洋人眼中的中国通用语言——以汉英课本为核心资料》，载周小兵主编、韩一瑾副主编《国际汉语：汉语教材史国际学术研讨会论文集》第4辑，广州：中山大学出版社，2018年。

“扩展”的渐进式学习方式。比如，在第一回“文法”里，先呈现了人称代词及其复数形式“我”“你”“他”“我们”“你们”“他们”，之后是“人称代词+动词”的简单句，如“我有”“你有”“我们有”等。接下来列举了一些矿产类名词，并把句型扩展到“人称代词+动词‘有’+名词”，并循序渐进地扩展，从简单句子到复杂句型，层层递进，符合初级阶段语言学习的规律。

在内容选择上，赫宁茨充分考虑了汉语的复杂性，并尽可能地将汉语的各种特征、句型等进行了展示，以便于学习者理解和应用。从语言学习的视角来看，《习汉英合话》一书，虽然主要是帮助华人想学习英语，但是也帮助美国人学习汉语，因此在句子、词汇选择上也能够反映了19世纪40年代汉语的一些词汇和语法特征。

（三）口语交际与实用性特征

会话书，最重要的就是其口语特征。赫宁茨重视词汇在句子中的替换能力。从全书的例句可以看到，句子、句型的大量替换和重复，能够帮助使用者快速提升语言能力。

华人前往美国的主要目的是“淘金”。因此，矿物有关的词汇，在正文的“第一回”就进行了集中展示。而“金”更是排到了第一位。

金、金砂、金簿、银/白金、铁、铁矿、钢、铜、黄铜、锡、铅、矿、金星石、晶、鹅卵石、石煤、金刚石、火石、白灰、花石、盐、朴梢、盐池。（第14—16页）

这与当时华人前往美国加利福尼亚州旧金山市“淘金”的时代背景相吻合。这些词汇，也正是当事人的“刚需”。

为生活方便，书中还列举了丰富的职业词汇，如“工匠、工作者、馒头师傅、剃头师傅、打铁匠、订书匠、补鞋师傅、金器匠、店主、玉器匠、木匠、石匠、泥水师傅、吹唱师傅、画匠、贩子、刊刷匠、马鞍师傅、装船师傅、裁缝师傅、表匠、机女、工人”等。这些职业工种，是当时前往美国的华人所从事的主要工种。

（四）日常对话的编写特征

在《习汉英合话》的第三回里，是“问答”。赫宁茨选取了十一组问答，分别是“问答一　说是”“问答二　说话”“问答三　听见”“问答四　听懂”“问答五　天时”“问答六　饮酒”“问答七　买衣服”“问答八　去街市买来”“问答九　拜见”“问答十　年纪”“问答十一　饮茶”。这些主题都是日常生活交流所必需的话题。

1855年前后，部分华人在美国从事家政服务的工作。因此，需要负责日常家庭用品的采买工作。在“去街市买来”的对话中，可以看到，所采买的物品，是美国人生活中的日常生活用品，如“去街市买米、羊肉、鱼”“买蛋、牛油”等。其中，“牛油（butter）”，也就是黄油，是美国人日常生活必需品。

由于《习汉英合话》是早期汉语学习的版本，因此保留了丰富的中介语特点。如在汉英对译的“是”字句时候，文本中依然保留了“是”，如“我是八十七岁”“你是三十三岁”。

（五）文化特色

19世纪，美国所使用的货币是美元dollar。但是华人使用货币主要是银和铜。因此，在dollar一词的对应词上，以“银子”为主。如“我们有四五个银子”“你有多少银子”“我上下有二十五个银子”“商人有百万银子没有”等。

但在麦都思的《英华字典》里，dollar的主要对译词是“洋银”；[①]卫三畏将其译为“洋银、花边钱”；[②]到1867年，美国人哔嘯道（Benoni Lanctot，生卒年不详）所编写的《华英通语》里，dollar一词已经被翻译成“银钱”，[③]还没有变成“元”。可见，《习汉英合话》更多地保留了近代早期汉语的特征，也具有重要的语言史料价值。

四、《习汉英合话》中的美国与中国知识

徐继畲（1795—1873）在《瀛寰志略》中写道，“米利坚，亚墨利加大国也，因其船挂花旗，故粤东呼为花旗国。”[④]麦都思在《英华字典》中，将America翻译为“花旗国、亚默利加”。而赫宁莰在《习汉英合话》里继续使

① Walter Henry Medhurst，*Chinese and English Dictionary*，Shanghae：The Mission Press，1848，p.450.

② Samuel Wells Williams，*An English and Chinese Vocabulary in the Court Dialect*，Macao：The Office of the Chinese Repository Press，1844，p.76.

③ Benoni Lanctot，*Chinese and English Phrase Book with the Chinese Pronunciation Indicated in English*，San Francisco：A. Roman & Company Press，1867，p.28.

④ 徐继畲：《瀛寰志略》，上海：上海书店出版社，2001年，第273页。

用了“花旗”（第28页）这一称呼。而对“United-states”的对译词，麦都思将其译为“列国一统、合国、合数国”。[①]赫宁茨在其对译词中有所改变，称为“合众国”（第30页）。[②]至于美国的首都华盛顿，对译为“合众国大京”。[③]但是对于“美国人”的指称，编者采用的是“合众国人”，如“你们是合众国人不是”“合众国人通晓中国话不通”。

1847年，墨西哥正式将加利福尼亚的领土割让给美国。1848年，在加利福尼亚萨特的锯木场旁的河边发现黄金。随后，大量的淘金者开始涌入加利福尼亚，开启了“淘金时代”。在当时，人们称加利福尼亚为“金山”“旧金山”“金山大埠”等。在《习汉英合话》里，California的对译词为“金山”“来年你方在金山”；San-Francisco为“金山正埠”。

由于前往美国的华人日渐增多，对美国也需要有深入的了解。因此，在《习汉英合话》的正文里，编者也专门介绍了美国的几个重要的城市，比如Sacramento、Philadelphia、Boston，以及Benicia[④]等城市，可惜的是，编者并没有给出其对应的汉字形式。美国的大型城市New York的中文对应词为“花旗正埠”（第22页）[⑤]。对美国城市名称的介绍，其主要目的是便于到美国的中国人更好地了解美国，从而为其“淘金”生活做好储备。

而对于中国，其指称词有“中华、中国”，“我是中国人”。而对于汉语，则用的是“中国话”，如“你懂得中国话吗”。对英语，也是称“英咧喂话”。由此可见，对当时的语言成为“话”，而不是现在的“语”。

对于中国的省份，在《汉习英合话》里，只提到了“广东”“南京”“北京”这三个地方。值得注意的是，句子“我们从广东省来的”中的“广东省”已经不是“Kwang-Tung（Canton）province”，而不是直接用“Canton”的注释方法。这里的“广东省”一词，也反映了该书的主要使用对象是来自

① *Chinese and English Dictionary*，p.51.

② 而在《瀛寰志略》的正文中，也有“合众国”一词的对译，但是并没有特别强调这一表述方式。见徐继畬:《瀛寰志略》，上海：上海书店出版社，2001年，第273页。

③ 在近代英华字典中，直到1908年的颜惠庆（1877—1950）编纂的《英华大辞典》才出现唯一的一例，将Washington翻译成“华盛顿（Proper name，本名）”。见颜惠庆:《英华大辞典》，上海：商务印书馆，1908年，第90页。

④ 即美国贝尼西港口，于1850年3月27日建市。

⑤ 1847年，福建人林鍼（生卒年不详）即前往美国，所到的城市就是纽约，书中称为“纽约克”。见：林鍼:《走向世界丛书第I辑：西海纪游草》，杨国桢标点，长沙：岳麓书社，1985年，第37页。

中国广东。

由于该教材更多是一种编著版本，而非原创编写版本。因此，对美国和中国的介绍，也极为有限。其编写目的也是便于学习者掌握英语和汉语，能够用英语和汉语进行口语交流和对话。而书中所显示的广东等中国信息，可以作为"史料"见证19世纪的中美交往。

五、美国东方学会会刊对其评介

《习汉英合话》出版后，在美国语言学界也产生了较大的影响。美国东方学会在1856年出版的会刊*Journal of the American Oriental Society*里[①]，发表专门的书评，对该书进行介绍和评价。

该书评的作者是美国长老会传教士、福州话研究先驱怀德（Moses Clark White，1819—1900）。怀德在开头介绍了赫宁茨的身份。同时指出：

> 借助于那些中文资源，编者参照当时流行的学习法语和德语的进阶式课程编写模式进行编写，是一种循序渐进的进阶式学习材料。但是，由于作者的本身有限的汉语实际应用经验，编写这样一本书必然存在无法预料的问题。出于对作者完成这一难题付出努力的敬意，我们有必要检视其内在的优点，并指出其存在的缺点，以免在将其用作其学习汉语材料时产生误导。[②]

在评论中，作者从汉语的正字法规则、声调的作用、用汉语注释发音的方法、语法规则等四个方面对其进行评述。既充分肯定了其在汉语和英语学习的积极探索价值，也指出其用汉字注音方法、印刷等方面存在的小错误。评述者认为，"这本书的编写目标是好的，作者也很好地服务了目标群体"，而实际上"这差不多是市场上唯一的一本符合目标的图书"。[③]而且，这本书

① American Oriental Society，*Journal of the American Oriental Society*，New Haven：Lockwood Press，1856，pp.218－224.

② American Oriental Society，*Journal of the American Oriental Society*，New Haven：Lockwood Press，1856，p.219.

③ American Oriental Society，*Journal of the American Oriental Society*，New Haven：Lockwood Press，1856，p.223.

的售价只有“5美元”，因此这本书对于学生和业余学习者都是适合的。总体来说，《习汉英合话》一书“作为基础的中文学习材料是可以的，但是往深处就不合适了”[①]。同时，评论者也建议如果增加一个“索引”，将提升其实用价值。因此，评论者也呼吁作者进行修订，或者其他的优秀作者出版更优秀的语言学习作品。

结　语

《习汉英合话》一书既为美国人或传教士学习汉语提供帮助，也为已经在美国或即将前往美国加利福尼亚的中国人学习英语提供方便，是一本“双向”学习材料。其编纂，比福泽谕吉从美国带回日本并进行增订的《华英通语》要早6年。也比第一本美国中文教师啤嘯道自己编写的汉语学习手册《华英通语》早了13年。因此，在近代中美语言文化交流和接触中，《习汉英合话》具有重要的价值，是19世纪中美密切交流的见证。

可惜的是，在书中，并没有对美国的现代科学技术成果，比如火车、汽船、马车、自来水等词语的介绍，折射出编者自身语言和文化知识的局限性。编者的选词，大多依据已经出版的教材和词典，这些新事物在之前的出版物中并没有体现。因此，在《习汉英合话》里，也是很难得到体现的。而其学习方法也存在一定的局限性。但仍然不可否认其历史、文化和语言上的价值。

潘瑞芳　外语教学与研究出版社有限责任公司副编审

① American Oriental Society，*Journal of the American Oriental Society*，New Haven：Lockwood Press，1856，p.223.

·信息·

“中华文化的跨文化阐释与对外传播研究”顺利结项

李　婷

日前，李庆本教授主持的教育部哲学社会科学重大课题攻关项目“中华文化的跨文化阐释与对外传播研究”顺利结项，并在教育部组织的专家鉴定中获得优秀等级。

该项目的子课题负责人包括阎纯德、王宁、柴省三、李萍等，主要成员有郭景华、朱睿达、于培文、孙亚鹏、李学萍、李婷、罗智勇、郑雯、张欣、吴娇、石姗、杨海涛、胡珍子、蔡柯欣等。该项目也得到了曾繁仁、严绍璗、阎纯德、张西平、冯天瑜、王宁、姚文放、杜卫、张政文、彭修银、王杰、王德胜、张辉、陈戎女、顾钧、周阅、高金萍、于小植等许多专家学者的指导与帮助，并得到北京语言大学和杭州师范大学两家支持单位的大力支持。

自立项以来，项目组全体成员根据预期研究计划，采取分工协作的方式，稳步推进研究工作，顺利圆满地完成了预定的研究任务。阶段性成果方面，共出版学术专著2部，发表英文学术论文13篇（其中AHCI收录9篇），中文学术论文19篇（其中被CSSCI收录14篇）。这些研究成果在国内外学界产生了不小的影响。李庆本的英文著作*Rethinking the Relationship between China and the West through a focus on Literature and Aesthetics*得到哈佛大学大卫·达姆罗什教授及其他相关专家的高度评价，李庆本的英文论文“Cross-Cultural Studies and Transformation of Aesthetic Discourse in China”，被美国共地（COMMON GROUND）基金会评为当年度人文学科优秀论文一等奖，郭景华的英文论文“The Multi-dimentional Model of Cross-cultural Interpretation as an Anti-centralist Tool in World Literature Perspective”，获内蒙古自治区第七届哲学社会科学优秀成果政府奖二等奖。

在调研方面，完成了“中华文化国际认知调研报告”6篇分报告，分别是《来华留学生中华文化认知调研究告》（黄展、孙迎春）、《联合国总部中华文化认知调研报告》（柴省三）、《美国大华府地区中华文化认知调研报告》（李婷）、《英法孔子学院中华文化认知调研报告》（李萍、武桂杰）、《拉丁美洲四国孔子学院中华文化认知调研报告》（于培文），此外还完成了《中华文化国际认知的深度访谈》（李庆本、曼娜、林符芳盈）。在阶段性成果的基础上，完成最终成果《中华文化的跨文化阐释与对外传播》（40万字）以及《中华文化国际认知调研总报告》和《国外主流媒体“中国文化走出去”报道分析报告》2篇调研咨询报告。

为了保证高质量完成本项目，课题组还专门成立了以严绍璗教授为主任的专家咨询委员会，常备咨询请益，课题组内部召开经常性工作会议，保持联系畅通。除此之外，以课题组成员为主体，还先后召开了多次国际学术研讨会和学术讲座，如“跨文化论坛2014：海外汉学与比较文学研究新方向”“鉴真东渡与中华文化海外传播研讨会”等。

该项目主要由跨文化阐释的理论研究、中华经典的英译与跨媒介传播研究、国际中国文化研究的现状及趋势研究、中华文化国际接受的实证研究、中华文化对外传播的深层思考与政策建议五部分组成。

该项目所取得的主要成绩包括：在跨文化阐释学理论研究方面，探讨和总结中华文化的跨文化阐释的历史经验，进行理论的提升，从而为中华文化的对外传播提供坚实的学术支持；在中华文化经典外译与跨媒体传播研究方面，选取代表性古典名著《易经》《诗经》《四书》《离骚》等作品，探讨其英译版本的流变情况，分析其翻译目的、翻译策略和翻译风格，并通过对《花木兰》《三国演义》《西游记》的跨媒体影像改编现象的分析，揭示跨媒体跨文化传播的深层机制，从而为中华文化对外传播提供历史经验和参照；在国际中国文化研究的现状及发展趋势研究方面，选取北美中国文学研究、欧洲汉学和日韩为代表的东亚汉学作为重点，探讨21世纪以来国际中国文化研究学界对中国文化的认识、评价以及他们所采用的研究方法或接纳态度，并探寻他们的价值判断和批评方法对中国学界所产生的影响，从而寻找中西文化未来平等对话与交流的途径；在中华文化国际接受的实证研究方面，对来华留学生、海外孔子学院学员对中国文化的认知进行了实地调研，分析国外主流媒体对“中国文化走出去”的报道，掌握了大量中华文化国际接受的实证材料，从而为中华文化对外传播的研究提供了坚实的实证基础；在中华文化对外传播的深层思考与政策建议方面，重点探讨了中华文化对外传播的理由，并结合目前中华文化对外传播的现状，对中国文化的对外传播提出切实可行的对策建议，提出中国文化走向世界可以通过三个方面来实现：孔子学院的普及性工作、通过学术出版而达到的高层次对话以及与国际汉学界的合作共同推介中国的文化学术。

以往国内外学界研究文化对外传播往往采用“影响研究”的模式。就比较文学研究而言，这是法国学派所创建的研究模式，其特点是注重实证材料的历史研究，注重探究一个国家、民族的文学对另一个国家或民族文学的影响。但这种研究模式有一个很大的局限性，就是研究者在从事影响研究的时候，往往会产生一种文化优越感，甚至带有某种程度的文化中心主义倾向。因此，这种研究模式受到抵制也是情有可原的。本书力图打破这种“影响研究”的模式，采用“跨文化研究”的模式，从跨文化阐释学的角度来研究和探讨中华文化的对外传播，注重中外文化之间的平等对话和双向互动，提倡文化之间的双向变异和互相参证，从而为中华文化对外传播提供重要的理论支撑和学术支持。

从跨文化阐释的角度研究中华文化的对外传播，可以认真总结中华文化对外传播的历史经验，为目前中华文化走出去的国家战略寻找切实可行的文化传播途径，从而提升中华文化软实力，扩大中华文化影响力和竞争力；可以深入挖掘中华文化包含的普遍价值，使中华文化在全球化背景下保持其勃勃生命力；可以促进中外文化的平等交流与对话，满足世界了解中国意愿的需要，有利于构建世界和谐新秩序；可以有力驳斥“中国威胁论”，打消人们对中华文化走出去的不必要的疑虑，减少中华文化走出去的阻力。

以往文化对外传播研究的重点放在文化传播方较多，而对接受方则相对忽视。本课题研究的主要内容包括中华经典外译、海外新汉学的发展、留学生对中华文化的接受等。这些内容都或多或少地涉及中华文化的接受，如海外汉学家、留学生、中华经典的外国译者和影视改编者既是中华文化的传播者，更是中华文化的接受者。本课题研究的大部分内容是关于中华文化接受方的研究，不仅研究中华文化对他们所产生的影响，同时也研究他们在接受中华文化时所特有的文化立场和接受机制。这种研究内容创新的价值在于，在中华文化对外传播的过程中，所传播的内容并非原封不动地传播出去，而会遇到某种抵制、选择、挪用、变异、误读等情况，我们只有充分了解了对方的文化立场和接受机制，才能够使中华文化顺利地传播出去，而不至于受